本书为 2013 年国家社科青年基金项目，项目号 13CZW027

汉晋之际文士流徙与文学研究

李剑清　著

人民出版社

目　　录

前　　言

司马迁说:"我欲载之空言,不如见之于行事之深切著明也。"①

这句话蕴含了丰富而深刻的思想方法。本书力求在汉晋之际"文士流徙"的"行事"的叙述中,发掘其中"深切著明"的知识图景:全面考察汉晋之际三次文士流徙潮流的历史状况,揭示流徙文士如何驱动汉晋社会发展、如何引发社会阶层分异、如何导致区域文化接触碰撞、如何影响汉晋文学地理空间格局分野重组以及如何引发汉晋社会场域的深刻变革等问题。希望将汉晋之际文士流徙潮流放置到华夏文明起源与流变的大历史背景下来思考,试图破译华夏文明共同体的文化密码,回应西方学者将视"中国"为"想象共同体"的谬论。具体说,要实现以下三个目标:

其一,本书从"文士流徙"角度,揭示汉晋之际文学地理空间的分异与重组的动态过程。具体而言,汉晋之际,出现过三次大规模的文士流徙潮流。第一次发生在东汉末年到三国初,北方文士为了躲避战乱,纷纷大举南迁,寄寓荆州、江东、益州等地。其中,也出现因曹操南征荆州的北返。第二次发生在魏晋之际,随着蜀汉、东吴政权覆灭,西晋王朝大举迁徙益州,江东等地士人至洛阳。第三次发生在西晋末年的永嘉之乱前后,五胡铁骑横扫神州,北方文士大举南渡避乱。汉晋之际的三次文士流徙,造就了文学地理格局的分野与重组。具体而言,汉末三国之际,北方文士的南迁,推动了南方学术文化的发展,进一步强化了地域的文化分野。魏晋之际,吴、蜀等南方文士迫于王朝的严令,向政治文化中心——洛阳大规模迁徙。随着南方文士的北徙,文化上地域分野得到接触、碰撞。西晋永嘉前后,神州陆沉,北方文士大规模的南渡,再一次塑造了南北地域的文化分野。文士流徙深刻地加剧了汉晋之际的文学地理空间分异与重组。汉末三国之际,北方文士的南迁和北返,确立了魏、蜀、吴文学地理空间分异。魏晋之际,随着南方文士的北徙,打破了原有的文学地理空间格局。永嘉之乱前后,衣冠南渡,文学中心南移。汉末以来的文学地理空间的分异格局得以重组。因此,研究文士流徙,可以有效

---

① （汉）司马迁:《史记》,中华书局 1982 年版,第 3297 页。

— 1 —

揆度文学地理之间的衍生与流变。

其二,本书试图揭示汉晋之际文士流徙引发的社会阶层的分化、社会结构的变化,以及区域文化的碰撞融合,深入理解汉晋之际的文化转型。具体而言,汉末三国之际,北方文士沿不同路线南迁至江汉之滨,与当地的土著大族杂处。因为家族利益和地域政治利益,与土著大族之间既有争夺,又有合作。在动荡不安的时代,寻觅既有军事势力、又有政治远见的政治集团。他们联手出谋划策,尽效死力,举族辅佐,促成了三国鼎立的对峙局面。在对峙政权内部,饱受文化熏陶的南迁文士,往往比文化程度较低的土著大族更有地位。当然,为争夺更多的政治特权和经济利益,他们也会倾轧,造成了政权内部的社会阶层分化与社会结构的变化。三国归晋之后,西晋王朝征召蜀地文士、吴地文士。南方文士也逐步认同了统一王朝,但毕竟经历了家败国亡之痛。南方文士无论被迫还是自愿北徙至洛阳,既要以文学、学术等文化"软实力",试图赢得北方士族的文化认同,又要饱受亡国之痛与鄙夷奚落。因此,西晋社会阶层中,北方玄学文士往往高居其端,而南方文士屈居中下层。西晋时代,南北文士在激烈碰撞中,加速了地域文化的融合。北方文士热衷玄学,渐成士族。南方文士渐染玄学,力求士族化。因此,士族化追求成为西晋社会时尚。永嘉前后,举族南渡的文化士族联络江东土著士族,造就了中国历史上的门阀政治。因此,我们从文士流徙入手,分析汉晋时代的社会阶层分化与社会结构变化,揭示汉晋文学的社会空间场域。

其三,本书从"文士流徙"角度,揭示人口流动在文化中心转移、新中心的形成、维系中华文明命脉、理解全球化时代的文化交流等方面的价值。魏晋南北朝时代是继华夏族碰撞、融合成汉文化之后的又一次生发期。汉晋之际文士流徙所代表的人口流动,给民族危机带来一线生机,激发文化活力,维新其命。随着南北文士的流徙,不仅推动了不同地域的文化接触、碰撞,增强了汉文化的文化认同。而且,匈奴、鲜卑、羯、氐、羌等少数游牧民族进入黄河流域,与农耕文明为主的华夏文化接触、碰撞,逐渐接受汉文化,经过漫长的历史过程,完全融入汉文化传统之中,融入华夏为主体的"政治—文化共同体"之中,凝聚出高尚其气、雄强有力、开放自信的文化精神。总之,大规模的文士流徙和人口流动,带来生机、激发活力、创造文明。文士流徙强化了中华文明的文化认同,人口流动拓展了华夏"政治—文化共同体"的地理空间。同时,文士流徙和人口流动促进了文化交流,包括不同类型的文明接触、碰撞与融合,养成了自信开放、包容并蓄、守正创新的文化心态。"周虽旧邦,其命维新",古老的中华民族之所以充满生机与活力,正在于此。在全球化的现代社会,人口流动已经远非汉魏六朝时代的南北地域,农民工从乡村涌向全国城市,南北方人员交错流动,甚至出现了"出国热"和"返国潮"。处在流动潮中的个体,也经历着复杂的情感体验和心理变化,在与不同文化背景的人员交流的过程中,不断进行文化碰撞与观念更新。相信研究汉晋之际文士流徙,对全球化时代的人口流动和文化交流也有一定的启迪意义。

一、研究现状

中国传统文化的知识系统中,就有强烈的地理方舆意识。早在原始时代,先民生活在广袤的天地宇宙世界中,就"仰观象于天,俯则观法于地,观鸟兽之文,与地之宜"(《周易·系辞下》),建构了巫术性质的八卦知识系统。同时,在上万年乃至几十万年的迁徙流动中,原始先民增长了山川、河流、海洋等知识见闻,形成了《山海经》的"山川、物产、风俗与图腾"为一体的地理性质的巫术知识系统。在早期国家形态的文明时代,统治者为平治水土、相土阜财、体国经野等政治经济目的,形成了《禹贡》中的"九州与畿服"政治性质的地理知识系统。在大一统的汉代,班固在帝国地理疆域格局下,吸收先秦时代的以音乐、诗歌为形态的地域风俗描述,建构了《汉书·地理志》中的以"风俗为中介"的文学地理知识系统。只要翻开清乾隆时期编纂的《四库全书总目提要》中的史部"地理类"的书目,就能深感历代的地理方舆学书籍之多,可谓浩如烟海!然而,其范式不外乎以"天下想象"为核心大一统语境下的帝国疆域与地域风俗叙述。19世纪中叶,清廷遭遇"三千年未有之历史大变局"的政治危机与文化危机,有识之士掀起了西北边疆史地的研究热潮①。20世纪早期的地理学研究,也是在这种政治危机下积极吸收西方现代学术意识展开的。1902年,梁启超在《中国地理大势论》等文中纵论中国政治、经济、军事、学术文化之地理分野与流变,成为以西方现代舆地学研究中国地理大势之第一人。30年代,顾颉刚、史念海的《中国疆域沿革史》、童书业的《中国疆域沿革略》等著作都有强烈的政治诉求。史念海追述说,"当时正是国难当头,日本帝国主义之侵凌日甚一日,东北三省早已沦陷,其锋芒及于山海关内,北京(当时称北平)势同前线,几有不可终日之势。顾先生曾感慨地说:'吾人处于今日,深感外侮之凌逼,国力之衰弱,不惟汉唐盛业难期再现,即先民遗土,亦岌岌莫保,衷心忡忡,无任忧惧。'……顾先生一再指出,必须详细论述疆域损益及其演变踪迹,借以使国人具知创造祖国山河之匪易,寸土皆应珍视,不能令其轻易沦丧。"②这些还是沿续着政治地理学的研究范式。20世纪的文化地理学范式却是政治思想守旧的刘师培建立起来的。可以说,刘师

---

①　清末西北边疆史地研究著作有松筠的《西陲总统事略》、徐松的《西域水道记》、龚自珍的《西域置行省议》、沈垚的《新疆私议》、魏源的《圣武记》、张穆的《蒙古游牧记》、何秋涛的《朔方备乘》等。参见田澍、何玉红:《西北边疆史地研究的回顾与反思》,《中国边疆史地研究》2011年3月第21卷第1期。另参见汪晖著:《东西之间的"西藏问题"》(三联书店2011年版)上编"殖民主义与民族主义的变奏"中对西藏问题的论述。
②　顾颉刚、史念海:《中国疆域沿革史》,商务印书馆1999年版,第3页。

培是从文化地理角度思考传统学术与文学之第一人。1905 年,他在《南北学派不同论》中专论传统学术、文学之南北地域分野与性格差异。其中《南北文学不同论》一文,开文学地理研究之先河。20 — 40 年代,陈寅恪的《天师道与滨海地域之关系》(1931 — 1933)等文考察学术与地域的关系。1942 年,他在《隋唐制度渊源略论稿》中,明确提出"魏晋南北朝学术与宗教皆与家族、地域两点不可分离"的论断。这标志着"地域—家族"研究范式的确立。另外,丁文江的《历史人物与地理之关系》(1922)、汪辟疆的《近代诗派与地域》(1935)、贺昌群的《江南文化与两浙文人》(1937)、王汝棠的《文学与地域考》(1941)等,借助西方现代学术意识与方法,运用数据统计法,进行文学地理研究,令人耳目一新。1923 年,钱穆先生开始研究《楚辞地理考》,随后完成了《周初地理考》(1931)、《史记地名考》(1941)等历史地理学的文章,汇编成《古史地理论丛》①。20 世纪 80 年代以来,国内学界突破"文化大革命"时代的僵化思想,受国外研究影响,追踪民国学者的学术理路,掀起了大陆的文化地理学研究的热潮。尤其,近些年来,在曾大兴等先生奔走呼告下,文学地理学渐成显学。针对以往文学研究过分重视时间维度,忽视空间维度,建构文学地理学学科体系。正如曾大兴先生在 2016 年华中师范大学召开的"文学地理学学科建设核心问题专题研讨会"上说的,"以前我们研究文学主要是从时间角度入手,今天所编写的各种各样的文学史……基本上都是以时间为顺序,甚至只是以时间为依据,我们看到的似乎只是文学发展的时间问题,而忽略了对文学空间的研究,尤其是从地理空间角度研究文学问题的成果是很少的。"②曾大兴先生更重视作为学科的文学地理学建设,他说:"文学地理学可以作为一门学科,同时也可作为一种新的研究方法……当然把文学地理学当成一门学科也是重要的,甚至比作为一种研究方法的文学地理学更为重要。"③这些年来出现了一批有质量的专著,如曾大兴的《中国历代文学家之地理分布》(1995),杨义的《重绘中国文学地图》(2002),李浩的《唐代三大地域文学士族研究》(2002)和《唐代关中士族与文学》(2003),以及梅新林的《中国古代文学地理形态与演变》(2006),曾大兴的《文学地理学研究》(2012)、《气候、物候与文学》(2016)等。另外,港台地区和海外的相关研究中,代表作有钱穆的《略论魏晋南北朝学术文化与当时之门第关系》(1963)、严耕望的《战国学术地理与人才分布》(1983)、台湾学者陈正祥的《中国文化地理》(1981)以及日本学者谷川道雄的《地域社会在六朝政治文化上所起的作用》(1989)、加藤利行的《西晋文学研究》(2004)等。

就汉魏六朝这一历史时段的文化(学)地理研究而言,20 世纪 90 年代以来,出现了

---

① 钱穆:《古史地理论丛》,九州出版社 2011 年版。
② 邹建军:《文学地理学学科建设的三个重要问题》,《世界文学评论》2016 年第 1 期。
③ 邹建军:《文学地理学学科建设的三个重要问题》,《世界文学评论》2016 年第 1 期。

以卢云的《汉晋文化地理》（1991）、方北辰的《魏晋南朝江东世家大族述论》（1991）、葛剑雄的《中国移民史》（1998）、章义和的《地域集团与南朝政治》（2002）、王永平的《六朝江东世族之家风家学研究》（2003）和《中古士人迁移与文化交流》（2005）以及张灿辉的《六朝区域史研究》（2008）等为代表的史学性质的文化地理研究。同时，出现了以曹道衡的《南朝文学与北朝文学研究》（1999）、刘跃进的《门阀士族与永明文学》（1996）、胡阿祥的《魏晋本土文学地理学研究》（2001）、卫绍生的《魏晋文学与中原文化》（2004）等为代表的文学地理研究。

纵观 20 世纪以来的文化地理与文学地理研究，取得了几个方面的成绩：第一，从地域角度梳理历史人物、文学家的地理籍贯和地域分布，如丁文江的《历史人物与地理之关系》、曾大兴的《中国历代文学家之地理分布》；考察中国文化（学）的地域性格与空间分异，如刘师培的《南北学派不同论》、卢云的《汉晋文化地理》、胡阿祥的《魏晋本土文学地理学研究》等；考论地域社会的政治作用，如谷川道雄的《地域社会在六朝政治文化上所起的作用》、章义和的《地域集团与南朝政治》等；建构文学地理学学科体系，如曾大兴的《文学地理学研究》、梅新林的《中国古代文学地理形态与演变》等。第二，从"地域—家族"视角考察宗教、学术、文学等文化与地域之关系，如陈寅恪的《天师道与滨海地域之关系》、钱穆的《略论魏晋南北朝学术文化与当时之门第关系》、方北辰的《魏晋南朝江东世家大族述论》、王永平的《六朝江东世族之家风家学研究》、如刘跃进的《门阀士族与永明文学》、李浩的《唐代三大地域文学士族研究》和《唐代关中士族与文学》等。第三，从南北地域文化交流角度考察中古士人迁徙与社会阶层升降等，如葛剑雄的《中国移民史》、王永平的《中古士人迁移与文化交流》和《汉晋间社会阶层升降与历史变迁》等。

尽管取得了相当的成绩，但仍存在一些不足：第一，受西方现代学科观念所囿，史学、文学研究壁垒森严；且发展不均衡，史学研究成绩斐然，而文学研究相对滞后。第二，对文士流徙关注不够，文学地理学研究与"地域—家族"文化研究中的地域空间多呈静态分异。第三，侧重考察中古士人迁徙在南北地域学术思想文化上的交流价值，较少关注对中古文学思潮变迁的价值意义。因此，从文士流徙角度考察汉晋之际的文学，尚有较大的研究空间。

二、全书结构

全书结构由上、下两编与结语构成。

上编：文士流徙历史考察。这属于基础研究，主要研究汉晋之际文士流徙的三次历史潮流。按照时间维度分为三章，梳理汉末三国、西晋以及"永嘉之乱"前后三个时段的文士流徙史料。

下编是对汉晋社会空间场域的考察。这属于理论研究,主要从社会学和地理学角度,研究文士流徙所引发的汉晋文学地理格局、社会阶层分化以及汉晋文学生态。共分四章内容:第四章"文士流徙与汉晋社会驱动系统",分析汉晋之际文士的流徙方向、路线、原因、性质、社会功能和文化价值等问题。第五章"文士流徙与汉晋文士阶层分异",分析文士流徙所引发的汉晋社会阶层的分化以及社会结构的变化,社会阶层与社会结构的变化直接影响了汉晋文坛的文学场域。第六章"文士流徙与汉晋文化区域分野",分析文士流徙所引发的汉晋地域文化的接触、碰撞与融合。尤其永嘉之乱后,文化命脉也随之南迁。第七章"文士流徙与汉晋文学地理空间",分析文士流徙所引发的汉晋文学地理空间格局的变化。

结语部分,主要将汉晋之际大规模的文士流徙与人口流动放在华夏文明共同体以及全球视野的大背景下,思考虽为旧邦的中国,"其命维新"的奥秘何在。

三、研究方法

古语云:"工欲善其事,必先利其器。"为了更好地研究汉晋之际的文士流徙与社会驱动系统、社会阶层分化、文学地理格局等关系,该课题运用以下几种方法:

(一)文史互证法。陈寅恪先生在《元白诗笺证稿》中运用"以诗证史"研究方法,启人心智。不过,陈先生是以历史学为本位的研究。本书以文学为本位,因此在陈先生的"以诗证史"的研究方法上稍加调整,变成"文史互证"法。首先,梳理《后汉书》《三国志》《晋书》《资治通鉴》《建康实录》《东观汉记》《殷芸小说》《古今注》《华阳国志》《世说新语》《高僧传》等史籍中有关文士流徙的历史文献,以证汉晋文学地理空间、文学场域等问题。最后,梳理汉晋文人文集中有关流徙的诗文作品等,以证汉晋文士流徙过程中引发的社会学问题。通过文史互证法,勾勒短时段的社会阶层分异、社会空间结构(包括文学空间与地域文化)等。

(二)学科交叉法。本书运用文化(学)地理学、社会学、家族学等相关学科理论来阐释汉晋之际文士流徙所引发的社会阶层分化、地域文化的接触碰撞、文学地理格局的分野与重组等诸多问题。文学地理学强调文学的地理维度,弥补了以往文学史叙述中"重时间"维度的缺陷。本书研究对象是汉晋之际的这一历史阶段,自然不乏时间性维度。如果能借助文学地理学的研究方法,力求做到"时空结合",揭示文学地理空间格局的变化。文化地理学则重视地域空间的文化形态,而文化的主体是人,地域文化的撞击融合是由流徙中的人完成的。因此,文化地理学可以为该课题提供一定的方法论。而流徙文士与土著人士共居一地,处在不同社会阶层之中。只有运用布迪厄"反思社会学"的社会阶层、文化资本以及"文学场"等理论,才能使这些问题敞亮起来。另外,汉晋之际文士流徙不是个人之举,乃是举族而迁,而土著士人也是以家族为单位,这就需要借助家族学的学科理论。

（三）逻辑演绎法。作为一种历史现象,文士流徙背后蕴含的本质,如文士身上所承载的地域文化因素、不同地望的文士之间的交游与地域文化碰撞融合之间的关联性、文士流徙引发的社会阶层的变化与社会结构的变化、文学地理格局的分野与重组等问题,都需要逻辑演绎方法来分析。

（四）数据统计法。本书中的诸多问题,如迁徙的文士人数、土著家族的人数、社会阶层的分布、文士流徙过程中形成的诗文作品等,都需要运用数据统计法,以图表展示,让人一目了然。

上　编

文士流徙历史考察

人类的历史证明，一个社会集团，其文化的进步往往取决于它是否有机会吸取邻近社会集团的经验。一个社会集团所获得的种种发现可以传给其他社会集团；彼此之间的交流愈多样化，互相学习的机会也就愈多。

——博厄斯《种族的纯洁》①

史前时代，为了追猎动物、采集植物等，人类不断迁徙流动，足迹已遍布欧亚大陆。新石器时代，人类学会了栽培植物、畜养动物，培育出农业、畜牧业等。农业给人类提供较丰富的食物来源，逐步过上定居生活。当然，适宜农业耕作的区域，因为食物充足，导致人口数量激增。人口数量一旦超过土地的养活能力，就会出现大规模的迁徙流动。后世，人口流动的原因变得越来越复杂。②　人类的迁徙流动增加了各社会集团的文化交流，提供了相互学习的机会，推动着社会进步。在"吸取邻近社会集团经验"的"文化进步"中，文士流徙的作用最大。正如王永平说的，"人是文化传播最活跃的载体。……

---

①　博厄斯：《种族的纯洁》，《亚洲》第40期（1940年5月），第231页。转引自［美］斯塔夫里阿诺斯：《全球通史》，吴象婴、梁赤民译，上海社会科学院出版社1999年版，第57页。

②　葛剑雄先生在《中国移民史》第一卷"导论"中总结引发移民的七大原因："（1）自然灾害的类型及其影响的剧烈、持久程度，当地官方和民间的抗御和救助能力；（2）社会动乱或战争的波及或影响程度、时间，地方当局对局势的控制能力，社会治安状况；（3）人口密度与周围地区及全国平均水平的差异程度；（4）经济水平与周围地区以及全国平均水平的差异程度；（5）赋税负担、土地占有、人均耕地与周围及全国平均水平的差异程度；（6）胡族人口所占比例或外来文化的影响程度；（7）气候、环境与生产条件的恶化程度或潜在的威胁。"葛剑雄等：《中国移民史》，福建人民出版社1997年版，第26页。

士人是精神文明、学术文化的结晶,士人的流动必然形成学术文化与思想的传播。"①

3世纪至4世纪的中国大地上,出现了三次大规模的文士流徙潮流。第一次发生在东汉末年到三国初,北方文士为了躲避战乱,纷纷大举南迁,寄寓荆州、江东、益州等地。其中,也出现因曹操南征荆州的北返。第二次发生在魏晋之际,随着蜀汉、东吴政权覆灭,西晋王朝大举迁徙益州、江东等地士人至洛阳。第三发生在西晋末年的永嘉之乱前后,五胡铁骑横扫神州,北方文士大举南渡避乱。

① 王永平:《中古士人迁移与文化交流》,社会科学文献出版社2005年版,第2页。

第一章　汉末三国:北方文士的迁徙

东汉后期,著名文士蔡邕因涉足政治,被贬朔方郡五原安阳县。随后,为避祸,"乃亡命江海,远迹吴会。往来依太山羊氏,积十二年"①。可以说,蔡邕开东汉末年文士因避祸而流徙的先河。黄巾之乱后,军阀董卓等祸乱两京,关东州郡诸兵讨贼,以及诸军相互攻伐等,连年战乱,民不聊生。这一时期的五次人口迁徙②,构成了大规模的迁徙避难潮流。饱受战乱之苦的文士,随着流民四处避乱。

第一节　离心避难:军阀混战与汉末文士南徙

梅新林先生在《中国文学地理形态与演变》中,将文人流向分为向心型、离心型与向心—离心交互型三种地域流向。"即求学、应举、仕进、授业主要表现为向心型的地域流动……隐逸、流贬主要表现为离心型的地域流向……游历、迁居则主要表现为交互型的地域流向。"③天下大乱之际,因避难、避乱而出现的文士流徙,也可归为离心性的文士流动。因此,汉末之际的文士流徙,从性质上属离心性的流动,其原因在于避难。

汉末,天下离析之势愈演愈烈。汉灵帝中平元年(184),爆发了黄巾起义。《后汉书·皇甫嵩传》载:"初,钜鹿张角自称'大贤良师',奉事黄、老道,畜养弟子,跪拜首过,符水祝说以疗病,病者颇愈,百姓信向之。角因遣弟子八人使于四方,以善道教化天下,转相诳惑。十余年间,众徒数十万,连结郡国,自青、徐、幽、冀、荆、杨、兖、豫八州之人,

---

① (南朝·宋)范晔:《后汉书》,中华书局 1965 年版,第 2003 页。
② 葛剑雄先生在《中国移民史》第二卷第八章第三节"东汉末和三国期间的南迁"中认为,第一次,初平元年(190)关东州郡起兵讨伐董卓,董卓挟献帝迁都长安引发的迁徙。第二次开始于初平三年(192),李催、郭汜等攻入长安引发的迁徙。第三次,建安十六年(211)马腾、韩遂等十部起兵反曹引发的迁徙。第四次是建安十八年(214)曹操与孙权相持不下北返时,引发的迁徙。第五次,魏正元二年(255)扬州刺史毋丘俭与文钦起兵讨司马氏引发的迁徙。葛剑雄等:《中国移民史》,福建人民出版社 1997 年版,第 271—273 页。
③ 梅新林:《中国文学地理形态与演变》,复旦大学出版社 2006 年版,第 429 页。

莫不毕应。遂置三十六方。方犹将军号也。大方万余人,小方六七千,各立渠帅。讹言‘苍天已死,黄天当立,岁在甲子,天下大吉’。以白土书京城寺门及州郡官府,皆作‘甲子’字。中平元年,大方马元义等先收荆、杨数万人,期会发于邺。元义素往来京师,以中常侍封谞、徐奉等为内应,约以三月五日内外俱起。未及作乱,而张角弟子济南唐周上书告之,于是车裂元义于洛阳。灵帝以周章下三公、司隶,使钩盾令周斌将三府掾属,案验宫省直卫及百姓有事角道者,诛杀千余人,推考冀州,逐捕角等。角等知事已露,晨夜驰敕诸方,一时俱起。皆著黄巾为标帜,时人谓之‘黄巾’,亦名‘蛾贼’。杀人以祠天。角称‘天公将军’,角弟宝称‘地公将军’,宝弟梁称‘人公将军’。所在燔烧官府,劫略聚邑,州郡失据,长吏多逃亡。旬日之间,天下响应,京师震动。”①各地黄巾军纷纷而起,已成燎原之势。黄巾所过之地,官府被焚烧,士大夫流离他邑避乱。关中三郡(河东、冯翊、京兆)大批人“南出武关,北徙壶关,存者十三四”②。其中,文士杜畿携母避乱荆州。《三国志·魏志·杜畿传》载:“会天下乱,遂弃官客荆州。”③青、徐士庶避难幽州百万余口,幽州牧刘虞劝督农桑,安置流民。《后汉书·刘虞传》载:“青、徐士庶避黄巾之难归虞者百余万口,皆收视温恤,为安立生业,流民皆忘其迁徙。虞虽为上公,天性节约,敝衣绳履,食无兼肉,远近豪俊夙僭奢者,莫不改操而归心焉。”④当然,黄巾军并未造成太大规模的远距离的人口流徙⑤。东汉军队镇压黄巾军,同时,救赡难民,恢复社会秩序。《后汉书·皇甫嵩传》载,皇甫嵩平定黄巾军之后,“奏请冀州一年田赋,以赡饥民,帝从之。百姓歌曰:‘天下大乱兮市为墟,母不保子兮妻失夫,赖得皇甫兮复安居。’”⑥

真正造成全国大规模文士流徙的是军阀董卓及其部将李傕、郭汜等。董卓趁机窃国,废少帝,立献帝,挟持献帝以及洛阳周围民众数百万人入关。途中死亡甚多,仅数十万人至长安。这一时期,文士流徙有以下几次:

一是士大夫以及文士随之西入长安。在董卓的挟持下,汉献帝车驾浩浩荡荡西入长安。《后汉书·董卓传》载:“初,长安遭赤眉之乱,宫室营寺焚灭无余,是时唯有高庙、京兆府舍,遂便时幸焉。后移未央宫。于是尽徙洛阳人数百口于长安,步骑驱蹙,更相蹈藉,饥饿寇掠,积尸盈路。”⑦

---

① (南朝·宋)范晔:《后汉书》,中华书局 1965 年版,第 2299—2300 页。
② (南朝·宋)范晔:《后汉书》,中华书局 1965 年版,第 1850 页。
③ (晋)陈寿:《三国志》,中华书局 1959 年版,第 494 页。
④ (南朝·宋)范晔:《后汉书》,中华书局 1965 年版,第 2354 页。
⑤ 参见葛剑雄《中国移民史》第二卷第八章第三节的论述,福建人民出版社 1997 年版。
⑥ (南朝·宋)范晔:《后汉书》,中华书局 1965 年版,第 2302 页。
⑦ (南朝·宋)范晔:《后汉书》,中华书局 1965 年版,第 2327 页。

士大夫如杨彪、蔡邕、王允、傅巽等随之西迁。《后汉书·蔡邕传》载:"初平元年,拜左中郎将,从献帝迁都长安,封高阳乡侯。"①《后汉书·杨彪传》载:"卓,使司隶校尉宣播以灾异奏免琬、彪等,诣阙谢,即拜光禄大夫。十余日,迁大鸿胪,从入关。"②《后汉书·王允传》载:"初平元年,代杨彪为司徒,守尚书令如故。及董卓迁都关中,允悉收敛兰台、石室图书秘纬要者以从。既至长安,皆分别条上。又集汉朝旧事所当施用者,一皆奏之。经籍具存,允有力焉。时董卓尚留洛阳,朝政大小,悉委之于允。"③《三国志·魏志·刘表传》裴注引《傅子》曰:"巽字公悌,环伟博达,有知人鉴。辟公府,拜尚书郎。"④从傅玄《傅子》记载可知,灵帝后期至献帝初,傅巽被辟公府,拜尚书郎。文士如王粲、路粹、阮瑀等人也随至长安,受学于大学者、文士蔡邕。《三国志·魏志·王粲传》载:"献帝西迁,粲徙长安,左中郎将蔡邕见而奇之。时邕才学显著,贵重朝廷,常车骑填巷,宾客盈坐。闻粲在门,倒屣迎之。粲至,年既幼弱,容状短小,一坐尽惊。邕曰:'此王公孙也,有异才,吾不如也。吾家书籍文章,尽当与之。'"⑤《三国志·王粲传附阮瑀》载:"瑀少学于蔡邕。"⑥《三国志·魏志·王粲传》裴注引《典略》曰:"粹字文蔚,少学于蔡邕。初平中,随车驾至三辅。"⑦当年蔡邕在吴时,曾读前辈会稽人赵晔的著作,称赞不已。入京师之后,传诵,学者咸习。《后汉书·儒林传赵晔》载:"晔著《吴越春秋》、《诗细历神渊》。蔡邕至会稽,读《诗细》而叹息,以为长于论衡。邕还京师,传之,学者咸诵习焉。"⑧因此,汉末长安,形成了以蔡邕为首的文士群。京兆著名文士赵岐也从边章乱军中逃脱,辗转长安,被拜太仆。《后汉书·赵岐传》载:"大将军何进举为敦煌太守,行至襄武,岐与新除诸郡太守数人俱为贼边章等所执。贼欲胁以为帅,岐诡辞得免,展转还长安。及献帝西都,复拜议郎,稍迁太仆。"⑨

二是董卓迁都前后,洛阳的部分士大夫、文士或四散避难。著名文士卢植力驳董卓废少帝,遭免官,随后,为避祸逃遁出洛阳,隐居上谷一带。《后汉书·卢植传》载:"植以老病求归,惧不免祸,乃诡道从轩辕出。遂隐于上谷,不交人事。"⑩颍川文士、亢父令荀彧见董卓祸乱京师洛阳,便弃官归乡里。荀彧深知家乡颍川,地势平坦,不足保命,劝

---

① (南朝·宋)范晔:《后汉书》,中华书局1965年版,第2005页。
② (南朝·宋)范晔:《后汉书》,中华书局1965年版,第1787页。
③ (南朝·宋)范晔:《后汉书》,中华书局1965年版,第2174页。
④ (晋)陈寿:《三国志》,中华书局1959年版,第214页。
⑤ (晋)陈寿:《三国志》,中华书局1959年版,第597页。
⑥ (晋)陈寿:《三国志》,中华书局1959年版,第600页。
⑦ (晋)陈寿:《三国志》,中华书局1959年版,第603页。
⑧ (南朝·宋)范晔:《后汉书》,中华书局1965年版,第2575页。
⑨ (南朝·宋)范晔:《后汉书》,中华书局1965年版,第2123页。
⑩ (南朝·宋)范晔:《后汉书》,中华书局1965年版,第2119页。

喻避乱密西山的父老,可惜父老怀土不愿远走,荀彧带着宗族避地冀州,袁绍以上宾礼之。《后汉书·荀彧传》载:"中平六年,举孝廉,再迁亢父令。董卓之乱,弃官归乡里。同郡韩融时将宗亲千余家,避乱密西山中。彧谓父老曰:'颍川,四战之地也。天下有变,常为兵冲。密虽小固,不足以扞大难,宜亟避之。'乡人多怀土不能去。会冀州牧同郡韩馥遣骑迎之,彧乃独将宗族从馥,留者后多为董卓将李傕所杀略焉。彧比至冀州,而袁绍已夺馥位,绍待彧以上宾之礼。彧明有意数,见汉室崩乱,每怀匡佐之义。"①文士陈琳从京师洛阳避难冀州,依附渤海太守袁绍。《三国志·魏志·王粲传》载:"琳前为何进主簿。进欲诛诸宦官,太后不听,进乃召四方猛将,并使引兵向京城,欲以劫恐太后。琳谏进曰:……进不纳其言,竟以取祸。琳避难冀州,袁绍使典文章。"②著名文士孔融欲匡正董卓随意行废立之事,被贬为议郎,随后被董卓安排在黄巾动乱的北海国,任北海相。《后汉书·孔融传》载:"会董卓废立,融每因对答,辄有匡正之言。以忤卓旨,转为议郎。时黄巾寇数州,而北海最为贼冲,卓乃讽三府同举融为北海相。融到郡,收合士民,起兵讲武,驰檄飞翰,引谋州郡。贼张饶等群辈二十万众从冀州还,融逆击,为饶所败,乃收散兵保朱虚县。稍复鸠集吏民为黄巾所误者男女四万余人,更置城邑,立学校,表显儒术,荐举贤良郑玄、彭璆、邴原等。郡人甄子然、临孝存知名早卒,融恨不及之,乃命配食县社。其余虽一介之善,莫不加礼焉。郡人无后及四方游士有死亡者,皆为棺具而敛葬之。"③平叛黄巾军的朱俊,在董卓迁都之后,留守洛阳。朱俊与讨伐董卓的山东诸将暗通消息,担心董卓大军袭击,"乃弃官奔荆州"④。随后,进兵还洛,屯兵中牟,"移书州郡,请师讨卓"⑤。开封郑太救赡全活士大夫,谋杀国贼董卓失败后,逃徙南阳,依附袁术。《后汉书·郑太传》载:"卓既迁都长安,天下饥乱,士大夫多不得其命。而公业家有余资,日引宾客高会倡乐,所赡救者甚众。乃与何颙、荀攸共谋杀卓。事泄,颙等被执,公业脱身自武关走,东归袁术。"⑥其子郑袤,随叔父郑浑避难江东。《晋书·郑袤传》载:"袤少孤,早有识鉴。荀攸见之曰:'郑公业为不亡矣。'随叔父浑避难江东。时华歆为豫章太守,浑往依之,歆素与泰善,抚养袤如己子。"⑦文士陈琳从京师洛阳避难冀州,依附渤海太守袁绍。《三国志·魏志·王粲传》载:"琳前为何进主簿。进欲诛诸宦官,太后不听,进乃召四方猛将,并使引兵向京城,欲以劫恐太后。琳谏

---

① (南朝·宋)范晔:《后汉书》,中华书局 1965 年版,第 2281 页。
② (晋)陈寿:《三国志》,中华书局 1959 年版,第 600 页。
③ (南朝·宋)范晔:《后汉书》,中华书局 1965 年版,第 2263 页。
④ (南朝·宋)范晔:《后汉书》,中华书局 1965 年版,第 2312 页。
⑤ (南朝·宋)范晔:《后汉书》,中华书局 1965 年版,第 2312 页。
⑥ (南朝·宋)范晔:《后汉书》,中华书局 1965 年版,第 2260 页。
⑦ (唐)房玄龄:《晋书》,中华书局 1974 年版,第 1249 页。

进曰:……进不纳其言,竟以取祸。琳避难冀州,袁绍使典文章。"①著名文士边让弃官还陈留老家。《后汉书·文苑传·边让》载:"初平中,王室大乱,让去官还家。"②《三国志·魏志·崔琰传》载:"徐州黄巾贼攻破北海,玄与门人到不其山避难。时谷籴县乏,玄罢谢诸生。琰既受遣,而寇盗充斥,西道不通。于是周旋青、徐、兖、豫之郊,东下寿春,南望江、湖。自去家四年乃归,以琴书自娱。"③另外,佛教高僧等方外之士在战乱一起,就往江南迁徙。如月氏人支谦与乡人数十人从洛阳迁吴。《高僧传》载:"汉灵帝时,游于洛阳,以光和中平之间,传译梵文"④"汉献末乱,避地于吴"⑤。康居人释昙谛迁往吴兴(今浙江湖州市一带),安息高僧安清迁往江南,《高僧传》载:"高(安清)游化中国,宣经事毕,值灵帝之末,关洛扰乱,乃振锡江南。"⑥

三是董卓被诛杀之后,部将李傕、郭汜攻入长安,诛杀王允等人。随后二人反目,互相攻伐。关中等地的民众向东、向南迁徙。往东迁徙的数十万民众到达徐州,投奔徐州刺史陶谦。《后汉书·陶谦传》载:"时董卓虽诛,而李傕、郭汜作乱关中。是时四方断绝,谦每遣使闲行,奉贡西京。诏迁为徐州牧,加安东将军,封溧阳侯。是时徐方百姓殷盛,谷实甚丰,流民多归之。而谦信用非所,刑政不理。"⑦流徙至徐州的流民在曹操替父复仇击破徐州时被杀。《后汉书·陶谦传》载:"初,曹操父嵩避难琅邪,时谦别将守阴平,士卒利嵩财宝,遂袭杀之。初平四年,曹操击谦,破彭城傅阳。谦退保郯,操攻之不能克,乃还。过拔取虑、睢陵、夏丘,皆屠之。凡杀男女数十万人,鸡犬无余,泗水为之不流,自是五县城保,无复行迹。初三辅遭李傕乱,百姓流移依谦者皆歼。"⑧向南迁徙的关中数万户进入四川投奔益州牧刘焉。《后汉书·刘焉传》载:"初,南阳、三辅民数万户流入益州,焉悉收以为众,名曰'东州兵'。"⑨另外,数十万户关中人经武关,流徙到荆州。《三国志·魏志·卫觊传》记载卫觊给荀彧的书信:"关中膏腴之地,顷遭荒乱,人民流入荆州者十万余家,闻本土安宁,皆企望思归。"⑩此时的荆州在刘表的治理下⑪,倒

---

① (晋)陈寿:《三国志》,中华书局1959年版,第600页。
② (南朝·宋)范晔:《后汉书》,中华书局1965年版,第2647页。
③ (晋)陈寿:《三国志》,中华书局1959年版,第367页。
④ (梁)释慧皎:《高僧传》,中华书局1992年版,第10页。
⑤ (梁)释慧皎:《高僧传》,中华书局1992年版,第15页。
⑥ (梁)释慧皎:《高僧传》,中华书局1992年版,第5页。
⑦ (南朝·宋)范晔:《后汉书》,中华书局1965年版,第2366—2367页。
⑧ (南朝·宋)范晔:《后汉书》,中华书局1965年版,第2367页。
⑨ (南朝·宋)范晔:《后汉书》,中华书局1965年版,第2433页。
⑩ (晋)陈寿:《三国志》,中华书局1959年版,第610页。
⑪ 刘表为荆州刺史,袁术阻兵鲁阳,刘表不能至荆州上任。单马入荆州,请南郡蒯越、襄阳人蔡瑁谋划,扫平境内叛乱,移治襄阳。(南朝·宋)范晔:《后汉书》,中华书局1965年版,第2419—2420页。

成为了流民的安身之地。《后汉书·刘表传》载:"初,荆州人情好扰,加四方骇震,寇贼相扇,处处麇沸。表招诱有方,威怀兼洽,其奸猾宿贼更为效用,万里肃清,大小咸悦而服之。关西、兖、豫学士归者盖有千数,表安慰赈赡,皆得资全。遂起立学校,博求儒术,綦母闿、宋忠等撰立五经章句,谓之后定。爱民养士,从容自保。"①

这一时期,文士王粲、傅巽、邯郸淳、赵戬、赵岐、祢衡、隗禧、赵俨等流徙至荆州。王粲南迁荆州,依附刘表。《三国志·魏志·王粲传》载:"诏除黄门侍郎,以西京扰乱,皆不就。乃之荆州依刘表。表以粲貌寝而体弱通侻,不甚重也。"②《三国志·魏志·刘表传》裴注引《傅子》曰:"巽字公悌,环伟博达,有知人鉴。辟公府,拜尚书郎,后客荆州。"③《三国志·魏志·王粲传》裴注引《魏略》曰:"淳一名竺,字子叔。博学有才章,又善苍、雅、虫、篆、许氏字指。初平时,从三辅客荆州。"④颍川文士杜袭、繁钦徙居荆州。《三国志·魏志·杜袭传》载:"杜袭字子绪,颍川定陵人也。曾祖父安,祖父根,著名前世。袭避乱荆州,刘表待以宾礼。同郡繁钦数见奇于表,袭喻之曰:'吾所以与子惧来者,徒欲龙蟠幽薮,待时凤翔。岂谓刘牧当为拨乱之主而规长者委身哉?子若见能不已,非吾徒也。吾其与子绝矣!'钦慨然曰:'请敬受命。'"⑤杨赐弟子、著名儒士颍容避难荆州。《后汉书·儒林传》载:"颍容字子严,陈国长平人也。博学多通,善春秋左氏,师事太尉杨赐。郡举孝廉,州辟,公交车征,皆不就。初平中,避乱荆州,聚徒千余人。刘表以为武陵太守,不肯起。著《春秋左氏条例》五万余言,建安中卒。"⑥赵岐使荆州宣抚刘表,以老病留荆州。《后汉书·赵岐传》载:"兴平元年,诏书征岐,会帝当还洛阳,先遣卫将军董承修理宫室。岐谓承曰:'今海内分崩,唯有荆州境广地胜,西通巴蜀,南当交址,年谷独登,兵人差全。岐虽迫大命,犹志报国家,欲自乘牛车,南说刘表,可使其身自将兵来卫朝廷,与将军并心同力,共奖王室。此安上救人之策也。'承即表遣岐使荆州,督租粮。岐至,刘表即遣兵诣洛阳助修宫室,军资委输,前后不绝。时,孙嵩亦寓于表,表不为礼,岐乃称嵩素行笃烈,因共上为青州刺史。岐以老病,遂留荆州。"⑦文士祢衡此时亦避难荆州。《后汉书·文苑传祢衡》载:"祢衡字正平,平原般人也。少有才辩,而尚气刚傲,好矫时慢物。兴平中,避难荆州。"⑧祢衡在许昌忤曹操,后

① (南朝·宋)范晔:《后汉书》,中华书局1965年版,第2421页。
② (晋)陈寿:《三国志》,中华书局1959年版,第597—598页。
③ (晋)陈寿:《三国志》,中华书局1959年版,第214页。
④ (晋)陈寿:《三国志》,中华书局1959年版,第603页。
⑤ (晋)陈寿:《三国志》,中华书局1959年版,第664—665页。
⑥ (南朝·宋)范晔:《后汉书》,中华书局1965年版,第2584页。
⑦ (南朝·宋)范晔:《后汉书》,中华书局1965年版,第2124页。
⑧ (南朝·宋)范晔:《后汉书》,中华书局1965年版,第2652—2653页。

被送荆州刘表处。《后汉书·文苑传祢衡》载："融既爱衡才，数称述于曹操。操欲见之，而衡素相轻疾，自称狂病，不肯往，而数有恣言。操怀忿，而以其才名，不欲杀之。"①《后汉书·文苑传祢衡》载："操怒，谓融曰：'祢衡竖子，孤杀之犹雀鼠耳。顾此人素有虚名，远近将谓孤不能容之，今送与刘表，视当何如。'于是遣人骑送之。"②《三国志·魏志·王朗传》裴注："隗禧字子牙，京兆人也。世单家。少好学。初平中，三辅乱，禧南客荆州，不以荒扰，担负经书，每以采稆馀日，则诵习之。"③《三国志·魏志·赵俨传》载："赵俨字伯然，颍川阳翟人也。避乱荆州，与杜袭、繁钦通财同计，合为一家。"④可见，这一时期刘表治下的荆州形成了文学空间。

另外，汉献帝请还东都，经华阴、弘农、曹阳、大阳等地，历尽磨难，暂都安邑。《后汉书·董卓传》载："帝亦思旧京，因遣使敦请催求东归，……车驾即日发迈。……车驾进至华阴。宁辑将军段煨乃具服御及公卿以下资储，请帝幸其营。……李傕、郭汜既悔令天子东……而张济与杨奉、董承不相平，乃反合催、汜，共追乘舆，大战于弘农东涧。承、奉军败，百官士卒死者不可胜数，皆弃其妇女辎重，御物符策典籍，略无所遗。射声校尉沮儁被创坠马。……天子遂露次曹阳。……密遣闲使至河东，招故白波帅李乐、韩暹、胡才及南匈奴右贤王去卑，并率其众数千骑来，与承、奉共击催等，大破之，斩首数千级，乘舆乃得进。董承、李乐拥卫左右，胡才、杨奉、韩暹、去卑为后距。催等复来战，奉等大败，死者甚于东涧。……承、奉等夜乃潜议过河，使李乐先度具舟舡，举火为应。帝步出营，临河欲济，岸高十余丈，乃以绢缒而下。余人或匍匐岸侧，或从上自投，死亡伤残，不复相知。争赴舡者，不可禁制，董承以戈击披之，断手指于舟中者可掬。同济唯皇后、宋贵人、杨彪、董承及后父执金吾伏完等数十人。……既到大阳，止于人家，然后幸李乐营。百官饥饿，河内太守张杨使数千人负米贡饷。帝乃御牛车，因都安邑。河东太守王邑奉献绵帛，悉赋公卿以下。封邑为列侯，拜胡才征东将军，张杨为安国将军，皆假节、开府。其垒壁群竖，竞求拜职，刻印不给，至乃以锥画之。或赍酒肉就天子燕饮。又遣太仆韩融至弘农，与催、汜等连和。催乃放遣公卿百官，颇归宫人妇女，及乘舆器服。"⑤随后，曹操迎献帝君臣入许昌。许昌成为士大夫、文士的汇聚地，"是时许都新建，贤士大夫四方来集"⑥。

可见，东汉中平元年（184）至建安元年（196），黄巾起义、董卓等祸乱两京，社会动

---

① （南朝·宋）范晔：《后汉书》，中华书局1965年版，第2655页。
② （南朝·宋）范晔：《后汉书》，中华书局1965年版，第2656页。
③ （晋）陈寿：《三国志》，中华书局1959年版，第422页。
④ （晋）陈寿：《三国志》，中华书局1959年版，第668页。
⑤ （南朝·宋）范晔：《后汉书》，中华书局1965年版，第2338—2340页。
⑥ （南朝·宋）范晔：《后汉书》，中华书局1965年版，第2653页。

荡不安,民不聊生。文士以避乱为主,或被迫或自发向尚未燃起战火的区域流徙。除徙于徐州等地流民在曹操的复仇中被戕杀殆尽之外,流寓冀州、荆州、冀州以及更远的辽东郡的文士们基本上能苟延活命。

第二节　向心回聚:曹操平乱与建安文士回返

如果说,东汉中平元年以来,文士流徙的主流是以避乱为目的的离心流向。那么,当文士暂避战祸之后,开始寻找有政治远见与一定军事实力的政治集团,积极辅佐,以实现重整乾坤的崇高理想。到了建安时代,文士流徙的主流成了向心回聚。所谓"向心回聚",是指文士对有远见、有实力的政治集团——曹操集团,产生了高度的文化认同,从他乡返回,积极应举入仕。

建安时代,向心回聚的文士流徙与曹操四方平乱相始终。曹操是在讨卓中崛起的。董卓弄权,曹操弃官"间行东归"、"至陈留,散家财,合义兵,将以诛卓"①。曹操早被名士乔玄誉为"天下将乱,非命世之才不能济也,能安之者,其在君乎",故而赢得了荀彧、程昱、娄圭等名士的追随。《后汉书·荀彧传》载:"时,曹操在东郡,彧闻操有雄略,而度绍终不能定大业。初平二年,乃去绍从操。操与语大悦,曰:'吾子房也。'"②《三国志·魏志·程昱传》载:"刘岱为黄巾所杀。太祖临兖州,辟昱。昱将行,其乡人谓曰:'何前后之相背也!'昱笑而不应。太祖与语,说之。"③《三国志·魏志·崔琰传》裴注引《魏略》曰:"娄圭字子伯,少与太祖有旧。初平中在荆州北界合众,后诣太祖。太祖以为大将,不使典兵,常在坐席言议。"④初平三年(192),曹操在兖州破青州黄巾军,"受降卒三十余万,男女百余万口,收其精锐者,号为青州兵"⑤,军事实力大增。到了建安元年(196),曹操在荀彧等人的建议下,迎汉献帝入许。从建安元年(196)至建安二十四年(219),曹操踏上"挟天子以令诸侯"之路,平定北方。

这一时期,共出现了三次的文士向心回聚:

第一次是建安元年(196)前后,曹操迎汉献帝许都,士大夫与文士回聚许都。建安初年的文士流徙可分两类:一是朝廷征召,士大夫与文士世代受王朝的雨露之恩,对以

---

① (晋)陈寿:《三国志》,中华书局1959年版,第5页。
② (南朝·宋)范晔:《后汉书》,中华书局1965年版,第2281—2282页。
③ (晋)陈寿:《三国志》,中华书局1959年版,第426页。
④ (晋)陈寿:《三国志》,中华书局1959年版,第373—374页。
⑤ (晋)陈寿:《三国志》,中华书局1959年版,第9页。

汉献帝为代表的东汉政权十分认同。汉献帝都许，征召士大夫、文士参与政权。如文士孔融、荀彧、路粹、钟繇、郭嘉、陈群、杜袭、司马懿、戏志才、董遇等齐聚许都。《后汉书·荀彧传》载："建安元年，献帝自河东还洛阳，操议欲奉迎车驾，徙都于许。众多以山东未定，韩暹、杨奉负功恣睢，未可卒制。彧乃劝操曰：……操纵之。及帝都许，以彧为侍中，守尚书令。操每征伐在外，其军国之事，皆与彧筹焉，彧又进操计谋之士从子攸，及钟繇、郭嘉、陈群、杜袭、司马懿、戏志才等，皆称其举。"①《三国志·魏志·崔琰传附孔融》裴注引《续汉书》曰："融，孔子二十世孙也。……建安元年，征还为将作大匠，迁少府。每朝会访对，辄为议主，诸卿大夫寄名而已。"②钟繇随汉献帝东返，至许都。《三国志·魏志·钟繇传》载："后催胁天子，繇与尚书郎韩斌同策谋。天子得出长安，繇有力焉。拜御史中丞，迁侍中尚书仆射，并录前功封东武亭侯。"③《三国志·魏志·王粲传》裴注引《典略》曰："粹字文蔚……建安初，以高才与京兆严像擢拜尚书郎。"④程昱任尚书。《三国志·程昱传》载："天子都许，以昱为尚书。"⑤荀攸被征至许都。《三国志·魏志·荀攸传》载："太祖迎天子都许，遗攸书曰：'方今天下大乱，智士劳心之时也，而顾观变蜀汉，不已久乎！'于是征攸为汝南太守，入为尚书。"⑥建安元年（196），会稽太守王朗率兵拒孙策，兵败流亡。《三国志·魏志·王朗传》载："朗会稽太守。孙策渡江略地。朗功曹虞翻以为力不能拒，不如避之。朗自以身为汉吏，宜保城邑，遂举兵与策战，败绩，浮海至东冶。策又追击，大破之。朗乃诣策。策以儒雅，诘让而不害。虽流移穷困，朝不谋夕，而收恤亲旧，分多割少，行义甚著。"⑦建安三年（198）曹操上表征召王朗，由于路途遥远，王朗在建安四年（199）方至许都。《三国志·魏志·王朗传》载："太祖表征之，朗自曲阿展转江海，积年乃至。"⑧文士郭嘉避袁绍远去，荀彧荐郭嘉于曹操。《三国志·魏志·郭嘉传》载："初，北见袁绍，谓绍谋臣辛评、郭图曰：……于是遂去之。先是时，颍川戏志才，筹画士也，太祖甚器之。早卒。太祖与荀彧书曰：'自志才亡后，莫可与计事者。汝、颍固多奇士，谁可以继之？'彧荐嘉。召见，论天下事。太祖曰：'使孤成大业者，必此人也。'嘉出，亦喜曰：'真吾主也。'"⑨文士董遇任黄门侍郎，随汉献帝旦夕侍讲文义。《三国志·魏志·王朗传》裴注引《魏略》

① （南朝·宋）范晔：《后汉书》，中华书局1965年版，第2248页。
② （晋）陈寿：《三国志》，中华书局1959年版，第370—371页。
③ （晋）陈寿：《三国志》，中华书局1959年版，第391页。
④ （晋）陈寿：《三国志》，中华书局1959年版，第603页。
⑤ （晋）陈寿：《三国志》，中华书局1959年版，第428页。
⑥ （南朝·宋）范晔：《后汉书》，中华书局1965年版，第2248页。
⑦ （晋）陈寿：《三国志》，中华书局1959年版，第407页。
⑧ （晋）陈寿：《三国志》，中华书局1959年版，第407页。
⑨ （晋）陈寿：《三国志》，中华书局1959年版，第431页。

曰："及建安初,王纲小设,郡举孝廉,稍迁黄门侍郎。是时,汉帝委政太祖,遇旦夕侍讲,为天子所爱信。"①二是文士主动游许,如祢衡游许昌。《后汉书·文苑传祢衡》载："建安初,来游许下。始达颍川,乃阴怀一刺,既而无所之适,至于刺字漫灭。"②建安二年(197),赵俨从荆州投奔曹操。《三国志·魏志·赵俨传》载："建安二年,年二十七,遂扶持老弱诣太祖,太祖以俨为朗陵长。"③文士贾诩由华阴至南阳,投奔张绣,后劝张绣降曹。从此,贾诩成为曹操最主要的谋士。《三国志·魏志·贾诩传》载："绣从之,率众归太祖。太祖见之,喜,执诩手曰:'使我信重于天下者,子也。'表诩为执金吾,封都亭侯,迁冀州牧。"④曹操兵至寿春,破庐江界山贼。还师,征文士刘晔等五人至许都。《三国志·魏志·刘晔传》裴注引《傅子》曰："太祖征晔及蒋济、胡质等五人,皆扬州名士。"⑤

第二次是建安十年(205)前后,曹操平定河北之后出现的文士流徙。曹操早在建安五年(200),与袁绍对峙官渡。此时,袁绍谋士许攸投奔曹操,献计烧乌巢军粮,曹操大胜。《三国志·魏志·魏武帝纪》载："绍谋臣许攸贪财,绍不能足,来奔,因说公击琼等。左右疑之,荀攸、贾诩劝公。"⑥袁绍死后,袁尚、袁谭争权夺利⑦。建安十年(205),曹操扫平河北。

这一时期,回聚的文士有杜畿、仲长统、牵招、崔琰、辛毗、陈琳、阮瑀、崔林等人。杜畿曾携母避乱荆州,建安中期,从荆州返乡。《三国志》裴注引《魏略》曰："在荆州数岁,继母亡后,以三辅开通,负其母丧北归。"⑧其后,杜畿来到许都,受到荀彧器重。建安十年(205),并在荀彧的举荐下,任河东太守。时值曹操平定河北,而高干在并州叛乱,河东郡人卫固、范先等以借请原河东太守王邑为名,和高干勾结,"外以请邑为名,而内实与干通谋"⑨。形势严峻,曹操满怀忧惧地问计于荀彧:"关西诸将,恃险与马,征必为乱。张晟寇殽、渑间,南通刘表,固等因之,吾恐其为害深。河东被山带河,四邻多变,当今天下之要地也。君为我举萧何、寇恂以镇之。"⑩《三国志》裴注引《傅子》曰:"傅子

---

① （晋）陈寿:《三国志》,中华书局 1959 年版,第 420 页。
② （南朝·宋）范晔:《后汉书》,中华书局 1965 年版,第 2653 页。
③ （晋）陈寿:《三国志》,中华书局 1959 年版,第 668 页。
④ （晋）陈寿:《三国志》,中华书局 1959 年版,第 329 页。
⑤ （晋）陈寿:《三国志》,中华书局 1959 年版,第 444—445 页。
⑥ （晋）陈寿:《三国志》,中华书局 1959 年版,第 21 页。
⑦ 参见何兹全《三国史》"曹操扫平河北"一节。何兹全:《三国史》,人民出版社 2011 年版,第 39—42 页。
⑧ （晋）陈寿:《三国志》,中华书局 1959 年版,第 494 页。
⑨ （晋）陈寿:《三国志》,中华书局 1959 年版,第 494 页。
⑩ （晋）陈寿:《三国志》,中华书局 1959 年版,第 494 页。

曰:或称畿勇足以当大难,智能应变,其可试之。"①仲长统游学并州,受到并州刺史、袁绍外甥高干礼遇,仲长统见高干不纳其言,遂去。《后汉书·仲长统传》载:"年二十余,游学青、徐、并、冀之间,与交友者多异之。并州刺史高干,袁绍甥也。素贵有名,招致四方游士,士多归附。统过干,干善待遇,访以当时之事。统谓干曰:'君有雄志而无雄才,好士而不能择人,所以为君深戒也。'干雅自多,不纳其言,统遂去之。无几,干以并州叛,卒至于败。并、冀之士皆以是异统。"②随后,荀彧上表举荐仲长统。文士牵招从并州投奔曹操,曹操辟为从事。《三国志·魏志·牵招传》载:"建安九年,太祖围邺。(袁)尚遣招至上党,督致军粮。未还,尚破走,到中山。时尚外兄高干为并州刺史,招以并州左有恒山之险,右有大河之固,带甲五万,北阻强胡,劝干迎尚,并力观变。干既不能,而阴欲害招。招闻之,间行而去,道隔不得追尚,遂东诣太祖。太祖领冀州,辟为从事。"③曹操任用崔琰为别驾从事。《三国志·魏志·崔琰传》载:"太祖破袁氏,领冀州牧,辟琰为别驾从事。"④颍川辛毗随兄辛评追随袁绍,后代表袁谭向曹操求和,为曹操谋划。《三国志·魏志·辛毗传》载:"辛毗字佐治,颍川阳翟人也。……毗随兄评从袁绍。太祖为司空,辟毗,毗不得应命。及袁尚攻兄谭于平原,谭使毗诣太祖求和。太祖将征荆州,次于西平。毗见太祖致谭意,太祖大悦。后数日,更欲先平荆州,使谭、尚自相弊。他日置酒,毗望太祖色,知有变,以语郭嘉。嘉白太祖,太祖谓毗曰:'谭可信?尚必可克不?'毗对曰:'明公无问信与诈也,直当论其势耳。袁氏本兄弟相伐,非谓他人能间其间,乃谓天下可定于己也。今一旦求救于明公,此可知也。显甫见显思困而不能取,此力竭也。兵革败于外,谋臣诛于内,兄弟谗阋,国分为二;连年战伐,而介胄生虮虱,加以旱蝗,饥馑并臻,国无囷仓,行无裹粮,天灾应于上,人事困于下,民无愚智,皆知土崩瓦解,此乃天亡尚之时也。兵法称有石城汤池带甲百万而无粟者,不能守也。今往攻邺,尚不还救,即不能自守。还救,即谭踵其后。以明公之威,应困穷之敌,击疲弊之寇,无异迅风之振秋叶矣。天以袁尚与明公,明公不取而伐荆州。荆州丰乐,国未有衅。仲虺有言:取乱侮亡。方今二袁不务远略而内相图,可谓乱矣;居者无食,行者无粮,可谓亡矣。朝不谋夕,民命靡继,而不绥之,欲待他年;他年或登,又自知亡而改修厥德,失所以用兵之要矣。今因其请救而抚之,利莫大焉。且四方之寇,莫大于河北;河北平,则六军盛而天下震。'太祖曰:'善。'乃许谭平,次于黎阳。明年攻邺,克之,表毗为议

---

① （晋）陈寿:《三国志》,中华书局 1959 年版,第 496 页。
② （南朝·宋）范晔:《后汉书》,中华书局 1965 年版,第 1643—1644 页。
③ （晋）陈寿:《三国志》,中华书局 1959 年版,第 731 页。
④ （晋）陈寿:《三国志》,中华书局 1959 年版,第 367—368 页。

郎。"①汉献帝建安十年(205),曹操攻破南皮,杀袁谭。曹操辟用青、冀、幽、并名士,陈琳、阮瑀等人管记室。《三国志·魏志·王粲传附陈琳传》载:"袁氏败,琳归太祖。太祖谓曰:'卿昔为本初移书,但可罪状孤而已,恶恶止其身,何乃上及父祖邪?'琳谢罪,太祖爱其才而不咎。"②《三国志·魏志·王粲传附陈琳传》载:"太祖并以琳、瑀为司空军谋祭酒,管记室,军国书檄,多琳、瑀所作也。琳徙门下督,瑀为仓曹掾属。"③曹操定冀州,召文士崔林。《三国志·魏志·崔林传》载:"崔林字德儒,清河东武城人也。少时晚成,宗族莫知,惟从兄琰异之。太祖定冀州,召除邬长,贫无车马,单步之官。"④同时,避难江东的徐奕回郡,曹操辟为掾属。《三国志·魏志·徐奕传》载:"徐奕字季才,东莞人也。避难江东,孙策礼命之。奕改姓名,微服还本郡。太祖为司空,辟为掾属,从西征马超。"⑤另外,文士吴质交游曹丕、曹植兄弟间。《三国志·魏志·王粲传》裴注引《魏略》曰:"质字季重,以才学通博,为五官将及诸侯所礼爱;质亦善处其兄弟之间,若前世楼君卿之游五侯矣。及河北平定五官将为世子,质与刘桢等并在坐席。"⑥陈留文士苏林、京兆文士韦诞等入许都。《三国志·魏志·刘昭传》裴注引《魏略》曰:"林字孝友,博学,多通古今字指,凡诸书传文间危疑,林皆释之。建安中,为五官将文学,甚见礼待。"⑦《三国志·魏志·刘昭传》裴注引《文章叙录》曰:"诞字仲将,太仆端之子。有文才,善属辞章。建安中,为郡上计吏,特拜郎中。"⑧渤海文士韩宣被曹操召署军谋掾,冗散在邺。《三国志·魏志·裴潜传》裴注引《魏略》:"韩宣字景然,勃海人也。为人短小。建安中,丞相召署军谋掾,冗散在邺。"⑨

第三次是在建安十三年(208)前后,曹操发兵平定荆州之后出现的文士北徙。刘表死,刘琮主荆州。曹操南征荆州,刘琮降曹,大批文士王粲、傅巽、邯郸淳、司马芝、徐庶、赵戬、隗禧、荀纬、刘廙、桓阶、和洽、裴潜、常林、杨俊、王象等随曹操北返。

刘表死后,其子刘琦、刘琮势同水火。建安十三年(208)七月,曹操大军压境,荆州朝不保夕,王粲、傅巽等劝刘琮降曹,辟为丞相掾,赐爵关内侯。《三国志·魏志·王粲传》载:"表卒。粲劝表子琮,令归太祖。太祖辟为丞相掾,赐爵关内侯。太祖置酒汉

① (晋)陈寿:《三国志》,中华书局1959年版,第695—696页。
② (晋)陈寿:《三国志》,中华书局1959年版,第600页。
③ (晋)陈寿:《三国志》,中华书局1959年版,第602页。
④ (晋)陈寿:《三国志》,中华书局1959年版,第377页。
⑤ (晋)陈寿:《三国志》,中华书局1959年版,第377页。
⑥ (晋)陈寿:《三国志》,中华书局1959年版,第607页。
⑦ (晋)陈寿:《三国志》,中华书局1959年版,第621页。
⑧ (晋)陈寿:《三国志》,中华书局1959年版,第621页。
⑨ (晋)陈寿:《三国志》,中华书局1959年版,第675页。

滨,粲奉觞贺曰:'方今袁绍起河北,仗大众,志兼天下,然好贤而不能用,故奇士去之。刘表雍容荆楚,坐观时变,自以为西伯可规。士之避乱荆州者,皆海内之俊杰也;表不知所任,故国危而无辅。明公定冀州之日,下车即缮其甲卒,收其豪杰而用之,以横行天下;及平江、汉,引其贤俊而置之列位,使海内回心,望风而原治,文武并用,英雄毕力,此三王之举也。'后迁军谋祭酒。"①东曹掾傅巽劝刘琮举州归附曹操。《三国志·魏志·刘表传》裴注引《傅子》曰:"(傅巽)以说刘琮之功,赐爵关内侯。"②邯郸淳得曹操敬异。《三国志·魏志·王粲传》裴注引《魏略》曰:"初平时,从三辅客荆州。荆州内附,太祖素闻其名,召与相见,甚敬异之。"③《三国志·魏志·司马芝传》载:"司马芝字子华,河内温人也。少为书生,避乱荆州,……居南方十余年,躬耕守节。太祖平荆州,以芝为菅长。"④徐庶被曹操征回北方。《三国志·蜀志·诸葛亮传》载:"先主在樊闻之,率其众南行,亮与徐庶并从,为曹公所追破,获庶母。庶辞先主而指其心曰:'本欲与将军共图王霸之业者,以此方寸之地也。今已失老母,方寸乱矣,无益于事,请从此别。'遂诣曹公。"⑤赵戬得到曹操的礼遇。《后汉书·王允传附赵戬传》载:"及曹操平荆州,乃辟之,执戬手曰:'恨相见晚。'卒相国钟繇长史。"⑥流寓荆州的隗禧被曹操召署军谋掾。《三国志·魏志·王朗传》裴注:"隗禧字子牙,京兆人也。世单家。少好学。初平中,三辅乱,禧南客荆州,不以荒扰,担负经书,每以采稆馀日,则诵习之。太祖定荆州,召署军谋掾。"⑦文士荀纬被曹操召署军谋掾。《三国志·魏志·王粲传》裴注引荀勖《文章叙录》曰:"纬字公高。少喜文学。建安中,召署军谋掾。"⑧刘表杀刘望之,其弟刘廙奔曹操。《三国志·魏志·刘廙传》载:"刘廙字恭嗣,南阳安众人也。年十岁,戏于讲堂上,颍川司马德操抚其头曰:'孺子,孺子,黄中通理,宁自知不?'廙兄望之,有名于世,荆州牧刘表辟为从事。……望之不从,寻复见害。廙惧,奔扬州,遂归太祖。太祖辟为丞相掾属,转五官将文学。"⑨长沙文士桓阶说服太守张羡,举长沙四郡拒刘表,欲投曹操。刘表攻破长沙,欲辟桓阶为从事祭酒,桓阶拒之。荆州平定,曹操辟桓阶为丞相掾主簿。《三国志·魏志·桓阶传》载:"阶说其太守张羡曰:……乃举长沙及旁三郡以拒

① （晋）陈寿:《三国志》,中华书局 1959 年版,第 598 页。
② （晋）陈寿:《三国志》,中华书局 1959 年版,第 214 页。
③ （晋）陈寿:《三国志》,中华书局 1959 年版,第 603 页。
④ （晋）陈寿:《三国志》,中华书局 1959 年版,第 386 页。
⑤ （晋）陈寿:《三国志》,中华书局 1959 年版,第 914 页。
⑥ （南朝·宋）范晔:《后汉书》,中华书局 1965 年版,第 2178 页。
⑦ （晋）陈寿:《三国志》,中华书局 1959 年版,第 422 页。
⑧ （晋）陈寿:《三国志》,中华书局 1959 年版,第 604 页。
⑨ （晋）陈寿:《三国志》,中华书局 1959 年版,第 613—614 页。

表,遣使诣太祖。……太祖定荆州,闻其为张羡谋也,异之,辟为丞相掾主簿,迁赵郡太守。"①汝南文士和洽初平二年(191)前后迁往荆州,曹操平定荆州,辟为丞相掾属。《三国志·魏志·和洽传》载:"和洽字阳士,汝南西平人也。举孝廉,大将军辟,皆不就。袁绍在冀州,……遂南度武陵。太祖定荆州,辟为丞相掾属。"②裴潜从长沙归曹操。《三国志·魏志·裴潜传》载:"太祖定荆州,以潜参丞相军事,出历三县令,入为仓曹属。"③南阳文士韩暨在荆州平定后,被曹操辟为丞相士曹属。《三国志·魏志·韩暨传》载:"韩暨字公至,南阳堵阳人也。……荆州牧刘表礼辟,遂遁逃,南居孱陵界,所在见敬爱,而表深恨之。暨惧,应命,除宜城长。太祖平荆州,辟为丞相士曹属。后选乐陵太守,徙监冶谒者。"④《三国志·魏志·常林传》载:"后刺史梁习荐州界名士林及杨俊、王凌、王象、荀纬,太祖皆以为县长。"⑤《三国志·魏志·杨俊传》裴注引《魏略》曰:"王象字羲伯。既为俊所知拔,果有才志。建安中,与同郡荀纬等俱为魏太子所礼待。"⑥

建安十年(205),曹操平定冀州之后,开始营建邺城⑦,曹操的政治文化中心转向河北邺城。随后,曹操诸子官属设立"文学",成为诸多文士汇聚邺城的契机⑧。建安十年(205)以来,邺下形成了独特的文士集团。

第三节　离中分向:流徙文士与蜀吴崛起

董卓进京,"把中央的局面弄糟了,正给有野心想要割据的人一个好机会"⑨。曹操成功运用了献帝名分,建立霸业。许都吸引了大量流徙的北方文士向心回聚。当然,汉献帝受制于曹操,清醒的文士,认为"曹操,名为汉相,实为汉贼"⑩,一语道破玄机。诸

①　(晋)陈寿:《三国志》,中华书局 1959 年版,第 631—632 页。
②　(晋)陈寿:《三国志》,中华书局 1959 年版,第 655 页。
③　(晋)陈寿:《三国志》,中华书局 1959 年版,第 671—672 页。
④　(晋)陈寿:《三国志》,中华书局 1959 年版,第 677 页。
⑤　(晋)陈寿:《三国志》,中华书局 1959 年版,第 659 页。
⑥　(晋)陈寿:《三国志》,中华书局 1959 年版,第 664 页。
⑦　曹操营建邺城的具体过程,可参见薛瑞泽《曹操对邺城的经营》一文。薛瑞泽:《曹操对邺城的经营》,《黄河科技大学学报》2012 年第 2 期。
⑧　胡大雷:《中古文学集团》,广西师范大学出版社 1996 年版,第 38 页。
⑨　吕思勉:《三国史话》,见《吕著史地通俗读物四种》,上海古籍出版社 2010 年版,第 216 页。
⑩　(晋)陈寿:《三国志》,中华书局 1959 年版,第 1261 页。

葛亮也劝孟公威,说"中国饶士大夫,遨游何必故乡邪!"①可见,汉末以离心避难为目的
文士流徙过程中,不少文士流向不同的政治势力——刘备集团与孙吴集团,即"离中分
向"。应该说,吴蜀崛起与流徙文士的关系甚大。下面就分述刘备集团、孙吴集团的文
士流徙问题。

一、辗转多地的刘备集团与流徙文士

刘备集团先辗转于徐州,再投奔荆州刘表,最后溯江入川,占据益州。刘备集团在
辗转中广揽人才,多得流徙此地的文士。

刘备虽为贵胄之后,但出身微末,得到富商张世平、苏双的财贽,才合徒聚众。恰逢
黄巾之乱,刘备投奔校尉邹靖,讨伐黄巾军。《三国志·蜀志·先主传》载:"灵帝末,黄
巾起,州郡各举义兵,先主率其属从校尉邹靖讨黄巾贼有功,除安喜尉。"②平定黄巾军
的军功,并未给刘备捞起更多的政治资本。只得寄身徐州牧陶谦,陶谦临死之前,叮嘱
别驾从事麋竺,"非刘备不能安此州也"③。随后,文士麋竺率徐州士大夫迎接刘备。本
来州郡官长,乃朝廷委任。陶谦竟将州郡私授刘备,真是咄咄怪事。此时,刘备不仅有
了政治资本,有得到麋竺、孙干、刘琰、简雍等文士的追随。麋竺以徐州别驾从事,支持
刘备收管徐州。《三国志·蜀志·麋竺传》载:"麋竺字子仲,东海胸人也。祖世货殖,
僮客万人,赀产钜亿。后徐州牧陶谦辟为别驾从事。谦卒,竺奉谦遗命,迎先主于小
沛。"④麋竺不仅将妹妹嫁于刘备,赠送客奴二千,以金银货币资助军费,而且为刘备联
络荆州刘表。《三国志·蜀志·麋竺传》载:"竺于是进妹于先主为夫人,奴客二千,金
银货币以助军资;于时困匮,赖此复振。"⑤刘备领徐州,辟北海文士孙干为从事。《三国
志·蜀志·孙干传》载:"孙干字公佑,北海人也。先主领徐州,辟为从事,后随从周旋。
先主之背曹公,遣干自结袁绍,将适荆州,干又与麋竺俱使刘表,皆如意指。"⑥《三国
志·蜀志·刘琰传》载:"刘琰字威硕,鲁国人也。先主在豫州,辟为从事,以其宗姓,有
风流,善谈论,厚亲待之,遂随从周旋,常为宾客。"⑦另外,旧友、下层文士追随刘备左
右。《三国志·蜀志·简雍传》载:"简雍字宪和,涿郡人也。少与先主有旧,随从周

---

① (晋)陈寿:《三国志》,中华书局1959年版,第911页。
② (晋)陈寿:《三国志》,中华书局1959年版,第872页。
③ (晋)陈寿:《三国志》,中华书局1959年版,第873页。
④ (晋)陈寿:《三国志》,中华书局1959年版,第969页。
⑤ (晋)陈寿:《三国志》,中华书局1959年版,第970页。
⑥ (晋)陈寿:《三国志》,中华书局1959年版,第970页。
⑦ (晋)陈寿:《三国志》,中华书局1959年版,第1001页。

旋。"①建安十二年(207),杨仪投奔关羽。《三国志·蜀志·杨仪传》载:"杨仪字威公,襄阳人也。建安中,为荆州刺史傅群主簿,背群而诣襄阳太守关羽。羽命为功曹,遣奉使西诣先主。"②随后,刘备失据徐州,辗转流徙,四处投奔。

　　建安六年(201),刘备仍寄人篱下,依附荆州刘表,屯兵新野。刘备在荆州,交接荆州豪杰,广揽人才。《三国志·蜀志·先主传》载:"先主遣麋竺、孙干与刘表相闻,表自郊迎,以上宾礼待之,益其兵,使屯新野。荆州豪杰归先主者日益多,表疑其心,阴御之。"③刘备此举,几乎给自己带来灭顶之灾。《三国志·蜀志·先主传》裴注引《世语》曰:"备屯樊城,刘表礼焉,惮其为人,不甚信用。曾请备宴会,蒯越、蔡瑁欲因会取备,备觉之,伪如厕,潜遁出。所乘马名的卢,骑的卢走,堕襄阳城西檀溪水中,溺不得出。备急曰:'的卢,今日厄矣,可努力!'的卢乃一踊三丈,遂得过,乘桴渡河,中流而追者至,以表意谢之,曰:'何去之速乎!'"④建安十二年(207),刘备访得避难荆州的诸葛亮、徐庶等文士。《三国志·蜀志·诸葛亮传》裴注引《襄阳记》曰:"刘备访世事于司马德操。德操曰:'儒生俗士,岂识时务?识时务者在乎俊杰。此间自有伏龙、凤雏。'备问为谁,曰:'诸葛孔明、庞士元也。'"⑤随后,文士徐庶拜谒刘备,因缘求得诸葛孔明,明确了政治方向,为后来割据西南奠定了基础。《三国志·蜀志·诸葛亮传》载:"时先主屯新野。徐庶见先主,先主器之,谓先主曰:'诸葛孔明者,卧龙也,将军岂愿见之乎?'先主曰:'君与俱来。'庶曰:'此人可就见,不可屈致也。将军宜枉驾顾之。'由是先主遂诣亮,凡三往,乃见。因屏人曰:'汉室倾颓,奸臣窃命,主上蒙尘。孤不度德量力,欲信大义于天下,而智术浅短,遂用猖獗,至于今日。然志犹未已,君谓计将安出?'亮答曰:'自董卓已来,豪杰并起,跨州连郡者不可胜数。曹操比于袁绍,则名微而众寡,然操遂能克绍,以弱为强者,非惟天时,抑亦人谋也。今操已拥百万之众,挟天子而令诸侯,此诚不可与争锋。孙权据有江东,已历三世,国险而民附,贤能为之用,此可以为援而不可图也。荆州北据汉、沔,利尽南海,东连吴会,西通巴、蜀,此用武之国,而其主不能守,此殆天所以资将军,将军岂有意乎? 益州险塞,沃野千里,天府之土,高祖因之以成帝业。刘璋闇弱,张鲁在北,民殷国富而不知存恤,智能之士思得明君。将军既帝室之胄,信义著于四海,总揽英雄,思贤如渴,若跨有荆、益,保其岩阻,西和诸戎,南抚夷越,外结好孙权,内修政理;天下有变,则命一上将将荆州之军以向宛、洛,将军身率益州

①　(晋)陈寿:《三国志》,中华书局1959年版,第970页。
②　(晋)陈寿:《三国志》,中华书局1959年版,第1004页。
③　(晋)陈寿:《三国志》,中华书局1959年版,第876页。
④　(晋)陈寿:《三国志》,中华书局1959年版,第876—877页。
⑤　(晋)陈寿:《三国志》,中华书局1959年版,第913页。

之众出于秦川，百姓孰敢不箪食壶浆以迎将军者乎？诚如是，则霸业可成，汉室可兴矣。'"①等到建安十三年（208），曹操兵下荆州，随刘备南奔的荆楚之士如云。《三国志·蜀志·刘巴传》载："表卒，曹公征荆州。先主奔江南，荆、楚群士从之如云。"②诸葛亮在刘备危难之际，促成孙刘联盟，赢得了赤壁之战，为三国鼎立奠定了格局。建安十四年（209），刘备被表为荆州牧之后，得到庞统、伊籍、马良兄弟、陈震、廖立、向朗、蒋琬、邓方、辅匡、刘邕、张存、殷观、冯习、张南、郝普、潘濬等文士的辅佐。庞统乃是襄阳人，被司马徽称为"南州士之冠冕"③。《三国志·蜀志·庞统传》载："先主领荆州，统以从事守耒阳令，在县不治，免官。吴将鲁肃遗先主书曰：……诸葛亮亦言之于先主，先主见与善谭，大器之，以为治中从事。亲待亚于诸葛亮，遂与亮并为军师中郎将。亮留镇荆州。统随从入蜀。"④徐庶后因其母被曹操俘获，不得不北上归曹。《三国志·蜀志·伊籍传》载："伊籍字机伯，山阳人。少依邑人镇南将军刘表。先主之在荆州，籍常往来自讬。表卒，遂随先主南渡江，从入益州。"⑤《三国志·蜀志·马良传》载："马良字季常，襄阳宜城人也。……先主领荆州，辟为从事。"⑥《三国志·蜀志·马良传》载："良弟谡，字幼常，以荆州从事随先主入蜀，除绵竹成都令、越隽太守。"⑦《三国志·蜀志·陈震传》载："陈震字孝起，南阳人也。先主领荆州牧，辟为从事，部诸郡，随先主入蜀。"⑧《三国志·蜀志·廖立传》载："廖立。字公渊，武陵临沅人。先主领荆州牧，辟为从事，年未三十，擢为长沙太守。"⑨《三国志·蜀志·向朗传》载："向朗字巨达，襄阳宜城人也。荆州牧刘表以为临沮长。表卒，归先主。"⑩刘备征零陵等郡，得蒋琬等文士。《三国志·蜀志·蒋琬传》载："蒋琬字公琰、零陵湘乡人也。弱冠与外弟泉陵刘敏俱知名。琬以州书佐随先主入蜀，除广都长。"⑪《三国志·蜀志·杨戏传》载："孔山名方，南郡人也。以荆州从事随先主入蜀。蜀既定，为犍为属国都尉。"⑫《三国志·蜀志·杨戏传》载："辅元弼名匡，襄阳人也。随先主入蜀。益州既定，为巴郡太守。"⑬

① （晋）陈寿：《三国志》，中华书局 1959 年版，第 912—913 页。
② （晋）陈寿：《三国志》，中华书局 1959 年版，第 980 页。
③ （晋）陈寿：《三国志》，中华书局 1959 年版，第 953 页。
④ （晋）陈寿：《三国志》，中华书局 1959 年版，第 953 页。
⑤ （晋）陈寿：《三国志》，中华书局 1959 年版，第 971 页。
⑥ （晋）陈寿：《三国志》，中华书局 1959 年版，第 982 页。
⑦ （晋）陈寿：《三国志》，中华书局 1959 年版，第 983 页。
⑧ （晋）陈寿：《三国志》，中华书局 1959 年版，第 984 页。
⑨ （晋）陈寿：《三国志》，中华书局 1959 年版，第 997 页。
⑩ （晋）陈寿：《三国志》，中华书局 1959 年版，第 1010 页。
⑪ （晋）陈寿：《三国志》，中华书局 1959 年版，第 1057 页。
⑫ （晋）陈寿：《三国志》，中华书局 1959 年版，第 1081 页。
⑬ （晋）陈寿：《三国志》，中华书局 1959 年版，第 1084 页。

《三国志·蜀志·杨戏传》载:"刘南和名邕,义阳人也。随先主入蜀。益州既定,为江阳太守。"①《三国志·蜀志·杨戏传》载:"处仁本名存,南阳人也。以荆州从事随先主入蜀,南次至雒,以为广汉太守。"②《三国志·蜀志·杨戏传》载:"孔休名观,为荆州主簿别驾从事,见先主传。失其郡县。文祥名祯,襄阳人也。随先主入蜀,历雒、郫令,(南)广汉太守。"③《三国志·蜀志·杨戏传》载:"休元名习,南郡人。随先主入蜀。"④《三国志·蜀志·杨戏传》载:"文进名南,亦自荆州随先主入蜀。"⑤《三国志·蜀志·杨戏传》载:"郝普字子太,义阳人。先主自荆州入蜀,以普为零陵太守。"⑥《三国志·蜀志·杨戏传》载:"潘浚字承明,武陵人也。先主入蜀,以为荆州治中,典留州事,亦与关羽不穆。"⑦关羽败后,潘浚投吴。《三国志·吴志·潘浚传》裴注引《吴书》曰:"浚为人聪察,对问有机理,山阳王粲见而贵异之。由是知名,为郡功曹。"⑧

建安十七年(212),入川后的刘备与益州牧刘璋反目,兵戈相向。刘备定益州后,又收纳了益州文士,如许靖、秦宓、刘巴、董和、董恢、吕乂、彭羕、廖立、李严、张裔、费诗、杜微、周群、杜琼、许慈、孟光、来敏、尹默、李譔、黄权、李恢、张嶷、费祎、张翼、宗预、费观、王谋、杨颙、何宗、吴壹、王甫、李邵、马勋、马齐、李福、龚禄、龚衡、程畿等。《三国志·蜀志·先主传》载:"十九年夏,雒城破,进围成都数十日,璋出降。……先主复领益州牧,诸葛亮为股肱,法正为谋主,关羽、张飞、马超为爪牙,许靖、糜竺、简雍为宾友。及董和、黄权、李严等本璋之所授用也,吴壹、费观等又璋之婚亲也,彭羕又璋之所排摈也,刘巴者宿昔之所忌恨也,皆处之显任,尽其器能。有志之士,无不竞劝。"⑨《三国志·蜀志·许靖传》载:"十九年,先主克蜀,以靖为左将军长史。"⑩《三国志·蜀志·秦宓传》载:"先主既定益州,广汉太守夏侯纂请宓为师友祭酒,领五官掾,称曰仲父。宓称疾,卧在第舍,纂将功曹古朴、主簿王普,厨膳即宓第宴谈,宓卧如故。"⑪《三国志·蜀志·秦宓传》载:"益州辟宓为从事祭酒。"⑫刘巴后从交趾至蜀,投奔刘备。《三国

① (晋)陈寿:《三国志》,中华书局1959年版,第1084页。
② (晋)陈寿:《三国志》,中华书局1959年版,第1085页。
③ (晋)陈寿:《三国志》,中华书局1959年版,第1085页。
④ (晋)陈寿:《三国志》,中华书局1959年版,第1088页。
⑤ (晋)陈寿:《三国志》,中华书局1959年版,第1088页。
⑥ (晋)陈寿:《三国志》,中华书局1959年版,第1090页。
⑦ (晋)陈寿:《三国志》,中华书局1959年版,第1090页。
⑧ (晋)陈寿:《三国志》,中华书局1959年版,第1090页。
⑨ (晋)陈寿:《三国志》,中华书局1959年版,第882—883页。
⑩ (晋)陈寿:《三国志》,中华书局1959年版,第966页。
⑪ (晋)陈寿:《三国志》,中华书局1959年版,第974—975页。
⑫ (晋)陈寿:《三国志》,中华书局1959年版,第976页。

志·蜀志·刘巴传》载："巴复从交址至蜀。俄而先主定益州，巴辞谢罪负，先主不责。而诸葛孔明数称荐之，先主辟为左将军西曹掾。"①《三国志·蜀志·董和传》载："先主定蜀，征和为掌军中郎将，与军师将军诸葛亮并署左将军大司马府事，献可替否，共为欢交。"②《三国志·蜀志·董允传》裴注引《襄阳记》曰："董恢字休绪，襄阳人。入蜀，以宣信中郎副费祎使吴。"③《三国志·蜀志·吕乂传》载："吕乂字季阳，南阳人也。……乂少孤，好读书鼓琴。初，先主定益州，置盐府校尉，较盐铁之利，后校尉王连请乂及南阳杜祺、南乡刘干等并为典曹都尉。乂迁新都、绵竹令，乃心隐恤，百姓称之，为一州诸城之首。迁巴西太守。"④《三国志·蜀志·彭羕传》载："（彭）羕仕州，不过书佐，后又为众人所谤毁于州牧刘璋，璋髡钳羕为徒隶。会先主入蜀，溯流北行。羕欲纳说先主，乃往见庞统。……统大善之，而法正宿自知羕，遂并致之先主。先主亦以为奇，数令羕宣传军事，指授诸将，奉使称意，识遇日加。成都既定，先主领益州牧，拔羕为治中从事。"⑤《三国志·蜀志·李严传》载："李严字正方，南阳人也。少为郡职吏，以才干称。荆州牧刘表使历诸郡县。曹公入荆州时，严宰秭归，遂西诣蜀，刘璋以为成都令，复有能名。建安十八年，署严为护军，拒先主于绵竹。严率众降先主，先主拜严裨将军。成都既定，为犍为太守、兴业将军。"⑥《三国志·蜀志·张裔传》载："张裔字君嗣，蜀郡成都人也。治《公羊春秋》，博涉《史》《汉》。……为璋奉使诣先主，先主许以礼其君而安其人也，裔还，城门乃开。先主以裔为巴郡太守，还为司金中郎将，典作农战之器。"⑦《三国志·蜀志·费诗传》载："费诗字公举，犍为南安人也。刘璋时为绵竹令，先主攻绵竹时，诗先举城降。成都既定，先主领益州牧，以诗为督军从事，出为牂牁太守，还为州前部司马。"⑧《三国志·蜀志·杜微传》载："杜微字国辅，梓潼涪人也。少受学于广汉任安。刘璋辟为从事，以疾去官。及先主定蜀，微常称聋，闭门不出。"⑨《三国志·蜀志·周群传》载："州牧刘璋，辟以为师友从事。先主定蜀，署儒林校尉。"⑩《三国志·蜀志·杜琼传》载："杜琼字伯瑜，蜀郡成都人也。少受学于任安，精究安术。刘璋时辟

① （晋）陈寿：《三国志》，中华书局1959年版，第981页。
② （晋）陈寿：《三国志》，中华书局1959年版，第979页。
③ （晋）陈寿：《三国志》，中华书局1959年版，第968页。
④ （晋）陈寿：《三国志》，中华书局1959年版，第988页。
⑤ （晋）陈寿：《三国志》，中华书局1959年版，第995页。
⑥ （晋）陈寿：《三国志》，中华书局1959年版，第998页。
⑦ （晋）陈寿：《三国志》，中华书局1959年版，第1011页。
⑧ （晋）陈寿：《三国志》，中华书局1959年版，第1015页。
⑨ （晋）陈寿：《三国志》，中华书局1959年版，第1019页。
⑩ （晋）陈寿：《三国志》，中华书局1959年版，第1020页。

为从事。先主定益州，领牧，以琼为议曹从事。"①《三国志·蜀志·许慈传》载："许慈字仁笃，南阳人也。师事刘熙，善《郑氏》学，治《易》、《尚书》、《三礼》、《毛诗》、《论语》。建安中，与许靖等俱自交州入蜀。……先主定蜀，承丧乱历纪，学业衰废，乃鸠合典籍，沙汰众学，慈、潜并为学士，与孟光、来敏等典掌旧文。"②《三国志·蜀志·孟光传》载："孟光字孝裕，河南洛阳人，汉太尉孟郁之族。灵帝末为讲部吏。献帝迁都长安，遂逃入蜀，刘焉父子待以客礼。博物识古，无书不览，尤锐意三史，长于汉家旧典。好《公羊春秋》而讥呵《左氏》，每与来敏争此二义，光常譊譊谨咋。先主定益州，拜为议郎，与许慈等并掌制度。"③《三国志·蜀志·来敏传》载："来敏字敬达，义阳新野人，来歙之后也。父艳，为汉司空。汉末大乱，敏随姊夫奔荆州，姊夫黄琬是刘璋祖母之侄，故璋遣迎琬妻，敏遂俱与姊入蜀，常为璋宾客。涉猎书籍，善《左氏春秋》，尤精于《仓》、《雅》训诂，好是正文字。先主定益州，署敏典学校尉。"④《三国志·蜀志·尹默传》载："尹默字思潜，梓潼涪人。益部多贵今文而不崇章句，默知其不博，乃远游荆州，从司马德操、宋仲子等受古学。皆通诸经史，又专精于《左氏春秋》，自刘歆条例，郑众、贾逵父子、陈元、（方）服虔注说，咸略诵述，不复按本。先主定益州，领牧，以为劝学从事。"⑤《三国志·蜀志·李譔传》载："李譔字钦仲，梓潼涪人也。父仁，字德贤，与同县尹默俱游荆州，从司马徽、宋忠等学。譔具传其业，又从默讲论义理，五经、诸子，无不该览，加博好技艺，算术、卜数、医药、弓弩、机械之巧，皆致思焉。始为州书佐、尚书令史。"⑥《三国志·蜀志·黄权传》载："黄权字公衡，巴西阆中人也。少为郡吏，州牧刘璋召为主簿。……及先主袭取益州，将帅分下郡县，郡县望风景附，权闭城坚守，须刘璋稽服，乃诣降先主。先主假权偏将军。……然卒破杜濩、朴胡，杀夏侯渊，据汉中，皆权本谋也。"⑦《三国志·蜀志·李恢传》载："李恢字德昂，建宁俞元人也。……后贡恢于州，涉道未至，闻先主自葭萌还攻刘璋。恢知璋之必败，先主必成，乃托名郡使，北诣先主，遇于绵竹。先主嘉之，从至雒城，遣恢至汉中交好马超，超遂从命。成都既定，先主领益州牧，以恢为功曹书佐主簿。"⑧《三国志·蜀志·张嶷传》载："张嶷字伯岐，巴郡南充国人也。弱冠为县功曹。先主定蜀之际，山寇攻县，县长捐家逃亡，嶷冒白刃，携负夫

① （晋）陈寿：《三国志》，中华书局 1959 年版，第 1021 页。
② （晋）陈寿：《三国志》，中华书局 1959 年版，第 1022—1023 页。
③ （晋）陈寿：《三国志》，中华书局 1959 年版，第 1023 页。
④ （晋）陈寿：《三国志》，中华书局 1959 年版，第 1025 页。
⑤ （晋）陈寿：《三国志》，中华书局 1959 年版，第 1026 页。
⑥ （晋）陈寿：《三国志》，中华书局 1959 年版，第 1026—1027 页。
⑦ （晋）陈寿：《三国志》，中华书局 1959 年版，第 1043 页。
⑧ （晋）陈寿：《三国志》，中华书局 1959 年版，第 1043 页。

人,夫人得免。由是显名,州召为从事。"①《三国志·蜀志·费祎传》载:"费祎字文伟,江夏鄳人也。少孤,依族父伯仁。伯仁姑,益州牧刘璋之母也。璋遣使迎仁,仁将祎游学入蜀。会先主定蜀,祎遂留益土,与汝南许叔龙、南郡董允齐名。时许靖丧子,允与祎欲共会其葬所。允白父和请车,和遣开后鹿车给之。允有难载之色,祎便从前先上。及至丧所,诸葛亮及诸贵人悉集,车乘甚鲜,允犹神色未泰,而祎晏然自若。持车人还,和问之,知其如此,乃谓允曰:'吾常疑汝于文伟优劣未别也,而今而后,吾意了矣。'"②《三国志·蜀志·邓芝传》载:"邓芝字伯苗,义阳新野人,汉司徒禹之后也。汉末入蜀,未见知待。时益州从事张裕善相,芝往从之,……芝闻巴西太守庞羲好士,往依焉。先主定益州,芝为郫邸阁督。先主出至郫,与语,大奇之,擢为郫令,迁广汉太守。"③《三国志·蜀志·宗预传》载:"宗预字德艳,南阳安众人也。建安中,随张飞入蜀。"④《三国志·蜀志·杨戏传》载:"宾伯名观,江夏鄳人也。刘璋母,观之族姑,璋又以女妻观。观建安十八年参李严军,拒先主于绵竹,与严俱降,先主既定益州,拜为裨将军。"⑤《三国志·蜀志·杨戏传》载:"王元泰名谋,汉嘉人也。有容止操行。刘璋时,为巴郡太守,还为州治中从事。先主定益州,领牧,以为别驾。"⑥《三国志·蜀志·杨戏传》裴注引《襄阳记》曰:"杨颙字子昭,杨仪宗人也。入蜀,为巴郡太守,丞相诸葛亮主簿。亮尝自校簿书,颙直入谏曰:'为治有体,上下不可相侵,请为明公以作家譬之。今有人使奴执耕稼,婢典炊爨,鸡主司晨,犬主吠盗,牛负重载,马涉远路,私业无旷,所求皆足,雍容高枕,饮食而已,忽一旦尽欲以身亲其役,不复付任,劳其体力,为此碎务,形疲神困,终无一成。岂其智之不如奴婢鸡狗哉?失为家主之法也。是故古人称坐而论道谓之三公,作而行之谓之士大夫。故邴吉不问横道死人而忧牛喘,陈平不肯知钱谷之数,云自有主者,彼诚达于位分之体也。今明公为治,乃躬自校簿书,流汗竟日,不亦劳乎!'亮谢之。后为东曹属典选举。颙死,亮垂泣三日。"⑦《三国志·蜀志·杨戏传》载:"何彦英名宗,蜀郡郫人也。事广汉任安学,精究安术,与杜琼同师而名问过之。刘璋时,为犍为太守。先主定益州,领牧,辟为从事祭酒。"⑧《三国志·蜀志·杨戏传》载:"子远名壹,陈留人也。随刘焉入蜀。刘璋时,为中郎将,将兵拒先主于涪,诣降。先主定益州,

① （晋）陈寿:《三国志》,中华书局 1959 年版,第 1051 页。
② （晋）陈寿:《三国志》,中华书局 1959 年版,第 1060 页。
③ （晋）陈寿:《三国志》,中华书局 1959 年版,第 1073 页。
④ （晋）陈寿:《三国志》,中华书局 1959 年版,第 1075 页。
⑤ （晋）陈寿:《三国志》,中华书局 1959 年版,第 1081 页。
⑥ （晋）陈寿:《三国志》,中华书局 1959 年版,第 1082 页。
⑦ （晋）陈寿:《三国志》,中华书局 1959 年版,第 1083 页。
⑧ （晋）陈寿:《三国志》,中华书局 1959 年版,第 1083 页。

以壹为护军讨逆将军,纳壹妹为夫人。"①《三国志·蜀志·杨戏传》载:"国山名甫,广汉郪人也。好人流言议。刘璋时,为州书佐。先主定蜀后,为绵竹令,还为荆州议曹从事。"②《三国志·蜀志·杨戏传》载:"永南名邵,广汉郪人也。先主定蜀后,为州书佐部从事。"③《三国志·蜀志·杨戏传》载:"盛衡名勋,承伯名齐,皆巴西阆中人也。勋,刘璋时为州书佐,先主定蜀,辟为左将军属,后转州别驾从事。"④《三国志·蜀志·杨戏传》载:"齐为太守张飞功曹。飞贡之先主,为尚书郎。"⑤《三国志·蜀志·杨戏传》载:"孙德名福,梓潼涪人也。先主定益州后,为书佐、西充国长、成都令。"⑥《三国志·蜀志·杨戏传》载:"德绪名禄,巴西安汉人也。先主定益州,为郡从事牙门将。"⑦《三国志·蜀志·杨戏传》载:"弟衡,景耀中为领军。义强名士,广汉郪人,国山从兄也。从先主入蜀后,举孝廉,为符节长,迁牙门将,出为宕渠太守,徙在犍为。"⑧《三国志·蜀志·杨戏传》载:"季然名畿,巴西阆中人也。刘璋时为汉昌长。……璋闻之,迁畿江阳太守。先主领益州牧,辟为从事祭酒。"⑨

二、孙吴集团崛起与流徙文士

东汉末年,孙吴集团的第一代创业者孙坚,也曾加入平叛黄巾军的行列。《三国志·吴志·孙破虏讨逆传》载:"中平元年,黄巾贼帅张角起于魏郡,托有神灵,遣八使以善道教化天下,而潜相连结,自称黄天泰平。三月甲子,三十六方一旦俱发,天下响应,燔烧郡县,杀害长吏。汉遣车骑将军皇甫嵩、中郎将朱俊将兵讨击之。俊表请坚为佐军司马,乡里少年随在下邳者皆愿从。坚又募诸商旅及淮、泗精兵,合千许人,与俊并力奋击,所向无前。"⑩中平四年(187),孙坚为长沙太守,平定郡内叛乱。"汉朝时候,湖南还未甚开辟,长沙僻在南方,与中原大局无甚关系。倘使做太守的是一个苟且偷安的人,大可闭境息民,置境外之事于不问。孙坚却是有野心的。他听得东诸侯起兵讨卓,也就立即起兵。"⑪孙坚至鲁阳,与讨伐董卓的诸侯之一——袁术相见。孙坚在攻击

---

① (晋)陈寿:《三国志》,中华书局1959年版,第1083页。
② (晋)陈寿:《三国志》,中华书局1959年版,第1086页。
③ (晋)陈寿:《三国志》,中华书局1959年版,第1086页。
④ (晋)陈寿:《三国志》,中华书局1959年版,第1086—1087页。
⑤ (晋)陈寿:《三国志》,中华书局1959年版,第1087页。
⑥ (晋)陈寿:《三国志》,中华书局1959年版,第1087页。
⑦ (晋)陈寿:《三国志》,中华书局1959年版,第1088页。
⑧ (晋)陈寿:《三国志》,中华书局1959年版,第1088页。
⑨ (晋)陈寿:《三国志》,中华书局1959年版,第1089页。
⑩ (晋)陈寿:《三国志》,中华书局1959年版,第1094页。
⑪ 吕思勉:《三国史话》,见《吕著史地通俗读物四种》,上海古籍出版社2010年版,第218页。

董卓上厥功甚伟。后来，孙坚奉袁术之命，进军攻打刘表，被黄祖军士射杀。孙坚长子孙策，葬父载母于曲阿，追随舅父丹杨太守吴景，招募数百人。后孙策投奔袁术，其父孙坚的部曲归孙策统率。孙策乞兵袁术，助舅父吴景平江东，袁术从之。《三国志·吴志·孙破虏讨逆传》载："术自用故吏琅邪惠衢为扬州刺史，更以景为督军中郎将，与贲共将兵击英等，连年不克。策乃说术，乞助景等平定江东。"①从此，孙策摆脱袁术的控制，渡江南下，袭破扬州刺史刘繇，控制江东，取会稽、吴郡、豫章、庐陵等。后来孙策遇刺身亡，孙权继承父兄事业，与刘备联手，打败曹操的进攻，分割荆州，对峙江东。

　　孙策兄弟创业的过程中，得周瑜、鲁肃、张纮、张昭、太史慈、诸葛瑾、步骘、吕蒙、吕范、秦松、陈端、严畯、程秉、阚泽、唐固、薛综、虞翻、骆统、步骘、刘惇、赵达等流徙江东文士群体的辅佐。《三国志·吴志·孙破虏讨逆传》裴注引《江表传》曰："坚为朱俊所表，为佐军，留家著寿春。策年十余岁，已交结知名，声誉发闻。有周瑜者，与策同年，亦英达夙成，闻策声闻，自舒来造焉。便推结分好，义同断金，劝策徙居舒，策从之。"②《三国志·吴志·周瑜传》载："周瑜字公瑾，庐江舒人也。瑜长壮有姿貌。初，孙坚兴义兵讨董卓，徙家于舒。坚子策与瑜同年，独相友善，瑜推道南大宅以舍策，升堂拜母，有无通共。瑜从父尚为丹杨太守，瑜往省之。会策将东渡，到历阳，驰书报瑜，瑜将兵迎策。策大喜曰：'吾得卿，谐也。'"③临淮文士鲁肃，见天下扰乱，淮泗之间不足避乱，带部曲等人避难江东，投奔孙策。《三国志·吴志·鲁肃传》裴注引《吴书》曰："肃体貌魁奇，少有壮节，好为奇计。天下将乱，乃学击剑骑射，招聚少年，给其衣食，往来南山中射猎，阴相部勒，讲武习兵。父老咸曰：'鲁氏世衰，乃生此狂儿！'后雄杰并起，中州扰乱，肃乃命其属曰：'中国失纲，寇贼横暴，淮、泗间非遗种之地，吾闻江东沃野万里，民富兵强，可以避害，宁肯相随俱至乐土，以观时变乎？'其属皆从命。乃使细弱在前，强壮在后，男女三百余人行。州追骑至，肃等徐行，勒兵持满，谓之曰：'卿等丈夫，当解大数。今日天下兵乱，有功弗赏，不追无罚，何为相逼乎？'又自植盾，引弓射之，矢皆洞贯。骑既嘉肃言，且度不能制，乃相率还。肃渡江往见策，策亦雅奇之。"④在周瑜的推荐下，鲁肃拜见孙权，为孙权谋"鼎足江东"之大政。《三国志·吴志·鲁肃传》载："权即见肃，与语甚悦之。众宾罢退，肃亦辞出，乃独引肃还，合榻对饮。因密议曰：……肃对曰：'昔高帝区区欲尊事义帝而不获者，以项羽为害也。今之曹操，犹昔项羽，将军何由得为桓文乎？肃窃料之，汉室不可复兴，曹操不可卒除。为将军计，惟有鼎足江东，以观天下之

①　（晋）陈寿：《三国志》，中华书局1959年版，第1102页。
②　（晋）陈寿：《三国志》，中华书局1959年版，第1101页。
③　（晋）陈寿：《三国志》，中华书局1959年版，第1259页。
④　（晋）陈寿：《三国志》，中华书局1959年版，第1267—1268页。

衅。规模如此,亦自无嫌。何者? 北方诚多务也。因其多务,剿除黄祖,进伐刘表,竟长江所极,据而有之,然后建号帝王以图天下,此高帝之业也。'"①鲁肃善属文辞。《三国志·吴志·鲁肃传》裴注引《吴书》曰:"肃为人方严,寡于玩饰,内外节俭,不务俗好。治军整顿,禁令必行,虽在军陈,手不释卷。又善谈论,能属文辞,思度弘远,有过人之明。周瑜之后,肃为之冠。"②广陵文士张纮避乱江东,孙策多方交接,其为孙策定下霸业方针。《三国志·吴志·张纮传》载:"张纮字子纲,广陵人。游学京都,还本郡,举茂才,公府辟,皆不就,避难江东。孙策创业,遂委质焉。"③《三国志·吴志·孙破虏讨逆传》裴注引《吴历》曰:"初策在江都时,张纮有母丧。策数诣纮,咨以世务,……纮见策忠壮内发,辞令慷慨,感其志言,乃答曰:'昔周道陵迟,齐、晋并兴;王室已宁,诸侯贡职。今君绍先侯之轨,有骁武之名,若投丹杨,收兵吴会,则荆、扬可一,雠敌可报。据长江,奋威德,诛除群秽,匡辅汉室,功业侔于桓、文,岂徒外藩而已哉? 方今世乱多难,若功成事立,当与同好俱南济也。'策曰:'一与君同符合契,同有永固之分,今便行矣,以老母弱弟委付于君,策无复回顾之忧。'"④张纮好文学,著诗赋铭诔数十篇,受到著名文士陈琳的赞美。《三国志·吴志·张纮传》裴注引《吴书》曰:纮见楠榴枕,爱其文,为作赋。陈琳在北见之,以示人曰:'此吾乡里张子纲所作也。'后纮见陈琳作《武库赋》、《应机论》,与琳书深叹美之。琳答曰:'自仆在河北,与天下隔,此闲率少于文章,易为雄伯,故使仆受此过差之谭,非其实也。今景兴在此,足下与子布在彼,所谓小巫见大巫,神气尽矣。'纮既好文学,又善楷篆,与孔融书,自书。融遗纮书曰:'前劳手笔,多篆书。每举篇见字,欣然独笑,如复睹其人也。'"⑤彭城文士张昭避乱扬州,孙策任命其为长史。《三国志·吴志·张昭传》载:"张昭字子布,彭城人也。少好学,善隶书,从白侯子安受《左氏春秋》,博览众书……汉末大乱,徐方士民多避难扬土,昭皆南渡江。孙策创业,命昭为长史、抚军中郎将,升堂拜母,如比肩之旧,文武之事,一以委昭。"⑥《三国志·吴志·张昭传》裴注引《吴书》曰:"策得昭甚悦,谓曰:'吾方有事四方,以士人贤者上,吾于子不得轻矣。'乃上为校尉,待以师友之礼。"⑦东莱人太史慈渡江投奔同乡扬州刺史刘繇。此时,孙策渡江攻扬州刺史刘繇。太史慈后被孙策所俘,收入麾下。《三国志·吴志·太史慈传》载:"是时,策已平定宣城以东,惟泾以西六县未服。慈因进住泾

① (晋)陈寿:《三国志》,中华书局1959年版,第1268页。
② (晋)陈寿:《三国志》,中华书局1959年版,第1273页。
③ (晋)陈寿:《三国志》,中华书局1959年版,第1243页。
④ (晋)陈寿:《三国志》,中华书局1959年版,第1102—1103页。
⑤ (晋)陈寿:《三国志》,中华书局1959年版,第1246—1247页。
⑥ (晋)陈寿:《三国志》,中华书局1959年版,第1219页。
⑦ (晋)陈寿:《三国志》,中华书局1959年版,第1220页。

县,立屯府,大为山越所附。策躬自攻讨,遂见囚执。策即解缚,捉其手曰:'宁识神亭时邪? 若卿尔时得我云何?'慈曰:'未可量也。'策大笑曰:'今日之事,当与卿共之。'即署门下督,还吴授兵,拜折冲中郎将。"①《三国志·吴志·诸葛瑾传》载:"诸葛瑾字子瑜,琅邪阳都人也。汉末避乱江东。值孙策卒,孙权姊婿曲阿弘咨见而异之,荐之于权,与鲁肃等并见宾待,后为权长史,转中司马。"②汝南文士吕蒙随姐夫南渡江东,依附孙策。《三国志·吴志·吕蒙传》载:"吕蒙字子明,汝南富陂人也。少南渡,依姊夫邓当。当为孙策将,数讨山越。……策召见奇之,引置左右。数岁,邓当死,张昭荐蒙代当,拜别部司马。权统事,料诸小将兵少而用薄者,欲并合之。"③吕蒙在孙权的启发下,笃志不倦。《三国志·吴志·吕蒙传》裴注引《江表传》曰:"初,权谓蒙及蒋钦曰:'卿今并当涂掌事,宜学问以自开益。'……蒙始就学,笃志不倦,其所览见,旧儒不胜。后鲁肃上代周瑜,过蒙言议,常欲受屈。肃拊蒙背曰:'吾谓大弟但有武略耳,至于今者,学识英博,非复吴下阿蒙。'蒙曰:'士别三日,即更刮目相待……'权常叹曰:'人长而进益,如吕蒙、蒋钦,盖不可及也。富贵荣显,更能折节好学,耽悦书传,轻财尚义,所行可迹,并作国士,不亦休乎!'"④汝南文士吕范,避乱寿春,款曲孙策,后随孙策东渡。《三国志·吴志·吕范传》载:"吕范字子衡,汝南细阳人也。……后避乱寿春,孙策见而异之,范遂自委昵,将私客百人归策。时太妃在江都,策遣范迎之。……时唯范与孙河常从策,跋涉辛苦,危难不避,策亦亲戚待之,每与升堂,饮宴于太妃前。后从策攻破庐江,还俱东渡,到横江、当利,破张英、于麋,下小丹杨、湖孰,领湖孰相。策定秣陵、曲阿,收笮融、刘繇余众,增范兵二千,骑五十匹。后领宛陵令,讨破丹杨贼,还吴,迁都督。"⑤《三国志·吴志·吕范传》裴注引《江表传》曰:"策从容独与范棋,范曰:'今将军事业日大,士众日盛,范在远,闻纲纪犹有不整者,范愿暂领都督,佐将军部分之。'策曰:'子衡,卿既士大夫,加手下已有大众,立功于外,岂宜复屈小职,知军中细碎事乎!'范曰:'不然。今舍本土而托将军者,非为妻子也,欲济世务。犹同舟涉海,一事不牢,即俱受其败。此亦范计,非但将军也。'策笑,无以答。范出,更释褠,著袴褶,执鞭,诣阁下启事,自称领都督,策乃授传,委以众事。由是军中肃睦,威禁大行。"⑥《三国志·吴志·步骘传》载:"步骘字子山,临淮淮阴人也。世乱,避难江东,单身穷困,与广陵卫旌同年相善,俱以种瓜自给,昼勤四体,夜诵经传。……孙权为讨虏将军,召骘为主记,除海盐

①　(晋)陈寿:《三国志》,中华书局1959年版,第1188页。
②　(晋)陈寿:《三国志》,中华书局1959年版,第1231页。
③　(晋)陈寿:《三国志》,中华书局1959年版,第1273页。
④　(晋)陈寿:《三国志》,中华书局1959年版,第1274—1275页。
⑤　(晋)陈寿:《三国志》,中华书局1959年版,第1309页。
⑥　(晋)陈寿:《三国志》,中华书局1959年版,第1309—1310页。

长,还辟车骑将军东曹掾。"①《三国志·吴志·张纮传》载:"初,纮同郡秦松字文表,陈端字子正,并与纮见待于孙策,参与谋谟。各早卒。"②《三国志·吴志·严畯传》载:"严畯字曼才,彭城人也。少耽学,善《诗》、《书》、《三礼》,又好《说文》。避乱江东,与诸葛瑾、步骘齐友善。性质直纯厚,其于人物,忠告善道,志存补益。张昭进之于孙权,权以为骑都尉、从事中郎。"③《三国志·吴志·程秉传》载:"程秉字德枢,汝南南顿人也。逮事郑玄,后避乱交州,与刘熙考论大义,遂博通五经。士燮命为长史。权闻其名儒,以礼征秉,既到,拜太子太傅。"④《三国志·吴志·程秉传》裴注引《吴录》曰:"崇字子和,治《易》、《春秋左氏传》,兼善内术。本姓李,遭乱更姓,遂隐于会稽,躬耕以求其志。好尚者从学,所教不过数人辄止,欲令其业必有成也。所交结如丞相步骘等,咸亲焉。严畯荐崇行足以厉俗,学足以为师。初见太子登,以疾赐不拜。东宫官僚皆从咨询。"⑤《三国志·吴志·阚泽传》载:"阚泽字德润,会稽山阴人也。家世农夫,至泽好学,居贫无资,常为人佣书,以供纸笔,所写既毕,诵读亦遍。追师论讲,究览群籍,兼通历数,由是显名。察孝廉,除钱唐长,迁郴令。孙权为骠骑将军,辟补西曹掾。"⑥丹杨学士唐固修身积学,被拜议郎。《三国志·吴志·阚泽传》载:"泽州里先辈丹杨唐固亦修身积学,称为儒者,著《国语》、《公羊》、《谷梁传》注,讲授常数十人。权为吴王,拜固议郎,自陆逊、张温、骆统等皆拜之。"⑦《三国志·吴志·薛综传》载:"薛综字敬文,沛郡竹邑人也。少依族人避地交州,从刘熙学。士燮既附孙权,召综为五官中郎将,除合浦、交址太守。"⑧薛综善属辞,《三国志·吴志·薛综传》载:"正月乙未,权敕综祝祖不得用常文,综承诏,卒造文义,信辞粲烂。权曰:'复为两头,使满三也。'综复再祝,辞令皆新,众咸称善。……凡所著诗赋难论数万言,名曰《私载》,又定《五宗图述》、《二京解》,皆传于世。"⑨会稽文士虞翻先为会稽太守王朗功曹,后孙策攻会稽郡,虞翻陪送先太守王朗至广陵,后因母在会稽而返。孙策礼遇之。《三国志·吴志·虞翻传》载:"虞翻字仲翔,会稽余姚人也,太守王朗命为功曹。孙策征会稽,翻时遭父丧,衰绖诣府门,朗欲就之,翻乃脱衰入见,劝朗避策。朗不能用,拒战败绩,亡走浮海。翻追随营护,到

① (晋)陈寿:《三国志》,中华书局1959年版,第1236—1237页。
② (晋)陈寿:《三国志》,中华书局1959年版,第1247页。
③ (晋)陈寿:《三国志》,中华书局1959年版,第1247页。
④ (晋)陈寿:《三国志》,中华书局1959年版,第1248页。
⑤ (晋)陈寿:《三国志》,中华书局1959年版,第1249页。
⑥ (晋)陈寿:《三国志》,中华书局1959年版,第1249页。
⑦ (晋)陈寿:《三国志》,中华书局1959年版,第1250页。
⑧ (晋)陈寿:《三国志》,中华书局1959年版,第1250页。
⑨ (晋)陈寿:《三国志》,中华书局1959年版,第1254页。

东部候官，候官长闭城不受，翻往说之，然后见纳。朗谓翻曰：'卿有老母，可以还矣。'翻既归，策复命为功曹，待以交友之礼，身诣翻第。"①会稽山阴文士丁览受到孙策礼遇。《三国志·吴志·虞翻传》裴注引《会稽典录》曰："览字孝连，八岁而孤，家又单微，清身立行，用意不苟，推财从弟，以义让称。仕郡至功曹，守始平长。为人精微洁净，门无杂宾。孙权深贵待之，未及擢用，会病卒，甚见痛惜，殊其门户。"②《三国志·吴志·骆统传》载："骆统字公绪，会稽乌伤人也。……孙权以将军领会稽太守，统年二十，试为乌程相，民户过万，咸叹其惠理。权嘉之，召为功曹，行骑都尉，妻以从兄辅女。"③《三国志·吴志·吴范传》载："吴范字文则，会稽上虞人也。以治历数，知风气，闻于郡中。举有道，诣京都，世乱不行。会孙权起于东南，范委身服事，每有灾祥，辄推数言状，其术多效，遂以显名。"④吴范随孙权，虽无军师之名，实行军师之实。《三国志·吴志·吴范传》裴注引《吴录》曰："范先知其死日，谓权曰：'陛下某日当丧军师。'权曰：'吾无军师，焉得丧之？'范曰：'陛下出军临敌，须臣言而后行，臣乃陛下之军师也。'至其日果卒。"⑤方士刘惇避乱庐陵，孙权多问之。《三国志·吴志·刘惇传》载："刘惇字子仁，平原人也。遭乱避地，客游庐陵，事孙辅。以明天官达占数显于南土。每有水旱寇贼，皆先时处期，无不中者。辅异焉，以为军师，军中咸敬事之，号曰神明。建安中，孙权在豫章，时有星变，以问惇，惇曰：'灾在丹杨。'权曰：'何如？'曰：'客胜主人，到某日当得问。'是时边鸿作乱，卒如惇言。"⑥河南文士赵达深知东南可以避难，脱身渡江。《三国志·吴志·赵达传》载："赵达，河南人也。少从汉侍中单甫受学，用思精密，谓东南有王者气，可以避难，故脱身渡江。……达宝惜其术，自阚泽、殷礼皆名儒善士，亲屈节就学，达秘而不告。……初孙权行师征伐，每令达有所推步，皆如其言。"⑦梁国文士孔潜汉末避地会稽，《建康实录》载："（孔）愉字敬康，会稽山阴人也。其先世居梁国。曾祖潜，汉末避地会稽，因家焉。"⑧

孙策兄弟招延扬州吴郡的土著文士，如顾雍、顾徽、顾悌、顾邵、朱桓、陆绩、陆逊、张敦、吴粲、朱据、暨艳等吴地文士。孙策赶走会稽太守，以顾雍为郡丞，行太守事。《三国志·吴志·顾雍传》载："顾雍字符叹，吴郡吴人也。蔡伯喈从朔方还，尝避怨于吴，

① （晋）陈寿：《三国志》，中华书局 1959 年版，第 1317 页。
② （晋）陈寿：《三国志》，中华书局 1959 年版，第 1323 页。
③ （晋）陈寿：《三国志》，中华书局 1959 年版，第 1334—1335 页。
④ （晋）陈寿：《三国志》，中华书局 1959 年版，第 1421 页。
⑤ （晋）陈寿：《三国志》，中华书局 1959 年版，第 1423 页。
⑥ （晋）陈寿：《三国志》，中华书局 1959 年版，第 1423—1424 页。
⑦ （晋）陈寿：《三国志》，中华书局 1959 年版，第 1424—1425 页。
⑧ （唐）许嵩：《建康实录》，中华书局 1986 年版，第 212 页。

雍从学琴书。州郡表荐,弱冠为合肥长,后转在娄、曲阿、上虞,皆有治迹。孙权领会稽太守,不之郡,以雍为丞,行太守事,讨除寇贼,郡界宁静,吏民归服。"①顾徽系顾雍弟弟,为孙权主簿。《三国志·吴志·顾雍传》裴注引《吴书》曰:"雍母弟徽。字子叹,少游学,有唇吻。孙权统事,闻徽有才辩,召署主簿。尝近出行,见营军将一男子至市行刑,问之何罪,云盗百钱,徽语使住。须臾,驰诣阙陈启:'方今畜养士众以图北虏,视此兵丁壮健儿,且所盗少,愚乞哀原。'权许而嘉之。"②顾雍族人顾悌亦得到孙权的重用。《三国志·吴志·顾雍传》裴注引《吴书》曰:"雍族人悌,字子通,以孝悌廉正闻于乡党。年十五为郡吏,除郎中,稍迁偏将军。权末年,嫡庶不分,悌数与骠骑将军朱据共陈祸福,言辞切直,朝廷惮之。待妻有礼,常夜入晨出,希见其面。尝疾笃,妻出省之,悌命左右扶起,冠帻加袭,起对,趣令妻还,其贞洁不渎如此。悌父向历四县令,年老致仕,悌每得父书,常洒扫,整衣服,更设几筵,舒书其上,拜跪读之,每句应诺,毕,复再拜。若父有疾耗之问至,则临书垂涕,声语哽咽。父以寿终,悌饮浆不入口五日。权为作布衣一袭,皆摩絮著之,强令悌释服。悌虽以公议自割,犹以不见父丧,常画壁作棺柩象,设神座于下,每对之哭泣,服未阕而卒。"③顾邵亦效命孙权。《三国志·吴志·顾邵传》载:"邵字孝则,博览书传,好乐人伦。少与舅陆绩齐名,而陆逊、张敦、卜静等皆亚焉。自州郡庶几及四方人士,往来相见,或言议而去,或结厚而别,风声流闻,远近称之。权妻以策女。年二十七,起家为豫章太守。"④顾邵之子顾谭,为太子四友,得到孙权特见召请。《三国志·吴志·顾邵传》裴注引《吴书》曰:"谭初践官府,上疏陈事,权辍食称善,以为过于徐详。雅性高亮,不修意气,或以此望之。然权鉴其能,见待甚隆,数蒙赏赐,特见召请。"⑤《三国志·吴志·朱桓传》载:"朱桓字休穆,吴郡吴人也。孙权为将军,桓给事幕府,除余姚长。往遇疫疠,谷食荒贵,桓分部良吏,隐亲医药,飨粥相继,士民感戴之。迁荡寇校尉,授兵二千人,使部伍吴、会二郡,鸠合遗散,期年之间,得万余人。"⑥其子朱异文武双全,幼时即能赋文。《三国志·吴志·朱桓传》裴注引《文士传》曰:"张悙子纯与张俨及异俱童少,往见骠骑将军朱据。据闻三人才名,欲试之,告曰:'老鄙相闻,饥渴甚矣。夫骐骥以迅骤为功,鹰隼以轻疾为妙,其为吾各赋一物,然后乃坐。'俨乃赋犬曰:'守则有威,出则有获,韩卢、宋鹊,书名竹帛。'纯赋席曰:'席以冬设,簟为夏施,揖让而坐,君子攸宜。'异赋弩曰:'南岳之干,钟山之铜,应机命中,获隼高墉。'三人

---

① (晋)陈寿:《三国志》,中华书局 1959 年版,第 1225 页。
② (晋)陈寿:《三国志》,中华书局 1959 年版,第 1228 页。
③ (晋)陈寿:《三国志》,中华书局 1959 年版,第 1228—1229 页。
④ (晋)陈寿:《三国志》,中华书局 1959 年版,第 1229 页。
⑤ (晋)陈寿:《三国志》,中华书局 1959 年版,第 1231 页。
⑥ (晋)陈寿:《三国志》,中华书局 1959 年版,第 1312 页。

各随其目所见而赋之，皆成而后坐，据大欢悦。"①陆绩为孙权奏曹掾、郁林太守。《三国志·吴志·陆绩传》载："陆绩字公纪，吴郡吴人也。父康，汉末为庐江太守。……孙策在吴，张昭、张纮、秦松为上宾，共论四海未泰，须当用武治而平之，绩年少末坐，遥大声言曰：'昔管夷吾相齐桓公，九合诸侯，一匡天下，不用兵车。孔子曰：远人不服，则修文德以来之。今论者不务道德怀取之术，而惟尚武，绩虽童蒙，窃所未安也。'昭等异焉。绩容貌雄壮，博学多识，星历算数无不该览。虞翻旧齿名盛，庞统荆州令士，年亦差长，皆与绩友善。孙权统事，辟为奏曹掾，以直道见惮，出为郁林太守，加偏将军，给兵二千人。"②陆逊为江东大族，追随孙权。《三国志·吴志·陆逊传》载："陆逊字伯言，吴郡吴人也。本名议，世江东大族。逊少孤，随从祖庐江太守康在官。袁术与康有隙，将攻康，康遣逊及亲戚还吴。逊年长于康子绩数岁，为之纲纪门户。孙权为将军，逊年二十一，始仕幕府，历东西曹令史，出为海昌屯田都尉，并领县事。"③《三国志·吴志·陆瑁传》载："陆瑁字子璋，丞相逊弟也。少好学笃义。陈国陈融、陈留濮阳逸、沛郡蒋纂、广陵袁迪等，皆单贫有志，就瑁游处，瑁割少分甘，与同丰约。及同郡徐原，爱居会稽，素不相识，临死遗书，托以孤弱，瑁为起立坟墓，收导其子。又瑁从父绩早亡，二男一女，皆数岁以还，瑁迎摄养，至长乃别。"④《三国志·吴志·张温传》载："张温字惠恕，吴郡吴人也。父允，以轻财重士，名显州郡，为孙权东曹掾，卒。温少修节操，容貌奇伟。权闻之，以问公卿曰：'温当今与谁为比？'大（司）农刘基曰：'可与全琮为辈。'太常顾雍曰：'基未详其为人也。温当今无辈。'权曰：'如是，张允不死也。'征到延见，文辞占对，观者倾竦，权改容加礼。罢出，张昭执其手曰：'老夫托意，君宜明之。'拜议郎、选曹尚书，徙太子太傅，甚见信重。"⑤张敦被孙权辟为西曹掾，转主簿，出补海昏令。《三国志·吴志·顾邵传》裴注引《吴录》曰："敦字叔方，静字玄风，并吴郡人。敦德量渊懿，清虚淡泊，又善文辞。孙权为车骑将军，辟西曹掾，转主簿，出补海昏令，甚有惠化，年三十二卒。"⑥《三国志·吴志·吴粲传》："吾粲字孔休，吴郡乌程人也。孙河为县长，粲为小吏，河深奇之。河后为将军，得自选长吏，表粲为曲阿丞，迁为长史，治有名迹。虽起孤微，与同郡陆逊、卜静等比肩齐声矣。孙权为车骑将军，召为主簿，出为山阴令，还为参军校尉。"⑦《三国志·吴志·朱据传》载："朱据字子据，吴郡吴人也。有姿貌膂力，又能论

① （晋）陈寿：《三国志》，中华书局 1959 年版，第 1316 页。
② （晋）陈寿：《三国志》，中华书局 1959 年版，第 1328 页。
③ （晋）陈寿：《三国志》，中华书局 1959 年版，第 1343 页。
④ （晋）陈寿：《三国志》，中华书局 1959 年版，第 1336—1337 页。
⑤ （晋）陈寿：《三国志》，中华书局 1959 年版，第 1329—1330 页。
⑥ （晋）陈寿：《三国志》，中华书局 1959 年版，第 1229 页。
⑦ （晋）陈寿：《三国志》，中华书局 1959 年版，第 1339 页。

难。黄武初,征拜五官郎中,补侍御史。"①《三国志·吴志·张温传》载:"艳字子休,亦吴郡人也,温引致之,以为选曹郎,至尚书。"②

综上所述,蜀吴崛起与文士流徙关系不同,刘备集团因没有地盘,多在辗转中寻找立身之地。所到之处,尽量招揽流徙文士。而孙氏集团,以江东八郡为寄身之地,坐待流徙至江东的文士,同时招延吴郡等著姓文士。

第四节　毗邻原则:文士流徙与路线选择

正如裴松之所言,"自中原酷乱,至于建安,数十年间,生民殆尽,比至小康,皆百死之余耳。"③东汉末年,文士流徙至尚无兵戈之地避难。其流徙以毗邻为原则,路线约有五条:

一、北方地区文士,如关中、豫州、兖州文士多南迁荆州方向

祸乱京师洛阳,山东诸郡义兵四起。董卓避其兵锋,迫挟汉献帝、士大夫以及周围诸郡民众前往长安。其后,董卓被诛,其部下李傕、郭汜攻破长安,关中大乱。早在初平元年(190),孙坚提兵北上讨董卓,路过荆州,杀死了荆州刺史王睿。东汉朝廷任命刘表为荆州刺史。刘表系汉末名士,有"八顾"之誉,加之有皇族血统。正如王永平先生说的:"与此同时,汉廷任命刘焉为益州牧、刘繇为扬州牧、刘虞为幽州牧,他们皆是皇族之疏宗,朝廷希望通过宗室大臣镇守地方,拱卫中央,以延续其国祚。"④刘表初至荆州,乱象四起。《三国志·魏志·刘表传》裴注引司马彪《战略》曰:"刘表之初为荆州也,江南宗贼盛,袁术屯鲁阳,尽有南阳之众。吴人苏代领长沙太守,贝羽为华容长,各阻兵作乱。"⑤可见刘表初至荆州,要面对以下三方面的情况:一是袁术屯兵鲁阳,尽征荆州南阳郡的民众;二是以汉江以南的"宗贼"为代表的下层社会变乱;三是地方宗族势力纷纷武装起来。刘表入荆州,颇有政治手腕,立即联络荆襄地区的世家大族,向襄阳蒯氏、蔡氏等问计。《三国志·魏志·刘表传》裴注引司马彪《战略》曰:"表初到,单马入宜城,而延中庐人蒯良、蒯越、襄阳人蔡瑁与谋。表曰:'宗贼甚盛,而众不附,袁术

① (晋)陈寿:《三国志》,中华书局1959年版,第1340页。
② (晋)陈寿:《三国志》,中华书局1959年版,第1330页。
③ (晋)陈寿:《三国志》,中华书局1959年版,第1426页。
④ 王永平:《中古士人迁移与文化交流》,社会科学文献出版社2005年版,第29页。
⑤ (晋)陈寿:《三国志》,中华书局1959年版,第211页。

因之,祸今至矣! 吾欲征兵,恐不集,其策安出?'良曰:'众不附者,仁不足也,附而不治者,义不足也;苟仁义之道行,百姓归之如水之趣下,何患所至之不从而问兴兵与策乎?'表顾问越,越曰:'治平者先仁义,治乱者先权谋。兵不在多,在得人也。袁术勇而无断,苏代、贝羽皆武人,不足虑。宗贼帅多贪暴,为下所患。越有所素养者,使示之以利,必以众来。君诛其无道,抚而用之。一州之人,有乐存之心,闻君盛德,必襁负而至矣。兵集众附,南据江陵,北守襄阳,荆州八郡可传檄而定。术等虽至,无能为也。'表曰:'子柔之言,雍季之论也。异度之计,臼犯之谋也。'"①随后,刘表遣兵以利诱宗贼,袭取其众,编入部曲。又派蒯越与庞季等人说降叛军张虎、陈生等人。从此,江南皆平。《三国志·魏志·刘表传》裴注引司马彪《战略》曰:"遂使越遣人诱宗贼,至者五十五人,皆斩之。袭取其众,或即授部曲。唯江夏贼张虎、陈生拥众据襄阳,表乃使越与庞季单骑往说降之,江南遂悉平。"②随后,刘表派黄祖带兵击败了孙坚的进攻。朝廷授刘表为荆州牧。③ 在刘表的治理下,荆州成为一片乐土。加之,荆州与关中、豫州、司州毗邻,故而这些区域的文士多南迁荆州。《后汉书·刘表传》:"关西、兖、豫学士归者盖有千数,表安慰赈赡,皆得资全。遂起立学校,博求儒术,綦母闿、宋忠等撰立五经章句,谓之后定。爱民养士,从容自保。"④

（一）关中文士多从武关流徙至荆州襄阳附近。文士流徙途中的资料极少,仅有几条:《三国志·魏志·华歆传》裴注引《华峤谱叙》曰:"歆少以高行显名。避西京之乱,与同志郑泰等六七人,间步出武关。道遇一丈夫独行,原得俱,皆哀欲许之。歆独曰:'不可。今已在危险之中,祸福患害,义犹一也。无故受人,不知其义。既以受之,若有进退,可中弃乎!'众不忍,卒与俱行。此丈夫中道堕井,皆欲弃之。歆曰:'已与俱矣,弃之不义。'相率共还出之,而后别去。众乃大义之。"⑤华歆避难,从蓝田经武关南下途中之事,被袁术滞留南阳。《三国志·魏志·杜畿传》裴注引《魏略》曰:"畿少有大志。在荆州数岁,继母亡后,以三辅开通,负其母丧北归。道为贼所劫略,众人奔走,畿独不去。贼射之,畿请贼曰:'卿欲得财耳,今我无物,用射我何为邪?'贼乃止。"⑥杜畿流徙至荆州途中与居荆州之事多无记载,只记载三辅开通,杜畿归乡葬母,道中遇贼之事。

---

① （晋）陈寿:《三国志》,中华书局1959年版,第211—212页。
② （晋）陈寿:《三国志》,中华书局1959年版,第212页。
③ 东汉灵帝接受刘焉的建议,将刺史改称为州牧,委派资深望重的人出任。后,往往先做刺史,过几年,资格渐老,升为州牧。参见吕思勉:《三国史话》,见《吕著史地通俗读物四种》,上海古籍出版社2010年版,第214页。
④ （南朝·宋）范晔:《后汉书》,中华书局1965年版,第2421页。
⑤ （晋）陈寿:《三国志》,中华书局1959年版,第402页。
⑥ （晋）陈寿:《三国志》,中华书局1959年版,第494页。

《三国志·魏志·王粲传》裴注引《魏略》曰:"淳一名竺,字子叔。……初平时,从三辅客荆州。"①关中大乱,邯郸淳从关中三辅至荆州。王粲亦如此。殷芸《小说》卷四记载:"魏王北征蹋顿,升岭眺瞩,见一冈,不生百草。王粲曰:'此必古冢。其人在世服生矾石,热蒸出外,故草木焦灭。'遽令凿看,果是大墓,矾石满茔。一说:粲在荆州,从刘表障山而见此异。魏武之平乌桓,粲犹在江南,以此言为谲。"②此条记载事迹有误,应该是王粲随从刘表至障山,所见所言之事。关中文士傅巽流徙至荆州的情形,殷芸《小说》卷五有载,"傅巽有知人之鉴,在荆州,目庞统为半英雄。后统附刘备,见待次诸葛亮,如其言。"③京兆文士隗禧在关中扰乱,流徙荆州。《三国志·魏志·王朗传》裴注:"隗禧字子牙,京兆人也。……初平中,三辅乱,禧南客荆州,不以荒扰,担负经书,每以采稆馀日,则诵习之。"④

(二)豫州、兖州文士多从荆州北部鲁阳入荆州。豫州颍川郡文士司马徽避乱荆州。颍川与荆州毗邻,估计司马徽途经鲁阳流徙荆州。《三国志·蜀志·庞统传》载:"颍川司马徽清雅有知人鉴,统弱冠往见徽,徽采桑于树上,坐统在树下,共语自昼至夜。"⑤颍川文士荀攸欲入蜀郡为太守,因道路不通,滞留荆州。《三国志·魏志·荀攸传》载:"攸以蜀汉险固,人民殷盛,乃求为蜀郡太守,道绝不得至,驻荆州。"⑥豫州汝南郡文士和洽亦寓居荆州。其入荆州之途径史载不详。《三国志·魏志·和洽传》载:"和洽字阳士,汝南西平人也。……洽独以'冀州土平民强,英桀所利,四战之地。本初乘资,虽能强大,然雄豪方起,全未可必也。荆州刘表无他远志,爱人乐士,土地险阻,山夷民弱,易依倚也'。遂与亲旧俱南从表,表以上客待之。"⑦颍川文士杜袭、繁钦、赵俨徙居荆州。《三国志·魏志·杜袭传》载:"杜袭字子绪,颍川定陵人也。……袭避乱荆州,刘表待以宾礼。同郡繁钦数见奇于表,袭喻之曰:'吾所以与子俱来者,徙欲龙蟠幽薮,待时凤翔。岂谓刘牧当为拨乱之主而规长(者)委身哉?子若见能不已,非吾徒也。吾其与子绝矣!'钦慨然曰:'请敬受命。'袭遂南适长沙。"⑧《三国志·魏志·赵俨传》载:"赵俨字伯然,颍川阳翟人也。避乱荆州,与杜袭、繁钦通财同计,合为一家。"⑨颍川文士徐庶、石广元、汝南郡文士孟公威亦避难荆州。《三国志·蜀志·诸葛亮传》裴注

---

① (晋)陈寿:《三国志》,中华书局1959年版,第603页。
② (南朝梁)殷芸:《小说》,上海古籍出版社1984年版,第100页。
③ (南朝梁)殷芸:《小说》,上海古籍出版社1984年版,第106页。
④ (晋)陈寿:《三国志》,中华书局1959年版,第422页。
⑤ (晋)陈寿:《三国志》,中华书局1959年版,第386页。
⑥ (晋)陈寿:《三国志》,中华书局1959年版,第321页。
⑦ (晋)陈寿:《三国志》,中华书局1959年版,第655页。
⑧ (晋)陈寿:《三国志》,中华书局1959年版,第664—665页。
⑨ (晋)陈寿:《三国志》,中华书局1959年版,第668页。

引《魏略》曰："亮在荆州，以建安初与颍川石广元、徐元直、汝南孟公威等俱游学。"①诸葛亮从豫章郡随从父诸葛玄迁居荆州，躬耕陇亩，清河郡博陵文士崔广平亦避难荆州。《三国志·蜀志·诸葛亮传》载："会汉朝更选朱皓代玄。玄素与荆州牧刘表有旧，往依之。玄卒，亮躬耕陇亩，好为《梁父吟》。身高八尺，每自比于管仲、乐毅，时人莫之许也。惟博陵崔州平、颍川徐庶元直与亮友善，谓为信然。"②陈国长平文士颍容在初平中，避难荆州。《后汉书·儒林传》载："颍容字子严，陈国长平人也。博学多通，善春秋左氏，师事太尉杨赐。郡举孝廉，州辟，公交车征，皆不就。初平中，避乱荆州，聚徒千余人。刘表以为武陵太守，不肯起。著《春秋左氏条例》五万余言，建安中卒。"③娄圭亦避难荆州北部。《三国志·魏志·崔琰传》裴注引《魏略》曰："娄圭字子伯，少与太祖有旧。初平中在荆州北界合众。"④

另外，河内郡司马芝从鲁阳入荆州。《三国志·魏志·司马芝传》载："司马芝字子华，河内温人也。少为书生，避乱荆州，于鲁阳山遇贼，同行者皆弃老弱走，芝独坐守老母。贼至，以刃临芝，芝叩头曰：'母老，唯在诸君！'贼曰：'此孝子也，杀之不义。'遂得免害，以鹿车推载母。居南方十余年，躬耕守节。"⑤南阳文士韩暨先避乱鲁阳山，刘表礼辟。韩暨逃遁至屠陵界。《三国志·魏志·韩暨传》载："韩暨字公至，南阳堵阳人也。……隐居避乱鲁阳山中。山民合党，欲行寇掠。暨散家财以供牛酒，请其渠帅，为陈安危。山民化之，终不为害。避袁术命召，徙居山都之山。荆州牧刘表礼辟，遂遁逃，南居屠陵界，所在见敬爱，而表深恨之。暨惧，应命，除宜城长。"⑥

二、关中、南阳流民与文士流徙汉中益州方向

汉末，皇室疏宗刘焉被任命为益州刺史。刘焉本欲避地交州，求官交趾牧。听到侍中董扶的建议，"京师将乱，益州分野有天子气。"⑦刘焉改求益州牧。当时的益州，原刺史刘隽贪污腐朽，下层民众发生动乱。《三国志·蜀志·刘焉传》裴注引《汉灵帝纪》曰："帝引见焉，宣示方略，加以赏赐，敕焉为益州刺史。前刺史刘隽、郤俭皆贪残放滥，取受狼籍，元元无聊，呼嗟充野，焉到便收摄行法，以示万姓，勿令漏露，使痈疽决溃，为

① （晋）陈寿：《三国志》，中华书局1959年版，第911页。
② （晋）陈寿：《三国志》，中华书局1959年版，第911页。
③ （南朝·宋）范晔：《后汉书》，中华书局1965年版，第2584页。
④ （晋）陈寿：《三国志》，中华书局1959年版，第373页。
⑤ （晋）陈寿：《三国志》，中华书局1959年版，第386页。
⑥ （晋）陈寿：《三国志》，中华书局1959年版，第677页。
⑦ （晋）陈寿：《三国志》，中华书局1959年版，第865页。

国生梗。焉受命而行,以道路不通,住荆州东界。"①刘焉因道路不通,只能暂住荆州东界。《三国志·蜀志·刘焉传》载:"是时益州逆贼马相、赵祗等于绵竹县自号黄巾,合聚疲役之民,一二日中得数千人,先杀绵竹令李升,吏民翕集,合万馀人,便前破雒县,攻益州杀俭,又到蜀郡、犍为,旬月之间,破坏三郡。相自称天子,众以万数。"②多亏从事贾龙领家兵,招募兵勇,攻破马相等,迎接刘焉入境。刘焉治在绵竹,抚纳离叛,务行宽惠。《三国志·蜀志·刘焉传》载:"州从事贾龙领家兵数百人在犍为东界,摄敛吏民,得千馀人,攻相等,数日破走,州界清静。龙乃选吏卒迎焉。焉徙治绵竹,抚纳离叛,务行宽惠,阴图异计。"③刘焉密使张鲁至汉中,断绝谷阁,欲割据益州。《三国志·蜀志·刘焉传》载:"故焉遣鲁为督义司马,住汉中,断绝谷阁,杀害汉使。焉上书言米贼断道,不得复通。"④刘焉大力打击益州豪强世家。《三国志·蜀志·刘焉传》载:"又讬他事杀州中豪强王咸、李权等十馀人,以立威刑。"⑤《三国志·蜀志·刘焉传》裴注引《益部耆旧杂记》曰:"李权字伯豫,为临邛长。"⑥《三国志·蜀志·刘焉传》裴注引《英雄记》曰:"刘焉起兵,不与天下讨董卓,保州自守。犍为太守任岐自称将军,与从事陈超举兵击焉,焉击破之。董卓使司徒赵谦将兵向州,说校尉贾龙,使引兵还击焉,焉出青羌与战,故能破杀。岐、龙等皆蜀郡人。"⑦尽管刘焉主观上有割据之谋,但客观上为流民提供了流徙的庇护之所。汉末,长安大乱,居于长安的流民与文士流徙至益州。《后汉书·刘焉传》载:"初,南阳、三辅民数万户流入益州,焉悉收以为众,名曰'东州兵'。"⑧《三国志·蜀志·刘焉传》裴注引《英雄记》曰:"先是,南阳、三辅人流入益州数万家,收以为兵,名曰东州兵。"⑨南阳、三辅之民入益州的路线不同:三辅之民多从子午谷,入汉中郡再至益州。而南阳流民多从魏兴郡(安康境内)至汉中郡再至益州。汉末入蜀的文士有扶风法正、孟达、南郡文士董和、吕常、李严、王连、许靖、许慈、河南洛阳文士孟光、河东裴俊、义阳新野文士来敏、江夏文士费伯仁、义阳文士邓芝等。《三国志·蜀志·法正传》载:"法正字孝直,右扶风郿人也。……建安初,天下饥荒,正与同郡孟达俱入蜀依刘璋,久之为新都令,后召署军议校尉。既不任用,又为其州邑俱侨客者所

① (晋)陈寿:《三国志》,中华书局1959年版,第866页。
② (晋)陈寿:《三国志》,中华书局1959年版,第866页。
③ (晋)陈寿:《三国志》,中华书局1959年版,第866页。
④ (晋)陈寿:《三国志》,中华书局1959年版,第867页。
⑤ (晋)陈寿:《三国志》,中华书局1959年版,第867页。
⑥ (晋)陈寿:《三国志》,中华书局1959年版,第867页。
⑦ (晋)陈寿:《三国志》,中华书局1959年版,第867页。
⑧ (南朝·宋)范晔:《后汉书》,中华书局1965年版,第2433页。
⑨ (晋)陈寿:《三国志》,中华书局1959年版,第867页。

谤无行,志意不得。"①《三国志·蜀志·董和传》载:"董和字幼宰,南郡枝江人也,其先本巴郡江州人。汉末,和率宗族西迁,益州牧刘璋以为牛鞞、江原长、成都令。"②《三国志·蜀志·吕乂传》载:"吕乂字季阳,南阳人也。父常,送故将军刘焉入蜀,值王路隔塞,遂不得还。"③《三国志·蜀志·李严传》载:"李严字正方,南阳人也。……曹公入荆州时,严宰秭归,遂西诣蜀,刘璋以为成都令,复有能名。"④《三国志·蜀志·王连传》载:"王连字文仪,南阳人也。刘璋时入蜀,为梓潼令。"⑤南阳文士许靖、许慈从交州入益州。《三国志·蜀志·许慈传》载:"许慈字仁笃,南阳人也。师事刘熙,善《郑氏学》,治《易》、《尚书》、《三礼》、《毛诗》、《论语》。建安中,与许靖等俱自交州入蜀。"⑥河南洛阳文士孟光于建安初逃入蜀地。《三国志·蜀志·孟光传》载:"孟光字孝裕,河南洛阳人……献帝迁都长安,遂逃入蜀,刘焉父子待以客礼。博物识古,无书不览,尤锐意三史,长于汉家旧典。"⑦河东裴俊十岁左右随姐夫入蜀。《三国志·蜀志·孟光传》裴注引傅畅《裴氏家记》曰:"俊字奉先,魏尚书令潜弟也。俊姊夫为蜀中长史,俊送之,时年十馀岁,遂遭汉末大乱,不复得还。既长知名,为蜀所推重也。"⑧义阳新野文士来敏先奔荆州避难,后随姐夫黄琬入蜀。《三国志·蜀志·来敏传》载:"来敏字敬达,义阳新野人,……汉末大乱,敏随姊夫奔荆州,姊夫黄琬是刘璋祖母之侄,故璋遣迎琬妻,敏遂俱与姊入蜀,常为璋宾客。涉猎书籍,善《左氏春秋》,尤精于仓、雅训诂,好是正文字。"⑨江夏文士费伯仁因与刘璋为外表亲,被迎入蜀。《三国志·蜀志·费祎传》载:"费祎字文伟,江夏鄳人也。少孤,依族父伯仁。伯仁姑,益州牧刘璋之母也。璋遣使迎仁,仁将祎游学入蜀。"⑩义阳文士邓芝汉末入蜀。《三国志·蜀志·邓芝传》载:"邓芝字伯苗,义阳新野人,汉司徒禹之后也。汉末入蜀,未见知待。时益州从事张裕善相,芝往从之,裕谓芝曰:'君年过七十,位至大将军,封侯。'芝闻巴西太守庞羲好士,往依焉。"⑪至于建安十六年(211)至建安十九年(214),刘备携荆襄军士文士沿长江溯流而上,进入蜀地,夺下刘璋益州之地。当然,这不属于避难的自发性流徙,而是军事行动。

---

① （晋）陈寿:《三国志》,中华书局 1959 年版,第 957 页。
② （晋）陈寿:《三国志》,中华书局 1959 年版,第 979 页。
③ （晋）陈寿:《三国志》,中华书局 1959 年版,第 988 页。
④ （晋）陈寿:《三国志》,中华书局 1959 年版,第 998 页。
⑤ （晋）陈寿:《三国志》,中华书局 1959 年版,第 1009 页。
⑥ （晋）陈寿:《三国志》,中华书局 1959 年版,第 1023 页。
⑦ （晋）陈寿:《三国志》,中华书局 1959 年版,第 1023 页。
⑧ （晋）陈寿:《三国志》,中华书局 1959 年版,第 1024 页。
⑨ （晋）陈寿:《三国志》,中华书局 1959 年版,第 1025 页。
⑩ （晋）陈寿:《三国志》,中华书局 1959 年版,第 1060 页。
⑪ （晋）陈寿:《三国志》,中华书局 1959 年版,第 1071 页。

三、豫州、青州、徐州文士向冀州方向流徙避难

这与汉末冀州牧刘虞治理冀州有关。冀州经过黄巾军的破坏之后，又有泰山太守张举僭越称帝，与乌桓联盟，"攻蓟下，燔烧城郭。虏略百姓，杀护桓校尉箕稠、右北平太守刘政、辽东太守阳终等"①。东汉朝廷只得任命宗族刘虞为冀州牧。《后汉书·刘虞传》载："朝廷虞威信素著。恩积北方，明年，复拜幽州牧。"②刘虞到蓟，能够"罢省屯兵，务广恩信。遣使告峭王等以朝恩宽弘，开许善路。又设赏购举、纯。举、纯走出塞，余皆降散。纯为其客王政所杀，送首诣虞"③。刘虞在冀州"务存宽政，劝督农植，开上谷胡市之利，通渔阳盐铁之饶，民悦年登，谷石三十。"④因此，富庶的冀州成为青州、徐州流民避难的首选之地。"青、徐士庶避黄巾之难归虞者百余万口，皆收视温恤，为安立生业，流民皆忘其迁徙。"⑤好景不长，冀州牧刘虞与公孙瓒交恶，发兵攻之，兵败被杀。随后，袁绍以渤海太守起兵讨董卓。冀州刺史韩馥以冀州让袁绍。颍川文士荀彧弃官乡里，认为颍川四战之地，故携宗亲迁至冀州，投奔冀州刺史韩馥，后依附袁绍。《后汉书·荀彧传》载："董卓之乱，弃官归乡里。……彧谓父老曰：'颍川，四战之地也。天下有变，常为兵冲。密虽小固，不足以扞大难，宜亟避之。'乡人多怀土不能去。会冀州牧同郡韩馥遣骑迎之，彧乃独将宗族从馥，留者后多为董卓将李傕所杀略焉。彧比至冀州，而袁绍已夺馥位，绍待彧以上宾之礼。彧明有意数，见汉室崩乱，每怀匡佐之义。"⑥文士陈琳从京师洛阳避难冀州，依附渤海太守袁绍。《三国志·魏志·王粲传附陈琳传》载："琳前为何进主簿。进欲诛诸宦官，太后不听，进乃召四方猛将，并使引兵向京城，欲以劫恐太后。琳谏进曰：……进不纳其言，竟以取祸。琳避难冀州，袁绍使典文章。"⑦泰山太守、著名文士应劭弃郡，奔冀州。《后汉书·应劭传》载："初平二年，黄巾三十万众入郡界。劭纠率文武连与贼战，前后斩首数千级，获生口老弱万余人，辎重二千两，贼皆退却，郡内以安。兴平元年，前太尉曹嵩及子德从琅邪入太山，劭遣兵迎之，未到，而徐州牧陶谦素怨嵩子操数击之，乃使轻骑追嵩、德，并杀之于郡界。劭畏操诛，弃郡奔冀州牧袁绍。"⑧颍川文士胡昭避地冀州，辞袁绍之命。《三国志·魏志·管宁传附胡昭》载："颍川胡昭，字孔明，亦养志不仕。……胡昭始避地冀州，亦辞袁绍之

---

① （南朝·宋）范晔：《后汉书》，中华书局 1965 年版，第 2353 页。
② （南朝·宋）范晔：《后汉书》，中华书局 1965 年版，第 2354 页。
③ （南朝·宋）范晔：《后汉书》，中华书局 1965 年版，第 2354 页。
④ （南朝·宋）范晔：《后汉书》，中华书局 1965 年版，第 2354 页。
⑤ （南朝·宋）范晔：《后汉书》，中华书局 1965 年版，第 2354 页。
⑥ （南朝·宋）范晔：《后汉书》，中华书局 1965 年版，第 2281 页。
⑦ （晋）陈寿：《三国志》，中华书局 1959 年版，第 600 页。
⑧ （南朝·宋）范晔：《后汉书》，中华书局 1965 年版，第 1610 页。

命,遁还乡里。"①因此,袁绍治下的冀州成为流民的寄身之地。

四、部分文士流徙辽东郡

初平元年(190),董卓控制下的汉王朝任命公孙度为辽东太守。从此,公孙度、公孙渊父子长期经营辽东,以图分割。《三国志·魏志·公孙度传》载:"同郡徐荣为董卓中郎将,荐度为辽东太守。度起玄菟小吏,为辽东郡所轻。先时,属国公孙昭守襄平令,召度子康为伍长。度到官,收昭,笞杀于襄平市。郡中名豪大姓田韶等宿遇无恩,皆以法诛,所夷灭百余家,郡中震栗。"②《三国志·魏志·公孙度传》载:"初平元年,度知中国扰攘,语所亲吏柳毅、阳仪等曰:'汉祚将绝,当与诸卿图王耳。'"③由于辽东远在外域,受中原扰乱较少,也成为文士避难的所在。如太原文士王烈、文士管宁、邴原、太史慈等避难辽东。《后汉书·独行传·王烈》载:"遭黄巾、董卓之乱,乃避地辽东,夷人尊奉之。太守公孙度接以昆弟之礼,访酬政事。欲以为长史,烈乃为商贾自秽,得免。"④《三国志·魏志·管宁传》载:"管宁字幼安,北海朱虚人也。年十六丧父,中表愍其孤贫,咸共赠赗,悉辞不受,称财以送终。长八尺,美须眉。与平原华歆、同县邴原相友,俱游学于异国,并敬善陈仲弓。天下大乱,闻公孙度令行于海外,遂与原及平原王烈等至于辽东。度虚馆以候之。既往见度,乃庐于山谷。时避难者多居郡南,而宁居北,示无迁志,后渐来从之。"⑤《三国志·魏志·管宁传》裴注引《傅子》曰:"傅子曰:宁往见度,语惟经典,不及世事。还乃因山为庐,凿坏为室。越海避难者,皆来就之而居,旬月而成邑。遂讲诗、书,陈俎豆,饰威仪,明礼让,非学者无见也。由是度安其贤,民化其德。"⑥《三国志·魏志·管宁传》裴注引皇甫谧《高士传》曰:"宁所居屯落,会井汲者,或男女杂错,或争井斗阋。宁患之,乃多买器,分置井傍,汲以待之,又不使知。来者得而怪之,问知宁所为,乃各相责,不复斗讼。邻有牛暴宁田者,宁为牵牛着凉处,自为饮食,过于牛主。牛主得牛,大惭,若犯严刑。是以左右无斗讼之声,礼让移于海表。"⑦殷芸《小说》卷五:"管宁避难辽东,还,遭风船垂倾没,乃思其愆过,曰:'吾曾一朝科头,三晨晏起。今天怒猥集,过必在此。'风乃息。"⑧《三国志·魏志·国渊传》载:"国渊,字子尼,

①　(晋)陈寿:《三国志》,中华书局1959年版,第361—362页。
②　(晋)陈寿:《三国志》,中华书局1959年版,第252页。
③　(晋)陈寿:《三国志》,中华书局1959年版,第252页。
④　(南朝·宋)范晔:《后汉书》,中华书局1965年版,第2697页。
⑤　(晋)陈寿:《三国志》,中华书局1959年版,第354页。
⑥　(晋)陈寿:《三国志》,中华书局1959年版,第354页。
⑦　(晋)陈寿:《三国志》,中华书局1959年版,第355页。
⑧　(南朝·梁)殷芸:《小说》,上海古籍出版社1984年版,第102—103页。

乐安盖人也。师事郑玄。后与邴原、管宁等避乱辽东。"①《三国志·魏志·国渊传》裴
注引《魏书》曰："渊笃学好古,在辽东,常讲学于山岩,士人多推慕之,由此知名。"②《三
国志·魏书·邴原传》载:"邴原,字根矩,北海朱虚人也。少与管宁俱以操尚称……原
以黄巾方盛,遂至辽东,与同郡刘政俱有勇略雄气。辽东太守公孙度畏恶欲杀之,尽收
捕其家,政得脱。度告诸县:'敢有藏政者与同罪。'政窘急,往投原,原匿之月馀,时东
莱太史慈当归,原因以政付之。……原在辽东,一年中往归原居者数百家,游学之士,教
授之声,不绝。"③《三国志·吴志·太史慈传》载:"太史慈字子义,东莱黄人也。少好
学,仕郡奏曹史。……而为州家所疾,恐受其祸,乃避之辽东。"④

五、豫州之汝南、徐州之广陵、扬州之庐陵等文士流徙于吴地避难

徐州、豫州与扬州毗邻,汉末中原板荡,扰及江淮,故而这些地区的文士多逃亡于江
南。如徐州东莞文士徐奕、汝南文士许劭、沛国文士刘馥、广陵文士陈矫、徐宣等人。
《三国志·魏志·徐奕传》载:"徐奕,字季才,东莞人也。避难江东,孙策礼命之。奕改
姓名,微服还本郡。"⑤《后汉书·许劭传》载:"司空杨彪辟,举方正、敦朴,征,皆不就。
或劝劭仕,对曰:'方今小人道长,王室将乱,吾欲避地淮海,以全老幼。'"⑥《三国志·
魏志·刘晔传》载:"汝南许劭名知人,避地扬州。"⑦《三国志·魏志·刘馥传》载:"刘
馥,字符颖,沛国相人也。避乱扬州。"⑧《三国志·魏志·陈矫传》载:"陈矫,字季弼,
广陵东阳人也。避乱江东及东城,辞孙策、袁术之命,还本郡。"⑨《三国志·魏志·徐宣
传》载:"徐宣,字宝坚,广陵海西人也。避乱江东,又辞孙策之命,还本郡。"⑩另外,流
徙吴地并效命孙氏集团的文士,前已论及,此处不再赘述。

第五节　地理分野:文士流徙与建安文士分布

考察汉末三国文士的地理分布,需要特别说明的是,关于地理区域划分的标准,我

---

① （晋）陈寿:《三国志》,中华书局 1959 年版,第 339 页。
② （晋）陈寿:《三国志》,中华书局 1959 年版,第 339 页。
③ （晋）陈寿:《三国志》,中华书局 1959 年版,第 350 页。
④ （晋）陈寿:《三国志》,中华书局 1959 年版,第 252 页。
⑤ （晋）陈寿:《三国志》,中华书局 1959 年版,第 377 页。
⑥ （南朝·宋）范晔:《后汉书》,中华书局 1965 年版,第 2235 页。
⑦ （晋）陈寿:《三国志》,中华书局 1959 年版,第 443 页。
⑧ （晋）陈寿:《三国志》,中华书局 1959 年版,第 463 页。
⑨ （晋）陈寿:《三国志》,中华书局 1959 年版,第 642—643 页。
⑩ （晋）陈寿:《三国志》,中华书局 1959 年版,第 645 页。

们既不必像丁文江先生那样,以现代省份归纳统计古代州郡文士人数、计算百分比,也不必像胡阿祥先生那样按照自然地理原则、经济地理原则和行政地理原则划分地理分布,①只需要按照史籍记载的州郡来划分地理区域。因为,我们的目的并不在于分析现代省份或文化地理区域的历史文化状况及其盛衰变化,而在于分析汉末三国文士流徙导致文士地理分布的动态变化。

汉末三国时期的文士地理分布经历了两次大的变化。第一次是汉末建安中期的文士地理分布。汉末至建安十三年(208),东汉社会经历由黄巾起义、诸侯攻伐的动乱到曹操平定河北、中原、关中等地,走向局部统一。文士经历一番辗转流徙,形成了许昌、荆州与益州等三大区域地理分布。第二次是建安中期至三国鼎立时代的文士地理分布。这一时期,文士再次经过一定范围的流动,形成了中原(先邺城后洛阳)、江东与蜀汉三大区域地理分布。这一次文士地理分布奠定了三国时期的文学地理空间格局。因为,三国时代虽有小范围的文士流动,但没有出现汉末建安时代因战乱造成的大范围文士流徙,地理空间分布没有太大改变,只是人事代谢而已。

一、汉末至建安中期的文士地理分布:以许昌、荆州与益州等区域为主

(一)许昌——汉末建安时代中原文士的集聚地

建安元年(196),汉献帝所代表的中央王朝从长安经河东安邑迁回许昌,许昌成为建安时代的政治文化中心。聚集许昌的士大夫、文士约略有四:一是随汉献帝从长安经河东安邑至许昌的士大夫与文士;二是建安初年随曹操从兖州、冀州等地入许的士大夫、文士群体;三是曹操上表朝廷从全国各地征召的文士;四是从荆州等地主动游许的个别文士。这里要特别说明的是,除在朝中任职的士大夫之外,其他文士在许曾做短暂逗留,随后被朝廷(曹操操纵下的朝廷)委派其他州、郡、县任职,或随曹操出许昌,征伐叛乱。文士从四方聚集许都,与荀彧和曹操关系密切。荀彧代表着汉献帝中央王朝,聚拢文士。可以说,荀彧是许都在朝中任职的士大夫、文士领袖。他之所以能够成为领袖,主要是因为他既是曹操信任的谋士,又在朝任尚书令,且谋国以公,深得汉献帝及旧臣的信任。荀彧的领袖作用主要表现在举荐人才。他所举荐的文士,既能得到曹操的首肯,又能得到汉献帝的任命。曹操则以朝廷三公之一——司空身份,聚集文士,授以司空掾属。建安元年(196),曹操迎汉献帝入许,在朝任司空兼镇东将军,他征辟了大量文士为司空掾属。许多文士成为曹操的高级幕僚。因此,曹操成为这一时段入许文士的幕主——主公。

---

① 胡阿祥:《魏晋本土文学地理研究》,南京大学出版社 2001 年版,第 70—71 页。

（二）荆州襄阳及其周边区域——汉末建安时代荆襄文士聚集区

如前所述，初平元年（190），刘表被朝廷任为荆州刺史，联络荆襄世家大族如蒯氏家族、蔡氏家族等，平定境内动乱。建安三年（198），刘表又平定了长沙太守张羡的叛乱，"于是开土遂广，南接五岭，北据汉川，地方数千里，带甲十余万"①。治所襄阳及其周边附近区域，成为文士聚集的地方。聚集荆州襄阳附近的文士有二：一是荆襄土著文士，二是避难流徙于此地的寄寓之文士（见前梳理）。虽然刘表治下的荆州不及曹操控制下的北方，无法给文士更多的政治安排，何况依赖荆襄世族支持，只能将重要的军政核心权力交给荆襄土著世族②，但大开学官，招揽文士、儒士等，为饱受战乱之苦的文士提供了安身之所，给予赈赡。这一举措，弥补了疆土、官职数量的不足，同样吸引了各方的经受战难之痛的数千计学士、文士。不仅提高了荆州的学术盛名，也辐射江东文化等。《后汉书·刘表传》载："关西、兖、豫学士归者盖有千数，表安慰赈赡，皆得资全。遂起立学校，博求儒术，綦母闿、宋忠等撰立五经章句，谓之后定。爱民养士，从容自保。"③

然而，这种盛况，好景不长。大约到建安八、九年（203—204）间，就出现了由盛转衰的迹象。《三国志·魏志·刘表传》裴注引《搜神记》曰："建安初，荆州童谣曰：'八九年间始欲衰，至十三年无孑遗。'言自中平以来，荆州独全，及刘表为牧，民又丰乐，至建安八年九年当始衰。始衰者，谓刘表妻死，诸将并零落也。十三年无孑遗者，表当又死，因以丧破也。是时，华容有女子忽啼呼云：'荆州将有大丧。'言语过差，县以为妖言，系狱月余，忽于狱中哭曰：'刘荆州今日死。'华谷去州数百里，即遣马吏验视，而刘表果死，县乃出之。续又歌吟曰：'不意李立为贵人。'后无几，太祖平荆州，以涿郡李立字建贤为荆州刺史。"④直到建安十三年（208）刘表过世之后，曹操举兵南下。至荆州，刘琮举州而降，荟萃于荆州的大多数文士随曹北返。

（三）益州蜀郡及其周边——汉末建安时代西南文士聚集区

从汉末至建安十六年（211）前后，益州在刘焉刘璋父子的治理下，也成为了文士避难的流徙寄寓之地。建安十六年（211）之前，齐聚益土的文士，一是土著文士，二是流寓文士。刘璋性格暗弱，所治益州也不算太平，但也能礼贤下士。刘璋不同于刘表的是，多依赖南阳、三辅流民组成的青州势力来打压益州土著世族。然而刘璋后期，越发失去人心。在建安十三年（208）曹操举兵破荆州之时，刘璋不自安，派别驾从事张松往

---

① （南朝·宋）范晔：《后汉书》，中华书局1965年版，第2421页。
② 王永平：《中古士人迁移与文化交流》，社会科学文献出版社2005年版，第34页。
③ （南朝·宋）范晔：《后汉书》，中华书局1965年版，第2421页。
④ （晋）陈寿：《三国志》，中华书局1959年版，第214—215页。

荆州见曹操。张松劝刘璋自绝曹操，联盟刘备，文士法正等亦欲以益州迎刘备。汉末建安中期的益州文士聚集地即将易主。

二、建安十三年（208）至三国鼎立时期的文士地理分布：以邺城（洛阳）、江东吴地以及蜀汉等区域为主

（一）邺城及其周边——建安后期北方文士聚集之地

从建安十年（205）开始，曹操开始营建邺城。尤其建安十八年（213），曹操被封魏王，以冀州十郡为魏。邺城成为魏王曹操的政治文化中心。早在建安十三年（208），曹操被汉献帝任命为丞相，其子曹丕被任命为副丞相、五官中郎将。曹氏父子辟大量文士为掾属，这些文士随之徙入邺城。因此，邺城成为建安后期北方文士荟萃之地。聚汇邺城的文士有三：一是建安早期曹操征召辟用的司空掾属。二是建安十三年（208）征荆州而带回的流徙文士。三是建安十六年（211），曹操、曹丕以丞相、五官中郎将之便征辟的文士。其盛况正如曹植《与杨德祖书》所云的："昔仲宣独步于汉南，孔璋鹰扬于河朔，伟长擅名于青土，公干振藻于海隅，德琏发迹于大魏，足下高视于上京。当此之时，人人自谓握灵蛇之珠，家家自谓抱荆山之玉也。吾王于是设天网以该之，顿八纮以掩之，今尽集兹国矣。"[1]邺下文士集团是在曹丕组织下形成的，或做南皮之游，或作饮宴论文。正如刘勰《文心雕龙·时序》所说的，"魏武以相王之尊，雅爱诗章；文帝以副君之重，妙善辞赋；陈思以公子之豪，下笔琳琅；并体貌英逸，故俊才云蒸。仲宣委质于汉南，孔璋归命于河北，伟长从宦于青土，公干徇质于海隅；德琏综其斐然之思；元瑜展其翩翩之乐。文蔚、休伯之俦，于叔、德祖之侣，傲雅觞豆之前，雍容衽席之上，洒笔以成酣歌，和墨以藉谈笑。"[2]然而，建安二十二年（217）以后，邺下文士中的主干"七子"，因瘟疫或其他原因，凋零殆尽。建安十三年（208），孔融被杀。建安十七年（212），阮瑀卒。徐幹、陈琳、应场、刘桢等死于瘟疫。建安二十三年（218），繁钦卒。建安二十年（215），路粹伏法。建安二十四年（219），杨修被杀。建安二十五年（220），曹操卒，丁仪、丁廙被杀。所剩文士在曹丕称帝时，徙于洛阳。

（二）江东吴地——建安后期东南文士聚集区

早在建安初年，孙策兄弟创业江东前后，广陵、庐陵等地的文士避难江东。孙策在开疆拓土创业之初，虽招揽张纮、张昭等文士，但无暇文治，甚至为强化个人权威，不惜大开杀戒，如杀吴郡名士高岱。《三国志·吴志·孙讨逆传》裴注引《吴录》曰："时有高

---

① （晋）陈寿：《三国志》，中华书局1959年版，第558—559页。
② （南朝·梁）刘勰著，范文澜注：《文心雕龙注》，人民文学出版社1958年版，第673—674页。

岱者,隐于余姚,策命出使会稽丞陆昭逆之,策虚己候焉。闻其善《左传》,乃自玩读,欲与论讲。或谓之曰:'高岱以将军但英武而已,无文学之才,若与论《传》而或云不知者,则某言符矣。'又谓岱曰:'孙将军为人,恶胜己者,若每问,当言不知,乃合意耳。如皆辨义,此必危殆。'岱以为然,及与论传,或答不知。策果怒,以为轻己,乃囚之。知交及时人皆露坐为请。策登楼,望见数里中填满。策恶其收众心,遂杀之。岱字孔文,吴郡人也。受性聪达,轻财贵义。其友士拔奇,取于未显,所友八人,皆世之英伟也。"①孙策杀高岱的真正原因在于,"知交及时人皆露坐为请。策登楼,望见数里中填满。策恶其收众心"②。孙策遇刺身亡,十九岁的孙权临危授命,敛泪易服,"扶令上马,使出巡军"③。孙权的首要任务是安定内部,待张昭以师傅之礼,周瑜、程普等为将领。他招揽俊秀,聘求名士,鲁肃、诸葛瑾等都应聘而来。分部诸将,镇抚山越,讨不听命④。

可见,江东吴地文士的聚集是在孙权征聘中形成的。荟萃扬土的文士有二:一是流徙寓居江东的文士(前已论述孙吴集团崛起与流徙文士),二是吴地土著世族文士。这一区域的文士,无论寓居文士还是土著文士,多以宗族为主,往往有部曲为后盾,辅佐孙吴政权。

(三) 益州巴蜀——建安后期至三国时期西南文士聚集之地

建安十九年(214),被邀入川的刘备,与益州牧刘璋反目成仇,操戈相向。刘备夺取益州的统治权,将刘璋迁于荆州南郡公安。刘备治下的益州,成为建安后期以来的文士集聚之所。聚集益土的文士有三种情况:一是早年追随刘备的淮泗文士,如麋竺、孙干、刘琰、简雍等人;二是建安六年(201)至建安十三年(208)追随刘备的荆襄文士,如诸葛亮、庞统、伊籍、马良兄弟、陈震、廖立、向朗、蒋琬、邓方、辅匡、刘邕、张存、殷观、冯习、张南、郝普、潘浚等人;三是刘璋时代已经居益州的文士。总体上可以分寓居文士与土著文士。刘备蜀汉政权中的文士多忙于政治事务,无暇文事。因此,文学成绩远不及邺下文学。

综上所述,汉末建安时代的文士流徙,导致了文士地理分布的大洗牌、大变革,形成了建安至三国时代文士地理格局。这一时期的文士地理分布,经历了由中期以许昌、荆州襄阳与益州为核心三大聚集区域到后期以邺城、江东吴地与益州成都周边为核心的三大聚集区域的演变。这既打破了以往(先秦至东汉后期)文士地理的"北盛南弱"格局,又奠定了三国对峙时代的文学地理格局。

---

① (晋)陈寿:《三国志》,中华书局1959年版,第1109页。
② (晋)陈寿:《三国志》,中华书局1959年版,第1109页。
③ (晋)陈寿:《三国志》,中华书局1959年版,第1115页。
④ 何兹全:《三国史》,人民出版社2011年版,第48页。

第二章 三国归晋:南方文士的迁徙

三国时代,虽也存在文士的局部性流动,但没有汉末建安时代那样的大规模文士流徙,基本上延续着建安二十四年(219)的地理分布格局。到了三国末年,随着魏军破蜀,魏晋易代以及晋平东吴等一系列军事行动的完成,三国归于一统。西晋时代,蜀地、吴地文士出现了大规模的北徙潮流。

第一节 蜀地文士的北迁

魏景元四年(263),魏王朝的征西大将军邓艾率大军兵临成都城下,后主刘禅在谯周等蜀地人士的怂恿下,"舆榇自缚"①,蜀汉政权灭亡。在曹魏强大的军事压力下,蜀汉后主刘禅被送至洛阳,蜀国宗室大臣上层人士以及三万户迁徙至河东、关中等地。《华阳国志·大同志》载:"后主既东迁,内移蜀大臣宗预、廖化及诸葛显等并三万家于河东及关中,复二十年田租。"②据《晋书·地理志下》"济南郡"条下记载,"或云魏平蜀,徙其豪将家于济河北,故改为济岷郡。而《太康地理志》无此郡名,未之详。"③葛剑雄先生在《中国移民史》二卷中说,"这一说法至少可以证明当时迁蜀人于魏国内地的规模是相当大的。"④

这一时期,蜀地文士郤正、张通、罗宪、文立、廖化、宗预、常忌、诸葛京、诸葛显、柳隐、司马胜之、常勖等北迁。文士郤正,《三国志·蜀志·郤正传》载:"安贫好学,博览坟籍。弱冠能属文……性淡于荣利,而尤耽意文章,自司马、王、扬、傅、张、蔡之俦遗文

---

① (晋)陈寿:《三国志》,中华书局 1959 年版,第 900 页。

② (晋)常璩著,汪启明、赵静译注:《华阳国志》,四川大学出版社 2007 年版,第 307 页。

③ (唐)房玄龄:《晋书》,中华书局 1974 年版,第 449—450 页。

④ 葛剑雄等:《中国移民史》第二卷,福建人民出版社 1998 年版,第 284 页。

篇赋,及当世美书善论,益部有者,则钻凿推求,略皆寓目。"①郄正在魏景元四年(263),随蜀汉后主刘禅入洛。《三国志·蜀志·郄正传》载:"后主东迁洛阳,时扰攘仓猝,蜀之大臣无翼从者,惟正及典中督汝南张通,舍妻子单身随侍。"②史载郄正陪同后主刘禅,参加司马昭的宴会。《三国志·蜀志·后主传》裴注引《汉晋春秋》曰:"司马文王与禅宴,为之作故蜀技,旁人皆为之感怆,而禅喜笑自若。王谓贾充曰……他日,王问禅:'颇思蜀否?'禅曰:'此间乐,不思蜀。'郄正闻之,求见禅曰:'若王后问,宜泣而答曰:先人坟墓远在陇、蜀,乃心西悲,无日不思,因闭其目。'后王复问,对如前,王曰:'何乃似郄正语邪!'"③文立是蜀地著名的儒学之士。《三国志》裴松之注引《华阳国志》曰:"文立字广休,少治《毛诗》、《三礼》,兼通群书。蜀并于魏,梁州建,首为别驾从事,举秀才。晋泰始二年,拜济阴太守,迁太子中庶子。……"④文立于晋泰始初年(266)被征洛阳,任太子中庶子。《晋书·儒林传》载:"蜀平,举秀才,除郎中。泰始初,拜济阴太守,入为太子中庶子。"⑤《华阳国志》记载太子中庶子文立的疏奏,曰:"武帝立太子,以司徒李胤为太傅,齐王、骠骑为少傅,选立为中庶子。立上疏曰:'伏惟皇太子春秋美茂,盛德日新,始建幼志,诞陟大繇,犹朝日初晖,良宝耀璞;侍从之臣,宜简俊义,选妙贤彦,使视观则睹礼容棣棣之则,听纳当受嘉话骇耳之言,静应道轨,动有所采,佐清初阳,缉熙天光;其任至重,圣王详择,诚非粪朽,能可堪任。臣闻之,人臣之道,量力受命,其所不谐,得以诚闻'。"⑥文立以忠贞清实,受到晋武帝的表彰,并升任散骑常侍。《晋书·儒林传》载:"太子中庶子文立忠贞清实,有思理器干。前在济阴,政事修明。后事东宫,尽辅导之节。……其以立为散骑常侍。"⑦文立向晋武帝谈及时人如程琼、唐彬等,《晋书·儒林传》载:"蜀故尚书犍为程琼雅有德业,与立深交。武帝闻其名,以问立,对曰:'臣至知其人,但年垂八十,禀姓谦退,无复当时之望,不以上闻耳。'琼闻之曰:'广休可谓不党矣,故吾善夫人也。'"⑧《晋书·唐彬传》载:"益州东接吴寇,监军位缺,朝议用武陵太守杨宗及彬。武帝以问散骑常侍文立,立曰:'宗、彬俱不可失。然彬多财欲,而宗好酒,惟陛下裁之。'帝曰:'财欲可足,酒者难改。'遂用彬。"⑨文立向晋武

①　(晋)陈寿:《三国志》,中华书局 1959 年版,第 1034 页。
②　(晋)陈寿:《三国志》,中华书局 1959 年版,第 1041 页。
③　(晋)陈寿:《三国志》,中华书局 1959 年版,第 902 页。
④　(晋)陈寿:《三国志》,中华书局 1959 年版,第 1032 页。
⑤　(唐)房玄龄:《晋书》,中华书局 1974 年版,第 2347 页。
⑥　(晋)常璩著,汪启明、赵静译注:《华阳国志》,四川大学出版社 2007 年版,第 588 页。
⑦　(唐)房玄龄:《晋书》,中华书局 1974 年版,第 2347 页。
⑧　(唐)房玄龄:《晋书》,中华书局 1974 年版,第 2347 页。
⑨　(唐)房玄龄:《晋书》,中华书局 1974 年版,第 1218 页。

帝推举益州、梁州人才，备受蜀地文士推崇。《华阳国志》曰："甄致二州人士，铨衡平当，为士彦所宗。"①罗宪，蜀地著名文士，曾向晋武帝举荐大批蜀地文士。《三国志》裴注引《襄阳记》曰："罗宪字令则。父蒙，避乱于蜀，官至广汉太守。宪少以才学知名，年十三能属文。……四年三月，从帝宴于华林园，诏问蜀大臣子弟，后问先辈宜时叙用者，宪荐蜀郡常忌、杜轸、寿良、巴西陈寿、南郡高轨、南阳吕雅、许国、江夏费恭、琅邪诸葛京、汝南陈裕，即皆叙用，咸显于世。宪还，袭取吴之巫城，因上伐吴之策。宪方亮严正，待士不倦，轻财好施，不治产业。六年薨，赠安南将军，谥曰烈侯。"②蜀地文士常忌入洛阳，被留任舍人。《华阳国志·大同志》载："晋泰始元年春，刺史袁邵以治城将被征。故蜀侍郎蜀郡常忌诣相国府陈邵抚恤有方，远国初附，当以渐导化，不宜改易州将，失遐外心。相国听留，辟忌为舍人。"③另外，《华阳国志·后贤志》有传。蜀国大臣廖化、宗预等入洛阳，途中病死。《三国志·蜀志·廖化传》载："咸熙元年春，化、预俱内徙洛阳，道病卒。"④诸葛亮的孙子诸葛京、诸葛显被徙河东郡。《三国志·蜀志·诸葛亮传》载："次子京及攀子显等，咸熙元年内移河东。"⑤诸葛京仕晋任郿县令，山涛举荐为东宫舍人。《三国志·蜀志·诸葛亮传》裴注引《晋泰始起居注》载《诏》曰："'诸葛亮在蜀，尽其心力，其子瞻临难而死义，天下之善一也。'其孙京，随才署吏，后为郿令。尚书仆射山涛启事曰：'郿令诸葛京，祖父亮，遇汉乱分隔，父子在蜀，虽不达天命，要为尽心所事。京治郿自复有称，臣以为宜以补东宫舍人，以明事人之理，副梁、益之论。'京位至江州刺史。"⑥蒋琬、费祎等子孙被迁徙至中原。《晋书·儒林传》载："（文立）上表请以诸葛亮、蒋琬、费祎等子孙流徙中畿。"⑦蜀郡成都文士柳隐在咸熙元年（264）被徙河东，拜议郎，为河西太守。《华阳国志·后贤志》载："柳隐，字休然，蜀郡成都人也。少与同郡杜祯、柳伸并知名。隐直诚笃亮，交友居厚，达于从政。数从大将军姜维征伐，临事设计，当敌陷阵，勇略冠军。为牙门将、巴郡太守、骑都尉，迁汉中黄金围督。景耀六年，魏镇西将军锺会伐蜀，入汉川，围成多下，惟隐坚壁不动。会别将攻之，不能克。后主既降，以手令敕隐，乃诣会。晋文帝闻而义之。咸熙元年，内移河东，拜议郎。武帝践祚，以为西河太守。在官三年，以年老去官，乞骸还蜀。卒于家，时年八十。"⑧广汉文

---

① （晋）常璩著，汪启明、赵静译注：《华阳国志》，四川大学出版社2007年版，第591页。
② （晋）陈寿：《三国志》，中华书局1959年版，第1008—1009页。
③ （晋）常璩著，汪启明、赵静译注：《华阳国志》，四川大学出版社2007年版，第307页。
④ （晋）陈寿：《三国志》，中华书局1959年版，第1076页。
⑤ （晋）陈寿：《三国志》，中华书局1959年版，第932页。
⑥ （晋）陈寿：《三国志》，中华书局1959年版，第932—933页。
⑦ （唐）房玄龄：《晋书》，中华书局1974年版，第2347页。
⑧ （晋）常璩著，汪启明、赵静译注：《华阳国志》，四川大学出版社2007年版，第593页。

士司马胜之,归晋后被征为散骑侍郎。《华阳国志·后贤志》载:"司马胜之,字兴先,广汉绵竹人也。学通《毛诗》,治《三礼》。清尚虚素,性澹不事荣利。初为郡功曹,甚善纪纲之体。州辟从事,进尚书左选郎,徙秘书郎。时蜀国州书佐望与郡功曹参选,而从事伴台郎;特重察举,虽位经朝要,还为秀孝,亦为郡端右。景耀末,郡请察孝廉。大同后,梁州辟别驾从事,举秀才,历广都、繁令,政理尤异。以清秀征为散骑侍郎,以宗室礼之。"①蜀郡江原文士常勖被征,于途中病逝。《华阳国志·后贤志》载:"常勖,字修业,蜀郡江原人也。……勖少与闳子忌齐名,安贫乐道,志笃坟典。治《毛诗》、《尚书》,涉洽群籍,多所通览。州命辟从事,入为光禄郎中、主事,又为尚书左选郎,郡请迎为功曹。时州将董军政,置从事,职典刑狱。以勖清亮,复为督军,治讼平当。还察孝廉,除郫令,为政简而不烦。魏征西将军邓艾伐蜀,破诸葛瞻于绵竹,威振西土。诸县长吏或望风降下,或委官奔走,勖独率吏民固城拒守。后主檄令,乃诣艾,故郫谷帛全完。刺史袁邵嘉勖志节,辟为主簿。勖善仪容翔集,动为表观,言论壮烈,州里重之。然交友惟贤,不交下己者,泛爱之恩犹不足。从邵征还,道卒。"②蜀郡文士何随在蜀亡之后辞官隐居。太康中,仕晋,任江阳太守。《华阳国志·后贤志》载:"何随,字季业,蜀郡郫人也,汉司空武后。世有名德,征聘入官。随治《韩诗》、《欧阳尚书》,研精文纬,通星历。郡命功曹,州辟从事,光禄郎中、主事,除安汉令。蜀亡,去官。……大同后,台召,不诣;除河间王郎中令,不就。居贫固俭,衣弊蔬食,昼躬耕耨,夕修讲讽。乡族馈及礼厚皆不纳,目不视色,口不语利。著《谭言》十篇,论道德仁让。……太康中,即家拜江阳太守,民思其政。"③光禄勋裴俊之子裴越,迁回洛阳。《三国志·蜀志·孟光传》裴注引傅畅《裴氏家记》曰:"俊字奉先,魏尚书令潜弟也。子越,字令绪,为蜀督军。蜀破,迁还洛阳,拜议郎。"④

　　西晋泰始四、五年(268—269)间是蜀地文士北向迁师洛阳最关键一年。晋武帝于此年询问蜀汉降臣罗宪,开始大肆征辟蜀地文士。《三国志》裴注引《襄阳记》曰:"罗宪字令则。父蒙,避乱于蜀,官至广汉太守。宪少以才学知名,年十三能属文。……四年三月,从帝宴于华林园,诏问蜀大臣子弟,后问先辈宜时叙用者,宪荐蜀郡常忌、杜轸、寿良、巴西陈寿、南郡高轨、南阳吕雅、许国、江夏费恭、琅邪诸葛京、汝南陈裕,即皆叙用,咸显于世。"⑤另外,蜀国降臣文立曾上表请求晋武帝叙用西蜀名臣子嗣。《晋书·儒林

---

① (晋)常璩著,汪启明、赵静译注:《华阳国志》,四川大学出版社2007年版,第595页。
② (晋)常璩著,汪启明、赵静译注:《华阳国志》,四川大学出版社2007年版,第596—597页。
③ (晋)常璩著,汪启明、赵静译注:《华阳国志》,四川大学出版社2007年版,第600页。
④ (晋)陈寿:《三国志》,中华书局1959年版,第1024页。
⑤ (晋)陈寿:《三国志》,中华书局1959年版,第1009页。

传》载："上表请以诸葛亮、蒋琬、费祎等子孙流徙中畿，宜见叙用，一以慰巴蜀之心，其次倾吴人之望，事皆施行。"①《华阳国志·大同志》载："（泰始）五年，散骑常侍文立表复假故蜀大臣名勋后五百家不预厮剧，皆依故官号为降。"②这一时期，蜀地文士谯周、陈寿、李骧、李密、高玩、王崇、寿良、何攀、杜轸、杜烈等人相继入洛。《华阳国志·后贤传》载："（王）崇，……与寿良、李密、陈寿、杜烈同入京洛，为二州标俊。"③谯周，蜀国有名的经学家和文学之士。《三国志·蜀志·谯周传》载："谯周字允南，巴西西充国人也。周幼孤，……既长，耽古笃学，家贫未尝问产业，诵读典籍，欣然独笑，以忘寝食。研精《六经》，尤善书札。"④蜀亡后，西晋王朝多次征辟谯周。《三国志·蜀志·谯周传》载："晋室践祚，累下诏所发遣周。周遂舆疾诣洛，泰始三年至。"⑤谯周迫不得已，于泰始三年（267）带病入洛，以病辞官，求还爵土不得，不久病逝。蜀地文士陈寿受到中原文士张华等举荐，入洛仕晋，为佐著作郎。《晋书·陈寿传》载："司空张华爱其才，以寿虽不远嫌，原情不至贬废，举为孝廉，除佐著作郎。"⑥陈寿以《三国志》受到张华、荀勖等厚爱。《华阳国志》曰："吴平后，寿乃鸠合三国史，著《魏》、《吴》、《蜀》三书六十五篇，号为《三国志》……品藻典雅。中书监荀勖、令张华深爱之，以为班固、史迁不足方也。"⑦张华上表，令陈寿编集《诸葛亮故事》。《华阳国志》曰："华又表令次定《诸葛亮故事》，集为二十四篇。"⑧张华欲使陈寿撰《晋书》。《晋书·陈寿传》载："张华深善之，谓寿曰：'当以《晋书》相付耳。'"⑨陈寿也受到杜预的提携，被举荐为散骑侍郎。《晋书·陈寿传》载："杜预将之镇，复荐之于帝，宜补黄散。由是授御史治书。"⑩《华阳国志》亦曰："镇南将军杜预表为散骑侍郎。……上《官司论》七篇，依据典故，议所因革。又上《释讳》、《广国论》。"⑪陈寿与京洛文坛巨子张华交好，受到颍川士族荀勖的排挤。《晋书·陈寿传》载："张华将举寿为中书郎，荀勖忌华而疾寿，遂讽吏部迁寿为长广太守。"⑫《华阳国志》又载："华表令兼中书郎，而寿《魏志》有失勖意，勖不欲其处内，表为

① （唐）房玄龄：《晋书》，中华书局1974年版，第2347页。
② （晋）常璩著，汪启明、赵静译注：《华阳国志》，四川大学出版社2007年版，第307页。
③ （晋）常璩著，汪启明、赵静译注：《华阳国志》，四川大学出版社2007年版，第604页。
④ （晋）陈寿：《三国志》，中华书局1959年版，第1027页。
⑤ （晋）陈寿：《三国志》，中华书局1959年版，第1032页。
⑥ （唐）房玄龄：《晋书》，中华书局1974年版，第2137页。
⑦ （晋）常璩著，汪启明、赵静译注：《华阳国志》，四川大学出版社2007年版，第605页。
⑧ （晋）常璩著，汪启明、赵静译注：《华阳国志》，四川大学出版社2007年版，第605页。
⑨ （唐）房玄龄：《晋书》，中华书局1974年版，第2137页。
⑩ （唐）房玄龄：《晋书》，中华书局1974年版，第2138页。
⑪ （晋）常璩著，汪启明、赵静译注：《华阳国志》，四川大学出版社2007年版，第606页。
⑫ （唐）房玄龄：《晋书》，中华书局1974年版，第2138页。

长广太守。"①陈寿被外放数年后,回到京洛,为太子中庶子。《晋书·蜀志·陈寿传》载:"后数岁,起为太子中庶子,未拜。"②《华阳国志》载:"数岁,除太子中庶子。"③陈寿任太子中庶子,应该与张华的提携有关,因为张华时任太子少傅。陈寿侄子陈符继陈寿之后,任著作佐郎。《华阳国志·后贤志》载:"兄子符,字长信,亦有文才,继寿著作佐郎,上廉令。符弟莅,字叔度,梁州别驾,骠骑将军齐王辟掾,卒洛下。"④梓潼文士李骧被征尚书郎。《华阳国志·后贤志》载:"时梓潼李骧叔龙,亦隽逸器,知名当世。举秀才,尚书郎,拜建平太守,以疾辞不就,意在州里。除广汉太守。初与寿齐望,又相昵友,后与寿情好携隙,还相诬攻,有识以是短之。"⑤蜀地文士李密,字令伯,犍为武阳人,以《陈情表》名闻京洛。《晋书·孝友传》载:"蜀平,泰始初,诏征为太子洗马。密以祖母年高,无人奉养,遂不应命。"⑥《华阳国志》曰:"武帝览之,曰:'宓(密)不空有名也'。嘉其成款,赐奴婢二人。"⑦李密在祖母去世后,被征入京洛。《晋书·孝友传》载:"后刘终,服阙,复以洗马征至洛。"⑧李密在京洛,武帝赐宴东堂,李密在宴会上赋诗,发泄怨愤之情。李密与北方文士皇甫谧交好,并研讨学问。《华阳国志·后贤传》曰:"著有《述理论》,论中和仁义,儒学道化之事,凡十篇。安东将军胡黑与皇甫士安深善之。又与士安论夷齐。"⑨蜀郡文士高玩,字伯珍。《华阳国志·后贤传》曰:"宓同时,蜀郡高玩,字伯珍,少受学于太常杜琼,术艺微妙,博闻强识,清尚简素。少与宓齐名,官位相比。大同后,察孝廉,除曲阳令。单车之县,移檄县纲纪,不使遣迎。以明三才,征为太史令,送者亦不出界,朝廷称之。方论大用,会卒。"⑩蜀郡文士杜轸,字超宗。《华阳国志·后贤传》曰:"杜轸,字超宗,蜀郡成都人也。……轸少师谯周,发明高经于谯氏之门。郡命为功曹。邓艾既破蜀,被征。……察孝廉,除建宁令,徙任山阳、新城、池阳,所在有治。入为尚书郎。每升降趋翔廊阁之下,威容可观,中朝伟之。迁犍为太守,惠爱在民。还为州大中正。轸既才学兼该,而气量倜傥,武帝雅识之。方用内侍,会卒。时年五十八。"⑪蜀郡文士杜烈,字仲武。《华阳国志·后贤传》曰:"弟烈,字仲武。贞干

① (晋)常璩著,汪启明、赵静译注:《华阳国志》,四川大学出版社2007年版,第606页。
② (唐)房玄龄:《晋书》,中华书局1974年版,第2138页。
③ (晋)常璩著,汪启明、赵静译注:《华阳国志》,四川大学出版社2007年版,第606页。
④ (晋)常璩著,汪启明、赵静译注:《华阳国志》,四川大学出版社2007年版,第607页。
⑤ (晋)常璩著,汪启明、赵静译注:《华阳国志》,四川大学出版社2007年版,第608页。
⑥ (唐)房玄龄:《晋书》,中华书局1974年版,第2274页。
⑦ (晋)常璩著,汪启明、赵静译注:《华阳国志》,四川大学出版社2007年版,第606页。
⑧ (唐)房玄龄:《晋书》,中华书局1974年版,第2274页。
⑨ (晋)常璩著,汪启明、赵静译注:《华阳国志》,四川大学出版社2007年版,第612页。
⑩ (晋)常璩著,汪启明、赵静译注:《华阳国志》,四川大学出版社2007年版,第612—613页。
⑪ (晋)常璩著,汪启明、赵静译注:《华阳国志》,四川大学出版社2007年版,第612页。

敏识，平坦和粹，名誉伴轸。察孝廉，历平康、牛鞞、南郑、安阳令。王国建，首选为郎中令。迁衡阳太守。兄轸丧，自上求去官，以兄子幼弱，轸丧飘飘，欲扶将灵柩葬旧坟。武帝叹惜轸能用未尽，而嘉烈弟意，转拜，徙官犍为太守，又转湘东。"①蜀地文士王崇，字幼远，入洛后被誉为"标俊"。《华阳国志·后贤传》曰："（王）崇，字幼远，学业渊博，雅性宏粹，蜀时东观郎。晋统一后，梁州辟别驾，举秀才，尚书郎。与寿良、李密、陈寿、杜烈同入京洛，为二州标俊。著《蜀书》，及诗赋之属数十篇。其书与陈寿颇不同。"②蜀地文士寿良，字文淑。《华阳国志·后贤传》曰："帝征为黄门侍郎，兼二州都给事中，梁州刺史。迁散骑常侍，大长秋，卒。葬洛北邙山。"③寿良曾集《诸葛亮集》。《华阳国志·陈寿传》曰："时寿良亦集，故颇不同。"④蜀地文士何攀，字惠兴，与北方人士王濬交好。《华阳国志·后贤传》曰："刺史王濬复辟主簿，别驾。"⑤何攀为王濬出谋划策，深得王濬信任。王濬派何攀入洛，争取洛阳方面的信任。《华阳国志·后贤传》曰："攀既至洛，拜表献策，因至荆州，与刺史宋廷论。宋未许，乃见羊祜。累日，共画用兵之要。"⑥司空裴秀惊奇他的才能，将女儿嫁给他，《华阳国志·后贤传》曰："攀频奉使诣洛，时未婚，司空裴公奇其才，以女妻之。"⑦何攀受到中书令张华的喜爱，《华阳国志·后贤传》曰："中书令张华命宿下舍，设诸难，攀皆通之。"⑧何攀因平吴之功被封为侯。《华阳国志·后贤传》曰："吴平，封关内侯，浚入拜辅国，攀为司马。上《论时务》五篇。"⑨何攀在洛阳升任廷尉评一职，多有建议。《华阳国志·后贤传》曰："进廷尉评。有盗开城门下关者，法据大辟。攀驳之曰：'上关，执信之主。下关，储备之物。设有开上关，何以加刑？'遂减死。多所议谳。"⑩何攀升为散骑侍郎，参与平叛太傅杨骏之乱。《华阳国志·后贤传》曰："迁散骑侍郎。太傅杨骏谋逆，请众官。攀与侍中傅祇、侍郎王恺等往。惠帝从楚王玮、殿中中郎孟观策，戒严，诛骏。骏外已匆匆，攀与祇逾墙，得出侍天子。天子以为翊军校尉，领熊渠兵，一战斩骏，社稷用安。"⑪费诗之子费立入晋任散骑常侍。《三国志·蜀志·费诗传》裴注引孙盛《蜀世谱》曰："诗子立，晋散骑常

① （晋）常璩著，汪启明、赵静译注：《华阳国志》，四川大学出版社2007年版，第615页。
② （晋）常璩著，汪启明、赵静译注：《华阳国志》，四川大学出版社2007年版，第604页。
③ （晋）常璩著，汪启明、赵静译注：《华阳国志》，四川大学出版社2007年版，第624页。
④ （晋）常璩著，汪启明、赵静译注：《华阳国志》，四川大学出版社2007年版，第605页。
⑤ （晋）常璩著，汪启明、赵静译注：《华阳国志》，四川大学出版社2007年版，第625页。
⑥ （晋）常璩著，汪启明、赵静译注：《华阳国志》，四川大学出版社2007年版，第628页。
⑦ （晋）常璩著，汪启明、赵静译注：《华阳国志》，四川大学出版社2007年版，第628页。
⑧ （晋）常璩著，汪启明、赵静译注：《华阳国志》，四川大学出版社2007年版，第629页。
⑨ （晋）常璩著，汪启明、赵静译注：《华阳国志》，四川大学出版社2007年版，第629页。
⑩ （晋）常璩著，汪启明、赵静译注：《华阳国志》，四川大学出版社2007年版，第629页。
⑪ （晋）常璩著，汪启明、赵静译注：《华阳国志》，四川大学出版社2007年版，第629页。

侍。自后益州诸费有名位,多是诗之后也。"①《华阳国志·后贤传》曰:"费立,字建熙,犍为南安人也。父揖,字君让,巴西太守。立学义冲邃,玄静沈嘿。察孝廉,王国中尉。王年少,好轻行游观。立常正色匡谏,及上疏风喻,辞义劘切,合箴规之体。出为成都令,县名难治,立苍之垂绩。以性公亮,入为州大中正。除巴西太守,不就,转梁、益、宁三州都,兼尚书。值大驾西幸长安,常与大臣居守在洛。加员外散骑常侍,封关内侯。每准正三州人物,品格褒贬,帅意方规,无复疏亲,莫不畏敬;然委曲者多恨其绳墨。数辞诸郡,意在河、泰、汝、颍。久之,朝议欲以为荆州。永嘉六年,与子并没于胡寇。立时,汉国吕淑字伟德,以清彦辟别驾,举秀才,尚书郎、秦国内史、长水校尉、员外常侍、梁州都督,与立同没胡寇。"②

综上所述,蜀汉灭亡后,后主刘禅及宗室大臣以及三万户被迫迁徙至中原。随后,西晋泰始四、五年(268—269),晋武帝征召蜀地文士入洛。

第二节　吴地文士的北徙

太康元年(280),西晋大举伐吴,势如破竹。东吴亡国之君孙皓被遣送洛阳。《三国志·吴志·孙皓传》载:"皓举家西迁,以太康元年五月丁亥集于京邑。"③西晋王朝将东吴宗室大臣、大将、江南土著世族,以及一般官员、已故将士的家属、北方移民的后裔迁徙中原。如吴地文士薛莹、孙吴宗室孙丞、大臣周处等相继入洛。《三国志·吴志·薛莹传》载:"天纪四年,晋军征皓,莹既至洛阳,特先见叙,为散骑常侍。"④薛莹是吴地有名的文士,曾献诗孙皓,《三国志》载有此诗。又有书八篇,名为《新议》。《三国志·吴志·薛莹传》载:"涉学既博,文章尤妙,同寮之中,莹为冠首。"⑤平吴之后,宗室孙丞入洛。《三国志·吴志·宗室传》裴注引《文士传》曰:"丞好学,有文章,作《萤火赋》行于世。为黄门侍郎,与顾荣俱为侍臣。归命世内侍多得罪尤,惟荣、丞独获全。常使二人记事,丞答顾问,乃下诏曰:'自今已后,用侍郎皆当如今宗室丞、顾荣畴也。'吴平赴洛,为范阳涿令,甚有称绩。永安中,陆机为成都王大都督,请丞为司马,与机俱

---

① (晋)陈寿:《三国志》,中华书局1959年版,第1017页。
② (晋)常璩著,汪启明、赵静译注:《华阳国志》,四川大学出版社2007年版,第629页。
③ (晋)陈寿:《三国志》,中华书局1959年版,第1177页。
④ (晋)陈寿:《三国志》,中华书局1959年版,第1256页。
⑤ (晋)陈寿:《三国志》,中华书局1959年版,第1256页。

被害。"①周处在吴亡之后,入洛。《晋书·周处传》载:"孙皓末,为无难督。及吴平,王浑登建邺宫酾酒,既酣,谓吴人曰:'诸君亡国之余,得无戚乎?'处对曰:'汉末分崩,三国鼎立,魏灭于前,吴亡于后,亡国之戚,岂惟一人!'浑有惭色。入洛,稍迁新平太守。"②另外,北迁的江南世族多被安置在原吴国以北的地区,如丹杨纪瞻家族就被徙历阳。《晋书·纪瞻传》载:"纪瞻字思远,丹杨秣陵人也。祖亮,吴尚书令。父陟,光禄大夫。瞻少以方直知名,吴平,徙家历阳郡。察孝廉,不行。后举秀才。"③吴国富春人孙惠家族"寓居萧、沛之间"。《晋书·孙惠传》载:"惠口讷,好学,有才识。州辟不就,寓居萧、沛之间。永宁初,赴齐王冏,义讨赵王伦。以功封晋兴县侯,辟大司马户曹掾,转东曹属。"④陶侃之父陶丹,吴扬武将军,"吴平,徙家庐江之寻阳"⑤。历阳陈训在吴亡之后,"随例内徙,拜谏议大夫"⑥。周访家族亦被迁浔(寻)阳,《建康实录》载:"访字士达,汝南安成人,汉末避地江南,晋平吴,移家寻阳。"⑦葛剑雄先生说,"这类迁徙出于强迫,目的在于加强对潜在政敌的控制和巩固本身的统治基础,迁移对象有一定标准,所以对普通百姓影响不大,已在南方定居的平民大多没有再返回北方。"⑧

太康五年(284)前后,陆喜等一批南方人士被征入洛。《晋书·陆喜传》载:"太康中,下诏曰:'伪尚书陆喜等十五人,南土归称,并以贞洁,不容皓朝。或忠而获罪,或退身修志。放在草野。主者可皆随本位就下拜除。敕所在以礼发遣,须到随才授用。'"⑨由于史料记载不足,已无法弄清和陆喜一起入洛的十五人行状。吴地广陵文士华谭在太康五年,被刺史嵇邵举为秀才,至洛阳。武帝亲自策试。《晋书·华谭传》载:"太康中,刺史嵇绍举谭秀才,将行,别驾陈总饯之……谭至洛阳,武帝亲策之。"⑩此年,吴地文士陆云亦在洛阳,任太子舍人。蒋方先生已据陆云《征西大将军京陵王公会射堂皇太子见命作此诗》推断出:"据此诗可知,太康五六年时,他已在洛阳太子府中了。"⑪其实,陆云《圣德颂》也可做内证。《圣德颂》序中有云:"晋太子舍人粪土臣云稽首再拜上

①　(晋)陈寿:《三国志》,中华书局 1959 年版,第 1217 页。
②　(唐)房玄龄:《晋书》,中华书局 1974 年版,第 1570 页。
③　(唐)房玄龄:《晋书》,中华书局 1974 年版,第 1815 页。
④　(唐)房玄龄:《晋书》,中华书局 1974 年版,第 1881 页。
⑤　(唐)房玄龄:《晋书》,中华书局 1974 年版,第 1768 页。
⑥　(唐)房玄龄:《晋书》,中华书局 1974 年版,第 2468 页。
⑦　(唐)许嵩:《建康实录》,中华书局 1986 年版,第 135 页。
⑧　葛剑雄等:《中国移民史》,福建人民出版社 1998 年版,第 285 页。
⑨　(唐)房玄龄:《晋书》,中华书局 1974 年版,第 1487 页。
⑩　(唐)房玄龄:《晋书》,中华书局 1974 年版,第 1448—1449 页。
⑪　参见蒋方:《陆机、陆云仕晋宦迹考》,《湖北大学学报》(社会科学版)1995 年第 3 期。

书皇帝陛下"①,足以说明该《颂》写于陆云任太子舍人之时。只要能弄清陆云此时"上书"的"皇帝陛下"是谁,就自然弄清楚了太子是谁。也就是说,陆云给哪位太子做太子舍人?自然可以判断出陆云任太子舍人的大致时间。根据《圣德颂》序文有"伏惟陛下绍轩辕之睿哲,越三代之高踪,膺有圣之玄景,咏生民之上略"②,可以断定陆云上疏的对象为晋朝开国皇帝——晋武帝司马炎。另外,《圣德颂》序文中称:"功济宇宙,德被群生。天人允嘉,民神协爱。历数在身,有命将集。而陛下犹复允执高让,成功靡有,普天归德,群后固请"③,可与《晋书·武帝纪》"是时晋德既洽,四海宅心。于是天子知历数有在,乃使太保郑冲奉策曰:'咨尔晋王:我皇祖有虞氏诞膺灵运,受终于陶唐,亦以命于有夏。惟三后陟配于天,而咸用光敷盛德。自兹厥后,天又辑大命于汉。火德既衰,乃眷命我高祖。方轨虞夏四代之明显,我不敢知。……以敬授尔位,历数实在尔躬。允执其中,天禄永终。……'帝初以礼让,魏朝公卿何曾、王沈固请,乃从之。"④的记载相印证。《盛德颂》中云"然后谒天皇于圆丘,巡万乘于帝室"可与"泰始元年冬十二月丙寅,设坛于南郊,百僚在位及匈奴单于四夷会者数万人,柴燎告类于上帝曰……于是大赦,改元"⑤记载相印证。陆云《盛德颂》以"巍巍荡荡,盖天临地,自启辟以来,有皇之美,未有若圣功之著盛者也"⑥来称赞晋武帝践祚的圣功。既然《盛德颂》中称"皇帝陛下"是晋武帝,陆云一定是给皇太子司马衷做舍人,时间大约在太康中。另外,太康五年(284),陆云的从父陆喜卒于洛阳。从陆云《晋故散骑常侍陆君诔》"惟太康五年夏四月丙申,晋故散骑常侍吴郡陆君卒"⑦的情况看,他在第一时间就得到了从父陆喜病逝的消息,也说明了陆云于太康五年(284)在洛阳。⑧

太康末年(289)及其以后的几年间吴地文士陆机、陆云等人入洛。《晋书·陆机传》载:"至太康末,与弟云俱入洛。"⑨陆机是吴国著名的文士,著有《辨亡论》等文。《文选·文赋》李善注引臧荣绪《晋书》曰:"年二十而吴灭,退居旧里,与弟云勤学,积十一年。流誉京华,声溢四表"⑩,陆机入洛前已经流誉京华,是颇具影响的文学家。陆机

---

① 黄葵点校:《陆云集》,中华书局1988年版,第111页。
② 黄葵点校:《陆云集》,中华书局1988年版,第111页。
③ 黄葵点校:《陆云集》中华书局1988,第112页。
④ (唐)房玄龄:《晋书》,中华书局1974年版,第50页。
⑤ (唐)房玄龄:《晋书》,中华书局1974年版,第50页。
⑥ 黄葵点校:《陆云集》,中华书局1988年版,第112页。
⑦ 黄葵点校:《陆云集》,中华书局1988年版,第98页。
⑧ 参见拙文《元康二年(292)陆云未曾入洛——与顾农先生〈陆机还乡及其相关作品〉商榷》,《文学遗产》2012年第四期。
⑨ (唐)房玄龄:《晋书》,中华书局1974年版,第1473页。
⑩ (南朝·梁)萧统撰、李善注:《文选》,上海古籍出版社1986年版,第761页。

入洛，被太傅杨骏征辟为祭酒，后被征为太子洗马。《文选·陆机〈谢平原内史表〉》李善注引臧荣绪《晋书》曰："太熙末，太傅杨骏辟机为祭酒。骏诛，征为太子洗马。"①陆云在太康六年（285）年就出补浚仪令，没过几年，陆云又被郡守排挤去官归吴了。太康十年（289），陆云与兄长陆机一起入洛。

太康十年（289），顾荣与陆机一起入洛。《晋书·顾荣传》载："顾荣字彦先，吴国吴人也，为南土著姓。祖雍，吴丞相。父穆，宜都太守。荣机神朗悟，弱冠仕吴，为黄门侍郎，太子辅义都尉。吴平，与陆机兄弟同入洛，时人号为三俊。"②贺循，会稽山阴人。《晋书·贺循传》载："贺循字彦先，会稽山阴人也。其先庆普，汉世传《礼》，世所谓庆氏学。祖高祖纯，博学有重名，汉安帝时为侍中，避安帝父讳，改为贺氏。曾祖齐，仕吴为名将。祖景，灭贼校尉。父邵，中书令，为孙皓所杀，徙家属边郡。循少婴家难，流放海隅，吴平，乃还本郡。……著作郎陆机上疏荐循。"③看来，贺循也是在陆机推荐下，才得到西晋王朝的任用，时间应该在元康八年之后。《三国志·吴志·贺邵传》裴注引虞预《晋书》曰："循丁家祸，流放海滨，吴平，还乡里。节操高厉，童龀不群，言行举动，必以礼让。好学博闻，尤善三礼。举秀子，除阳羡、武康令。顾荣、陆机、陆云表荐循曰：'伏见吴兴武康令贺循德量邃茂，才鉴清远，服膺道素，风操凝峻，历践三城，刑政肃穆，守职下县，编名凡萃，出自新邦，朝无知己，恪居遐外，志不自营，年时倏忽，而邈无阶绪，实州党愚智所为怅然。臣等并以凡才，累授饰进，被服恩泽，忝豫朝末，知良士后时，而守局无言，惧有蔽贤之咎，是以不胜愚管，谨冒死表闻。'久之，召为太子舍人。石冰破扬州，循亦合众，事平，杜门不出。陈敏作乱，以循为丹杨内史，循称疾固辞，敏不敢逼。于时江东豪右无不受敏爵位，惟循与同郡朱诞不挂贼网。后除吴国内史，不就。元皇帝为镇东将军，请循为军司马，帝为晋王，以循为中书令，固让不受，转太常，领太子太傅。时朝廷初建，动有疑议，宗庙制度皆循所定，朝野咨询，为一时儒宗。年六十，太兴二年卒。追赠司空，谥曰穆。循诸所著论，并传于世。"④张翰，《世说新语·任诞》有这样的记载："贺司空入洛赴命，为太子舍人。经吴闻门，在船中弹琴。张季鹰本不相识，先在金闻亭，闻弦甚清，下船就贺，因公语，便大相知悦。问贺，卿欲何之？贺曰：'入洛赴命，正尔进路。'张曰：'吾亦有事北京，因路寄载。'便与贺同发。初不告家，家追问乃知。"⑤薛兼，薛莹之子。《晋书·薛兼传》载："薛兼字令长，丹杨人也。祖综，仕吴，为

① （南朝·梁）萧统撰、李善注：《文选》，上海古籍出版社1986年版，第1697页。
② （唐）房玄龄：《晋书》，中华书局1974年版，第1811页。
③ （唐）房玄龄：《晋书》，中华书局1974年版，第1824页。
④ （晋）陈寿：《三国志》，中华书局1959年版，第1459页。
⑤ 徐震堮：《世说新语校笺》，中华书局1984年版，第397页。

尚书仆射。父莹,有名吴朝。吴平,为散骑常侍。兼清素,有器宇。少与同郡纪瞻、广陵闵鸿、吴郡顾荣、会稽贺循齐名,号为五俊。初入洛,司空张华见而奇之,曰:'皆南金也!'"①戴若思,《晋书》有传。《世说新语·自新篇》载:"戴渊少时,游侠不治行检,尝在江淮间攻掠商旅。陆机赴假还洛,辎重甚盛,渊使少年掠劫。渊在岸上,据胡床指麾左右,皆得其宜。渊既神姿锋颖,虽处鄙事,神气犹异。机于船屋上,遥谓之曰:'卿才如此,亦复作劫耶!'渊便泣涕,投剑归机,辞厉非常。机弥重之,定交,作笔荐焉。"②《陆机集》有《与赵王伦笺荐戴渊》一文。可见,戴若思是在陆机的推荐下,来到洛阳,做了孝廉。张畅,《晋书》无传,行迹已不可知。张畅是否为吴地人士,亦不可知。但据陆机《荐张畅表》所说:"伏见司徒下谏议大夫张畅,除当为豫章内史丞。……愚以为宜解举,试以近县。"③所谓"试以近县",看来,张畅应是豫章郡附近人士,应属吴人。而张畅时任"司徒下谏议大夫",应在洛阳。戴邈字望之,戴若思之弟,《晋书》有传。陆云给杨彦明的书函中提到戴邈。说:"若思、望之,清才俊类。一时之彦,善并得接。"④张悛字士然,吴国人。《文选·为吴令谢询求为诸孙置守冢人表》李善注引《晋阳秋》曰:"张悛,字士然,吴国人也。"⑤《文选》中选录了张悛的《为吴令谢询求为诸孙置守冢人表》一文。可见,张悛也是吴地著名文士。李善注引孙盛《晋阳秋》曰:"元康中,吴令谢询表为诸孙置守冢人。悛为其文,诏从之。"⑥陆机兄弟与张悛有诗赠答。夏靖字少明,《晋书》无传。《裴子语林》载:"夏少明在东国不知名。闻裴逸民知人,乃裹粮寄载,入洛从之。未至裴家少许,见一人着黄皮袴褶,乘马将猎。夏问逸民家远迩,答曰:'君何以问?'夏曰:'闻其名知人,故从会稽来投之。'"⑦夏靖与陆机有诗赠答。

吴平之后,吴郡褚陶被补召尚书郎,得到张华的赏识。史书未载褚陶入洛时间,张华被杀于永康元年(300)。因此,褚陶入洛不会迟于此年。《晋书·文苑传·褚陶传》载:"褚陶,字季雅,吴郡钱塘人也。弱不好弄,少而聪慧,清淡闲默,以坟典自娱。年十三,作《鸥鸟》、《水碓》二赋,见者奇之。陶尝谓所亲曰:'圣贤备在黄卷中,舍此何求!'州郡辟,不就。吴平,召补尚书郎。张华见之,谓陆机曰:'君兄弟龙跃云津,顾彦先凤鸣朝阳,谓东南之宝已尽,不意复见褚生。'机曰:'公但未睹不鸣不跃者耳。'华曰:'故

---

① (唐)房玄龄:《晋书》,中华书局 1974 年版,第 1832 页。
② 徐震堮:《世说新语校笺》,中华书局 1984 年版,第 345 页。
③ 刘运好:《陆士衡文集校注》,凤凰出版社 2007 年版,第 1256 页。
④ 黄葵点校:《陆云集》,中华书局 1988 年版,第 168 页。
⑤ (南朝·梁)萧统撰、李善注《文选》上海古籍出版社,1986,第 1713 页。
⑥ (南朝·梁)萧统撰、李善注《文选》上海古籍出版社,1986,第 1713 页。
⑦ 《古小说钩沉》,见《鲁迅全集》第八卷,人民文学出版社 1973 年版,第 137 页。

知延州之德不孤,川岳之宝不匮矣。'"①

综上所述,东吴灭亡之后,孙皓及其东吴宗室大臣、江南土著世族、已故大将家属等被迫内徙。其中,有不少上层文士被征入洛任职。

第三节　士心向背与被迫征召：南方文士北徙

三国归晋之际,南方(西南、东南)文士心态极为复杂纠结。一方面,是面临蜀吴最高统治者的昏聩、凶残暴虐,士心灰丧,背离之心渐萌;另一方面,面临蜀汉、东吴亡国以及魏晋政权的强制性内徙、征召,亡国之痛与忧惧之心极为深切。

一、蜀汉士人心态变化

蜀汉后期,丞相诸葛亮辅政,推行刑法,恩威并使。蜀国侨寓人士与土著人士各自用命,士心大振。正如陈寿评曰："诸葛亮之为相国也,抚百姓,示仪轨,约官职,从权制,开诚心,布公道;尽忠益时者虽雠必赏,犯法怠慢者虽亲必罚,服罪输情者虽重必释,游辞巧饰者虽轻必戮;善无微而不赏,恶无纤而不贬;庶事精练,物理其本,循名责实,虚伪不齿;终于邦域之内,咸畏而爱之,刑政虽峻而无怨者,以其用心平而劝戒明也。可谓识治之良才,管、萧之亚匹矣。"②被诸葛亮治罪的廖立、李严等人,毫不怨愤。《三国志·蜀志·李严传》裴注引习凿齿曰："昔管仲夺伯氏骈邑三百,没齿而无怨言,圣人以为难。诸葛亮之使廖立垂泣,李平致死,岂徒无怨言而已哉!夫水至平而邪者取法,镜至明而丑者无怒,水镜之所以能穷物而无怨者,以其无私也。水镜无私,犹以免谤,况大人君子怀乐生之心,流矜恕之德,法行于不可不用,刑加乎自犯之罪,爵之而非私,诛之而不怨,天下有不服者乎!诸葛亮于是可谓能用刑矣,自秦、汉以来未之有也。"③尽管魏延与杨仪之间矛盾重重,但能在诸葛亮统率下,各尽其用。《三国志·蜀志·杨仪传》载："亮深惜仪之才干,凭魏延之骁勇,常恨二人之不平,不忍有所偏废也。"④《三国志·蜀志·费祎传》载："值军师魏延与长史杨仪相憎恶,每至并坐争论,延或举刀拟仪,仪泣涕横集。祎常入其坐间,谏喻分别,终亮之世,各尽延、仪之用者,祎匡救之

① (唐)房玄龄:《晋书》,中华书局1974年版,第2381页。
② (晋)陈寿:《三国志》,中华书局1959年版,第934页。
③ (晋)陈寿:《三国志》,中华书局1959年版,第1001页。
④ (晋)陈寿:《三国志》,中华书局1959年版,第1005页。

力也。"①

侨寓蜀地的士人领袖——丞相诸葛亮死后,蜀地土著士人势力有所抬头。而后辈蒋琬虽位居尚书令,能让"众望渐服"②。当然,也有诋毁之声,如督农杨敏诋毁说:"作事愦愦,诚非及前人。"③蜀汉最高统治者刘禅昏聩无能,亲信宦官黄皓等人,黄皓恣肆擅权,让维系蜀汉的士心逐渐丧失。《三国志·蜀志·姜维传》裴注引《华阳国志》曰:"维恶黄皓恣擅,启后主欲杀之。后主曰:'皓趋走小臣耳,往董允切齿,吾常恨之,君何足介意!'维见皓枝附叶连,惧于失言,逊辞而出。后主敕皓诣维陈谢。维说皓求沓中种麦,以避内逼耳。"④《三国志·蜀志·姜维传》载:"维本羁旅讬国,累年攻战,功绩不立,而宦官黄皓等弄权于内,右大将军阎宇与皓协比,而皓阴欲废维树宇。维亦疑之。故自危惧,不复还成都。"⑤后主刘禅不仅亲信小人黄皓,还笃信鬼巫,荒废朝政。《三国志·蜀志·姜维传》载:"维表后主:'闻锺会治兵关中,欲规进取,宜并遣张翼、廖化督诸军分护阳安关口、阴平桥头,以防未然。'皓征信鬼巫,谓敌终不自致,启后主寝其事,而群臣不知。"⑥刘禅后期的朝政,在吴国使臣薛珝看来,"主暗而不知其过,臣下容身以求免罪,入其朝不闻正言,经其野民皆菜色。"《三国志·吴志·薛综传》裴注引《汉晋春秋》曰:孙休时,珝为五宫中郎将,遣至蜀求马。及还,休问蜀政得失,对曰:"主暗而不知其过,臣下容身以求免罪,入其朝不闻正言,经其野民皆菜色。臣闻燕雀处堂,子母相乐,自以为安也,突决栋焚,而燕雀怡然不知祸之将及,其是之谓乎!"⑦

刘禅当政后期,蜀地土著士人主张保境息民,反对用兵黩武。"主要是因为蜀地本土人士皆为当地大族的代表,他们不想以本地有限的资源、人力与强大的北方政权进行长期的消耗战。"⑧蜀地土著士人在成都的势力陡增,如蜀地文士谯周在刘禅身边,上疏反对穷兵黩武。《三国志·蜀志·谯周传》载:"于时军旅数出,百姓雕瘁,周与尚书令陈祗论其利害,退而书之,谓之《仇国论》。"⑨也正是谯周,劝刘禅投降成都城外的邓艾晋军。因此,谯周被后世史家孙盛批为"弩臣"。《三国志·蜀志·谯周传》裴注引孙盛曰:"禅既暗主,周实弩臣。"⑩当锺会、邓艾大军攻蜀时,吴国张悌认为,蜀主刘禅专宠宦

---

① (晋)陈寿:《三国志》,中华书局 1959 年版,第 1061 页。
② (晋)陈寿:《三国志》,中华书局 1959 年版,第 1058 页。
③ (晋)陈寿:《三国志》,中华书局 1959 年版,第 1058 页。
④ (晋)陈寿:《三国志》,中华书局 1959 年版,第 1065 页。
⑤ (晋)陈寿:《三国志》,中华书局 1959 年版,第 1065 页。
⑥ (晋)陈寿:《三国志》,中华书局 1959 年版,第 1066 页。
⑦ (晋)陈寿:《三国志》,中华书局 1959 年版,第 1255 页。
⑧ 王永平《中古士人迁移与文化交流》,社会科学文献出版社 2005 年版,第 146 页。
⑨ (晋)陈寿:《三国志》,中华书局 1959 年版,第 1031 页。
⑩ (晋)陈寿:《三国志》,中华书局 1959 年版,第 1029 页。

官，导致"国无政令"，而蜀地外来人士如姜维等穷兵黩武，以至于"民劳卒弊"，不休守备，蜀国必败。"今蜀阉宦专朝，国无政令，而玩戎黩武，民劳卒弊，竞于外利，不修守备。彼强弱不同，智算亦胜，因危而伐，殆其克乎！若其不克，不过无功，终无退北之忧，覆军之虑也，何为不可哉？昔楚剑利而秦昭惧，孟明用而晋人忧，彼之得志，故我之大患也。'吴人笑其言，而蜀果降于魏。"①而司马氏在曹魏后期，除苛政，深得民心。同时，又能任贤使能，各尽其心。"司马懿父子，自握其柄，累有大功，除其烦苛而布其平惠，为之谋主而救其疾，民心归之，亦已久矣。故淮南三叛而腹心不扰，曹髦之死，四方不动，摧坚敌如折枯，荡异同如反掌，任贤使能，各尽其心，非智勇兼人，孰能如之？其威武张矣，本根固矣，群情服矣，奸计立矣。"②

　　蜀亡之后，北方魏王朝强制将蜀汉宗室、大臣、大将及其三万户迁至河东、关中等地。"对被迁徙者来说，则是十分残酷的。他们大都是蜀汉的第二代、第三代移民了，其产业皆在蜀地。不少人出生在蜀地，完全适应了当地的生活，突然间迁往北方，产业尽失，其生活的痛苦不难想见。从社会地位来说，他们原本是蜀汉政权的中坚，现在沦为'亡国之余'，一些人甚至类似贱民，其反差之大，简直有若霄壤。"③在罗宪、文立等人的建议下，晋武帝开始采取一系列安抚措施。比如征召蜀地知名文士入洛。然而，蜀地文士在蜀汉政权灭亡之后，以"亡国之余"身份对西晋王朝仍心存芥蒂，多被迫应征入洛。如谯周，司马昭下书征辟，谯周到汉中，"困疾不进"。所谓"疾"，不仅是身体之疾病，更是心理之疾病。西晋泰始元年（265），晋武帝多次下诏地方官，打发谯周上路入洛，谯周实在没有办法，在泰始三年（267）才到洛阳，而且谯周不愿为官，不愿得到爵位。入洛的蜀地文士多陷入忧惧、卑怯与失落惆怅之中，还被思乡之情折磨。同时，难免受到北方文士的排抵与歧视④，比如蜀地人士何攀参王濬军事，在伐吴之战中，建立功勋，在洛阳任廷尉平。却因为蜀人身份，被北方士人轻视。《晋书·何攀传》载："除廷尉平。时廷尉卿诸葛冲以攀蜀士，轻之。"⑤

二、东吴士人心态变化

　　与蜀汉后主刘禅昏聩无能相比，东吴孙皓则更多是暴虐凶残。孙皓系废太子孙和之子，幼时受尽屈辱，心理极为扭曲。因此性格变得多疑暴虐。其实，东吴士人心态，早

①　（晋）陈寿：《三国志》，中华书局1959年版，第1175页。
②　（晋）陈寿：《三国志》，中华书局1959年版，第1175页。
③　王永平：《中古士人迁移与文化交流》，社会科学文献出版社2005年版，第143页。
④　王永平：《中古士人迁移与文化交流》，社会科学文献出版社2005年版，第150—153页。
⑤　（唐）房玄龄：《晋书》，中华书局1974年版，第2347页。

在吴少主孙亮时代就发生了变化。孙权死后,年幼的孙亮继位,诸葛恪、藤胤等人被任顾命大臣。辅政之初,诸葛恪颇得士人之心。辅政不久,诸葛恪刚愎自用,举兵伐魏,兵败而还。"由此众庶失望,而怨黩兴矣。"①结果被孙峻谋杀。宗室孙峻,"素无重名,骄矜险害,多所刑杀,百姓嚣然。又奸乱宫人,与公主鲁班私通。"②孙峻死后,宗室孙綝专权,诛杀藤胤,废掉吴主孙亮,立孙休。吴主孙休,诛杀擅政的孙綝。孙休任命的丞相濮阳兴,本是名士,因为主张建丹杨湖田,费力而无功,"百姓大怨之。兴迁为丞相。与休宠臣左将军张布共相表里,邦内失望。"③可见,在孙皓为吴主之前,东吴士心已经极为灰丧。孙皓继位之后,也曾"发优诏,恤士民,开仓廪,振贫乏,科出宫女以配无妻,禽兽扰于苑者皆放之。当时翕然称为明主。"④孙皓继位之后,本性暴露。《三国志·吴志·孙皓传》载:"皓既得志,粗暴骄盈,多忌讳,好酒色,大小失望。"⑤曾帮助孙皓登上帝位的万彧、濮阳兴、张布先后谋反,让孙皓变得更加多疑,缺乏安全感。只能亲信小人何定等,排斥忠臣陆凯、贺邵等。孙皓常常枉杀大臣。《三国志·吴志·王蕃传》载:"甘露二年,丁忠使晋还,皓大会群臣,蕃沈醉顿伏,皓疑而不悦,轝蕃出外。顷之请还,酒亦不解。蕃性有威严,行止自若,皓大怒,呵左右于殿下斩之。"⑥孙皓在酒宴中,令侍臣任意嘲谑公卿大臣,毫无体统。《三国志·吴志·王蕃传》裴注引《吴录》曰:"皓每于会,因酒酣,辄令侍臣嘲谑公卿,以为笑乐。"⑦《三国志·吴志·韦曜传》载:"皓每飨宴,无不竟日,坐席无能否率以七升为限,虽不悉入口,皆浇灌取尽。曜素饮酒不过二升,初见礼异时,常为裁减,或密赐茶荈以当酒,至于宠衰,更见逼强,辄以为罪。又于酒后使侍臣难折公卿,以嘲弄侵克,发摘私短以为欢。时有愆过,或误犯皓讳,辄见收缚,至于诛戮。"⑧《三国志·吴志·楼玄传》载:"玄从九卿持刀侍卫,正身率众,奉法而行,应对切直,数迕皓意,渐见责怒。后人诬白玄与贺邵相逢,驻共耳语大笑,谤讪政事,遂被诏诘责,送付广州。……皓疾玄名声,复徙玄及子据,付交趾将张奕,使以战自效,阴别敕奕令杀之。据到交趾,病死。玄一身随奕讨贼,持刀步涉,见奕辄拜,奕未忍杀。会奕暴卒,玄殡敛奕,于器中见敕书,还便自杀。"⑨《三国志·吴志·贺邵传》载:"皓凶暴骄矜,政事日弊。邵上疏谏曰:……书奏,皓深恨之。邵奉公贞正,亲近所惮。乃共潜邵与

---

① (晋)陈寿:《三国志》,中华书局 1959 年版,第 1438 页。
② (晋)陈寿:《三国志》,中华书局 1959 年版,第 1444 页。
③ (晋)陈寿:《三国志》,中华书局 1959 年版,第 1451 页。
④ (晋)陈寿:《三国志》,中华书局 1959 年版,第 1163 页。
⑤ (晋)陈寿:《三国志》,中华书局 1959 年版,第 1163 页。
⑥ (晋)陈寿:《三国志》,中华书局 1959 年版,第 1453 页。
⑦ (晋)陈寿:《三国志》,中华书局 1959 年版,第 1454 页。
⑧ (晋)陈寿:《三国志》,中华书局 1959 年版,第 1462 页。
⑨ (晋)陈寿:《三国志》,中华书局 1959 年版,第 1454—1455 页。

楼玄谤毁国事,俱被诘责,玄见送南州,邵原复职。后邵中恶风,口不能言,去职数月,皓疑其托疾,收付酒藏,掠考千所,邵卒无一语,竟见杀害,家属徙临海。并下诏诛玄子孙,是岁天册元年也。"①会稽太守车浚因郡遭旱灾,请求振贷。孙皓疑其树私恩,故派人枭首。《三国志·吴志·孙皓传》裴注引《江表传》曰:浚在公清忠,值郡荒旱,民无资粮,表求振贷。皓谓浚欲树私恩,遣人枭首。又尚书熊睦见皓酷虐,微有所谏,皓使人以刀环撞杀之,身无完肌。"②孙皓的"暴虐"行径,名播远方。西晋时代,晋武帝向吴国降臣薛莹、侍中庾峻向吴国李仁都询问此事。《三国志·吴志·薛综传》裴注引干宝《晋纪》曰:"武帝从容问莹曰:'孙皓之所以亡者何也?'莹对曰:'归命侯臣皓之君吴也,昵近小人,刑罚妄加,大臣大将,无所亲信,人人忧恐,各不自保,危亡之衅,实由于此。'"③《三国志·吴志·孙皓传》裴注:"吴平后,晋侍中庾峻等问皓侍中李仁曰:'闻吴主披人面,刖人足,有诸乎?'仁曰:'以告者过也。君子恶居下流,天下之恶皆归焉。盖此事也,若信有之,亦不足怪。昔唐、虞五刑,三代七辟,肉刑之制,未为酷虐。皓为一国之主,秉杀生之柄,罪人陷法,加之以惩,何足多罪!夫受尧诛者不能无怨,受桀赏者不能无慕,此人情也。'又问曰:'云归命侯乃恶人横睛逆视,皆凿其眼,有诸乎?'仁曰:'亦无此事,传之者谬耳。曲礼曰视天子由袷以下,视诸侯由颐以下,视大夫由衡,视士则平面,得游目五步之内;视上于衡则傲,下于带则忧,旁则邪。以礼视瞻,高下不可不慎,况人君乎哉?视人君相连,是乃礼所谓傲慢;傲慢则无礼,无礼则不臣,不臣则犯罪,犯罪则陷不测矣。正使有之,将有何失?'凡仁所答,峻等皆善之,文多不悉载。"④

尽管侍中李仁面对北方世族的诘问,对孙皓"酷虐"行径进行辩解,但他无法堵住后世史家的悠悠之口。陈寿批判孙皓曰:"皓之淫刑所滥,陨毙流黜者,盖不可胜数。是以群下人人惴恐,皆日日以冀,朝不谋夕。其荧惑、巫祝,交致祥瑞,以为至急。昔舜、禹躬稼,至圣之德,犹或矢誓众臣,予违女弼,或拜昌言,常若不及。况皓凶顽,肆行残暴,忠谏者诛,谗谀者进,虐用其民,穷淫极侈,宜腰首分离,以谢百姓。既蒙不死之诏,复加归命之宠,岂非旷荡之恩,过厚之泽也哉!"⑤孙盛亦评判孙皓曰:"夫古之立君,所以司牧群黎,故必仰协乾坤,覆焘万物;若乃淫虐是纵,酷被群生,则天殄之,剿绝其祚,夺其南面之尊,加其独夫之戮。是故汤、武抗钺,不犯不顺之讥;汉高奋剑,而无失节之议。何者?诚四海之酷仇,而人神之所摈故也。况皓罪为逋寇,虐过辛、癸,枭首素旗,

---

① (晋)陈寿:《三国志》,中华书局1959年版,第1456—1459页。
② (晋)陈寿:《三国志》,中华书局1959年版,第1171页。
③ (晋)陈寿:《三国志》,中华书局1959年版,第1257页。
④ (晋)陈寿:《三国志》,中华书局1959年版,第1174页。
⑤ (晋)陈寿:《三国志》,中华书局1959年版,第1178页。

犹不足以谢冤魂,污室荐社,未足以纪暴迹,而乃优以显命,宠锡仍加,岂龚行天罚,伐罪吊民之义乎? 是以知僭逆之不惩,而凶酷之莫戒。"①当然,陈寿、孙盛等史家多以道德批判评价孙皓。

正是因为孙皓的倒行逆施,吴地士人之心背离。正如陆机在《辨亡论》中所云:"降及归命之初,典刑未灭,故老犹存。大司马陆公以文武熙朝,左丞相陆凯以謇谔尽规,而施绩、范慎以威重显,丁奉、钟离斐以武毅称,孟宗、丁固之徒为公卿,楼玄、贺邵之属掌机事,元首虽病,股肱犹良。爰及末叶,群公既丧,然后黔首有瓦解之志,皇家有土崩之衅,历命应化而微,王师蹑运而发,卒散于陈,民奔于邑,城池无藩篱之固,山川无沟阜之势,非有工输云梯之械,智伯灌激之害,楚子筑室之围,燕子济西之队,军未浃辰而社稷夷矣。虽忠臣孤愤,烈士死节,将奚救哉?"②东吴丞相张悌的一句"吴之将亡,贤愚所知,非今日也"③,道破了东吴士人的心态。

平吴之后,西晋王朝为了弱化江东势力,不仅将孙皓、宗室迁徙至洛阳进行控制,而且将江东已故大臣和大将的家属、北方移民后裔强制迁回中原,甚至将江东土著世族迁徙至江北地区。华谭入洛,武帝策问蜀吴问题,《晋书·华谭传》载:"又策曰:'吴、蜀恃险,今既荡平。蜀人服化,无携贰之心;而吴人赵雎,屡作妖寇。岂蜀人敦朴,易可化诱;吴人轻锐,难安易动乎? 今将欲绥静新附,何以为先?'对曰:'臣闻汉末分崩,英雄鼎峙,蜀栖岷陇,吴据江表。至大晋龙兴,应期受命,文皇运筹,安乐顺轨;圣上潜谋,归命向化。蜀染化日久,风教遂成;吴始初附,未改其化,非为蜀人敦悫而吴人易动也。然殊俗远境,风土不同,吴阻长江,旧俗轻悍。所安之计,当先筹其人士,使云翔阊阖,进其贤才,待以异礼;明选牧伯,致以威风;轻其赋敛,将顺咸悦,可以永保无穷,长为人臣者也。'"④其实晋武帝深知蜀地"易可化诱"而吴地"难安易动"的深层原因,即汉末侨寓蜀地的士人多是蜀汉政权的中坚力量,坚决的主战派,而蜀地土著世族主张保境息民,对北方政权魏晋抵制情绪较弱。江东土著世族是东吴政权的中坚力量,汉末侨寓江东的外来世族在孙权后期已经式微。因此,西晋王朝将江东土著世族迁徙江淮之间。因此,北方统治者司马氏对吴蜀地区世家大族采取不同的迁徙策略。具体而言,强制迁徙蜀地的侨寓士人,而强制迁徙江东土著世族。

可以想象的是,江东的迁徙者与蜀汉迁徙者一样,将江东产业尽皆弃之,来到江淮之间,其间经历的痛苦难以想象。同时,还要受到地方政府的监视控制。吴地文士华谭

---

① （晋）陈寿:《三国志》,中华书局 1959 年版,第 1179 页。
② 金涛声点校:《陆机集》,中华书局 1982 年版,第 127 页。
③ （晋）陈寿:《三国志》,中华书局 1959 年版,第 1175 页。
④ （唐）房玄龄:《晋书》,中华书局 1974 年版,第 1450 页。

提出的"所安之计"倒是颇合晋武帝的心意。为了安抚江东士人,西晋王朝特征召上层士人入洛。比如太康五年(284),晋武帝下诏征陆喜等十五人入洛。太康末年(289),又征召陆机、陆云、顾荣等人入洛。吴地文士被迫入洛任职,一方面,江东文士面对天下一统的时局,只能认同西晋王朝的政统。更重要的是,他们要重振家声,只得在新的政权中寻找政治机会。但他们作为亡国之臣,在晋廷不得不表现出卑怯、忧惧之态。同时,还要受北方士人的歧视、排挤。比如王济嘲讽吴地文士华谭,《晋书·华谭传》载:"博士王济于众中嘲之曰:'五府初开,群公辟命,采英奇于仄陋,拔贤俊于岩穴。君吴、楚之人,亡国之余,有何秀异而应斯举?'谭答曰:'秀异固产于方外,不出于中域也。是以明珠文贝,生于江、郁之滨;夜光之璞,出乎荆、蓝之下。故以人求之,文王生于东夷,大禹生于西羌。子弗闻乎?昔武王克商,迁殷顽民于洛邑,诸君得非其苗裔乎?'济又曰:'夫危而不持,颠而不扶,至于君臣失位,国亡无主,凡在冠带,将何所取哉!'答曰:'吁!存亡有运,兴衰有期,天之所废,人不能支。徐偃修仁义而失国,仲尼逐鲁而逼齐,段干偃息而成名,谅否泰有时,曷人力之所能哉!'济甚礼之。"①再比如陆机入洛,北方世族卢志等人轻蔑嘲讽。《世说·方正》载:"卢志于众坐间问陆士衡:'陆逊、陆抗是君何物?'答曰:'如卿于卢毓、卢珽。'士龙失色。即出户谓兄曰:'何至于此。彼容不相知也。'士衡正色曰:'我父祖名播海内,宁有不知?鬼子敢尔。'"②《世说·言语篇》载:"陆机诣王武子,武子前置数斛羊酪,指以示陆曰:'卿江东何以敌此?'陆云:'有千里莼羹,但未下盐豉耳。'"③

综上所述,三国归晋之际,作为一统天下的西晋王朝,尚未具备极具凝聚的道统力量。许多经历亡国破家的蜀汉士人,还无法从易代的痛苦中摆脱出来。西晋王朝采取了强制性的迁徙政策与征召上层文士。因此,这一时期的南方文士北徙,既不属于主动的内聚性流动,也不属于避难的离心性流徙,而是强制性的政治迁徙。

---

① (唐)房玄龄:《晋书》,中华书局1974年版,第1450页。
② 徐震堮:《世说新语校笺》,中华书局1984年版,第167—168页。
③ 徐震堮:《世说新语校笺》,中华书局1984年版,第48页。

第三章 永嘉之乱：北方文士的迁渡

三国归晋，实现了东汉末年以来的一统局面。然而，开国皇帝司马炎"未尝闻经国远图，惟说平生常事，非贻厥孙谋之兆也。"①晋武帝司马炎死后，智障儿子司马衷即位，皇后贾南风联络宗室诸王，引发了"八王之乱"。元康元年（291）开始的"八王之乱"，还仅仅是朝廷内部的争权夺利，到了永康二年（301）演变成了诸王混战。这让王朝的内力消耗殆尽。内迁的少数民族的崛起与"五胡乱华"，让西晋朝野丧乱播越。神州陆沉，北方衣冠与士民在少数民族铁骑的威逼之下，纷纷四散。主要有三个方向：一是衣冠世族纷纷南渡，寓居东吴旧地。二是托庇慕容氏政权，向东北方向迁徙。三是往西北偏安的凉州张氏政权。

第一节 衣冠南渡：永嘉之乱的文士迁徙主流

西晋末年，华夏衣冠之士在大丧乱中纷纷南渡。这场天崩地裂的大丧乱的根源在于，东汉开始的匈奴、鲜卑、羌、氐、卢水胡、丁零等族陆续迁入黄河流域，在这些少数民族与汉民族杂居过程中，"经济文化水平都有了一定的提高。各族的统治者和上层人士，大多已具有相当的政治、军事才干，适应了中原的生产和生活方式。这些民族的首领既要摆脱汉族统治者对他们的歧视和压迫，也要趁机夺取权力和财富，成为地区以至全国的主宰"②，而西晋王朝皇室内部争权夺利的"八王之乱"，给少数民族提供了绝好的机会。加之，平吴之后，晋武帝罢州郡武备，州郡无兵卒可调，进行有效抗击，才使少数民族铁骑长驱直入。《晋书·山涛传》载："及永宁之后，屡有变难，寇贼飙起，郡国皆以无备不能制，天下遂以大乱，如涛言焉。"③永嘉五年（311）前后，神州大地上铁骑肆

---

① （唐）房玄龄：《晋书》，中华书局 1974 年版，第 1000 页。
② 葛剑雄：《统一与分裂——中国历史的启示》，中华书局 2008 年版，第 41 页。
③ （唐）房玄龄：《晋书》，中华书局 1974 年版，第 1227 页。

虐,生灵涂炭,哀鸿遍野。城市化为灰烬,桑梓成为废丘,良田荒芜,坟茔被毁。顷刻间,中原大地陷入前所未有的、灭绝人性的大丧乱之中。"覆巢之下,安有完卵?"遭受丧乱的文士纷纷南渡避乱。西晋末年的南渡潮发轫于晋惠帝元康六年(297),永嘉之乱的洛京倾覆(311)前后达到高潮,余波于整个东晋时代。①

一、发轫:永嘉之乱前夕的南迁

发轫于晋惠帝元康六年(297)的南迁,主要有三种情况:一是秦、雍二州的百姓,为躲避齐万年的叛乱与天灾饥荒,翻越秦岭,进入汉中平原,随后寄食巴蜀。二是首都洛阳、长安以及河南、河北、山西、山东等部分战乱区士人与流民的自发南迁。三是早先游宦晋廷的南方文士的南返归乡。

(一) 秦、雍二州流民寄食巴蜀,流民统帅李特父子割据西南

关中氐人齐万年反晋称帝,晋廷出兵镇压失败,关中百姓越过秦岭进入汉中。《晋书·李特载记》载:"元康中,氐齐万年反,关西扰乱,频岁大饥,百姓乃流移就谷,相与入汉川者数万家。"②李特为首领的氐人涌入汉中平原,因为汉中容纳量有限,李特上书朝廷,希望"寄食巴蜀"。朝廷不同意,派侍御史李苾赴汉中慰劳阻挠。李苾接受李特的贿赂之后,向朝廷建议:"流人十万余口,非汉中一郡所能振赡,东下荆州,水湍迅险,又无舟船。蜀有仓储,人复丰稔,宜令就谷。"③朝廷终于允许流民进入巴蜀。李特进入益州,依附益州刺史赵廞。后,因赵廞设计谋杀李特之兄李庠,激起李特的复仇。李特起兵攻入成都,杀死刺史赵廞,成为流民统帅。后来,朝廷下令巴蜀一带的关中流民一律发回。益州刺史罗尚、广汉太守辛冉等人催促过急,激起流民发生叛乱。李特起兵自立,自任益州牧。其子李雄于太安二年(303)攻入成都称帝,史称成汉政权。

(二) 西晋诸王的混战,战乱区文士与流民涌入荆州等地

这一时期的中原地区,由于西晋诸王的混战,首都洛阳、长安以及河南、河北、山西、山东等部分区域沦为战场,遭受严重的破坏。

这些区域的流民涌入荆州,甚至连皇家"太乐"伶人都流散至荆州。《晋书·刘弘传》载:"于时流人在荆州十余万户,羁旅贫乏,多为盗贼。弘乃给其田种粮食,擢其贤才,随资叙用。时总章太乐伶人,避乱多至荆州。"④北方士人因庐舍田园被毁,开始南

---

① 葛剑雄将永嘉之乱后的人口南迁,划分了七个阶段。包括南迁的发轫、五个阶段、余波等。葛剑雄先生将"永嘉之乱后的南迁"寻绎到刘宋时代。由于本课题的研究断限问题,故云余波贯穿于整个东晋时代。参见葛剑雄等《中国移民史》第二卷,福建人民出版社1998年版,第307页。

② (唐)房玄龄:《晋书》,中华书局1974年版,第3022页。

③ (唐)房玄龄:《晋书》,中华书局1974年版,第3023页。

④ (唐)房玄龄:《晋书》,中华书局1974年版,第1766页。

下。如太原文士王承、河东文士郭璞等人避难南下。永宁初年(301),太原文士王承避难南下。永嘉初年,辞东海太守东渡江。《晋书·王承传》载:"承字安期。清虚寡欲,无所修尚。言理辨物,但明其指要而不饰文辞,有识者服其约而能通。弱冠知名。太尉王衍雅贵异之,比南阳乐广焉。永宁初,为骠骑参军。值天下将乱,乃避难南下。"①晋永兴三年(306),河东文士郭璞因河东动荡不安,结数十家避地东南宣城。《晋书·郭璞传》载:"惠怀之际,河东先扰。璞筮之,投策而叹曰:'嗟乎!黔黎将湮于异类,桑梓其翦为龙荒乎!'于是潜结姻昵及交游数十家,欲避地东南。行至庐江,太守胡孟康被丞相召为军谘祭酒。时江淮清宴,孟康安之,无心南渡。璞为占曰'败'。康不之信。璞将促装去之,爱主人婢,无由而得,乃取小豆三斗,绕主人宅散之。主人晨见赤衣人数千围其家,就视则灭,甚恶之,请璞为卦。璞曰:'君家不宜畜此婢,可于东南二十里卖之,慎勿争价,则此妖可除也。'主人从之。璞阴令人贱买此婢。复为符投于井中,数千赤衣人皆反缚,一一自投于井,主人大悦。璞携婢去。后数旬而庐江陷。璞既过江,宣城太守殷佑引为参军。"②

朝中某些达官世族也意识到大厦将倾,颓不可扶,开始往远离北方少数民族的东方和南方地区布置势力。如身居宰辅的名士王衍,知天下将乱,谋"自全之计",表执政者东海王司马越,推荐弟弟为青州刺史、族弟王敦为荆州刺史。《晋书·王衍传》载:"衍虽居宰辅之重,不以经国为念,而思自全之计。说东海王越曰:'中国已乱,当赖方伯,宜得文武兼资以任之。'乃以弟澄为荆州,族弟敦为青州。因谓澄、敦曰:'荆州有江、汉之固,青州有负海之险,卿二人在外,而吾留此,足以为三窟矣。'识者鄙之。"③如果说,王衍尚有私心,为家族计的话,那么,族弟王导则心怀复兴之志,倾心推奉皇室琅玡王司马睿,经营江东重镇——建康。《晋书·王导传》载:"时元帝为琅邪王,与导素相亲善。导知天下已乱,遂倾心推奉,潜有兴复之志。帝亦雅相器重,契同友执。帝之在洛阳也,导每劝令之国。会帝出镇下邳,请导为安东司马,军谋密策,知无不为。及徙镇建康。"④因此,王导不愧为两晋之际深谋远虑的谋略家,其思想境界远高于族兄王衍。与那些企图伺机格局的野心家如张轨等,判若云泥。

(三)游宦晋廷的南方文士返乡潮流

早先入洛的南方文士,如吴郡张翰、顾荣,会稽孔愉、葛洪等人见天下已乱,匆匆南归。《晋书·文士传·张翰传》载:"齐王冏辟为大司马东曹掾。冏时执权,翰谓同郡顾

① (唐)房玄龄:《晋书》,中华书局1974年版,第1960页。
② (唐)房玄龄:《晋书》,中华书局1974年版,第1899页。
③ (唐)房玄龄:《晋书》,中华书局1974年版,第1237—1238页。
④ (唐)房玄龄:《晋书》,中华书局1974年版,第144页。

荣曰:'天下纷纷,祸难未已。夫有四海之名者,求退良难。吾本山林间人,无望于时。子善以明防前,以智虑后。'荣执其手,怆然曰:'吾亦与子采南山蕨,饮三江水耳。'翰因见秋风起,乃思吴中菰菜、莼羹、鲈鱼脍,曰:'人生贵得适志,何能羁宦数千里以要名爵乎!'遂命驾而归。"①《世说新语》有相似的记载。公元304年,顾荣因世道大乱,毅然返乡。《晋书·顾荣传》载:"及帝西迁长安,征为散骑常侍,以世乱不应,遂还吴。"②同年,会稽文士孔愉南归乡里。《晋书·孔愉传》载:"惠帝末,归乡里,行至江淮间,遇石冰、封云为乱,云逼愉为参军,不从将杀之,赖云司马张统营救获免。东还会稽,入新安山中,改姓孙氏,以稼穑读书为务,信著乡里。后忽舍去,皆谓为神人,而为之立祠。"③葛洪在平叛石冰之乱后,曾入洛搜求异书以广其学。见天下已乱,避地南土,在广州刺史嵇含门下做了个参军。《晋书·葛洪传》载:"太安中,石冰作乱,吴兴太守顾秘为义军都督,与周玘等起兵讨之,秘檄洪为将兵都尉,攻冰别率,破之,迁伏波将军。冰平,洪不论功赏,径至洛阳,欲搜求异书以广其学。洪见天下已乱,欲避地南土,乃参广州刺史嵇含军事。及含遇害,遂停南土多年,征镇檄命一无所就。后还乡里,礼辟皆不赴。"④

二、高潮:永嘉南渡

晋光熙元年(306),晋怀帝即位,长达十年之久的"八王之乱"拉上帷幕。此时,西晋军事实力消耗殆尽,北海王司马越掌控大权,拥兵自重,与地方势力明争暗斗,根本无法抵挡少数民族政权与其他割据势力的攻势。真可谓大厦将倾,天下倒悬。幸有宰辅王衍的"自全之计"和王导的谋划,琅玡王司马睿的移镇建康,使自炎黄以来汉民族政权在江南薪火相传,为饱受"五胡乱华"之痛的北方士族与黎民百姓避难开辟了根据之所。

永嘉元年(307),西晋皇室琅玡王司马睿在王导的劝说下,移镇建康。《晋书·王导传》载:"时元帝为琅邪王,与导素相亲善。导知天下已乱,遂倾心推奉,潜有兴复之志。帝亦雅相器重,契同友执。帝之在洛阳也,导每劝令之国。会帝出镇下邳,请导为安东司马,军谋密策,知无不为。及徙镇建康。"⑤王导、王敦等人忠心辅佐,史称王导见"吴人不附,居月余,士庶莫有至者,导患之。会敦来朝,导谓之曰:'琅邪王仁德虽厚,而名论犹轻。兄威风已振,宜有以匡济者。'会三月上巳,帝亲观禊,乘肩舆,具威仪,

---

① (唐)房玄龄:《晋书》,中华书局1974年版,第2384页。案:史书未载张翰归吴时间,但提到齐王冏不久败亡,齐王冏败亡于302年,故将张翰归吴次于晋永宁元年。
② (唐)房玄龄:《晋书》,中华书局1974年版,第1812页。
③ (唐)房玄龄:《晋书》,中华书局1974年版,第2051页。
④ (唐)房玄龄:《晋书》,中华书局1974年版,第1911页。
⑤ (唐)房玄龄:《晋书》,中华书局1974年版,第144页。

敦、导及诸名胜皆骑从。吴人纪瞻、顾荣，皆江南之望，窃觇之，见其如此，咸惊惧，乃相率拜于道左。导因进计曰：'古之王者，莫不宾礼故老，存问风俗，虚己倾心，以招俊义。况天下丧乱，九州分裂，大业草创，急于得人者乎！顾荣、贺循，此土之望，未若引之以结人心。二子既至，则无不来矣。'帝乃使导躬造循、荣，二人皆应命而至，由是吴会风靡，百姓归心焉。自此之后，渐相崇奉，君臣之礼始定"①，王导一系列组合拳，使江东土著世族终于认同了司马睿的政统地位。至此，司马睿才在江东站稳脚跟。司马睿领导下的建康，成为永嘉之乱的北方士人南迁的根据地。史称"俄而洛京倾覆，中州士女避乱江左者十六七，导劝帝收其贤人君子，与之图事"②。

　　永嘉元年（307）至永嘉五年（311），北方士族名士、文士流徙江南，应该说是一种向心型的、避难性的大规模流动。尽管此时的司马睿尚未取得政统，但已经得到南北方世族以及民众的文化认同，即获得了道统。因此，饱受离乱的北方世族、文士在避难的过程中，内心尽管痛苦，但也有热、有希望。史书记载，晋永宁元年（301），名士王承东渡途中，别人心怀危惧，能夷然处之，"不见其忧喜之色"③。然而到了相当平静的下邳，"登山北望，叹曰：'人言愁，我始欲愁矣。'及至建邺，为元帝镇东府从事中郎，其见优礼。"④王承之"愁"，正是处在司马睿尚未移镇建康，天下之道统政统无以维系。王承漂泊数年之后，司马睿终于移镇建康。王承赶往建邺，投奔司马睿，做了镇东府从事中郎。当然，投奔司马睿的不仅是王承。《晋书·元帝纪》载："永嘉初，用王导计，始镇建邺，以顾荣为军司马，贺循为参佐，王敦、王导、周顗、刁协并为腹心股肱，宾礼名贤，存问风俗，江东归心焉。……及怀帝蒙尘于平阳，司空荀藩等移檄天下，推帝为盟主。"⑤

　　这一时期，迁徙南方的士族多以王导为首的琅玡王氏、以王承为首的太原晋阳王氏、以谢鲲为首的陈郡阳夏谢氏、以袁环为首的陈郡袁氏、以庾亮为首的颍川鄢陵庾氏、以桓彝为首的谯国龙亢桓氏、以荀崧为首的颍川荀氏、以羊曼为首的泰山南城羊氏、以周顗为首的汝南安成周氏、以蔡谟为首的济阳考城蔡氏、以刁协为首的渤海饶安刁氏、以卞壶为首的济阴冤句卞氏、以郗鉴为首的高平金乡郗氏、以诸葛恢为首的琅玡诸葛氏、以卫玠为首的河东卫氏以及太原温峤等。

　　王导随司马睿移镇建邺，诸子王悦、王恬、王洽、王协等随父至江东建邺。《晋书·王导传附王协》载："协字敬祖，元帝抚军参军，袭爵武冈侯。"⑥王导从弟王舒随王导等

---

①　（唐）房玄龄：《晋书》，中华书局 1974 年版，第 144 页。
②　（唐）房玄龄：《晋书》，中华书局 1974 年版，第 144 页。
③　（唐）房玄龄：《晋书》，中华书局 1974 年版，第 1960 页。
④　（唐）房玄龄：《晋书》，中华书局 1974 年版，第 1960 页。
⑤　（唐）房玄龄：《晋书》，中华书局 1974 年版，第 144 页。
⑥　（唐）房玄龄：《晋书》，中华书局 1974 年版，第 1758 页。

人过江。《晋书·王舒传》载:"王舒,字处明,丞相导之从弟也。……舒少为从兄敦所知,以天下多故,不营当时名,恒处私门,潜心学植。年四十余,州礼命,太傅辟,皆不就。及敦为青州,舒往依焉。时敦被征为秘书监,以寇难路险,轻骑归洛阳,委弃公主。时辎重金宝甚多,亲宾无不竞取,惟舒一无所眄,益为敦所赏。及元帝镇建康,因与诸父兄弟俱渡江委质焉。参镇东军事,出补溧阳令。"①王导从弟王廙任濮阳太守,辞官过江追随司马睿。《晋书·王廙传》载:"王廙,字世将,丞相导从弟,而元帝姨弟也。……廙少能属文,多所通涉,工书画,善音乐、射御、博弈、杂伎。辟太傅掾,转参军。豫迎大驾,封武陵县侯,拜尚书郎,出为濮阳太守。元帝作镇江左,遏弃郡过江。帝见之大悦,以为司马。"②王彬与兄王廙俱渡江,为扬州刺史刘机建武长史,司马睿引为镇东贼曹参军。《晋书·王彬传》载:"后与兄廙俱渡江,为扬州刺史刘机建武长史。元帝引为镇东贼曹参军,转典兵参军。豫讨华轶功,封都亭侯,愍帝召为尚书郎,以道险不就。迁建安太守,徙义兴内史,未之职,转军谘祭酒。"③刘超以琅玡国记室,随琅玡王司马睿渡江。《晋书·刘超传》载:"超少有志尚,为县小吏,稍迁琅邪国记室掾。以忠谨清慎为元帝所拔,恒亲侍左右,遂从渡江,转安东府舍人,专掌文檄。"④周顗被司马睿请为军谘祭酒,荆州刺史,领护南蛮校尉。《晋书·周顗传》载:"东海王越子毗为镇军将军,以顗为长史。元帝初镇江左,请为军谘祭酒,出为宁远将军、荆州刺史、领护南蛮校尉、假节。始到州,而建平流人傅密等叛迎蜀贼杜弢,顗狼狈失据。"⑤西晋安定郡名士皇甫谧之子皇甫方回在永嘉初避难荆州。《晋书·皇甫谧传·附皇甫方回传》载:"(皇甫)方回少遵父操,兼有文才。永嘉初,博士征,不起。避乱荆州,闭户闲居,未尝入城府。蚕而后衣,耕而后食,先人后己,尊贤爱物,南土人士咸崇敬之。刺史陶侃礼之甚厚。侃每造之,着素士服,望门辄下而进。王敦遣从弟廙代侃,迁侃为广州。侃将诣敦,方回谏曰:'吾闻敌国灭,功臣亡。足下新破杜弢,功莫与二,欲无危,其可得乎!'侃不从而行。敦果欲杀侃,赖周访获免。廙既至荆州,大失物情,百姓叛廙迎杜弢。廙大行诛戮以立威,以方回为侃所敬,责其不来诣己,乃收而斩之。荆土华夷,莫不流涕。"⑥永嘉初,刁协避难渡江,成为司马睿的心腹。《晋书·刁协传》载:"永嘉初,为河南尹,未拜,避难渡江。元帝以为镇东军谘祭酒,转长史。"⑦天下大乱,诸葛恢从琅玡郡避地江左。《晋书·诸

————————

① (唐)房玄龄:《晋书》,中华书局1974年版,第1999页。
② (唐)房玄龄:《晋书》,中华书局1974年版,第2002页。
③ (唐)房玄龄:《晋书》,中华书局1974年版,第2005页。
④ (唐)房玄龄:《晋书》,中华书局1974年版,第1875页。
⑤ (唐)房玄龄:《晋书》,中华书局1974年版,第1850页。
⑥ (唐)房玄龄:《晋书》,中华书局1974年版,第1745—1746页。
⑦ (唐)房玄龄:《晋书》,中华书局1974年版,第1842页。

葛恢传》载:"恢弱冠知名,试守即丘长,转临沂令,为政和平。值天下大乱,避地江左,名亚王导、庾亮。导尝谓曰:'明府当为黑头公。'及导拜司空,恢在从,导指冠谓曰:'君当复着此。'导尝与恢戏争族姓,曰:'人言王葛,不言葛王也。'恢曰:'不言马驴,而言驴马,岂驴胜马邪!'其见亲狎如此。于时颖川荀闿字道明、陈留蔡谟字道明,与恢俱有名誉,号曰'中兴三明',人为之语曰:'京都三明各有名,蔡氏儒雅荀葛清。'"①温峤受刘琨之托,迁往建康拜谒司马睿。《晋书·温峤传》载:"属二都倾覆,社稷绝祀,元帝初镇江左,琨诚系王室,谓峤曰:'昔班彪识刘氏之复兴,马援知汉光之可辅。今晋祚虽衰,天命未改,吾欲立功河朔,使卿延誉江南,子其行乎?'对曰:'峤虽无管张之才,而明公有桓文之志,欲建匡合之功,岂敢辞命。'乃以为左长史,檄告华夷,奉表劝进。峤既至,引见,具陈琨忠诚,志在效节,因说社稷无主,天人系望,辞旨慷慨。举朝属目,帝器而喜焉。王导、周颛、谢鲲、庾亮、桓彝等并与亲善。于时江左草创,纲维未举,峤殊以为忧。及见王导共谈,欢然曰:'江左自有管夷吾,吾复何虑!屡求反命,不许。会琨为段匹磾所害,峤表琨忠诚,虽勋业不遂,然家破身亡,宜在褒崇,以慰海内之望。'帝然之。"②晋永嘉四年(310),江统避难,病死成皋。其子江彪投奔司马睿麾下。《晋书·江统传》载:"永嘉四年,避难奔于成皋,病卒。凡所造赋颂表奏皆传于后。"③《晋书·江统传》载:"彪字思玄,本州辟举秀才,平南将军温峤以为参军。复为州别驾,辟司空郗鉴掾,除长山令。鉴又请为司马,转黄门郎。车骑将军庾冰镇江州,请为长史。冰薨,庾翼以为谘议参军,俄而复补长史。翼薨,大将干瓒作难,彪讨平之。除尚书吏部郎,仍迁御史中丞、侍中、吏部尚书。永和中,代桓景为护军将军。出补会稽内史,加右军将军。代王彪之为尚书仆射。哀帝即位,疑周贵人名号所宜,彪议见《礼志》。帝欲于殿庭立鸿祀,又欲躬自藉田,彪并以为礼废日久,仪注不存,中兴以来所不行,谓宜停之。为仆射积年,简文帝为相,每访政事,彪多所补益,转护军将军,领国子祭酒,卒官。"④

永嘉五年(311),洛京倾覆,大批文人士大夫纷纷南迁。郗鉴在战乱中饱尝战乱之苦,回归乡里高平之后,又遭受饥荒,幸亏乡亲接济,《晋书·郗鉴传》载:"鉴得归乡里。于时所在饥荒,州中之士素有感其恩义者,相与资赡。"⑤当日情景,《晋书》有载:"初,鉴值永嘉丧乱,在乡里甚穷馁,乡人以鉴名德,传共饴之。时兄子迈、外甥周翼并小,常携之就食。乡人曰:'各自饥困,以君贤,欲共相济耳,恐不能兼有所存。'鉴于是独往,

① (唐)房玄龄:《晋书》,中华书局 1974 年版,第 2041—2041 页。
② (唐)房玄龄:《晋书》,中华书局 1974 年版,第 1785—1786 页。
③ (唐)房玄龄:《晋书》,中华书局 1974 年版,第 1538 页。
④ (唐)房玄龄:《晋书》,中华书局 1974 年版,第 1538—1539 页。
⑤ (唐)房玄龄:《晋书》,中华书局 1974 年版,第 1797 页。

食讫,以饭着两颊边,还吐与二儿,后并得存,同过江。"①郗鉴举家率乡党数千家避难山东峄山,"鉴复分所得,以恤宗族及乡曲孤老,赖而全济者甚多,咸相谓曰:'今天子播越,中原无伯,当归依仁德,可以后亡。'遂共推鉴为主,举千余家俱避难于鲁之峄山。"②后受命司马睿为龙骧将军、兖州刺史,镇邹山。因守土有功,被司马睿加封为辅国将军、都督兖州诸军事。《晋书·郗鉴传》载:"元帝初镇江左,承制假鉴龙骧将军、兖州刺史,镇邹山。时荀藩用李述,刘琨用兄子演,并为兖州,各屯一郡,以力相倾,阖州编户,莫知所适。又徐龛、石勒左右交侵,日寻干戈,外无救援,百姓饥馑,或掘野鼠蛰燕而食之,终无叛者。三年间,众至数万。帝就加辅国将军、都督兖州诸军事。"③西晋名士乐广之子乐凯、乐肇兄弟相携过江。《晋书·乐广传》载:"凯字弘绪,大司马齐王攸,参骠骑军事。肇字弘茂,太傅东海王掾。洛阳陷,兄弟相携南渡江。谟字弘范,征虏将军、吴郡内史。"④永嘉丧乱,裴楷侄子裴盾为徐州刺史,后刘元海遣将攻彭城,裴盾等逃至淮阴。《晋书·裴楷传》载:"寻而刘元海遣将王桑、赵固向彭城,前锋数骑至下邳,文武不堪苛政,悉皆散走,盾、奥奔淮阴,妻子为贼人所得。"⑤裴盾弟弟裴邵为司马睿长史,征为太子中庶子。《晋书·裴楷传》载:"元帝为安东将军,以邵为长史,王导为司马,二人相与为深交。征为太子中庶子,复转散骑常侍,使持节、都督扬州江西淮北诸军事、东中郎将,随越出项,而卒于军中。及王导为司空,既拜,叹曰:'裴道期、刘王乔在,吾不得独登此位。'导子仲豫与康同字,导思旧好,乃改为敬豫焉。"⑥丧乱以来,河东名士卫玠将家南行至豫章,后至建邺。《晋书·卫玠传》载:"玠以天下大乱,欲移家南行。母曰:'我不能舍仲宝去也。'玠启谕深至,为门户大计,母涕泣从之。临别,玠谓兄曰:'在三之义,人之所重。今可谓致身之日,兄其勉之。'乃扶舆母转至江夏。玠妻先亡。征南将军山简见之,甚相钦重。简曰:'昔戴叔鸾嫁女,唯贤是与,不问贵贱,况卫氏权贵门户令望之人乎!'于是以女妻焉。遂进豫章,是时大将军王敦镇豫章,长史谢鲲先雅重玠,相见欣然,言论弥日。敦谓鲲曰:'昔王辅嗣吐金声于中朝,此子复玉振于江表,微言之绪,绝而复续。不意永嘉之末,复闻正始之音,何平叔若在,当复绝倒。'玠尝以人有不及,可以情恕;非意相干,可以理遣,故终身不见喜愠之容。以王敦豪爽不群,而好居物上,恐非国之忠臣,求向建邺。京师人士闻其姿容,观者如堵。玠劳疾遂甚,永嘉六

① (唐)房玄龄:《晋书》,中华书局 1974 年版,第 1801 页。
② (唐)房玄龄:《晋书》,中华书局 1974 年版,第 1797 页。
③ (唐)房玄龄:《晋书》,中华书局 1974 年版,第 1797 页。
④ (唐)房玄龄:《晋书》,中华书局 1974 年版,第 1264 页。
⑤ (唐)房玄龄:《晋书》,中华书局 1974 年版,第 1052 页。
⑥ (唐)房玄龄:《晋书》,中华书局 1974 年版,第 1052 页。

年卒,时年二十七,时人谓玠被看杀。"①卫展任江州刺史,为晋王司马睿大理。《晋书·卫桓传》载:"桓族弟展字道舒,历尚书郎、南阳太守。永嘉中,为江州刺史,累迁晋王大理。诏有考子证父,或鞭父母问子所在,展以为恐伤正教,并奏除之。中兴建,为廷尉,上疏宜复肉刑,语在《刑法志》。"②张华孙子张舆,避难过江。《晋书·张华传》载:"舆,字公安,袭华爵。避难过江,辟丞相掾、太子舍人。"③《晋书·宗室·司马承传》载:"永嘉中,天下渐乱,间行依征南将军山简,会简卒,进至武昌。元帝初镇扬州,承归建康,补军谘祭酒。愍帝征为龙骧将军,不行。元帝为晋王,承制更封承为谯王。太兴初,拜屯骑校尉,加辅国将军,领左军将军。"④"永嘉之乱"后,北地著名文士傅咸之子傅敷在南渡避难于会稽。《晋书·傅玄传附傅敷》载:"敷字颖根,清静有道,素解属文。除太子舍人,转尚书郎、太傅参军,皆不起。永嘉之乱,避地会稽,元帝引为镇东从事中郎。素有羸疾,频见敦喻,辞不获免,舆病到职。数月卒,时年四十六。"⑤傅咸次子傅晞曾任上虞令。《晋书·傅咸传》载:"(傅晞)为上虞令,甚有政绩,卒于司徒西曹属。"⑥永嘉之乱,阮孚避难江东。《晋书·阮籍传》载:"孚字遥集。其母,即胡婢也。孚之初生,其姑取王延寿《鲁灵光殿赋》曰'胡人遥集于上楹'而以字焉。初辟太傅府,迁骑兵属。避乱渡江,元帝以为安东参军。蓬发饮酒,不以王务婴心。时帝既用申、韩以救世,而孚之徒未能弃也。虽然,不以事任处之。转丞相从事中郎。终日酣纵,恒为有司所按,帝每优容之。"⑦阮修避难南行,途中遇难。《晋书·阮籍传》载:"王敦时为鸿胪卿,谓修曰:'卿常无食,鸿胪丞差有禄,能作不?'修曰:'亦复可尔耳!'遂为之。转太傅行参军、太子洗马。避乱南行,至西阳期思县,为贼所害,时年四十二。"⑧阮裕亦过江避难,王导辟为主簿。《晋书·王羲之传》载:"时陈留阮裕有重名,为敦主簿。敦尝谓羲之曰:'汝是吾家佳子弟,当不减阮主簿。'"⑨谢鲲见天下方乱,不应东海王司马越的征辟,避于豫章。《晋书·谢鲲传》载:"越寻更辟之,转参军事。鲲以时方多故,乃谢病去职,避地于豫章。尝行经空亭中夜宿,此亭旧每杀人。将晓,有黄衣人呼鲲字令开户,鲲憺然无惧色,便于窗中度手牵之,胛断,视之,鹿也,寻血获焉。尔后此亭无复妖怪。"⑩胡毋辅之

---

① (唐)房玄龄:《晋书》,中华书局 1974 年版,第 1067—1068 页。
② (唐)房玄龄:《晋书》,中华书局 1974 年版,第 1067—1068 页。
③ (唐)房玄龄:《晋书》,中华书局 1974 年版,第 1077 页。
④ (唐)房玄龄:《晋书》,中华书局 1974 年版,第 1103 页。
⑤ (唐)房玄龄:《晋书》,中华书局 1974 年版,第 1330 页。
⑥ (唐)房玄龄:《晋书》,中华书局 1974 年版,第 1330 页。
⑦ (唐)房玄龄:《晋书》,中华书局 1974 年版,第 1364 页。
⑧ (唐)房玄龄:《晋书》,中华书局 1974 年版,第 1367 页。
⑨ (唐)房玄龄:《晋书》,中华书局 1974 年版,第 2093 页。
⑩ (唐)房玄龄:《晋书》,中华书局 1974 年版,第 1377 页。

避难渡江，司马睿以为安东将军咨议祭酒等。《晋书·胡毋辅之传》载："越薨，避乱渡江，元帝以为安东将军谘议祭酒，迁扬武将军、湘州刺史、假节。到州未几卒，时年四十九。"①名士毕卓渡江，为温峤平南将军长史。《晋书·毕卓传》载："卓尝谓人曰：'得酒满数百斛船，四时甘味置两头，右手持酒杯，左手持蟹螯，拍浮酒船中，便足了一生矣。'及过江，为温峤平南长史，卒官。"②王尼避乱江夏，荆州刺史王澄厚遇之。《晋书·王尼传》载："洛阳陷，避乱江夏。时王登为荆州刺史，遇之甚厚。尼早丧妇，止有一子。无居宅，惟畜露车，有牛一头，每行，辄使子御之，暮则共宿车上。常叹曰：'沧海横流，处处不安也。'俄而澄卒，荆土饥荒，尼不得食，乃杀牛坏车，煮肉啖之。既尽，父子俱饿死。"③羊曼避难渡江，司马睿以为镇东参军、丞相主簿，委以机密重事。《晋书·羊曼传》载："羊曼，字祖延，太傅祜兄孙也。父暨，阳平太守。曼少知名，本州礼命，太傅辟，皆不就。避难渡江，元帝以为镇东参军，转丞相主簿，委以机密。历黄门侍郎、尚书吏部郎、晋陵太守，以公事免。曼任达颓纵，好饮酒。温峤、庾亮、阮放、桓彝同志友善，并为中兴名士。时州里称陈留阮放为宏伯，高平郗鉴为方伯，泰山胡毋辅之为达伯，济阴卞壶为裁伯，陈留蔡谟为朗伯，阮孚为诞伯，高平刘绥为委伯，而曼为赭伯，凡八人，号兖州八伯，盖拟古之八隽也。……时朝士过江初拜官，相饰供馔。曼拜丹阳，客来早者得佳设，日宴则渐馨，不复及精，随客早晚而不问贵贱。有羊固拜临海太守，竟日皆美，虽晚至者犹获盛馔。论者以固之丰腆，乃不如曼之真率。"④光逸避难渡江，依胡毋辅之。《晋书·光逸传》载："寻以世难，避乱渡江，复依辅之。初至，属辅之与谢鲲、阮放、毕卓、羊曼、桓彝、阮孚散发裸袒，闭室酣饮已累日。逸将排户入，守者不听，逸便于户外脱衣露头于狗窦中窥之而大叫。辅之惊曰：'他人决不能尔，必我孟祖也。'遽呼入，遂与饮，不舍昼夜。时人谓之八达。元帝以逸补军谘祭酒。"⑤王接之子王愆期在永嘉之乱后流寓江南。《晋书·王接传》载："长子愆期，流寓江南，缘父本意，更注《公羊》，又集《列女后传》云。"⑥夏侯湛侄子，在永嘉之乱，渡江避乱。《晋书·夏侯湛传》载："淳字孝冲。亦有文藻，与湛俱知名。官至弋阳太守。遭中原倾覆，子侄多没胡寇，唯息承渡江。承字文子。参安东军事，稍迁南平太守。太兴末，王敦举兵内向，承与梁州刺史甘卓、巴东监军柳纯、宜都太守谭该等，并露檄远近，列敦罪状。会甘卓怀疑不进，王师败

---

① （唐）房玄龄：《晋书》，中华书局1974年版，第1380页。
② （唐）房玄龄：《晋书》，中华书局1974年版，第1381页。
③ （唐）房玄龄：《晋书》，中华书局1974年版，第1382页。
④ （唐）房玄龄：《晋书》，中华书局1974年版，第1382—1383页。
⑤ （唐）房玄龄：《晋书》，中华书局1974年版，第1385页。
⑥ （唐）房玄龄：《晋书》，中华书局1974年版，第1436页。

绩,敦悉诛灭异己者,收承,欲杀之,承外兄王暠苦请得免。寻为散骑常侍。"①永嘉之乱,文士潘尼携家属东出成皋,欲还乡里,道遇贼人,不得前,滞留坞壁。病卒。《晋书·潘尼传》载:"永嘉中,迁太常卿。洛阳将没,携家属东出成皋,欲还乡里。道遇贼,不得前,病卒于坞壁,年六十余。"②西晋文士张载,世乱之后退居旧里。《晋书·张载传》载:"载见世方乱,无复进仕意,遂称疾笃告归,卒于家。"③文士张协见天下大乱,所在寇盗。屏居草泽,受道不竞,以属咏自娱。《晋书·张协传》载:"于时天下已乱,所在寇盗,协遂弃绝人事,屏居草泽,守道不竞,以属咏自娱。拟诸文士作《七命》。"④文士张亢中兴过江,拜散骑侍郎。《晋书·张亢传》载:"中兴初过江,拜散骑侍郎。秘书监荀崧举亢领佐著作郎,出补乌程令,入为散骑常侍,复领佐著作。"⑤彭城文士刘隗避难渡江,司马睿以为从事中郎。《晋书·刘隗传》载:"刘隗,字大连,彭城人,楚元王交之后也。……隗少有文翰,起家秘书郎,稍迁冠军将军、彭城内史。避乱渡江,元帝以为从事中郎。隗雅习文史,善求人主意,帝深器遇之。"⑥卞壸在永嘉中,避难徐州刺史裴盾,裴盾任卞壸为广陵相。后司马睿镇建邺,召为从事中郎。《晋书·卞壸传》载:"永嘉中,除著作郎,袭父爵。征东将军周馥请为从事中郎,不就。遭本州倾覆,东依妻兄徐州刺史裴盾。盾以壸行广陵相。元帝镇建邺,召为从事中郎,委以选举,甚见亲杖。"⑦永嘉中,文士范坚避难江东。《晋书·范坚传》载:"坚字子常。博学善属文。永嘉中,避乱江东,拜佐著作郎、抚军参军。"⑧褚翜见天下将乱,弃官避地幽州。后因河北寇难,还乡里,招合同志,将图过江。因道路阻断,不得前。后,建兴初,始得过江。《晋书·褚翜传》载:"褚翜,字谋远,太傅裒之从父兄也。父頠,少知名,早卒。翜以才艺桢干称。袭爵关内侯,补冠军参军。于时长沙王乂擅权,成都、河间阻兵于外,翜知内难方作,乃弃官避地幽州。后河北有寇难,复还乡里。河南尹举翜行本县事。及天下鼎沸,翜招合同志,将图过江,先移住阳城界。颍川庾敳,即翜之舅也,亦忧世乱,以家付翜。翜道断,不得前。东海王越以为参军,辞疾不就。寻洛阳覆没,与荥阳太守郭秀共保万氏台,秀不能绥众,与将陈抚、郭重等构怨,遂相攻击。翜惧祸及,谓抚等曰:'以诸君所以在此,谋逃难也。今宜共戮力以备贼,幸无外难,而内自相击,是避坑落井也。郭秀诚为失理,

---

① (唐)房玄龄:《晋书》,中华书局1974年版,第1499—1500页。
② (唐)房玄龄:《晋书》,中华书局1974年版,第1516页。
③ (唐)房玄龄:《晋书》,中华书局1974年版,第1518页。
④ (唐)房玄龄:《晋书》,中华书局1974年版,第1519页。
⑤ (唐)房玄龄:《晋书》,中华书局1974年版,第1524页。
⑥ (唐)房玄龄:《晋书》,中华书局1974年版,第1835页。
⑦ (唐)房玄龄:《晋书》,中华书局1974年版,第1867页。
⑧ (唐)房玄龄:《晋书》,中华书局1974年版,第1989页。

应且容之。若遂所忿，城内自溃，胡贼闻之，指来掩袭，诸君虽得杀秀，无解胡虏矣，累弱非一，宜深思之。'抚等悔悟，与秀交和。时数万口赖巽获全。明年，率数千家将谋东下，遇道险，不得进，因留密县。司隶校尉荀组以为参军、广威将军，复领本县，率邑人三千，督新城、梁、阳城三郡诸营事。顷之，迁司隶司马，仍督营事。率众进至汝水柴肥口，复阻贼。巽乃单马至许昌，见司空荀藩，以为振威将军，行梁国内史。建兴初，复为豫州司马，督司州军事。太傅参军王玄代巽为郡。……顷之，组举巽为吏部郎，不应召，遂东过江。"①陈留文士蔡豹避乱南渡，司马睿以为振武将军，临淮太守。《晋书·蔡豹传》载："蔡豹，字士宣，陈留圉城人。高祖质，汉卫尉，左中郎将邕之叔父也。祖睦，魏尚书。父宏，阴平太守。豹有气干，历河南丞，长乐、清河太守。避乱南渡，元帝以为振武将军、临淮太守，迁建威将军、徐州刺史。"②陈郡文士袁环与其弟袁猷奉母避难南渡。《晋书·袁环传》载："袁环，字山甫，陈郡阳夏人，魏郎中令涣之曾孙也。祖、父并早卒。环与弟猷欲奉母避乱，求为江淮间县，拜吕令，转江都，因南渡。元帝以为丹阳令。"③蜀郡文士杜毗南渡避难，依附大将军王敦。《晋书·良吏传·杜轸传附杜毗》载："毗字长基。州举秀才，成都王颖辟大将军掾，迁尚书郎，参太傅军事。及洛阳覆没，毗南渡江，王敦表为益州刺史，将与宜都太守柳纯共固白帝。杜弢遣军要毗，遂遇害。"④南阳文士范广携姊之孙难奔避难。《晋书·良吏传·范晷附范广》载："广字仲将。举孝廉，除灵寿令，不之官。姊适孙氏，早亡，有孙名迈，广负以南奔，虽盗贼艰急，终不弃之。元帝承制，以为堂邑令。丞刘荣坐事当死，郡勒以付县。荣即县人，家有老母，至节，广辄听暂还，荣亦如期而反。县堂为野火所及，荣脱械救火，事毕，还自着械。后大旱，米贵，广散私谷振饥人，至数千斛，远近流寓归投之，户口十倍。卒于官。"⑤东莞儒士祖父徐澄之，率子弟以及乡党千余家，南渡江，家于京口。《晋书·儒林传·徐邈传》载："徐邈，东莞姑幕人也。祖澄之为州治中，属永嘉之乱，遂与乡人臧琨等率子弟并闾里士庶千余家，南渡江，家于京口。"⑥庐陵儒士杜夷被王敦征召，杜夷逃至安徽寿阳，永嘉五年，渡江至建邺。《晋书·儒林传·杜夷传》载："怀帝诏王公举贤良方正，刺史王敦以贺循为贤良，夷为方正，……寻以胡寇，又移渡江，王导遣吏周赡之。元帝为丞相，教曰：'大义颓替，礼典无宗，朝廷滞义莫能攸正，宜特立儒林祭酒官，以弘其事。处士杜夷栖情遗远，确然绝俗，才学精博，道行优备，其以夷为祭酒。'夷辞疾，未尝朝会。帝常欲诣夷，夷陈

① （唐）房玄龄：《晋书》，中华书局1974年版，第1158页。
② （唐）房玄龄：《晋书》，中华书局1974年版，第2111页。
③ （唐）房玄龄：《晋书》，中华书局1974年版，第2166页。
④ （唐）房玄龄：《晋书》，中华书局1974年版，第2331页。
⑤ （唐）房玄龄：《晋书》，中华书局1974年版，第2336页。
⑥ （唐）房玄龄：《晋书》，中华书局1974年版，第2336页。

万乘之主不宜往庶人之家。"①鲁国文士孔衍避地江东,司马睿引为参军,专掌记室。《晋书·儒林传·孔衍传》载:"孔衍,字舒元,鲁国人,孔子二十二世孙也。祖文,魏大鸿胪。父毓,征南军司。衍少好学,年十二,能通《诗》《书》。弱冠,公府辟,本州举异行直言,皆不就。避地江东,元帝引为安东参军,专掌记室。书令殷积,而衍每以称职见知。"②九岁的庾阐,随舅父过江。《晋书·文苑传·庾阐传》载:"庾阐,字仲初,颍川鄢陵人也。祖辉,安北长史。父东,以勇力闻。武帝时,有西域健胡趫捷无敌,晋人莫敢与校。帝募勇士,惟东应选,遂扑杀之,名震殊俗。阐好学,九岁能属文。少随舅孙氏过江。母随兄肇为乐安长史,在项城。永嘉末,为石勒所陷,阐母亦没。阐不栉沐,不婚宦,绝酒肉,垂二十年,乡亲称之。州举秀才,元帝为晋王,辟之,皆不行。"③庾琛过江,为会稽太守,为司马睿军谘祭酒。《晋书·外戚传·庾琛传》载:"庾琛,字子美,明穆皇后父也。兄衮,在《孝友传》。琛永嘉初为建威将军,过江,为会稽太守,征为丞相军谘祭酒。"④杜陵杜乂(杜预之子)渡江至建康,其女为成帝皇后。《晋书·外戚传·杜乂传》载:"杜乂,字弘理,成恭皇后父,镇南将军预孙,尚书左丞锡之子也。性纯和,美姿容,有盛名于江左。王羲之见而目之曰:'肤若凝脂,眼如点漆,此神仙人也。'桓彝亦曰:'卫玠神清,杜乂形清。'袭封当阳侯,辟公府掾,为丹阳丞。早卒,无男,生后而乂终,妻裴氏孷居养后,以礼自防,甚有德音。"⑤褚裒盛名于江东。《晋书·外戚传·褚裒传》载:"裒少有简贵之风,与京兆杜乂俱有盛名,冠于中兴。谯国桓彝见而目之曰:'季野有皮里春秋。'言其外无臧否,而内有所褒贬也。"⑥河内文士郭文避难余杭。《晋书·隐逸传·郭文传》载:"郭文,字文举,河内轵人也。少爱山水,尚嘉遁。年三十,每游山林,弥旬忘反。父母终,服毕,不娶,辞家游名山,历华阴之崖,以观石室之石函。洛阳陷,乃步担入吴兴余杭大辟山中穷谷无人之地,倚木于树,苫覆其上而居焉,亦无壁障。时猛兽为暴,入屋害人,而文独宿十余年,卒无患害。恒着鹿裘葛巾,不饮酒食肉,区种菽麦,采竹叶木实,贸盐以自供。人或酬下价者,亦即与之。后人识文,不复贱酬。食有余谷,辄恤穷匮。人有臻遗,取其粗者,示不逆而已。有猛兽杀大麋鹿于庵侧,文以语人,人取卖之,分钱与文。文曰:'我若须此,自当卖之。所以相语,正以不须故也。'闻者皆嗟叹之。尝有猛兽忽张口向文,文视其口中有横骨,乃以手探去之,猛兽明旦致

① (唐)房玄龄:《晋书》,中华书局1974年版,第2353—2354页。
② (唐)房玄龄:《晋书》,中华书局1974年版,第2353—2354页。
③ (唐)房玄龄:《晋书》,中华书局1974年版,第2385页。
④ (唐)房玄龄:《晋书》,中华书局1974年版,第2414页。
⑤ (唐)房玄龄:《晋书》,中华书局1974年版,第2414页。
⑥ (唐)房玄龄:《晋书》,中华书局1974年版,第2415页。

一鹿于其室前。猎者时往寄宿，文夜为担水而无倦色。余杭令顾飏与葛洪共造之，而携与俱归。飏以文山行或须皮衣，赠以韦袴褶一具，文不纳，辞归山中。飏追遣使者置衣室中而去，文亦无言，韦衣乃至烂于户内，竟不服用。王导闻其名，遣人迎之，文不肯就船车，荷担徒行。既至，导置之西园，园中果木成林，又有鸟兽麋鹿，因以居文焉。于是朝士咸共观之，文颓然踑踞，旁若无人。温峤尝问文曰：'人皆有六亲相娱，先生弃之何乐？'文曰：'本行学道，不谓遭世乱，欲归无路，是以来也。'又问曰：'饥而思食，壮而思室，自然之性，先生安独无情乎？'文曰：'情由忆生，不忆故无情。'又问曰：'先生独处穷山，若疾病遭命，则为乌鸟所食，顾不酷乎？'文曰：'藏埋者亦为蝼蚁所食，复何异乎！'又问曰：'猛兽害人，人之所畏，而先生独不畏邪？'文曰：'人无害兽之心，则兽亦不害人。'又问曰：'苟世不宁，身不得安。今将用先生以济时，若何？'文曰：'山草之人，安能佐世！'导尝众客共集，丝竹并奏，试使呼之。文瞠眸不转，跨蹋华堂如行林野。于时坐者咸有钩深味远之言，文常称不达来语。天机铿宏，莫有窥其门者。温峤尝称曰：'文有贤人之性，而无贤人之才，柳下、梁踦之亚乎！'永昌中，大疫，文病亦殆。王导遗药，文曰：'命在天，不在药也。夭寿长短，时也。'"①再如华歆的曾孙——华恒，永嘉末年在关中长安陷没后渡江。《晋书·华表传》载："愍帝即位，以（华）恒为尚书，进爵苑陵县公。顷之，刘聪逼长安，诏出恒为镇军将军，领颖川太守，以为外援。恒兴合义军，得二千人，未及西赴，而关中陷没。时群贼方盛，所在州郡相继奔败，恒亦欲弃郡东渡，而从兄轶为元帝所诛，以此为疑。先书与骠骑将军王导，导言于帝。帝曰：'兄弟罪不相及，况群从乎！'即召恒，补光禄勋。恒到，未及拜，更以为卫将军，加散骑常侍、本州大中正。"②永嘉末年，宗室汝南王司马亮之子司马佑、司马羕、司马宗渡江，司马睿命为军谘祭酒。《晋书·汝南王亮传附司马佑》载："佑字永猷……永嘉末，以寇贼充斥，遂南渡江，元帝命为军谘祭酒。建武初，为镇军将军。"③《晋书·汝南王亮传附司马羕》载："永嘉初，拜镇军将军，加散骑常侍，领后军将军，复以邾、蕲春益之，并前三万五千户。随东海王越东出郯城，遂南渡江。元帝承制，更拜抚军大将军、开府，给千兵百骑，诏与南顿王宗统流人以实中州，江西荒梗，复还。"④《晋书·汝南王亮传附司马宗》载："与兄羕俱过江。元帝承制，拜散骑常侍。愍帝之在西都，以宗为平东将军。宗与王导、庾亮志趣不同，连结轻侠，以为腹心，导、亮并以为言。帝以宗戚属，每容之。及帝疾笃，宗、胤密谋为乱，亮排闼入，升御床，流涕言之，帝始悟。转为骠骑将军。胤为大宗正。

① （唐）房玄龄：《晋书》，中华书局1974年版，第2440页。
② （唐）房玄龄：《晋书》，中华书局1974年版，第1259页。
③ （唐）房玄龄：《晋书》，中华书局1974年版，第1593页。
④ （唐）房玄龄：《晋书》，中华书局1974年版，第1594页。

宗遂怨望形于辞色。"①祖逖避地淮泗,居丹徒京口一带。《晋书·祖逖传》载:"及京师大乱,逖率亲党数百家避地淮泗,以所乘车马载同行老疾,躬自徒步,药物衣粮与众共之,又多权略,是以少长咸宗之,推逖为行主。达泗口,元帝逆用为徐州刺史,寻征军谘祭酒,居丹徒之京口。"②祖纳避地东南,举荐王隐。《晋书·祖纳传》载:"以洛下将乱,乃避地东南。元帝作相,引为军谘祭酒。纳好弈棋,王隐谓之曰:'禹惜寸阴,不闻数棋。'对曰:'我弈忘忧耳。'隐曰:'盖闻古人遭逢,则以功达其道,若其不遇,则以言达其道。古必有之,今亦宜然。当晋未有书,而天下大乱,旧事荡灭,君少长五都,游臣四方,华裔成败,皆当闻见,何不记述而有裁成?应仲远作《风俗通》,崔子真作《政论》,蔡伯喈作《劝学篇》,史游作《急就章》,犹皆行于世,便成没而不朽。仆虽无才,非志不立,故疾没世而无闻焉,所以自强不息也。况国史明乎得失之迹,俱取散悉,此可兼济,何必围棋然后忘忧也!'纳喟然叹曰:'非不悦子之道,力不足耳。'乃言之于帝曰:'自古小国犹有史官,况于大府,安可不置。'因举隐,称:'清纯亮直,学思沈敏,五经、群史多所综悉,且好学不倦,从善如流。若使修著一代之典,褒贬与夺,诚一时之俊也。'帝以问记室参军钟雅,雅曰:'纳所举虽有史才,而今未能立也。'事遂停。然史官之立,自纳始也。"③祖约随其兄祖逖于永嘉末年过江。《晋书·祖约传》载:"祖约,字士少,豫州刺史逖之弟也。初以孝廉为成皋令,与逖甚相友爱。永嘉末,随逖过江。元帝称制,引为掾属,与陈留阮孚齐名。后转从事中郎,典选举。"④颍川长社文士钟雅避乱东渡,被辟为丞相记室参军。《晋书·钟雅传》载:"钟雅,字彦胄,颍川长社人也。父晔,公府掾,早终。雅少孤,好学有才志,举四行,除汝阳令,入为佐著作郎。母忧去官,服阕复职。东海王越请为参军,迁尚书郎。避乱东渡,元帝以为丞相记室参军,迁临淮内史、振威将军。顷之,征拜散骑侍郎,转尚书右丞。"⑤豫章南昌文士熊远被州辟主簿、别驾,举秀才,除监军华轶司马,领武昌太守,宁远护军。丞相司马睿引为主簿。《晋书·熊远传》载:"熊远,字孝文,豫章南昌人也。祖翘,尝为石崇苍头,而性廉直,有士风。黄门郎潘岳见而称异,劝崇免之,乃还乡里。远有志尚,县召为功曹,不起,强与衣帻,扶之使谒。十余日荐于郡,由是辟为文学掾。远曰:'辞大不辞小也。'固请留县。太守察远孝廉。属太守讨氐羌,远遂不行,送至陇右而还。后太守会稽夏静辟为功曹。及静去职,远送至会稽以归。州辟主簿、别驾,举秀才,除监军华轶司马、领武昌太守、宁远护军。元帝作相,引

① (唐)房玄龄:《晋书》,中华书局1974年版,第1595页。
② (唐)房玄龄:《晋书》,中华书局1974年版,第1694页。
③ (唐)房玄龄:《晋书》,中华书局1974年版,第1698页。
④ (唐)房玄龄:《晋书》,中华书局1974年版,第2625—2626页。
⑤ (唐)房玄龄:《晋书》,中华书局1974年版,第1877页。

为主簿。"①永嘉末,王峤兄弟避地江东。《晋书·王峤传》载:"永嘉末,携其二弟避乱渡江。时元帝镇建邺,教曰:'王佑三息始至,名德之胄,并有操行,宜蒙饰叙。且可给钱三十万,帛三百匹,米五十斛,亲兵二十人。'寻以峤参世子东中郎军事。不就。愍帝征拜著作郎,右丞相南阳王保辟,皆以道险不行。元帝作相,以为水曹属,除长山令,迁太子中舍人以疾不拜。王敦请为参军,爵九原县公。"②六岁的范汪,也随外家人过江避难。《晋书·范汪传》载:"范汪,字玄平,雍州刺史晷之孙也。父稚,蚤卒。汪少孤贫,六岁过江,依外家新野庾氏。荆州刺史王澄见而奇之,曰:'兴范族者,必是子也。'年十三,丧母,居丧尽礼,亲邻哀之。及长,好学。外氏家贫,无以资给,汪乃庐于园中,布衣蔬食,然薪写书,写毕,诵读亦遍,遂博学多通,善谈名理。"③陈留文士蔡谟避难江东。《晋书·蔡谟传》载:"谟弱冠察孝廉,州辟从事,举秀才,东海王越召为掾,皆不就。避乱渡江。时明帝为东中郎将,引为参军。元帝拜丞相,复辟为掾,转参军,后为中书侍郎,历义兴太守、大将军王敦从事中郎、司徒左长史,迁侍中。"④《晋书·蔡谟传》载:"谟初渡江,见彭蜞,大喜曰:'蟹有八足,加以二螯。'令烹之。既食,吐下委顿,方知非蟹。后诣谢尚而说之。尚曰:'卿读《尔雅》不熟,几为《劝学》死。'谟性方雅。丞相王导作女伎,施设床席。谟先在坐,不悦而去,导亦不止之。性尤笃慎,每事必为过防。故时人云:'蔡公过浮航,脱带腰舟。'"⑤平阳襄陵文士邓攸在永嘉末年,没于石勒。趁机逃亡,历尽千辛万苦至江东。《晋书·良吏传·邓攸传》载:

> 永嘉末,没于石勒。然勒宿忌诸官长二千石,闻攸在营,驰召,将杀之。攸至门,门干乃攸为郎时干,识攸,攸求纸笔作辞。干候勒和悦,致之。勒重其辞,乃勿杀。勒长史张宾先与攸比舍,重攸名操,因称攸于勒。勒召至幕下,与语,悦之,以为参军,给车马。勒每东西,置攸车营中。勒夜禁火,犯之者死。攸与胡邻毂,胡夜失火烧车。吏按问,胡乃诬攸。攸度不可与争,遂对以弟妇散发温酒为辞。勒赦之。既而胡人深感,自缚诣勒以明攸,而阴遗攸马驴,诸胡莫不叹息宗敬之。石勒过泗水,攸乃斫坏车,以牛马负妻子而逃。又遇贼,掠其牛马,步走,担其儿及其弟子绥。度不能两全,乃谓其妻曰:"吾弟早亡,唯有一息,理不可绝,止应自弃我儿耳。幸而得存,我后当有子。"妻泣而从之,乃弃之。其子朝弃而暮及。明日,攸系

---

① (唐)房玄龄:《晋书》,中华书局1974年版,第1884页。
② (唐)房玄龄:《晋书》,中华书局1974年版,第1974页。
③ (唐)房玄龄:《晋书》,中华书局1974年版,第1982页。
④ (唐)房玄龄:《晋书》,中华书局1974年版,第2035页。
⑤ (唐)房玄龄:《晋书》,中华书局1974年版,第2041页。

之于树而去。①

> 攸弃子之后,妻子不复孕。过江,纳妾,甚宠之,讯其家属,说是北人遭乱,忆父
> 母姓名,乃攸之甥。攸素有德行,闻之感恨,遂不复畜妾,卒以无嗣。时人义而哀
> 之,为之语曰:"天道无知,使邓伯道无儿"②。

永嘉之乱,苏峻纠合流亡百姓数千家于本县,后惧青州刺史曹嶷征讨,率其所部数百家泛海南渡,到广陵,得到朝廷的嘉奖。《晋书·苏峻传》载:"苏峻,字子高,长广掖人也。父模,安乐相。峻少为书生,有才学,仕郡主簿。年十八,举孝廉。永嘉之乱,百姓流亡,所在屯聚,峻纠合得数千家,结垒于本县。于时豪杰所在屯聚,而峻最强。遣长史徐玮宣檄诸屯,示以王化,又收枯骨而葬之,远近感其恩义,推峻为主。遂射猎于海边青山中。元帝闻之,假峻安集将军。时曹嶷领青州刺史,表峻为掖令,峻辞疾不受。嶷恶其得众,恐必为患,将讨之。峻惧,率其所部数百家泛海南渡。既到广陵,朝廷嘉其远至,转鹰扬将军。会周坚反于彭城,峻助讨之,有功,除淮陵内史,迁兰陵相。"③晋建兴二年(314),著名史学家陈郡人士王隐过江。《晋书·王隐传》载:"建兴中,过江,丞相军谘祭酒涿郡祖纳雅相知重。纳好博弈,每谏止之。纳曰:'聊用忘忧耳。'隐曰:'盖古人遭时,则以功达其道;不遇,则以言达其才,故否泰不穷也。当今晋未有书,天下大乱,旧事荡灭,非凡才所能立。君少长五都,游宦四方,华夷成败皆在耳目,何不述而裁之!应仲远作《风俗通》,崔子真作《政论》,蔡伯喈作《劝学篇》,史游作《急就章》,犹行于世,便为没而不朽。当其同时,人岂少哉? 而了无闻,皆由无所述作也。故君子疾没世而无闻,《易》称自强不息,况国史明乎得失之迹,何必博弈而后忘忧哉!'纳喟然叹曰:'非不悦子道,力不足也。'乃上疏荐隐。元帝以草创务殷,未遑史官,遂寝不报。"④太原文士孙楚之孙——孙盛十岁避难渡江。《晋书·孙盛传》载:"孙盛,字安国,太原中都人。祖楚,冯翊太守。父恂,颍川太守。恂在郡遇贼,被害。盛年十岁,避难渡江。及长,博学,善言名理。于时殷浩擅名一时,与抗论者,惟盛而已。盛尝诣浩谈论,对食,奋掷麈尾,毛悉落饭中,食冷而复暖者数四,至暮忘餐,理竟不定。盛又著医卜及《易象妙于见形论》,浩等竟无以难之,由是遂知名。"⑤琅玡文士颜含过江,为上虞令。《晋书·孝友传·颜含传》载:"本州辟,不就。东海王赵以为太傅参军,出补闾阳令。元帝初镇

---

① (唐)房玄龄:《晋书》,中华书局1974年版,第2339页。
② (唐)房玄龄:《晋书》,中华书局1974年版,第2341页。
③ (唐)房玄龄:《晋书》,中华书局1974年版,第2628页。
④ (唐)房玄龄:《晋书》,中华书局1974年版,第2041—2042页。
⑤ (唐)房玄龄:《晋书》,中华书局1974年版,第2047页。

下邳,复命为参军。过江,以含为上虞令。"①永嘉五年(311)丧乱之后,还有文士陆陆续续避难至江左。如永嘉七年(313),荀勖孙子荀邃、荀闿在永嘉末年避难江东,为司马睿军谘祭酒。《晋书·荀勖传》载:"邃字道玄,解音乐,善谈论。……而东渡江,元帝以为军谘祭酒。"②《晋书·荀勖传》载:"闿字道明,亦有名称,京都为之语曰:'洛中英英荀道明。'……与邃俱渡江,拜丞相军谘祭酒。"③大约在东晋初年(317)前后,杜陵杜氏杜预嗣子杜耽的后嗣杜逊,率族人南徙至襄阳。《元和姓纂》卷六杜氏襄阳望条:"当阳侯元凯少子耽,晋凉州刺史;生顾,西海太守;生逊,过江。随元帝南迁,居襄阳。逊官至魏兴太守,生灵启、干元。"(案语:《元和姓纂(附四校记)》卷六杜氏条罗振玉校"干元"应为"干光")

　　除此之外,南方的诸州如荆州、江州归朝廷委派的大臣掌管。这些州郡也成为永嘉之乱后,中原流民与士人避难迁徙的所在之一。永嘉三年(309),山涛之子山简被征为征南将军,都督荆湘交广四州军事,假节,镇襄阳。《晋书·山涛传附山简传》载:"永嘉三年,出为征南将军、都督荆、湘、交、广四州诸军事、假节,镇襄阳。"④可惜山简染上玄学习气,优游卒岁,唯酒是耽,毫无忧患意识。《晋书·山涛传附山简传》载:"于时四方寇乱,天下分崩,王威不振,朝野危惧。简优游卒岁,唯酒是耽。诸习氏,荆土豪族,有佳园池,简每出嬉游,多之池上,置酒辄醉,名之曰高阳池。时有童儿歌曰:'山公出何许,往至高阳池。日夕倒载归,酩酊无所知。时时能骑马,倒着白接。举鞭问葛疆:何如并州儿?'疆家在并州,简爱将也。"⑤永嘉之乱,山简兵败,迁于夏口。招纳流亡,江汉归附。《晋书·山涛传附山简传》载:"及洛阳陷没,简又为贼严嶷所逼,乃迁于夏口。招纳流亡,江、汉归附。时华轶以江州作难,或劝简讨之。简曰:'与彦夏旧友,为之惘怅。简岂利人之机,以为功伐乎!'其笃厚如此。"⑥永嘉之乱前夕,洛阳的乐府伶人已经避难至此,流落荆州。"时乐府伶人避难,多奔沔汉,宴会之日,僚佐或劝奏之。"⑦山简之子山遐,被任余姚令。到县后,严刑峻法,令豪强生畏。《晋书·山涛传附山简传》载:"遐字彦林,为余姚令。时江左初基,法禁宽弛,豪族多挟藏户口,以为私附。遐绳以峻法,到县八旬,出口万余。"⑧永嘉年间,江州一带的地方长官华轶甚得江表人士欢心,流亡

①　(唐)房玄龄:《晋书》,中华书局1974年版,第2286页。
②　(唐)房玄龄:《晋书》,中华书局1974年版,第2031—2032页。
③　(唐)房玄龄:《晋书》,中华书局1974年版,第1159页。
④　(唐)房玄龄:《晋书》,中华书局1974年版,第1229页。
⑤　(唐)房玄龄:《晋书》,中华书局1974年版,第1229—1230页。
⑥　(唐)房玄龄:《晋书》,中华书局1974年版,第1230页。
⑦　(唐)房玄龄:《晋书》,中华书局1974年版,第1230页。
⑧　(唐)房玄龄:《晋书》,中华书局1974年版,第1230页。

之士多归之。《晋书·华轶传》载:"华轶,字彦夏,平原人,魏太尉歆之曾孙也。……永嘉中,历振威将军、江州刺史。虽逢丧乱,每崇典礼,置儒林祭酒以弘道训,乃下教曰:'今大义颓替,礼典无宗,朝廷滞议,莫能攸正,常以慨然,宜特立此官,以弘其事。军谘祭酒杜夷,栖情玄远,确然绝俗,才学精博,道行优备,其以为儒林祭酒。'俄被越檄使助讨诸贼,轶遣前江夏太守陶侃为扬武将军,率兵三千屯夏口,以为声援。轶在州其有威惠,州之豪士接以友道,得江表之欢心,流亡之士赴之如归。"①见诸史籍的流寓之士——高悝,曾被华轶任命为西曹书佐。《晋书·高崧传》载:"高崧,字茂琰,广陵人也。父悝,少孤,事母以孝闻。年十三,值岁饥,悝菜蔬不餍,每致甘肥于母。抚幼弟以友爱称。寓居江州,刺史华轶辟为西曹书佐。及轶败,悝藏匿轶子经年,会赦乃出。元帝嘉而宥之,以为参军,遂历显位,至丹阳尹、光禄大夫,封建昌伯。"②永嘉之乱后,华轶不受盟主司马睿的领导,兵败被杀。

三、余波:东晋南渡

晋建武元年(317),司马睿即位建康,偏安一隅的东晋王朝建立。北方诸州百姓除了受到少数民族政权战乱之苦外,还受到自然灾害的威胁,继续南迁江南,沦为大族富户的奴婢僮客。东晋王朝为增加赋税,免除奴婢身份,并设立侨州郡县,安置流民。东晋中后期的几次北伐,"北方士民降附者日以千计"。其中,代表人物北地傅氏傅洪趁后赵之乱,归晋。《宋书·傅弘之传》载:"傅弘之,字仲度,北地泥阳人。……曾祖畅,秘书丞,没胡,生子洪,晋穆帝永和中,胡乱得还。"③晋永和十二年(356),东晋征西大将军桓温伐姚襄,滞留后秦的弘农杨氏杨亮,得归晋土。《晋书·姚襄载记》载:

> 晋征西大将军桓温自江陵伐襄……先是,弘农杨亮归襄,襄待以客礼。后奔桓温,温问襄于亮,亮曰:"神明器宇,孙策之俦,而雄武过之。"其见重如是。④

永嘉之后,滞留北方的京兆韦氏韦华在淝水之战后,流落东晋,被安置在襄阳,不久叛晋,投奔后秦。⑤ 总之,东晋时期,南迁晋土的北方流民与文士,余波不绝如缕。

---

① (唐)房玄龄:《晋书》,中华书局 1974 年版,第 1671 页。
② (唐)房玄龄:《晋书》,中华书局 1974 年版,第 1894—1895 页。
③ (梁)沈约:《宋书》,中华书局 1974 年版,第 1430 页。
④ (唐)房玄龄:《晋书》,中华书局 1974 年版,第 2963—2964 页。
⑤ (唐)房玄龄:《晋书》,中华书局 1974 年版,第 2963—2964 页。

第二节　士民避难:托庇异姓政权的迁徙支流

公元 4 世纪初,因战乱相仍、天灾迭萌引发的北方人口流动,除了上节所述的向南方流徙主流之外,还有向西北、东北异姓政权迁徙流动的支流。"流向东北的一支,托庇于鲜卑慕容政权之下。流向西北的一支,归依于凉州张轨的领域。"①

一、"永嘉之乱"后,中原文士向西流徙至凉州一带,依附于张轨政权

中原流民之所以往这一带逃难,是因为凉州既远离中土,未遭"八王之乱"的破坏,又远离山西、河北等少数民族集聚区,一时不易遭受前赵铁骑的侵扰。最关键的是在此之前,张轨谋霸凉州,取得成功。其治下的凉州相对安定。

前凉政权的开创者张轨,出身儒学仕宦之家,属"二品之精"②的凉州名士。他见天下将乱,谋据河西以成霸业,故而上书朝廷,求凉州刺史。在凉州刺史兼护羌校尉任上,张轨不仅平定鲜卑族的叛乱,而且大力兴办学校,武威九郡一带出现了一派安定祥和之气。《晋书·张轨传》载:"轨以时方多难,阴图据河西,筮之,遇《泰》之《观》,乃投策喜曰:'霸者兆也。'于是求为凉州。公卿亦举轨才堪御远。永宁初,出为护羌校尉、凉州刺史。于时鲜卑反叛,寇盗从横,轨到官,即讨破之,斩首万余级,遂威著西州,化行河右。以宋配、阴充、氾瑗、阴澹为股肱谋主,征九郡胄子五百人,立学校,始置崇文祭酒,位视别驾,春秋行乡射之礼。"③

永嘉之乱后,中原士民避难者流向张轨治下的凉州。《晋书·张轨传》载:"而王弥遂逼洛阳,轨遣将军张斐、北宫纯、郭敷等率精骑五千来卫京都。及京都陷,斐等皆没于贼。中州避难来者日月相继,分武威置武兴郡以居之。"④前凉张寔时代,晋南阳王司马保兵败死后,"其众散奔凉州者万余人"。⑤ 流民既增加了前凉政权的赋税,又提供了大量的兵源。流徙而来的中原文士,也成了前凉政权中不可或缺的政治人才。由于史料的缺失,已无法详尽考证外来士入仕凉情况。我们只能根据《晋书·张轨传》中臣属资料,对比清代学者张澍《续敦煌实录》,分析前凉政权的官属郡望。当然,《续敦煌实录》

---

① 陈寅恪:《魏晋南北朝史讲演录》,贵州人民出版社 2008 年版,第 105 页。
② (唐)房玄龄:《晋书》,中华书局 1974 年版,第 2221 页。
③ (唐)房玄龄:《晋书》,中华书局 1974 年版,第 2221—2222 页。
④ (唐)房玄龄:《晋书》,中华书局 1974 年版,第 2225 页。
⑤ (唐)房玄龄:《晋书》,中华书局 1974 年版,第 2230 页。

中多标明了敦煌郡人士,河陇其他郡望人物并无掇录,只能根据各郡大姓的历史讯息来推测,不能坐实。其表如下:

表 3-1　前凉张氏政权文士情况表

凉主	掾属	郡　　　望	任职	备注
张轨	宋配	敦煌(见《续敦煌实录》)	谋主	河陇世族
	阴充	《晋书》未载	谋主	河陇世族
	阴澹	敦煌(见《续敦煌实录》)	谋主	河陇世族
	氾瑗	敦煌(见《续敦煌实录》)	谋主	河陇世族
	令狐亚	敦煌(见《续敦煌实录》)	主簿	河陇世族
	令狐浏	敦煌(见《续敦煌实录》)	治中	河陇世族
	张琠	敦煌(见《续敦煌实录》)	武威太守	河陇世族
	张阆	《晋书》未载	治中	应为河陇世族
	阴预	敦煌(见《续敦煌实录》)	左督护	河陇世族
	窦涛	《晋书》未载	左司马	疑似外来士人
	麹陶	《晋书》未载	参军	或为西平郡人
	索辅	敦煌(见《续敦煌实录》)	参军	河陇世族
	杨胤	《晋书》未载	少府司马	疑似外来士人
	杨澹	《晋书》未载	治中	疑似外来士人
	杜耽	杜陵	军司	杜预四子
	杜勋	《晋书》未载	参军	疑似外来士人
张寔	赵奭	《晋书》未载	兰池长	疑似外来士人
	隗瑾	高昌	贼曹佐	疑似外来士人
	张肃	安定	建威将军	张寔叔父
	王该	《晋书》未载	督护	疑似外来士人
	韩璞	《晋书》未载	太府司马	疑似外来士人
	田齐	《晋书》未载	灭寇将军	疑似外来士人
	贾骞	《晋书》未载	故安太守	应为河陇世族
	吴绍	《晋书》未载	陇西太守	疑似外来士人
	宋毅	《晋书》未载	威远将军	应为河陇世族
	宋辑	《晋书》未载		应为河陇世族
	辛韬	《晋书》未载		应为河陇世族
	张选	《晋书》未载		应为河陇世族
	董广	《晋书》未载		应为河陇世族

续表

凉主	掾属	郡　望	任职	备注
张寔	张诜	《晋书》未载	破羌都尉	应为河陇世族
	阴鉴	《晋书》未载	将军	应为河陇世族
	刘弘	京兆人	道士	谋杀张寔者
	阎沙	京兆人		谋杀张寔者
	赵仰	京兆人	牙门	谋杀张寔者
张茂	阎曾	武陵		外来士人
	辛岩	《晋书》未载	姑臧令	应为河陇世族
	马岌	《晋书》未载	太府主簿	似外来士人
	汜祎	敦煌（见《续敦煌实录》）	长史	河陇世族
	陈珍	《晋书》未载	参军	似外来士人
	吴绍	《晋书》未载	别驾	见前
	贾摹	《晋书》未载		凉州大姓
张骏	汜祎	敦煌（见《续敦煌实录》）	左长史	河陇世族
	马谟	《晋书》未载	右长史	应为河陇世族
	刘庆	《晋书》未载	从事	似外来士人
	王骘	《晋书》未载	参军	凉州士人
	宋辑	《晋书》未载	扬烈将军	敦煌世族
	皇甫该	《晋书》未载		应为安定世族
	索询	敦煌（见《续敦煌实录》）	理曹郎中	敦煌世族
	李柏	《晋书》未载	西域长史	似外来士人
	傅颖	《晋书》未载		应为北地士人
	张淳	《晋书》未载	治中从事	应为河陇士人
	黄斌	《晋书》未载	参军	似外来士人
	杨宣	《晋书》未载	将军	似外来士人
	阴据	《晋书》未载	从事	河陇世族
	耿访	《晋书》未载	敦煌计吏	似外来士人
	王丰	《晋书》未载	部曲督	似外来士人
	麴护	《晋书》未载	参军	或为西平郡人
	陈寓	《晋书》未载	护羌参军	似外来士人
	徐虓	《晋书》未载	从事	似外来士人
	华驭	《晋书》未载	从事	似外来士人

凉主	掾属	郡　　望	任职	备注
张重华	张冲	敦煌（见《续敦煌实录》）	金城太守	河陇士人
	裴恒	《晋书》未载	征南将军	似外来士人
	张耽	敦煌（见《续敦煌实录》）	牧府相司马	河陇士人
	谢艾	敦煌（见《续敦煌实录》）	主簿	河陇士人
	宋矩	敦煌（见《续敦煌实录》）	宛戍都尉	河陇士人
	索遐	敦煌（见《续敦煌实录》）	别驾从事	河陇士人
	张俊	《晋书》未载	武城太守	似河陇士人
	沈孟	《晋书》未载	心腹	似外来人士
	张璩	《晋书》未载	宁戎校尉	似河陇士人
	索振	敦煌（见《续敦煌实录》）	征事	河陇士人
张祚	马岌	（见前）	尚书	似外来人士
	丁琪	《晋书》未载	郎中	似外来人士
	和昊	《晋书》未载	将军	似外来人士
	牛霸	《晋书》未载	平东将军	似河陇士人
	张芳	《晋书》未载	司兵	似河陇士人
	张瓘	安定人（张祚同宗）		河陇士人
	易揣	《晋书》未载	将军	似河陇士人
	张玲	《晋书》未载	将军	似河陇士人
	王鸾	张掖人		河陇士人
	索孚	敦煌（见《续敦煌实录》）	张掖太守	河陇士人
	宋混	敦煌（见《续敦煌实录》）		河陇士人
	宋澄	敦煌（见《续敦煌实录》）		河陇士人
张玄靓	张瓘	安定人（张祚同宗）		河陇士人
	牛霸	《晋书》未载	平东将军	似河陇士人
	李俨	陇西人	叛凉自立	河陇士人
	卫缉	西平人	据郡叛	河陇士人
	田旋	西平人	叛凉应缉	河陇士人
	马基	《晋书》未载	叛凉应缉	河陇士人
	张姚	《晋书》未载	司马	似河陇士人
	王国	《晋书》未载	司马	似河陇士人
	宋混	敦煌（见《续敦煌实录》）	辅政	河陇士人
	宋澄	敦煌（见《续敦煌实录》）	辅政	河陇士人

凉主	掾属	郡　　　望	任职	备注
张玄靓	张邕	《晋书》未载	右司马	似河陇士人
	刘肃	敦煌(见《续敦煌实录》)	张天赐心腹	河陇士人
张天锡	纶骞	《晋书》未载	司马	似河陇士人
	索商	敦煌(见《续敦煌实录》)	荡难将军	河陇士人
	梁景	安定	张天赐心腹	河陇士人
	刘肃	敦煌(见《续敦煌实录》)	张天赐心腹	河陇士人
	杨遹	《晋书》未载	别驾	似外来人士
	常据	《晋书》未载	晋兴相	似河陇士人
	张统	《晋书》未载	游击将军	似河陇士人
	韩博	《晋书》未载	从事中郎	似河陇士人
	康妙	《晋书》未载		似河陇士人
	席仂	《晋书》未载	中录事	似河陇士人
	马达	《晋书》未载	龙骧将军	似河陇士人
	张宁	《晋书》未载	典军将军	似河陇士人
	马芮	《晋书》未载	中坚将军	似河陇士人

由上表可知,前凉张氏政权依赖的主要力量是河陇世族,如敦煌阴氏、宋氏、氾氏、索氏等,安定郡皇甫氏等。同时,积极吸收杜陵杜氏等外来或疑似外来的寓居士人进入政权。张茂时代,后赵刘曜调兵遣将,大兵压进,河西形势吃紧。参军马岌劝张茂亲征,遭到河陇世族氾祎诋毁说:"亡国之人复欲干乱大事,宜斩岌以安百姓。"[1]氾祎称马岌为"亡国之人",既说明了马岌非河陇郡望,也说明了河陇世族对外来寓居人士的态度。其实,这些外来的中州人士,不仅对前凉政权的建立起到重要作用,甚至对随后的西凉、南凉等四凉政权都起到十分重要的作用。

二、"永嘉之乱"后,中原文士流向东北,托庇于鲜卑族慕容氏的前燕政权

前燕政权系鲜卑人创立的,其开创者慕容廆受到中原文化的汉化,能够积极笼络汉族士大夫。西晋后期,慕容廆以辽西大棘城为根据地,击败了宇文部的进攻,平定辽东郡鲜卑素连、木津等人的叛乱,成就了割据辽西的霸业。永嘉之乱时代,慕容廆治下的辽西成为中州士人避难的乐土。《晋书·慕容廆载记》载:

---

① (唐)房玄龄:《晋书》,中华书局1974年版,第2231页。

时二京倾覆,幽冀沦陷,廆刑政修明,虚怀引纳,流亡士庶多襁负归之。廆乃立郡以统流人,冀州人为冀阳郡,豫州人为成周郡,青州人为营丘郡,并州人为唐国郡。于是推举贤才,委以庶政,以河东裴嶷、代郡鲁昌、北平阳耽为谋主,北海逄羡、广平游邃、北平西方虔、渤海封抽、西河宋奭、河东裴开为股肱,渤海封弈、平原宋该、安定皇甫岌、兰陵缪恺以文章才俊任居枢要,会稽朱左车、太山胡毋翼、鲁国孔纂以旧德清重引为宾友,平原刘攒儒学该通,引为东庠祭酒,其世子皝率国胄束修受业焉。廆览政之暇,亲临听之,于是路有颂声,礼让兴矣。①

从此段材料可以看出,因为慕容廆修明刑政、虚怀引纳的姿态与政策,吸引了中原大量的流民与士人。同时,慕容廆立郡安置流民,积极开发辽西,为日后的强大奠定了基础,也为经历永嘉之乱的中原流民提供安居乐业的机会。另外,慕容廆重视汉族世家大族的士大夫,积极吸收汉族士大夫进入政权管理体制之中,不仅壮大了政权实力,而且深化了少数民族的汉化进程,出现了"路有颂声,礼让兴矣"的繁荣祥和景象。

慕容廆治下的中州流寓士人见诸史籍者,包括河东裴嶷、代郡鲁昌、北平阳耽、北海逄羡、广平游邃、北平西方虔、渤海封抽、西河宋奭、河东裴开、渤海封弈、平原宋该、安定皇甫岌、兰陵缪恺、会稽朱左车、太山胡毋翼、鲁国孔纂、平原刘赞等。除裴嶷有《传》外,其他人无传,事迹不详。

《晋书·慕容廆载记附裴嶷传》载:

裴嶷字文冀,河东闻喜人也。父昶,司隶校尉。嶷清方有干略,累迁至中书侍郎,转给事黄门郎、荥阳太守。属天下乱,嶷兄武先为玄菟太守,嶷遂求为昌黎太守。至郡,久之,武卒,嶷被征,乃将武子开送丧俱南。既达辽西,道路梗塞,乃与开投廆。时诸流寓之士见廆草创,并怀去就。嶷首定名分,为群士启行。廆甚悦,以嶷为长史,委以军国之谋。②

可见,西晋后期,裴嶷先任昌黎太守,后因朝廷征召,道路梗塞而投奔慕容廆。裴嶷在安定流民和流寓士人方面,为慕容廆出谋划策,深受器重。

渤海文士高瞻在永嘉之乱后,归乡里,与父老议避乱幽州,再至辽东,后归辽西慕容廆。《晋书·慕容廆载记附高瞻》载:

高瞻字子前,渤海蓨人也。少而英爽有俊才,身长八尺二寸。光熙中,调补尚书郎。属永嘉之乱,还乡里,乃与父老议曰:"今皇纲不振,兵革云扰,此郡沃壤,凭固河海,若兵荒岁俭,必为寇庭,非谓图安之所。王彭祖先在幽、蓟,据燕、代之资,

---

① (唐)房玄龄:《晋书》,中华书局1974年版,第2806页。
② (唐)房玄龄:《晋书》,中华书局1974年版,第2811页。

兵强国富，可以托也。诸君以为何如？"众咸善之。乃与叔父隐率数千家北徙幽州。既而以王浚政令无恒，乃依崔毖，随毖如辽东。毖之与三国谋伐廆也，瞻固谏以为不可，毖不从。及毖奔败，瞻随众降于廆。①

灌津文士韩恒避地辽东，成为慕容廆的参军。《晋书·慕容俊载记附韩恒》载：

> 韩恒字景山，灌津人也。父默，以学行显名。恒少能属文，师事同郡张载，载奇之，曰："王佐才也。"身长八尺一寸，博览经籍，无所不通。永嘉之乱，避地辽东。廆既逐崔毖，复徙昌黎，召见，嘉之，拜参军事。②

北平人阳耽投奔辽西慕容廆，曾任东夷校尉。《晋书·慕容晄载记附阳骛传》称："父耽，仕廆，官至东夷校尉。"③

安定皇甫真投奔慕容廆，曾任辽东国侍郎。《晋书·慕容晄载记附皇甫真传》称："皇甫真字楚季，安定朝那人也。弱冠，以高才，廆拜为辽东国侍郎。"④

卢谌在幽州刺史段匹磾败亡之后，因南路阻绝，投奔辽西。《晋书·卢钦传附卢谌传》载：

> 建兴末，随琨投段匹磾。匹磾自领幽州，取谌为别驾。匹磾既害琨，寻亦败丧。时南路阻绝，段末波在辽西，谌往投之。……谌流离世故且二十载。石季龙破辽西，复为季龙所得，以为中书侍郎、国子祭酒、侍中、中书监。属冉闵诛石氏，谌随闵军，于襄国遇害。⑤

慕容皝的记室参军封裕在谏言中谈及永嘉之乱流民入辽西的盛况。《晋书·慕容皝载记》载：

> 自永嘉丧乱，百姓流亡，中原萧条，千里无烟，饥寒流陨，相继沟壑。先王以神武圣略，保全一方，威以殄奸，德以怀远，故九州之人，塞表殊类，襁负万里，若赤子之归慈父，流人之多旧土十倍有余，人殷地狭，故无田者十有四焉。⑥

从以上材料看，我们虽无法详知流徙辽西的中州流民的具体数目，也无法详知流寓辽西慕容氏政权的众多中州汉族士大夫具体事迹，但我们能想象出慕容氏称霸辽西时代中州避难的盛况。中原流民对开发辽西经济发展起了推动作用，加速了少数民族汉化进程，不容小觑。

---

① （唐）房玄龄：《晋书》，中华书局 1974 年版，第 2812—2813 页。
② （唐）房玄龄：《晋书》，中华书局 1974 年版，第 2842 页。
③ （唐）房玄龄：《晋书》，中华书局 1974 年版，第 2860 页。
④ （唐）房玄龄：《晋书》，中华书局 1974 年版，第 2860 页。
⑤ （唐）房玄龄：《晋书》，中华书局 1974 年版，第 1259 页。
⑥ （唐）房玄龄：《晋书》，中华书局 1974 年版，第 2823 页。

第三节　流徙路线:永嘉之乱的地理空间格局

如果说,东汉末年的大动荡,汉帝国的中央集权全面崩溃,经过长达四五十年的吞并,出现了第一次文化地理空间的重组。那么,公元 4 世纪初,西晋王朝的王权旁落,诸藩王相互角力,严重消耗帝国势力。周边少数民族部落趁机崛起,两京倾覆,神州陆沉,中州的离乱士民沿着三条路线流徙。同时,出现了第二次文化地理空间格局的重组,形成了三大文化地理空间。

一、永嘉丧乱的流徙路线

第一是向南流徙。具体而言,大致上可分为东线、中线、西线三条迁徙路线。①

东线主要是"以淮河及其支流(包括当时入淮各水),汝、颍、沙、濄(涡)、睢、汴、泗、沂、沭等水和沟通江淮的邗沟构成主要水路,辅以各水之间的陆路"。② 这是永嘉丧乱之后北方的宗室贵族、文武大臣、世家大族所走之主要路线,也是中原的司州、豫州、兖州、青州、徐州等诸州士民南徙之路线,甚至并州、幽州、冀州等部分世族渡过黄河后循此路线南徙。如太原文士王承经徐州下邳至建邺。河东文士郭璞经庐江避地于宣城。《晋书·郭璞传》载:"惠怀之际,河东先扰。璞筮之,投策而叹曰:'嗟乎! 黔黎将湮于异类,桑梓其翦为龙荒乎!'于是潜结姻昵及交游数十家,欲避地东南。行至庐江……后数旬而庐江陷。璞既过江,宣城太守殷佑引为参军。"③河东名士卫玠将家经荆州江夏南渡至豫章,后至建邺。陈郡谢鲲见天下方乱,不应东海王司马越的征辟,避地于豫章。

中线主要从洛阳出发经南阳盆地,或从关中翻越秦岭东南行经南阳盆地,或从关中西部翻越秦岭进入汉中盆地再顺汉江而下,汇集襄阳郡。主要是秦州、雍州、司州、并州等地的流民与次等世族的流徙路线。雍州刺史范晷孙子范汪,随外家人新野庾氏过江避难。京兆韦氏韦泓曾随应詹入荆州。《晋书·应詹传》载:

> 初,京兆韦泓丧乱之际,亲属遇饥疫并尽,客游洛阳,素闻詹名,遂依托之。詹
> 与分甘共苦,情若弟兄。遂随从积年,为营伉俪,置居宅,并荐之于元帝曰:"自遭

---

① 关于永嘉之乱中原士人南迁的路线,谭其骧先生在《晋永嘉丧乱后之民族迁徙》中分为东西两线。而胡阿祥《东晋南朝侨州郡县的设置及其地理分布》中分为五条路线,葛剑雄先生主编的《中国移民史》则概括为三条路线。

② 葛剑雄等:《中国移民史》第二卷,福建人民出版社 1998 年版,第 338 页。

③ (唐)房玄龄:《晋书》,中华书局 1974 年版,第 1899—1900 页。

丧乱,人士易操,至乃任运固穷,耿介守节者尠矣。伏见议郎韦泓,年三十八,字符量,执心清冲,才识备济,躬耕陇亩,不烦人役,静默居常,不豫政事。昔年流移,来在詹境,经寇丧资,一身特立,短褐不掩形,菜蔬不充朝,而抗志弥厉,不游非类。颜回称不改其乐,泓有其分。明公辅亮皇室,恢维宇宙,四门开辟,英彦兔藻,收春华于京辇,采秋实于岩薮。而泓抱璞荆山,未剖和璧。若蒙铨召,付以列曹,必能协隆鼎味,绪熙庶绩者也。"帝即辟之。①

东晋中后期,杜陵杜氏杜预嗣子杜耽的后嗣杜逊,率族人南徙至襄阳。北地傅氏家族的傅洪,趁后赵之乱南来归晋,居襄阳郡。弘农杨氏杨亮归晋居襄阳。京兆韦氏韦华在淝水之战后被俘,安置襄阳。

西线主要"汇聚了今甘肃、陕西、宁夏、青海境内的凉、秦、雍流人,由穿越秦岭的栈道进入汉中盆地。继续南迁着循剑阁道南下蜀地,或部分利用嘉陵江水路。定居于沿线和成都平原"②。如前所揭永嘉之乱前夕秦雍等百姓沿此路线进入巴蜀,流民统帅李特借此力量建立割据政权——成汉。后来蜀地战乱,不少蜀地流民沿长江而下进入荆湘之地。最终因土著居民与蜀地流民矛盾激化,发生了杜弢为首的叛乱。《晋书·王澄传》载:

> 巴蜀流人散在荆、湘者,与土人忿争,遂杀县令,屯聚乐乡。澄使成都内史王机讨之。贼请降,澄伪许之,既而袭之于宠洲,以其妻子为赏,沈八千余人于江中。于是益、梁流人四五万家一时俱反,推杜弢为主,南破零桂,东掠武昌,败王机于巴陵。③

永嘉中,陈留隐士董养应从南阳进入汉中盆地,避难蜀地。《晋书·隐逸传·董养传》载:

> 董养,字仲道,陈留浚仪人也。……永嘉中,洛城东北步广里中地陷,有二鹅出焉,其苍者飞去,白者不能飞。……乃与妻荷担入蜀,莫知所终。④

向西流徙,主要是秦、雍、并甚至司州等地流民与士人经过关中,越过关中西部的陇山,进入陇西,抵达武威等地。前凉的开创者张轨在武威分置武兴郡安置流民。由于史料阙如,流徙途中的具体情况已不得而知。不仅如此,就连中州世族阶层的文士都不能完全确定,只能大致判断为疑似流寓人士。史书虽无具体路线的记载,但永嘉丧乱后的中州人士,多沿丝绸之路的古道入西河之地,倒是可以想见。

---

① (唐)房玄龄:《晋书》,中华书局1974年版,第1861页。
② 葛剑雄等:《中国移民史》第二卷,福建人民出版社1998年版,第340页。
③ (唐)房玄龄:《晋书》,中华书局1974年版,第1240页。
④ (唐)房玄龄:《晋书》,中华书局1974年版,第2434—2435页。

第三向东北流徙,主要是幽、冀、并、司、兖等州郡不少流民与世家大族向辽西迁徙。从现有的史料能清楚前往辽西的各郡世家大族及其代表人物,但迁徙的具体路线不得而知。永嘉丧乱期间,大量流民千里跋涉,短时期内较为集中地涌入辽西,其中,不少的世家大族也随着流民潮进入慕容氏的地界。当然,还有一种情况,有些世家大族人物或避难幽州,或依附于平州等郡,再转而效命慕容氏,如高瞻、阳裕、韩恒、李产父子、皇甫真等人。

二、永嘉之乱的文化地理格局

如果说,东汉末年的大动荡造就的文化地理空间分异与重组,是在同质性文化——汉族文化的背景下,因中央王权衰落,地方政治集团互相争夺引起文化地理空间格局的变化。那么,4世纪初,永嘉丧乱的文化地理空间分异与重组,则是在不同的民族文化传统——汉族文化与少数民族文化角力中进行的文化地理格局的洗牌。经过中州丧乱,士民流离迁徙,形成了三大文化地理空间的对峙格局。

（一）以建邺—荆州为中心的汉文化地理区

如前所述,西晋皇室琅玡王司马睿移镇下邳、进而移镇建邺,倚靠琅玡王氏等北方世族人物,并积极笼络江东本地世家大族。永嘉二京倾覆,怀、愍蒙尘,司马睿承制建立东晋王朝。另外,长江中游的荆州地区,先后经过琅玡王氏王澄、王敦的经营,成为东晋建邺地区的屏障。因此,建邺—荆州为中心的长江中下游地区,在司马睿等皇室的正统旗帜下,联结成了一大文化地理空间。永嘉丧乱之后,大量的北方流民与世家大族涌入江汉、江淮之地,与土著世族犬牙交错。我们从下表可以想见当日之情势。

表3-2 建邺—荆州文化区文士情况表

文士姓名	类型	籍贯	任职	备注
司马睿	寓居之皇权代表	祖籍温县,封琅玡王	作为藩王,移镇建邺。永嘉之乱后,承制登基,史称晋元帝。	
王导	寓居文士	琅玡	东晋缔造者之一,进位侍中、司空、假节、录尚书,领中书监。	
王敦		琅玡	扬州刺史,左将军、都督征讨诸军事,后任荆州牧。	后来,王敦割据荆州,对抗王朝。
王舒		琅玡	王导从弟。《晋书·王舒传》载:"王舒,字处明,丞相导之从弟也。……及元帝镇建康,因与诸父兄弟俱渡江委质焉。参镇东军事,出补溧阳令。"	

文士姓名	类型	籍贯	任职	备注
王廙	寓居文士	琅玡	王导从弟，元帝司马睿姨弟。《晋书·王廙传》："廙少能属文，多所通涉，工书画，善音乐、射御、博弈、杂伎。辟太傅掾，转参军。豫迎大驾，封武陵县侯，拜尚书郎，出为濮阳太守。元帝作镇江左，廙弃郡过江。帝见之大悦，以为司马。频守庐江、鄱阳二郡。"	王廙作《中兴赋》
王彬		琅玡	王廙之弟。《晋书·王廙传附王彬》："彬字世儒。少称雅正，弱冠，不就州郡之命。光禄大夫傅祇辟为掾。后与兄廙俱渡江，为扬州刺史刘机建武长史。元帝引为镇东贼曹参军，转典兵参军。豫讨华轶功，封都亭侯。"	
王彪		琅玡	王彬之子。《晋书·王廙传附王彬》："彪之字叔武。年二十，须鬓皓白，时人谓之王白须。初除佐著作郎、东海王文学。从伯导谓曰：'选官欲以汝为尚书郎，汝幸可作诸王佐邪！'彪之曰：'位之多少既不足计，自当任之于时。至于超迁，是所不愿。'遂为郎。镇军将军、武陵王晞以为司马，累迁尚书左丞、司徒左长史、御史中丞、侍中、廷尉。"	
王悦		琅玡	王导之子。早卒。	
王恬		琅玡	王导之子。《晋书·王导传附王恬》："除后将军、魏郡太守，加给事中，领兵镇石头。导薨，去官。俄起为后将军，复镇石头。转吴国、会稽内史，加散骑常侍。"	
王洽		琅玡	王导之子。《晋书·王导传附王恬》："弱冠，历散骑、中书郎、中军长史、司徒左长史、建武将军、吴郡内史。征拜领军，寻加中书令。"	
王协		琅玡	王导之子。《晋书·王导传附王协》载："协字敬祖，元帝抚军参军，袭爵武冈侯。"	
王荟		琅玡	王导之子。《晋书·王导传附王荟》："荟字敬文。恬虚守靖，不竞荣利，少历清官，除吏部郎、侍中、建威将军、吴国内史。"	
王羲之		琅玡	《晋书·王羲之传》："羲之幼讷于言，人未之奇。年十三，尝谒周顗，顗察而异之。时重牛心炙，坐客未噉，顗先割啖羲之，于是始知名。及长，辩赡，以骨鲠称，尤善隶书，为古今之冠，论者称其笔势，以为飘若浮云，矫若惊龙。深为从伯敦、导所器重。"	

文士姓名	类型	籍贯	任职	备注
王承	寓居文士	太原	《晋书·王承传》："承字安期。清虚寡欲,无所修尚。言理辩物,但明其指要而不饰文辞,有识者服其约而能通。弱冠知名。……及至建邺,为元帝镇东府从事中郎,甚见优礼。承少有重誉,而推诚接物,尽弘恕之理,故众咸亲爱焉。渡江名臣王导、卫玠、周顗、庾亮之徒皆出其下,为中兴第一。"	东晋初年一代名士,哲学家。
王述		太原	王承之子。《晋书·王述传》："述字怀祖。少孤,事母以孝闻。安贫守约,不求闻达。性沈静,每坐客驰辨,异端竞起,而述处之恬如也。少袭父爵。……(王导)谓庾亮曰祖清贞简贵,不减祖父,但旷淡微不及耳。"	
王峤		太原	王承族子。《晋书·王峤传》："永嘉末,携其二弟避乱渡江。……王敦请为参军。……敦平后,除中书侍郎,兼大著作,固辞。转越骑校尉,频迁吏部郎、御史中丞、秘书监,领本州大中正。"	
温峤		太原	并州刺史刘琨千温峤如建康,留建康,任骠骑将军王导长史,东宫太子中庶子等。	作《侍臣箴》
郗鉴		高平	《晋书·郗鉴传》："元帝初镇江左,承制假鉴龙骧将军、兖州刺史,镇邹山。……帝就加辅国将军、都督兖州诸军事。"	
郗愔		高平	郗鉴之子。《晋书·郗愔传》："愔字方回。少不交竞,弱冠,除散骑侍郎,不拜。性至孝,居父母忧,殆将灭性。服阕,袭爵南昌公,征拜中书侍郎。"	与王羲之、许询有迈世之风,好庄老之术。
郗昙		高平	郗鉴之子。《晋书·郗愔传》："昙字重熙,少赐爵东安县开国伯。司徒王导辟秘书郎。"	
刘隗		彭城	《晋书·刘隗传》："避乱渡江,元帝以为从事中郎。……迁丞相司直,委以刑宪。"	刘隗雅习文史,系司马睿加强皇权的助手。
刘畴		彭城	《晋书·刘隗传附刘畴》："子畴,字王乔,少有美誉,善谈名理。曾避乱坞壁,贾胡百数欲害之,畴无惧色,援笛而吹之,为出塞、入塞之声,以动其游客之思。于是群胡皆垂泣而去。永嘉中,位至司徒左长史,寻为阎鼎所杀。"	

文士姓名	类型	籍贯	任职	备注
刁协	寓居文士	渤海	《晋书·刁协传》:"永嘉初,为河南尹,未拜,避难渡江。元帝以为镇东军谘祭酒,转长史。愍帝即位,征为御史中丞,例不行。元帝为丞相,以协为左长史。中兴建,拜尚书左仆射。于时朝廷草创,宪章未立,朝臣无习旧仪者。协久在中朝,谙练旧事,凡所制度,皆禀于协焉,深为当时所称许。太兴初,迁尚书令,在职数年,加金紫光禄大夫,令如故。"	系司马睿加强皇权的助手。
周顗		汝南安成	《晋书·周顗传》:"元帝初镇江左,请为军谘祭酒,出为宁远将军、荆州刺史、领护南蛮校尉、假节。"	才辩之士
应詹		汝南南顿	镇南将军、荆州刺史刘弘请应詹为长史,洛阳倾覆,曾力劝新任刺史王澄救援。《晋书·应詹传》:"元帝假詹建武将军,王敦又上詹监巴东五郡军事,赐爵颍阳乡侯。陈人王冲拥众荆州,素服詹名,迎为刺史。詹以冲等无赖,弃还南平,冲亦不怨。其得人情如此。迁益州刺史,领巴东监军。詹之出郡也,士庶攀车号泣,若恋所生。"	应璩之孙,以学艺文章称。
韦泓		京兆	《晋书·应詹传》:"初,京兆韦泓丧乱之际,亲属遇饥疫并尽,客游洛阳,素闻詹名,遂依托之。詹与分甘共苦,情若弟兄,遂随从积年,为营伉俪,置居宅,并荐之于元帝曰:……帝即辟之。自后位至少府卿。"	
卞壶		济阴	《晋书·卞壶传》:"壶弱冠有名誉司、兖二州。齐王冏辟皆不就。遇家祸,还乡里。永嘉中,除著作郎,袭父爵。征东将军周馥请为从事中郎,不就。遭本州倾覆,东依妻兄徐州刺史裴盾。盾以壶行广陵相。元帝镇建邺,召为从事中郎,委以选举,甚见亲杖。"	
卞敦		济阴	卞壶从父之兄长。《晋书·卞壶传附卞敦》:"征南将军山简以为司马。寻而王如、杜曾相继为乱,简乃使敦监沔北七郡军事、振威将军、领江夏相,戍夏口。敦攻讨沔中皆平。既而杜弢寇湘中,加敦征讨大都督。伐弢有功,赐爵安陵亭侯。镇东大将军王敦请为军司。"	

文士姓名	类型	籍贯	任职	备注
刘超	寓居文士	琅玡	《晋书·刘超传》:"超少有志尚,为县小吏,稍迁琅邪国记室掾。以忠谨清慎为元帝所拔,恒亲侍左右,遂从渡江,转安东府舍人,专掌文檄。相府建,又为舍人。于时天下扰乱,伐叛讨贰,超自以职在近密,而书迹与帝手笔相类,乃绝不与人交书。时出休沐,闭门不通宾客,由是渐得亲密。以左右勤劳,赐爵原乡亭侯,食邑七百户,转行参军。"	司马睿的机要秘书,职典文翰。
钟雅		颍川	《晋书·钟雅传》:"雅少孤,好学有才志,举四行,除汝阳令,入为佐著作郎。母忧去官,服阕复职。东海王越请为参军,迁尚书郎。避乱东渡,元帝以为丞相记室参军,迁临淮内史、振威将军。顷之,征拜散骑侍郎,转尚书右丞。……大将军王敦请为从事中郎,补宣城内史。"	好学之士
王鉴		徐州堂邑	《晋书·王鉴传》:"王鉴字茂高,堂邑人也。父浚,御史中丞。鉴少以文笔著称,初为元帝琅邪国侍郎。"	文学之士,有文集传于世。
王涛		徐州堂邑	王鉴之弟。《晋书·王鉴传》:"鉴弟涛及弟子戴,并有才笔。涛字茂略,历著作郎、无锡令。戴字庭坚,亦为著作。并早卒。"	
陈頵		陈国苦县	《晋书·陈頵传》:"齐王冏起义,州遣頵将兵赴之,拜驸马都尉。遭贼避难于江西。历阳内史朱彦引为参军。镇东从事中郎袁琇荐頵于元帝,迁镇东行参军事,典法兵二曹。"	才辩之士。《晋书》记载于解结论汝颍人物之论。
高悝		广陵人	高悝寓居江州,为刺史华轶西曹书佐。华轶败后,隐匿华轶之子。元帝赦免其罪,引为参军。遂历显位,至丹杨尹、光禄大夫,封建昌伯。	事见《晋书·高崧传》
高崧		广陵人	《晋书·高崧传》:"崧少好学,善史书。总角时,司空何充称其明惠。充为扬州,引崧为主簿,益相钦重。转骠骑主簿,举州秀才,除太学博士,父艰去职。"	
郭璞		河东	郭璞从河东,行至庐江,过江,宣城太守殷佑引为参军。后随殷佑都督石头城。王导器重之,引为参军。因著有《江赋》《南郊赋》等,元帝嘉之,命为著作佐郎。事见《晋书·郭璞传》。	袭文雅于西朝,振辞锋于南夏,为中兴才学之宗矣。

文士 姓名	类型	籍贯	任职	备注
庾亮	寓居文士	颍川 鄢陵	《晋书·庾亮传》："亮美姿容，善谈论，性好庄老，风格峻整，动由礼节，闺门之内不肃而成，时人或以为夏侯太初、陈长文之伦也。年十六，东海王越辟为掾，不就，随父在会稽，嶷然自守。时人皆惮其方俨，莫敢造之。元帝为镇东时，闻其名，辟西曹掾。及引见，风情都雅，过于所望，甚器重之。由是聘亮妹为皇太子妃，亮固让，不许。转丞相参军，预讨华轶功，封都亭侯，转参丞相军事，掌书记。中兴初，拜中书郎，领著作，侍讲东宫。其所论释，多见称述。"	庾亮是东晋初年著名文学家、哲学家。
庾羲		颍川 鄢陵	庾亮之中子。《晋书·庾亮传附庾羲》："时穆帝颇爱文义，羲至郡献诗，颇存讽谏。"	
庾龢		颍川 鄢陵	庾亮之少子。《晋书·庾亮传附庾龢》："龢字道季，好学，有文章。……其诗文多不载。义方见授用而卒。"	
庾翼		颍川 鄢陵	庾亮弟弟。早年随其父过江。《晋书·庾亮传附庾翼》："翼字稚恭。风仪秀伟，少有经纶大略。京兆杜乂、陈郡殷浩并才名冠世，而翼弗之重也。每语人曰：'此辈宜束之高阁，俟天下太平，然后议其任耳。'见桓温总角之中，便期之以远略，因言于成帝曰：'桓温有英雄之才，愿陛下勿以常人遇之，常婿畜之，宜委以方邵之任，必有弘济艰难之勋。'"	庾翼善品鉴人物
桓彝		谯国	《晋书·桓彝传》："彝少孤贫，虽箪瓢，处之晏如。性通朗，早获盛名。有人伦识鉴，拔才取士，或出于无闻，或得之孩抱，时人方之许、郭。少与庾亮深交，雅为周顗所重。顗尝叹曰：'茂伦嵚崎历落，固可笑人也。'起家州主簿。赴齐王同义，拜骑都尉。元帝为安东将军，版行逡道令。寻辟丞相中兵属，累迁中书郎、尚书吏部郎，名显朝廷。"	桓彝善人伦识鉴
荀崧		颍川	《晋书·荀崧传》："荀崧字景猷，颍川临颍人，魏太尉彧之玄孙也。父頵，羽林右监、安陵乡侯，与王济、何劭为拜亲之友。崧志操清纯，雅好文学。龆龀时，族曾祖顗见而奇之，以为必兴颖门。……王弥入洛，崧与百官奔于密，未至而母亡。贼追将及，同旅散走，崧被发从车，守丧号泣。……元帝践阼，征拜尚书仆射，使崧与刁协共定中兴礼仪。"	东晋初年，著名的儒学之士。

文士姓名	类型	籍贯	任职	备注
范汪	寓居文士	南阳	《晋书·范汪传》:"范汪字玄平,雍州刺史晷之孙也。父稚,蚤卒。汪少孤贫,六岁过江,依外家新野庾氏。荆州刺史王澄见而奇之,曰:'兴范族者,必是子也。'年十三,丧母,居丧尽礼,亲邻哀之。及长,好学。外氏家贫,无以资给,汪乃庐于园中,布衣蔬食,然薪写书,写毕,诵读亦遍,遂博学多通,善谈名理。"	
范宁		南阳	范汪之子。东晋著名的经学家。著有《春秋榖梁传释》。	
范坚		南阳	范汪之叔父。《晋书·范汪传附范坚》:"坚字子常。博学善属文。永嘉中,避乱江东,拜佐著作郎、抚军参军。讨苏峻,赐爵都亭侯。累迁尚书右丞。"	
范启		南阳	范坚之子。《晋书·范汪传附范坚》:"子启,字荣期,虽经学不及坚,而以才义显于当世。于时清谈之士庾龢、韩伯、袁宏等,并相知友。为秘书郎,累居显职,终于黄门侍郎。父子并有文笔传于世。"	
刘惔		沛国	《晋书·刘惔传》:"惔少清远,有标奇,与母任氏寓居京口,家贫,织芒屩以为养,虽荜门陋巷,晏如也。人未之识,惟王导深器之。"	东晋著名哲学家、清谈之士。
褚翜		沛国	《晋书·褚翜传》:"翜以才艺桢干称。袭爵关内侯,补冠军参军。于时长沙王乂擅权,成都、河间阻兵于外,翜知内难方作,乃弃官避地幽州。后河北有寇难,复还乡里。河南尹举翜行本县事。及天下鼎沸,翜招合同志,将图过江,先移住阳城界。颍川庾敳,即翜之舅也,亦忧世乱,以家付翜。翜道断,不得前。……寻洛阳覆没,与荥阳太守郭秀共保万氏台。……元帝为晋王,以翜为散骑郎,转太子中庶子,出为奋威将军、淮南内史。"	
蔡谟		陈留	《晋书·蔡谟传》:"蔡谟字道明,陈留考城人也。世为著姓。……谟弱冠察孝廉,州辟从事,举秀才,东海王越召为掾,皆不就。避乱渡江。时明帝为东中郎将,引为参军。元帝拜丞相,复辟为掾,转参军,后为中书侍郎,历义兴太守、大将军王敦从事中郎、司徒左长史,迁侍中。"	谟博学,于礼仪宗庙制度多所议定。文笔论议,有集行于世。

文士姓名	类型	籍贯	任职	备注
诸葛恢	寓居文士	琅玡	诸葛诞之孙。《晋书·诸葛恢传》:"恢弱冠知名,试守即丘长,转临沂令,为政和平。值天下大乱,避地江左,名亚王导、庾亮。导尝谓曰:'明府当为黑头公。'及导拜司空,恢在坐,导指冠谓曰:'君当复着此。'导尝与恢戏争族姓,曰:'人言王葛,不言葛王也。'恢曰:'不言马驴,而言驴马,岂驴胜马邪!'其见亲狎如此。于时颍川荀闿字道明、陈留蔡谟字道明,与恢俱有名誉,号曰'中兴三明',人为之语曰:'京都三明各有名,蔡氏儒雅荀葛清。'元帝为安东将军,以恢为主簿,再迁江宁令。讨周馥有功,封博陵亭侯,复为镇东参军。与卞壶并以时誉迁从事中郎,兼统记室。时四方多务,笺疏殷积,恢斟酌酬答,咸称折中。于时王氏为将军,而恢兄弟及颜含并居显要,刘超以忠谨掌书命,时人以帝善任一国之才。"	
殷浩		陈郡	《晋书·殷浩传》:"浩识度清远,弱冠有美名,尤善玄言,与叔父融俱好《老》《易》。融与浩口谈则辞屈,著篇则融胜,浩由是为风流谈论者所宗。"	东晋玄学家
谢鲲		陈郡	《晋书·谢鲲传》:"鲲少知名,通简有高识,不修威仪,好老易,能歌善鼓琴,王衍、嵇绍并奇之。……鲲以时方多故,乃谢病去职,避地于豫章。……鲲知不可以道匡弼,乃优游寄遇,不屑政事,从容讽议,卒岁而已。每与毕卓、王尼、阮放、羊曼、桓彝、阮孚等纵酒,敦以其名高,雅相宾礼。"	东晋著名的玄学家
谢尚		陈郡	谢鲲之子。《晋书·谢尚传》:"及长,开率颖秀,辨悟绝伦,脱略细行,不为流俗之事。好衣刺文袴,诸父责之,因而自改,遂知名。善音乐,博综众艺。"	
羊鉴		太山	《晋书·羊鉴传》:"羊鉴字景期,太山人也。……鉴为东阳太守,累迁太子左卫率。时徐龛反叛,司徒王导以鉴是兖州里冠族,必能制之,请遣北讨。鉴深辞才非将帅。太尉郗鉴亦表谓鉴非才,不宜妄使。导不纳,强启授以征讨都督,果败绩。导以举鉴非才,请自贬,帝不从。有司正鉴斩刑,元帝诏以鉴太妃外属,特免死,除名。久之,为少府。及王敦反,明帝以鉴敦舅,又素相亲党,微被嫌责。及成帝即位,豫讨苏峻,以功封丰城县侯,徙光禄勋,卒。"	

文士姓名	类型	籍贯	任职	备注
刘胤	寓居文士	东莱	刘胤避难冀州,为冀州刺史邵绩请援于司马睿,留江左。任丞相参军,后任江州刺史。事见《晋书·刘胤传》。	
虞勃		高平	其父著名的史学家文学家。著有《春秋经注》《春秋传》《江表传》及文章辞赋数十篇。其子虞勃过江,上《江表传》于晋元帝,诏藏于秘书。事见《晋书·虞溥传》。	
王隐		陈郡	《晋书·王隐传》:"王隐字处叔,陈郡陈人也。世寒素。父铨,历阳令,少好学,有著述之志,每私录晋事及功臣行状,未就而卒。隐以儒素自守,不交势援,博学多闻,受父遗业,西都旧事多所谙究。建兴中,过江,丞相军谘祭酒涿郡祖纳雅相知重。……太兴初,典章稍备,乃召隐及郭璞俱为著作郎,令撰晋史。豫平王敦功,赐爵平陵乡侯。时著作郎虞预私撰《晋书》,而生长东南,不知中朝事,数访于隐,并借隐所著书窃写之,所闻渐广。是后更疾隐,形于言色。预既豪族,交结权贵,共为朋党,以斥隐,竟以谤免,黜归于家。贫无资用,书遂不就,乃依征西将军庾亮于武昌。亮供其纸笔,书乃得成,诣阙上之。隐虽好著述,而文辞鄙拙,芜舛不伦。其书次第可观者,皆其父所撰;文体混漫义不可解者,隐之作也。年七十余,卒于家。"	东晋著名史学家
孙盛		太原	《晋书·孙盛传》:"孙盛字安国,太原中都人。祖楚,冯翊太守。父恂,颍川太守。恂在郡遇贼,被害。盛年十岁,避难渡江。及长,博学,善言名理。于时殷浩擅名一时,与抗论者,惟盛而已。盛尝诣浩谈论,对食,奋掷麈尾,毛悉落饭中,食冷而复暖者数四,至暮忘餐,理竟不定。盛又著医卜及易象妙于见形论,浩等竟无以难之,由是遂知名。"	东晋初年著名的玄学家、史学家、文学家。
干宝		新蔡	《晋书·干宝传》:"干宝字令升,新蔡人也。祖统,吴奋武将军,都亭侯。父莹,丹杨丞。宝少勤学,博览书记,以才器召为著作郎。〔六〕平杜弢有功,赐爵关内侯。中兴草创,未置史官,中书监王导上疏曰:'……宜备史官,敕佐著作郎干宝等渐就撰集。'元帝纳焉。宝于是始领国史。以家贫,求补山阴令,迁始安太守。王导请为司徒右长史,迁散骑常侍。著《晋纪》,自宣帝迄于愍帝五十三年,凡二十卷,奏之。其书简略,直而能婉,咸称良史。"	东晋初年著名的玄学家、史学家、文学家。

文士姓名	类型	籍贯	任职	备注
习凿齿	寓居文士	襄阳	《晋书·习凿齿传》:"习凿齿字彦威,襄阳人也。宗族富盛,世为乡豪。凿齿少有志气,博学洽闻,以文笔著称。"	东晋著名史学家、文学家。
袁瓌		陈郡	《晋书·袁瓌传》:"袁瓌字山甫,陈郡阳夏人,魏郎中令涣之曾孙也。祖、父并早卒。瓌与弟猷欲奉母避乱,求为江淮间县,拜吕令,转江都,因南渡。元帝以为丹杨令。中兴建,拜奉朝请,迁治书御史。"	推崇儒学
袁乔		陈郡	《晋书·袁乔传》:"乔博学有文才,注《论语》及《诗》,并诸文笔皆行于世。"	袁瓌之子,东晋经学家、文学家。
袁猷		陈郡	袁瓌之弟。《晋书·袁猷传》:"猷字申甫,少与瓌齐名。代瓌为吕令,复相继为江都,由是俱渡江。瓌为丹杨,猷为武康,兄弟列宰名邑,论者美之。"	
江逌		陈留	《晋书·江逌传》:"江逌字道载,陈留圉人也。曾祖蕤,谯郡太守。祖允,芜湖令。父济,安东参军。逌少孤,与从弟灌共居,甚相友悌,由是获当时之誉。避苏峻之乱,屏居临海,绝弃人事,翦茅结宇,耽玩载籍,有终焉之志。"	东晋文学家,著《阮籍序赞》、《逸士箴》及诗赋奏议数十篇行于世。
陶侃	土著文士	鄱阳	《晋书·陶侃传》:"侃性聪敏,勤于吏职,恭而近礼,爱好人伦。终日敛膝危坐,阃外多事,千绪万端,罔有遗漏。远近书疏,莫不手答,笔翰如流,未尝壅滞。引接疏远,门无停客。"	东晋初年著名政治家、军事家,能文之士。
顾荣		吴郡	南土著姓。吴平后,曾游洛仕晋。永嘉初年,轻舟而还。元帝镇江东,顾荣为军司,散骑侍郎。《晋书》有传。	司马睿镇江东首要团结的对象之一
顾众		吴郡	顾荣之族弟。元帝为镇东将军,命为参军。晋元帝即位,拜为驸马都尉、奉朝请,转尚书郎。《晋书》有传。	
顾和		吴郡	顾众族子。先后任吏部尚书,尚书令等职。《晋书》有传。	
纪瞻		丹杨秣陵	东吴平后,陆机举荐仕晋。后归吴。司马睿移镇建康,纪瞻任军谘祭酒、扬武将军。东晋建立,拜侍中、尚书右仆射。《晋书·纪瞻传》:"瞻性静默,少交游,好读书,或手自抄写,凡所著述,诗赋笺表数十篇。兼解音乐,殆尽其妙。厚自奉养,立宅于乌衣巷,馆宇崇丽,园池竹木,有足赏玩焉。慎行爱士,老而弥笃。"《晋书》有传。	司马睿镇江东首要团结的对象之一。文学家。

文士姓名	类型	籍贯	任职	备注
贺循	土著文士	会稽山阴	会稽经学世族。东晋初年继顾荣之后的南方人士代表。任军谘祭酒、中书令、散骑常侍、太常等职。《晋书·贺循传》："时尚书仆射刁协与循异议，循答义深备，辞多不载，竟从循议焉。朝廷疑滞皆咨之于循，循辄依经礼而对，为当世儒宗。……循少玩篇籍，善属文，博览众书，尤精礼传。雅有知人之鉴。"《晋书》有传。	
杨方		会稽	贺循举荐。《晋书·杨方传》："杨方字公回。少好学，有异才。初为郡铃下威仪，公事之暇，辄读五经，乡邑未之知。内史诸葛恢见而奇之，待以门人之礼，由是始得周旋贵人间。时虞喜兄弟以儒学立名，雅爱方，为之延誉。……著《五经钩沉》，更撰《吴越春秋》，并杂文笔，皆行于世。以年老，弃郡归。导将进之台阁，固辞还乡里，终于家。"《晋书》有传。	经学之士、史学家、文学家。
薛兼		丹杨	平吴后，薛兼曾入洛。《晋书·薛兼传》："元帝为安东将军，以为军谘祭酒，稍迁丞相长史。甚勤王事，以上佐禄优，每自约损，取周而已。进爵安阳乡侯，拜丹杨太守。中兴建，转尹，加秩中二千石，迁尚书，领太子少傅。自综至兼，三世傅东宫，谈者美之。"	
戴若思		广陵	曾因陆机举荐仕晋，永嘉时，司马睿召为镇东右司马。曾任尚书。征西将军、都督兖豫幽冀雍并六州诸军事、假节，加散骑常侍。	
戴邈		广陵	戴若思之弟。《晋书·戴邈传》："邈字望之。少好学，尤精史汉，〔四〕才不逮若思，儒博过之。弱冠举秀才，寻迁太子洗马，出补西阳内史。永嘉中，元帝版行邵陵内史、丞相军谘祭酒，出为征南军司。于时凡百草创，学校未立，邈上疏曰：……疏奏，纳焉，于是始修礼学。"	
甘卓		丹杨	东吴尚书甘述之子。平吴之后，甘卓退居自守。州郡举秀才。天下大乱，弃官东归。司马睿渡江，联络甘卓，封前锋都督、扬威将军。在讨周馥、杜弢等中建立军功。后迁湘州刺史、兼扬威将军等。迁安南将军、梁州刺史、假节、督沔北诸军事，镇襄阳。《晋书》有传。	
谷俭		桂阳	甘卓举荐秀才。《晋书·谷俭传》："俭少有志行，寒苦自立，博涉经史。于时南土凋荒，经籍道息，俭不能远求师友，唯在家研精。虽所得实深，未有名誉，又耻衔耀取达，遂归，终身不仕，卒于家。"	

文士姓名	类型	籍贯	任职	备注
邓骞	土著文士	长沙	《晋书·邓骞传》:"邓骞字长真,长沙人。少有志气,为乡邻所重。常推诚行己,能以正直全于多难之时。刺史谯王承命为主簿,便说甘卓。"	
孙惠		吴国富阳	《晋书·孙惠传》:"孙惠字德施,吴国富阳人,吴豫章太守贲曾孙也。父祖并仕吴。惠口讷,好学有才识,州辟不就,寓居萧沛之间。"陆机挚友,后为东海王司马越记室参军。	晋初文士
熊远		豫章南昌	《晋书·熊远传》:"远有志尚,县召为功曹,不起,强与衣帻,扶之使谒。十余日荐于郡,由是辟为文学掾。远曰:'辞大不辞小也。'固请留县。太守察远孝廉。属太守讨氐羌,远遂不行,送至陇右而还。后太守会稽夏静辟为功曹。及静去职,远送至会稽以归。州辟主簿、别驾,举秀才,除监军华轶司马、领武昌太守、宁远护军。元帝作相,引为主簿。……转从事中郎,累迁太子中庶子、尚书左丞、散骑常侍。"	
葛洪		丹杨句容	《晋书·葛洪传》:"洪少好学,家贫,躬自伐薪以贸纸笔,夜辄写书诵习,遂以儒学知名。性寡欲,无所爱习,不知棋局几道,樗蒲齿名。为人木讷,不好荣利,闭门却扫,未尝交游。于余杭山见何幼道、郭文举,目击而已,各无所言。时或寻书问义,不远数千里崎岖冒涉,期于必得,遂究览典籍,尤好神仙导养之法。……洪见天下已乱,欲避地南土,乃参广州刺史嵇含军事。及含遇害,遂停南土多年,征镇檄命一无所就。后还乡里,礼辟皆不赴。元帝为丞相,辟为掾。"	东晋著名文学家。史称其博闻深洽,江左绝伦。著述篇章富于班、马,又精辩玄赜,析理入微。
虞潭		会稽余姚	东吴宜都太守虞忠之子。吴亡后,曾仕晋。东晋初年任右卫将军,宗正卿。《晋书》有传。	
张闿		丹杨	东吴辅吴将军张昭之曾孙。太常薛兼推荐于司马睿,司马睿引为安东参军、丞相从事中郎。出补晋陵内史、大匠卿、尚书等职。《晋书》有传。	东晋能文之士。《晋书·张闿传》:"闿笺表文议传于世。"
陆晔		吴郡	江东著姓之一。《晋书·陆晔传》:"元帝初镇江左,辟为祭酒,寻补振威将军、义兴太守,以疾不拜。预讨华轶功,封平望亭侯,累迁散骑常侍、本郡大中正。太兴元年,迁太子詹事。时帝以侍中皆北士,宜兼用南人,晔以清贞著称,遂拜侍中,徙尚书,领州大中正。"	

文士姓名	类型	籍贯	任职	备注
陆玩	土著文士	吴郡	陆晔之弟。《晋书·陆玩传》:"玩字士瑶。器量淹雅,弱冠有美名,贺循每称其清允平当。郡檄纲纪,东海王越辟为掾,皆不就。元帝引为丞相参军。时王导初至江左,思结人情,请婚于玩。玩对曰:'培塿无松柏,薰莸不同器。玩虽不才,义不能为乱伦之始。'导乃止。玩尝诣导食酪,因而得疾。与导笺曰:'仆虽吴人,几为伧鬼。'其轻易权贵如此。"	
何充		庐江	《晋书·何充传》:"充风韵淹雅,文义见称。初辟大将军王敦掾,转主簿。"	东晋时代能文之士
孔愉		会稽山阴	东吴时代江东名流。曾迁洛,后归乡里。司马睿移镇建邺,请为参军,任丞相掾、驸马都尉、参丞相军事等职。《晋书》有传。	会稽三康之一
孔坦		会稽山阴	孔愉族子。《晋书·孔坦传》:"坦字君平。祖冲,丹杨太守。父侃,大司农。坦少方直,有雅望,通左氏传,解属文。元帝为晋王,以坦为世子文学。东宫建,补太子舍人,迁尚书郎。"后因劝谏成帝,而忤王导,被废。	
丁潭		会稽山阴	《晋书·丁潭传》:"丁潭字世康,会稽山阴人也。祖固,吴司徒。父弥,梁州刺史。潭初为郡功曹,察孝廉,除郎中,稍迁丞相西合祭酒。……及帝践阼,拜驸马都尉、奉朝请、尚书祠部郎。时琅邪王裒始受封,帝欲引朝贤为其国上卿,将用潭,以问中书令贺循。循曰:'郎中令职望清重,实宜审授。潭清淳贞粹,雅有隐正,圣明所简,才实宜之。'遂为琅邪王郎中令。"	会稽三康之一
张茂		会稽	《晋书·孔愉传附张茂》:"张茂字伟康,少单贫,有志行,为乡里所敬信。初起义兵,讨贼陈斌,一郡用全。元帝辟为掾属。官有老牛数十,将卖之,茂曰:'杀牛有禁,买者不得辄屠,齿力疲老,又不任耕驾,是以无用之物收百姓利也。'帝乃止。迁太子右卫率,出补吴兴内史。"	会稽三康之一
陶回		丹杨	《晋书·陶回传》:"陶回,丹杨人也。祖基,吴交州刺史。父抗,太子中庶子。回辟司空府中军、主簿,并不就。大将军王敦命为参军,转州别驾。敦死,司徒王导引为从事中郎,迁司马。"	
许迈		丹杨	《晋书·许迈传》:"许迈字叔玄,一名映,丹杨句容人也。家世士族,而迈少恬静,不慕仕进。"	东晋隐士、诗人。

文士姓名	类型	籍贯	任职	备注
邓粲	土著文士	长沙	东晋隐士、著名史学家、学问家。《晋书》有传。	
虞预		会稽余姚	《晋书·虞预传》:"预十二而孤,少好学,有文章。余姚风俗,各有朋党,宗人共荐预为县功曹,欲使沙汰秽浊。安东从事中郎诸葛恢、参军庾亮等荐预,……召为丞相行参军兼记室。遭母忧,服竟,除佐著作郎。……预雅好经史,憎疾玄虚,其论阮籍裸祖,比之伊川被发,所以胡虏遍于中国,以为过衰周之时。著《晋书》四十余卷、《会稽典录》二十篇、《诸虞传》十二篇,皆行于世。所著诗赋碑诔论难数十篇。"	东晋著名史学家、文学家。
谢沈		会稽山阴	《晋书·谢沈传》:"谢沈字行思,会稽山阴人也。……沈少孤,事母至孝,博学多识,明练经史。……会稽内史何充引为参军,以母老去职。……闲居养母,不交人事,耕耘之暇,研精坟籍。康帝即位,朝议疑七庙迭毁,乃以太学博士征,以质疑滞。以母忧去职。服阕,除尚书度支郎。何充、庾冰并称沈有史才,迁著作郎,撰《晋书》三十余卷。会卒,时年五十二。沈先著《后汉书》百卷及《毛诗》、《汉书外传》,所述及诗赋文论皆行于世。其才学在虞预之右云。"	东晋著名史学家、文学家。

这一文化地理空间具有以下几个特征:

首先,是以汉民族为主体,奉西晋司马氏皇族后裔为正统,以南迁的北方世家大族为主导,广泛团结、积极吸纳南方土著世族参与政权组织,建立起来的汉民族社会文化中心区域。在以中原为中心的北方先后沦陷,怀愍二帝先后蒙尘的政治形势下,南迁的世家大族群体很快意识到,要寄土江淮,立住脚跟,就得联合当地土著世族力量,共同抗击外族政权的入侵。打着西晋皇族后裔的旗帜,不仅能有效地联合当地土著世族,迫使当地土著世族进行华夏正统的文化认同。同时,可以避免南迁世族群体因争夺政权而导致的纷争。因为除司马氏之外的任何一个世族,都不足以获得建立政权的合法性地位。尽管东晋时代的王、庾、桓、谢等高门甲族实际上行使着王朝政治权力。

其次,皇权与士族之间,既互相依附又激烈争斗。因为东晋王朝是在众多的世家大族的辅佐下建立起来的。可以说,东晋的皇权力量是中国历史上最为薄弱,实际的政治权力往往被南迁的世家大族操纵与掌控。皇权与世族之间最激烈的斗争,往往是某些世族发生武装反叛,如王敦沿江而下,包围建康。皇权与士族之间的依附与合作,往往表征为地理空间上。当皇权与士族合作进入蜜月期的时候,长江中上游的江汉地域往往成为东晋政治中心的重要屏障。而皇权与士族矛盾争斗的时候,长江中上游的江汉地域与长江下游的江淮地域的对峙,甚至严重威胁长江中下游的京都一带的安全。

再次,南北士族之间既有联合又有争夺。南渡的北方士族往往为了避免与土著士族发生经济冲突,多向浙江等一带发展。同时,南北士族在政治权力上也有争夺。如南方士族孔愉上表云"奸吏擅威,暴人肆虐",引起王导的当众诘难。王导任用赵胤为护军,孔愉的反驳致使王导衔恨。《晋书·孔愉传》载:

> 后导将以赵胤为护军,愉谓导曰:"中兴以来,处此官者,周伯仁、应思远耳。今诚乏才,岂宜以赵胤居之邪!"导不从。其守正如此。由是为导所衔。[1]

侍中孔坦劝谏成帝,批评委政王导而去职。《晋书·孔坦传》载:

> 时成帝每幸丞相王导府,拜导妻曹氏,有同家人,坦每切谏。时帝刻日纳后,而尚书左仆射王彬卒,议者以为欲却期。坦曰:"婚礼之重,重于救日蚀。救日蚀,有后之丧,太子堕井,则止。纳后盛礼,岂可以臣丧而废!"从之。及帝既加元服,犹委政王导,坦每发愤,以国事为己忧,尝从容言于帝曰:"陛下春秋以长,圣敬日跻,宜博纳朝臣,咨诹善道。"由是忤导,出为廷尉,怏怏不悦,以疾去职。[2]

《晋书·丁潭传》记载的"王导尝谓孔敬康有公才而无公望"一句,应该这样理解,王导所主导的社会舆论认为孔愉为代表的南方士族,不能正确处理南北士族权力关系,失去做三公的资格。

最后,从文化性质上看,公元4世纪的长江中下游地区,成为保存了汉民族文化血脉的重要区域。无论从政治体制、举察制度还是史学经学等哲学文化方面看,东晋掌控的江东地区延续着汉民族文化的火种。

(二) 以平阳—邺城—关中等地为中心的胡汉文化地理区域

匈奴、羯、氐、羌等少数民族迁入塞内,由来已久。早在西汉后期,匈奴大乱,其中,呼韩邪单于失国,率部落诸人,入臣于汉。汉宣帝割并州北界安置。入塞的匈奴族与汉族杂处,生息繁衍,以至于弥漫北朔之地。到了东汉末年,曹操将塞内的匈奴分为五部,山西北部诸郡县皆有其众。晋武帝时代,又将塞外的二万匈奴,徙入河西宜阳城下。从此,山西的平阳、西河、太原、新兴、上党等郡无不有北狄之人。再如西北的羌人、氐人,早在东汉进入甘肃的北地郡、陕西的冯翊郡。这就出现了魏晋以来"西北诸郡皆为戎

---

① (唐)房玄龄:《晋书》,中华书局1974年版,第2053页。
② (唐)房玄龄:《晋书》,中华书局1974年版,第2059页。

居"的局面。尽管有江统、傅玄等人建议徙戎，但因违背历史潮流，而未被晋武帝采纳。这就为"五胡乱华"后的胡汉文化地理奠定了基础。

这些少数民族长期与汉人杂处，逐渐汉化，尤其是上层贵族，汉化程度很高。比如匈奴族首领刘渊，《晋书·刘元海载记》载：

> 幼好学，师事上党崔游，习《毛诗》、《京氏易》、《马氏尚书》，尤好《春秋左氏传》、《孙吴兵法》，略皆诵之，《史》、《汉》，诸子，无不综览。①

比如刘聪，《晋书·刘聪载记》载：

> 年十四，究通经史，兼综百家之言，《孙吴兵法》靡不诵之。工草隶，善属文，著述怀诗百余篇、赋颂五十余篇。十五习击刺，猿臂善射，弯弓三百斤，膂力骁捷，冠绝一时。……弱冠游于京师，名士莫不交结，乐广、张华尤异之也。②

比如刘曜，《晋书·刘曜载记》载：

> 性拓落高亮，与众不群。读书志于广览，不精思章句，善属文，工草隶。雄武过人，铁厚一寸，射而洞之，于时号为神射。尤好兵书，略皆闇诵。③

比如羯族首领石勒，《晋书·石勒载记》载：

> 勒雅好文学，虽在军旅，常令儒生读史书而听之，每以其意论古帝王善恶，朝贤儒士听者莫不归美焉。尝使人读《汉书》，闻郦食其劝立六国后，大惊曰："此法当失，何得遂成天下！"至留侯谏，乃曰："赖有此耳。"其天资英达如此。④

少数民族的社会组织和经济方式也开始汉化。"由部落变为编户，是胡族社会组织上的一个进化。之所以有这个进化，是与汉人接近，接受汉化的结果。但汉化有深浅，胡族由部落进为编户不是划一的。汉化深的进为编户，汉化浅的则仍保持部落制。"⑤一旦解散部落，变昔日的放牧游猎而为农业耕种，氏族的首领则变为地主，本氏族的成员成为佃农。

不仅少数民族的社会组织、经济方式汉化，而且政权组织形式也汉化。匈奴族首领刘渊，借匈奴曾与西汉联姻，自称是汉之外甥，打着为刘汉雪耻的旗号，称王称帝，其目的就是为获得汉人的政治认同。政权组织设立丞相、太尉、御史大夫以及百官，任用汉族文化世族人物担任重要官职。《晋书·刘元海载记》载：

> 永兴元年，元海乃为坛于南郊，僭即汉王位，下令曰："昔我太祖高皇帝以神武

---

① （唐）房玄龄：《晋书》，中华书局 1974 年版，第 2645 页。
② （唐）房玄龄：《晋书》，中华书局 1974 年版，第 2657 页。
③ （唐）房玄龄：《晋书》，中华书局 1974 年版，第 2683 页。
④ （唐）房玄龄：《晋书》，中华书局 1974 年版，第 2741 页。
⑤ 陈寅恪：《魏晋南北朝史讲演录》，贵州人民出版社 2008 年版，第 96 页。

应期,廓开大业。太宗孝文皇帝重以明德,升平汉道。世宗孝武皇帝拓土攘夷,地过唐日。中宗孝宣皇帝搜扬俊乂,多士盈朝。是我祖宗道迈三王,功高五帝,故卜年倍于夏商,卜世过于姬氏。而元成多僻,哀平短祚,贼臣王莽,滔天篡逆。我世祖光武皇帝诞资圣武,恢复鸿基,祀汉配天,不失旧物,俾三光晦而复明,神器幽而复显。显宗孝明皇帝、肃宗孝章皇帝累叶重晖,炎光再阐。自和安已后,皇纲渐颓,天步艰难,国统频绝。黄巾海沸于九州,群阉毒流于四海,董卓因之肆其猖勃,曹操父子凶逆相寻。故孝愍委弃万国,昭烈播越岷蜀,冀否终有泰,旋轸旧京。何图天未悔祸,后帝窘辱。自社稷沦丧,宗庙之不血食四十年于兹矣。今天诱其衷,悔祸皇汉,使司马氏父子兄弟迭相残灭。黎庶涂炭,靡所控告。孤今猥为群公所推,绍修三祖之业。顾兹尪闇,战惶靡厝。但以大耻未雪,社稷无主,衔胆栖冰,勉从群议。"乃赦其境内,年号元熙,追尊刘禅为孝怀皇帝,立汉高祖以下三祖五宗神主而祭之。立其妻呼延氏为王后。置百官,以刘宣为丞相,崔游为御史大夫,刘宏为太尉,其余拜授各有差。①

羯族石勒建国为赵,建社稷、立宗庙、营宫殿,设立官制,推行九品官人之法。《晋书·石勒载记》载:

> 始建社稷,立宗庙,营东西宫。署从事中郎裴宪、参军傅畅、杜嘏并领经学祭酒,参军续咸、庾景为律学祭酒,任播、崔浚为史学祭酒。中垒支雄、游击王阳并领门臣祭酒,专明胡人辞讼,以张离、张良、刘群、刘谟等为门生主书,司典胡人出内,重其禁法,不得侮易衣冠华族。号胡为国人。遣使循行州郡,劝课农桑。加张宾大执法,专总朝政,位冠僚首。署石季龙为单于元辅、都督禁卫诸军事,署前将军李寒领司兵勋,教国子击刺战射之法。命记室佐明楷、程机撰《上党国记》,中大夫傅彪、贾蒲、江轨撰《大将军起居注》,参军石泰、石同、石谦、孔隆撰《大单于志》。②

当然,少数民族政权为了协调内部利益,采取胡汉分治。无论是前赵、后赵,还是前秦、后秦等政权,都以单于台管领胡人,以皇帝管领汉人编户。而少数民族首领往往身兼皇帝、单于于一身,保证少数民族贵族利益的前提下,大胆启用汉族人士,推行汉化政策。当然,少数民族政权核心区域多集中在京城为主的城镇等,将各地居民迁往其间。而中心地带以外,汉族往往纠合宗族,结坞自保,对抗少数民族军事进攻。因此,十六国时代的北方,形成了以平阳—邺城—关中等地的胡汉文化地理区域。

(三) 以威武为中心的凉州汉文化区

如前所述,西晋末年,张轨及其后裔建立了前凉政权,武威为中心的凉州,在中土沦

---

① (唐)房玄龄:《晋书》,中华书局1974年版,第2649—2650页。
② (唐)房玄龄:《晋书》,中华书局1974年版,第2735—2736页。

丧之后,成为保存汉文化的"绿洲"之地。这里不仅聚集了中原士民,而且荟萃了两汉以来土著世家大族。张轨大开办学之风,"征九郡胄子五百人,立学校,始置崇文祭酒,位视别驾,春秋行乡射之礼"①。张氏执政时代,凉州一带,人物荟萃,文教大兴,文物粲然。

《续敦煌实录》"张谘"条:

  《前凉录》:张谘,敦煌人也。仕张轨为著作郎。撰《凉记》八卷,多记轨事。②

《续敦煌实录》"张斌"条:

  《前凉录》:张斌,字洪茂,敦煌人。作《葡萄酒赋》,文致甚美。③

《续敦煌实录》"索袭"条:

  《晋书》:索袭,字伟祖,敦煌人也。虚静好学,不应州郡之命,举孝廉,贤良方正,皆以疾辞。游思于阴阳之术,著天文地理十余篇,多所启发。不与当时交通,或独语独笑,或长叹涕泣,或请问不言。张茂时,敦煌太守阴澹奇而造焉,经日忘返,出而叹之:"索先生硕德名儒,真可咨大义。"澹欲行乡射之礼,请袭为三老。④

《续敦煌实录》"索紞"条:

  《前凉录》:索紞,字叔微,敦煌人。少游京师,受业太学,博综经籍,遂为通儒。明阴阳天文,善术数占侯。知中国将避世而归。乡人从紞占问吉凶,门中如市。⑤

《续敦煌实录》"索绥"条:

  《前凉录》:索绥,字士艾,敦煌人。父戢,晋司徒。绥家贫好学,初举孝廉,为记室祭酒,母丧去官,又举秀才,为儒林祭酒。张骏命西曹掾集阁内外事付绥,著《凉春秋》五十卷。又作《六夷颂》、《符命传》十余篇。⑥

《续敦煌实录》"索敞"条:

  《北史》:索敞,字巨振,敦煌人也。为刘延明助教,专心经籍,尽能传延明业。凉州平,入魏,以儒学为中书博士。⑦

《续敦煌实录》"索泮"条:

  《前秦录》:索泮,字德林,敦煌人也。世为冠族。少时游侠,及长,变节好学,

① (唐)房玄龄:《晋书》,中华书局1974年版,第2221—2222页。
② (清)张澍辑:《续敦煌实录》,甘肃人民出版社1985年版,第17页。
③ (清)张澍辑:《续敦煌实录》,甘肃人民出版社1985年版,第18页。
④ (清)张澍辑:《续敦煌实录》,甘肃人民出版社1985年版,第34页。
⑤ (清)张澍辑:《续敦煌实录》,甘肃人民出版社1985年版,第35页。
⑥ (清)张澍辑:《续敦煌实录》,甘肃人民出版社1985年版,第37页。
⑦ (清)张澍辑:《续敦煌实录》,甘肃人民出版社1985年版,第39页。

有佐世才器。①

《续敦煌实录》"索纬"条：

> 《文昌杂录》：昭明太子曰："索纬有《陇西人物志》。"②

《续敦煌实录》"索晖"条：

> 《史通·正史篇》：建康太守索晖、从事中郎刘昞又各著《凉书》。③

《续敦煌实录》"阴澹"条：

> 《前凉录》：阴澹，敦煌人。弱冠才行忠烈，州请为治中从事。澹割身诉枉，张轨任伟股肱，参与机密，转督护参军、武威太守。轨保凉州，澹之力居多。……及张骏嗣位，澹弟鉴为镇军将军。骏以阴氏门宗强盛而功多也，遂忌害之。④

《续敦煌实录》"谢艾"条：

> 《前凉录》：谢艾，敦煌人。任重华为主簿，兼资文武，明识兵略。麻秋入寇凉州，艾自许破敌，乃为中坚将军，帅步骑五千击秋。……艾乘轺车，贳白帢，鸣鼓而行。秋遥睹而怒曰："艾年少书生，冠服如此，轻我也。"……艾左右大扰。左战帅李伟劝艾乘马，艾不从，乃下车踞胡床，指麾处分。⑤

《续敦煌实录》"宋纤"条：

> 《晋书》：宋纤，字令艾，敦煌效谷人也。少有远操，沉静不与世交，隐居酒泉南山。明究经纬，弟子受业三千余人。……纤注《论语》，及为诗颂数万言。年八十，笃学不倦。⑥

《续敦煌实录》"氾胜"条：

> 《前凉录》：氾胜，字无忌，敦煌人，举孝廉，除郎中，值天下乱，乃去官还乡里。太守张阆造之，闭门不见，礼遗一无所受。叹曰："生于乱世，贵而能贫，乃可以免。"家财五十万，悉散之于宗族，柴门灌园，以琴书自娱。⑦

《续敦煌实录》"氾昭"条：

> 《前凉录》：氾昭，字嗣先，敦煌人也。辟州主簿，志在理枉申滞。有人于夜中投昭以黄金者，昭责而遣之，其人大惭而退。⑧

---

① （清）张澍辑：《续敦煌实录》，甘肃人民出版社 1985 年版，第 40 页。
② （清）张澍辑：《续敦煌实录》，甘肃人民出版社 1985 年版，第 45 页。
③ （清）张澍辑：《续敦煌实录》，甘肃人民出版社 1985 年版，第 45 页。
④ （清）张澍辑：《续敦煌实录》，甘肃人民出版社 1985 年版，第 62 页。
⑤ （清）张澍辑：《续敦煌实录》，甘肃人民出版社 1985 年版，第 66 页。
⑥ （清）张澍辑：《续敦煌实录》，甘肃人民出版社 1985 年版，第 75 页。
⑦ （清）张澍辑：《续敦煌实录》，甘肃人民出版社 1985 年版，第 86 页。
⑧ （清）张澍辑：《续敦煌实录》，甘肃人民出版社 1985 年版，第 88 页。

《续敦煌实录》"郭瑀"条:

> 《晋书·隐逸传》:郭瑀,字符瑜,敦煌人也,少有超俗之操,东游张掖,师事郭荷,尽传其业,精通经义,雅辩谈论,多才艺,善属文……礼毕,隐于临松薤谷,凿石窟而居,服柏实以轻身,作《春秋墨说》《孝经错纬》,弟子著录千余人。①

从胪列的知名人物来看,张氏政权重视史学、礼制建设,居庙堂之高的汉族士大夫也能忠义刚正、廉洁自律。尤其,民间出现了著述不辍、著籍弟子三千人的人物,不仅发扬了汉族的儒家文化传统,同时,培养了大批的才学之士,更重要的是引导了良好的社会风气。

---

① (清)张澍辑:《续敦煌实录》,甘肃人民出版社 1985 年版,第 108—109 页。

下 编
汉晋社会空间场域

通常,社会位置的空间借助于性情倾向(或习性)的空间,在采取立场的空间里重新表现出来;或者,换句话说,行动者(或由行动者建构的阶级)特性里的差异系统,亦即在他们的实践和他们占有的利益里的差异系统,与确定社会空间两大方面的不同位置的差异系统相一致。①

——布迪厄

按照法国社会学家布迪厄的说法,"社会空间"是一个"无法用手指触摸的看不见的实在"②、"所有的社会都表现为社会空间"③。其实,社会空间不仅是一个看不见的、抽象的实在,即一个力量场或斗争场,也是一个具体的、地理空间的存在。具体而言,上古时代的华夏大地,散落着数以万计的氏族部落。随着生产力的提升,氏族部落的头领或酋长逐渐成了特权贵族。同时,这些氏族部落之间,为了争夺生存资料不断发生战争,其中最为强大的部落取得了绝对优势。在面临洪水等自然灾害,各部落建立了联盟。最为强大的部落首领成为部落联盟的首领——共主,其他氏族部落的头领成为世袭贵族。因此,上古三代社会,就形成了"天下共主—世袭贵族"的横向联合的共治格局,尽管"天下共主"——三皇五帝到夏商周王——不断更替,尽管被分封的世袭贵族中不断掺入王族宗室成员,但不同地域的世袭氏族贵族的横向格局没有大变化,"体国

---

① [法]布迪厄:《实践理性——关于行为理论》,三联书店 2007 年版,第 9 页。
② [法]布迪厄:《实践理性——关于行为理论》,三联书店 2007 年版,第 12 页。
③ [法]布迪厄:《实践理性——关于行为理论》,三联书店 2007 年版,第 37 页。

经野"的社会格局①也没有太大变化。应该说,上古以来的"世卿世禄"的贵族曾经是上古原始社会、奴隶制社会的中坚力量,推动着人类社会向前发展。"世禄世卿"贵族社会阶层在战国争霸以来,受到巨大挑战。崛起的秦国国王——出身于世袭贵族阶层,以暴力扫荡一切贵族,施行郡县制度,委派官吏进行治理,其政治权力甚至贯穿到基层乡里社会。然而,秦帝国并没有给饱受战乱的百姓以太平生活,四处征调民力。秦帝国在以陈胜、吴广为首的农民起义军,"王侯将相、宁有种乎?"的愤怒声浪中轰然坍塌。刘邦与他的大臣们多崛起于布衣之中,深知民间疾苦,恢复了秦制的纵向"郡县乡里"社会结构,尤其重视乡里社会的生活秩序的重建,正如许倬云说的:"汉代考古遗址出土的简策表明,县以下的乡和里乃是生产生活最实在的集合体。乡里之中,地方上的领袖配合县以下的地方基层官员处理社区一般事务。'乡里'是坚实的生活共同体。这一簇一簇的乡里就是汉代大帝国的基本单位,犹如庞大的金字塔基础的砖块。这一种结构是中国文官和皇帝制度结合的天下国家,能够具有长期稳定的特性。"②因此说,刘邦建立大汉王朝,不仅仅意味着刘氏取得至高无上的皇权,更意味着彻底结束了上古时代以来的横向联合的"世禄世卿"的贵族社会,开启了纵向的官僚社会。汉王朝上层社会的文官是从乡里社会举察出来的方正贤良之士,他们既是乡里社会的楷模,也是知识精英,更是汉王朝赖以社会管理的政治人才。这些来自于乡里社会的个体之士,进入政治体制之后,获得了更多的政治位势与社会资源,他们往往瞻顾宗族,教育子弟,逐渐发展成为世家大族。③ 其家族在地方社会往往成为乡里名族或豪族。其家族成员往往累世为官,成为政治世族。

汉晋之际,长达四百年汉王朝的社会秩序轰然坍塌,地方割据与各地方势力之间的战乱引发了大规模的士民流徙潮流,就连社会的精英阶层——文士也裹挟其中。文士流徙造成了不同地域文化的碰撞与融合、政治力量的分化与重组。文士流徙成为汉晋社会驱动系统的重要力量。

---

① 所谓"体国经野"的社会格局,是指西周以来,分封宗室子弟或功臣于中原各地,被分封的诸侯居住在都邑、城郭之中,被征服者原居民族群居住都邑城郭以外的乡野。

② 许倬云:《从"体国经野"到全球化》,《读书》2017 年第 5 期。

③ 拙作《关辅世族文化习性与文学观念研究——以公元 3—4 世纪的百年为中心》,中国社会科学出版社 2014 年版,第 2 页。

第四章　文士流徙与汉晋社会驱动系统

　　汉晋之际的三次大规模的文士流徙,不比大一统时代为"求学、游宦"的向心性流动,也不比因"隐逸、贬谪"的离心性流动,而是以躲避战乱灾祸为目的的地域性流动。尽管西晋时代南方文士的北徙不为躲避战乱,但在被迫性征召中也包含着惧祸心理。总之,这一时代的文士流徙,客观上成为汉晋社会驱动系统中的内核力量。因为,流徙而来的文士群体进入社会空间之后,与当地土著族群构成了关系性场域。正如布迪厄所说的,"这就是当我把整个社会空间描绘成一个场的时候要表示的意思;也就是说,既是一个力量场,它的必然性对投入这个场的行动者们有一种强制力,同时,也是一个斗争场,在它的内部,行动者们按照他们在力量场结构里的位置,以他们的资财和不同的目的而互相对立,这样,有助于保持或改变这个场的结构"。①

　　照布迪厄的理解,"权力场"这一个概念,不能混同为"政治场","它是各种类型资本之间的,或者,更确切地说,行动者之间的力量关系的空间,行动者拥有各种不同类型资本中的一种,能够支配相应的场"。② 因此,权力场既包含政治资本而生成的政治场,也包含经济资本而生成的经济场,还包括各种文化资本而生成的各类场域,如文学场、学术思想场等。

第一节　文士流徙与三国社会权力场

　　如果说,西汉时代建立起文官和皇帝制度结合的天下国家的话,那么,东汉时代,由于皇族血统上的生理原因,皇帝英年早逝,继任的皇帝往往十分年幼,无法行使帝王权威。因此,其他两种政治力量乘势崛起,一是外戚集团,一是宦官集团。东汉政治场中,

---

① ［法］布迪厄:《社会空间和权力场》,见《实践理性——关于行为理论》,三联书店 2007 年版,第 38 页。
② ［法］布迪厄:《社会空间和权力场》,见《实践理性——关于行为理论》,三联书店 2007 年版,第 39 页。

外戚凭借着与皇族政治联姻而产生的政治资本,显赫一时。而宦官们往往凭借着幼年皇帝的信任气焰熏天。公卿名臣往往凭借着经术等文化资本,本身就是汉代政治场中的砥柱力量。这三股政治力量相互角力、相互斗争,并在可控范围里达成了某种动态平衡。当然,外戚大将军何进的愚蠢举动,引发了东汉末年社会权力场的多米诺骨牌效应。

一、汉末社会权力场的流变

东汉后期,外戚大将军何进联合公卿大臣子嗣,欲诛灭宦官势力。因为受到妹妹——何太后的反对,故而愚蠢地采用袁绍的建议,"多召四方猛将及诸豪杰,使并引兵向京城,以胁太后"①,准备诛杀宫中的宦官势力。结果,何进被宦官张让、段珪等势力骗入,喋血宫中。其部曲将领与袁术等人率军攻打宫门,烧毁南宫九龙门以及东西宫,攻破宫门,大大小小宦官被诛杀。张让、段珪等少数人劫持少帝以及陈留王逃往小平津,"公卿并出平乐观,无得从者,唯尚书卢植夜驰河上,王允遣河南中部掾闵贡随植后。贡至,手剑斩数人,余皆投河而死。明日,公卿百官乃奉迎天子还宫。"②正如陈琳所担忧的"大兵聚会,强者为雄,所谓倒持干戈,授人以柄,功必不成,只为乱阶"③一样,被何进召来的军阀董卓进入洛阳,凭借自己掌控的西凉军士④,收编何进兄弟的部曲,火并丁原势力,占据了政治场的顶尖位置。董卓通过"追理陈藩、窦武及诸党人,以从人望"⑤,试图与世家大族出身的公卿名臣合作。然而,这些凭借"尚经术、慕节义"的文化资本的公卿名臣,从骨子里鄙视出身低贱声名狼藉的董卓,根本不愿与其合作,比如尚书卢植在董卓行废立之事的廷议之中公开反对;再比如董卓擢用的群士,大多数做了关东义军联盟的内应。董卓之所以在京都洛阳制造白色恐怖,恐怕不仅仅是个人品行的问题,更多有意打击报复世家贵族。董卓在洛阳的倒行逆施,引发了关东诸州郡豪族的联合讨伐。董卓迫挟汉献帝、公卿百官以及数百万百姓西迁长安。越是丧心病狂的杀戮,越不得人心。董卓注定要暴尸街头,全族被诛。然而,军阀头子董卓死后,其部将李傕、郭汜等更无人节制,挥师长安,诛杀士大夫群体,并且相互攻伐,致使一方劫持天子,一方劫持公卿。天子权威扫地,公卿斯文尽侮。最后,汉献帝在数十人的护送下,历经艰辛,逃出魔掌,回到洛阳。

---

① (南朝·宋)范晔:《后汉书》,中华书局1965年版,第2249页。
② (南朝·宋)范晔:《后汉书》,中华书局1965年版,第2252页。
③ (南朝·宋)范晔:《后汉书》,中华书局1965年版,第2250页。
④ 据《后汉书·董卓传》记载,董卓进京只带步骑三千,反复派这三千兵,夜潜出而昼回,造成了上万军力的假象,这正是董卓所凭借的政治资本。
⑤ (南朝·宋)范晔:《后汉书》,中华书局1965年版,第2325页。

可以说,随着大将军何进被诱杀,东汉后期的外戚势力告终;宦官势力也被尽数剿灭;乘机崛起的董卓势力虽横行霸道一时,最终也被权力欲毁灭;代表道统力量的公卿名臣阶层也受到致命打击。

二、曹操统一北方之前的政治场

董卓祸乱两京,恰好给野心家们提供了割据的绝好机会和口实。这些野心家们大致可以分两个社会阶层或阶级:一是世家大族等门阀集团,他们本身或因宗室身份,或因祖荫关系,拥据州郡。二是庶族等势力乘机崛起。可以说,曹操统一北方之前的权力场中,这两种力量时而联合,时而兵戎相攻。最后,以曹操为代表的庶族胜出,统一北方。

东汉少帝、献帝初的山东诸州权力场如下:董卓为了争取世族的拥护,任用尚书韩馥为冀州刺史,侍中刘岱为兖州刺史,孔伷为豫州刺史。加上稍前朝廷委派宗室刘虞任幽州刺史、幽州牧;刘表任荆州刺史、荆州牧;刘焉任益州刺史、益州牧;刘繇任扬州刺史、扬州牧;出身茂才的陶谦任徐州刺史、徐州牧。

这一时期,真正代表门阀世族集团的还是袁氏兄弟,尤其袁绍凭借巨大的社会影响力,通过号召讨伐窃国大盗董卓迅速崛起。东京名族袁氏家族子嗣袁绍,勃然而起,怒斥董卓,“横刀长揖径出,悬节于上东门,而奔冀州”①,董卓“见绍大家,故不敢害”(《英雄记》语),不仅不缉拿,而且赦其罪,并授渤海太守。袁绍至渤海之后,举起讨伐大旗。作为“四世三公”的东京名族袁氏,“门生故吏遍于天下”②,因此,袁绍具有极强的社会影响力。尤其袁绍起事后,董卓诛杀了袁绍叔父袁隗及宗族,“是时豪杰既多附绍,且感其家祸,人思为报,州郡蜂起,莫不以袁氏为名。”③另外,袁氏家族的袁术,也因惧董卓之祸,出奔南阳,趁长沙太守孙坚杀南阳太守张咨,占据南阳郡,领南阳太守,成为讨伐董卓的一大主力。在袁绍的号召下,“与从弟后将军术、冀州牧韩馥、豫州刺史孔伷、兖州刺史刘岱、陈留太守张邈、广陵太守张超、河内太守王匡、山阳太守袁遗、东郡太守桥瑁、济北相鲍信等同时俱起,众各数万,以讨卓为名。绍与王匡屯河内,伷屯颍川,馥屯邺,余军咸屯酸枣,约盟,遥推绍为盟主。绍自号车骑将军,领司隶校尉”④。代表庶族集团力量的是曹操,他凭借一定的社会影响力、敏锐的政治判断力,依赖颍汝与谯沛

---

① (南朝·宋)范晔:《后汉书》,中华书局1965年版,第2374页。
② (南朝·宋)范晔:《后汉书》,中华书局1965年版,第2375页。
③ (南朝·宋)范晔:《后汉书》,中华书局1965年版,第2376页。
④ (南朝·宋)范晔:《后汉书》,中华书局1965年版,第2375页。

等地世族的支持,成为一股新兴政治力量。曹操虽出身于寒族①,但得到名士许邵"治世之能臣,乱世之奸雄"的品藻,获得了极大的声名。曹操敏锐的政治判断力在何进谋诛宦官势力时候就显露出来,当他听说大将军何进欲召董卓等进京,迫挟太后,就这样判断道:"阉竖之官,古今宜有,但世主不当假之权宠,使至于此。既治其罪,当诛元恶,一狱吏足矣,何必纷纷召外将乎? 欲尽诛之,事必宜露,吾见其败也。"(《三国志》裴注引《魏书》语)这段话针针见血,直指要害。首先揭示宦官坐大的根本原因——皇帝的宠信,其次是指出召外将的错误决策,只许法官将首恶绳之以法。最后是指出何进"欲尽诛之"的错误,不仅不会分化敌人,还容易泄露消息。因此,曹操得出"吾见其败"的结论。另外,曹操也预料到炙手可热的董卓最终必败,便辞去董卓的举荐。"太祖以卓终必覆败,遂不拜就,逃归乡里"(《三国志》裴引《魏书》语)。曹操逃回乡里之后,散尽家资,招募义兵,"起兵于己吾"②,加入了声势浩大的讨伐董卓联盟。董卓惧关东数十万军,胁迫汉献帝、公卿名臣以及数百万百姓迁都长安,派军屯守渑池、华阴、安邑等地,以御山东诸军。

山东义军联盟破裂,军阀本性暴露出来,开始征伐兼并。首先是幽州易主。幽州牧刘虞为政,"务存宽政,劝督农植,开上谷胡市之利,通渔阳盐铁之饶,民悦年登,谷石三十。青、徐士庶避黄巾之难归虞者百余万口,皆收视温恤,为安立生业,流民皆忘其迁徙。"③朝廷诏令降虏校尉公孙瓒,受刘虞的节度,两人矛盾渐萌。《后汉书·刘虞传》载:"瓒但务会徒众以自强大,而纵任部曲,颇侵扰百姓,而虞为政仁爱,念利民物,由是与瓒渐不相平。"④《后汉书·公孙瓒传》载:"瓒志埽灭乌桓,而刘虞欲以恩信招降,由是与虞相忤。"⑤后来,刘虞与公孙瓒矛盾公开化,互相上表朝廷,诽谤诋毁。朝廷只能依违其间。最后,兵戎相见,刘虞战败被杀,幽州尽为公孙瓒所有。数年之后,公孙瓒被袁绍剿灭,幽州尽数落入袁绍的势力范围。冀州易主,韩馥出任冀州刺史,袁绍从京都出逃,被董卓任命为渤海太守。冀州刺史韩馥昏聩无能而居高位,渤海太守袁绍不仅才智卓著,而且袁氏声望极大。这就形成了韩馥深忌袁绍,袁绍图谋韩馥之势。袁绍采取外结公孙瓒、内使人诱劝韩馥的策略。冀州刺史韩馥真将冀州拱手相送,袁绍成了冀州牧。袁术占据南阳,任南阳太守。与长沙太守孙坚联手,与其从兄袁绍交恶,引幽州公孙瓒为外援。袁绍则引荆州牧刘表为外援。袁术遣长沙太守孙坚攻打荆州刘表于襄

---

① 陈寅恪:《魏晋南北朝史讲演录》,贵州人民出版社 2008 年版,第 8 页。
② (晋)陈寿:《三国志》,中华书局 1959 年版,第 5 页。
③ (南朝·宋)范晔:《后汉书》,中华书局 1965 年版,第 2354 页。
④ (南朝·宋)范晔:《后汉书》,中华书局 1965 年版,第 2355 页。
⑤ (南朝·宋)范晔:《后汉书》,中华书局 1965 年版,第 2359 页。

阳,又联合刘备、公孙瓒共同进犯袁绍。袁绍与曹操联盟,击破袁术大军。袁术撤至九江,杀扬州刺史,自领扬州刺史兼徐州伯。建安二年(197),袁术在九江自立为帝,随后被曹操击破,愤恨而死。再看曹操的崛起,尽管说曹操加入了讨伐董卓的联盟,但曹操兵马少,而且没有地盘。曹操投奔袁绍门下,结成联盟。当袁绍图谋幽州、并州,扩张地盘的时候,担心冀州南边形势不稳,就派曹操引军入东郡,并上表朝廷,举荐其为东郡太守。当曹操引军入驻东郡不久,数百万青州的黄巾军涌入兖州,原兖州刺史刘岱被击毙。鲍信与兖州吏等至东郡迎曹操入兖州。从此,曹操领兖州刺史,大破青州黄巾军,收编三十余万降卒,以及数百万男女人口,实力大增。此时,曹操与袁绍依然结盟,联手击破袁术、公孙瓒、陶谦等联盟的入侵。曹操在兖州站稳脚跟之后,开始打着替父报仇的旗号,大兵压境,征伐徐州陶谦。随后,拿下徐州,取得对抗袁绍的资本。建安元年(196),曹操在荀彧等人的建议下,迎汉献帝入许。从建安元年(196)至建安十二年(207),曹操开始"挟天子以令诸侯",平定北方。

董卓擅政以来,战事频起,大规模的士民流动随之爆发。士民流徙的中心是京都洛阳及其周边郡的数百万人,迫于董卓淫威,浩浩荡荡向长安西迁。途中遭寇掠、饥饿等,"积尸盈路",至长安者不过十分之一。随后,李傕、郭汜相互攻伐,迁至长安的数十万民众,"强者四散,赢者相食"①,多数逃亡徐州依附陶谦之外,数万户百姓流徙益州依附刘焉,数万户出武关进入刘表治下的荆州。另外,青州的数百万黄巾流民武装涌入兖州。这些百姓大规模的流动,削弱了洛阳、长安等地的实力,增强了其他地域的实力,尤其是兖州曹操的实力。曹操正是靠收编三十万的精锐"青州兵",荡平北方。益州刘焉父子也正是倚靠从三辅汉中等地流徙而来的"东州兵",稳住益州形势。尤其重要的是,掌握文化资本、处于中上层的文士群体的聚散流徙,成为社会驱动系统的动力。如果说,董卓祸乱东京之际,一批文士为避祸而趁机逃离权力场的话。那么,这批文士开始寻找新的政治力量,依附其间,出谋划策,希望重整乾坤,再造新的社会秩序。他们的投奔目标有三:一是最具影响力的阀阅阶层——袁绍势力。如著名文士卢植因力驳董卓废少帝而遭免官,逃遁出洛阳,隐居上谷一带,被袁绍请为军师。颍川文士、亢父令荀彧见董卓洛阳祸乱京师洛阳,便弃官归乡里。荀彧深知乡里颍川,地势平坦,不足保命,劝喻随同郡的韩融避乱密西山的父老。可惜父老怀土,荀彧带着宗族投奔冀州袁绍。正如文士陈琳从京师洛阳避难冀州,依附渤海太守袁绍。二是最有政治理想的庶族阶层——曹操势力。文士荀彧、程昱、娄圭等辗转追随曹操。《后汉书·荀彧传》载:"时,曹操在东郡,彧闻操有雄略,而度绍终不能定大业。初平二年,乃去绍从操。操与语大

---

① (南朝·宋)范晔:《后汉书》,中华书局1965年版,第2341页。

悦,曰:'吾子房也。'"①《三国志·魏志·程昱传》载:"刘岱为黄巾所杀。太祖临兖州,辟昱。昱将行,其乡人谓曰:'何前后之相背也!'昱笑而不应。太祖与语,说之。"②《三国志·魏志·崔琰传》裴注引《魏略》曰:"娄圭字子伯,少与太祖有旧。初平中在荆州北界合众,后诣太祖。太祖以为大将,不使典兵,常在坐席言议。"③文士郭嘉避袁绍远去,荀彧荐郭嘉于曹操。《三国志·魏志·郭嘉传》载:"初,北见袁绍,谓绍谋臣辛评、郭图曰:……于是遂去之。先是时,颍川戏志才,筹画士也,太祖甚器之。早卒。太祖与荀彧书曰:'自志才亡后,莫可与计事者。汝、颍固多奇士,谁可以继之?'彧荐嘉。召见,论天下事。太祖曰:'使孤成大业者,必此人也。'嘉出,亦喜曰:'真吾主也。'"④曹操在谋士荀彧谋划下,从洛阳迎回汉献帝,获得了道统话语权。可以说,随汉献帝东归而来、或听闻献帝入许的文士,纷纷齐聚许昌(见上编第一章第二节的论述)。曹操有效地团结起这一批文士,从而成功统一北方。三是投奔相对太平的荆州刘表。如文士王粲、傅巽、邯郸淳、赵戬、赵岐、祢衡、隗禧、赵俨等流徙至荆州,依附刘表。另外,也有因地域或亲近关系,郑太谋杀国贼董卓失败后,逃徙南阳,依附袁术。

中下层文士的聚散流徙是社会驱动系统的动力,主要是因为这一阶层是道统价值的维护者,是知识文化的掌握者。他们的聚散,代表着人心向背,他们在流徙中所追随的主公,代表着新的政治力量和希望。尤其,他们不仅满腹经纶,还能审时度势,制定谋略,小到可以影响一场战争的胜利,大到决定结束割据走向统一。其中翘楚如荀彧、郭嘉、沮授等。袁绍在未得沮授之时,曾和冀州牧韩馥等人欲另立宗室、幽州牧刘虞为帝。直到沮授改投袁绍之后,才为袁绍定下霸业大计:"将军弱冠登朝,播名海内。值为立之际,忠义奋发,单骑出奔,董卓怀惧,济河而北,勃海稽服。拥一郡之卒,撮冀州之众,威陵河朔,名重天下。若举军东向,则黄巾可扫;还讨黑山,则张燕可灭;回师北首,则公孙必禽;震胁戎狄,则匈奴立定。横大河之北,合四州之地,收英雄之士,拥百万之众,迎大驾于长安,复宗庙于洛邑,号令天下,诛讨未服。以此争锋,谁能御之!比及数年,其功不难。"⑤可惜,袁绍不能用其方略而败亡。割据势力袁术也正是缺乏这样的战略家、谋士,才选择了自立为帝,最后遭到剿灭。荀彧也劝曹操,"昔晋文纳周襄王而诸侯景从,高祖东伐为义帝缟素而天下归心。自天子播越,将军首唱义兵,徒以山东扰乱,未能远赴关右,然犹分遣将帅,蒙险通使,虽御难于外,乃心无不在王室,是将军匡天下之素

① (南朝·宋)范晔:《后汉书》,中华书局1965年版,第2281—2282页。
② (晋)陈寿:《三国志》,中华书局1959年版,第426页。
③ (晋)陈寿:《三国志》,中华书局1959年版,第373—374页。
④ (晋)陈寿:《三国志》,中华书局1959年版,第431页。
⑤ (南朝·宋)范晔:《后汉书》,中华书局1965年版,第2379页。

志也。今车驾旋轸,东京榛芜,义士有存本之思,百姓感旧而增哀。诚因此时,奉主上以从民望,大顺也;秉至公以服雄杰,大略也;扶弘义以致英俊,大德也。天下虽有逆节,必不能为累,明矣。"①郭嘉为曹操兜售自己的"霸王之业"思想,所谓的"霸王之业"就是要曹操效仿齐桓、晋文之事,"尊王攘夷",以复兴汉室。曹操正是因为听从了荀彧、郭嘉等人的"挟天子以令诸侯"的政治理念,才荡平了群雄,统一了北方。

三、赤壁之战前后的南方政治场

在镇压黄巾起义和讨伐董卓的时候,东汉后期政治权力场中还崛起了两股政治力量:一是凭借高贵的皇室血统以及道德资本崛起的没落皇室成员——刘备集团。二是凭借世家身份与孔武有力而崛起的孙坚父子。赤壁之战后,这两股政治势力与曹操势力三足鼎立,深刻地影响着三国时代的政治格局。

（一）刘备集团的崛起与迁徙

从社会阶层看,刘备虽属于庶族,《三国志》记载说,"先主少孤,与母贩履织席为业"②,但他作为汉景帝子中山靖王刘胜的后裔,具有高贵的皇室血统,成为一种先天的优势。早年的游学经历,让他结识了公孙瓒等人,拜东汉后期著名的政治家、学士卢植为师。并得到中山富商张世平、苏双的巨金资助,有了合徒聚众的经济资本。尤其,他结识了关羽、张飞等,为日后的崛起做好了准备。

在平定黄巾之乱的过程中,刘备投奔校尉邹靖,获得功名。因为地盘,只得依附于同窗公孙瓒,参与了伐袁绍的战争。随后依附徐州牧陶谦,并得到陶谦举荐,领豫州刺史。陶谦临死之前,叮嘱别驾从事麋竺,"非刘备不能安此州也。"③随后,文士麋竺率徐州士大夫迎接刘备做了徐州牧。受到淮南袁术的攻击,以及吕布的攻击,仅有的下邳、小沛等地失守。刘备投靠了曹操,以豫州牧身份,与曹操合兵并击吕布,消灭了徐州吕布势力。因为暗中与朝中车骑将军董承等人谋诛曹操,逃亡。与袁绍联盟,对抗曹操。建安五年(200),官渡之战,袁绍败亡之后,刘备辗转至荆州,依附刘表,屯兵新野。刘备在荆州,交接荆州豪杰,广揽人才。《三国志·蜀志·先主传》载:"先主遣麋竺、孙干与刘表相闻,表自郊迎,以上宾礼待之,益其兵,使屯新野。荆州豪杰归先主者日益多,表疑其心,阴御之。"④刘备访得避难荆州的诸葛亮等文士,才结束了盲目的、毫无战略的局面。诸葛亮在隆中为刘备拨云见日,指明了政治方略。《三国志·蜀志·诸葛亮

---

① （晋）陈寿:《三国志》,中华书局 1959 年版,第 310 页。
② （晋）陈寿:《三国志》,中华书局 1959 年版,第 871 页。
③ （晋）陈寿:《三国志》,中华书局 1959 年版,第 873 页。
④ （晋）陈寿:《三国志》,中华书局 1959 年版,第 876 页。

传》载:"由是先主遂诣亮,凡三往,乃见。因屏人曰:'汉室倾颓,奸臣窃命,主上蒙尘。孤不度德量力,欲信大义于天下,而智术浅短,遂用猖獗,至于今日。然志犹未已,君谓计将安出?'亮答曰:'自董卓已来,豪杰并起,跨州连郡者不可胜数。曹操比于袁绍,则名微而众寡,然操遂能克绍,以弱为强者,非惟天时,抑亦人谋也。今操已拥百万之众,挟天子而令诸侯,此诚不可与争锋。孙权据有江东,已历三世,国险而民附,贤能为之用,此可以为援而不可图也。荆州北据汉、沔,利尽南海,东连吴会,西通巴、蜀,此用武之国,而其主不能守,此殆天所以资将军,将军岂有意乎?益州险塞,沃野千里,天府之土,高祖因之以成帝业。刘璋阎弱,张鲁在北,民殷国富而不知存恤,智能之士思得明君。将军既帝室之胄,信义著于四海,总揽英雄,思贤如渴,若跨有荆、益,保其岩阻,西和诸戎,南抚夷越,外结好孙权,内修政理;天下有变,则命一上将将荆州之军以向宛、洛,将军身率益州之众出于秦川,百姓孰敢不箪食壶浆以迎将军者乎?诚如是,则霸业可成,汉室可兴矣。'"①建安十三年(208),曹操兵下荆州,随刘备南奔的荆楚之士如云。《三国志·蜀志·刘巴传》载:"表卒,曹公征荆州。先主奔江南,荆、楚群士从之如云。"②诸葛亮在刘备危难之际,促成孙刘联盟,赢得了赤壁之战。从此,刘备不仅有了自己的地盘——荆州,而且大收荆楚之士,如庞统、伊籍、马良弟兄、陈震、廖立、向朗、蒋琬、邓方、辅匡、刘邕、张存、殷观、冯习、张南、郝普、潘浚等(见第一章第三节的论述)。建安十七年(212),刘备带军入川,随后,与益州牧刘璋反目,益州落入刘备集团的手中,落实了诸葛亮的战略计划,实现了三分天下的理想。

可见,刘备集团凭借皇室身份以及道德资本,吸引了大批的徐州、荆襄以及益州等地文士。刘备集团本身作为流徙群体,辗转于许、荆、益州等地,从无寸土可依到建立了地跨荆、巴、益州等地对峙政权。

(二)孙坚父子的崛起

著名史学家陈寅恪先生在《述东晋王导之功业》一文中说,"孙氏之建国乃由江淮地域之强宗大族因汉末之扰乱,拥戴江东地域具有战斗力之豪族,即当时不以文化见称之次等世族孙氏,借其武力,以求保全而组织之政权。"③同时,比较西晋后期,江东陈敏割据失败,得出这样的结论:"东汉末年孙氏一门约相当于义兴周氏之雄武,而政治社会地位则颇不及之,孙坚、策、权父子兄弟声望才智远过于陈敏,此孙氏为江淮之豪家大族所推戴,得成霸业,而陈敏则为东吴之豪宗大族所离弃,终遭失败也。"④由此可见,孙

---

① (晋)陈寿:《三国志》,中华书局1959年版,第912—913页。
② (晋)陈寿:《三国志》,中华书局1959年版,第980页。
③ 陈寅恪:《金明馆丛稿初编》,三联书店2001年版,第57页。
④ 陈寅恪:《金明馆丛稿初编》,三联书店2001年版,第58页。

氏正是凭借世族身份与孔武有力等资本崛起的。

　　孙坚十七岁时，路遇海盗抢劫，独自一人，"操刀上岸，以手东西指麾，若分部人兵以罗遮贼状。贼望见，以为官兵捕之，即委财物散走"①而声名显闻。孙坚也曾加入平叛黄巾军的行列。《三国志·吴志·孙破虏讨逆传》载："中平元年，黄巾贼帅张角起于魏郡，讬有神灵，遣八使以善道教化天下，而潜相连结，自称黄天泰平。三月甲子，三十六方一旦俱发，天下响应，燔烧郡县，杀害长吏。汉遣车骑将军皇甫嵩、中郎将朱俊将兵讨击之。俊表请坚为佐军司马，乡里少年随在下邳者皆愿从。坚又募诸商旅及淮、泗精兵，合千许人，与俊并力奋击，所向无前。"②中平四年（184），孙坚为长沙太守，平定郡内叛乱。董卓擅政期间，长沙太守孙坚起兵，正如吕思勉分析的，"汉朝时候，湖南还未甚开辟，长沙僻在南方，与中原大局无甚关系。倘使做太守的是一个苟且偷安的人，大可闭境息民，置境外之事于不问。孙坚却是有野心的。他听得东诸侯起兵讨卓，也就立即起兵。"③孙坚假途，杀荆州刺史王睿与南阳太守张咨，与袁术会盟鲁阳。孙坚成为讨伐董卓的一员悍将，大破董卓军队，斩其都督华雄等，并收复洛阳，修复董卓盗掘的汉代皇陵。随后，孙坚奉袁术之命，发兵攻打刘表，被黄祖军士射杀。孙坚长子孙策在庐陵郡时，"收合士大夫，江、淮间人咸向之。"④孙策葬父曲阿，追随舅父丹杨太守吴景，招募数百人，投奔袁术，领其父孙坚的部曲。朝廷委派刘繇为扬州刺史，因为扬州治所寿春为袁术所占，刘繇渡过长江，将治所迁往曲阿，驱逐了袁术的势力——孙策的堂兄孙贲以及舅父吴景等。孙策借机乞兵袁术，助舅父吴景平江东，袁术从之。《三国志·吴志·孙破虏讨逆传》载："术自用故吏琅邪惠衢为扬州刺史，更以景为督军中郎将，与贲共将兵击英等，连年不克。策乃说术，乞助景等平定江东。"⑤从此，孙策摆脱袁术的控制，渡江南下，袭破扬州刺史刘繇，控制江东，取会稽、吴郡、豫章、庐陵等。后来孙策遇刺身亡，孙权继承父兄事业，与刘备联手，在赤壁击败曹操的进攻，分割荆州，对峙江东。

　　如果说，刘备集团在流徙的过程中得到当地文士认同，那么，孙氏父子却是得到流徙到江东的文士群体的支持。当然，孙策早年家住寿春时，就结识了避难于此的汝南文士吕范。《三国志·吴志·吕范传》载："吕范字子衡，汝南细阳人也。……后避乱寿春，孙策见而异之，范遂自委昵，将私客百人归策。时太妃在江都，策遣范迎之。……时唯范与孙河常从策，跋涉辛苦，危难不避，策亦亲戚待之，每与升堂，饮宴于太妃前。后

---

①　（晋）陈寿：《三国志》，中华书局1959年版，第1093页。
②　（晋）陈寿：《三国志》，中华书局1959年版，第1094页。
③　吕思勉：《三国史话》，见《吕著史地通俗读物四种》，上海古籍出版社2010年版，第218页。
④　（晋）陈寿：《三国志》，中华书局1959年版，第1101页。
⑤　（晋）陈寿：《三国志》，中华书局1959年版，第1102页。

从策攻破庐江,还俱东渡,到横江、当利,破张英、于麋,下小丹杨、湖孰,领湖孰相。策定秣陵、曲阿,收笮融、刘繇余众,增范兵二千,骑五十匹。后领宛陵令,讨破丹杨贼,还吴,迁都督。"①《三国志·吴志·吕范传》裴注引《江表传》曰:"策从容独与范棋,范曰:'今将军事业日大,士众日盛,范在远,闻纲纪犹有不整者,范愿蹔领都督,佐将军部分之。'策曰:'子衡,卿既士大夫,加手下已有大众,立功于外,岂宜复屈小职,知军中细碎事乎!'范曰:'不然。今舍本土而托将军者,非为妻子也,欲济世务。犹同舟涉海,一事不牢,即俱受其败。此亦范计,非但将军也。'策笑,无以答。范出,更释襦,着袴褶,执鞭,诣合下启事,自称领都督,策乃授传,委以众事。由是军中肃睦,威禁大行。"②孙策在寿春时,庐陵舒县豪族周瑜造访,并劝孙策移居舒县。《三国志·吴志·孙破虏讨逆传》裴注引《江表传》曰:"坚为朱俊所表,为佐军,留家着寿春。策年十余岁,已交结知名,声誉发闻。有周瑜者,与策同年,亦英达夙成,闻策声闻,自舒来造焉。便推结分好,义同断金,劝策徙居舒,策从之。"③《三国志·吴志·周瑜传》载:"周瑜字公瑾,庐江舒人也。瑜长壮有姿貌。初,孙坚兴义兵讨董卓,徙家于舒。坚子策与瑜同年,独相友善,瑜推道南大宅以舍策,升堂拜母,有无通共。瑜从父尚为丹杨太守,瑜往省之。会策将东渡,到历阳,驰书报瑜,瑜将兵迎策。策大喜曰:'吾得卿,谐也。'"④孙策葬父曲阿之后,过江,驻扎在长江北岸的江都,访得避乱江东的著名广陵文士张纮。张纮为孙策定下霸业方针。《三国志·吴志·张纮传》载:"张纮字子纲,广陵人。游学京都,还本郡,举茂才,公府辟,皆不就,避难江东。孙策创业,遂委质焉。"⑤《三国志·吴志·孙破虏讨逆传》裴注引《吴历》曰:"初策在江都时,张纮有母丧。策数诣纮,咨以世务……纮见策忠壮内发,辞令慷慨,感其志言,乃答曰:'昔周道陵迟,齐、晋并兴;王室已宁,诸侯贡职。今君绍先侯之轨,有骁武之名,若投丹杨,收兵吴会,则荆、扬可一,雠敌可报。据长江,奋威德,诛除群秽,匡辅汉室,功业侔于桓、文,岂徒外藩而已哉?方今世乱多难,若功成事立,当与同好俱南济也。'策曰:'一与君同符合契,同有永固之分,今便行矣,以老母弱弟委付于君,策无复回顾之忧。'"⑥临淮文士鲁肃,见天下扰乱,淮泗之间不足避乱,带部曲等人避难江东,投奔孙策。《三国志·吴志·鲁肃传》裴注引《吴书》曰:"肃体貌魁奇,少有壮节,好为奇计。天下将乱,乃学击剑骑射,招聚少年,给其衣食,往来南山中射猎,阴相部勒,讲武习兵。父老咸曰:'鲁氏世衰,乃生此狂儿!'后雄杰并起,中

① (晋)陈寿:《三国志》,中华书局1959年版,第1309页。
② (晋)陈寿:《三国志》,中华书局1959年版,第1309—1310页。
③ (晋)陈寿:《三国志》,中华书局1959年版,第1101页。
④ (晋)陈寿:《三国志》,中华书局1959年版,第1259页。
⑤ (晋)陈寿:《三国志》,中华书局1959年版,第1243页。
⑥ (晋)陈寿:《三国志》,中华书局1959年版,第1102—1103页。

州扰乱,肃乃命其属曰:'中国失纲,寇贼横暴,淮、泗间非遗种之地,吾闻江东沃野万里,民富兵强,可以避害,宁肯相随俱至乐土,以观时变乎?'其属皆从命。乃使细弱在前,强壮在后,男女三百余人行。州追骑至,肃等徐行,勒兵持满,谓之曰:'卿等丈夫,当解大数。今日天下兵乱,有功弗赏,不追无罚,何为相逼乎?'又自植盾,引弓射之,矢皆洞贯。骑既嘉肃言,且度不能制,乃相率还。肃渡江往见策,策亦雅奇之。"①彭城文士张昭避乱扬州,孙策请为长史。《三国志·吴志·张昭传》载:"张昭字子布,彭城人也。少好学,善隶书,从白侯子安受《左氏春秋》,博览众书,……汉末大乱,徐方士民多避难扬土,昭皆南渡江。孙策创业,命昭为长史、抚军中郎将,升堂拜母,如比肩之旧,文武之事,一以委昭。"②《三国志·吴志·张昭传》裴注引《吴书》曰:"策得昭甚悦,谓曰:'吾方有事四方,以士人贤者上,吾于子不得轻矣。'乃上为校尉,待以师友之礼。"③孙策击破扬州刺史刘繇之后,引兵渡浙江,占据会稽,攻破严白虎的数万盗寇。此时,孙策有"彭城张昭、广陵张纮、秦松、陈端等为谋主"④。秦松、陈端等人见诸《三国志·吴志·张纮传》。"初,纮同郡秦松字文表,陈端字子正,并与纮见待于孙策,参与谋谟。各早卒。"⑤汝南文士吕蒙,随姐夫南渡江东,依附孙策。《三国志·吴志·吕蒙传》载:"吕蒙字子明,汝南富陂人也。少南渡,依姊夫邓当。当为孙策将,数讨山越。……策召见奇之,引置左右。数岁,邓当死,张昭荐蒙代当,拜别部司马。权统事,料诸小将兵少而用薄者,欲并合之。"⑥孙权主事之后,又有一批流徙江东的文士投奔而来,如诸葛瑾、步骘、吕蒙、吕范、秦松、陈端、严畯、程秉、阚泽、唐固、薛综、虞翻、骆统、刘惇、赵达等(见上编第一章第三节论述)。孙坚、孙策父子创业之初,基本上倚靠的是流徙江东的豪族大族与文士。到了孙权时代,大量延揽江东土著世族文士,如顾雍、顾徽、顾悌、顾邵、朱桓、陆绩、陆逊、张敦、吴粲、朱据、暨艳等(见上编第一章第三节论述)。

综上所述,赤壁之战前后东南、西南等地的政治权力场与文士流徙的关系密切。尽管说曹操崛起兖州,迎接汉献帝,很大程度上吸引了流徙文士的向心回聚。尤其是曹操大军南下,击破荆州刘表,许多流徙于荆州的文士纷纷归顺曹操。但也有不少的文士选择了其他政治集团。诸葛亮劝说孟公威,"中国饶士大夫,遨游何必故乡邪?"⑦

---

① (晋)陈寿:《三国志》,中华书局 1959 年版,第 1267—1268 页。
② (晋)陈寿:《三国志》,中华书局 1959 年版,第 1219 页。
③ (晋)陈寿:《三国志》,中华书局 1959 年版,第 1220 页。
④ (晋)陈寿:《三国志》,中华书局 1959 年版,第 1104 页。
⑤ (晋)陈寿:《三国志》,中华书局 1959 年版,第 1247 页。
⑥ (晋)陈寿:《三国志》,中华书局 1959 年版,第 1273 页。
⑦ (晋)陈寿:《三国志》,中华书局 1959 年版,第 911 页。

四、三国鼎立时期的政治权力场

汉末以来,经过一番洗牌,出现了魏、蜀、吴三分天下的格局,三国之间存在着互相角力、互相合作的权力场。同时,各国内部也存在着权力场。三国之间的斗争,史籍记载翔实,在此就不赘述。我们重点分析各国内部的权力场及其变化。

首先,曹魏内部的权力场。这要从曹操的崛起说起,曹操正是依赖着汝颍世族和谯沛世族而崛起的。正如万绳楠先生说的,"随着时间的迁流,在曹操统治集团中,明显地出现了两个以地区相结合的派别。一为以汝颍地区士大夫为首的世族地主集团,包括依附于他们的一些庶族地主,可名之为'汝颍集团';一为以谯沛地区人物为首的新的官僚地主集团,包括依附于他们的一些世族地主,可名之为'谯沛集团'。"①早在东汉中后期,汝颍地区就出现了两个领袖人物——陈蕃与李膺,汝颍地区的士风也因此得到激励。汝颍地区的世族士大夫作为东汉中后期公卿名臣的后盾,与大将军窦武合作,弹劾宦官势力,受到桓帝的打压,这就是著名的"党锢之祸"。到了汉献帝时代,汝颍地区的世族领袖荀彧等人,纷纷拥护曹操。董卓乱政,曹操逃回家乡谯沛地区,招募人马,起兵伐董卓。因此,谯沛地区的地方豪族如夏侯氏、许褚以及曹氏宗族,都成为曹操集团中的武将。"以领兵将领来说,曹操时期统兵征讨与宿卫大将,大都是谯郡或沛国人。"②作为寒门庶族的曹操,观念上十分通脱,绝不会局限于地域或出身等,以"唯才是举"为标尺,大胆启用庶族才士。同时,也注意团结世族人物③。

曹操时期,东汉以来公卿名臣为代表世家名族势力虽受到打击,但社会影响力很大。这些人思想固执,恪守门第观念,瞧不起以曹操为代表的次等世族或庶族集团④。弘农杨氏杨彪在"天子新迁,大会公卿"的大会上,看到兖州刺史曹操上殿,便流露出鄙夷的眼光。这足以说明了当时的政治权力场中两个不同阶层的争斗。以杨彪为代表的世家名族以文化资本占据重要的政治位置,而以曹操为代表的庶族集团控制兵权、地盘等政治资本而掌控朝政。曹操为了打击世家名族为代表的公卿名臣势力,逼迫杨彪免官,并借袁术僭位称帝⑤,欲将杨彪执而杀之。虽有名臣孔融相救,但杨彪被除侯爵,隐居多年。另外,曹操也受到朝中以董承为主的旧势力的威胁,这些人暗中谋划,准备诛杀曹操。《后汉书·董卓传》载:"自都许之后,权归曹氏,天子总己,百官备员而已。帝

---

① 万绳楠:《魏晋南北朝史论稿》,安徽教育出版社1983年版,第78页。
② 万绳楠:《魏晋南北朝史论稿》,安徽教育出版社1983年版,第80页。
③ 王永平:《汉晋间社会阶层升降与历史变迁》,社会科学文献出版社2011年版,第74—79页。
④ 曹操出身宦官家族,但不属于腐朽的宦官集团成员,是谯沛地区新兴的庶族代表。追随他的谯沛人物,也多是从庶族中崛起的武将。以荀彧为代表的汝颍世族,与公卿名臣为代表的旧名族相比,属于次等世族。
⑤ 东京名族袁氏与弘农杨氏联姻,杨彪娶袁术之妹为妻。因此,曹操借袁术称帝,诬告杨彪参与谋反,下狱。

忌专偪,乃密诏董承,使结天下义士共诛之。承遂与刘备同谋,未发,会备出征,承更与偏将军王服、长水校尉种辑、议郎吴硕结谋。"①《三国志·蜀志·先主传》载:"献帝舅车骑将军董承,辞受帝衣带中密诏,当诛曹公。……遂与承及长水校尉种辑、将军吴子兰、王子服等同谋。"②最后,曹操处死了董承等人,果断平息了许都内部的权力之争。

总而言之,曹操对外扫灭割据势力,统一北方,对内打击政敌,稳控朝政,这意味着寒门庶族为代表的政治集团战胜了东汉以来的世家名族为主体的政治集团。然而,曹操晚年,在政治权力场中,汝颖集团与谯沛集团的角力越来越明显,尤其在立储问题上。谯沛集团的代表人物丁仪与丁廙,支持立曹植为世子。"便很自然地使曹丕与宗室、谯沛人之间,形成一道鸿沟。"③汝颖集团人物主张嫡长子继承制,支持立长子曹丕为储。荀彧、荀攸死后,陈群成为汝颖集团的中心人物,不仅在曹丕继承魏王位之后,被任吏部尚书,而且创立九品官人法,进一步巩固世族地位。曹丕称帝后,又任陈群为镇军大将军,领中护军,录尚书事。"曹丕为王,使曹魏统治集团中两大政治派别的力量对比发生了深刻的变化。原来与军权无干的汝颖集团人物,不仅可以录尚书事干政,而且可以大将军干军。谯沛集团在政权中的地位大为削弱,对武装力量的垄断局面到此结束。"④魏文帝为了巩固地位,不仅倚靠汝颖集团的陈群等新世族,而且大力拉拢东汉以来的旧世族。曹操时代,备受排挤打压的弘农杨彪,又受到极力笼络。

> 公卿朝朔旦,并引故汉太尉杨彪,待以客礼。诏曰:"……公故汉宰臣,乃祖巳来,世著名节,年过七十,行不逾矩,可谓老成人矣,所以宠异以章久德。其赐公延年杖及几凭;谒谒之日,便使杖入,又可使著鹿皮冠。"⑤

> 彪辞曰:"尝以汉朝为三公,值世衰乱,不能立尺寸之益,若复为魏臣,于国之选,亦不为荣也。"帝不夺其意。⑥

《三国志·文帝纪》裴注引《续汉书》:

> 黄初四年,诏拜光禄大夫,秩中二千石,朝见位次三公,如孔光故事。彪上章固辞,帝不听,又为门施行马,致吏卒,以优崇之。⑦

汝颖世族为了壮大实力,广泛引荐其他地域的世族成员,河内儒学世族司马懿乘机崛起,成为继陈群之后的世族领袖,得到了颍川钟毓、锺会兄弟、陈泰、荀颛以及北地傅

① (南朝·宋)范晔:《后汉书》,中华书局1965年版,第2343页。
② (晋)陈寿:《三国志》,中华书局1959年版,第875页。
③ 万绳楠:《魏晋南北朝史论稿》,安徽教育出版社1983年版,第84页。
④ 万绳楠:《魏晋南北朝史论稿》,安徽教育出版社1983年版,第84页。
⑤ (晋)陈寿:《三国志》,中华书局1959年版,第78页。
⑥ (晋)陈寿:《三国志》,中华书局1959年版,第78—79页。
⑦ (晋)陈寿:《三国志》,中华书局1959年版,第78—79页。

嘏等人的支持。而此时的谯沛集团人物以曹爽、夏侯玄为首,以何晏、邓飏、丁谧、毕轨、李胜、桓范、李丰、张辑为成员。还包括王凌、令狐愚、毌丘俭、文钦、诸葛诞等将领。因此,曹魏后期,司马懿与曹爽之间的斗争,不仅是汝颍集团与谯沛集团的一次大决斗,而且也是世族与庶族新官僚的角逐。正如陈寅恪先生说的,"作为一个阶级来说,儒家豪族是与寒族出身的曹氏对立的。官渡一战,曹氏胜,袁氏败,儒家豪族阶级不得不暂时隐忍屈辱。但乘机恢复的想法,未尝一刻抛弃。曹操死后,他们找到了司马懿,支持司马懿向曹氏展开了夺权斗争。后来,他们通过司马懿父子之手,终于把政权夺回到了自己的手上。"①最终,曹魏政权也因谯沛集团庶族群体覆灭而灭亡。

其次,蜀汉内部的权力场。如果说,曹魏政权内部主要是以汝颍地区为主的世族阶层与以谯沛地区为主的庶族官僚阶层的合作与斗争的话,那么,蜀汉政权内部则主要是从徐、荆、襄等地流徙而来的外来士人集团与益州当地的土著大族集团的合作与斗争。

东汉后期,因前任益州刺史刘隽的贪污腐朽,引发了下层民众动乱,汉廷委派皇室宗亲刘焉为益州牧。因此,刘焉作为外来管理者入川,借助土著豪族力量如贾龙等,平定了下层动乱。随后,刘焉父子倚靠从南阳、三辅等地流寓益州的流民与大族力量,打击益州土著豪族势力。因此,益州的土著世族势力处在劣势地位,益州的流寓士人集团势力占上风。"先是,南阳、三辅人流入益州数万家,收以为兵,名曰东州兵。璋性宽柔,无威略,东州人侵暴旧民,璋不能禁。政令多阙,益州颇怨。赵韪素得人心,璋委任之。韪因民怨谋叛,乃厚赂荆州请和,阴结州中大姓,与俱起兵,还击璋。蜀郡、广汉、犍为皆应韪,璋驰入成都城守,东州人畏韪,咸同心并力助璋,皆殊死战,遂破反者。"②以赵韪为代表的益州土著大族势力被平,以庞羲为主的流寓益州的东州大族集团掌控兵权,"恃功骄豪",刘璋深以为患。"益州地主集团中坚蜀郡张松企图依赖外力来推翻东州地主集团的统治,就乘机向刘璋建议,把刘备从荆州请来,叫他消灭张鲁。张松以为只要刘备入蜀,刘璋失势,益州地主集团的势力就可抬头了。"③刘备携荆襄军士以及文士数万人沿长江溯流,顺利入蜀,也得到流寓文士法正支持。刘璋听从了张松的建议,委派法正领四千人迎接刘备大军。法正私下献策刘备,"以明将军之英才,乘刘牧之懦弱;张松,州之股肱,以响应于内;然后资益州之殷富,凭天府之险阻,以此成业,犹反掌也。"④随后,在强大的军事进攻下,刘备率领的徐、荆、襄等军士击败了益州牧主刘璋,

---

① 陈寅恪:《魏晋南北朝史讲演录》,贵州人民出版社 2008 年版,第 11 页。
② (晋)陈寿:《三国志》,中华书局 1959 年版,第 869 页。
③ 王仲荦:《魏晋南北朝隋初唐史》上册,上海人民出版社 1961 年版,第 34 页。
④ (晋)陈寿:《三国志》,中华书局 1959 年版,第 957 页。

大合流寓人士与土著大族,成为益州牧。《三国志·蜀志·先主传》载:

> 蜀中殷盛丰乐,先主置酒大飨士卒,取蜀城中金银分赐将士,还其谷帛。先主复领益州牧,诸葛亮为股肱,法正为谋主,关羽、张飞、马超为爪牙,许靖、麋竺、简雍为宾友。及董和、黄权、李严等本璋之所授用也,吴壹、费观等又璋之婚亲也,彭羕又璋之所排摈也,刘巴者宿昔之所忌恨也,皆处之显任,尽其器能。有志之士,无不竞劝。①

由此可见,占领益州的刘备集团内部,主要有三种政治力量:一是入川之前的徐、荆、襄等地的士人集团。二是刘焉、刘璋时代入川的外来士人集团——东州集团。三是益州土著的士人集团。这三种政治力量在刘备集团的政治位势虽有不同,但也能"皆处之显任,尽其器能",各自势力均实现了"利益的最大化",出现了空前的团结与合作。当然,不满刘备集团的土著豪宗势力,在抵抗中战死,如张任等人,或战败后流亡,如益州土著豪宗李异等。李异曾随赵韪谋叛刘璋,后反杀赵韪,投靠刘璋。《三国志·蜀志·刘二牧传》裴注引《英雄记》:"韪将庞乐、李异反杀韪军,斩韪。"② 章武元年,孙权请和蜀汉不成,命吴将陆议、李异、刘阿等屯兵巫山县与秭归等地。可见,李异在刘备占领益州之后,投奔东吴。同时,刘备也采取了拉拢流寓的东州集团,如拉拢吴壹、庞羲等实力人物,有意打击心怀不满的部分益州土著集团,如杀彭羕、张裕等人。

刘备死后,蜀汉政权内部的益州土著大族与外来士人之间的矛盾渐渐暴露出来。刘备临终前,在白帝城托孤于外来士人的代表人物诸葛亮与益州大族代表人物李严③,互相形成制衡。蜀汉政权第一代权力核心人物刘备、关羽、张飞相继死后,权力落入诸葛亮手中,"政事巨细,咸决于亮"④。辅政大臣诸葛亮与李严之间的矛盾,实质上是外来的荆襄士人集团与益州土著集团的矛盾。外来的荆襄士人集团主张对魏用兵,实现"兴复汉室"的理想,而益州土著大族则主张保境安民,维护既得利益。诸葛亮辅政期间,外来的荆襄势力具有压倒性优势。然而,以李严为代表的益州土著势力虽有异议,但不能改变国策,只能通过军粮运输,来牵制诸葛亮的北伐。《三国志·蜀志·李严传》载:

> 九年春,亮军祁山,平催督运事。秋夏之际,值天霖雨,运粮不继,平遣参军狐

---

① (晋)陈寿:《三国志》,中华书局 1959 年版,第 882—883 页。

② (晋)陈寿:《三国志》,中华书局 1959 年版,第 869 页。

③ 李严是南阳人,属于东州集团的人物。李严在绵阳率众降刘备之后,任犍为太守,率郡士卒五千,击败马秦、高胜等数万人的叛乱,又平定了越嶲夷人的叛乱,得到刘备的器重,派尚书令。成为益州世族的代表人物。

④ (晋)陈寿:《三国志》,中华书局 1959 年版,第 918 页。

忠、督军成藩喻指,呼亮来还;亮承以退军。平闻军退,乃更阳惊,说:"军粮饶足,何以便归"!欲以解己不办之责,显亮不进之愆也。又表后主,说"军伪退,欲以诱贼与战"。亮具出其前后手笔书疏本末,平违错章灼。平辞穷情竭,首谢罪负。①

诸葛亮的上表中,将李严为代表的益州土著大族的心态揭橥得清清楚楚,"然谓平情在于荣利而已,不意平心颠倒乃尔"②。所谓"在于荣利",不是一般的个人荣誉名利,而是益州土著大族希望维护在蜀的既得利益,包括政治地位与经济特权。正如诸葛亮说的,"自先帝崩后,平所在治家,尚为小惠,安身求名,无忧国之事。"③诸葛亮死后,继诸葛亮主持大政的蒋琬、费祎,都是荆州世族与东州世族集团的首脑或骨干。随着蒋琬病逝,费祎被刺杀,蜀汉的兵权落入既不属于荆襄士人,又不属于东州集团,更不属于益州土著大族的姜维之手,姜维孤立无援。《三国志·蜀志·姜维传》裴注引《华阳国志》曰:"维恶黄皓恣擅,启后主欲杀之。后主曰:'皓趋走小臣耳,往董允切齿,吾常恨之,君何足介意!'维见皓枝附叶连,惧于失言,逊辞而出。后主敕皓诣维陈谢。维说皓求沓中种麦,以避内逼耳。"④《三国志·蜀志·姜维传》载:"维本羁旅讬国,累年攻战,功绩不立,而宦官黄皓等弄权于内,右大将军阎宇与皓协比,而皓阴欲废维树宇。维亦疑之。故自危惧,不复还成都。"⑤蜀汉政权已经到了风雨飘摇的地步。益州土著大族的代表人物谯周等,公开反对穷兵黩武。《三国志·蜀志·谯周传》载:"于时军旅数出,百姓雕瘁,周与尚书令陈祗论其利害,退而书之,谓之《仇国论》"⑥,甚至高唱投降论调。正如王仲荦先生说的,"在益州地主集团看来,蜀汉政权既不能代表他们全部的利益,它的颠覆,也不会给他们带来更大的灾害,相反,这一政权的颠覆,反可驱逐外来地主势力于益州之外,而使益州地主集团更能获得长足的发展。"⑦蜀亡之后,司马昭将益州的蜀汉宗室以及荆襄士人与东州大族等三万户迁至河东、关中等地。

综上所述,蜀汉政权的权力场斗争中,益州土著大族与流寓士人集团不断斗争。最后,蜀汉政权随着流寓士人集团的衰落而覆灭,剩下的残余力量被迫迁出益州,益州土著大族似乎赢得了胜利。但可悲的是,益州土著大族势力已经十分微弱,根本无法抵抗西晋末年李特为首的流民力量。

最后,孙吴内部权力场。如果说,孙策"举江东之众,决战于两阵之间,于天下争

① (晋)陈寿:《三国志》,中华书局1959年版,第999页。
② (晋)陈寿:《三国志》,中华书局1959年版,第1000页。
③ (晋)陈寿:《三国志》,中华书局1959年版,第1000页。
④ (晋)陈寿:《三国志》,中华书局1959年版,第1065页。
⑤ (晋)陈寿:《三国志》,中华书局1959年版,第1065页。
⑥ (晋)陈寿:《三国志》,中华书局1959年版,第1031页。
⑦ 王仲荦:《魏晋南北朝隋初唐史》上册,上海人民出版社1961年版,第40页。

衡"的时候,主要依靠的是两种政治力量:一是流寓于江东士人与皖北世家豪族,二是江东土著世族。那么,孙权主政时期,江东土著世族势力日益崛起,最终成了吴国依赖的主要力量。

孙权主政早期,流寓江东的士人群体与皖北世家豪族占绝对优势,而江东土著世族势力相对较弱。起初,流寓江东的士人群体与皖北世家豪族能密切合作,共同辅佐孙权。然而,当曹操举八十万大军来攻之时,以张昭为首的流寓士人群体主张归顺曹操为代表的汉家天下,而以周瑜、鲁肃为代表的皖北世家豪族则主张联刘抗曹。之所以如此,正如王仲荦先生说的,"江东世族地主志在保护他们在太湖流域的既得利益,对外拓地的要求,却远不及皖北世家豪族大地主那样来得迫切"①。当然,张昭等虽是流寓之士,但汉末徐州大乱时就避难江东,与江东土著世族的利益诉求一样。

三国鼎立后的东吴政权内部,流寓士人群体与江东土著世族力量发生微妙的变化,江东土著世族力量占据了重要的政治位势。史载,孙权称王,以江东土著大姓之一——顾雍为丞相,而放弃了流寓人士领袖张昭为相。《三国志·吴志·张昭传》载:"初,权当置丞相,众议归昭。权曰:'方今多事,职统者责重,非所以优之也。'后孙邵卒,百寮复举昭,权曰:'孤岂为子布有爱乎?领丞相事烦,而此公性刚,所言不从,怨咎将兴,非所以益之也。'乃用顾雍。"②其根本原因绝不是因为孙权解释的"张昭性格刚烈",也不是《江表传》中所谓的"然所以不相昭者,盖以昔驳周瑜、鲁肃等议为非也"③,而是江东土著世族自汉末以来就各有部曲武装,孙权要倚重江东土著世族中的首要人物——顾姓,已达到笼络整个江东土著世族群体,也就是孙策临终嘱咐的"举贤任能,各尽其心,以保江东"。此后,江东另一土著世族大姓——陆氏家族的陆逊出任丞相。正如陆凯所说,孙权"外仗顾、陆、朱、张,内近胡综、薛综,是以庶绩雍熙,邦内清肃"④。孙权去世后,流寓士人与江东土著世族之间还发生了一次争斗。孙亮即位,流寓士人诸葛恪秉政,邀蜀汉姜维同时举兵伐魏,"诸大臣以为数出罢劳,同辞谏恪,恪不听。中散大夫蒋延或以固争,扶出"⑤。诸葛恪"于是违众出军,大发州郡二十万众,百姓骚动,始失人心"⑥。所谓的"诸大臣"以及"违众"之"众"实际上是江东土著世族,他们"反对把他们的人力(部曲)、物力消耗在北取中原的战场上"⑦。随后,江东土著世族假孙峻、孙亮

---

① 王仲荦:《魏晋南北朝隋初唐史》上册,上海人民出版社1961年版,第48页。
② (晋)陈寿:《三国志》,中华书局1959年版,第1221页。
③ (晋)陈寿:《三国志》,中华书局1959年版,第1222页。
④ (晋)陈寿:《三国志》,中华书局1959年版,第1406页。
⑤ (晋)陈寿:《三国志》,中华书局1959年版,第1435页。
⑥ (晋)陈寿:《三国志》,中华书局1959年版,第1437页。
⑦ 万绳楠:《魏晋南北朝史论稿》,安徽教育出版社1983年版,第66页。

之手,对诸葛恪痛下杀手。

皖北世家豪族势力周瑜、鲁肃等,在赤壁之战后,先后领兵,负责荆州防务。随着周瑜、鲁肃等人谢世,皖北世家豪族势力衰落,荆州防务的兵权也落入江东土著世族吕蒙、陆逊等人手中。因此说,从孙权后期开始,东吴政权的权力场中,江东土著世族完全压倒了流寓士人群体与皖北豪族势力,东吴的军政大权几乎全部落入江东土著世族的手里。最后,东吴政权的灭亡,并不是江东地区世族势力衰落,而是孙氏后嗣严重损害了江东地区的世族利益,因而遭到抛弃。

第二节 文士流徙与西晋社会权力场

公元 265 年,司马炎称帝,西晋王朝建立。此时,蜀汉政权已经灭亡,对峙江东的孙吴政权尚苟延残喘,随着公元 280 年的晋军攻势下,孙吴政权土崩瓦解。为了加强对西南和东南的控制,西晋王朝先后强迫蜀汉政权的主体力量——盘踞的益州等外来人士群体外迁,强迫江东世家豪族势力迁往江北一带,这些世族群体中的精英之士被迫征召入洛(见上编第二章第一、二节)。因此,洛阳成为南北文士汇集之地,也成为西晋社会权力场的典型。

一、文士流徙与社会权力场的构成

西晋时代,洛阳的社会权力场域正是在蜀汉政权、东吴政权覆灭之后的文士流徙中促成的。具体而言:蜀汉政权灭亡之后,益州的土著世族被征入洛,形成了以文立、罗宪为领袖的蜀地文士群体。东吴政权灭亡后,江东世族文士被迫征召入洛,形成了以陆机为领袖的吴地文士群体。

(一) 蜀地文士群体

这一群体的领袖是文立与罗宪。文立是益州土著儒学之士兼文士,《晋书·儒林传》有传。另外,《三国志》裴注引《华阳国志》有载:

> 文立字广休,少治《毛诗》、《三礼》,兼通群书。刺史费祎命为从事,入为尚书郎,复辟祎大将军东曹掾,稍迁尚书。蜀并于魏,梁州建,首为别驾从事,举秀才。晋泰始二年,拜济阴太守,迁太子中庶子。立上言:"故蜀大官及尽忠死事者子孙,虽仕郡国,或有不才,同之齐民为剧;又诸葛亮、蒋琬、费祎等子孙流徙中畿,各宜量才叙用,以慰巴、蜀之心,倾吴人之望。"事皆施行。转散骑常侍,献可替否,多所补纳。稍迁卫尉,中朝服其贤雅,为时名卿。咸宁末卒。立章奏诗赋论

颂凡数十篇。①

文立之所以能成为蜀地文士集团的领袖,有三个方面的原因:一是他有优越的文化资本,不仅精通《毛诗》《三礼》等经学,还有章奏诗赋颂论等文章的创作,在文士群体中有一定的威望。二是他有相当高的政治资本,早年在蜀汉政权曾官居尚书,入晋后,曾以秀才身份,拜济阴太守、太子中庶子,后转任散骑常侍,有一定的话语权。三是他举荐蜀汉名臣子嗣与文士的举动,让他成为洛阳一带蜀地文士的组织者。

罗宪也是蜀地文士群体的另一领袖人物,他并非益州土著世族,其父罗蒙入蜀避乱较早,日益土著化。《三国志》裴注引《襄阳记》曰:

　　罗宪字令则。父蒙,避乱于蜀,官至广汉太守。宪少以才学知名,年十三能属文。后主立太子,为太子舍人,迁庶子、尚书吏部郎,以宣信校尉再使于吴,吴人称美焉。时黄皓预政,众多附之,宪独不与同,皓志,左迁巴东太守。时右大将军阎宇都督巴东,为领军,后主拜宪为宇副贰。魏之伐蜀,召宇西还,留宇二千人,令宪守永安城。寻闻成都败,城中扰动,江边长吏皆弃城走,宪斩称成都乱者一人,百姓乃定。得后主委质问至,乃帅所统临于都亭三日。吴闻蜀败,起兵西上,外托救援,内欲袭宪。宪曰:"本朝倾覆,吴为唇齿,不恤我难而徼其利,背盟违约。且汉已亡,吴何得久,宁能为吴降虏乎!"保城缮甲,告誓将士,厉以节义,莫不用命。吴闻钟、邓败,百城无主,有兼蜀之志,而巴东固守,兵不得过,使步协率众而西。宪临江拒射,不能御,遣参军杨宗突围北出,告急安东将军陈骞,又送文武印绶、任子诣晋王。协攻城,宪出与战,大破其军。孙休怒,复遣陆抗等帅众三万人增宪之围。被攻凡六月日而救援不到,城中疾病大半。或说宪奔走之计,宪曰:"夫为人主,百姓所仰,危不能安,急而弃之,君子不为也,毕命于此矣。"陈骞言于晋王,遣荆州刺史胡烈救宪,抗等引退。晋王即委前任,拜宪凌江将军,封万年亭侯。会武陵四县举众叛吴,以宪为武陵太守巴东监军。泰始元年改封西鄂县侯。宪遣妻子居洛阳,武帝以子袭为给事中。三年冬,入朝,进位冠军将军、假节。四年三月,从帝宴于华林园,诏问蜀大臣子弟,后问先辈宜时叙用者,宪荐蜀郡常忌、杜轸、寿良、巴西陈寿、南郡高轨、南阳吕雅、许国、江夏费恭、琅邪诸葛京、汝南陈裕,即皆叙用,咸显于世。②

从这段文献材料看,罗宪之所以成为蜀地文士群体的领袖,其原因有三:一是有才学,善属文,也就是具有优越的文化资本,能为其他文士所钦服。二是罗宪具有相当高

---

① （晋）陈寿:《三国志》,中华书局1959年版,第1032—1033页。
② （晋）陈寿:《三国志》,中华书局1959年版,第1008—1009页。

的政治资本,在蜀汉政权中,罗宪就做过太子舍人,迁庶子、尚书吏部郎,巴东太守等职,尤其是带兵二千守永安城,击败了吴国趁火打劫的进攻。蜀亡之后,罗宪举郡附魏,得到司马昭的信任,后入朝任冠军将军、假节。正是有这样的政治资本,才有资格向西晋的当政者举荐蜀地文士。三是罗宪也有举荐蜀地文士的重要举动,而且得以实施。

尽管在曹魏末年,蜀汉后主及其降臣,如郤正等入洛,但这一时期,入洛的蜀汉文士人数较少,不能成为一大群体。直到西晋泰始时期,尤其是泰始三四年以后,蜀地文士陆续入洛,人数明显多于魏末时期。因此,蜀地文士群体形成于西晋泰始时期。我们根据《三国志》《晋书》《华阳国志》等文献资料,梳理入洛的蜀地文士群中的具体成员、入洛任职以及举荐者等情况,见表4-1。

表4-1 西晋入洛的蜀地文士情况表

姓名	郡望	入洛及任职	举荐者	备注
谯周	巴西郡	泰始三年,谯周累诏被遣入洛,拜骑都尉。	谯周系蜀地知名学者,因劝后主刘禅降魏,被司马昭直接征召。	在洛三年。
陈寿	巴西郡	泰始五年,入洛任佐著作郎等。	罗宪	《晋书·陈寿传》《华阳国志》等文献皆云张华举荐。
李骧	梓潼郡	《华阳国志·后贤志》载:"时梓潼李骧叔龙,亦隽逸器,知名当世。举秀才,尚书郎,拜建平太守,以疾辞不就,意在州里。"	文立(?)	《华阳国志》曰:"甄致二州人士,铨衡平当,为士彦所宗。"
李密	犍为郡	《华阳国志》记载,泰始初年,晋武帝立太子,征李密为洗马,李密以奉养祖母为由拒绝。祖母过世,泰始四年,李密被征为太子洗马。	文立(?)	文献资料并无明确的举荐人。因文立是泰始二年转任太子中庶子,很有可能是文立举荐。
高玩	蜀郡	《华阳国志·后贤传》曰:"大同后,察孝廉,除曲阳令。单车之县,移檄县纲纪,不使遣迎。以明三才,征为太史令,送者亦不出界,朝廷称之。方论大用,会卒。"	文立(?)	高玩被征为太史令,亦无明确举荐者。暂时系于文立。
王崇	广汉	《华阳国志·后贤传》曰:"(王)崇,字幼远,学业渊博,雅性宏粹,蜀时东观郎。晋统一后,梁州辟别驾,举秀才,尚书郎。与寿良、李密、陈寿、杜烈同入京洛,为二州标俊。著《蜀书》,及诗赋之属数十篇。其书与陈寿颇不同。"	文立(?)	《华阳国志》曰:"甄致二州人士,铨衡平当,为士彦所宗。"

姓名	郡望	入洛及任职	举荐者	备注
寿良	蜀郡	《华阳国志·后贤传》曰："帝征为黄门侍郎，兼二州都给事中，梁州刺史。迁散骑常侍，大长秋，卒。葬洛北邙山。"	罗宪	《三国志》裴注引《襄阳记》
何攀	蜀郡	《华阳国志·后贤传》："攀既至洛，拜表献策，因至荆州，与刺史宋廷论。宋未许，乃见羊祜。累日，共画用兵之要。"	王濬	《华阳国志·后贤传》
杜轸	蜀郡	《华阳国志·后贤传》曰："杜轸，字超宗，蜀郡成都人也。……入为尚书郎。每升降趋翔廊阁之下，威容可观，中朝伟之。"	罗宪	《三国志》裴注引《襄阳记》
常忌	蜀郡	《华阳国志·大同志》载："晋泰始元年春，刺史袁邵以治城将被征。故蜀侍郎蜀郡常忌诣相国府陈邵抚恤有方，远国初附，当以渐导化，不宜改易州将，失遐外心。相国听留，辟忌为舍人。"	罗宪	《三国志》裴注引《襄阳记》
高轨	南郡	《三国志》裴注引《襄阳记》只说"即皆叙用，咸显于世"，任职情况文献阙如。	罗宪	《三国志》裴注引《襄阳记》
吕雅	南阳	《三国志》裴注引《襄阳记》只说"即皆叙用，咸显于世"，任职情况文献阙如。	罗宪	《三国志》裴注引《襄阳记》
许国	南阳	《三国志》裴注引《襄阳记》只说"即皆叙用，咸显于世"，任职情况文献阙如。	罗宪	《三国志》裴注引《襄阳记》
费恭	江夏	费祎之子，《三国志》裴注引《祎别传》曰："恭为尚书郎，显名当世。"	罗宪　文立	《三国志》裴注引《襄阳记》
诸葛京	琅邪	《三国志·蜀志·诸葛亮传》裴注引《晋泰始起居注》载《诏》曰："尚书仆射山涛启事：'郿令诸葛京，祖父亮，遇汉乱分隔，父子在蜀，虽不达天命，要为尽心所事。京治郿自复有称，臣以为宜以补东宫舍人，以明事人之理，副梁、益之论。'"	罗宪　文立	《三国志》裴注引《襄阳记》记载是罗宪举荐。《三国志·蜀志·诸葛亮传》裴注引《晋泰始起居注》载《诏》记载，系山涛举荐。
陈裕	汝南	《三国志》裴注引《襄阳记》只说"即皆叙用，咸显于世"，任职情况文献阙如。	罗宪	《三国志》裴注引《襄阳记》
费立	犍为	《三国志·蜀志·费诗传》裴注引孙盛《蜀世谱》曰："诗子立，晋散骑常侍。自后益州诸费有名位，多是诗之后也。"	应是文立所荐	《华阳国志》曰："甄致二州人士，铨衡平当，为士彦所宗。"
司马胜之	广汉	《华阳国志·后贤志》载："司马胜之，字兴先，广汉绵竹人也。学通《毛诗》，治《三礼》。……大同后，梁州辟别驾从事，举秀才，历广都、繁令，政理尤异。以清秀征为散骑侍郎，以宗室礼之。"	?	《华阳国志·后贤志》

（二）吴地文士群体

这一群体的领袖是江东土著世族人物陆机兄弟。虽说早在太康元年（280）东吴亡国之后，就有东吴宗室大臣、大将、江南土著世族文士等相继入洛，如吴地文士薛莹、孙吴宗室孙丞、大臣周处等，甚至太康五年（284）前后，就有一批南方人士被征入洛，如陆机的从父陆喜等人，但洛阳的吴地文士群体没有形成，直到太康末年（289），陆机兄弟一起入洛，这一群体才开始形成。

陆机之所以能够成为吴地文士群体的领袖，一是他在吴国灭亡后，曾退居旧里，勤学苦读，声名流誉京华，成为吴地颇具影响的文学家。二是太康十年（289），西晋王朝征召陆机入洛，任祭酒、太子洗马等职，成为文坛巨子张华的座上宾，加入了权贵贾谧的"二十四诗友"，甚至跟赵王伦、成都王颖等关系密切，具有举荐的机会。三是他举荐不少的吴地土著文士入洛。

太康末年（289）到永安年间，入洛的吴地文士，多数与陆机的举荐有关，见表4-2。

表4-2　西晋时代陆机举荐吴地文士表

姓名	郡望	入洛及任职	出处	备注
陆云	吴郡	太康末，入洛，任尚书郎等。	《晋书·陆云传》	"三俊"之一
顾荣	吴郡	太康末，拜郎中、尚书郎等。	《晋书·顾荣传》	"三俊"之一
孙丞	吴郡	吴平赴洛，为范阳涿令，甚有称绩。永安中，陆机为成都王大都督，请丞为司马，与机俱被害。	《三国志·吴志·宗室传》裴注引《文士传》	
贺循	会稽	陆机举荐，召补太子舍人。	《晋书·贺循传》	入洛时间，元康八年（298）之后
张翰	吴郡	随贺循一起入洛。	《世说新语·任诞篇》	入洛时间，元康八年（298）之后
薛兼	丹杨	太子洗马、散骑常侍等。	《晋书·薛兼传》	入洛时间，元康八年（298）之后
戴若思	广陵	陆机举荐赵王伦。	《晋书·戴若思传》	
戴邈	广陵	举秀才，迁太子洗马。	《晋书·戴邈传》	
张畅	？	司徒下谏议大夫。	陆机《荐张畅表》	
张悛	吴郡	？	《文选》李善注引《晋阳秋》曰："张悛，字士然，吴国人也。"	
夏靖	会稽	？	《裴子语林》	
褚陶	吴郡	补召尚书郎。	《晋书·文苑传·褚陶传》	永康元年（301）之前
纪瞻	丹杨	举秀才，陆机策问之。	《晋书·纪瞻传》	

陆机积极接引吴地文士入洛，举荐为官，扩大吴地文化影响力。当然，陆机作为吴地土著世族成员，潜意识里鄙视吴地寒族之士，如吾彦。当然，其间夹杂恩怨与意气——吾彦任散骑常侍，曾答晋武帝诏，有损陆机父亲陆抗声誉。在长沙孝廉尹虞的劝解下，陆机兄弟等人才平息了怒意。其中一句"吾恐南人皆将去卿，卿便独坐也"，道破了陆机有意联合南方文士，结成吴地文士集团的用心。《晋书·吾彦传》载：

> 吾彦字士则，吴郡吴人也。出自寒微，有文武才干。身长八尺，手格猛兽，旅力绝群。……初为小将，给吴大司马陆抗。……迁员外散骑常侍。帝尝问彦："陆喜、陆抗二人谁多也？"彦对曰："道德名望，抗不及喜；立功立事，喜不及抗。"……会交州刺史陶璜卒，以彦为南中都督、交州刺史。重饷陆机兄弟，机将受之，云曰："彦本微贱，为先公所拔，而答诏不善，安可受之！"机乃止。因此每毁之。长沙孝廉尹虞谓机等曰："自古由贱而兴者，乃有帝王，何但公卿。若何元干、侯孝明、唐儒宗、张义允等，并起自寒微，皆内侍外镇，人无讥者。卿以士则答诏小有不善，毁之无已，吾恐南人皆将去卿，卿便独坐也。"于是机等意始解，毁言渐息矣。[①]

二、流徙文士与西晋权力场的角力

从西南、东南等地征召的文士，从性质上看是流徙性的。这些南方文士——世族阶层的文化之士往往凭借着一定的文化资本——因学术、文学等获得的社会声望，在西晋洛阳的社会权力场域中寻求更高的社会位置。然而，这些南方文士作为战败国的士人代表，难免会受到中原胜利者——中原士族群体的普遍歧视与鄙夷。因此，他们在洛阳社会权力场域中处在中下层社会位置，即使进入西晋官僚体制之中，也多担任的是荣誉性的散官，如散骑常侍、太子舍人、太子洗马、尚书郎、佐著作郎、著作郎等，而权力决策的中书部门多掌握在中原世族手里，如颖川士族荀勖长期担任中书监、张华担任中书令，等等。流徙文士与西晋权力场的角力体现在：

司马氏及其权贵在宴会等场合对吴蜀的旧主、近臣等人公开挑衅。作为军事的胜利者，司马氏及其权贵们沉浸在胜利的喜悦之中，不遗余力地践踏、嘲讽吴蜀政权的旧主及近臣的尊严。当然，失败者本就没有了权力、尊严可言，但是这些被遣送到洛阳的降主、近臣极力维护自身尊严。《三国志》裴注引《汉晋春秋》曰：

> 司马文王与禅宴，为之作故蜀技，旁人皆为之感怆，而禅喜笑自若。王谓贾充曰："人之无情，乃可至于是乎！虽使诸葛亮在，不能辅之久全，而况姜维邪？"充曰："不如是，殿下何由并之。"他日，王问禅曰："颇思蜀否？"禅曰："此间乐，不思

---

①　（唐）房玄龄：《晋书》，中华书局 1974 年版，第 1561—1563 页。

蜀。"郤正闻之,求见禅曰:"若王后问,宜泣而答曰'先人坟墓远在陇、蜀,乃心西悲,无日不思',因闭其目。"会王复问,对如前,王曰:"何乃似郤正语邪!"禅惊视曰:"诚如尊命。"左右皆笑。①

蜀主刘禅降魏后,被遣入洛。司马昭在宴会上,有意安排蜀地歌舞,蜀地臣子感怆不已,刘禅毫不为意,嬉笑自若。此举止受到司马昭的私下讥讽。他日,再以"思蜀与否"这一尖锐问题嘲弄刘禅,刘禅一句"此间乐,不思蜀",尽管可以避祸,但也成为笑柄。蜀汉降臣郤正不甘被讥讽嘲笑,教刘禅回答"先人坟墓远在陇、蜀,乃心西悲,无日不思,因闭其目"。这虽是宴会间的小事一桩,但足以看出胜利者的骄傲与挑衅,权臣贾充一句"不如是,殿下何由并之"②的话,不仅谄媚至极,也自负至极。

《晋书·李密传》载:

> 司空张华问之曰:"安乐公何如?"密曰:"可次齐桓。"华问其故,对曰:"齐桓得管仲而霸,用竖刁而虫流。安乐公得诸葛亮而抗魏,任黄皓而丧国,是知成败一也。"次问:"孔明言教何碎?"密曰:"昔舜、禹、皋陶相与语,故得简雅;《大诰》与凡人言,宜碎。孔明与言者无己敌,言教是以碎耳。"华善之。③

泰始四年,蜀地文士李密被征入洛,司空张华见而问之"安乐侯"刘禅之为人、诸葛亮为政之琐碎等事。虽说张华主要在于考察李密的见识,但亡国的"旧事重提",毕竟会让李密心有不悦,或许这成为李密不愿与张华保持亲密的真正原因。

吴主孙皓降晋后,被遣入洛,也遭遇到类似的揶揄与讽刺。晋武帝司马炎宴会孙皓,以俳优目之,令其诵江南颇为流行的《尔汝歌》,孙皓举觞而祝酒,却夹杂了几分傲骨。《世说新语·排调篇》载:

> 晋武帝问孙皓:"闻南人好作尔汝歌,颇能为不?"皓正饮酒,因举觞劝帝而言曰:"昔与汝为邻,今与汝为臣。上汝一杯酒,令汝寿万春!"帝悔之。④

晋武帝及其臣子在各种场合,询问吴国降臣薛莹、吾彦、李仁等人吴亡之缘由等问题。这完全是以优势感的胜利者姿态,追问"一壶烧不开的水",吴国降臣的回答各有不同。薛莹虽能实事求是,但忽视了一损俱损的因素,而吾彦的回答,虽曲意护短,但也多了几分骨气。张华在座,认为吾彦为将在外,蒙蔽不知,吾彦厉声而驳。"厉声"不正是对晋武帝及其中原士人探问的激烈反抗吗?《三国志·吴志·薛综传》裴注引干宝《晋纪》曰:

---

① (晋)陈寿:《三国志》,中华书局1959年版,第902页。
② (晋)陈寿:《三国志》,中华书局1959年版,第902页。
③ (唐)房玄龄:《晋书》,中华书局1974年版,第2275—2276页。
④ 徐震堮:《世说新语校笺》,中华书局1984年版,第418页。

武帝从容问莹曰："孙皓之所以亡者何也?"莹对曰:"归命侯臣皓之君吴也,昵近小人,刑罚妄加,大臣大将,无所亲信,人人忧恐,各不自保,危亡之衅,实由于此。"①

《晋书·吾彦传》载:

吴亡,彦始归降,武帝以为金城太守。帝尝从容问薛莹曰:"孙皓所以亡国者何也?"莹对曰:"归命侯臣皓之君吴,昵近小人,刑罚妄加,大臣大将无所亲信,人人忧恐,各不自安,败亡之衅,由此而作矣。"其后帝又问彦,对曰:"吴主英俊,宰辅贤明。"帝笑曰:"君明臣贤,何为亡国?"彦曰:"天禄永终,历数有属,所以为陛下擒。此盖天时,岂人事也!"张华时在坐,谓彦曰:"君为吴将,积有岁年,蔑尔无闻,窃所惑矣。"彦厉声曰:"陛下知我,而卿不闻乎?"帝甚嘉之。②

晋武帝的近臣王济当面质问降主孙皓"好剥人面"的残酷刑罚,反而受到孙皓的讥讽。《晋书·王济传》载:

帝尝与济弈棋,而孙皓在侧,谓皓曰:"何以好剥人面皮?"皓曰:"见无礼于君者则剥之。"济时伸脚局下,而皓讥焉。③

晋武帝侍中庾峻针对孙皓的"披人面,刖人足"的倒行逆施事件,询问东吴降臣李仁。李仁皆直面回答这些问题,却决不归恶旧主,取悦新主,而且从儒家礼仪以及前贤往圣的德刑并用加以反驳,显示出良好的文化素养。《三国志·吴志·孙皓传》裴注曰:

吴平后,晋侍中庾峻等问皓侍中李仁曰:"闻吴主披人面,刖人足,有诸乎?"仁曰:"以告者过也。君子恶居下流,天下之恶皆归焉。盖此事也,若信有之,亦不足怪。昔唐、虞五刑,三代七辟,肉刑之制,未为酷虐。皓为一国之主,秉杀生之柄,罪人陷法,加之以惩,何足多罪!夫受尧诛者不能无怨,受桀赏者不能无慕,此人情也。"又问曰:"云归命侯乃恶人横睛逆视,皆凿其眼,有诸乎?"仁曰:"亦无此事,传之者谬耳。曲礼曰视天子由袷以下,视诸侯由颐以下,视大夫由衡,视士则平面,得游目五步之内;视上于衡则傲,下于带则忧,旁则邪。以礼视瞻,高下不可不慎,况人君乎哉?视人君相迕,是乃礼所谓傲慢;傲慢则无礼,无礼则不臣,不臣则犯罪,犯罪则陷不测矣。正使有之,将有何失?"凡仁所答,峻等皆善之,文多不悉载。④

其次,西晋洛中的大多数中下层人士,在与蜀、吴等地的中下层文士交游、共事以及

---

①　(晋)陈寿:《三国志》,中华书局 1959 年版,第 1257 页。

②　(唐)房玄龄:《晋书》,中华书局 1974 年版,第 1562 页。

③　(唐)房玄龄:《晋书》,中华书局 1974 年版,第 1206 页。

④　(晋)陈寿:《三国志》,中华书局 1959 年版,第 1174 页。

私人社交场合中也流露出鄙夷之情,其至敌对情绪。蜀地文士陈寿入洛,曾一度受到洛中著名文士张华、荀勖的喜爱,后因与张华情好,得到举荐,而受到颍川士族荀勖的厌恶与排挤。《晋书·陈寿传》载:"张华将举寿为中书郎,荀勖忌华而疾寿,遂讽吏部迁寿为长广太守。"①《华阳国志》又载:"华表令兼中书郎,而寿《魏志》有失勖意,勖不欲其处内,表为长广太守。"②再比如蜀地文士李密入洛,也曾得到张华、荀勖等人的青睐。随着荀勖与张华之间士庶矛盾的激化,李密保持独立不迁的态度,不愿加入其任何一派而遭遗弃。《华阳国志》曰:"性放亮,不曲意势位者,失荀、张指。"③因此,李密在朝失去援引,被迫外任。《晋书·孝友传》载:"密有才能,常望内转,而朝廷无援,乃迁汉中太守。"④当然,李密也并非没有任何政治倾向性,他关心得更多的是蜀地文士的仕进之途。王濬大军在蜀时,曾征辟了更多的蜀地文士。《晋书·王濬传》载:"其有辟引,多是蜀人,示不遗故旧也。"⑤王濬与王浑争功中处于劣势,蜀地文士仕进之途受到限制,李密为其鸣不平。《晋书·王濬传》载:"时人咸以濬功重报轻,博士秦秀、太子洗马孟康、前温令李密等并表讼濬之屈。"⑥李密被迫外任汉中太守,心怀怨愤,借武帝赐宴东堂之机,赋诗泄愤。"人亦有言,有因有缘。官无中人,不如归田。明明在上,斯语岂然"⑦等诗句,让晋武帝勃然忿之,李密因而遭罢免。再比如为西晋伐吴立过功勋的蜀地人士何攀也被同僚轻慢。《晋书·何攀传》载:"除廷尉平。时廷尉卿诸葛冲以攀蜀士,轻之。"⑧

　　入洛的吴地文士群体也面临着类似的遭遇。其实,早在东吴国破家亡的时候,就遭到军事胜利者的讥讽。如王浑占领建邺之后,登建邺宫饮宴,酒后得意忘形,嘲讽东吴亡国之臣,周处反唇相讥。《晋书·周处传》载:

> 孙皓末,为无难督。及吴平,王浑登建邺宫酾酒,既醉,谓吴人曰:"诸君亡国之余,得无戚乎?"处对曰:"汉末分崩,三国鼎立,魏灭于前,吴亡于后,亡国之戚,岂惟一人!"浑有惭色。⑨

　　随后入洛的吴地文士华谭,被太原王氏——王济当众嘲讽。华谭以"殷商顽民苗裔"反唇相讥。《晋书·华谭传》载:

① (唐)房玄龄:《晋书》,中华书局 1974 年版,第 2138 页。
② (晋)常璩著,汪启明、赵静译注:《华阳国志》,四川大学出版社 2007 年版,第 606 页。
③ (晋)常璩著,汪启明、赵静译注:《华阳国志》,四川大学出版社 2007 年版,第 611 页。
④ (唐)房玄龄:《晋书》,中华书局 1974 年版,第 2276 页。
⑤ (唐)房玄龄:《晋书》,中华书局 1974 年版,第 1216 页。
⑥ (唐)房玄龄:《晋书》,中华书局 1974 年版,第 1216 页。
⑦ (唐)房玄龄:《晋书》,中华书局 1974 年版,第 2276 页。
⑧ (唐)房玄龄:《晋书》,中华书局 1974 年版,第 2347 页。
⑨ (唐)房玄龄:《晋书》,中华书局 1974 年版,第 1570 页。

博士王济于众中嘲之曰："五府初开,群公辟命,采英奇于仄陋,拔贤俊于岩穴。君吴、楚之人,亡国之余,有何秀异而应斯举?"谭答曰:"秀异固产于方外,不出于中域也。是以明珠文贝,生于江、郁之滨;夜光之璞,出乎荆、蓝之下。故以人求之,文王生于东夷,大禹生于西羌。子弗闻乎? 昔武王克商,迁殷顽民于洛邑,诸君得非其苗裔乎?"济又曰:"夫危而不持,颠而不扶,至于君臣失位,国亡无主,凡在冠带,将何所取哉!"答曰:"吁! 存亡有运,兴衰有期,天之所废,人不能支。徐偃修仁义而失国,仲尼逐鲁而逼齐,段干偃息而成名,谅否泰有时,曷人力之所能哉!"济甚礼之。①

吴地文士蔡洪入洛,也受到洛中文士的类似嘲讽。《世说新语·言语》载:

蔡洪赴洛,洛中人问曰:"幕府初开,群公辟命,求英奇于仄陋,采贤俊于岩穴。君吴、楚之士,亡国之余,有何异才而应斯举?"蔡答曰:"夜光之珠,不必出于孟津之河;盈握之璧,不必采于昆仑之山。大禹生于东夷,文王生于西羌。圣贤所出,何必常处。昔武王伐纣,迁顽民于洛邑,得无诸君是其苗裔乎?"②

尤其是吴郡文士陆机,入洛后受到北方世族卢志等人轻蔑嘲讽。《世说新语·方正》载:

卢志于众坐间问陆士衡:"陆逊、陆抗是君何物?"答曰:"如卿于卢毓、卢珽。"士龙失色。即出户谓兄曰:"何至于此。彼容不相知也。"士衡正色曰:"我父祖名播海内,宁有不知? 鬼子敢尔。"③

《世说·言语》载:

陆机诣王武子,武子前置数斛羊酪,指以示陆曰:"卿江东何以敌此?"陆云:"有千里莼羹,但未下盐豉耳。"④

西晋权贵子弟贾谧为拉陆机加入"二十四友"集团,命潘岳捉刀写《为贾谧作赠陆机诗》,在表达"虽简其面,分著情深"的同时,也流露出强烈的政治歧视,如诗中曰:"三雄鼎足,孙启南吴。南吴伊何,借号称王。大晋统天,仁风遐扬。伪孙衔璧,奉土归疆。婉婉长离,凌江而翔",所谓"孙启南吴,借号称王。伪孙衔璧,奉土归疆",在陆机看来,是极不舒服的。因为称孙吴为伪政权,等于将陆机定位为亡国之人。说"伪孙衔璧,奉土归疆",等于将陆机定位在降臣之列。陆机在《答贾谧》诗中极力反击,说"启土虽难,改物承天",论证了孙吴政权的合法性。即"承天命"。潘岳、陆机这两位西晋一流的诗

---

① （唐）房玄龄:《晋书》,中华书局 1974 年版,第 1450 页。
② 徐震堮:《世说新语校笺》,中华书局 1984 年版,第 45—46 页。
③ 徐震堮:《世说新语校笺》,中华书局 1984 年版,第 167—168 页。
④ 徐震堮:《世说新语校笺》,中华书局 1984 年版,第 48 页。

人均是贾谧"二十四友"集团成员,二人之间的个人恩怨颇深,殷芸《小说》卷九载:

> 士衡在座,安仁来,陆便起去。潘曰:"清风至,尘飞扬。"陆则应声答:"众鸟集,凤凰翔。"①

作为"二十四友"成员的陆机,与欧阳建虽有接触,但尚未完全消除南北文化的对峙心理。《太平御览》中记载:

> 欧阳生曰:"张茂先、潘正叔、潘安仁文远过二陆。"或曰:"张、潘与二陆为比,不徒步骤之间也。"欧阳曰:"二陆文词源流,不出俗检。"

陆机感激成都王颖的全济之恩,而且认为在诸王纷争之中,成都王颖一定能隆兴晋室,于是委身于成都王颖。陆机以后将军、河北大都督身份率二十余万军,与长沙王乂等军交战。正是因为他"羁旅入宦",中原人士多有不服,甚至连宦官之人都轻视他。据《晋书·陆机传》载,孟超仗着兄长宦官孟玖的声威,其兵违反军纪,大都督陆机扣留之。结果孟超率领铁骑百余人,直入兵营,不仅夺人,还极为轻蔑地侮辱大都督陆机"貉奴能作督不?"甚至在成都王颖面前污蔑陆机造反。陆机兄弟及其子弟被成都王颖残酷杀害。

我们应该认识到入洛的蜀地文士群体与吴地文士群体在文化心态上也存在一定的差异性。具体而言,蜀地土著世族长期受外来人士集团的压制,希望借蜀汉政权的倒台,驱逐荆襄、东州等外来集团势力。西晋初年,蜀地土著世族如愿以偿,心态上希望留蜀,扩大经济利益与文化影响力,而不愿入洛为官。这就构成了被征蜀地文士群的"迫不得已"心态,入洛后,又受到洛中文士群体的普遍排挤。因此,入洛的蜀地文士群体存在时间极为短暂,大多数外任或返乡。吴地土著世族从孙权后期以来始终占据了重要的社会位置,孙吴政权灭亡后,吴地土著世族也受到一定程度的冲击,如家族成员在卫国战争中殉国、被俘,或被迫迁往长江北岸一带。吴地土著世族不存在蜀地世族急于占据外来集团被迁后的各种资源。因此,征召入洛的吴地文士,为了克振家声,主动入洛仕晋。陆机在吴亡十年后入洛仕晋,显然是基于振兴家门,企求再创辉煌的思想斗争的。因此,在洛阳的吴地文士群体时间持续较长,大致上从晋武帝太康十年(289)持续到晋惠帝太安二年(302)。随着吴地文士领袖陆机被杀,顾荣、戴若思、张季鹰等人纷纷归乡,入洛的吴地文士群体随之解散。

三、文士流动与西晋社会驱动力

西晋结束了东汉末年以来的动乱、分裂与对峙,走向短暂的统一。这一时代的文士

---

① (南朝梁)殷芸:《小说》,上海古籍出版社 1984 年版,第 151—152 页。

流动,显然与上一个时代——东汉末年三国鼎立的文士流徙有本质上的差异,即在王朝政令与严密组织下有序地向政治文化中心流动。文士流动是如何影响西晋社会驱动系统的呢?

首先,西晋通过强大军事攻势,结束了三国对峙的分裂政权,随之采取怀柔手段,通过征召吴蜀地区的世族精英——文士,争取吴蜀地区的世族阶层的道统认同。因此,西晋的南方文士流动,是加强对司马氏为代表的王朝的政治认同的重要手段。从整个两晋历史看,虽说西晋开国皇帝——晋武帝在诸多问题上都决策失误,如皇权继承人的确立、罢州郡武备、分封诸王、徙戎问题,但是在征召吴蜀之地的世族精英文士,是十分正确的。因为,正是入洛的南方文士,尤其是江东文士,经过了政权认同,认可了司马氏的皇权统治。当西晋后期,皇权旁落,八王纷争,入塞的少数族群西晋趁州郡武备薄弱大举乱华的时候,风雨飘摇的司马王室以及魏晋世族逃到南方,得到了江东世族顾荣、贺循、戴若思、陆晔等人的鼎力支持。

其次,征召南方世族阶层的精英文士入洛,在很大程度上强化了整个世族阶层力量。尽管,世族分布于不同的地理区域,受到不同地域文化的影响,但是整个世族群体有着共同的文化认同——随着秦汉以来的礼乐文化、儒家经学文化的洗礼,世族群体有着共同的家国情怀与大同理想,有着共同的价值取向。虽说中古时代的世族阶层是社会的主导力量,但"花开谁家"并不固定。因此,朝廷通过征辟不同地域的世族精英进入政权管理体系,可以有效防止地域性人才的固化,加强整个世族阶层的力量。当然,征辟的选拔方式,尚不能解决中下层庶族阶层的晋升,造成了"上品无寒门"的阶层固化。还容易造成世族阶层的独大,变成威胁皇权的政治力量。

最后,征召南方文士入洛,也有效地稳定了南方的地方社会。从西晋社会结构看,依然是农耕为主、以宗法性家族为基本单位的。一个地域,聚集着大大小小的家族,其中,一部分家族占据更多物质资料如土地、河流、人口(依附的佃农或部曲),同时占有更多文化资本如掌握文字、占据书籍、通明经学等的大族、大姓,成为地方社会的主导力量。这些大姓大族通过征召方式,进入王朝政治管理体系,成为精英——官僚。具体到南方社会,无论是西南还是东南地区,西晋王朝将"易动难安"的地方豪强势力迁徙到异地,便于监控管理。同时,将这些地区的文化世族精英成员征召入洛,有效引导其进行政权认同。当然,客观上说,这些入洛的南方文士何尝不是南方世族的入"质"的"棋子"? 西晋皇权政治通过征召方式从而有效挟制了南方世族,在一定程度上稳定了南方地方社会。

第三节　文士流徙与东晋社会权力场

西晋末年,永嘉丧乱,以炎黄联盟为基础的华夏文明所构建的汉人社会权力场在中原地区全面崩溃。南渡的中原衣冠之士随后在长江以南的广袤地区,重构了东晋社会权力场,实现了华夏文化在南中国的薪火相传。

一、衣冠南渡与中原政治场的溃败

尽管中国历史上的东汉末年与西晋末年,都爆发了大规模的难民南迁潮流,其原因都是帝国中央集权体制崩盘与战乱骤起,但二者性质差异极大。具体而言,公元 2 世纪前后的难民南迁背后,仅仅是一姓之王朝政治格局崩溃;而公元 4 世纪初的难民南迁背后则是整个汉人政权体制甚至汉文化在中原地区的全面溃败。

公元 2 世纪前后,东汉王朝名存实亡。汉少帝、汉献帝被军阀董卓操控,以袁绍、曹操为主的义军联盟,大军压进,兵锋所向虎牢关,董卓及其势力胁迫汉献帝西撤关中。中原战事一开,大批难民涌入荆州、江东等地。随后,曹操集团迎汉献帝至许都,剿灭河北袁绍割据势力。虽然曹操操控实权,但汉献帝作为"天子"的象征权威仍然在以许昌为中心的北方。因此,战事稍息之后,避难北方的文士纷纷向心北归,聚集于许都,甚至投靠至曹操的邺城。即使江东孙氏纠合徐、扬等地文士建立的东吴政权,很长一段时间也在名义上认同汉献帝的天子地位。因此,即使汉献帝大权旁落,但以华夏为主体的汉族政权依然矗立于北方中原地区。公元 4 世纪初的西晋末年,司马氏政权经历了长达数十年的"八王之乱"之后,风雨飘摇。少数民族蜂拥而至,占据了黄河流域的城镇等地。司马氏政权在北方全面溃败,西晋灭亡。中原士民纷纷南渡江淮、江汉、江浙等地。此次南渡避难,打破了 6000 年前至 3000 年前形成的"东夷西戎南蛮北狄中华夏"的中国地理格局。

以华夏族为主体,经过漫长的斗争与融合,中原地区形成了汉人国家形态与文化体系。尽管西周末年、两汉末年等,汉人国家的政治文化中心由西向东偏移,但始终占据着陕西、河南、河北的中原地区。而永嘉丧乱,北方少数民族部落大举南下,将中原的汉人国家政权逼退至南方。汉人赖以生存的中原大地彻底沦丧,即所谓的"神州陆沉"。永嘉之乱成了中国盛衰强弱的标志与分水岭,"魏晋之际,中国盛衰强弱之大界也。自三国以来,胡族恒为我所服,至五胡乱华起,而我转为胡族所服矣。五胡之乱,起于晋惠帝永兴元年刘渊之自立。越十年,愍帝被虏,而中国在北方之政府遂亡。自是南北分立。自元帝建武元年,至陈后主祯明三年,凡二百七十三年,而南卒并于北。"①因此,永嘉丧乱,绝非一姓王朝的倒塌,而是三代以来的华夏文化首次大沦丧。

不仅如此,永嘉南渡,使得中国历史上的政治地理格局,从黄河流域内部"东西对峙"变为以长江流域为界的"南北对峙"。随着大批的汉人士民渡江避难,政治文化中心逐渐南移。东晋十六国、南北朝时代,汉人在南中国广袤的大地上建立起政权,代表着天下的道统与政统力量。而少数民族在北中国也建立其自己的政权,尽管少数民族统治者自觉地推行汉化政策,但始终难以取代南中国汉人政权的正统地位。南北方政权展开了长达近三百年的对峙。因此,永嘉南渡造就了两晋南北朝三百年的大变动。②回眸历史,南中国的汉人政权之所以能够与北方少数民族政权持续近300年的对峙,关键还是以道统为核心的文化力量发挥作用。当然也离不开南渡的北人与南人共同开发江南、发展经济的贡献。如果回到当日之社会语境中,我们不难想见遭受永嘉丧乱的中原士民,在南迁途中怀着多么幽深的文化忧患感,即王羲之《丧乱帖》中所谓的"痛贯心肝"。

中原士民为了躲避战乱,为了不当亡国奴,纷纷涌入江汉、江淮甚至江浙之地。他们最大的愿望是希望西晋王室司马睿及其后裔建立政统,稳定政局。当然,也希望作为外来避难者,能得到江南土著士民的同情与接纳,适当获得必要的生存资源。南渡的中原士民在政治、经济与文化上产生着巨大作用。具体说来:

一是南渡的上层士族群体,担负起了伟大的历史使命,协助西晋王室司马睿及后裔建立汉人政权。如王导、谢安等人物勠力王室,保住了偏安江东的对峙格局。《世说新语·言语》载:

> 过江诸人,每至美日,辄相邀新亭,借卉饮宴。周侯中坐而叹曰:"风景不殊,正自有山河之异!"皆相视流泪。唯王丞相愀然变色,曰:"当共勠力王室,克复神州,何至作楚囚相对!"③

如果说王导的历史贡献是在中原士民南渡避难的危亡之际,能够果断奉司马氏皇族成员司马睿为正朔,以"宽恕"、"简易"(《世说新语》注引徐广《历纪》:"导阿衡三世,经纶夷险,政务宽恕,事从简易"语)④的执政理念,协调江东土著士族与南渡士族的内部矛盾,达成共识,共同抵抗北方少数民族。著名史学家陈寅恪在《金明馆丛稿初编》中的《述东晋王导之功业》一文中明确提出:"王导之笼络江东士族,统一内部,结合南

---

① 吕思勉:《两晋南北朝史》,上海古籍出版社1983年版,第1页。
② 陈寅恪:《魏晋南北朝史讲演录》,贵州人民出版社2008年版,第104页。
③ 徐震堮:《世说新语校笺》,中华书局1984年版,第50页。
④ 徐震堮:《世说新语校笺》,中华书局1984年版,第98页。

人北人两种实力,以抵抗外侮,民族因得以独立,文化因得以延续,不谓民族之功臣,似非平情之论也。"①那么,谢安的最大贡献则是在东晋面临前秦苻坚大军压境的生死关头,以镇定自如的气度稳定民心,其子侄辈谢玄等率军在淝水,克敌制胜,挽即倒之狂澜,解民众之倒悬。正如宁稼雨先生说的,"多少年以来,门阀世族一直受到人们的各种指责。从他们的穷奢极欲,到他们把持和左右政局,压制寒族才士,都是人们极力抨击的口实。可实际上门阀世族之所以能够活跃并在相当时间内左右社会历史舞台,光靠挥霍腐化和横行霸道是没人买账的。没有他们对社会的贡献,也就没有社会对他们的尊重和承认。永嘉丧乱之际,门阀世族在民族危亡的时刻挺身而出,带领民众抵御了外侮,安定了东晋局面。其中的杰出代表就是号称'王谢'大族中的王导和谢安。"②

二是南渡的次等士族,在流民群中发挥自身的社会影响力,组织武装力量,有效抵抗胡人政权的军事进攻。如弘农杨氏杨佺期因过江甚晚,受到东晋门阀的排抑,沦为次等士族。他在襄阳率领雍梁流人武装力量,多次击破苻坚军队的进攻。《晋书·杨佺期传》载:

> 佺期少仕军府。咸康中,领众屯戍固。苻坚将潘猛距守康回垒,佺期击走之,其众悉降,拜广威将军、河南太守,戍洛阳。③

> 苻坚将窦冲率众攻平阳太守张元熙于皇天坞,佺期击走之。佺期自湖城入潼关,累战皆捷,斩获千计,降九百余家,归于洛阳,进号龙骧将军。④

杨佺期在襄阳率领的流民武装,不仅成为东晋后期长江中上游荆州地区的军事屏障,而且曾影响着东晋长江中上游政治力量与格局的变化。田余庆先生《东晋门阀政治》分析说:"如果说有什么势力在这十余年中真正起了作用,那就是上下游所倚恃的军队,上游是以杨佺期雍州兵为主的军队,以襄阳为巢穴;下游是刘牢之的北府军。上下游这两支军队,都是由边境地区的北来流民为主体而组成的。军队的统领,刘牢之是出自将门的次等士族;杨佺期虽出弘农杨氏高门,亦因晚渡及婚宦失类而不得预于胜流,实际地位与刘牢之相近,只能算作次等士族。北府军和雍州兵,军队都是由次等士族武将率领,而武将则由门阀士族指挥,武将与门阀士族之间一直存在矛盾。……在门阀政治无法继续、皇权政治不得复兴的条件下,只有刘牢之、杨佺期的军队具有澄清局势、恢复安定的潜在作用。"⑤因此,东晋政权相当安定的局面也离不开这些次等士族以

---

① 陈寅恪:《金明馆丛稿初编》,三联书店2001年版,第77页。
② 宁稼雨:《魏晋名士风流》,中华书局2007年版,第11页。
③ (唐)房玄龄:《晋书》,中华书局1974年版,第2200页。
④ (唐)房玄龄:《晋书》,中华书局1974年版,第2200页。
⑤ 田余庆:《东晋门阀政治》,北京大学出版社2005年版,第234—235页。

及所统率的军事武装力量。东晋的政治文化中心——建康的安定,正是得益长江中上游的荆州的屏障。当然,还有京口一带的刘牢之率领的北府军,占据江淮之地,对京都建康形成拱卫之势。

三是流徙而来的下层民众,涌入江汉、江淮甚至江浙等地。这些流民往往依附了南渡的世家大族,而南迁而来的北方世家大族为了避免与江东土著世族争夺各种资源,往往向江浙一带人口稀少的地区发展,无形中开发了包括江浙在内的江南经济。由于历史上中原的农业一直处于领先地位,积累了大量的农耕技术与经验。流民的南渡不仅将先进的技术经验被带入南方,而且,也增加劳动力,因此,南方生产力得到迅速提升,江南经济得到极大程度的开发。现代中国史研究早有论及,兹不赘述。

四是中原的文化士族涌入建康,出入乌衣巷,他们鲜亮的衣冠、优雅的谈论、自如的举止、高深的学问玄学、遒丽潇洒的书法甚至说话的腔调,在南方士民看来都是那么新鲜、那么时尚! 这让江南人的眼界大开,极力效仿,无形中提升了江南的文化水准。就玄学而言,兴起于河洛地区。永嘉丧乱之后,京洛地区的文化士族——玄学名士纷纷南迁,玄学也在南土开始传播。就连江东土著世族都逐渐洗染玄学。《世说新语·夙惠》载:

> 司空顾和与时贤共清言。张玄之、顾敷是中外孙,年并七岁,在床边戏,于时闻语,神情如不相属。暝于灯下,二儿共叙客主之言,都无遗失。顾公越席而提其耳曰:“不意衰宗复生此宝。”①

江东著姓之一的顾氏,其家族中出现了善于接受新思想、新观念的新生代人物,这当然让顾和十分高兴。顾和之所以说“衰宗”,是与三国时代家族人物的显赫声势相比而言。最关键的是,在东晋以后,要想取得显赫的政治地位,首先要成为名士,要成为名士,就要会玄学、能清言。因此,在顾和中眼里,能复述长辈清谈内容的外孙都是“衰宗之宝”,而况他那能以玄学立论的孙子顾敷。《世说新语·言语》记载:

> 张玄之、顾敷是顾和外孙,皆少而聪慧,和并知之,而常谓顾胜,亲重偏至,张颇不厌。于时,张年九岁,顾年七岁。和与俱至寺中,见佛般泥洹像,弟子有泣者,有不泣者。和以问二孙。玄谓:“被亲故泣,不被亲故不泣。”敷曰:“常由忘情故不泣,不能忘情故泣。”②

就连“洛生咏”都成了江东的时尚。正如宁稼雨说的,“这种洛生咏本来是指东晋以前洛阳太学生以诵读经典的雅音来讽咏诗什。”③“过江的大族中,有多是在洛阳生活

---

① 徐震堮:《世说新语校笺》,中华书局 1984 年版,第 324 页。
② 徐震堮:《世说新语校笺》,中华书局 1984 年版,第 61—62 页。
③ 宁稼雨:《魏晋名士风流》,中华书局 2007 年版,第 53 页。

了几代的达官贵人。他们的洛阳口音,不仅是永嘉前入洛吴人的效仿楷模,也是过江后江南士族所奉的圭臬。"①因为谢安的人格魅力与名望,江南士人纷纷效仿其"鼻音咏"。《世说新语·雅量》刘孝标注引宋明帝《文章志》曰:

> 安能作洛下书生咏,而少有鼻疾,语音浊。后名流多学其咏,弗能及,手掩鼻而吟焉。②

还值得注意的是,过江的北方世族影响江南习俗,广施恩惠,传播儒家仁爱精神等方面的贡献。江南民俗好巫风,善淫祀。刘惔任丹阳尹,临终之际,依然劝其众"勿复为烦"。《世说新语·德行》载:

> 刘尹在郡,临终绵惙,闻阁下祠神鼓舞,正色曰:"莫得淫祀!"外请杀车中牛祭神,真长曰:"丘之祷久矣,勿复为烦!"③

阮裕曾筑室会稽,好善乐施,常能给借,因闻他人欲借不敢借己车而焚之,将儒家仁爱精神发挥到极致。《世说新语·德行》载:

> 阮光禄在剡,曾有好车,借者无不皆给。有人葬母,意欲借而不敢言。阮后闻之,叹曰:"吾有车,而使人不敢借,何以车为?"遂焚之。④

另外,中原佛教人士亦流徙江南,传播佛家文化。如法深,《世说新语·德行》"桓常侍问人道深公"条注:

> 僧法深,不知其俗姓,盖衣冠之胤也。道徽高扇,誉播山东,为中州刘公弟子。值永嘉乱,投迹扬土,居止京邑。内持法纲,外允具瞻,弘道之法师也。以业慈清静,而不耐风尘,考室剡县东二百里山中。同游十余人,高栖浩然。⑤

综上所述,永嘉时代"五胡乱华",中原地区以华夏族为主体的汉人政权全面溃败,中国历史上出现了首次的华夏文化大沦丧。中原士民大举南渡,汉人政权的政治文化中心南移,自此开启了中国历史上的南北文化对峙格局。侨寓的北人涌进长江流域,推动了江南经济的大开发和文化实力的大发展。

二、寓居差序格局与东晋社会权力场

永嘉丧乱,北方士民沿着三条路线向南流徙,进入江淮、江汉流域,寓居其间。"安土重迁"的中原士民迫于战乱,逃入南方,在相对安全的区域相机卜居,虽本无深意,但

---

① 宁稼雨:《魏晋名士风流》,中华书局 2007 年版,第 53 页。
② 徐震堮:《世说新语校笺》,中华书局 1984 年版,第 206 页。
③ 徐震堮:《世说新语校笺》,中华书局 1984 年版,第 21 页。
④ 徐震堮:《世说新语校笺》,中华书局 1984 年版,第 20 页。
⑤ 徐震堮:《世说新语校笺》,中华书局 1984 年版,第 18 页。

从宏观的地理层面,却形成了以长江下游的国都——建康为中心、以长江中下游为半径的同心圆波纹性质的差序格局①,既体现了中国传统社会结构的基本特性,又表征了侨寓北人之间社会权力场的分化。

永嘉南渡的迁徙潮流在南中国地区成功复制了传统社会的结构特性。东晋以前,无论是家国同构的"差序格局",还是多层叠合的地理空间上的"社会网络"②,都是以黄河流域中上游的京都为中心点建构起来的。而永嘉之乱使政治文化中心南移。因此,永嘉南渡在南中国地区成功复制了传统社会的差序格局,即以长江下游的国都——建康为中心、以长江中下游为半径,形成了同心圆波纹性质的地理差序格局。这种地理差序格局实质上是政治权力上的差序。从政治权力角度看,东晋的政治权力的中心——建康是同心圆的圆心,越远离京都的地区,就像费孝通先生所说的"好像把一块石头丢在水面上所发生的一圈圈推出去的波纹"③。当然,我们要意识到长江的军事政治等地理意义,不仅仅是南北天堑,同时,浩浩荡荡的江水行楼船而下,直接威胁京都建康一带的安全。刘禹锡诗"王濬楼船下益州,金陵王气黯然收",此之谓也。因此,东晋时期,朝廷决不以荆州一带轻付他辈。《晋书·陶侃传》载:

> 王敦深忌侃功。将还江陵,欲诣敦别,皇甫方回及朱伺等谏,以为不可。侃不从。敦果留侃不遣,左转广州刺史、平越中郎将,以王廙为荆州。④

王敦之所以不让陶侃回江陵继任荆州刺史,就是防止陶侃力量坐大,推荐族弟王廙为荆州刺史。因此,东晋疆域以长江下游建康一带的扬州为大区域中心,京口晋陵为拱卫,以长江中上游的荆州江陵为地区中心,襄阳等地为拱卫,形成了同心圆性质的差序格局。

东晋时代的地理差序格局表征了南来之人在社会权力场中的分化。因为,西晋末年,西晋皇室成员琅玡王司马睿移镇建邺,在王导等士族的大力辅佐下,多方弥合江东世族与南迁的北方世族之间的心理隔阂,形成了集道统与政统的正统力量。因此,西晋末年的以建邺为中心的长江下游地区,对永嘉丧乱的北方士民来说,具有极大的吸引力。当然,并不是所有的北方士民都有能力、有愿意、有机会迁往长江下游地区。因为,

---

① "差序格局"是著名社会家、人类学家费孝通先生在《乡土中国》中提出的。费孝通以中国社会中最基本的单位——"家族"为考察对象,从家族内部的社会成员入手,分析亲属关系、地缘关系,乃至中国儒家的五伦关系,提出了"差序格局"著名论断。当然,费老更强调"差序格局"上观念性的存在,而此处强调地理空间上的存在。参见费孝通:《乡土中国》,北京出版社 2005 年版。

② "在人类历史上,东亚的华夏族群,经历千百年的发展,组织了一个庞大的网络,以此凝聚广土众民为共同体。这一网路,乃是多层次的叠合。从大区域中心、地区中心、地方据点、城邑、市镇,以至乡村集场,四向分叉,编制为管道网络,笼罩于华夏共同体的东亚大地。"见许倬云:《从"体国经野"到全球化》,《读书》2017 年第 5 期。

③ 费孝通:《乡土中国》,北京出版社 2005 年版,第 32 页。

④ (唐)房玄龄:《晋书》,中华书局 1974 年版,第 2200 页。

这次迁徙是以避难为目的,许多士民一旦进入相对安定的地区后,就卜居其间。而且,迁徙是需要一定的经济实力的,迁往长江下游地区,需要舟楫入淮河及其支流(包括当时入淮各水)汝、颍、沙、過(涡)、睢、汴、泗、沂、沭等水以及沟通江淮的邗沟,辗转至长江流域的下游地区。因此,迁往这一地区的往往是中原地区的宗室贵族、文武大臣、世家大族,包括司州、豫州、兖州、青州、徐州等诸州世家大族,也包括并州、幽州、冀州等部分世族。整个群体中,不仅有高门甲族,也有社会影响力极大的汉魏旧族。陈寅恪先生说:"至南来北人之上层社会阶级本为住居洛阳及其近旁之士大夫集团,在当时政治尤其文化上有最高之地位,晋之司马皇室既舍旧日之首都洛阳,迁至江左之新都建康,则此与政治中心最有关系之集团自然随司马氏皇室,移居新政权中心之首都及其近旁之地。王导之流即此集团之人物,当时所谓'过江名士'者是也。"[①]当然,这些高门甲族盘踞在东晋政治中心建康,占有绝对的政治位势。但是,他们为避免与江东土著世族发生经济冲突,不得不向更南的会稽郡,谋求发展庄园经济。而迁居在长江中上游的荆州以北的襄阳一带的,往往主要是秦州、雍州、司州、并州等地的次等世族与流民。他们受到家族财力以及迁徙的毗邻原则等影响而定居于此。汇集此地的次等世族往往凭借社会影响力,组织流民武装力量,对抗北方少数民族政权的南侵。

第四节　滞留文士与少数民族统治社会

当勾勒完汉晋之际的流徙文士与社会权力场的关系之后,还应该揭橥十六国时代的滞留文士是如何对待少数民族统治政权的。如何逐渐认同少数民族政权的合法性,如何弥合传统忠贞观念与惨淡现实的疏离性。滞留文士在国破家亡之后,多沦为亡国奴。不少的中上层滞留文士及其家族因其优越的文化教养,被少数民族统治者纳入体制之中。按道理说,这些进入少数民族统治体制中的滞留文士,成为司马氏晋王朝的贰臣。但奇怪的是,唐修《晋书》并不像后世的《明季贰臣传》《清史列传》等史书那样,将这些滞留文士钉在"贰臣传"的耻辱柱上。那么,如何看待滞留文士在十六国、北朝时代的历史功绩呢?

一、生死仕隐:滞留文士的生存选择

西晋永嘉丧乱之际,汉人王朝的统治网络崩溃,北方广袤的土地上四处纵横着长相、语言迥异的异族铁骑。建立政权,大多数的滞留中下层文士与民众备受铁骑的肆

---

① 陈寅恪:《金明馆丛稿初编》,三联书店 2001 年版,第 77 页。

虐、蹂躏与杀戮。滞留北方的中下层文士纷纷结坞筑堡,率宗族乡人,据险抵抗。经历千难万苦,侥幸存活下来,最终沦为亡国奴。面对新政权的统治,这些滞留文士经历了艰难的政治抉择:或逃亡到少数民族政权鞭长莫及的区域继续抵抗;或选择誓死抵抗,舍生取义;或选择做隐士终身不仕;或被迫接受少数民族政权官职;或因地缘,主动效命新政权;等等。

（一）结坞筑堡,据险抵抗

永嘉丧乱之际,因各种原因未能南迁的中下层文士在少数民族势力鞭长莫及的区域,结坞自保,负险抵抗。史载,仅谯郡一带就形成了大大小小的坞主,如张平、樊雅、董瞻、于武、谢浮、陈川等十余部。这些坞主或得到政府官员的任命,或自封旗号,成为对抗少数民族的后方力量。《晋书·祖逖传》载:

> 初,北中郎将刘演距于石勒也,流人坞主张平、樊雅等在谯,演署平为豫州刺史,雅为谯郡太守。又有董瞻、于武、谢浮等十余部,众各数百,皆统属平。逖诱浮使取平,浮谲平与会,遂斩以献逖。帝嘉逖勋,使运粮给之,而道远不至,军中大饥。进据太丘。樊雅遣众夜袭逖,遂入垒,拔戟大呼,直趣逖幕,军士大乱。逖命左右距之,督护董昭与贼战,走之。逖率众追讨,而张平余众助雅攻逖。蓬陂坞主陈川,自号宁朔将军、陈留太守。逖遣使求救于川,川遣将李头率众援之,逖遂克谯城。①

（二）誓死抵抗,舍生取义

永嘉丧乱期间,更多的情况是作为官僚阶层的文人士大夫,调动兵马,组织抵抗。由于敌我悬殊,往往失败被俘而遭杀戮。这些文人士大夫宁死不降,彰显出可贵的忠义节操,如魏郡安阳人邵续、麹允、贾浑、吉朗、辛勉等。

魏郡安阳人邵续,见天下将乱,回到乡梓,纠合亡命之徒数百人,屯守厌次。邵续驻守的厌次,成为流民的聚集地。石勒攻破西晋的临时政府——王浚势力,派邵续之子来厌次劝降,邵续在孤危无援的情况下,权宜依附石勒。随后,准备南下追随司马睿政权,其部下劝说,这样的话,您的儿子邵乂十分危险啦。因为,邵乂尚在石勒军中任职。邵续痛心垂泣说:"我出身为国,岂得顾子而为叛臣哉!"石勒恼怒之下,果然杀害了邵续之子。《晋书·邵续传》载:

> 时天下渐乱,续去县还家,纠合亡命,得数百人。王浚假续绥集将军、乐陵太守,屯厌次,以续子乂为督护。续绥怀流散,多归附之。石勒既破浚,遣乂还招续,续以孤危无援,权附于勒,勒亦以乂为督护。既而段匹磾在蓟,遗书要续俱归元帝,续从之。其下谏曰:"今弃勒归匹磾,任子危矣。"续垂泣曰:"我出身为国,岂得顾

———————————

① （唐）房玄龄:《晋书》,中华书局1974年版,第1695页。

子而为叛臣哉!"遂绝于勒,勒乃害义。①

随后,石虎俘虏邵续,将其押到城下劝降。邵续不顾安危,对城中侄子大喊:"吾志雪国难,以报所受,不幸至此。汝等努力自勉,便奉匹磾为主,勿有二心。"②邵续一片忠心,天地可鉴,既受到皇帝司马氏的表彰,也感召了石勒。石勒不仅厚待邵续,而且命令部下俘获才俊之士,不能动辄杀害,一律送往襄国。《晋书·邵续传》载:

> 勒曰:"其言慨至,孤愧之多矣。夫忠于其君者,乃吾所求也。"命张宝延之于馆,厚抚之,寻以为从事中郎。今自后诸克敌擒俊,皆送之,不得辄害,冀获如续之流。③

金城世族麹允在洛阳倾覆之后,辅佐晋愍帝,即位长安。麹允任尚书左仆射、领军、西戎校尉、录尚书事、雍州刺史。当匈奴刘曜攻入长安的时候,愍帝出降,麹允被俘,因愍帝被辱而自杀。《晋书·麹允传》载:

> 然诸将骄恣,恩不及下,人情颇离,由是羌胡因此跋扈,关中涫乱,刘曜复攻长安,百姓饥甚,死者太半。久之,城中窘逼,帝将出降,叹曰:"误我事者,麹、索二公也。"帝至平阳,为刘聪所幽辱,允伏地号哭不能起。聪大怒,幽之于狱,允发愤自杀。聪嘉其忠烈,赠车骑将军,谥节愍侯。④

刘渊作乱,遣其将乔晞攻介休,介休令贾浑抗节不降。被杀。《晋书·忠义·贾浑传》载:

> 贾浑,不知何郡人也。太安中,为介休令。及刘元海作乱,遣其将乔晞攻陷之。浑抗节不降,曰:"吾为晋守,不能全之,岂苟求生以事贼虏,何面目以视息世间哉!"晞怒,执将杀之,晞将尹崧曰:"将军舍之,以劝事君。"晞不听,遂害之。⑤

冯翊人吉朗愍帝时任御史中丞,长安失陷后,自杀。《晋书·吉挹传》载:

> 吉挹,字祖冲,冯翊莲芍人也。祖朗,愍帝时为御史中丞。西朝不守,朗叹曰:"吾智不能谋,勇不能死,何忍君臣相随北面事贼虏乎!"乃自杀。⑥

(三)被俘坚辞,隐逸不仕

滞留的北方文士被少数民族统治者俘虏,因他们的声望很大,得到少数民族统治者的礼遇,甚至授官。这些文士坚辞不受,选择隐居。如陇西士族名士辛勉,因任晋怀帝侍中,在洛阳失陷后,被俘,与晋怀帝等一批人被带到平阳。刘聪欲任其光禄大夫一职,

---

① (唐)房玄龄:《晋书》,中华书局 1974 年版,第 1703 页。
② (唐)房玄龄:《晋书》,中华书局 1974 年版,第 1704 页。
③ (唐)房玄龄:《晋书》,中华书局 1974 年版,第 1704 页。
④ (唐)房玄龄:《晋书》,中华书局 1974 年版,第 2308 页。
⑤ (唐)房玄龄:《晋书》,中华书局 1974 年版,第 2308—2309 页。
⑥ (唐)房玄龄:《晋书》,中华书局 1974 年版,第 2318 页。

辛勉固辞不受,隐居平阳西山。《晋书·韦忠传》载:

> 辛勉,字伯力,陇西狄道人也。父洪,左卫将军。勉博学,有贞固之操。怀帝世,累迁为侍中。及洛阳陷,随帝至平阳。刘聪将署为光禄大夫,勉固辞不受。聪遣其黄门侍郎乔度赍药酒逼之,勉曰:"大丈夫岂以数年之命而亏高节,事二姓,下见武皇帝哉!"引药将饮,度遽止之曰:"主上相试耳,君真高士也!"叹息而去。聪嘉其贞节,深敬异之,为筑室于平阳西山,月致酒米,勉亦辞而不受。年八十,卒。①

再如弘农儒士董景道在西晋后期隐居在商洛山中,刘渊、刘聪等匈奴族统治者屡征不仕。刘曜征太子少傅、散骑常侍等职,固辞不受。《晋书·儒林·董景道传》载:

> 董景道,字文博,弘农人也。少而好学,千里追师,所在惟昼夜读诵,略不与人交通。明《春秋三传》、《京氏易》、《马氏尚书》、《韩诗》,皆精究大义。《三礼》之义,专遵郑氏,著《礼通论》非驳诸儒,演广郑旨。永平中,知天下将乱,隐于商洛山,衣木叶,食树果,弹琴歌笑以自娱,毒虫猛兽皆绕其傍,是以刘元海及聪屡征,皆碍而不达。至刘曜时出山,庐于渭汭。曜征为太子少傅、散骑常侍,并固辞,竟以寿终。②

刘渊即位后,曾征上党儒士崔游为御史大夫,崔游固辞不就。《晋书·儒林·崔游传》载:

> 崔游,字子相,上党人也。少好学,儒术甄明,恬靖谦退,自少及长,口未尝语及财利。……年七十余,犹敦学不倦,撰《丧服图》,行于世。及刘元海僭位,命为御史大夫,固辞不就。卒于家,时年九十三。③

(四)两京沦陷,迫挟受官

还有不少中原士族文士在两京沦陷之后,接受少数民族政权的政治任命。据《晋书·刘群传》记载,石勒和石虎等统治者,多将俘获公卿人士杀害,但河东裴宪、渤海石璞、荥阳郑系、颍川荀绰、北地傅畅及刘群、崔悦、卢谌等十余人,被擢录授官,而且官位不低。

刘琨子刘群,在刘琨遇害后,依辽西段末波。后,前赵石虎灭辽西,刘群、卢谌、崔悦等同没胡中。石虎任刘群为中书令。《晋书·刘群传》载:

> 石季龙灭辽西,群及谌、悦同没胡中,季龙皆优礼之,以群为中书令。至冉闵败后,群遇害。时勒及季龙得公卿人士多杀之,其见擢用,终至大官者,唯有河东裴宪,渤海石璞,荥阳郑系,颍川荀绰,北地傅畅及群、悦、谌等十余人而已。④

刘琨侄子刘胤、刘启、刘述等也降石虎,刘启被任为尚书仆射,刘述任侍中。《晋

---

① (唐)房玄龄:《晋书》,中华书局1974年版,第2311页。
② (唐)房玄龄:《晋书》,中华书局1974年版,第2355页。
③ (唐)房玄龄:《晋书》,中华书局1974年版,第2352页。
④ (唐)房玄龄:《晋书》,中华书局1974年版,第1691页。

书·刘演传》载:

> 弟胤为琨引兵,路逢乌桓贼,战没。胤弟挹初为太傅、东海王越掾,与琨俱被害。挹弟启,启弟述,与琨子群俱在末波中,后并入石季龙。启为季龙尚书仆射,后归国,穆帝拜为前将军,加给事中。永和九年,随中军将军殷浩北伐,为姚襄所败,启战没。述为季龙侍中,随启归国,拜骁骑将军。①

成都王颖欲交结北单于刘渊为援,派破虏将军王育前去督促出兵,结果被扣押,后刘渊任其为太傅。《晋书·王育传》载:

> 刘元海之为北单于,育说颖曰:"元海今去,育请为殿下促之,不然,惧不至也。"颖然之,以育为破虏将军。元海遂拘之,其后以为太傅。②

平阳韦忠,好学博通,受到司空裴秀的赞赏。后来仕刘聪,为镇西大将军、平羌校尉。《晋书·韦忠传》载:

> 后仕刘聪,为镇西大将军,平羌校尉,讨叛羌,矢尽,不屈节而死。③

北海郡人刘敏元,永嘉之乱,从齐地逃亡。后仕刘曜,任中书侍郎、太尉长史。《晋书·刘敏元传》载:

> 刘敏元,字道光,北海人也。历己修学,不以险难改心。好星历阴阳术数,潜心《易》、《太玄》,不好读史,常谓同志曰:"诵书当味义根,何为费功于浮辞之文!《易》者,义之源,《太玄》,理之门,能明此者,即吾师也。"
>
> 永嘉之乱,自齐西奔。同县管平年七十余,随敏元而西,行及荥阳,为盗所劫。敏元已免,乃还谓贼曰:"此公孤老,余年无几,敏元请以身代,愿诸君舍之。"贼曰:"此公于君何亲?"敏元曰:"同邑人也。穷窭无子,依敏元为命。诸君若欲役之,老不堪使,若欲食之,复不如敏元,乞诸君哀也。"有一贼瞋目叱敏元曰:"吾不放此公,忧不得汝乎!"敏元奋剑曰:"吾岂望生邪!当杀汝而后死。此公穷老,神祇尚当哀矜之。吾亲非骨肉,义非师友,但以见投之故,乞以身代。诸大夫慈惠,皆有听吾之色,汝何有腼面目而发斯言!"顾谓诸盗长曰:"夫仁义何常,宁可失诸君子!上当为高皇、光武之事,下岂失为陈项乎!当取之由道,使所过称咏威德,奈何容畜此人以损盛美!当为诸君除此人,以成诸君霸王之业。"前将斩之。盗长遽止之,而相谓曰:"义士也!害之犯义。"乃俱免之。后仕刘曜,为中书侍郎、太尉长史。④

京兆儒士韦謏滞留北方,仕刘曜,为黄门郎。后担任后赵石虎的散骑常侍、廷尉等。

---

① (唐)房玄龄:《晋书》,中华书局 1974 年版,第 1693 页。
② (唐)房玄龄:《晋书》,中华书局 1974 年版,第 2309—2310 页。
③ (唐)房玄龄:《晋书》,中华书局 1974 年版,第 2310 页。
④ (唐)房玄龄:《晋书》,中华书局 1974 年版,第 2311—2312 页。

《晋书·韦謏传》载：

> 韦謏，字宪道，京兆人也。雅好儒学，善著述，于群言秘要之义，无不综览。仕于刘曜，为黄门郎。后又入石季龙，署为散骑常侍，历守七郡，咸以清化著名。又征为廷尉，识者拟之于、张。前后四登九列，六在尚书，二为侍中，再为太子太傅，封京兆公。好直谏，陈军国之宜，多见允纳。著《伏林》三千余言，遂演为《典林》二十三篇。凡所述作及集记世事数十万言，皆深博有才义。
>
> 至冉闵，又署为光禄大夫。时闵拜其子胤为大单于，而以降胡一千处之麾下。謏谏曰："今降胡数千，接之如旧，诚是招诱之恩。然胡羯本为仇敌，今之款附，苟全性命耳。或有刺客，变起须臾，败而悔之，何所及也！古人有言，一夫不可狙，而况千乎！愿诛屏降胡，去单于之号，深思圣五苞桑之诫也。"闵志在绥抚，锐于澄定，闻其言，大怒，遂诛之，并杀其子伯阳。
>
> 謏性不严重，好徇己之功，论者亦以是少之。尝谓伯阳曰："我高我曾重光累徽，我祖我考父父子子，汝为我对，正值恶抵。"伯阳曰："伯阳之不肖，诚如尊教，尊亦正值软抵耳。"謏惭无言。时人传之，以为嗤笑。[1]

范阳世族卢志在永嘉之乱后，被匈奴刘粲俘虏。卢志任太师，崔玮任太傅、许遐任太保。《晋书·卢志传》载：

> 洛阳没，志将妻子北投并州刺史刘琨。至阳邑，为刘粲所虏，与次子谧、诜等俱遇害于平阳。[2]

《晋书·刘聪载记》载：

> 聪以其太庙新成，大赦境内，改年建元。雨血于其东宫延明殿，彻瓦在地者深五寸。刘乂恶之，以访其太师卢志、太傅崔玮、太保许遐。志等曰："主上往以殿下为太弟者，盖以安众望也，志在晋王久矣，王公已下莫不希旨归之。相国之位，自魏武已来，非复人臣之官，主上本发明诏，置之为赠官，今忽以晋王居之，羽仪威尊逾于东宫，万机之事无不由之，置太宰、大将军及诸王之营以为羽翼，此事势去矣，殿下不得立明也。然非止不得立而已，不测之危厄在于旦夕，宜早为之所。四卫精兵不减五千，余营诸王皆年齿尚幼，可夺而取之。相国轻佻，正可烦一刺客耳。大将军无日不出，其营可袭而得也。殿下但当有意，二万精兵立便可得，鼓行向云龙门，宿卫之士孰不倒戈奉迎，大司马不虑为异也。"乂弗从，乃止。……东宫舍人荀裕告卢志等劝乂谋反，乂不从之状。聪于是收志、玮、遐于诏狱，假以他事杀之。[3]

---

① （唐）房玄龄：《晋书》，中华书局1974年版，第2361—2362页。
② （唐）房玄龄：《晋书》，中华书局1974年版，第1258页。
③ （唐）房玄龄：《晋书》，中华书局1974年版，第2667页。

永嘉时期,上党儒士续咸曾随刘琨,后来没于石勒,被任理曹参军。《晋书·续咸传》载:

> 续咸,字孝宗,上党人也。性孝谨敦重,履道贞素。好学,师事京兆杜预,专《春秋》、《郑氏易》、教授常数十人,博览群言,高才善文论。又修陈杜律,明达刑书。永嘉中,历廷尉平、东安太守。刘琨承制于并州,以为从事中郎。后遂没石勒,勒以为理曹参军。持法平详,当时称其清裕,比之于公。著《远游志》、《异物志》、《汲冢古文释》皆十卷,行于世。年九十七,死于石季龙之世,季龙赠仪同三司。①

（五）地缘关系,效力少数民族

还有不少的汉人士族文士,因地域关系,与逐渐汉化的少数民族上层人物长期接触,在情感上逐渐认可接纳他们。后来这些少数民族上层人物趁西晋"八王之乱"举兵起事。这些文士眼见西晋统治体系断裂,太平无望,出自保存,维系家族的地域利益与优势,不得不效命少数民族。比如上党、雁门等地的文士范隆、朱纪、续咸等人。范隆、朱纪等人曾与刘渊早年拜于崔游门下,学习儒家文化,有同门之谊。《晋书·刘元海载记》载:

> 幼好学,师事上党崔游,习《毛诗》、《京氏易》、《马氏尚书》,尤好《春秋左氏传》、《孙吴兵法》,略皆诵之,《史》、《汉》、诸子,无不综览。尝谓同门生朱纪、范隆曰:"吾每观书传,常鄙随陆无武,降灌无文。道由人弘,一物之不知者,固君子之所耻也。二生遇高皇而不能建封侯之业,两公属太宗而不能开庠序之美,惜哉!"②

后来,刘渊在并州称帝,范隆、朱纪等人依附刘渊,受官为大鸿胪。《晋书·崔游传》载:

> 后与纪依于刘元海,元海以隆为大鸿胪,纪为太常,并封公。隆死于刘聪之世,聪赠太师。③

乐陵儒士王欢在燕慕容暐时代,被署为国子博士,迁祭酒。《晋书·王欢传》载:

> 王欢,字君厚,乐陵人也。安贫乐道,专精耽学,不营产业,常丐食诵《诗》,虽家无斗储,意怡如也。其妻患之,或焚毁其书而求改嫁,欢笑而谓之曰:"卿不闻朱买臣妻邪?"时闻者多哂之。欢守志弥固,遂为通儒。至慕容暐袭伪号,署为国子博士,亲就受经。迁祭酒。及暐为苻坚所灭,欢死于长安。④

赵郡世族张宾投奔羯族石勒,成为石勒的谋主,深受石勒器重,被封濮阳侯。《晋书·石勒载记》载:

---

① （唐）房玄龄:《晋书》,中华书局1974年版,第2355页。
② （唐）房玄龄:《晋书》,中华书局1974年版,第2654—2655页。
③ （唐）房玄龄:《晋书》,中华书局1974年版,第2352—2353页。
④ （唐）房玄龄:《晋书》,中华书局1974年版,第2366页。

张宾,字孟孙,赵郡中丘人也。父瑶,中山太守。宾少好学,博涉经史,不为章句,阔达有大节,常谓昆弟曰:"吾自言智算鉴识不后子房,但不遇高祖耳。"为中丘王帐下都督,非其好也,病免。及永嘉大乱,石勒为刘元海辅汉将军,与诸将下山东,宾谓所亲曰:"吾历观诸将多矣,独胡将军可与共成大事。"乃提剑军门,大呼请见,勒亦未之奇也。后渐进规谟,乃异之,引为谋主。机不虚发,算无遗策,成勒之基业,皆宾之勋也。及为右长史、大执法,封濮阳侯,任遇优显,宠冠当时,而谦虚敬慎,开襟下士,士无贤愚,造之者莫不得尽其情焉。肃清百僚,屏绝私昵,入则格言,出则归美。勒甚重之,每朝,常为之正容貌,简辞令,呼曰"右侯"而不名之,勒朝莫与为比也。①

河东文士裴嶷赴幽州昌黎郡任太守。后来,投奔辽西一带的鲜卑族慕容廆。《晋书·慕容廆载记附裴嶷传》载:

裴嶷,字文冀,河东闻喜人也。父昶,司隶校尉。嶷清方有干略,累迁至中书侍郎,转给事黄门郎、荥阳太守。属天下乱,嶷兄武先为玄菟太守,嶷遂求为昌黎太守。至郡,久之,武卒,嶷被征,乃将武子开送丧俱南。既达辽西,道路梗塞,乃与开投廆。时诸流寓之士见廆草创,并怀去就。嶷首定名分,为群士启行。廆甚悦,以嶷为长史,委以军国之谋。②

幽州右北平士人阳裕在石勒攻下蓟城之后,微服潜逃辽西,被鲜卑单于段氏征辟。《晋书·慕容皝载记附阳裕传》载:

时鲜卑单于段眷为晋骠骑大将军、辽西公,雅好人物,虚心延裕。裕谓友人成泮曰:"仲尼喜佛肸之召,以匏瓜自喻,伊尹亦称何事非君,何使非民,圣贤尚如此,况吾曹乎!眷今召我,岂徒然哉!"泮曰:"今华夏分崩,九州幅裂,轨迹所及,易水而已。欲偃蹇考盘,以待大通者,俟河之清也。人寿几何?古人以为白驹之叹。少游有云,郡掾足以荫后,况国相乎!卿追踪伊孔,抑亦知机其神也。"裕乃应之。拜郎中令、中军将军,处上卿位。历事段氏五主,甚见尊重。③

后来,辽西段氏被石虎围攻,阳裕以郡降石赵,任北平太守、尚书左丞。《晋书·慕容皝载记附阳裕传》载:

段辽与皝相攻,裕谏曰:"臣闻亲仁善邻,国之宝也。慕容与国世为婚姻,且皝令德之主,不宜连兵构怨,凋残百姓。臣恐祸害之兴,将由于此。愿两追前失,通款如初,使国家有太山之安,苍生蒙息肩之惠。"辽不从。出为燕郡太守。石季龙克

---

① (唐)房玄龄:《晋书》,中华书局 1974 年版,第 2756 页。
② (唐)房玄龄:《晋书》,中华书局 1974 年版,第 2811 页。
③ (唐)房玄龄:《晋书》,中华书局 1974 年版,第 2828 页。

令支,裕以郡降,拜北平太守,征为尚书左丞。①

后来,阳裕又被燕政权所获,燕主慕容皝敬重其名,将其释放,并任郎中令等职。《晋书·慕容皝载记附阳裕传》载:

> 段辽之请迎于季龙也,裕以左丞领征东麻秋司马。秋败,裕为军人所执,将诣皝。皝素闻裕名,即命释其囚,拜郎中令,迁大将军左司马。东破高句丽,北灭宇文归,皆豫其谋,皝甚器重之。及迁都和龙,裕雅有巧思,皝所制城池宫合,皆裕之规模。裕虽仕皝日近,宠秩在旧人之右,性谦恭清俭,刚简慈笃,虽历居朝端,若布衣之士。士大夫流亡羁绝者,莫不经营收葬,存恤孤遗,士无贤不肖皆倾身待之,是以所在推仰。②

综上所述,当民族危亡之际,汉人文士群体中总会有一批志士仁人选择杀身成仁、英勇就义,彰显出汉民族的血性与骨气,让征服者深刻感受到汉民族的尊严道义与汉文化的庄重神圣。当然,经历动荡与苦难的汉民族也需要忍辱前行,生息繁衍下去。那些虽未选择杀身成仁的士人,也有一部分选择拒绝合作,过上山林隐逸生活,完成自我。另一部分或被迫或自愿选择参与新朝政治,试图以己之力保全更多的民众,甚至试图以文化力量改变少数民族政权的文化取向,推进对汉文化的文化认同。

二、文化焦虑与政治认同:滞留文士的内心世界

永嘉之乱前后,滞留的北方文士不仅经历了易代之痛,更经历了汉文化系统的沉沦与破败,尤其是那些被迫接受了少数民族政权官职的文士,内心还要承受因传统儒家忠孝观念与惨淡现实的巨大疏离而产生的焦虑、自责与煎熬。滞留文士群体中的那些通过舍生取义、杀身成仁的方式完成了自我;那些社会声望极高的文士们,也通过非暴力不合作的方式,坚辞少数民族政权的授官,过起隐士生活。而那些声望不甚高的被俘文士们,只有两条路选择——要不以激烈的方式反抗而被杀戮、灭族,要不被迫合作,出任官职而苟活。其实,他们选择赴死也于事无补,既不能改变汉人政权覆灭——西晋王朝的皇帝以及政府都彻底覆灭,部分皇室支脉流亡江南的残酷现实,也容易给整个家族带来灭顶之灾。生逢乱世,尤其在汉文化体系全面崩溃的"五胡乱华"时代,保全家族的生命、保持汉文化血脉成为最高的道德原则。我们不难想象,滞留文士毕竟要面对一群长相特异、语言不同、服饰、饮食等习俗迥异的胡人群体,尤其少数民族贵族的飞扬跋扈与骄横恣意,难免不会产生鄙夷之情。但是,支撑滞留文士的文化自信的汉人政权——

---

① (唐)房玄龄:《晋书》,中华书局 1974 年版,第 2828—2829 页。
② (唐)房玄龄:《晋书》,中华书局 1974 年版,第 2829 页。

西晋王朝在反复的军事入侵下灰飞烟灭,劫后余生的文士们不仅沦为亡国奴,而且要被迫接受胡人政权的官职。昔日接受的儒家忠义贞洁价值观念、精神信仰像一条无形的鞭子,不停地抽打他们破碎的心。或许这些复杂的心境不方便在少数民族统治中自由书写,或许因为隋唐是从北方政治军事上的胜利发展而来的,这些滞留文士的后嗣——隋唐时代的新贵本着"为尊者讳"的原则,删掉了先祖当年的苦楚文字。总之,几乎没有文字性的"心灵史"留给后人。

这些被迫接受少数民族政权官职的滞留文士不仅要经受自我鞭挞而产生的焦虑、自责与煎熬,而且要面对南渡的东晋主流社会舆论大的非议。无论出于何种目的接受胡族政权官职,毕竟成为人生污点。如弘农杨氏家族——杨修的后人杨朗一房有机缘南渡,而杨俊一房却滞留北方。杨俊的儿子杨亮,青年时代曾在羌族姚氏的后秦政权任官。永和十二年(356),东晋征西大将军桓温伐姚襄,杨亮才有机缘归东晋。《晋书·姚襄载记》曰:

> 晋征西大将军桓温自江陵伐襄……先是,弘农杨亮归襄,襄待以客礼。后奔桓温,温问襄于亮,亮曰:"神明器宇,孙策之俦,而雄武过之。"其见重如是。①

从《晋书·杨佺期传》记载"杨佺期……父亮,少仕伪朝,后归国"以及"而时人以其晚过江,婚宦失类,每排抑之"②等,可以看出,东晋主流社会舆论因杨亮家族"婚宦失类"而批评、排挤、抑制杨佺期的势力。如果说东晋人的排抑还夹杂着人事与利益的话,那么,唐代官修的《晋书》称杨亮"少仕伪朝",则体现出汉文化正统的话语权力。

这些滞留文士无法改变文化断裂的现实和汉人政统的失败局面,只能在少数民族统治的现实中坚韧生活下去。他们或许认为,这样的乱世很快就能过去,寄身少数民族政权是一种权宜之计。如阳裕在鲜卑贵族慕容廆投来橄榄枝的时候,依然游移不定,问计于他的好友成泮,成泮认为在"华夏分崩,九州幅裂"的时代,本该隐逸山林,"以待大通者,俟河之清也"。然而"人寿几何?古人以为白驹之叹",只能与少数民族政权合作,出任官职,才能荫蔽后人。

其实,劫后余生的滞留文士不仅仅因为荫蔽家族后人才勉强接受少数民族统治体制,而且在传统文化与历史经验中寻找资源,说服自己,逐渐完成了对少数民族政权的政治认同。《晋书·邵续传》载:

> 季龙遣使送续于勒,勒使使徐光让之曰:"国家应符拨乱,八表宅心,遗晋怖威,远窜扬越。而续蚁封海阿,跋扈王命,以夷狄不足为君邪?何无上之甚也!国

---

① (唐)房玄龄:《晋书》,中华书局1974年版,第2963—2964页。
② (唐)房玄龄:《晋书》,中华书局1974年版,第2200页。

有常刑,于分甘乎?"续对曰:"晋末饥乱,奔控无所,保合乡宗,庶全老幼。属大王龙飞之始,委命纳质,精诚无感,不蒙慈恕。言归遗晋,仍荷宠授,誓尽忠节,实无二心。且受彼厚荣,而复二三其趣者,恐亦不容于明朝矣。周文生于东夷,大禹出于西羌,帝王之兴,盖惟天命所属,德之所招,当何常邪!伏惟大王圣武自天,道隆虞夏,凡在含生,孰不延首神化,耻隔皇风,而况囚乎!使囚去真即伪,不得早叩天门者,大王负囚,囚不负大王也。衅鼓之刑,囚之恒分,但恨天实为之,谓之何哉!"勒曰:"其言慨至,孤愧之多矣。夫忠于其君者,乃吾所求也。"命张宝延之于馆,厚抚之,寻以为从事中郎。今自后诸克敌擒俊,皆送之,不得辄害,冀获如续之流。初,季龙之攻续也,朝廷有王敦之逼,不遑救恤。续既为勒所执,身灌园鬻菜,以供衣食。勒屡遣察之,叹曰:"此真高人矣。不如是,安足贵乎!"嘉其清苦,数赐谷帛。每临朝嗟叹,以励群官。①

邵续被俘后送到石勒的政治中心——襄国,石勒派臣子前去责问邵续"以夷狄不足为君邪?"身为阶下囚的邵续,以周文王、大禹等历史经验为例——"周文生于东夷,大禹出于西羌,帝王之兴,盖惟天命所属,德之所招,当何常邪",巧妙回答了石勒的逼问。同时,也彰显了自己的忠义精神,邵续解释说自己曾受晋朝恩惠,誓死尽忠。那些曾受西晋国恩,却背叛朝廷的人,一定不会容身于清明的王朝——赵国。如果说,邵续从历史知识话语中寻找到了周文王、大禹等古史资料,认为能够接受华夏文化传统——天命、道德等文化规训,就可以成为天下君主。那么,他以舍身取义的方式,希望完成自我。同时,也在考验汉化程度最低的羯族政权是否能以德含生?

当然,滞留文士之所以能够完成对少数民族政权的政治认同,也与少数民族统治者的需求有关。这些尚处在游牧生产方式的少数民族统治者十分钦羡汉人的富庶与先进的汉文化。他们选择了学习汉文化,走上汉化——文明的道路。因此,他们需要争取这些有影响力的汉人中上层文士阶层的支持,杀戮那些激烈反抗的文士,维系政权稳定的同时,又需要争取更多的文士引导民众认同政权,这些少数民族统治者也需要从事农耕的农夫创造社会财富。因此,当这些肤色、语言、血统各异的少数民族贵族迫切需要汉化,愿意接受汉文化洗礼的时候,也让那些被俘文士的内心得到些许平复。何况这些少数民族的贵族在早年就接受了良好的汉文化教育,即使汉化水平最低的羯族首领石勒,也能借邵续这样的汉人楷模,"以励群官"。

三、史学话语权力:滞留文士的历史评价

如果从儒家的道德话语看,十六国时代,进入少数民族统治体制的滞留北方文士,

---

① (唐)房玄龄:《晋书》,中华书局1974年版,第1704—1705页。

成为司马氏晋王朝的贰臣。为什么后世的史书系统里却没有将他们钉在"贰臣传"的耻辱柱上呢？

　　首先，西晋王朝灭亡的历史责任与滞留文士无关，甚至滞留文士成为西晋王朝灭亡的直接受害者。西晋灭亡的历史责任是一个十分复杂的问题，既有开国皇帝晋武帝罢州郡武备等战略失误，又有"八王之乱"的军事消耗，更与汉末三国以来游牧民族内迁入塞的历史大趋势有关，甚至也与全球气候变冷，生活在高纬度的草原民族不得不突破长城防线，进入农耕区求生存有关。无论何种原因，都似乎与这些滞留文士无关。他们在西晋王朝土崩瓦解之后，处在被抛的状态：或因所在生活地域偏远，不便南迁；或尚未来得及南迁，就被少数民族铁骑分割阻断在该地区；或热恋故土，不愿国土沉沦，依靠宗族乡里武装积极抵抗，失败被俘；或对形势判断不够清晰准确，以为南迁的东晋王朝不久将会光复神州，因此逗留故园以待王师。甚至，有不少的文士家族没有足够的财力，无力南迁。当然，也有不少世家大族房系之间似乎达成某种默契，一些房系南迁谋发展，一些房系留土守宗祠。他们成为西晋王朝灭亡之后，少数民族征服的疆土过程中的受害者，成为被杀戮、俘虏的对象。尽管有不少的文士在少数民族政权体制之中——汉人政权常常称其"伪朝"——不承认这些政权的道统的合法性，但不会过多苛责他们。因为王朝覆灭、国土沦丧，并非这些文士与少数民族贵族暗中勾结、卖国求荣等行为导致的。何况，滞留文士中那些社会声望极高的、影响力极大的文士，坚决抵抗，慷慨赴死，已经彰显了民族气节与道德尊严，让少数民族的统治者深刻感知到汉人传统价值观的无形力量，而大量的社会声望不甚高的文士被迫接受官职，既能保全其家族的生命，又能靠自己的微薄之力，保全更多百姓的生命。如阳裕在慕容氏的后燕政权中能够收留、抚恤流亡的百姓、士大夫，收葬死者。《晋书·慕容皝载记附阳裕传》载：

　　　　裕虽仕皝日近，宠秩在旧人之右，性谦恭清俭，刚简慈笃，虽历居朝端，若布衣之士。士大夫流亡羁绝者，莫不经营收葬，存恤孤遗，士无贤不肖皆倾身待之，是以所在推仰。①

　　再如赵郡世族文士张宾，在石勒的前赵政权中能够收留保护汉人文士，甚至完善羯族前赵政权朝仪，影响石勒的文化性格，推动了羯族的汉化历史进程。《晋书·石勒载记》载：

　　　　谦虚敬慎，开襟下士，士无贤愚，造之者莫不得尽其情焉。肃清百僚，屏绝私昵，入则格言，出则归美。勒甚重之，每朝，常为之正容貌，简辞令，呼曰"右侯"而

------

　　①　（唐）房玄龄：《晋书》，中华书局 1974 年版，第 2829 页。

不名之,勒朝莫与为比也。①

> 勒清定五品,以张宾领选。复续定九品。署张班为左执法郎,孟卓为右执法郎,典定士族,副选举之任。令群僚及州郡岁各举秀才、至孝、廉清、贤良、直言、武勇之士各一人。置署都部从事各一部一州,秩二千石,职准丞相司直。②

其次,西晋王朝在建立过程中,本身的道统建构也相当薄弱。《世说新语》将西晋王朝的奠基者司马懿永远定格在"鹰视狼顾"这一象征形象之上。试想,曹魏的霸业,实质上是靠曹操实力一点一点打下来的,"挟天子以令诸侯"只是让曹操获得道统上的合法性而已。因此,当时的中原士人与百姓能够认同曹魏王朝,而司马懿却是靠投机、窃取曹魏的实权。说严重点,西晋本身是司马懿父子靠偷窃而来,这让天下士子不耻。而且,司马师、司马昭兄弟以残酷杀戮的方式打压士子所主导的舆论,靠这种方式建立的王朝,道统的根基自然十分薄弱。有趣的是,当东晋明帝曾向王导、温峤询问"前世所以得天下之由",当听说了"宣王创业之始,诛夷名族,宠树同己,及文王之末高贵乡公事"之后,号啕大哭,说:"若如公言,祚安得长!"可见,连司马氏的后裔都觉得先人所作所为的不妥。连汉化程度最低的前赵皇帝石勒,都不屑曹操、司马懿的行径。《晋书·石勒载记》载:

> 勒因飨高句丽、宇文屋孤使,酒酣,谓徐光曰:"朕方自古开基何等主也?"对曰:"陛下神武筹略迈于高皇,雄艺卓荦超绝魏祖,自三王已来无可比也,其轩辕之亚乎!"勒笑曰:"人岂不自知,卿言亦以太过。朕若逢高皇,当北面而事之,与韩彭竞鞭而争先耳。脱遇光武,当并驱于中原,未知鹿死谁手。大丈夫行事当礌礌落落,如日月皎然,终不能如曹孟德、司马仲达父子,欺他孤儿寡妇,狐媚以取天下也。朕当在二刘之间耳,轩辕岂所拟乎!"③

石勒十分佩服来自民间的汉高祖刘邦,靠手中三尺之剑,堂堂正正地灭掉暴秦,剿灭六国贵族势力,建立天下。他设想,如果生在秦末,一定"北面事之"。如果生在西汉末年,还要与汉光武帝刘秀分庭抗礼,逐鹿中原,一较高下。他十分鄙夷曹操、司马懿父子,靠欺侮孤儿寡母的方式夺权取天下。当然,虽然曹操也是靠实力取得霸业,但毕竟还得羞羞答答借东汉皇帝名义行事。而司马懿父子的行径就更卑劣。

西晋立国仅半个世纪,其整齐人心、恩惠士人等远不及四百余年基业的两汉王朝,而且西晋后期的三十年,被"八王之乱"搞得乌烟瘴气,把士子之心搅得七零八落。因

---

① (唐)房玄龄:《晋书》,中华书局 1974 年版,第 2756 页。
② (唐)房玄龄:《晋书》,中华书局 1974 年版,第 2737 页。
③ (唐)房玄龄:《晋书》,中华书局 1974 年版,第 2749 页。

第四章　文士流徙与汉晋社会驱动系统

此,永嘉丧乱期间,天下文士对西晋王朝的覆灭,并不感到意外。王朝灭亡不久,滞留文士就完成了对少数民族政权的政治认同。因此,即使这些文士进入少数民族政权中,作了西晋王朝的"贰臣",也应得到"同情之了解"。

最后,我们应该到唐修《晋书》所折射的史学话语权力中追寻。中国历史在公元7世纪迎来了统一的大唐帝国。唐初的贞观时代亟须修史,完成历史话语的建构。唐修《晋书》之时,十六国时代已经过去了三百多年,尽管唐初史臣可以参考北魏中期崔鸿所著的《十六国春秋》等历史文献,但还是将两晋奉为正统,将十六国视为伪朝,列入《晋书》的"载记"系统。尤其要注意的是,隋唐帝国是以北朝为基础,通过武力统一南朝政权。隋唐时代的新贵,多是西晋永嘉丧乱滞留北方的世家大族的后裔。因此,他们绝不会将自己的先祖列入"贰臣"系统加以道德批判。而将东晋的王敦、桓温、桓玄、王弥、张昌、陈敏、王如、杜曾、杜弢、王机、祖约、苏峻、孙恩等乱臣贼子,放逐在《四夷传》之后,足见历史话语的批判力量。唐代史臣对被迫接受少数民族政权官职与主动效命的文士做了区分,凡是主动效命少数民族政权的文士传记附在相关的"载记"之后,而把被迫接受少数民族政权官职,作为那些滞留文士永嘉丧乱之后的命运遭际,在传记中一般交代一笔。甚至对那些被俘、慷慨赴死和被迫做官但气节高尚的文士一起列入《忠义传》系统,加以表彰。

第五章　文士流徙与汉晋文士阶层分异

众所周知,由东汉中后期演变而来的文化世族阶层成为中古社会的中流砥柱。这个社会阶层在宗法制的家族基础上逐渐发展壮大。当原始社会进入原始村落阶段的时候,氏族部落内部也是以原始家庭为单位,血亲成员共同居住在一个半地穴式的原始房屋之中。但是,整个社会成员还要共同协作——狩猎、采集或原始农耕获得生活所需,同时,还需要以氏族部落的整体力量对抗自然以及其他部落的掠夺,甚至还需要与其他部落结盟。氏族部落的首领——酋长不仅在部落内部享有崇高的声望与地位,而且在部落联盟中获得了一定权力与地位,形成了"天下共主"格局中的世袭性贵族阶层。进入公元前11世纪的西周初年,武王联合诸多方国或部落,举兵蒯商。随后,大量分封宗室姬姓成员为诸侯国。当然,也分封功臣姜氏吕姓以及其他方国或部落贵族,只是他们方国的贵族被分封的等级较低。西周改变了上古以来的"天下共主——世袭性氏族贵族"格局,将姬姓宗族子弟分封为诸侯,取代上古以来的氏族世袭贵族,通过宗法制建构了"天下共主——宗法性世袭贵族"的新格局。这意味着家族这种社会组织形式已经愈来愈重要。当"天下共主"地位的姓氏家族中的诸多成员世袭诸侯之位,而其诸侯国内则由诸多大夫家族构建成一个等级体系。"世禄世卿"贵族阶层在战国争霸时代,受到致命打击。原有的分封体系在秦国暴力扫荡下,彻底解体。昔日的世袭贵族——诸侯、大夫沉沦,而底层的庶民上升,汇集在处于贵族与庶民之间的士阶层中[1],导致了士阶层的兴起。两汉时代,个体之士通过中央王朝的察举与任命,成为新的官僚贵族阶层。来自乡里社会的个体之士进入政治体制之后,获得了更多的政治位势与社会资源,进而教育子弟、瞻顾宗族,逐渐发展成为世家大族。汉晋之际是社会阶层分化与世族转型的时代。以往学者多从意识形态上的由儒入玄、察举与九品中正制度以及皇权支持

---

[1]　余英时《士与中国文化》一书的《古代知识阶层的兴起与发展》一文中,辩驳了顾颉刚先生的"吾国古代之士,皆武士也"的观点,提出"文士阶层并不是从武士中蜕化而来,有其礼乐诗书的文化渊源"的观点,同时,分析了战国士阶层的兴起与发展。上海人民出版社2003年版,第3—76页。

与扶助,甚至阶级属性、地域文化等角度研究魏晋士族的演变问题①,虽也注意到两晋之际的永嘉南渡对社会阶层分化的影响,如田余庆在《东晋门阀政治》中考察东晋侨姓门阀士族的主要来源的时候,提出"就魏晋士族而言,他们在两晋之际,在八王之乱和永嘉之乱之中和以后,又出现了一次大分化"②的观点,但都没有就汉晋之际的文士迁徙角度专门深入研究两汉以来的世家大族的文化转型——世家大族的士族化。本章主要考察汉晋时代三次文士大迁徙怎样影响文士阶层的分化,如何推动世族的文化转型以及如何改变汉晋之际的社会结构。

第一节　寒庶文士的渐起与受挫

如前所述,世族阶层是中国中古社会的主导阶层,在政治舞台上发挥着至关重要的作用。我们也不要忽视处在整个社会阶层中间的寒庶阶层,既是以世家大族风范深受感召,又与世家大族在社会文化场中争夺社会文化话语权,而且这种争夺贯穿于整个中古时代,甚至最终以寒庶阶层取得绝对胜利。当然,最终胜利要等到隋唐时代。如果考察汉魏两晋时代,恰好是寒庶阶层在社会流动潮流背景下渐起、争夺、受挫以至于激愤的时代。

一、鸿都门学:东汉后期寒士的渐起

据《后汉书·孝灵帝纪》李贤注记载,鸿都门是东汉京师洛阳的一门名,汉灵帝刘宏在鸿都门内设置有别于太学的教育机构③。关于"鸿都门学"的研究视角多集中在探讨汉灵帝设置动机、汉末文化变迁、东汉后期文人的地位以及宫廷文学审美趣味的变化等方面④,

---

① 田余庆在《东晋门阀政治》中重视思想意识形态与皇权支持扶助的作用,阎步克重视察举制度与皇权关系,见《察举制度变迁史稿》,辽宁大学出版社 1997 年版,第 83 页。汤用彤、陈寅恪等先生重视阶层、阶级等级的因素,见《汤用彤学术论文集》,中华书局 1983 年版,第 201—205 页;《金明馆丛稿初编》,三联书店 2001 年版,第 48—51 页。从地域文化角度研究,以胡宝国的《汉晋之际的汝颍名士》(《历史研究》1991 年第 5 期)、方诗铭的《三国人物散论》(上海古籍出版社 2000 年版)为代表。

② 田余庆:《东晋门阀政治》,北京大学出版社 2005 年版,第 276 页。

③ 《后汉书·孝灵帝纪第八》李贤注曰:"鸿都,门名也,于内置学。时其中诸生,皆敕州、郡、三公举召能为尺牍辞赋及工书鸟篆者相课试,至千人焉。"见(南朝·宋)范晔:《后汉书》,中华书局 1965 年版,第 341 页。

④ 王永平的《汉晋间社会阶层升降与历史变迁》第一章、第二章,着重分析汉灵帝设置鸿都门学的动机、引发士大夫的激烈抗议、鸿都门学士的社会阶层以及目的意义等。刘季高的《鸿都门学在中国文艺发展过程中的作用》则认为文士社会地位的提高,见《斗室文史杂著》,上海古籍出版社 2000 年版,第 38 页。于迎春先生的《汉代文人与文学观念的演进》重视汉灵帝的文化趣味,从"才艺与经术"矛盾冲突角度,将"鸿都门学"作为"关键点",考察汉末文化的变迁。见《汉代文人与文学观念的演进》,东方出版社 1997 年版,第 187—196 页。蓝旭的《东汉士风与文学》则认为"文人社会地位的提高",不足以揭示鸿都门学的文学史意义。"在这里,发生变化的与其说是文士的地位,不如说是宫廷文学的审美趣味。"见蓝旭:《东汉士风与文学》,人民文学出版社 2004 年版,第 241 页。

我们则着重论述汉灵帝征召与授官鸿都门学之士,引发的汉代后期的文士流动以及因文士流动所带来寒士阶层的渐起等问题。

作为东汉后期的一大社会事件,"鸿都门学"持续了七八年,甚至更长的时间。据《后汉书·蔡邕传》载:"初,帝好学,自造《皇羲篇》五十章,因引诸生能为文赋者。本颇以经学相招,后诸为尺牍及工书鸟篆者,皆加引招,随至数十人。侍中祭酒乐松、贾护,多引无行趣势之徒,并待制鸿都门下,喜陈方俗闾里小事,帝甚悦之,待以不次之位。又市贾小民,为宣陵孝子者,复数十人,悉除为郎中、太子舍人。"①最初,汉灵帝只是个人爱好艺文,招引能为文赋者。所招引的应该是京师附近的文士而已。随后,招引的地域扩大,人数渐多,甚至安排于鸿都门下待诏。光和元年(178),汉灵帝将"待置鸿都门下"正式改为"鸿都门学",人数从数十人扩大到数千人,地位也从待诏之士提升为鸿都学士。

"鸿都门学"引发东汉后期的文士流动。当时才艺之士主要来自边鄙之地,如吴郡无锡高彪、会稽山阴韩说、凉州安定郡梁鹄、南阳师宜官等人。还有史籍不记其郡籍者,如乐松、郤俭等。当然,还有大量的鸿都门学之士不见于史籍的情况。唐代张怀瓘《书断》中篇载:

> 师宜官南阳人。灵帝好书,征天下工书于鸿都门下,至数百人,八分称宜官为最,大则一字径尺,小乃方寸千言,甚矜其能。性嗜酒,或时空至酒家,书其壁以售之,观者云集,沽酒多售,则铲去之。后为袁术将命巨鹿。②

由此可见,南阳人师宜官因善书八分——隶书,被汉灵帝刘宏征召入京,待诏鸿都门下。

唐代张怀瓘《书断》中篇又载:

> 梁鹄字孟皇,安定乌氏人。少好书,受法于师宜官,以善八分知名,举孝廉为郎,灵帝重之,亦在鸿都门下,迁幽州刺史。③

从此段材料亦可知,凉州安定郡人梁鹄,因遵守孝道清廉洁白,被举为孝廉,因善书八分,备受灵帝器重,也参与到鸿都门下待诏的行列。甚至被授官选部尚书④,以至于幽州刺史、凉州刺史⑤等。这只是上千的"鸿都门学士"中的少数史籍有载者而已,还有

---

① (南朝·宋)范晔:《后汉书》,中华书局1965年版,第1991—1992页。

② (唐)张怀瓘:《书断》,见《历代书法文选》,上海书画出版社1979年版,第182页。

③ (唐)张怀瓘:《书断》,见《历代书法文选》,上海书画出版社1979年版,第182页。

④ 据《三国志·魏书·武帝纪》裴注引《四体书势序》记载,梁鹄"卒以攻书选部尚书",见(晋)陈寿:《三国志》,中华书局1959年版,第31页。

⑤ 据《后汉书·盖勋传》"凉州刺史梁鹄畏惧贵戚,欲杀正和以免其负,乃访之于勋"记载,知梁鹄曾任凉州刺史一职。见(南朝·宋)范晔:《后汉书》,中华书局1965年版,第1879页。

大量的学士史之阙载。我们可以想见,当时不同地域的寒士备受鼓舞、奔走相告的兴奋之情。

从全国各地流动而来的鸿都学士,成为汉灵帝选拔官吏的强大后备军,引发了世族士大夫阶层的强烈抗议与激烈批判。正是因为汉灵帝设置鸿都门学,并以此为选官制度,使得全国各地的能为文赋或善工书鸟篆隶书的上千寒士汇集京师,成为鸿都门学士。这自然激起了世族阶层的激烈抗议。这激烈抗议,不仅仅由于政治原因,更在于深层的文化观念的差异。东汉后期著名文士蔡邕曾上书批驳道:

> 五事:臣闻古者取士,必使诸侯岁贡。孝武之世,郡举孝廉,又有贤良、文学之选,于是名臣辈出,文武并兴。汉之得人,数路而已。夫书画辞赋,才之小者,匡国理政,未有其能。陛下即位之初,先涉经术,听政余日,观省篇章,聊以游意,当代博弈,非以教化取士之本。而诸生竞利,作者鼎沸。其高者颇引经训风喻之言;下则连偶俗语,有类俳优;或窃成文,虚冒名氏。臣每受诏于盛化门,差次录第,其未及者,亦复随辈皆见拜擢。既加之恩,难复收改,但守奉禄,于义已弘,不可复使理人及仕州郡。昔孝宣会诸儒于石渠,章帝集学士于白虎,通经释义,其事优大,文、武之道,所宜从之。若乃小能小善,虽有可观,孔子以为"致远则泥",君子故当志其大者。①

蔡邕上书,针对的是汉灵帝赐才艺之士以"不次之位"的选官制度,提出保留其俸禄,绝不可"使之理人及仕州郡",这是表层的政治原因。背后深层的政治原因是,绝不允许大开寒士仕途之路,与传统的士大夫阶层争夺政治位势。更深层的文化原因在于,士大夫阶层的骨子里鄙视这些靠才艺等新的文化资本而崛起的寒士。东汉以来的世家大族为核心的士大夫阶层则是依靠尚经术、重道德的文化资本而占据社会空间位置。汉灵帝正是借召集才艺之士,创置"鸿都门学",甚至使这些才艺之士出任郡守、刺史,内任侍中、舍人等,"以填补儒学士大夫禁锢后的政治真空"②。因此,汉灵帝对蔡邕的上书置若罔闻,甚至变本加厉,在第二年光和元年,直接设立"鸿都门学"。《后汉书·蔡邕传》载:

> 光和元年,遂置鸿都门学,画孔子及七十二弟子像。其诸生皆敕州郡三公举用辟召,或出为刺史、太守,入为尚书、侍中,乃有封侯赐爵者,士君子皆耻与为列焉。③

士大夫群体不仅做出"耻与为列"的群体反应,其间之代表人士——蔡邕、杨赐、阳

---

① (南朝·宋)范晔:《后汉书》,中华书局1965年版,第1991—1992页。
② 王永平:《汉晋间社会阶层升降与历史变迁》,社会科学文献出版社2011年版,第42页。
③ (南朝·宋)范晔:《后汉书》,中华书局1965年版,第1998页。

球等人趁机上书。可以说,已经升级为世族阶层与皇权之间的政治斗争。当然,这场政治斗争掩盖在道德话语之下。蔡邕操起天命话语系统,要求斥退才艺寒士。《后汉书·蔡邕传》载:

> 尚方工技之作,鸿都篇赋之文,可且消息,以示惟忧。《诗》云:"畏天之怒,不敢戏豫。"天戒诚不可戏也。宰府孝廉,士之高选。近者以辟召不慎,切责三公,而今并以小文超取选举,开请托之门,违明王之典,众心不厌,莫之敢言。臣愿陛下忍而绝之,思惟万机,以答天望。圣朝既自约厉,左右近臣亦宜从化。人自抑损,以塞咎戒,则天道亏满,鬼神福谦矣。臣以愚赣,感激忘身,敢触忌讳,手书具对。夫君臣不密,上有漏言之戒,下有失身之祸。愿寝臣表,无使尽忠之吏,受怨奸仇。①

《后汉书·杨震传附杨赐传》载:

> 《易》曰:"天垂象,见吉凶,圣人则之。"今妾媵婢人阉尹之徒,共专国朝,欺罔日月,又鸿都门下,招会群小,造作赋说,以虫篆小技见宠于时,如骓兜、共工更相荐说,旬月之间,并各拔擢,乐松处常伯,任芝居纳言。郤俭、梁鹄俱以便辟之性,佞辨之心,各受丰爵不次之宠,而令搢绅之徒委伏田亩,口诵尧、舜之言,身蹈绝俗之行,弃捐沟壑,不见逮及。冠履倒易,陵谷代处,从小人之邪意,顺无知之私欲,不念《板》《荡》之作,刺怛之诫。殆哉之危,莫过于今。幸赖皇天垂象谴告。②

弘农杨赐作为世族之代表,将鸿都门学之士斥为"群小",好比骓兜、共工等古史传说中的穷凶极恶之辈,指斥郤俭、梁鹄为"便辟之性,佞辨之心"的道德卑劣者。可以说,这代表了整个世族的共同心声。士大夫阶层占据道德高地,对才艺寒士阶层进行道德批判。如果说,鸿都门学上千人中或有道德卑劣者的话,那么世族的士大夫阶层的道德话语批评也有夸大与放大舆论之嫌。因为这不是纯粹的道德之争,而是政治位势之争。正如杨赐说的,"而令搢绅之徒委伏田亩,口诵尧、舜之言,身蹈绝俗之行,弃捐沟壑,不见逮及"。然而,汉灵帝并没有被天命、道德话语系统撼动,继续"诏敕中尚方为鸿都文学乐松、江览等三十二人图象立赞,以劝学者"③。尚书令阳球上书"奏罢鸿都文学":

> 臣闻《传》曰:"君举必书。书而不法,后嗣何观!"案松、览等皆出于微蔑,斗筲小人,依凭世戚,附托权豪,俯眉承睫,微进明时。或献赋一篇,或鸟篆盈简,而位升郎中,形图丹青。亦有笔不点牍,辞不辩心,假手请字,妖伪百品,莫不被蒙殊恩,蝉蜕滓浊。是以有识掩口,天下嗟叹。臣闻图象之设,以昭劝戒,欲令人君动鉴得失。

---

① (南朝·宋)范晔:《后汉书》,中华书局1965年版,第1999—2000页。
② (南朝·宋)范晔:《后汉书》,中华书局1965年版,第1780页。
③ (南朝·宋)范晔:《后汉书》,中华书局1965年版,第2499页。

未闻竖子小人，诈作文颂，而可妄窃天官，垂象图素者也。今太学、东观足以宣明圣化。愿罢鸿都之选，以消天下之谤。①

首先，尚书令阳球揭示出"鸿都门学"的才艺之士的社会出身——微蔑、斗筲小人、竖子，这足以反映出汉代世族阶层潜意识里对寒士阶层的鄙视。其次，揭示鸿都门学士的依附性，依附于贵戚权豪的事实，这的确击中了鸿都门学之士的要害，因为他们多通过宦官集团爬上仕途。再次，批判"鸿都门学"之士凭借新的文化资本——献赋、鸟篆、丹青等，备受青睐，平步青云。复次，批判"鸿都门学"中人追名逐利、弄虚作假的不道德行为——"笔不点牍，辞不辩心，假手请字，妖伪百品"，这既符合了当时的部分事实，也是鸿都门学最易被诟病的地方。最后，直指汉灵帝的文化导向——"臣闻图象之设，以昭劝戒，欲令人君动鉴得失。未闻竖子小人，诈作文颂，而可妄窃天官，垂象图素者也"。从世族阶层批判"鸿都门学"为代表的寒士阶层的结果看，均以失败告终。蔡邕被流放朔方，杨赐因帝师身份豁免，阳球疏奏不省。而"鸿都门学"所选之官，如侍中乐松一直在朝任职，在中平元年（184），黄巾起义爆发后，还与士人联名上书②。郄俭被任益州刺史，被益州的黄巾军杀害③。

东汉后期的寒士阶层之所以能迅速崛起，成为可以与世家大族阶层分庭抗礼的社会阶层，主要原因是借汉灵帝与宦官集团的支持④。这既是成功之处，也是可悲之处。支持他们的皇帝——汉灵帝被世家大族所操纵的话语权力定位为昏聩的统治者，支持他们的宦官阶层被道德话语体系斥为臭名昭著的政治集团。因此，"鸿都门学"也被传统的史学话语置于道德批判的地位。如果剥离道德批判话语，分析话语权力，彰显出来的是东汉后期寒士阶层的崛起。尽管，鸿都门学所代表的寒士阶层，尚不能成为独立的政治势力——"第三种势力"⑤，但寒士阶层开始觉醒、崛起。"鸿都门学"的寒士群体正是通过地域流动聚集洛阳，才成为备受关注、非议的社会阶层。

鸿都门学并没有因世族阶层的舆论批判而消歇，却在东汉灵帝驾崩、宦官势力被铲

① （南朝·宋）范晔：《后汉书》，中华书局1965年版，第2499页。

② 《后汉书·刘陶传》载："陶与奉车都尉乐松、议郎袁贡连名上疏言之"。见（南朝·宋）范晔：《后汉书》，中华书局1965年版，第1849页。

③ 郄俭任益州刺史以及被杀，事见《后汉书·刘焉传》："会益州刺史郄俭在政烦扰，谣言远闻"。（南朝·宋）范晔：《后汉书》，中华书局1965年版，第2431页。"是时，益州贼马相亦自号'黄巾'，合聚疲役之民数千人，先杀绵竹令，进攻雒县，杀郄俭，又击蜀郡、犍为，旬月之间，破坏三郡。"（南朝·宋）范晔：《后汉书》，中华书局1965年版，第2432页。

④ 参见王永平《汉晋间社会阶层升降与历史变迁》第一章第四节以及第二章的相关论述，社会科学文献出版社2011年版，第18—42页。

⑤ 孙明君提出，鸿都门学是汉灵帝一手扶植起的政治势力，是介于清流士大夫与宦官之外的"第三种势力"。见《汉魏文学与政治》，商务印书馆2003年版，第86—105页。

平的情势下烟消云散。这倒是应了"皮之不存,毛将焉附"的古训。在东汉末年动乱中苟活下的鸿都学士,也汇入建安文士群体之中。据《三国志·武帝纪》裴注引《四体书势序》记载:"于是公欲为洛阳令,鹄以为北部尉。鹄后依刘表。及荆州平,公募求鹄,鹄惧,自缚诣门,署军假司马,使在秘书,以勒书自效。公尝悬著帐中,及以钉壁玩之,谓胜宜官。鹄字孟黄,安定人。魏宫殿题署,皆鹄书也"①,可知梁鹄避乱荆州,依附刘表。曹操平定荆州,梁鹄北归,成了曹操集团中一位才艺之士。又据唐代张怀瓘《书断》中"后为袁术将命巨鹿。《耿球碑》术所立,是宜官书也"②记载知,鸿都门学中的师宜官,在董卓乱政后投奔袁术。

二、文士腾跃:建安寒庶阶层的兴起

东汉后期的"鸿都门学"所引发的文士流动是游学游宦向心型的流动,建安时代的文士流动则是避难为目的的离心型的流动。这种因社会动荡引发的以避难为目的的文士流动加速了社会阶层的分化。具体说,东汉以来的世族士大夫阶层受到重创趋于没落,而寒门庶士阶层却因风云际会,乘势而起。当然,汉末建安时代的寒门庶士阶层主要来源有二:一是没落的世族家族成员,如西汉时代著名杜陵杜氏家族在东汉时代趋于没落,东汉末年的杜畿家贫,曾在任京兆尹司马防的掾属。再如王粲,据《三国志·王粲传》载:"(王粲)曾祖父龚,祖父畅,皆为汉三公。"③可见,王粲出身于世族士大夫家族,其祖父王畅与李膺齐名,受到宦官阶层的猜忌,被废于家。因此,王粲成为没落的世族子弟。王粲好艺文,其文化习性与寒门文士阶层相近。二是社会地位较低、经济资源薄弱的单门小户家族成员。

汉末天下大乱导致大多数寒门庶士阶层大规模的流徙。董卓迫使汉献帝君臣迁都长安,许多文士也随之到长安,如王粲、路粹、阮瑀、赵岐等人。随后,董卓被杀,董卓部将李傕、郭汜激战,三辅大乱,集聚在关中的寒庶文士四散避难,如王粲、杜畿、邯郸淳、傅巽、隗禧等避难荆州。此时的荆州还聚集了来自其他地域的文士,如颍川文士司马徽、和洽、杜袭、繁钦、赵俨、徐庶、石广元、汝南郡文士孟公威、琅玡郡文士诸葛亮、清河郡博陵文士崔广平、陈国长平文士颍容、娄圭、司马芝等。而扶风法正、孟达、南郡文士董和、吕常、李严、王连、许靖、许慈、河南洛阳文士孟光、河东裴俊、义阳新野文士来敏、江夏文士费伯仁、义阳文士邓芝等避难益州,依附刘焉、刘璋父子。另外,还有不少文士,如陈琳避难冀州,依附袁绍集团。

---

① (晋)陈寿:《三国志》,中华书局 1959 年版,第 31 页。
② (唐)张怀瓘:《书断》,见《历代书法文选》,上海书画出版社 1979 年版,第 182 页。
③ (晋)陈寿:《三国志》,中华书局 1959 年版,第 597 页。

这种裹挟在流民之中的流徙以及地方割据势力的人才竞争,给寒门庶士阶层的腾跃创造了条件。然而政治集团的社会阶层观念不同,对待寒门庶士阶层的态度不同,如曹操出身寒庶阶层的阉宦家族,政治理想与抱负极大,故而重视寒庶之士。他的"唯才是举"政策,吸引了大量的寒庶之士。而袁绍、刘表等人出身世家大族的士大夫阶层,政治理想与抱负远不及曹操,骨子里本来鄙夷轻视寒庶之士。正如王粲说的,"刘表雍容荆楚,坐观时变,自以为西伯可规。士之避乱荆州者,皆海内之俊杰也;表不知所任,故国危而无辅。明公定冀州之日,下车即缮其甲卒,收其豪杰而用之,以横行天下;及平江、汉,引其贤俊而置之列位,使海内回心,望风而愿治,文武并用,英雄毕力,此三王之举也。"①因此,曹操平定中原之后,大量的寒庶文士回聚在许都以及邺城②,出现了建安文士腾跃的局面,创造了建安文学的范型。曹植在《与杨德祖书》中无不自豪地说:"然今世作者,可略而言也。昔仲宣独步于汉南,孔璋鹰扬于河朔,伟长擅名于青土,公干振藻于海隅,德琏发迹于大魏,足下高视于上京。当此之时,人人自谓握灵蛇之珠,家家自谓抱荆山之玉也。吾王于是设天网以该之,顿八纮以掩之,今尽集兹国矣。"③当时,最知名的文士莫过于"建安七子"。《三国志》裴注引曹丕《典论·论文》曰:"今之文人,鲁国孔融、广陵陈琳、山阳王粲、北海徐幹、陈留阮瑀、汝南应场、东平刘桢,斯七子者,于学无所遗,于辞无所假,咸自以骋骐骥于千里,仰齐足而并驰。"④"自颍川邯郸淳、繁钦、陈留路粹、沛国丁仪、丁廙、弘农杨修、河内荀纬等,亦有文采,而不在此七人之例。"⑤可见建安文士之盛。

建安时代曹操集团的举荐制度因"唯才是举"的倡导,控制在曹操倚重的谯沛一带中下层庶族阶层的手里,而颍汝一带的世族阶层也向曹操举荐世族成员。因此,曹操集团内部的谯沛庶族阶层与颍汝世族阶层为共同的利益合作之外,也不断围绕举荐权——社会文化权力——不断斗争与争夺。颍汝世族阶层的代表人物荀彧向曹操集团举荐了大量的人才。被举荐者包括戏志才、郭嘉、严象、韦康以及杜畿等人。《三国志》裴注引《彧别传》载:"彧德行周备,非正道不用心,名重天下,莫不以为仪表,海内英隽咸宗焉。司马宣王常称书传远事,吾自耳目所从闻见,逮百数十年间,贤才未有及荀令君者也。前后所举者,命世大才,邦邑则荀攸、锺繇、陈群,海内则司马宣王,及引致当世知名郗虑、华歆、王朗、荀悦、杜袭、辛毗、赵俨之俦,终为卿相,以十数人。取士不以一

---

① （晋）陈寿:《三国志》,中华书局1959年版,第598页。
② 详见本书上编第一章第二节"向心回聚:曹操平乱与建安文士回返"的论述。
③ 《三国志·陈思王传》裴注引《典略》语,（晋）陈寿:《三国志》,中华书局1959年版,第558—559页。
④ （晋）陈寿:《三国志》,中华书局1959年版,第602页。
⑤ （晋）陈寿:《三国志》,中华书局1959年版,第602页。

揆,戏志才、郭嘉等有负俗之讥,杜畿简傲少文,皆以智策举之,终各显名。荀攸后为魏尚书令,亦推贤进士。"①如果说荀彧深知曹操心意,举荐人才不大以世庶之分为藩篱,减少与谯沛集团之间的纷争与矛盾的话。那么,后起之秀颍川陈群在举荐人才方面,明显就有了士庶之别。《三国志·陈群传》载:"时有荐乐安王模、下邳周逵者,太祖辟之。群封还教,以为模、逵秽德,终必败,太祖不听。后模、逵皆坐奸宄诛,太祖以谢群。"②虽然史书不言举荐者,曹操之所以能征辟,似乎能说明举荐者影响力很大,估计属谯沛庶族阶层。而且,曹操倚重的谯沛集团显然重才轻德,才会大胆举荐秽德之辈。其实,所谓"秽德",不正是寒庶阶层吗?因为,寒庶文士阶层缺少世族重道德的文化熏陶,受儒家道德约束较少,显得自由狂放,在世族阶层陈群的眼里就变成了秽德之人。曹操当政期间,虽能与世家大族合作,但也处处挟制世家大族势力,逼死世族阶层领袖荀彧、崔琰,杀死杨修等人。然而曹操时代,世族阶层与庶族阶层的争夺并未消歇,甚至在曹丕与曹植争储事件中愈演愈烈。曹丕更多拉拢世族阶层,而曹植则更接近庶族阶层③。最终,曹丕获胜登上魏国太子位。曹丕继承魏王位之后,曹植所依赖的谯沛文士如丁仪、丁廙等人被诛杀,亲近曹植的谯沛武将如曹洪等被免官削爵。

三、受挫激愤:魏晋寒庶阶层的争夺

曹丕需要依靠颍汝世族阶层的大力支持登上魏国太子位,迫使汉献帝禅让。因此,世族阶层占了先机。随后,世族阶层的代表人物陈群利用魏文帝的信任,制定并推行"九品中正制",从而在选人制度上确保世族阶层的社会地位④。正如万绳楠先生所说的,"这实际上是一种进一步巩固世族、儒门的地位、排斥庶族和新官僚的制度。"⑤

正因为"九品中正制"设之中正官,正如唐长孺先生说的,"当中正的人自己必须是二品,二品又有参预中正推举之权,而获得二品者如《霍原传》所云几乎全部是世族,这样世族自然把持了选举"⑥。而庶族和新官僚阶层尤其谯沛集团失去了举荐权,也失去了培养政治势力的机会。因此,以谯沛集团为主的庶族阶层通过浮华方式结党品题。

---

① (晋)陈寿:《三国志》,中华书局 1959 年版,第 318 页。
② (晋)陈寿:《三国志》,中华书局 1959 年版,第 633 页。
③ 详见下编第四章中的第一节中"三国鼎立时期的政治权力场"的具体论述。
④ 唐长孺先生《九品中正制度试释》一文辨析九品中正制设立原因未必为了巩固门阀士族地位,只是门阀制度在一定的社会经济与其所反映的政治状况逐步发展,而九品中正制也就为之服务,起了巩固与维护的作用。见《魏晋南北朝史论丛》,三联书店 1955 年版,第 85—86 页。
⑤ 万绳楠:《魏晋南北朝史论稿》,安徽教育出版社 1983 年版,第 85 页。
⑥ 唐长孺:《九品中正制度试释》,见《魏晋南北朝史论丛》,三联书店 1955 年版,第 120 页。

当然,谯沛集团武将子弟在曹魏政权稳定之时,也开始在文学、才辩方面崭露头角①。他们之所以选择浮华交会方式来提升名望,试图与世家大族的世族阶层抢夺选举权,既有社会情势变化的原因,又有先前的传统习惯的原因。从社会情势角度说,魏文帝、魏明帝时代政权趋于稳定,虽与吴、蜀两国战事不断,但这些战事已经不像建安初发生在中原州郡,形势不需要这些武将子弟举荐寒庶人士。他们的父辈垄断武装力量的局面在魏文帝登基之后也被终结,他们无法染指军事。从先前的传统习惯角度而言,浮华交会早在东汉后期就已成风气。建安时期曹植"任性而行,不自雕励,饮酒不节",其党羽就以浮华为尚。魏明帝时代,沛国谯人夏侯玄、沛国丁谧、南阳何晏、邓飏、李胜以及琅玡诸葛诞等人相互题表,收名京师。据《三国志》裴注引《世语》曰:"是时,当世俊士散骑常侍夏侯玄、尚书诸葛诞、邓飏之徒,共相题表,以玄、畴四人为四聪,诞、备八人为八达,中书监刘放子熙、孙资子密、吏部尚书卫臻子烈三人,咸不及比,以父居势位,容之为三豫,凡十五人。帝以构长浮华,皆免官废锢。"②魏明帝太和六年(232)浮华案中涉及的成员有以下诸人,这些士人尽管其父辈多为新官僚,他们也多是官宦子弟,但其出身不能与世家大族阶层相提并论,仍属于寒庶阶层。

《三国志·夏侯玄传》载:

　　玄字太初。少知名,弱冠为散骑黄门侍郎。尝进见,与皇后弟毛曾并坐,玄耻之,不悦形之于色。明帝恨之,左迁为羽林监。③

《三国志·诸葛诞传》载:

　　诸葛诞字公休,琅邪阳都人,诸葛丰后也。初以尚书郎为荥阳令,入为吏部郎。人有所属讬,辄显其言而承用之,后有当否,则公议其得失以为褒贬,自是群僚莫不慎其所举。累迁御史中丞尚书,与夏侯玄、邓飏等相善,收名朝廷,京都翕然。言事者以诞、飏等修浮华,合虚誉,渐不可长。明帝恶之,免诞官。④

《三国志·曹爽传》裴注引《魏略》曰:

　　邓飏字玄茂,邓禹后也。少得士名于京师。明帝时为尚书郎,除洛阳令,坐事免,拜中郎,又入兼中书郎。初,飏与李胜等为浮华友,及在中书,浮华事发,被斥出,遂不复用。⑤

①　参见刘蓉:《汉魏名士研究》,中华书局 2009 年版,第 111 页。当然,刘蓉认为谯沛武将子弟与汝颍名士子弟融为一体,我对此观点尚持保留态度。
②　(晋)陈寿:《三国志》,中华书局 1959 年版,第 769 页。
③　(晋)陈寿:《三国志》,中华书局 1959 年版,第 288 页。
④　(晋)陈寿:《三国志》,中华书局 1959 年版,第 769 页。
⑤　(晋)陈寿:《三国志》,中华书局 1959 年版,第 288 页。

《三国志·曹爽传》裴注引《魏略》曰：

> 丁谧，字彦靖。父斐，字文侯。初，斐随太祖，太祖以斐乡里，特饶爱之。斐性好货，数请求犯法，辄得原宥。为典军校尉，总摄内外，每所陈说，多见从之。建安末，从太祖征吴。斐随行，自以家牛羸困，乃私易官牛，为人所白，被收送狱，夺官。其后太祖问斐曰："文侯，印绶所在？"斐亦知见戏，对曰："以易饼耳。"太祖笑，顾谓左右曰："东曹毛掾数白此家，欲令我重治，我非不知此人不清，良有以也。我之有斐，譬如人家有盗狗而善捕鼠，盗虽有小损，而完我囊贮。"遂复斐官，听用如初。后数岁，病亡。①

从上述记载可知，沛国丁谧出身寒门庶士，其父追随曹操，颇有才干，深受曹操宽宥与重用。丁谧因无礼于曹魏宗室诸王，被魏明帝禁锢。《三国志·曹爽传》裴注引《魏略》曰：

> 谧少不肯交游，但博观书传。为人沈毅，颇有才略。太和中，常住邺，借人空屋，居其中。而诸王亦欲借之，不知谧已得，直开门入。谧望见王，交脚卧而不起，而呼其奴客曰："此何等人？促呵使去。"王怒其无礼，还具上言。明帝收谧，系邺狱，以其功臣子，原出。②

南阳李胜也属于寒庶之士，其父李休曾劝汉中张鲁割据政权归顺曹操而被提拔。李胜颇有才智，在洛阳士人群体中颇有名望，甚至在其府上友朋相互品题，形成了"四窗八达""三预"的小团体。因此被人告发，遭到魏明帝的禁锢。

《三国志·曹爽传》裴注引《魏略》曰：

> 李胜字公昭。父休字子朗，有智略。张鲁前为镇北将军，休为司马，家南郑。时汉中有甘露降，子朗见张鲁精兵数万人，有四塞之固，遂建言赤气久衰，黄家当兴，欲鲁举号，鲁不听。会鲁破，太祖以其劝鲁内附，赐爵关内侯，署散官骑从，诣邺。至黄初中，仕历上党、钜鹿二郡太守，后以年老还，拜议郎。胜少游京师，雅有才智，与曹爽善。明帝禁浮华，而人白胜堂有四窗八达，各有主名。用是被收，以其所连引者多，故得原，禁锢数岁。③

东平毕轨，也是出身寒门庶士，其父仅官至典农校尉。毕轨虽未遭浮华禁锢，但也被魏明帝压制。《三国志·曹爽传》裴注引《魏略》曰：

> 毕轨，字昭先。父字子礼，建安中为典农校尉。轨以才能，少有名声。明帝在东宫时，轨在文学中。黄初末，出为长史。明帝即位，入为黄门郎，子尚公主，居处

---

① （晋）陈寿：《三国志》，中华书局1959年版，第289页。
② （晋）陈寿：《三国志》，中华书局1959年版，第289页。
③ （晋）陈寿：《三国志》，中华书局1959年版，第290页。

殷富。迁并州刺史。其在并州,名为骄豪。时杂虏数为暴,害吏民,轶辄出军击鲜卑轲比能,失利。中护军蒋济表曰:"毕轶前失,既往不咎,但恐是后难可以再。凡人材有长短,不可强成。轶文雅志意,自为美器。今失并州,换置他州,若入居显职,不毁其德,于国事实善。此安危之要,唯圣恩察之。"①

从"浮华案"可反证当时的谯沛集团与世家大族阶层抢夺举荐权的盛况。要从世家大族的世族阶层手里抢夺人才举荐权,就需要更大的社会名望,要获得更大的社会名望,就需要结党友,结果便是引起最高统治者魏明帝曹睿的猜忌②,遭到打击压制。因为,任何一个皇权专制,都不允许高调结党争权,威胁皇帝权威。

魏明帝时代,寒庶阶层的新官僚子弟只是受到压制打击,曹爽辅政失败后则遭到灭顶之灾,司马懿为代表的世家大族阶层全面获胜。魏明帝临死之前,以曹爽与司马懿为辅政大臣,曹爽成为宗室权贵的代表人物,司马懿成为世家大族的代表人物,两股政治势力逐渐角力。明帝时期被禁锢的文士多被曹爽征辟。《三国志·曹爽传》载:"南阳何晏、邓飏、李胜、沛国丁谧、东平毕轶咸有声名,进趣于时,明帝以其浮华,皆抑黜之;及爽秉政,乃复进叙,任为腹心。"③这些曾被禁锢的文士,成为曹爽的心腹。

《三国志·曹爽传》裴注引《魏略》曰:

> 正始初,乃出为颍川太守,转大将军长史,迁侍中尚书。飏为人好货,前在内职,许臧艾授以显官,艾以父妾与飏,故京师为之语曰:"以官易妇邓玄茂。"每所荐达,多如此比。故何晏选举不得人,颇由飏之不公忠,遂同其罪,盖由交友非其才。④

《三国志·曹爽传》裴注引《魏略》曰:

> 后帝闻其(丁谧)有父风,召拜度支郎中。曹爽宿与相亲,时爽为武卫将军,数为帝称其可大用。会帝崩,爽辅政,乃拔谧为散骑常侍,遂转尚书。谧为人外似疏略,而内多忌。其在台阁,数有所弹驳,台中患之,事不得行。又其意轻贵,多所忽略,虽与何晏、邓飏等同位,而皆少之,唯以势屈于爽。爽亦敬之,言无不从。故于时谤书,谓"台中有三狗,二狗崖柴不可当,一狗凭默作疽囊"。三狗,谓何、邓、丁也。默者,爽小字也。其意言三狗皆欲啮人,而谧尤甚也。奏使郭太后出居别宫,

----

① （晋）陈寿:《三国志》,中华书局 1959 年版,第 289 页。
② 刘蓉从魏明帝的个性以及与曹植的政权之争两个方面,解释魏明帝禁浮华的原因。当然,刘蓉过分强调名士内部的分化与冲突,忽视了被禁之士的阶层差异性。甚至将原本属于寒庶阶层的谯沛集团的子弟错判成了东汉后期以来的世族名士阶层。《汉魏名士研究》,中华书局 2009 年版,第 160—175 页。
③ （晋）陈寿:《三国志》,中华书局 1959 年版,第 282—283 页。
④ （晋）陈寿:《三国志》,中华书局 1959 年版,第 288 页。

及遣乐安王使北诣邺,又遣文钦令还淮南,皆谲之计。司马宣王由是特深恨之。①

《三国志·曹爽传》裴注引《魏略》曰:

> 至正始中,(毕轨)入为中护军,转侍中尚书,迁司隶校尉。素与曹爽善,每言于爽,多见从之。②

《三国志·曹爽传》裴注引《魏略》曰:

> 帝崩,曹爽辅政,胜为洛阳令。夏侯玄为征西将军,以胜为长史。玄亦宿与胜厚。骆谷之役,议从胜出,由是司马宣王不悦于胜。累迁荥阳太守、河南尹。胜前后所宰守,未尝不称职,为尹岁馀,厅事前屠苏坏,令人更治之,小材一枚激堕,正挝受符吏石虎头,断之。后旬日,迁为荆州刺史,未及之官而败也。③

另外,夏侯玄、诸葛诞等人复出任职。《三国志·夏侯玄传》载:

> 正始初,曹爽辅政。玄,爽之姑子也。累迁散骑常侍、中护军。④

夏侯玄担任宿卫要职——中护军,并大胆提拔人才,任命州郡,甚至立法垂教,“正是秉承了曹操用人唯才的精神,与儒学世族的标准相左”⑤。《三国志·夏侯玄传》裴注引《世语》曰:

> 玄世名知人,为中护军,拔用武官,参戟牙门,无非俊杰,多牧州典郡。立法垂教,于今皆为后式。⑥

《三国志·诸葛诞传》载:

> 会帝崩,正始初,玄等并在职。复以诞为御史中丞尚书,出为扬州刺史,加昭武将军。⑦

这些曾一度被禁锢的文士再次出仕,为顾命大臣曹爽出谋划策,不遗余力地排挤打压世家大族阶层的代表人物——司马懿。如丁谧画策,使曹爽上表曹芳,夺了司马懿的军权,让其担任毫无实权的太傅,巩固了曹爽的政治地位。《三国志·曹爽传》载:

> 丁谧画策,使爽白天子,发诏转宣王为太傅,外以名号尊之,内欲令尚书奏事,先来由己,得制其轻重也。爽弟羲为中领军,训武卫将军,彦散骑常侍侍讲,其馀诸弟,皆以列侯侍从,出入禁闼,贵宠莫盛焉。⑧

---

① (晋)陈寿:《三国志》,中华书局1959年版,第289页。
② (晋)陈寿:《三国志》,中华书局1959年版,第289页。
③ (晋)陈寿:《三国志》,中华书局1959年版,第290页。
④ (晋)陈寿:《三国志》,中华书局1959年版,第295页。
⑤ 王永平:《汉晋间社会阶层升降与历史变迁》,社会科学文献出版社2011年版,第246页。
⑥ (晋)陈寿:《三国志》,中华书局1959年版,第290页。
⑦ (晋)陈寿:《三国志》,中华书局1959年版,第769页。
⑧ (晋)陈寿:《三国志》,中华书局1959年版,第282—283页。

曹爽辅政的正始年间,何晏、邓飏、丁谧等人担任尚书,何晏掌管选举,选拔官吏,毕轨出任司隶校尉,李胜出任河南尹,无论从王朝要害中枢、到选举机构,乃至京畿军政,均被牢牢控制。世家大族阶层不得不蛰伏,暂避锋芒。《三国志·曹爽传》载:

> 初,爽以宣王年德并高,恒父事之,不敢专行。及晏等进用,咸共推戴,说爽以权重不宜委之于人。乃以晏、飏、谧为尚书,晏典选举,轨司隶校尉,胜河南尹,诸事希复由宣王。宣王遂称疾避爽。①

《三国志·曹爽传》裴松之注中说:

> 初,宣王以爽魏之肺腑,每推先之,爽以宣王名重,亦引身卑下,当时称焉。丁谧、毕轨等既进用,数言于爽曰:"宣王有大志而甚得民心,不可以推诚委之。"由是爽恒猜防焉。礼貌虽存,而诸所兴造,皆不复由宣王。宣王力不能争,且惧其祸,故避之。②

可以说,以司马懿为代表的世族阶层与以曹爽为代表的谯沛庶族新贵阶层的斗争紧紧围绕着举荐任命权展开。陈群、司马懿制定的"九品中正制",将举荐权授予世族手中,州郡负责举荐人才的"中正"皆是二品之人③,而以夏侯玄为代表的庶族新贵阶层批判这种选举制度。从夏侯玄与司马懿反复辩论"九品中正制"这一事件,足以感受到两个阶层在意识形态上的激烈斗争。具体情况如下:正始时代,受到以曹爽为代表的庶族新贵阶层排挤的司马懿,转任太傅之后,并不甘心,与中护军夏侯玄展开意识形态的争论。夏侯玄身居高位,毫无顾忌淋漓尽致地表述了自己对"九品中正制"的看法。《三国志·夏侯玄传》载:

> 太傅司马宣王问以时事,玄议以为:"夫官才用人,国之柄也,故铨衡专于台阁,上之分也,孝行存乎闾巷,优劣任之乡人,下之叙也。夫欲清教审选,在明其分叙,不使相涉而已。何者?上过其分,则恐所由之不本,而干势驰骛之路开;下逾其叙,则恐天爵之外通,而机权之门多矣。夫天爵下通,是庶人议柄也;机权多门,是纷乱之原也。"④

夏侯玄认为"九品中正"举荐人才导致"天爵外通"——即授官之权下移于世族,不利于中央集权。他从理论层面揭示,台阁选官是铨衡人才的才能,而乡闾评议的是人才的道德品行。虽上下并行,但各有职责,不应互相干涉混淆。若不然,就会导致天爵外

---

① (晋)陈寿:《三国志》,中华书局 1959 年版,第 282—283 页。

② (晋)陈寿:《三国志》,中华书局 1959 年版,第 285 页。

③ 唐长孺《九品中正制度试释》说,九品的品第属门第,而非官品。"品第中虽有九等,类别却有二。一品徒有其名,无人能得到,所以二品就算最高。如果照古今人表之法,三品似乎也在上品之列,西晋初期似乎尚如此,但当时三品已不受尊重,以后便一律算卑品了。"见《魏晋南北朝史论丛》,三联书店 1955 年版,第 109—110 页。

④ (晋)陈寿:《三国志》,中华书局 1959 年版,第 295 页。

通、机权多门。夏侯玄将批判的矛头从理论拉回到现实,质疑九品中正制的选官现状。《三国志·夏侯玄传》载:

> 自州郡中正品度官才之来,有年载矣,缅缅纷纷,未闻整齐,岂非分叙参错,各失其要之所由哉!①

夏侯玄接着剖析九品中正制选举人才的逻辑——才性合的逻辑缺陷。中正考察人才的出身门第与孝行、仁义,并不能代表这些指标就是任官为政善于事任的基础。也就是说,他主张"才性相离",各自指标与考核标准不同。如此执行,弊端横生,虽然严责中正官,也无济于事。《三国志·夏侯玄传》载:

> 若令中正但考行伦辈,伦辈当行均,斯可官矣。何者? 夫孝行著于家门,岂不忠恪在于官乎? 仁恕称于九族,岂不达于为政乎? 义断行于乡党,岂不堪于事任乎? 三者之类,取于中正,虽不处其官名,斯任官可知矣。行有大小,比有高下,则所任之流,亦涣然明别矣。奚必使中正干铨衡之机于下,而执机柄者有所委仗于上,上下交侵,以生纷错哉? 且台阁临下,考功校否,众职之属,各有官长,旦夕相考,莫究于此;间阎之议,以意裁处,而使匠宰失位,众人驱骇,欲风俗清静,其可得乎? 天台县远,众所绝意。所得至者,更在侧近,孰不修饰以要所求? 所求有路,则修己家门者,已不如自达于乡党矣。自达乡党者,已不如自求之于州邦矣。苟开之有路,而患其饰真离本,虽复严责中正,督以刑罚,犹无益也。②

在夏侯玄看来,地方长官负责推荐、台阁中枢负责考察人才的才能,适当参考乡间德行评价,授官选能。中正主要负责考察人才的行迹、门第与道德,"审定辈类,勿使升降"。二者各司其职,各尽其分。这样才能避免纷乱,定人心、净风俗。其实,夏侯玄希望有庶族官僚系统负责选官,而世族中正等不得染指,只要拟定人品门第等资格即可。很显然,"夏侯玄主张强化中央台阁的作用,目的是针对当时随着儒学大族政治势力的上升引起中正把持地方选举的状况。"③《三国志·夏侯玄传》载:

> 岂若使各帅其分,官长则各以其属能否献之台阁,台阁则据官长能否之第,参以乡间德行之次,拟其伦比,勿使偏颇。中正则唯考其行迹,别其高下,审定辈类,勿使升降。台阁总之,如其所简,或有参错,则其责负自在有司。官长所第,中正辈拟,比随次率而用之,如其不称,责负在外。然则内外相参,得失有所,互相形检,孰能相饰? 斯则人心定而事理得,庶可以静风俗而审官才矣。④

---

① (晋)陈寿:《三国志》,中华书局1959年版,第295页。
② (晋)陈寿:《三国志》,中华书局1959年版,第295页。
③ 王永平:《汉晋间社会阶层升降与历史变迁》,社会科学文献出版社2011年版,第281页。
④ (晋)陈寿:《三国志》,中华书局1959年版,第295—296页。

从夏侯玄的滔滔大论来看,显然是经过深思熟虑的。这意味庶族新贵阶层十分关注世族阶层推行的人才举荐制度。夏侯玄觉得前论仍有言不尽意之处,再次申论之。《三国志·夏侯玄传》载:

> 古之建官,所以济育群生,统理民物也,故为之君长以司牧之。司牧之主,欲一而专,一则官任定而上下安,专则职业修而事不烦。夫事简业修,上下相安而不治者,未之有也。先王建万国,虽其详未可得而究,然分疆画界,各守土境,则非重累羁绊之体也。下考殷、周五等之叙,徒有小大贵贱之差,亦无君官臣民而有二统互相牵制者也。夫官统不一,则职业不修;职业不修,则事何得而简?事之不简,则民何得而静?民之不静,则邪恶并兴,而奸伪滋长矣。先王达其如此,故专其职司而一其统业。始自秦世,不师圣道,私以御职,奸以待下;惧宰官之不修,立监牧以董之,畏督监之容曲,设司察以纠之;宰牧相累,监察相司,人怀异心,上下殊务。汉承其绪,莫能匡改。魏室之隆,日不暇及,五等之典,虽难卒复,可粗立仪准以一治制。今之长吏,皆君吏民,横重以郡守,累以刺史。若郡所摄,唯在大较,则与州同,无为再重。宜省郡守,但任刺史;刺史职存则监察不废,郡吏万数,还亲农业,以省烦费,丰财殖谷,一也。大县之才,皆堪郡守,是非之讼,每生意异,顺从则安,直己则争。夫和羹之美,在于合异,上下之益,在能相济,顺从乃安,此琴瑟一声也,荡而除之,则官省事简,二也。又干郡之吏,职监诸县,营护党亲,乡邑旧故,如有不副,而因公掣顿,民之困弊,咎生于此,若皆并合,则乱原自塞,三也。今承衰弊,民人彫落,贤才鲜少,任事者寡,郡县良吏,往往非一,郡受县成,其剧在下,而吏之上选,郡当先足,此为亲民之吏,专得底下,吏者民命,而常顽鄙,今如并之,吏多选清良者造职,大化宣流,民物获宁,四也。制使万户之县,名之郡守,五千以上,名之都尉,千户以下,令长如故,自长以上,考课迁用,转以能升,所牧亦增,此进才效功之叙也,若经制一定,则官才有次,治功齐明,五也。若省郡守,县皆径达,事不拥隔,官无留滞,三代之风,虽未可必,简一之化,庶几可致,便民省费,在于此矣。[①]

从上述印证资料看,夏侯玄从理论上系统梳理了历史上选官制度的源流发展,强调君主集权任命有司专门掌管选官事项以及"欲一而专"的性质。认为即使殷周时代设立五等侯制,也不能相互牵制的道理,提出"官省事简"的主张。夏侯玄主张削弱地方郡守的地位与权力,加强中央对地方的直接控制,列举了五大好处。实质上要求削弱世族势力,因为郡级地方机构多被儒学大族人物掌控,郡中正则是他们掌控地方舆论与人

---

① （晋）陈寿:《三国志》,中华书局 1959 年版,第 296—297 页。

才推荐的主要职位。①

　　然而，曹爽为首的庶族新贵阶层好景不长，司马懿为首的世家大族阶层全力反扑。高平陵政变之后，庶族新贵阶层被一网打尽。正如王永平先生说的，"曹爽、何晏、夏侯玄诸人是曹魏宗室的政治代表，他们的政治观念、文化风貌与曹操的做法和表现，存在着内在的联系，具有寒门阶层的特征，而与传统的儒学大族明显不同。因此，他们与司马懿间的斗争不仅仅是不同姓氏的权力之争，而且是汉代以来统治阶级中不同阶层间斗争的继续。曹爽集团的改制之举，其目的在于遏制世家大族的复起之势。但时势毕竟胜于人力，当时儒学世族的振兴是不可阻挡的。司马懿之所以很轻易地诛杀曹爽集团，关键在于他的行动得到广大世族豪强的支持。这也决定了司马氏父子在夺取政权后必然改革政策，以适应他们的需要"②。

　　综上所述，东汉后期活跃的一股社会力量——庶族阶层经过渐起、腾跃之后，在曹魏后期遭到致命打击。随后，司马氏大世族阶层全面掌控政权以及选举权，寒庶阶层整体受挫，全面困顿，出现了"上品无寒门，下品无势族"（《晋书·刘毅传》）的景象。这种不公引起左思为代表的寒门庶族文士的极大愤慨。一首"郁郁涧底松，离离山上苗。以彼径寸茎，荫此百尺条。世胄蹑高位，英俊沉下僚。地势使之然，由来非一朝。金张藉旧业，七叶珥汉貂。冯公岂不伟，白首不见招"的《咏史》诗，写尽了无数寒门庶士的辛酸与激愤。

第二节　汉晋世族的士化与分异

　　汉晋之际，文士流徙引发了两汉以来的世家大族的文化转型。具体来说，从两汉"累世为官"的世家大族转型为魏晋士族。关于世族与士族之间的关系，史学界讨论夥矣。③

---

　　①　参见王永平：《汉晋间社会阶层升降与历史变迁》，社会科学文献出版社2011年版，第280—281页。

　　②　王永平：《汉晋间社会阶层升降与历史变迁》，社会科学文献出版社2011年版，第254页。

　　③　唐长孺先生认为"门阀制度源于两汉以来的地方大姓势力"。见《魏晋南北朝隋唐史三论》，武汉大学出版社1993年版，第42页。田余庆先生认为"魏晋士族，就其一个个宗族而言，只有少数几家具有东汉世家大族渊源，多数并非由东汉世家大族演变而来，而是魏和西晋因际遇而上升的新出门户。但是，如果就社会阶层演变的整体言之，魏晋士族却是东汉世家大族发展的延续"。见《东晋门阀政治》，北京大学出版社2005年版，第271页。唐长孺先生在《士族的形成与升降》一文中说："东汉以来培养、滋长的大姓、名士，构成魏晋士族的基础，但决不是所有汉末大姓、名士都能在魏晋时成为士族，也不是出于单家就像吴姓那样，乡里'不与之士名'。"见《魏晋南北朝史论拾遗》，中华书局1983年版，第53页。刘蓉《汉魏名士研究》认为从东汉世家大族转型为魏晋士族的中间环节——汉晋名士阶层，并且认为，东汉中后期，中原地区的颍川、汝南、南阳一带在朝为官的世家大族——"清流士大夫"，在与外戚、宦官的对抗过程中，实现了社会身份认同，形成了一个新的社会阶层。他们之所以成为名士，并不在于占有巨大的社会财富，而在于赢得了极高的社会声望。详见刘蓉《汉魏名士研究》第一章"东汉以来名士阶层的形成"的论述。中华书局2009年版，第11—53页。其实，名士往往是东汉世家大族阶层中的知名之士，知名到何种程度才算名士呢？似乎并没有固定标准。

一、汉末三国文士流徙与世族阶层分化

汉末天下一统的政治格局与社会秩序被打破,频发的战乱引发了文士流徙潮流,文士流徙打破了地域人口结构与社会秩序,促成新的政治集团和力量的迅速发展。反过来,也加速了两汉以来的世家大族阶层的分化与转型。可以说,汉末至三国时代,正是在文士流动潮的推动下,东汉以来的旧世族阶层迅速分化,整个世家大族阶层受到种种打击,开始下降。当然,也有部分世家大族成功转型,保持了门阀士族的利益与优势。具体而言,包括五个方面:

一是汉末爆发的黄巾起义,在一定程度上打击了世家大族的经济实力。黄巾军所过之地,地方官府被焚烧,士大夫流离他邑。这必然导致世家大族阶层中不少成员的社会地位下降。同时,也导致收留、安置大量难民的世族获得极大民望。如幽州牧刘虞在安置青、徐士庶避难中,民望日增。《后汉书·刘虞传》载:"青、徐士庶避黄巾之难归虞者百余万口,皆收视温恤,为安立生业,流民皆忘其迁徙。虞虽为上公,天性节约,敝衣绳履,食无兼肉,远近豪俊凤僭奢者,莫不改操而归心焉。"①在镇压黄巾起义的过程中,不少士大夫甚至名望不高的士人,也获得社会声望,如皇甫嵩、朱俊、曹操、刘备等人。《后汉书·皇甫嵩传》载:"(嵩)奏请冀州一年田赋,以赡饥民,帝从之。百姓歌曰:'天下大乱兮市为墟,母不保子兮妻失夫,赖得皇甫兮复安居。'"②

二是汉末董卓趁王朝权力真空之际窃国掌权,为了避关东袁绍等义军兵锋,挟持献帝、公卿大臣以及洛阳周围民众数百万人入关。这次迁都流徙,"卓既迁都长安,天下饥乱,士大夫多不得其命。而公业家有余资,日引宾客高会倡乐,所赡救者甚众。"③可见,士大夫阶层的经济基础受到极大损失,甚至要靠他们救济方才活命,造成公卿名臣等世族的分化与升降。另外,董卓迁都前后,洛阳的部分士大夫、文士流徙避难,也造成这一阶层的分化与升降。有些世族文士被免官或外放,社会地位下降。如著名文士卢植力驳董卓废少帝,遭免官。为避祸逃遁出洛阳,隐居上谷一带。再如著名文士孔融,不愿与董卓合作,被安排在黄巾动乱的北海国,任北海相。因平黄巾军而成名的朱俊,在董卓迁都之后,留守洛阳。朱俊与讨伐董卓的山东诸将暗通消息,担心董卓大军袭击,"乃弃官奔荆州"④。再如郑太谋杀国贼董卓失败后,逃徙南阳,依附袁术。其子郑袤,随叔父郑浑避难江东。清河崔琰曾随著名经学家郑玄学习,因天下大乱,粮食匮乏,被遣回家,道路不通,只能"周旋青、徐、兖、豫之郊,东下寿春,南望江、湖。自去家四年

---

① (南朝·宋)范晔:《后汉书》,中华书局 1965 年版,第 2354 页。
② (南朝·宋)范晔:《后汉书》,中华书局 1965 年版,第 2302 页。
③ (南朝·宋)范晔:《后汉书》,中华书局 1965 年版,第 2260 页。
④ (南朝·宋)范晔:《后汉书》,中华书局 1965 年版,第 2312 页。

乃归,以琴书自娱"①。文士边让弃官还家。当然,世族文士避难,寻找新的政治机遇,成为提升社会地位的契机。如颍川文士荀彧弃官归乡里,带着宗族避地冀州,后投奔曹操,成为天下名士之典范,再如文士陈琳从京师洛阳避难冀州,依附渤海太守袁绍,得到器重。其实最典型的还属袁绍、曹操等人,正是因为反对董卓逃亡,后来成为最有实力的政治力量。

三是如果说董卓还有与世族士大夫阶层合作的愿望的话,而其部下军阀李催、郭汜则完全靠武力,视献帝、公卿名臣为玩偶,互相挟持皇帝、公卿名臣,引兵相攻,既颠覆了皇权威严,一扫公卿名臣的斯文体面,又造成了民众流徙四散的社会动荡。随后,汉献帝与公卿名臣摆脱军阀李催、郭汜的魔爪,历经千辛万苦,回到洛阳一带。世族的公卿大臣阶层在迁都—返都的流徙过程中,损失极大,社会影响力下降。

四是兖州刺史曹操听从荀彧的建议,迎献帝君臣入许昌。许都吸引了流徙他乡的士大夫、文士的陆续回聚。建安时代的政治文化中心——许都,世家大族—公卿名臣阶层与新兴的曹操势力之间合作、斗争,再次升降分化。具体说,世家大族—公卿名臣阶层社会地位下降,而曹操及其集团的新兴势力的社会地位有所上升。另外,中下层文士阶层或得到朝廷的征召,如文士孔融、荀彧、路粹、钟繇、郭嘉、陈群、杜袭、司马懿、戏志才、董遇等齐聚许都。或因主动入许,寻求政治机会,如祢衡游许昌。随后,建安十年(205)前后和建安十三年(208)前后,曹操讨平河北袁绍父子势力与荆州的刘表势力之后,大量的文士回聚许都或邺城。总之,这一时期,世族阶层分化升降。尤其汉末建安时代,曹操为了统一北方,提出"唯才是举"的举措,打击东汉以来的世家大族为核心的公卿名臣阶层,打开了中下层文士阶层仕进的道路。进入曹魏时代,因为魏国世子曹丕需要得到世族阶层的支持,通过禅让登基称帝,推行了"九品中正制",保障门阀士族的社会地位。东汉以来的旧世家大族阶层的部分家族成功转型为门阀士族。另外,曹魏时代的新兴家族开始上升,跻身于门阀士族阶层。而没落的汉末旧世族转型不够成功,社会位势下降,沦为次等士族或寒族。②

五是汉末依赖大量的流徙文士阶层而建立起来的对峙政权——蜀、吴等,在各自的地理区域中,联合当地土著世家大族,维系政治统治。可以说,区域性的对峙政权内部,流徙的侨寓世族阶层成为主导阶层,而土著世家大族的代表人物往往成为辅助力量。当然,吴蜀政权所依赖社会阶层也有差异。具体说,蜀汉政权始终依靠流徙而来的侨寓

---

① (晋)陈寿:《三国志》,中华书局 1959 年版,第 367 页。
② 田余庆认为,"魏晋士族,就其一个个宗族而言,只有少数几家具有东汉世家大族渊源,多数并非由东汉世家大族演变而来,而是魏和西晋因际遇而上升的新出门户。"见《东晋门阀政治》,北京大学出版社 2005 年版,第 271 页。

士人集团,如诸葛亮、费祎、姜维等人,而东吴政权前期多依赖皖地、彭城等地而来的周瑜、鲁肃、张纮、张昭、太史慈、诸葛瑾等人,而中后期多依赖吴地诸州的土著世族阶层,如顾雍、陆逊、吴粲、朱据等。其间,还包括刘表所统辖荆州的以及刘璋所统辖益州的寓居世族阶层与土著世家阶层,因分向聚散与政治认同而导致升降沉浮。

二、西晋时代文士流徙与士族阶层合流

准确地说,介于汉晋之间的西晋文士流动并非因战乱避难而形成的,而是西晋王朝在天下一统之后,或为了削弱对峙政权吴、蜀所在地一带政治集团的实力强行迁徙[①],或为了得到更大的文化—政治认同,征召吴蜀等地世家名族的代表人物入洛。[②] 如果西晋时代文士流动是一种国家行为,那么这种具有国家行为性质的流动潮流如何影响士族阶层的呢?

首先,曹魏末年已经大权在握的司马氏,为了迅速实现最高皇权的顺利交替,不得不选择一种最为有效的方式——禅让。司马氏不得不在社会舆论上大讲特讲尧舜禹禅让的政治话语,而且我们有理由相信,司马炎也是极其真诚地相信这一话语,主动运用尧舜禹禅让的儒家话语与道德模式塑造自己,包括"放马南山"式的"罢州郡武备"以及推行"九品中正制"笼络士族阶层,尤其是汲取曹魏打击宗室实力的教训,遵照周制,大肆分封同姓宗室诸侯国,希望诸侯蕃国随时以备不虞。为了得到曹魏时代中原士族阶层的广泛支持,晋武帝极为容忍士族成员。《世说新语·方正》载:"武帝语和峤:'我欲痛骂王武子,然后爵之'。峤曰:'武子俊爽,恐不可屈。'帝遂召武子苦责之,因曰:'知愧不?'武子曰:'尺布斗粟之谣,常为陛下耻之。臣不能使亲疏,以此愧陛下!'"[③]《世

---

① 司马氏在灭蜀之后,将盘踞在益州一带的寓居世族迁至关中、河东以及洛阳一带,进行有效管理与监控。《华阳国志·大同志》载:"后主既东迁,内移蜀大臣宗预、廖化及诸葛显等并三万家于东及关中,复二十年田租。"见常璩著,汪启明、赵静译注:《华阳国志》,四川大学出版社2007年版,第307页。西晋太康元年(280),西晋平吴之后,将吴地的江南世族迁徙到江北一带,如丹杨纪瞻家族就被徙历阳。《晋书·纪瞻传》载:"纪瞻字思远,丹杨秣陵人也。祖亮,吴尚书令。父陟,光禄大夫。瞻少以方直知名,吴平,徙家历阳郡。"见(唐)房玄龄:《晋书》,中华书局1974年版,第1815页。吴国富春人孙惠家族"寓居萧、沛之间。"见《晋书·孙惠传》载:"惠口讷,好学,有才识。州辟不就,寓居萧、沛之间。"见(唐)房玄龄:《晋书》,中华书局1974年版,第1881页。陶侃之父陶丹,吴扬武将军,"吴平,徙家庐江之寻阳。"见(唐)房玄龄:《晋书》,中华书局1974年版,第1768页。历阳的陈训在吴亡之后,"随例内徙,拜谏议大夫。"见(唐)房玄龄:《晋书》,中华书局1974年版,第2468页。周访家族亦被迁浔(寻)阳,《建康实录》载:"访字士达,汝南安成人,汉末避地江南,晋平吴,移家寻阳。"见(唐)许嵩:《建康实录》,中华书局1986年版,第135页。

② 蜀国灭亡后,晋武帝征召蜀地的土著世族文士和被迁至河东、关中等地原蜀国等名臣子嗣后裔入朝为官。吴国灭亡后,晋武帝同样征召吴地世家名臣之后裔如陆机兄弟、顾荣等人。详见"上编第二章"的相关论述。

③ 徐震堮:《世说新语校笺》,中华书局1984年版,第162页。

说新语·方正》载:"诸葛靓后入晋,除大司马,召不起,以与晋室有仇,常背洛水而坐。与武帝有旧,帝欲见之而无由,乃请诸葛妃呼靓。既来,帝就太妃间相见。礼毕,酒酣,帝曰:'卿故复忆竹马之好不?'靓曰:'臣不能吞炭漆身,今日复睹圣颜。'因涕泗百行。帝于是惭悔而出。"①如果说,晋武帝试图在太原王氏王济面前赢得皇权威严,并通过加官进爵方式笼络的话,那么,晋武帝也想化解仇恨,笼络结仇纳怨的诸葛靓,以失败告终。表面上看,晋武帝个人权威受到挑战。但实际上,晋武帝以包容、容忍的态度对待士族阶层,成为最大的赢家。也正是协调好了中原士族阶层的利益,赢得了士族阶层的广泛支持,司马炎走向权力巅峰,登上皇位。所谓协调好中原士族阶层的利益,包括继续推行"九品中正制",增设"五等侯制",确保整体士族阶层的社会地位。同时,笼络阀阅士族中威望之士,如琅琊王氏家族中的王祥等"耆艾笃老"之辈。《晋书·王祥传》载:"武帝践祚,拜(王祥)太保,进爵为公,加置七官之职。帝受新命,虚己以求谠言。祥与何曾、郑冲等耆艾笃老,希复朝见,帝遣侍中任恺咨问得失,及政化所先。祥以年老疲耄,累乞逊位,帝不许。御史中丞侯史光以祥久疾,阙朝会礼,请免祥官。诏曰:'太保元老高行,朕所毗倚以隆政道者也。前后逊让,不从所执,此非有司所得议也。'遂寝光奏。"②晋武帝给王祥等元老高行之辈,加官进爵,允许不来朝会,并派秘书上门请教国家方针,不许辞官,驳回有关部门的批评等。尤其诏书所言,其用心昭昭然。对死心踏地支持司马氏称帝、人品极差的士族极为宠信,如贾充等人③。《晋书·贾充传》载:"帝(文帝司马昭)甚信重充,与裴秀、王沈、羊祜、荀勖同受腹心之任。……五等初建,封临沂侯,为晋元勋,深见宠异,禄赐常优于群官。"④另外,晋武帝还善于拉拢受曹魏政权打击的世家大族,如弘农杨氏。因杨修参与曹植与曹丕的储位之争,被曹操杀害,其子嗣在曹魏时代湮没无闻。西晋时代,晋武帝司马炎将杨修之子杨嚣拉为心腹,授官典军将军。《三国志·陈思王传》裴注引《世语》曰:"修子嚣,嚣子准,皆知名于晋世。嚣,泰始初为典军将军,受心膂之任,早卒。准字始丘,惠帝末为冀州刺史。"⑤当然,魏晋之际,因反对司马氏篡位的士族也受到打击,甚至被杀戮,如嵇康、诸葛诞、夏侯玄等。因此可以说,西晋时代的政治文化中心洛阳的士族阶层中也面临着升降沉浮。

其次,西晋王朝为了削弱吴蜀等对峙政权中的世家大族,迁徙蜀地的外来世族群体到关中、河东等地。比如诸葛亮的子孙,《三国志·蜀志·诸葛亮传》载:"次子京及攀

① 徐震堮:《世说新语校笺》,中华书局1984年版,第161页。
② (唐)房玄龄:《晋书》,中华书局1974年版,第988页。
③ 贾充生前就被世人争议,有歌谣说"贾、裴、王,乱纲纪。王、裴、贾,济天下。"见(唐)房玄龄:《晋书》,中华书局1974年版,第1175页。
④ (唐)房玄龄:《晋书》,中华书局1974年版,第1166页。
⑤ (晋)陈寿:《三国志》,中华书局1959年版,第561页。

子显等,咸熙元年内移河东"①,《晋书·儒林传》载:"(文立)上表请以诸葛亮、蒋琬、费祎等子孙流徙中畿"②,同时,迁徙吴地的土著世族到江北等地。这种国家强制性迁徙行为以及地方官员严密监管,客观上造成了被迁徙的世族阶层既失去了昔日丰厚的庄园田产,也失去了昔日的政治地位。这些被徙世族不仅担负徭役、劳役与赋税,还要受到当地世家大族的鄙夷歧视,而且要受到地方官员的严密监视。其政治位势有所改变,要等到西晋朝廷的征召之后。

最后,西晋王朝征召吴蜀等地的世族子弟入洛为官,这种文士流徙造成了中原士族阶层与南方世族的接触、碰撞与融合,促进南方士族化进程。晋武帝听从蜀国文士罗宪等人的建议,征召蜀地世族的文士,《三国志》裴注引《襄阳记》曰:"四年三月,从帝宴于华林园,诏问蜀大臣子弟,后问先辈宜时叙用者,宪荐蜀郡常忌、杜轸、寿良、巴西陈寿、南郡高轨、南阳吕雅、许国、江夏费恭、琅邪诸葛京、汝南陈裕,即皆叙用,咸显于世。"③诸葛亮的孙子诸葛京被举荐为郿县令。《三国志·蜀志·诸葛亮传》裴注引《晋泰始起居注》载《诏》曰:"'诸葛亮在蜀,尽其心力,其子瞻临难而死义,天下之善一也。'其孙京,随才署吏,后为郿令。"④山涛举荐诸葛京任东宫舍人。《三国志·诸葛亮传》裴注引《晋泰始起居注》载《诏》曰:"尚书仆射山涛启事曰:'郿令诸葛京,祖父亮,遇汉乱分隔,父子在蜀,虽不达天命,要为尽心所事。京治郿自复有称,臣以为宜以补东宫舍人,以明事人之理,副梁、益之论。'京位至江州刺史。"⑤太康五年(284)前后,晋武帝下诏征召东吴世族陆喜等一批南方人士入洛。《晋书·陆喜传》载:"太康中,下诏曰:'伪尚书陆喜等十五人,南土归称,并以贞洁,不容皓朝。或忠而获罪,或退身修志。放在草野。主者可皆随本位就下拜除。敕所在以礼发遣,须到随才授用。'"⑥太康五年(284),晋扬州刺史嵇邵举荐吴地广陵文士华谭做秀才,至洛阳,武帝亲自策试。《晋书·华谭传》载:"太康中,刺史嵇绍举谭秀才,将行,别驾陈总饯之……谭至洛阳,武帝亲策之。"⑦据《文选·陆机〈谢平原内史表〉》李善注引臧荣绪《晋书》记载,太康末年(289),太傅杨骏征辟陆机为祭酒,随后被征为太子洗马。"太熙末,太傅杨骏辟机为祭酒。骏诛,征为太子洗马。"⑧同时被征召者,还包括吴郡土著世族顾荣等人。《晋书·

---

①　(晋)陈寿:《三国志》,中华书局1959年版,第932页。
②　(唐)房玄龄:《晋书》,中华书局1974年版,第2347页。
③　(晋)陈寿:《三国志》,中华书局1959年版,第1009页。
④　(晋)陈寿:《三国志》,中华书局1959年版,第932页。
⑤　(晋)陈寿:《三国志》,中华书局1959年版,第932—933页。
⑥　(唐)房玄龄:《晋书》,中华书局1974年版,第1487页。
⑦　(唐)房玄龄:《晋书》,中华书局1974年版,第1448—1449页。
⑧　《文选》卷三十七《谢平原内史表》,上海古籍出版社1986年版,第1697页。

顾荣传》载:"顾荣字彦先,吴国吴人也,为南土著姓。祖雍,吴丞相。父穆,宜都太守。荣机神朗悟,弱冠仕吴,为黄门侍郎,太子辅义都尉。吴平,与陆机兄弟同入洛,时人号为三俊。"①南方世族文士已经融入西晋太康年间的禅让政治话语与五等侯爵等话题,戴燕先生分析陆机的《五等诸侯论》以及陆云的《逸民赋》等,得出"逸民和五等诸侯制,在统一的西晋王朝,都是最为人关注并持续谈论的话题。二陆从吴郡到达洛阳以后,他们敏锐地意识到这两个问题的重要性,因此自觉改变原本'靖居海隅'(陆机《诣吴王表》)的吴人视野,迅速撰写相关文章,以融入西晋思想的主流,努力推动一统天下的西晋王朝成为历史上伟大的王朝"②的结论。当然,也促成了南方世族的士族化,即玄学化。刘敬叔《异苑·卷六》载:"晋清河陆机初入洛,次河南之偃师。时久结阴,望道左右若有民居,因往投宿。见一年少,神姿端远,置《易》投壶,与机言论,妙得玄微。机心服其能,无以酬抗,乃提纬古今,总验名实,此年少不甚欣解。既晓便去,税骖逆旅,问逆旅妪,妪曰:'此东数十里无村落,止有山阳王家冢尔。'机乃怪怅,还睇昨路,空野霾云,拱木蔽日,方知昨所遇者,信王弼也。一说陆云独行,逗宿故人家。夜暗迷路,莫知所从。忽望草中有火光,云时饥乏,因而诣前。至一家墙院甚整,便寄宿,见一年少可二十余,丰姿甚嘉,论叙平生,不异于人。寻共说老子,极有辞致。云出,临别语云:'我是山阳王辅嗣。'云出门回望向处,止是一冢。云始谓俄顷已经三日,乃大怪怅。"③《晋书·陆云传》记载了陆云夜遇鬼的故事,最有趣的是还记了"云本无玄学,自此谈《老》殊进"④一笔。也就是说,唐代的史臣们就意识到陆机兄弟已经接触以《老子》为底色的玄学。今天看来,此故事本身不足为信,但可信的是陆机兄弟接触到洛阳一带的新学术观念——玄学,逐渐玄学化。可以说,魏晋时代以洛阳、颍川等为中心的中原世族阶层率先玄学化,转型成为文化士族,而南方的世族文士接触、学习玄学知识话语,提速中原士族对其的文化认同。其实,学习玄学并不能完成打破对峙政权与地域区隔造成的文化隔膜,这一文化身份认同还要经历漫长的过程。无论以南方文士(包括西南的蜀地文士以及东南的江东文士)为代表的世族群体,与中原士族群体交往中有多少不愉快,但毕竟已经相互接触、碰撞,相互接纳、逐渐认同。对整个士族阶层而言,是一种合流。如果没有这一场合流,在五胡乱华爆发的时候,也许中原士族真将无处寄身。

总之,从西晋的社会空间结构角度看,由魏入晋、经历了政权交替的中原士族在整

---

① (唐)房玄龄:《晋书》,中华书局1974年版,第1811页。

② 参见戴燕:《从吴郡到洛阳——论西晋统一王朝中的陆机、陆云》,见微信公众号"未曾读"2017.11.24 | No.170的推送文章。

③ (南朝·宋)刘敬叔撰,范宁点校:《异苑》(古小说丛刊),中华书局1996年版,第53页。

④ (唐)房玄龄:《晋书》,中华书局1974年版,第1486页。

个士族阶层中占着优越的社会位置,尤其是那些社会声望、资历极高的耆艾耄耋之辈,他们既没有在易代的政治运作中玷污声名,又与司马氏政权保持若即若离的关系。而那些积极投身易代夺权、不惜玷污道德人品的士族人物,成为西晋社会士族阶层的新兴家族,占尽先机与利益。从南方迁徙或征召而来的世族成员,处在士族阶层的中下层位置。

三、永嘉丧乱文士流徙与士族阶层分化

永嘉丧乱时代的文士流徙,虽然与东汉末年一样,都是因战乱避难而引发。但细究起来,西晋末年战乱与东汉末年有质的差异。西晋的永嘉丧乱与"八王之乱"有关,而"八王之乱"是西晋建国按照周制,分封宗室诸侯藩国的所结之恶果。晋武帝在主观意图上,是汲取汉魏王朝覆灭的历史教训,希望在皇室危难之际,能得到同姓宗室诸侯的藩卫。但晋武帝在太子选择上犯了致命的错误,选择了智障儿子司马衷做太子,以至于造成中央皇权旁落在司马衷的皇后贾南风之手。当然,皇后贾南风内依仗着分封诸王,外依靠着公卿如张华、裴𬱟等大臣管理天下。为了争夺更大的权力,贾南风陷害愍怀太子。同时,贾南风在玩弄权力,借力诛杀诸侯王的危险游戏中被赵王伦诛杀,随后出现的是野心勃勃的宗室诸侯王的交战。可见,分封诸王屏藩国,并没有保证西晋的长治久安,反而加速了西晋的灭亡。东汉的覆灭并非宗室诸侯国的蚕食,而是皇帝弱小,外戚与宦官势力轮番弄权导致的。如果说,西晋最后亡于少数民族的进攻,那么,即使东汉末年王朝形同虚设,也能将周边少数民族击退,如曹操北征乌桓。诸葛亮率军亲征南中土著大姓的叛乱。交州刺史士燮在洛阳无暇顾及南疆,痛击越南占城叛军等,绝不像西晋王朝被五胡铁骑打得狼狈不堪,群臣、皇帝被俘,大量士民流亡江南。正是这种大规模的文士流徙,造成了士族阶层的分化。具体而言,永嘉丧乱文士迁徙让士族阶层分化为高门甲族与次等士族两个群体,开启了东晋的门阀政治。

首先,在永嘉丧乱前后,北方士族中的部分家族就前往南方,奠定了一定的社会基础,如琅玡王氏王导等人。这些士族辅佐移镇建邺的西晋诸侯王司马睿,联合江东土著士族,建立东晋王朝。因此,这些士族成为东晋时代的高门甲族。东晋政权也正是在琅玡王氏、高平郗氏、颖川庾氏谯郡桓氏、陈郡谢氏、太原王氏支持下偏安江南。当然,这些高门甲族在东晋百年间,也面临着政治上得势与失势,出现了升降沉浮。正如田余庆先生说的:"东晋百年的门阀政治中,曾经居于权力中心的士族只有几家。其中颖川庾氏收到桓温诛戮;谯郡桓氏在桓玄败后死绝;太原王氏世称华胄,它的两支也都在战争中覆灭。只有琅玡王氏和陈郡谢氏,在长时间的复杂冲突中,没有受到集中的毁灭性的打击。所以王、谢家族人物就成为替新朝奉玺绶的工具而受到特别的重视,家族发展得

以延绵久长,至于南朝之末。后代所称五朝门第,遂以王、谢为其代表。这种情况是由东晋的政局造成的,而不是说魏晋以来的门阀士族中,本来就以王、谢的门第最高。"①其实,士族阶层与司马氏"共天下"的东晋政治格局,必然造成皇权与士族之间的权力之争,如晋元帝借用寒门庶族的刁协、刘隗等人掣肘琅玡王氏等。

其次,那些早年曾被征召入洛、后在"八王之乱"返乡,曾以观望态度审视移镇建邺的皇室宗族成员司马睿,后受到暗示,转而忠心拥护东晋建国的江东士族人物,成为东晋士族阶层主要组成部分。他们之所以选择支持司马睿,与从北方迁徙而来的士族阶层合作,不仅是因为这是稳定江东社会秩序最为有效的途径,而且也是保障自身世家大族政治特权与经济利益的最好方式。这些土著世家大族在永嘉初年,曾经放弃支持甚至联合镇压庶族身份的陈敏叛乱割据。这足以说明,江东士族没有因为地域原因超越阶级属性。因为陈敏叛乱势力不仅会受到西晋军队的镇压,江东士族阶层不愿为这样的分裂势力陪葬,而且,陈敏势力势必要打击士族阶级的特权与经济利益。再者,"寄人国土"的中原士族一改西晋时期盛气凌人的态度,主动寻求与江东土著士族合作,不得不对以顾荣、纪瞻、贺循、陆晔、戴若思、陶侃等江东土著士族阶层让步,容忍他们的政治特权与经济利益。因此,东晋时代的江东士族成为仅次于琅玡王氏、高平郗氏、颍川庾氏谯郡桓氏、陈郡谢氏、太原王氏等高门甲族的门阀士族。

最后,那些或因为社会声望、家族财力等原因无法远徙至长江下游建邺一带,或因为地域关系选择不同迁徙路线,或因过江较晚的中原没落世族②,只能聚集在长江中上游的襄阳或长江下游的京口一带。然而这些没落世族在流民中享有很高声望,作为流民武装统帅,成为东晋门阀士族阶层中的次等士族。如东晋早期的郗鉴就靠经营京口一带③,东晋后期,京口一带的流民武装力量逐渐摆脱了门阀士族的控制,次等士族刘牢之、刘裕势力崛起。④ 再如,弘农杨氏杨佺期作为襄阳流民武装统帅,成为一度影响东晋政局的次等士族。

---

① 田余庆:《东晋门阀政治》,北京大学出版社 2005 年版,第 238 页。
② 上编第三章曾详尽考察过永嘉南渡的迁徙路线,选择不同的迁徙路线,导致占据的社会空间位置不同。如秦州、雍州、司州、并州等地的流民与次等世族,从洛阳出发经南阳盆地,或从关中翻越秦岭东南行经南阳盆地,或从关中西部翻越秦岭进入汉中盆地再顺汉江而下,汇集襄阳郡。而中原的司州、豫州、兖州、青州、徐州等诸州士民,并州、幽州、冀州等部分世族渡过黄河后,循着淮河及其支流(包括当时入淮各水)汝、颍、沙、濄(涡)、睢、汴、泗、沂、沭等水和沟通江淮的邗沟构成主要水路,辅以各水之间的陆路南迁,居住在京口一带。
③ 参见田余庆:《东晋门阀政治》,北京大学出版社 2005 年版,第 61—83 页。
④ 参见田余庆:《东晋门阀政治》,北京大学出版社 2005 年版,第 239—252 页。

第三节　阶层分异的动因与意义

余英时先生在分析春秋战国时代士阶层兴起时,已经重视到"当时社会阶级的流动"①这一重要因素。不过,余英时先生所谓的"阶级的流动"更多的是指象征性的地位升降,而非现实性的空间流动。随着文士在现实空间上的区域或跨区域流动,自然会引起象征性的社会地位的升降等流动。因此,文士流动自然是推动社会阶层分化的一大因素。汉晋时代,社会阶层的分化所引发社会结构的巨大变化,无论对中古社会政治走向还是对中国文学的发展意义重大。

一、地域流动:社会阶层分异的动因

我们回到具体的历史境遇——汉末至东晋时代三次大的文士流动中,分析文士流动为何会加速以世家大族为主的文士阶层的分化? 具体原因有三:

首先,文士流动引发所占据经济资本的变化,成为促使世族阶层分化的一个重要因素。具体而言,汉末至东晋时代,北方战乱频仍,生活在这一广大地区的世家大族失去了生产与生活资源,不得不向社会相对安定的南方地区大规模地流动。大量的北方世家大族以及乡里成员进入某一区域,人口激增。为了生存,侨寓之士需要与土著世家大族及民众争夺土地、水源等生存资料。由于这些流徙而来家族势力远不及土著家族壮大,为了避免激烈的争夺与冲突,往往向更为偏远、更为贫瘠的地方流动。所幸的是,依附北方世族的底层佃农群体掌握了相当先进的生产技术,在有限的土地资源上精耕细作,保持了一定的经济水准。尽管如此,由于土著与侨寓家族所占据的经济资本不同,无形中导致了侨寓家族与土著家族的阶层分化。当然,尽管侨寓世族所占据的经济资本不及土著的世家豪族,但不足以动摇他们的阶级属性。按照马克思的阶级理论,社会阶级是以其占据的经济资本的总额比例来划分。无论是侨寓文士家族,还是土著家族,作为地主阶级,他们占据的经济资本的总量比农民阶级所占据的经济资本多得多。可以说,汉末至东晋时代的大规模文士流动——现实空间上的区域或跨区域的流动,引发了象征性的社会地位的升降流动。其原因就在于,流动前后,文化世族所占据的经济资本发生了巨大的变化——两汉时代这些家族在北方占有大量的田产、土地、庄园、水口、赀财以及佃户等经济资本,而迁徙到江南地区之后,所占据的经济资本的总量以及等级

---

① 余英时:《士与中国文化》,上海人民出版社 2003 年版,第 10 页。

都不可同日而语。这样,大多数文化世族社会地位有所下降,失去了昔日显赫的声势,从高门甲族沦为次等士族。

其次,文士流动引发所占据文化资本的变化,成为促使世族阶层分化的一个重要因素。按照法国著名反思社会学家布迪厄的阶层理论,认为阶层分异是根据所占据的文化资本与趣味来判断。在布迪厄看来,"在社会空间里,位置的接近便预先安排了关系的接近;属于某个空间的有限领域里的人将更加靠近(通过他们的属性和他们的性情倾向、情趣),同时也更倾向于彼此接近,也更容易亲密、调动起来。但是,这并不意味着他们按照马克思的主张构建一个阶级,亦即为了共同目标,特别是为反对另一个阶级而动员起来的一个团体"①。布迪厄将社会空间中因性情倾向、情趣相近而相互靠近的群体称为阶层。尽管布迪厄是以当代法国社会为研究对象,但他所建立社会阶层区分理论有相当的普适性。就中国汉末至东晋时代的世族阶层而言,正是靠相近的文化趣味、相近的性情倾向构成的社会阶层。作为世族阶层,他们安身立命的基础是经济资本。但作为文化贵族,他们要标榜的是正统的文化命脉、高雅的文化情调和精致的贵族趣味。《世说新语》正是建构文化贵族的审美趣味、表征士族阶层的文化区隔的一部文化文本。布迪厄强调的是整个社会阶层的分类逻辑与社会空间的结构分析,而我们则强调的是在同一社会阶层——世族阶层,所占据的经济资本与文化资本的差异,造成阶层内部的分异。早在两汉时代,关中长安与河南洛阳作为政治文化中心,集聚着丰厚优裕的文化资源——如太学、石渠阁等,甚至聚集着大量的经学人物,如马融等。由于地域上的差序格局,文化资源也呈现出递减性态势。东汉末年以来的动乱,使得享有充裕文化资本的中原世族大量南迁。因此,流徙到南方的世族所占据的文化资本要比当地土著世族优越得多。按布迪厄《区隔:趣味判断的社会批判·引言》中所说的:"实际上,联系种种现实和虚构的方式不同,相信它们所拟仿的种种虚构和现实的方式,这些方式或多或少总具有一些距离和超然性,它们借助于被设定为先决条件的经济的、社会的条件,与社会空间中各种不同的可能位置密切相连,并因而把秉有不同阶级、阶层特性的性情(习性)系统联系到一起。趣味进行区分,并区分了区分者。社会主体由其所属的类别而被分类,因他们自己所制造的区隔区别了自身,如区别为美和丑、雅和俗;在这些区隔中,他们在客观区分之中所处的位置被明白表达或暗暗泄漏出来。"②也就是说,越是占有优裕文化资本的贵族阶层,愈发需要借文化趣味来区隔,保持已有的社会空间的位置。具体到汉末至东晋时代,南迁的文化世族身上那些高雅的文化情调与精

---

① [法]布迪厄:《实践理性——关于行为理论》,三联书店 2007 年版,第 13 页。
② [法]布迪厄:《区隔:趣味判断的社会批判·引言》,朱国华译,范静哗校,载陶东风、金元浦、高丙中编:《文化研究》第 4 辑,中央编译出版社 2003 年版。

致的贵族趣味,都成了社会热衷追捧、模仿的对象。整个世族阶层中也因占有的文化资本与文化趣味,构成社会空间的位置差异与区隔。不仅造成了南迁士族阶层的高门甲族与次等士族,而且造成了南迁士族与土著士族的文化区隔。如果从整个社会空间的角度,审视不同阶层的社会位置,到底是经济资本还是文化资本决定社会地位呢? 按照马克思的阶级理论,自然是经济决定社会阶级地位。但布迪厄提出社会空间三维理论,认为经济资本、文化资本的分配,决定社会阶层的社会空间位置。布迪厄说:"为了建构社会空间,必须而且只需要重视各种类别的资本,这些资本的分配决定了社会空间的结构。因为,在这种情况下,经济资本和文化资本具有非常重要的影响,社会空间按照三个基本维组成,在第一维里,行动者按照他们掌握的种类资本的总量而分布;在第二维里,按照这一资本的结构,亦即按照经济资本和文化资本在他们全部财产中的相对分量而分布;在第三维里,则按照当时他们资本的结构总量的变化而分布。"①据此理论分析,汉末至东晋时代,从中原迁徙而来的文化世族所占有的经济资本虽不及江东土著世族,但占有的文化资本却远远高于江东土著世族。因此,侨寓的文化世族在整个社会空间所占据的位置高于土著世族。

最后,文士流动所引发的政治权力场域变化与重组,导致不同政治权力场中文化世族的政治位势沉浮升降,成为促使世族阶层分化的一个重要因素。汉晋之际,中国历史上出现的三次文士大迁徙潮流,虽然性质不同、目的不同,但迁徙流动的文士阶层往往依附于不同的政治权力场,以获取赖以生存的政治位势的状态却极为趋同。尽管在这一历史时段的政治权力场波谲云诡,或是名义上的臣服中央的地方政权,如刘表统辖的荆州、袁绍统辖的冀州政权;或是对峙政权,如三国魏、蜀、吴等国;或是统一王朝或偏安一隅、代表文化正统的王朝,如西晋、东晋;或是由少数民族建立的对峙政权,如前秦、后秦等,都能见到流徙文士的身影。当然,文士在这些政治权力场中沉浮升降,占据不同的政治位势。

二、文化标识:社会阶层分异的表现

如前所述,不同的社会阶层在社会空间结构中占据的文化资本不同,表现为文化趣味上的分野。尤其是汉晋社会动荡与激烈变革时代,人口流动加速了士庶阶层的分化、世族阶层的转型以及整个社会空间结构的重组,不同社会阶层的文化趣味呈现出复杂多变的特性。从历时性上看,表现为两汉的"尚儒学、经术"的世族阶层向魏晋的"尚玄学"的士族阶层转型。从共时性上看,汉末时期的世族阶层与庶族阶层之间,其文化趣

---

① ［法］布迪厄:《实践理性——关于行为理论》,三联书店 2007 年版,第 13 页。

味存在着儒学与文辞的分野;两晋时期士族阶层内部的士族文士与次等文士之间,其文化趣味存在着玄言诗与笔辞的分野。

(一) 儒学与文辞:世族与庶族文化趣味的分野

陈寅恪先生在《书〈世说新语〉文学类锺会撰四本论始毕条后》中就敏锐地把握到东汉后期世家大族与庶族阶层出身的宦官集团的文化趣味的差异,提出东汉之季"其士大夫宗经义,而阉宦则尚文辞。士大夫贵仁孝,而阉宦则重智术"的著名论断。

两汉以来的世家大族在文化趣味上崇尚儒学与经术,并以儒学的精神原则以及旧史故闻的经验来判断为两汉王朝裁决现实问题,协调社会矛盾与利益冲突,确立社会秩序。为什么说两汉的世家大族会以儒学、经术为文化取向呢? 只要回到具体的历史场域中考察,我们就会明白这一阶层为何选择儒家经学来作为文化趣味或文化资本。如前所揭,刘邦与他的大臣们多崛起于布衣,彻底打破了上古社会以来的"天下共主——世袭贵族"的横向联合的共治格局,依靠来自乡里社会举察出来的方正贤良之士,重建乡里社会的生活秩序,开启了中国文官和皇帝制度结合的天下国家格局。具体说,刘邦和来自布衣阶层的功臣们推翻暴秦统治,扫灭六国后裔的分裂势力,建立了大一统的王朝。"马上打天下",武力能结束分裂,实现天下一统,但无法有效建立社会秩序——差序格局,协调各阶级的社会利益。未央宫上的刘邦,面对一群身经百战、言语粗俗、举止骄傲、吵闹不已的大臣,深刻体会到"马上打天下,不能马上治天下"的道理,开始抬举以前压根瞧不上眼的儒生,启用叔孙通之辈,制定朝仪,训练臣属。表面上看,以叔孙通为代表的儒学将那些勋贵大臣变得恭谦有礼,实质上运用等级制度与礼仪规范来制约其思想及行为。儒学、经术在乱世发挥不了多大作用,但在王朝一统的承平之世却发挥着巨大的教化作用。因此,以儒学、经术为文化资本的知识阶层在两汉时代迅速崛起,成为两汉时代帝王们所倚重的社会主导力量。信仰儒学思想、掌握经术知识的士大夫阶级,必然会将儒学道德标准等作为自我标榜的准则和自觉遵循的文化趣味。正如陈寅恪先生在《书〈世说新语〉文学类锺会撰四本论始毕条后》说的:

> 主要之士大夫,其出身则大抵为地方豪族,或间以小族,然绝大多数则为儒学之信徒也。职是之故,其为学也,则从师收经,或游学京师,受业于太学之博士。其为人也,则以孝友礼法见称宗族乡里。然后州郡牧守京师公卿加以征辟,终致通显。故其学为儒家之学,其行自必合儒家之道德标准,即仁孝廉让等是。①

当然,东汉中晚期的儒学、经术在传播的过程中,出现了"重家法,守师说"的倾向,儒生们在经文文本的注释疏证中打转转,忽视了儒家经典的现实指向,缺乏回应现实的

---

① 陈寅恪:《金明馆丛稿初编》,三联书店 2001 年版,第 48 页。

能力。再加之,皇权日渐衰落,占据更多经济利益与政治特权的上层贵族较少受皇权制约,贪欲膨胀,挑战国家的礼法制度,蚕食社会的伦理秩序。总之,东汉中后期,社会矛盾日益激化,社会问题愈发凸显,儒学经术无法提供有效的解决途径。

东汉中后期的寒门庶士则在文化趣味上"尚文辞、重智术"。在陈寅恪先生看来,曹操是寒门庶士之代表,并追溯其家庭背景,拈出阉宦阶级。认为"阉宦之出身大抵为非儒家之寒族,所谓'乞匄携养'之类"(《三国志·魏志》六《袁绍传》裴注引《魏氏春秋》载绍《檄州郡文》中斥曹嵩语)①,提出"阉宦重智术、尚文辞"一说。陈寅恪先生剖析问题的路数,启示夥矣,但具体结论尚可辨析。阉宦重智术,确实如此。因为这一群体长期生活在政治权力中心——宫廷之中,耳濡目染权谋之术,深知权谋智术的重要,但要说,阉宦崇尚文辞,似乎属无根之谈。王永平《东汉中后期之宦官与社会文化之变迁》一文借汉灵帝时代宦官推介引荐"鸿都门学"来证明"宦官尚文辞"一说。② 然而,宦官引荐鸿都门学士不假,但是试图证明"宦官尚文辞"则过于牵强。因为,宦官之所以引荐鸿都门学士给汉灵帝,恐怕更多的是投皇帝之所好,是一种政治投机行为,并非骨子里喜欢文辞等艺术。因此,陈寅恪先生所说的"重智术,尚文辞",实际上是寒门庶士的文化趣味。

曹操的确是汉末寒门庶士阶层的代表人物。正如陈寅恪先生说的,"盖孟德出身阉宦家庭,而阉宦之人,在儒家经典教义中不能取有政治上的地位。"③曹操出身的阉宦之家,本身不靠儒家经义取得政治地位,是靠服侍宫中皇帝太后等人而获取政治地位。宦官们身处政治权力场域之中,十分熟悉权力运作的阴谋之术。其子弟(养子等)耳濡目染,倍受熏陶,曹操便是一例。少年曹操,在阉宦家庭的熏陶下,权术玩弄得十分高明,竟然将其叔父与父亲骗得团团转。《三国志·魏志·武帝纪》裴注引《阿瞒传》载:

> 《曹瞒传》云:太祖少好飞鹰走狗,游荡无度,其叔父数言之于嵩。太祖患之,后逢叔父于路,乃阳败面喎口;叔父怪而问其故,太祖曰:"卒中恶风。"叔父以告嵩。嵩惊愕,呼太祖,太祖口貌如故。嵩问曰:"叔父言汝中风,已差乎?"太祖曰:"初不中风,但失爱于叔父,故见罔耳。"嵩乃疑焉。自后叔父有所告,嵩终不复信,太祖于是益得肆意矣。④

虽说曹操少喜游荡,不喜读书,但并不意味着不读书。《三国志·魏志·武帝纪》裴注引《魏书》说,青年时代的曹操任顿丘县令,因妹夫被诛杀受到牵连而免官,但"后

---

① 陈寅恪:《金明馆丛稿初编》,三联书店2001年版,第48页。
② 王永平:《汉晋间社会阶层升降与历史变迁》,社会科学文献出版社2011年版,第18—22页。
③ 陈寅恪:《金明馆丛稿初编》,三联书店2001年版,第51页。
④ (晋)陈寿:《三国志》,中华书局1959年版,第2页。

以能明古学,复征拜议郎"①,足以说明曹操青少年时代也曾有过熟读古文经学的经历,否则凭临时抱佛脚想窥知古学奥义,是万万不行的。青年时代的曹操,也曾信奉士大夫阶层的儒学经义,也曾上疏匡正,但很快就清醒过来,不复献言。"政教日乱,豪猾益炽,多所摧毁;太祖知不可匡正,遂不复献言。"②曹操显然是清醒地认识到政教秩序混乱不堪,儒家教义的固执无能,归乡退居之后的思想观念转型与文化趣味发生转变。《三国志·武帝纪》裴注引《魏书》曰:

> 于是权臣专朝,贵戚横恣。太祖不能违道取容。数数干忤,恐为家祸,遂乞留宿卫。拜议郎,常托疾病,辄告归乡里;筑室城外,春夏习读书传,秋冬弋猎,以自娱乐。③

青年时代,曹操有机会接触儒家之外的书籍。《三国志·武帝纪》裴注引孙盛《异同杂语》云:

> 博览群书,特好兵法,抄集诸家兵法,名曰《接要》,又注《孙武十三篇》,皆传于世。④

《三国志·武帝纪》裴注引《魏书》曰:

> 太祖自统御海内,芟夷群丑,其行军用师,大较依孙、吴之法,而因事设奇,谲敌制胜,变化如神。自作兵书十万馀言,诸将征伐,皆以新书从事。是以创造大业,文武并施,御军三十馀年,手不舍书,昼则讲武策,夜则思经传,登高必赋,及造新诗,被之管弦,皆成乐章。⑤

从寒门庶族阶层崛起的曹操,正是凭借"揽申、商之法术,该韩、白之奇策"(陈寿语)等刑名之学,摧毁了"其劲敌士大夫阶级精神上之堡垒,即汉代传统之儒家思想"⑥,力挽即倒之狂澜,重整社会之秩序。在军国之暇,曹操"登高必赋,及造新诗,被之管弦,皆成乐章",引领了寒门庶士阶层"尚文辞"的新风尚。

这恐怕绝非曹操一人之转变,应该代表了整个寒门庶族阶层的文化趣味转变。因为寒门庶族阶层虽在成长中接受儒家教育,但远不及儒学世族教条固执,容易掉头转向。"文辞"也是排遣积郁情绪以及明志的最佳渠道。另外,只需置办笔、墨、砚、竹简等即可制文辞,有机会接触大量图书资料,并收藏大量竹简木椟形式的书籍,显然是世

---

① (晋)陈寿:《三国志》,中华书局 1959 年版,第 3 页。
② (晋)陈寿:《三国志》,中华书局 1959 年版,第 3 页。
③ (晋)陈寿:《三国志》,中华书局 1959 年版,第 4 页。
④ (晋)陈寿:《三国志》,中华书局 1959 年版,第 4 页。
⑤ (晋)陈寿:《三国志》,中华书局 1959 年版,第 54 页。
⑥ 陈寅恪:《金明馆丛稿初编》,三联书店 2001 年版,第 49 页。

家大族阶层才能办到的。因此,"好文辞"成为接受过一定教育水平、蛰居社会底层的寒门庶士阶层的最佳选择。

(二) 儒学/玄学:世族与士族文化趣味的分野

汉末魏晋时代的贵族阶层——世族也因文化的多元性,文化趣味分野为二:一是两汉以来的旧世族秉承儒学意识形态,仍以儒学为文化趣味。二是河南南部颍汝等地的世族,得时代风气之先,转而以玄学为文化趣味。可以说,儒学/玄学的分野与世族/士族的分异互为表里。

这种文化趣味的分野是一个历史的渐进过程。早在两汉时代,由于推崇儒学意识形态,整个社会的知识阶层以"儒家经学"为尚,尤其是追求文化品格的世家大族。作为两汉社会的知识阶层,秉承儒学/经术的文化世族群体,成为两汉皇权维系法统的道统力量。然而,汉家的法统秩序禁不住四个世纪的风吹雨打,既得利益的贵族群体不断地侵占社会资源,扩张家族利益。土地兼并,自然灾害,边土受扰,皇权旁落,社会矛盾激化。而秉承儒学的士大夫群体除了对破坏法统秩序的行为进行激烈道德批判之外,无能为力。如家族"四世三公"的杨彪,激烈批判野心家、刽子手董卓的迁都举动。一切的社会罪恶需要暴力革命来洗刷,东汉末年崛起的曹操主导了这场暴力革命,重建社会秩序。秉承儒学的士大夫群体维护汉家体制,对来自庶族的曹操多有戒备、批评。同时,不得不与打着汉献帝旗号的曹操合作。曹操举起刑名之学,对抗两汉以来的思想壁垒。思想较为自由的庶族群体应运而生,成为对抗士大夫群体思想壁垒的中坚力量。建安时代,刑名之学、玄学等新思想率先在河南南部的颍汝等地崛起。颍汝一带的世家大族追随效命曹操,试图恢复汉家法统。其子嗣率先祭起玄学的文化大旗,如颍川世族荀彧的儿子荀粲,《三国志·荀彧传》裴注引《晋阳秋》曰:

何劭为《粲》传曰:粲诸兄并以儒术议论,而粲独好言道,常以为子贡称夫子之言性与天道,不可得而闻,然则六籍虽存,固圣人之糠秕。粲兄俣难曰:"《易》亦云圣人立象以尽意,系辞焉以尽言,则微言胡为不可得而闻见哉?"粲答曰:"盖理之微者,非物象之所举也。今称立象以尽意,此非通于意外者也,系辞焉以尽言,此非言乎系表者也;斯则象外之意,系表之言,固蕴而不出矣。"及当时能言者不能屈也。①

且不管荀粲玄妙的思想,就以其父荀彧在建安时代的影响力,荀粲的这种新思想自然在贵族阶层迅速引起反响。儒学世族中的"能言者"愿意与其辩论探讨,正如《世说新语·文学》所载的,"傅嘏善言虚胜,荀粲谈尚玄远。每至共语,有争而不相喻。裴冀

---

① (晋)陈寿:《三国志》,中华书局 1959 年版,第 319—320 页。

州释二家之义,通彼我之怀,常使两情皆得,彼此俱畅"①,慢慢由质疑、争论到"彼此俱畅"的欣然接受。正是如此,生活在许都等地的文化世族慢慢抛弃昔日秉承的儒家经学,接受了时代的新哲学、新思想——玄学。当然,这些世族人物慢慢地转变成了玄学名士,这些家族也由儒学世族转变为玄学士族。另外,新的庶族阶层随着政治地位的提升,成为信奉刑名学、玄学的新贵族群体。从整个地域上看,河北、关中、江东等地的世家大族,因儒学经术的传统惯性,依然秉承着经学的文化趣味,而河南一带的世家大族则因文化中心——京洛等地盛行的新思想——玄学思潮的缘故,选择以玄学思辨为文化趣味。

魏晋时代,以儒学/玄学为核心的思想分野,经历了政治领域的思想观念之争后,走向日常生活领域,成为日常生活中的文化趣味之分,最后成为增强华夏文化自信、提升华夏文化认同的文化软实力。

汉末建安时代,儒学/玄学的思想分野,本质上反映了两种不同的社会阶层——旧世族士大夫与庶族新贵族的政治话语权力之争。在以曹操为首的庶族新贵族建立新法统的历史进程中,信仰儒家精神、维护四百年汉家体制的旧世族,成为最大的阻碍者②。曹操以及庶族新贵族群体的思想家,通过"尚无"思想以及行为上的通脱自然,冲击汉末世家大族的士大夫群体的固执观念与僵化思想。曹魏中后期,以司马氏为代表的儒学世族与何晏、王弼、嵇康、阮籍、夏侯玄等玄学名士在思想领域上激烈交锋,实际上也是政治领域之争的一种表现。

《世说新语·文学》载:"锺会撰四本论,始毕,甚欲使嵇公一见,置怀中,既定,畏其难,怀不敢出,于户外遥掷,便回急走。"③锺会之所以惧怕嵇康诘难,是因为锺会所主张的"才性同",实际上是站在儒家立场批评曹氏集团的用人制度——"唯才是举",为司马氏集团的篡权夺位而张目,而玄学名士嵇康反感被司马氏政治集团所利用的"名教",提出"越名教而任自然",甚至"非汤武,薄周孔",将司马氏改朝换代的两种方式——"革命"和"禅让"——全都堵死。可以看出,两种思想的冲突,实际上是政治的

---

① 徐震堮:《世说新语校笺》,中华书局1984年版,第107—108页。

② 姜剑云《孔融之死新探》一文,已经揭示了孔融之死的根本原因,是作为东汉末年的士大夫清流派代表,孔融成为曹操从汉丞相自诩周公到周文王过程中的祭旗品。参见《文史探赜——古代文学纵横论》,人民出版社2017年版,第6页。另外,王永平《荀彧与汉魏之际的社会变迁——兼论曹操与东汉大族之关系》中也认为荀彧的死,是"曹操开始图谋甩掉汉献帝这个包袱,经营自己的天下。这对荀彧来说是极其残酷的,意味着他寄希望于曹操恢复东汉王朝之旧貌的愿望彻底破灭。""以名节自持的荀彧与握有生杀权柄的曹操相抗,其结果必然以悲剧告终,就在这一年,荀彧在寿阳仰药自尽,他实际上是为曹操逼死的。"参见《汉晋间社会阶层升降与历史变迁》,社会科学文献出版社2011年版,第65—85页。

③ 徐震堮:《世说新语校笺》,中华书局1984年版,第106页。

冲突。锺会之所以"于户外遥掷,便回急走",完全是因司马氏为首的儒学世族群体尚处于弱势地位。西晋时代,司马氏为代表的儒学世族赢得胜利,在意识形态层面上,大力倡导儒家思想。至此,汉末、曹魏时代的世家大族与庶族新贵族的政治斗争,以司马氏为首的儒学世族群体的胜利而告终。按说,奉行玄学的庶族新贵族被诛杀,玄学应该沉寂消歇下去。然而,此时的世家大族士大夫群体并非祖辈那般,已经接受了玄学的洗礼濡染。而且,玄学在郭象等玄学家的改造下,政治意味已经淡化,退居到日常社会领域,演变成了生活趣味和行为艺术。西晋司马氏皇权正是在世家大族的鼎力支持下,通过禅让方式建立起来的。皇权司马氏不得不对世家大族的士大夫群体让步,尊重世家大族生活领域的任诞、奢靡之风。这种任诞与奢靡之风背后精神内核自然是西晋的新玄学。反过来说,玄学在西晋社会已经泛化到日常生活领域,成为日常生活的言谈话题与行为艺术,就像王导后来回忆说的,玄学的三大主题"声无哀乐、养生、言尽意三理而已"①。当然,西晋时代仍存在信仰儒家精神的思想家,如傅玄等人,从社会风气的角度,大力抨击士族群体习染玄学的弊端。

东晋时代,玄学最终成为增强华夏文化自信、提升华夏文化认同的文化软实力。由于中原沦丧,南迁的玄学士族与琅玡王一系的皇室共同支撑起一个偏安王朝。《世说新语·言语》载:"过江诸人,每至美日,辄相邀新亭,藉卉饮宴。周侯中坐而叹曰:'风景不殊,正自有山河之异!'皆相视流泪。唯王丞相愀然变色曰:'当共勠力王室,克复神州,何至作楚囚相对?'"②当过江的士族群体协助皇室分支琅玡王司马睿暂时安定之后,在风和日丽的好日子,邀至新亭,雅集饮宴,乐极悲来,亡国之痛。想到北方山河破碎的情境,惊魂未甫,滚烫的泪水一涌而来。王导那一声"当共勠力王室,克复神州,何至作楚囚相对",只是美好的愿景,如何共勠力王室?"勠力王室,克复神州"的伟大理想,得靠儒家等级制度与集权方式组织社会力量。然而,过江之士族,谁有资格作为领袖,通过宣扬儒家的等级礼法来集权呢?王导深知,自家资格不够,他人也不够资格。只能倡导中朝以来的玄学,以玄远清旷的气度以及充满和谐的雅集方式,才能团结这些甚有名望的南来士族名士群体。也就是说,在王导看来,倡导玄言之学,实则是加强士族群体的文化认同,进而实现政治认同。正是如此,王导在殷浩来到京都——建康之后,招集其他士族如桓温、王述、王蒙、谢尚等人与殷浩一起雅集,主动复兴玄学清谈。《世说新语·文学》载:"殷中军为庾公长史,下都,王丞相为之集,桓公、王长史、王蓝田、谢镇西并在。丞相自起解帐带麈尾,语殷曰:'身今日当与君共谈析理。'既共清言,

---

① 徐震堮:《世说新语校笺》,中华书局1984年版,第114页。
② 徐震堮:《世说新语校笺》,中华书局1984年版,第50页。

遂达三更。丞相与殷共相往反,其余诸贤略无所关。既彼我相尽,丞相乃叹曰:'向来语,乃竟未知理源所归。至于辞喻不相负,正始之音,正当尔耳。'"①丞相王导与玄学名士殷浩等人长夜清言雅集,并非为了辨析义理,而是促成士族群体的和谐氛围——政治地位可以悬殊,但能做到"彼我相尽"。也正是王导的倡导与亲自参与,东晋社会的玄风复振。《世说新语·文学》中的第21条到第65条中记载的东晋名士谈玄论道的事迹,当作如是观。值得注意的是,在这些记载中,大有出现了佛玄合融的意味。撇开佛玄思想发展的内在趋势,从社会学的角度看,玄学士族名士悦纳佛教界人士,共研义理的举动背后,大有深意。南来的玄学士族通过与佛教知识界人士的跨界融合,向南方土著世族表明了兼容并蓄的文化心态,通过生活领域的玄学知识与佛玄趣味,吸引南方土著世族,消除心理隔膜,促成集体认同。

东晋时代的玄学士族名士,以玄远的人生态度、高妙的清言与举止自若的雅量,给东晋士民一种文化自信的力量。作为一个偏安东南的王朝,东晋社会随时面临着来自北方异族统治的王朝的军事威胁。中原沦丧的惨状,让南来的士民记忆犹新。因此,东晋朝野都需要具有镇定自如的士族精英,作为庙堂上的中坚人物。王导如此,才足以再造东晋王朝,稳定时局。王导之后的庾亮,以帝舅与玄学名士两重身份掌握权柄。然而,由于缺乏阅历,激化了士族内部的矛盾,造成了苏峻叛乱。东晋中期,素无玄学根底的桓温,利用玄学名士殷浩为首的中枢力量的北方失败,以及高调北伐的胜利,掌控了东晋政局的实权。但是,桓温并非东晋士族所青睐的理想人物,士族群体需要推举一位具有声望、镇定自如的玄学人物,谢安尚未出仕前,就被舆论界许以"足以镇安朝野"。《世说新语·雅量》"谢太傅盘桓东山时"一条就透露出这种社会文化心理。"谢太傅盘桓东山时,与孙兴公诸人泛海戏。风起浪涌,孙、王诸人色并遽,便唱使还。太傅神情方王,吟啸不言。舟人以公貌闲意说,犹去不止。既风转急,浪猛,诸人皆喧动不坐。公徐云:'如此,将无归!'众人即承响而回。于是审其量,足以镇安朝野。"②谢安面对漫天风浪,同游之人面有惧色的时候,依然神情自若,吟啸不绝。谢安所表现出的玄学名士的雅量与气度,正好适应了时代的需要。谢安果然不负众望,成功扼制了桓温的篡权。《世说新语·雅量》载:

> 桓公伏甲设馔,广延朝士,因此欲诛谢安、王坦之。王甚遽,问谢曰:"当作何计?"谢神意不变,谓文度曰:"晋祚存亡,在此一行。"相与俱前。王之恐状,转见于色。谢之宽容,愈表于貌。望阶趋席,方作洛生咏,讽"浩浩洪流"。桓惮其旷远,

---

① 徐震堮:《世说新语校笺》,中华书局1984年版,第115页。
② 徐震堮:《世说新语校笺》,中华书局1984年版,第206页。

乃趣解兵。①

桓温病死之后,谢安执政。前秦苻坚率领大军八十万,朝东晋边境的淝水奔来。东晋朝野震动,谢安等朝臣选择誓死抵抗,保卫家园。谢安在后方坐镇指挥,其侄谢玄率领北府军在前方抵抗。《世说新语·雅量》载:

> 谢公与人围棋,俄而谢玄淮上信至。看书竟,默然无言,徐向局。客问淮上利害？答曰:"小儿辈大破贼。"意色举止,不异于常。②

《世说新语》注引《续晋阳秋》曰:

> 初,苻坚南寇,谢安无惧色,方命驾出墅,与兄子玄围棋。夜还乃处分,少日皆办。破贼又无喜色。其高量如此。③

我们能想见,当朝野得到前秦苻坚的八十多万攻来,必定是人心惶惶,惊惧不安。试想,如果最高执政者谢安惊慌失措的话,东晋朝野定会无斗志。谢安与打探消息的人,安然下起围棋。消息不断地传出去,相信东晋士民才会获得安全感。当胜利的消息传来的时候,谢安轻松一句"小儿辈大破贼"传出去的时候,整个东晋社会一定会兴奋不已。因此,东晋玄学所发挥的作用,正在于给东晋士民传递出了一种文化自信的力量。

（三）　玄言诗/笔翰:士族文士与次等文士的分野

在两汉旧世族转型为魏晋士族的过程中,士族阶层内部出现了分化为高门甲族与次等士族。不论是高门甲族还是次等士族,都以文化资本为徽志,强化各自家族的社会地位。从《世说新语·文学》记载的所有故事看,魏晋六朝时代的"文学"分为以玄言清谈为主的玄学与以文、笔为主的文学。《文心雕龙·总术》曰:"今之常言,有文有笔,以为无韵者笔也,有韵者文也。"④因此,可资士族阶层选择的文化资源便是玄学与文学。然而,高门甲族的文士多选择清言玄谈作为文化趣味,而次等士族的文士则往往选择笔翰文辞作为文化趣味。尤其到了东晋时代,高门甲族的文士多运用韵语方式敷衍玄理——玄言诗,而次等士族的文士入幕为僚佐,以笔翰文辞等实用文体来处理事务。因此,士族阶层内部的高门士族文士与次等士族文士,存在着玄言诗/笔翰的文化趣味分野。

曹魏至西晋时代的新阶层——士族,致力于建构新的哲学——玄学义理的研究。

---

① 徐震堮:《世说新语校笺》,中华书局 1984 年版,第 206 页。
② 徐震堮:《世说新语校笺》,中华书局 1984 年版,第 209 页。
③ 徐震堮:《世说新语校笺》,中华书局 1984 年版,第 209 页。
④ 六朝时代提倡"文笔之辨",但六朝人对"文""笔"的理解与界定,歧义倍出。参见罗根泽:《中国文学批评史》第三编第二章"文笔之辨",上海古籍出版社 1984 年版,第 140—145 页。

如何晏注《老子》，得知王弼的注解十分精奇，便改写为《道》《德》二论。再如玄学之士王弼与裴徽讨论"有""无"问题，"夫无者，诚万物之所资，圣人莫肯致言，而老子申之无已，何邪？"再如傅嘏讨论宇宙本体——"道"的状态"虚无"，胜于"实有"。再比如，西晋时代，有人喜欢讨论玄学者，前往王衍处请教咨询，希望答疑解惑，却遇到王衍生病，王衍推荐请教者到裴頠咨问。玄学名士王衍鼓励少年诸葛宏研读《庄》《老》，使其玄学思想日趋精进。再如玄学名士卫玠，总角之时，就因冥思苦想"梦"的缘由，"经日不得，遂成病"。乐广用麈尾的起落，为客人解释"旨不止"的问题。再如向秀欲注《庄子》，他的朋友嵇康、吕安等人嘲笑说，"此书何必注解？"当注解完成后，又受到嵇康、吕安的盛赞。再如玄学名士阮瞻，以"将无同"三字，回答太尉、玄学名士王衍关于"玄学与儒学同异"的提问。这正是因为曹魏、西晋时代的士族文士致力于玄学义理的研讨与理论建构，无暇或者无意诗文写作。到了东晋时代，玄学义理与理论建构基本完成，以王导为主的高门甲族文士，开始运用诗歌韵语的方式敷衍体悟到的玄学义理，发展出了玄言诗，如东晋玄学名士、玄言诗人许询。《世说新语·文学》载：

> 许掾年少时，人以比王苟子，许大不平。时诸人士及林法师并在会稽西寺讲，王亦在焉。许意甚忿，便往西寺与王论理，共决优劣，苦相折挫，王遂大屈。许复执王理，王执许理，更相覆疏，王复屈。许谓支法师曰："弟子向语何似？"支从容曰："君语佳则佳矣，何至相苦邪？岂是求理中之谈哉？"①

年轻气盛的许询，不愿让人将自己与王修相提并论，趁着诸多名士与支道林法师在会稽西寺讲玄论禅，与王修论玄理，以决优劣，尽管在言论上胜过王修，但在支道林看来，语佳而已，非求理之谈。所谓"语佳则佳矣，何至相苦邪？"可见，许询并非寻求玄禅之理，而是义气之争，充满挖苦与鄙夷。当然，许询的言辞高妙，是因为他在韵语与诗文上下过功夫。《世说新语·文学》载：

> 支道林、许掾诸人共在会稽王斋头。支为法师，许为都讲。支通一义，四坐莫不厌心。许送一难，众人莫不抃舞。但共嗟咏二家之美，不辩其理之所在。②

许询与支道林等人宣讲禅义，众人唯被其"嗟咏"的玄言韵语——玄言诗所折服，不能领会其义理。许询是东晋中期著名的玄言诗人，得到简文帝的赞赏，"玄度五言诗，可谓妙绝时人"③。正如《世说新语》注引《续晋阳秋》所说："至过江，佛理尤盛，故郭璞五言始会合道家之言而韵之，询及太原孙绰相祖尚。又加三世之辞，而《诗》《骚》

---

① 徐震堮：《世说新语校笺》，中华书局 1984 年版，第 122 页。
② 徐震堮：《世说新语校笺》，中华书局 1984 年版，第 123—124 页。
③ 徐震堮：《世说新语校笺》，中华书局 1984 年版，第 143 页。

之体尽矣。询、绰并为一时文宗,自此作者悉体之。"①可见,许询学着郭璞的样子,用五言韵语敷衍玄佛之理,创造出一种不同于诗骚的诗歌——玄言诗,正是许询、孙绰等人士族文士身份,引领了当时诗坛的风气,玄学士族文士争相效仿,玄言诗大盛。

过江稍晚的、社会地位不及高门甲族的次等士族文士,只能入幕做僚佐,因为要处理公共社会事务,只好致力于笔翰文辞的训练。这种文化趣味的分野,滥觞于西晋时代。西晋著名诗人左思家族崛起于微末,其父左雍靠擅场笔札,官殿中御史。《世说新语》注引《左思别传》:"思早丧母,雍怜之,不甚教其书学,及长,博览名文,遍阅百家。思科张华辟为祭酒,贾谧举为秘书郎。谧诛,归乡里,专思著述,齐王同请为记室参军,不起,时为《三都赋》未成也。后数年,疾终。其《三都赋》改定,至终乃止。"②如前所述,西晋时代的玄学家忙于玄学理论建构,无暇进行诗文创作,更不善笔翰手笔等。《世说新语·文学》记载乐广"善清言,而不长于手笔",便是明证。乐广要出任河南尹,要处理公文,只好请当时著名的下层文士潘岳写谢表。《世说新语·文学》曰:"乐令善于清言,而不长于手笔。将让河南尹,请潘岳为表。潘云:'可作耳,要当得君意。'乐为述己所以为让,标位二百许语,潘直取错综,便成名笔。时人咸云:'若乐不假潘之文,潘不取乐之旨,则无以成斯矣。'"③潘岳也是出身于中下层,善于笔翰文辞与诗歌创作。当他应邀为乐广写谢表,将乐广的二百多句文意,加工成知名的笔翰,得到时人的赞许。西晋玄学士族太叔广善于清谈,而出身次等世族的挚虞善于翰墨,两人俱为公卿。每次聚会,太叔广清谈玄言,而挚虞不能对。挚虞只好退下,写成文章翰墨,驳难太叔广,太叔广也不能回答。《世说新语·文学》载:"太叔广甚辩给,而挚仲治长于翰墨,俱为列卿。每至公坐,广谈,仲治不能对。退著笔难广,广又不能答。"④这种文化趣味的分野,到了东晋时代,发生了新变。高门甲族文士朝着有韵之文发展,次等士族文士多以无韵之笔而擅场,甚至出现融合趋势。因为,高门甲族文士不再沉浸在玄学之义理研究,而吸收了五言诗歌的韵语形式,虽不能算真正意义上"诗""骚"系统的诗歌,但比纯粹的哲学论文或清言要具有文学性。当然,万事不可绝对。士族子弟中也因个人兴趣与才具,或喜欢玄言清谈,或喜欢舞文弄墨。比如琅玡王氏家族的王导等人喜欢清言谈玄,而子弟王珣喜欢笔翰之作。《世说新语·文学》载:"王东亭到桓公吏,既伏阁下,桓令人窃取其白事。东亭即于阁下更作,无复向一字。"⑤可见,王珣到任所就任桓温的属

---

① 徐震堮:《世说新语校笺》,中华书局 1984 年版,第 143 页。
② 徐震堮:《世说新语校笺》,中华书局 1984 年版,第 135 页。
③ 徐震堮:《世说新语校笺》,中华书局 1984 年版,第 137 页。
④ 徐震堮:《世说新语校笺》,中华书局 1984 年版,第 138 页。
⑤ 徐震堮:《世说新语校笺》,中华书局 1984 年版,第 147 页。

官,已经到了官署里,桓温叫人偷偷拿走了他的报告。王珣立即在官署里重新写,没有一个字和前一报告重复。高门甲族庾氏家族中的庾仲初,也喜欢做文,曾写《扬都赋》,呈送给亲族中权贵庾亮,庾亮为其扬名,称"可三《二京》、四《三都》",导致人人竞写,都下纸贵。尽管谢安批评说其"屋下架屋,事事拟学",但其爱好文学的文化趣味,难能可贵。

次等士族文士袁虎为桓温的僚属,曾随桓温北征。桓温让袁虎立于马头,写一份捷报的公文,袁虎(即袁宏)"手不辍笔,俄得七纸,殊可观。东亭在侧,极叹其才。"①据《世说新语·文学》载,袁虎出身贫贱,被人雇佣运粮,恰好遇到镇西将军谢尚坐船出游,夜间风清月明,忽听到江边商船上有人吟诗,颇有情味;所诵之诗,自己未曾听过的,不禁赞叹不绝。随即派人去打听,原来是袁虎吟咏自作的《咏史诗》。可见,次等士族文士也许缺乏玄学的基础,只好向文学中乞灵,学习无韵之笔,以求实用,闲暇之余,学习抒情性的诗赋,寄意其间。《世说新语·文学》记载,袁宏作《东征赋》,没有提到陶侃的功绩,陶侃之子陶范,将其引诱到狭窄的屋子,把刀架到袁宏的脖子上,质问,袁宏窘迫不堪,灵机一动,答道:"我大道公,何以云无?"顺口咏诵出"精金百炼,在割能段。功则治人,职思靖乱。长沙之勋,为史所赞"的句子。这个故事未必真实,但足以说明袁宏的文学才具十分了得,在如此情急之下,能咏诵出美妙的文辞。

孙绰本人出身并非高门甲族,虽与高门甲族之文士多有往来,但高门甲族见其所写之赋,总会说"应该是我辈之语"。《世说新语·文学》载:

> 孙兴公作《天台赋》成,以示范荣期,云:"卿试掷地,要作金石声。"范曰:"恐子之金石,非宫商中声。"然每至佳句,辄云:"应是我辈语。"②

在范荣期看来,孙绰算不上高门甲族文士,但他写的《天台赋》中的"佳句",却颇有名士风度,"应是我辈语"。

前已述明,桓氏家族不大好谈玄,算不上高门甲族。桓玄喜欢文学之事。《世说新语·文学》载:

> 桓玄尝登江城南楼云:"我今欲为王孝伯作诔。"因吟啸良久,随而下笔。一坐之间,诔以之成。③

《世说新语·文学篇》载:

> 桓玄初并西夏,领荆、江二州,二府,一国。于时始雪,五处俱贺,五版并入。玄

---

① 徐震堮:《世说新语校笺》,中华书局1984年版,第147页。
② 徐震堮:《世说新语校笺》,中华书局1984年版,第144页。
③ 徐震堮:《世说新语校笺》,中华书局1984年版,第149页。

在听事上,版至,即答版后,皆粲然成章,不相揉杂。①

从这两则记载的"吟啸良久,随而下笔。一坐之间,诔以之成"和"皆粲然成章,不相揉杂"的情形看,作为次等士族文士的桓玄,文学功底深厚。

综上所述,曹魏两晋时代,社会的主导阶层——以玄学为文化趣味或文化资本的士族阶层,分化成高门甲族与次等士族。到了东晋时代,玄学理论已经建构完成。那些高门甲族文士利用谈玄论禅,协调不同的士族群体利益的目的。同时,选择以诗歌韵语形式敷衍玄佛之理,创造一种不同诗骚系统的玄言诗,展示其风度、神采。而次等士族文士则以实用性的笔翰文辞为文化趣味,尽量在社会事务中发挥作用。当然,凡事都不可绝对。因为,选择玄言诗/翰墨笔辞,也与个人兴趣和才具有关。东晋社会既存在着高门甲族文士选择笔翰文辞,也存在次等士族文士以玄言诗为文化趣味的情况。但从整体上看,高门甲族的文士与次等士族的文士之间,仍然存在着玄言诗/笔翰文辞的分野。

三、社会结构:社会阶层分化的意义

所谓社会结构,正如社会学家拉德克利夫—布朗在《原始社会的结构与功能》中说的,"人类是通过复杂的社会关系网络联系在一起的。这里使用术语'社会结构'来表示这个实际存在的关系网络。"②"我们观察到的任何人类社会的社会现象,并不是直接源于个体特性,而是源于将个体结合到一起的社会结构。"③在拉德克利夫—布朗看来,社会中的人与人的关系视为社会结构的一部分,还包括因社会分工不同而产生的个人差异和阶级差异。具体到汉晋社会,由于社会阶层的分化,主导性的社会阶层——世族转型为士族,而士族阶层也分化为高门甲族与次等士族。整个社会阶层的分化,引发了魏晋社会的社会结构的变化。

首先,士族阶层的转型与整个社会阶层分化引发中国政治权力结构的变化。具体而言,魏晋社会的政治权力结构打破了汉代的皇权专制的政治权力结构,开启了皇权与士族之间相互制衡、相互制约的权力结构。

从民间崛起的刘邦带领农民起义军推翻了暴秦,打击战国以来的旧世袭贵族势力,重新建立了大一统的社会结构,从而奠定了两汉社会的政治基础。因此,刘邦走向政治权力中心,登上皇帝的宝座,建立起了皇帝制度和中国文官结合的天下国家。皇帝制度

---

① 徐震堮:《世说新语校笺》,中华书局 1984 年版,第 150 页。

② [英]拉德克利夫—布朗著,丁国勇译:《原始社会的结构与功能》,中国社会科学出版社 2009 年版,第 190 页。

③ [英]拉德克利夫—布朗著,丁国勇译:《原始社会的结构与功能》,中国社会科学出版社 2009 年版,第 198 页。

在刘姓皇族子嗣中传续,绝不允许其他家族染指皇帝宝座与权力,甚至不能分封王国。这就是刘邦遗言说的"非刘姓不王"。尽管西汉王朝的帝位被外戚权臣王莽所篡夺,但随着刘秀等皇族后裔振臂一呼,众多世族纷纷起兵,建立起东汉王朝。即使东汉王朝末年,以中山靖王的后裔刘备仍可以凭借皇叔身份,创立蜀汉的对峙政权。在东汉末年乱世崛起的曹操,不得不打着汉献帝的旗号,以丞相或司空等身份控制实际的政治权力。然而,曹操不满足做丞相,从周文王的历史掌故寻找政治智慧,试图取而代之。曹操自诩汉末的"周文王",至死不敢直接废掉名义上的皇帝——汉献帝。而曹氏后裔曹丕也通过儒家心仪的"禅让"方式,登上皇帝宝座,完成了王朝更替。也许受儒家"忠君"观念洗礼和汉家恩泽的世家大族,不敢或不愿篡夺汉家天下。世家大族都明白"始作俑者其无后乎"的警告。出身庶族的曹氏家族"敢冒天下之大不韪",染指最高政治权力,这就开启了魏晋南北朝最高政治权力走马灯似的从一个家族转到另一个家族的政治格局。另一方面,汉代所建立的文官制度也发生了巨大变化。因为汉代的文官——士大夫,是从乡里社会举察出来的方正贤良之士。他们既是乡里社会的楷模,也是知识精英,更是汉王朝赖以社会管理的政治人才。这些来自于乡里社会的个体之士,进入政治体制之后,获得了更多的政治位势与社会资源。他们往往瞻顾宗族,教育子弟,逐渐发展成为世家大族。尤其东汉社会,许多家族往往成为乡里名族或豪族。其家族成员往往累世为官,成为政治世族。也正是两汉儒学的盛行,两汉社会的文化世族——士大夫阶层凭借着儒家思想的忠君思想,竭力维护汉家制度的法统。可以说,西汉早期的文吏、文官与东汉中后期的世家大族的士大夫阶层在社会影响力上已经今非昔比。东汉末年,皇权衰落,一些世家大族的士大夫觊觎皇权。比如出身四世三公的袁术,就试图凭借着遍天下的门生故吏,登基称帝。袁术称帝的失败,不仅是曹操替东汉王朝大兵讨伐的结果,更是整个世族——士大夫阶层对袁术的鄙夷抛弃。魏晋社会,以儒学为文化资本的世族转型成为以玄学为文化资本的士族。这些士族——士大夫维护各自家族利益与政治地位,将皇权法统双手奉送给政治势力极大的权臣。无论是东汉末年的士大夫阶层将曹丕推上皇位,还是曹魏末年的士大夫阶层将皇位再奉送给司马氏家族,甚至创造了士族与皇权合作的东晋、南朝门阀政治格局。门阀政治的实质,是皇权与士族之间相互制衡、相互制约的政治合作模式。士族阶层的士大夫突破了汉家法统体系的约束,完成了皇权法统的流转。魏晋社会,皇权与士族相互制衡的政治权力结构,通过儒家禅让方式完成交接。尽管对旧的皇族进行打击甚至杀戮,但整个社会并未因最高权力的转手,引发大规模的战乱与动荡。当然,东汉末年,董卓窃权,郭汜、李傕等军阀引起的战乱的责任,并不能归于士族群体。同样,西晋末年的"八王之乱"、"永嘉丧乱"的罪责,不能归于士族。因为,司马氏家族获得皇权地位后,总结曹魏政权危亡之际,并无分封的同姓藩国屏卫的经验教训,大肆分封同姓、同宗的诸王。却万万想不到第二代皇帝晋惠帝司马衷、第三代皇帝晋怀帝司马炽、第四代皇帝晋愍帝司马业,被同宗诸王操纵。司马诸王引兵相向,大肆征伐,引发战乱。

其次,魏晋时代的社会阶层分化,完成了"以德治国"与"以才治国"的两种政治模式的尝试。世家大族的士大夫阶层以儒家道德修身治国,实践着自周以来的礼乐文化以及先秦儒家的道德理想,完成了"以德治国"模式的尝试。新兴的庶族阶层却选择智术、笔翰文辞等,锻炼才干、才具,实践着先秦法家的思想体系以及秦王朝的"以吏为师"的治国方略,开启"以才治国"模式的尝试。

具体而言,无论儒学世族还是玄学士族,这个社会阶层在本质上都是一致的,即他们都是有信念、有理想、有操守的贵族阶层。东汉社会中的儒家世家的士大夫群体,以经学为知识体系、以"节气为尚",其家族子嗣深受良好家风家学濡染。世家大族的子弟通过举察制度进入政治体制之中,绵延数代。尽管在这个过程中,也会出现纨绔浮夸之徒,背弃公义,攫取私利,但整体上,儒学士大夫阶层深受家风影响,其行为会受道德的约束。这些士大夫不遗余力地批判皇帝的违制行为以及外戚、宦官等贪婪弄权。东汉社会的外戚、宦官等庶族阶层,并不能通过文化累积和制度来保障其家族政治地位。因为,选择哪一家的女子入宫,存在极大的偶然性。即使存在某些权势熏天的外戚家族人物,为了维护家族政治地位,会将家族晚辈女子送进皇宫,但绝不能制度化。宦官多是出身社会下层的庶族,作为刑余之人——宦官,在儒学社会中受人鄙夷。外戚、宦官等尽管可以攫取政治权力,但缺乏世族的家风约束,容易为了现实利益,疯狂攫取权力。魏晋时代,士族阶层虽然淡薄了儒家思想信仰,以庄老、易学为核心的玄学为尚,但他们毕竟属上层贵族阶层,贵族气质十足。另外,玄学的玄远人生态度,也会让士族阶层追求超越性,一定程度上远离现实利益。当然,作为中古社会的政治力量,士族阶层不可能彻底远离政治。因此,世族标榜道德,士族标榜风度,都让这个贵族阶层多了文化德性。这个贵族阶层治理国家的模式,实质上属于"以德治国"模式。东汉末年,儒学士大夫阶层标榜道德,无法维护汉王朝的法统,无法对抗董卓等军阀势力,以曹操为代表的另一种社会阶层——庶族崛起。曹操"唯才是举"的用人制度,为社会中下层庶族士人打开了一条道路。道德有亏、颇有才具的庶族阶层,在曹操打击分裂势力、统一中原的过程,建功立业,取得了相当的政治位势。曹操器重的是庶族人士的才干,但还未探索出一种选拔制度,依然采取的是汉代的举察方式。然而,在曹魏时代,世家大族的士大夫阶层与庶族新贵族之间围绕这种举荐权进行激烈争夺,甚至在理论层面上激烈讨论"才性"的同、异、离、合问题。庶族阶层由于缺乏世家大族的浓厚家风,晋升之途要靠他人的举荐,并没有得到制度保障,因此,庶族文士阶层难免出现不择手段、超越道德底线攫取政治权力的现象。也正是如此，世族士大夫阶层不遗余力地批判庶士的道德人品。可以说，东晋南朝时代，庶族阶层受到士族阶层排挤压制，造成"上品无寒门"，这意味着庶族寒门阶层虽颇具才干，但要培养家族风气与道德品质还须更长的时间。就曹魏时代庶族阶层以才干崛起的现象来说，已经开启了"以才治国"政治模式的尝试与探索。

最后，魏晋时代的社会阶层出现了士庶之别，而士族阶层也分化为高门甲族与次等士族。士族阶层占据了社会的上层，成为政治贵族，而庶族文士沉寂在社会的中下层，士庶之别既造成社会结构的固化，也推动了诗歌、书法、绘画等艺术的发展，提高了中国文化的水准。

东汉的文化世族受时代学术观念的影响，熟练掌握了儒家六经的思想和知识系统。东汉末年至曹魏时代，文化世族选择新的思想观念与知识系统——玄学、刑名之学等，全面士族化。魏晋士族与汉代世族相比，文化视野宽阔得多。他们不仅掌握儒学知识，也掌握了玄奥高深的玄学知识与思维水准，甚至还掌握书法、绘画、诗歌等艺术。就具体的家族而言，要成为社会上层的士族，其家族成员不得不全力学习玄学知识，提高思辨水准，掌握诗歌、书法与绘画技能与规则，无形中提高了该家族的文化水准。二王书法、二谢诗歌、顾恺之画作，都成为魏晋南北朝时期的文化典范。此时的西方，基督教宗教知识文化只掌握在极少数的僧侣阶层手里，整个社会依然处在蒙昧状态。

第六章 文士流徙与汉晋文化区域分野

从现代考古看,早在8000到5500多年前,神州大地上生息繁衍着两大系统的原始部族。生活在甘、陕、晋、豫西一带的原始部落经历了漫长的绳纹陶阶段,发展出了以彩陶为主、充满世俗生活色彩的仰韶文化。生活在辽西、山东、江苏甚至浙江等地的原始部落发展了以制玉、用玉为主以充满原始宗教色彩的东夷文化,包括辽宁内蒙古中东部的红山文化、以山东泰安为中心的大汶口文化以及浙江的良渚文化。从出土器物看,远古时代,中国大地就存在地域上的西中国的仰韶文化与东中国的东夷文化的区域分野。5500年前左右,两大系统的文化区在河南中东部的郑州、新郑等地接触、碰撞,甚至爆发战争。最终仰韶系统取得胜利,奠定了以仰韶为主的炎黄文化格局。夏、商、周三代的更替,实际上还是以仰韶文化为底色和以红山、龙山文化为底色的文化斗争、融合。两种文化互相吸收、彼此扬弃,形成了"轴心时代"——先秦的儒学思想文化与法家思想文化的区域分野。早在商代,从山东等地迁徙至甘肃天水一带的秦人部落,推行来自商文化区的商鞅、李斯等法家思想文化,最终扫平奉行周礼文化的山东诸国。秦王朝的大一统格局,却因以法家思想为主的高度集权的社会组织方式,忽视了底层社会的民众生活诉求,失去民心。在底层民众揭竿起义和六国后裔的复仇潮流中,秦王朝轰然坍塌。以刘邦为代表的底层平民,推翻暴秦、打击六国后裔的分封势力之后,建立起大一统的封建王朝。同时,吸取前秦覆灭的历史教训,推行来自邹鲁一带的儒学意识形态。西汉王朝尽管"罢黜百家,独尊儒术",但骨子里依然是"王霸道杂之","阳儒阴法",法家思想依然颇有地位。随着东汉"表彰六经",经学文化从关中、中原等黄河流域推行到益州、荆州、扬州等长江流域更为广阔的地区,而秦汉以来的神仙方术思想文化与原始巫术遗存为核心的道教思想从山东滨海一带向整个中原、关中等民间底层社会广泛传播。随着东汉大一统格局的破裂,以经学为核心的儒家信仰破产。冀州、青州、兖州等地破产的下层民众利用道教中的——"太平道"的组织方式暗中联络,爆发了黄巾起义。黄巾起义很快被士大夫贵族阶层镇压下去,太平道被彻底打散。依附益州的张鲁利用五斗米教割据汉中,随后也被曹操镇压下去。因此,作为被统治的农民阶层以及利用道教方式高度组织起来,成为一种破坏社会秩序的社会力量,以暴力方式扫荡社会毒瘤——政治体制的腐败与乡里豪族的巧取豪夺行为,却无法建立有效的政权组织、重建社会秩序。世族士大夫阶层的儒家思想信仰被统治阶层的腐败行为破坏殆尽,下层民众信仰的道教以及利用道教方式组建宗教政权被镇压。历史最终选择刑名思想等法家思想文化。东汉末年,法家的刑名之学、以庄老为核心的玄学等新思想在河南中南部的汝南、颍川二郡——先秦的商文化区、战国的韩魏之地率先崛起,成为重建社会秩序的希望。这就造成了汉晋之际文化区域分野的历史起点。

第一节　汉末三国文士流徙与文化区域分野

众所周知,中国正是从无数的原始聚落逐渐演变成古国、方国,最终演变成了天下共主性质的国家形态,从而进入了文明阶段。从传说中的炎帝、黄帝到夏商周,一直延续着天下共主的制度与基本格局。天下共主所居之城成为国家的都邑,而其他方国的聚落成为仅次于都邑的族邑。秦汉时代,中央集权的皇帝制度改变了上古时代以来天下共主制度,皇帝所居之所——宫城和贵族所居之所——郭城,成为天下的政治、经济、文化中心。郡、县的治所成为所辖区域的政治、经济、文化中心。就东汉社会而言,洛阳、长安等两京,巍峨的宫殿、官府机构、太学、皇家图书机构等,无不彰显着王朝声威与文化力量。郡、县等治所在地——城市,道观佛寺、钟鼓二楼成为区域文化的中心。整个乡里社会不仅聚集了大姓豪族的庄园,而且包括家族祠堂、私塾、戏台等,甚至山林中的世家别业、军事关隘、仓廪角楼、摩崖石刻等文化场所。因此,作为文明的内核——文化(包括物质文化、制度文化、精神文化等),往往按照递减原则分布。同时,因地理环境、风俗习惯等不同而表现出地理区域的差异性。具体而言,汉末三国之际,从地理区域上看,思想文化大致上可以分为两大区域文化。

一、以关洛为中心,辅射至河朔、齐鲁、荆襄、江东等区域的儒家——经学文化区

汉王朝奉行儒家经学的思想意识形态,以孝治国。通过察举方式从郡县乡里社会中选拔德、才之辈——"秀才"与"孝廉"。东西二京——长安、洛阳以及周边区域成为儒家经学文化最浓厚的地方。儒家经学文化从京师之地向河朔、齐鲁、荆襄、江东等区域辐射。

以长安为中心的关中与以洛阳为中心的司州等区域,经过周秦两汉的长期经营,成为全国最发达的政治、经济、文化中心。汉末三国之际,董卓等军阀曾挟持汉献帝迁都

长安,将旧都洛阳焚之一炬,随后董卓部将郭汜、李傕等在长安混战,也将文化中心长安
毁坏殆尽。儒家经学文化最浓厚的核心区域——关(中)洛(阳)地区,出现"白骨露于
野,千里无鸡鸣"的社会惨状。关洛一带的士大夫文士避难迁徙到荆州、冀州、益州、徐
州等地。因此,关洛一带儒家经学文化一度没落。

河朔地域极为广阔,泛指黄河以北。包括当时的幽州、冀州、并州等行政区域一带。
幽燕之地,乃周之燕国。西汉时代,出现了"诗经学"的传人韩婴,博陵崔篆、崔骃为代
表的崔氏家族,以及"世以儒业显"的范阳卢氏家族。东汉后期,范阳卢植曾进京求学,
拜著名经学家马融为师,与郑玄为同门好友。东汉末年,尚书卢植反对军阀董卓的废立
皇帝的举动,不仅赢得儒家士大夫群体的激赏,而且受到庶族代表人物曹操的表彰:
"故北中郎将卢植,名著海内,学以儒宗,士之楷模,乃国之桢干也。"[1]儒学世族范阳卢
氏,代不乏人,出现过卢毓、卢钦、卢珽、卢志等著名人物。冀州一带在战国时期属赵国,
既高尚气概,好气任侠,又崇儒尚学。东汉末年,袁绍以勃海太守起兵反董卓,并从冀州
刺史韩馥手中接管了冀州,在冀州士族的辅助下,很快占据了青州、幽州和并州。官渡
之战后,曹操击败袁绍,剿灭了袁尚、袁谭势力,在一定程度上打击了河北豪族的势力。
同时,不得不团结冀州一带的高门世族,如清河崔氏崔琰等。《三国志·崔琰传》载:
"少朴讷,好击剑,尚武事。年二十三,乡移为正,始感激,读《论语》《韩诗》。至年二十
九,乃结公孙方等就郑玄受学。"[2]崔琰受到曹操征召,秉承儒家教义,"推方直道,正色
于朝"。并州一带情况较为复杂,少数民族的内迁,使得山西一带人口锐减,极难治理。
《晋书·宣帝纪》中记载曹爽的党羽李胜借外任荆州来向司马懿告别,并探司马懿生病
的虚实,司马懿将计就计,故意将"荆州"说成"并州",并说:"君当屈并州,并州近胡,善
为之备。"[3]当然,这一带出现过许多高门大族,如太原王氏、孙氏、河东郭氏、柳氏。加
之,曹操曾任用杜陵、杜畿为河东太守,杜畿建郡学,推行儒学。《三国志》裴注引《魏
略》曰:"至今河东特多儒者。"[4]

齐鲁之地,尤其鲁西南一带,乃儒家思想的发祥地。两汉时代,这一带的文化远
不及长安、洛阳等政治、经济、文化中心区域。直到东汉后期郑玄出现,改变了这种
较为落后的局面。《世说新语·文学》注引《玄别传》载:"玄少好学书数,十三诵《五
经》,好天文、占候、风角、隐术。……年二十一,博极群书,精历数图纬之言,兼精算
术。……师故兖州刺史第五元。先就东郡张恭祖受《周礼》《礼记》《春秋传》。周流

---

① (晋)陈寿:《三国志》,中华书局1959年版,第650页。
② (晋)陈寿:《三国志》,中华书局1959年版,第367页。
③ (唐)房玄龄:《晋书》,中华书局1974年版,第17页。
④ (晋)陈寿:《三国志》,中华书局1959年版,第496页。

博观,每经历山川,及接颜一见,皆终身不忘。扶风马季长以英儒著名,玄往从之,参考同异。……季长临别执玄手曰:'大道东矣,子勉之。'"①郑玄转益多师,学问精深,连大儒马融也感叹"大道东矣"!郑玄隐居著述讲学,传授儒学。据殷芸《小说》卷三记载,郑玄后来曾受袁绍邀请,在河北邺城讲学。"袁绍一见玄,叹曰:'吾本谓郑君东州名儒,今乃是天下长者。夫以布衣雄世,斯岂徒然哉!'及去,绍饯之城东,必欲玄醉。会者三百人,皆使离席行觞,自旦及暮,计玄可饮三百余杯,而温克之容,终日无怠。"②

以荆襄为中心的长江中游地区,早在新石器时期就出现屈家岭文化。殷商时代,原本生活在黄河中游的华夏族一支,因非商族支系族裔,受到征伐,被迫南迁至长江中游的荆山一带。殷末,楚人先祖鬻熊与周文王联盟,参与周武王翦商的军事行动。周成王封熊绎封于楚蛮。因此,楚子熊绎成为周初重要的异姓诸侯,与周之同姓诸侯鲁、卫、晋等共事周成王。西周早中期,楚国被局限河南淅川一带。随着周王室衰微,楚国不再担心来自中原周王室的威胁,开始向江汉平原扩张。春秋战国以来,楚国国力日渐强壮,不仅灭掉西周分封的"江汉诸姬"之国,而且灭掉长江下游的越国,形成了"横则秦帝,纵则楚王"的局面。历史最终选择秦国,一统天下。因为,秦变法最为彻底,而且在与楚争夺长江上游的天府之国——巴蜀的过程中,取得绝对胜利,奠定了一统天下的经济基础。秦军攻破楚国鄢郢之后,楚国贵族纷纷东逃,迁都安徽寿春一带,鄢郢旧地的文化破坏殆尽。直到汉代,这一带文化都相当落后。《汉书》记载,江陵等地的儒林文苑之人极少。两汉之际,南阳一带经济迅速发展,出现了许多文化大族。东汉光武帝刘秀得到南阳等一带世族的大力支持,建立东汉王朝。因此,荆襄一带文化日渐发达。南阳宛城,成为东汉仅次于京都洛阳的又一重要城市。《古诗十九首》中有"游戏宛与洛"之句。东汉末年,刘表治下的荆州,成为汉末避乱的理想之地。大量的士大夫、文人汇聚于此。在刘表竭力经营下,荆州成为当时儒家经学文化最浓厚的地区。《后汉书·刘表传》记载其盛况:"关西、兖、豫学士归者盖有千数,表安慰赈赡,皆得资全。遂起立学校,博求儒术,綦母闿、宋忠等撰立《五经章句》,谓之后定。爱民养士,从容自保。"③刘表死后,曹操大军南下,刘琮举州而降,一批士大夫文士随曹操北归,另外一批士大夫文士追随刘备进入益州,归于蜀汉政权。

江东地区(今江苏、浙江一带),早在5000年前就出现了良渚文化。4000年前,夏禹后裔一支迁徙至浙江会稽一带,建立古越国。3000年前,周部族中的泰伯、仲雍一支

① 　徐震堮:《世说新语校笺》,中华书局1984年版,第103—104页。
② 　(南朝梁)殷芸:《小说》,上海古籍出版社1984年版,第83页。
③ 　(南朝·宋)范晔:《后汉书》,中华书局1965年版,第2421页。

迁徙至江苏无锡一带,建立吴国。春秋战国时代,吴、越争霸,足见吴越地区的文化状况。两汉大一统时代,儒家经学向江苏、浙江等地辐射,曾出现了严忌、严助、朱买臣、王充等知名人物。东汉后期至三国时期,东吴一带形成了顾、陆、朱、张等儒学世族。在浓厚儒学文化濡染下,这些家族形成了"张文朱武,陆忠顾厚"①的家风。汉末三国时代,避乱江东的张氏家族——张昭家族,成为这一区域的文化标杆。张昭本是徐州人士,少年时代,就深受青、徐等区域的儒学文化濡染,成为知名人物。"(张昭)少好学,善隶书,从白侯子安受《左氏春秋》,博览众书,与琅邪赵昱、东海王朗具发名友善。"②汉末大乱后,张昭从徐州避难江东,受到孙策的倚重。"文武之事,一以委昭。昭每得北方士大夫书疏,专归美于昭,昭欲默而不宣则惧有私,宣之则恐非宜,进退不安。"③在汉末士大夫心目中,张昭声名远播,而吴郡富春孙策出身小吏家族,社会声望不高,故而"专归美于昭"。孙策死后,孙权悲伤不已,六神无主。张昭果断地激励孙权,稳定了政局。张昭等人以儒家思想为孙权制定朝仪。据《三国志》裴注引《吴录》曰:"昭与孙绍、滕胤、郑礼等,采周、汉,撰定朝仪。"④张昭退休后,"乃著《春秋左氏传解》及《论语注》。"⑤张昭几乎成为东吴文化的标志性人物,就连北方曹魏世子曹丕写完《典论》,都要送给东吴张昭以及吴主孙权。《三国志》裴注引胡冲《吴历》曰:"帝以素书所著《典论》及诗赋饷孙权,又以纸写一通与张昭。"⑥张昭之长子张承,"少以才学知名,与诸葛瑾、步骘、严畯相友善。"⑦张承"为人壮毅忠谠,能甄识人物"⑧,以至于那些"勤于长进,笃于物类"的庶族士人"无不造门"。孙权也多次让太子孙和"修敬于承,执子婿之礼。"⑨张昭的少子张休作为太子孙登等寮友,为孙登讲授《汉书》。东吴时代,还有一位令孙权敬重的张氏,即张纮,字子纲。《三国志》裴注引《江表传》曰:"初,权与群臣多呼其字,惟呼张昭曰张公,纮曰东部,所以重二人也。"⑩张纮是广陵人,早年曾游学京师,拜太学中博士韩宗为师,学习经学文化。张纮拒不接受汉末大将军何进、太尉朱儁、司空荀爽等的征辟,避难至江东,深受孙策器重。张纮被孙策派遣到汉末政治中心——国都许昌,孔融等人对他十分友善,曹操也借机拉拢,举荐其为九江太守。张纮心恋孙

① 徐震堮:《世说新语校笺》,中华书局 1984 年版,第 268 页。
② (晋)陈寿:《三国志》,中华书局 1959 年版,第 1219 页。
③ (晋)陈寿:《三国志》,中华书局 1959 年版,第 1219 页。
④ (晋)陈寿:《三国志》,中华书局 1959 年版,第 1221 页。
⑤ (晋)陈寿:《三国志》,中华书局 1959 年版,第 1221 页。
⑥ (晋)陈寿:《三国志》,中华书局 1959 年版,第 89 页。
⑦ (晋)陈寿:《三国志》,中华书局 1959 年版,第 1224 页。
⑧ (晋)陈寿:《三国志》,中华书局 1959 年版,第 1224 页。
⑨ (晋)陈寿:《三国志》,中华书局 1959 年版,第 1224 页。
⑩ (晋)陈寿:《三国志》,中华书局 1959 年版,第 1244 页。

策旧恩,称病固辞。孙权执政后,张纮与张昭常参与机密,"每有异事密计及章表书记,与四方交接,常令纮与张昭草创撰作"①。江东土著的顾氏家族,秉承儒家《周易》"君子厚德载物"精神,养成了"家门穆雍"的家风。其代表人物顾雍,为人忠厚恭谨,"不饮酒,寡言语,举动时当"②,官拜丞相,深得孙权见重。顾雍之长子顾邵"博览《书》《传》,好乐人伦"③,州郡以及四方之士,都来拜访。顾邵之子顾谭在祖父顾雍死后,官拜太常,代祖父顾雍录尚书事,著有《新言》二十篇。江东土著大姓——陆氏家族,其家风以忠义著称。陆氏家族是江东孙吴政权所仰仗的武力强宗,拥有数千至万的部曲,魏国大将军邓艾所谓"吴名宗大族,皆有部曲,阻兵仗势,足以建命"④。陆氏家族不仅是吴郡的武力强宗,也是文化世族,出现了陆绩等儒学人物。《三国志·陆绩传》载:"绩容貌雄壮,博学多识,星历算数,无不该览。……又意存儒雅……虽有军事,著述不废,作《浑天图》,注《易》释《玄》,皆传于世。"⑤陆氏家族中还有一位"诗经"学家陆玑,著有《毛诗草木鸟兽鱼虫疏》,开创了《毛诗》注疏中的博物学领域。江东一带,除了吴郡"顾、陆、张、朱"四姓大族,会稽郡也出现了虞、魏、孔、贺等文化家族。

二、以许昌—洛阳为中心,颍川、汝南豫州、兖州等区域的刑名——玄学文化区

汉末建安时代,曹操将汉献帝以及朝臣迎回颍川的许昌,许多深受刑名学思想影响的颍汝文士随后来到许昌。220 年,曹丕称帝,曹魏政权的政治、文化中心移到洛阳,颍汝等地的士大夫文士随之来到洛阳,造就了以许昌—洛阳为中心的颍川、汝南等豫州、兖州等区域的刑名—玄学文化区域。

颍汝在内以及以东的一带,早在5500—4000 年前,就是仰韶文化与东夷文化激烈碰撞与交汇融合的区域。以"霸权的宗教邑制国家"⑥的商代,实际上是获得了创造仰韶文化的炎黄族——黄帝所开创"天下共主"的继承权,同时,充分运用红山文化的神性宗教与军事武力的社会组织方式。武王翦商,通过分封同姓诸侯的方式,建立西周王

---

① （晋）陈寿:《三国志》,中华书局 1959 年版,第 1244 页。
② （晋）陈寿:《三国志》,中华书局 1959 年版,第 1226 页。
③ （晋）陈寿:《三国志》,中华书局 1959 年版,第 1229 页。
④ （晋）陈寿:《三国志》,中华书局 1959 年版,第 777 页。
⑤ （晋）陈寿:《三国志》,中华书局 1959 年版,第 1328 页。
⑥ 美籍华人学者李峰在《城市规划和古代国家的形态——以渭水中游周代城市为例》中比较商周国家形态的不同,他将商代界定为"霸权的宗教邑制国家",即商代国家使然也是以对邑的控制为主要统治方式,但它拥有的是基于军事实力和宗教能力的一种霸权式权力。在各地的宗族首领的权力主要来源于本地,同时只要承认商王的霸权即可。参见陈平原、王威德、陈学超编:《西安:都市想象与文化记忆》,北京大学出版社 2009 年版,第 20 页。

朝。其国家形态,正如李峰说的是"权力代理的亲族邑制国家"①。尽管周王分封的同姓诸侯,在上层社会推行周礼制度,而底层社会仍保留了红山—龙山文化乃至商文化的文化基因。商代以高度集权的军事方式组织社会,演变成了先秦法家思想。颍川、汝南以东区域本是商文化中心区,自然容易滋生强调集权性质的法家思想。如先秦著名的法家人物李斯就是汝南上蔡人。尽管汉代,尤其东汉时代,这一区域受到儒学的洗礼,出现了众多的儒学世族,如汝南应氏、汝南许氏、颍川荀氏、颍川钟氏、颍川陈氏等世家大族,但这一区域的儒学多少夹杂着法家、刑名学等色彩。如汉末汝南南顿人应劭的《风俗通义》,深受李斯"帝王之术"的影响,"关注点是王道兴废之因、国家盛衰之由,而这些正是所谓的'帝王术'最为核心的内容"②。盛行于汝南、颍川一带的"月旦评"与"清议"之风,是东汉儒学思想信仰的回光返照。颍汝地域的世族士大夫在东汉末年政治上起到了举足轻重的作用。东汉党锢事件中,颍汝一带的士人就首当其冲。"言为士则,行为世范"的陈蕃就是汝南郡平舆人,"高自标持,欲以天下名教是非为己任"的士林"龙门"人物李膺也是颍川襄城人。当时士林中有气节有影响的如杜密(颍川)、范滂(汝南)、蔡衍(汝南)、陈翔(汝南)、贾彪(颍川)、荀淑(颍川)、韩诏(颍川)、钟皓(颍川)、许劭(颍川)都是颍汝一带的人物。这些士大夫欲借儒家"名教"来重塑士林群体,左右王朝的社会舆论,却引发了桓帝时代的"党锢之祸"。儒家精神信仰如同陈蕃、李膺等的命运一样悲壮地谢幕了。儒家精神信仰受到质疑,士人心目中的核心价值观念开始从传统的儒家体系中游离出来。《世说新语·德行》"郭林宗至汝南"条下刘孝标注引司马彪《续汉书》曰:"郭泰字林宗……初有道君子征,泰曰:'吾观干象、人事,天之所废,不可支也'。遂辞以疾。"③郭林宗是难得的清醒者,不做无望的努力,选择了"处约味道,不改其乐"④的生活方式。真正打破儒家精神信仰的人物,还是出生于豫州最东部的谯郡亳县的曹操。"东汉之中叶,士以名节相尚,而交游品题,互相持以成乎党论,天下奔走如鹜而莫之能止。桓、另侧听阉竖,极致其罪罟以摧折之,而天下固慕其风而不以为忌,曹孟德心智摧折者之固为乱政,而标榜者亦非善俗也,于是进崔琰、毛玠、陈群、钟繇之徒,任法课能,矫之以趋于刑名,而汉末之风暂息者数十年。"⑤曹操之所以抛弃儒学,选择刑名学,不仅与自己的社会出身——庶族阶层有关,更与谯沛等地遗存

———————

①　[美]李峰:《城市规划和古代国家的形态——以渭水中游周代城市为例》,见陈平原、王威德、陈学超编:《西安:都市想象与文化记忆》,北京大学出版社2009年版,第19页。

②　卫绍生:《魏晋文学与中原文化》,学苑出版社2004年版,第287页。

③　徐震堮:《世说新语校笺》,中华书局1984年版,第3页。

④　(晋)陈寿:《三国志》,中华书局1959年版,第3页。

⑤　(清)王夫之:《读通鉴论》,转引自何满子:《中古文人风采》,花城出版社2007年版,第74—75页。

的商文化有关。青年时代的曹操借助颍汝士族的品题,才能获得上流社会的认可。《三国志》裴注引《世语》曰:"玄谓太祖曰:'君未有名,可交许子将。'太祖乃造子将,子将纳焉,由是知名。"①孙盛的《异同杂语》中记载了曹操拜见许劭的情景,"尝问许子将:'我何如人?'子将不答。固问之,子将曰:'子治世之能臣,乱世之奸雄。'太祖大笑。"②曹操正是在谯沛庶族武装力量和颍汝世族士大夫的鼎力支持下崛起,手下的一大批文官均是来自颍汝一带的世族。《三国志·魏书·文帝纪》裴注引《魏书》载诏曰:"颍川,先帝所由起兵征伐也。官渡之役,四方瓦解,远近顾望,而此郡守义,丁壮荷戈,老弱负粮。昔汉祖以关中为国本,光武恃河内为王基,今朕复此登台受禅,天以此郡翼成大魏。"③汉末三国时代,颍汝以东的豫州、兖州等区域,除了盛行刑名法术——法家思想之外,还盛行道家思想。其原因不过其二:一是颍汝士大夫联合三万太学生,集体抗议桓帝时代的宦官弄权和政治腐败,遭到官方的捕杀,即桓、灵二帝的"党锢之祸"。正如刘大杰先生《魏晋思想论》说的,"桓帝延熹九年、灵帝建宁二年两次的党祸,就接连地发生了。前前后后,把那些读书青年及当代官吏的优秀分子,捕杀了九百多人,妻子亲戚,都流窜边塞。如郭泰、袁闳、申图蟠之流,住的住土穴,躲的躲树洞。韬光遁世,养性全真,很为当时一般人所称颂,都成为《高士传》中的高士了。这次的大屠杀,不仅封住了读书人的口,连读书人的心,都被摧残得破碎了。于是一些读书人,都不敢再谈政治,只好走到闲谈取乐、遁世养生的路上去。"④因此,东汉后期的"党锢之祸",让颍汝一带的士大夫的儒家精神信仰彻底破产,为了保全生命,不再高谈政治,转而谈老庄——即由"清议"转为"清谈"。正如卫绍生所论的,"《后汉书·荀悦传》说:'献帝颇好文学,悦与彧及少府孔融侍讲禁中,旦夕谈论。'虽然他们谈论的内容已无从可知,但可以肯定的是,他们谈论的是'文学',而且是数人在一起'旦夕谈论'。这一形式表明,至少在汉献帝初年,文士清谈的现象就已经出现。"⑤二是如前所述,颍汝以东的豫州一带,早在5500年前,就是仰韶文化与东夷文化的融合区。西周王朝将黄帝族后裔——虞舜后人分封到陈,夏禹后人分封到杞,也把殷商后人微子分封到宋。陈、杞、宋等地都属东汉的豫州区域。因此,这一区域的社会文化心理十分杂糅,既包括道家的"弱国寡民、无为而治"——仰韶原始聚落形态的理想诉求,又包括法家的"刑名法术"——红山等东夷文化的高度集权社会组织的集体心理诉求。梁启超先生在《先秦政治思想史》

① (晋)陈寿:《三国志》,中华书局1959年版,第3页。
② (晋)陈寿:《三国志》,中华书局1959年版,第3页。
③ (晋)陈寿:《三国志》,中华书局1959年版,第77页。
④ 刘大杰:《魏晋思想论》,上海古籍出版社1998年版,第13—14页。
⑤ 卫绍生:《魏晋文学与中原文化》,学苑出版社2004年版,第296页。

里就发现法家袭取道家学说的现象,并给予解释:"法家所受于道家者何耶? 道家言'我无为而民自正',民何以能正,彼盖谓自有自然法能使之正也。自然法不可见闻,故进一步必要求以人为法为之体现,此当然之理也。及其末流,即以法治无为之义矣。法治纯以客观的物准驭事变,其性质恰如权衡规矩。慎子所谓'无建己之患,无用知之累'也。夫是以能'无为而不为'。故彭蒙、慎到之流皆邃于道家言,而法术则贵任法,盖以此也。"仅仅从学理层面给出的解释尚不够的,还应该从颍汝一带的社会文化心理的杂糅去阐释。汉魏之际,那些质疑维护政统的儒家思想权威的士大夫,思想观念中杂糅了刑名与道家思想成分,如刘劭、锺会等人。锺会"精练名理,以夜继昼"①,显然是名理派的知名之士。其实,锺会也曾对道家思想下过一番功夫,"及会死后,于会家得书二十篇,名曰《道论》,而实刑名家也,其文似会。"②值得注意的是,颍川荀彧以儒学知名,其子荀粲却"独好言道"③、"谈尚玄远"④,开启了魏晋的玄论之风。《世说新语·文学》记载魏明帝太和初年,刑名学家傅嘏与玄论学家荀粲发生了一场颇具深意的学术争论。随后的正始时期,何晏、王弼、夏侯玄等将玄学引向大盛。何、王之后,出现阮籍、嵇康等竹林名士。这些玄学人物多出身于儒学家族。如陈留阮籍的家族本儒学家族,《世说新语·任诞》刘注引《竹林七贤论》曰:"诸阮前世皆儒学,善居室。唯咸一家尚道弃事,好酒而贫。"⑤谯国嵇康家族也是儒学世家。《三国志》裴注曰:"兄喜……为康传曰:'家世儒学,少有俊才……'"⑥玄学在黄河以南区域迅速兴起,这一区域的士大夫们得到了良好的玄学思辨训练,而黄河以北区域的士大夫仍然秉承着汉代以来的儒家经学。我们从两晋之际的河北文士祖纳与汝南文士梅陶、钟雅等人论及汝颍、幽冀学风,可以感知到河北、河南学术思想的差异。祖纳批评说,"君汝颍之士,利如锥;我幽冀之士,钝如槌。持我钝槌,捶君利锥,皆当摧矣。"⑦所谓"汝颍之士,利如锥",恰恰说明贯穿名理之学的玄学思维,犀利透彻。所谓"幽冀之士,钝如槌",则说明河北一带学术路数以儒学为主,思想偏于保守。

综上所述,东汉后期,王朝纲纪涣散,信仰儒家精神的士大夫阶层遭到桓帝与宦官集团的残酷打击,儒家精神信仰受到质疑。随后,在董卓乱京之后,东汉王朝中心区域——关洛之地遭到空前破坏,士大夫文士在战乱中,四散逃离。河朔、齐鲁、荆襄、江

---

① (晋)陈寿:《三国志》,中华书局 1959 年版,第 784 页。
② (晋)陈寿:《三国志》,中华书局 1959 年版,第 795 页。
③ (晋)陈寿:《三国志》,中华书局 1959 年版,第 319 页。
④ 徐震堮:《世说新语校笺》,中华书局 1984 年版,第 107 页。
⑤ 徐震堮:《世说新语校笺》,中华书局 1984 年版,第 393 页。
⑥ (晋)陈寿:《三国志》,中华书局 1959 年版,第 605 页。
⑦ (唐)房玄龄:《晋书》,中华书局 1974 年版,第 1699 页。

东等地受文化惯性的影响,仍属儒家经学文化区。而颍汝为主的豫州、兖州等地,因刑名、玄学等新思想的兴起,形成了迥异于河朔、齐鲁、荆襄、江东等儒家经学文化区的另一文化区,即刑名—玄学文化区。因此,汉末三国的文士流徙在某种程度上强化了文化区域的分野。

第二节　西晋文士流徙与南北文化接触碰撞

三国归晋之际,西晋王朝严令蜀地与吴地等南方文士迁徙至关中、河东以及洛阳等地。正是因为西晋时代南方文士的北迁,引发了区域文化的接触与碰撞,在一定程度上消弭了汉末三国以来的区域文化的分野。具体说来,进入洛阳的蜀、吴等地的南方文士,已经接触到洛阳等地的玄学思想文化。同时,这些受儒家文化濡染的南方文士为了对抗作为军事胜利的北方文士的文化歧视,不得不彰显固有的文化习性,无形中激发了区域文化的激烈碰撞。激烈碰撞之后,分异性质的区域文化出现了融合趋势。

一、南方文士北迁与区域文化的接触

魏晋之际,对峙政权——蜀汉与东吴政权相继灭亡。西晋王朝将蜀汉和东吴等政权的亡国之君迁至京邑——洛阳,并将两个对峙政权的核心阶层——宗室、大臣、武将等后裔迁出当地,进行安置与监控。随后,又征召两地大量文士入洛任职。西晋时代的南方文士北迁,促使南北区域文化广泛接触。

如前所述,早在汉末三国时代,魏蜀吴三大区域的文化分野业已形成。曹魏所占据的北方区域文化最为复杂,以洛阳为核心、包括黄河以来的颍、汝等地文化以刑名—玄学为主。而黄河以北的冀州、兖州甚至河东、河内等广大区域,保留着汉代以来的儒家文化底色。曹魏政权最终被司马氏所取代,意味着以刑名玄学为思想底蕴的谯沛庶族新贵群体,被信仰儒家精神的河内、河东、河北以及颍汝世族所战胜。司马氏采用儒家所推崇的禅让方式,从曹魏皇帝手里获得最高统治权,并采取分封同姓宗室的方式,维护晋王朝的统治。在意识形态方面,西晋王朝尽管极力推行儒家思想,借助儒家所强调的道统来维护王朝政统。但是,司马氏正是靠诸多儒学世家大族的支持,不得不尊重、保护甚至容忍那些早已濡染玄风的儒家世族的文化趣味与现实利益。当然,西晋玄学已经淡化竹林玄风的政治批判色彩,出现了儒玄合流趋向,甚至玄学成为旧世族转型为新士族的文化徽帜。因此,西晋王朝的首都——洛阳以及黄河以南区域的文化呈现出外儒内玄的色彩。具体说来,这一区域士族群体表面上尊奉王朝所提倡的儒家思想,而真正信仰的是玄学思想和生活趣味。

三国时代,刘备集团依托益州等地、以成都为政治中心,建立起蜀汉对峙政权。在刘备入川之前,这一区域曾掌控在刘焉、刘璋父子手里,盛行两汉以来的儒家文化。东汉末年,前任益州刺史贪婪腐败,导致下层民众的暴乱。东汉王朝委派皇室成员刘焉出任益州刺史,刘焉倚靠益州土著世家大族的支持,迅速平乱了境内的暴乱。刘璋倚重汉末以来流寓益州的南阳、关中三辅等地的流民与世族——东州大族势力,打击益州土著世族势力。刘璋以儒学思想治蜀,宽仁柔弱,不能依法节制豪族,导致流寓益州的南阳、三辅豪族欺压本地士民,甚至威胁到刘璋的刺史地位。刘璋才听取蜀郡世族张松的建议,引刘备军事集团入川,试图打击流寓益州的东州大族。刘备趁机夺取了刘璋的统治权,在强大的军事保障下,通过推行儒家"仁义"精神,较好地协调了各方势力的利益,建立起对峙的蜀汉政权。刘备、关羽、张飞等第一代核心成员相继过世后,丞相诸葛亮辅政,全面推行法家思想,彻底革新了刘焉、刘璋父子时代的豪族骄横风气,不仅维护了蜀汉王朝的国家利益,而且纠正了世家大族欺压民众的行为。诸葛亮的法治精神,正如他在《出师表》中所说的,"宫中府中,俱为一体;陟罚臧否,不宜异同;若有作奸犯科及为忠善者,宜付有司论其刑赏,以昭陛下平明之理;不宜偏私,使内外异法也。"也正是诸葛亮的身体力行,全面推行法家思想,使得蜀汉政权"邦域之内咸畏而爱之,刑政虽峻,而无怨者。以其心平,而劝戒明也"①。诸葛亮之后的蒋琬、费祎等人,基本能推行诸葛亮的法治精神。因此,以成都为中心的西南区域的文化呈现出外法内儒的色彩。具体说来,这一区域的世族贵族包括流寓益州的外来大族以及益州土著大族,因诸葛亮刑政法峻,不得不奉行法家思想,但他们的知识结构、行为模式以及价值取向等仍是传统儒学。蜀汉灭亡之后,西南文士被征入洛,意味两个区域的文化广泛接触。正是因为西南文士的儒学修养,很容易得到晋武帝以及中原文士的认可。如西南文士文立,"少治《毛诗》《三礼》,兼通群书。蜀并于魏,梁州建,首为别驾从事,举秀才。晋泰始二年,拜济阴太守,迁太子中庶子"②,后被擢升为散骑侍郎。《晋书·儒林传》载:"太子中庶子文立忠贞清实,有思理器干。前在济阴,政事修明。后事东宫,尽辅导之节。……其以立为散骑常侍。"③正如蜀地文士常忌"诣相国府陈郡抚恤有方,远国初附,当以渐导化,不宜改易州将,失遐外心。相国听留,辟忌为舍人。"④广汉文士司马胜之"学通《毛诗》,治《三礼》。清尚虚素,性澹不事荣利。……大同后,梁州辟别驾从事,

---

① (晋)陈寿:《三国志》,中华书局 1959 年版,第 934 页。
② (晋)陈寿:《三国志》,中华书局 1959 年版,第 1032 页。
③ (唐)房玄龄:《晋书》,中华书局 1974 年版,第 2347 页。
④ (晋)常璩著,汪启明、赵静译注:《华阳国志》,四川大学出版社 2007 年版,第 307 页。

举秀才，历广都、繁令，政理尤异。以清秀征为散骑侍郎，以宗室礼之。"①另外，蜀地文士谯周、陈寿、李骧、李密、高玩、王崇、寿良、何攀、杜轸、杜烈等人相继入洛，被中原文士称为"二州标俊"②。陈寿入洛，受到中原文士张华赏识。《华阳国志》曰："吴平后，寿乃鸠合三国史，著《魏》、《吴》、《蜀》三书六十五篇，号为《三国志》……品藻典雅。中书监荀勖、令张华深爱之，以为班固、史迁不足方也。"③

三国时代，在孙坚孙策父兄的基础上，孙权仰仗着流寓到扬州等地的外来世族与皖北世家豪族，团结本地土著世族，以长江为天堑，以建业（今南京）为政治中心，建立东吴政权。早在两汉时代，扬州等江东区域受到儒家经学文化的辐射。东汉末年，黄巾起义爆发。豫州之汝南、徐州之广陵、扬州之庐陵等文士为了躲避战乱，流徙到扬州等地。徐州东莞文士徐奕、汝南文士许劭、沛国文士刘馥、广陵文士陈矫、徐宣等人。另外，周瑜、鲁肃、张纮、张昭、太史慈、诸葛瑾、步骘、吕蒙、吕范、秦松、陈端、严畯、程秉、阚泽、唐固、薛综、虞翻、骆统、步骘、刘惇、赵达等世族流徙到江东。正因为这些信仰儒家学说的世族文士的迁入，让扬州地区的儒学氛围更加浓厚。扬州等江东之地，虽远离中原战火，较为安定，但人心思乱，难保永宁。避乱江东的文士已经转而学习纵横之术，如广陵文士张纮在孙策问计的时候回答："昔周道陵迟，齐、晋并兴；王室已宁，诸侯贡职。今君绍先侯之轨，有骁武之名，若投丹杨，收兵吴会，则荆、扬可一，仇敌可报。据长江，奋威德，诛除群秽，匡辅汉室，功业侔于桓、文，岂徒外藩而已哉？方今世乱多难，若功成事立，当与同好俱南济也。"④再如临淮文士鲁肃转而学习击剑骑射、兵家之学与纵横之学等知识，"少有壮节，好为奇计。天下将乱，乃学击剑骑射，招聚少年，给其衣食，往来南山中射猎，阴相部勒，讲武习兵。……后雄杰并起，中州扰乱，肃乃命其属曰：'中国失纲，寇贼横暴，淮、泗间非遗种之地，吾闻江东沃野万里，民富兵强，可以避害，宁肯相随俱至乐土，以观时变乎？'其属皆从命。……肃渡江往见策，策亦雅奇之。"⑤鲁肃给孙权献计，"昔高帝区区欲尊事义帝而不获者，以项羽为害也。今之曹操，犹昔项羽，将军何由得为桓文乎？肃窃料之，汉室不可复兴，曹操不可卒除。为将军计，惟有鼎足江东，以观天下之衅。规模如此，亦自无嫌。何者？北方诚多务也。因其多务，剿除黄祖，进伐刘表，竟长江所极，据而有之，然后建号帝王以图天下，此高帝之业也。"⑥如果说张纮献

① （晋）常璩著，汪启明、赵静译注：《华阳国志》，四川大学出版社2007年版，第595页。
② （晋）常璩著，汪启明、赵静译注：《华阳国志》，四川大学出版社2007年版，第604页。
③ （晋）常璩著，汪启明、赵静译注：《华阳国志》，四川大学出版社2007年版，第605页。
④ （晋）陈寿：《三国志》，中华书局1959年版，第1102—1103页。
⑤ （晋）陈寿：《三国志》，中华书局1959年版，第1267—1268页。
⑥ （晋）陈寿：《三国志》，中华书局1959年版，第1268页。

计孙策,学习齐桓公、晋文公的"尊王攘夷"的霸业,那么鲁肃献计孙权,学习汉高祖刘邦,据天堑,鼎足江东,成就"帝王之业"。孙权割据江东之后,任用儒学之士张昭等人制定朝仪。《三国志》裴注引《吴录》曰:"昭与孙绍、滕胤、郑礼等,采周、汉,撰定朝仪。"①孙权征召避难江东、种瓜自给,"昼勤四体,夜诵经传"②的步骘,"少耽学,善《诗》《书》《三礼》,又好《说文》"③的严畯,"博通五经"④的程秉,以及"家世农夫,至(阚)泽好学,居贫无资,常为人佣书,以供纸笔,所写既毕,诵读亦遍。追师论讲,究览群籍,兼通历数,由是显名"⑤的阚泽,"修身积学,称为儒者,著《国语》《公羊》《穀梁传》注,讲授常数十人"⑥的唐固为官,甚至要求武将吕蒙等人留意读书,"蒙始就学,笃志不倦,其所览见,旧儒不胜。后鲁肃上代周瑜,过蒙言议,常欲受屈。肃拊蒙背曰:'吾谓大弟但有武略耳,至于今者,学识英博,非复吴下阿蒙。'蒙曰:'士别三日,即更刮目相待……'权常叹曰:'人长而进益,如吕蒙、蒋钦,盖不可及也。富贵荣显,更能折节好学,耽悦《书》《传》,轻财尚义,所行可迹,并作国士,不亦休乎!'"⑦因此,以建邺为中心的东南区域的文化以儒学为主、夹杂着纵横之学。东吴灭亡之后,西晋王朝征召吴地文士入洛,意味东南与中原两个区域的文化充分接触。东南区域的吴地文士多"服膺儒术",很容易被中原地区的儒学世族接纳、认可。如吴地文士薛莹,著有《新议》。"涉学既博,文章尤妙,同寮之中,莹为冠首。"⑧太康五年(284)的时候,晋武帝下诏征召陆喜等人,《诏》称:"伪尚书陆喜等十五人,南土归称,并以贞洁,不容皓朝。或忠而获罪,或退身修志。放在草野。主者可皆随本位就下拜除。敕所在以礼发遣,须到随才授用。"⑨太康十年,吴地文士陆机、陆云、顾荣等人入洛,得到张华等中原文士的赏识,"初入洛,司空张华见而奇之,曰:'皆南金也!'"⑩

综上所述,随着西晋王朝对蜀汉与东吴地区的世族文士大规模迁徙甚至征召任官,南方文士与中原文士开始广泛接触,实际上意味着以"内儒外法"为主的西南区域文化和以"内纵横而外儒术"为主的东南区域文化,开始与"外儒内玄"为主的中原文化广泛接触。

① (晋)陈寿:《三国志》,中华书局1959年版,第1221页。
② (晋)陈寿:《三国志》,中华书局1959年版,第1236页。
③ (晋)陈寿:《三国志》,中华书局1959年版,第1247页。
④ (晋)陈寿:《三国志》,中华书局1959年版,第1248页。
⑤ (晋)陈寿:《三国志》,中华书局1959年版,第1249页。
⑥ (晋)陈寿:《三国志》,中华书局1959年版,第1250页。
⑦ (晋)陈寿:《三国志》,中华书局1959年版,第1274—1275页。
⑧ (晋)陈寿:《三国志》,中华书局1959年版,第1256页。
⑨ (唐)房玄龄:《晋书》,中华书局1974年版,第1487页。
⑩ (唐)房玄龄:《晋书》,中华书局1974年版,第1832页。

二、南北文士交游与区域文化的碰撞

当西南与东南两地的文士相继进入西晋政治、文化中心——洛阳之后,与中原地区的文士群体交游。在交游与相处的过程,相互之间产生了激烈的文化碰撞。具体而言,一是因不同政权、不同政治阵营、不同政治处境造成的心理隔膜以及产生的身份认同等方面的激烈碰撞。二是因不同的思想文化、不同的生活趣味等方面造成的激烈碰撞。三是因不同的地域风物、不同生活习惯等所引发的文化碰撞。四是因个人恩怨以及政治站队等所引发的文化碰撞。

首先,南北文士因来自不同政权、不同政治阵营、不同政治处境造成心理隔膜与政治身份认同等方面的激烈碰撞。魏、蜀、吴政权在长达六十年的对峙中,各国文士早已完成了各自的政治认同,文化隔膜日渐加剧。三国归晋后,对峙政权不复存在,行政号令统一,但文化隔膜短时间里无法消除殆尽。具体而言,生活在中原州郡的文化世族,尽管经历了王朝更替的易代巨变,但没有产生强烈的国破家亡之感。因为,司马氏家族得到北方中原一带的儒学世族阶层支持,以和平的禅让方式夺取了曹魏皇室的统治权。这种禅让方式避免了大规模的战乱。同时,禅让方式也在最大限度上保障了儒学世族的政治地位与经济利益。蜀汉、东吴政权在强大的军事进攻下灰飞烟灭了,大规模的战争不仅摧毁了对峙的蜀汉、东吴王朝,也在很大程度上摧毁了对峙政权中的世家大族势力。苟活者不仅要承担国破的痛苦,而且要承担战争中失去亲人的痛苦,更要承担振兴家声的责任。尽管蜀汉、东吴政权不复存在,但曾在这些政权中任职的世族文士,依然摆脱不了敌对政权臣属的政治身份。作为战败国的降臣,入洛后的南方文士的政治身份十分尴尬,现实处境十分艰难,无法摆脱不了"亡国之余"的文化歧视。蜀地人士何攀,尽管在西晋王濬大军以参军身份,伐吴之战中立下功勋,却改变不了被北方衣冠轻视的命运。《晋书·何攀传》载:"除廷尉平。时廷尉卿诸葛冲以攀蜀士,轻之。"[1]东吴灭亡,吴将周处被俘之后,被西晋大将王浑揶揄嘲讽。《晋书·周处传》载:"及吴平,王浑登建邺宫酾酒,既酣,谓吴人曰:'诸君亡国之余,得无戚乎?'处对曰:'汉末分崩,三国鼎立,魏灭于前,吴亡于后,亡国之戚,岂惟一人!'"[2]王浑之子王济当众嘲讽吴地文士华谭,问道:"尽管朝廷各部门选拔优秀的人才,不知道你们亡国的吴地之人,有何不同的才能来应辟呢?"华谭应声回答:"珍奇之物皆出产于中原之外,比如珍珠贝壳之类,产于长江一带,夜明珠等产于荆山蓝田山中。人也是如此,周文王生于东夷,大禹生于西羌,难道你没听过,周武王克商,就把殷王朝遗民迁到洛阳,你莫非是殷王朝顽民的

---

① (唐)房玄龄:《晋书》,中华书局 1974 年版,第 2347 页。
② (唐)房玄龄:《晋书》,中华书局 1974 年版,第 1570 页。

后裔吧?"王济不服气地说,"臣子看到危险,不能扶持,导致国家败亡,国君失位,这样的冠带之士,有何用呢?"华谭立刻回答:"哎,国家的兴衰、存亡是有运数,老天要让君主倒霉,人力是没办法改变的。"吴地文士陆机,入洛后受到北方部分世族的鄙夷嘲讽,后来加入了贾谧的"二十四友"集团,处境依然如此。贾谧本要拉拢陆机,让潘岳代笔捉刀,给陆机写了赠诗,表达"虽简其面,分著情深"的感情。但是,潘岳诗中的"三雄鼎足,孙启南吴。南吴伊何,僭号称王。大晋统天,仁风遐扬。伪孙衔璧,奉土归疆。婉婉长离,凌江而翔",称孙权僭越帝王之位,其政权系伪政权。陆机就被定位在伪朝的官员。陆机在《答贾谧》诗中毫不掩饰地说"启土虽难,改物承天",论证孙权称帝是顺承天命的。还有不少的西南文士,忍受不了这种身份认同的煎熬,看不惯中原文士的高傲姿态与鄙夷态度,百般推辞,不愿入洛任官。如益州梓潼文士李骧,被西晋王朝征尚书郎、建平太守,他"以疾辞不就,意在州里",希望在本州任职。《华阳国志·后贤志》载:"时梓潼李骧叔龙,亦隽逸器,知名当世。举秀才,尚书郎,拜建平太守,以疾辞不就,意在州里。"[1]综上而言,入洛的南方文士因来自不同的政治阵营、不同的政权,甚至作为亡国降臣的现实处境等,造成的文化心理隔膜引发了南北文化的激烈碰撞。这种文化碰撞表现为北方衣冠士族的鄙夷嘲讽与南方文士的反唇相讥。

其次,南、北方文士因不同的思想文化、不同的价值取向、不同的生活趣味等方面造成的激烈碰撞。如前所揭,蜀地文士受西南区域"外法内儒"的思想文化的濡染,吴地文士受东南区域"内纵横外儒术"的思想文化的洗礼,其思想文化、价值取向、生活趣味等与西晋洛阳为中心的中原文士不尽相同。因为,以洛阳为中心的"儒玄合流"的中原文化,让西晋士族追求玄学的清谈之风、任诞之风。正是因为思想文化、价值取向和生活趣味等方面的差异,让洛阳的南北文士发生了激烈的文化碰撞。具体而言,南方文士进入中原地区,与中原文士深入接触之后,就发现思想文化、价值取向、生活趣味等方面的种种差异。他们在入洛之前,几乎沉浸在儒家经学典籍的学习中,并按照儒家的"修身、齐家、治国、平天下"精神为人生价值取向,追求生命的不朽,并未过多地接触以《易》《老》《庄》为知识背景的玄学。当他们进入玄学浓厚的洛阳地区,既对流行的玄学知识与思辨感到新奇,又对任诞之风充满不适与反感。为了更好地与中原文士交流,他们接触并学习玄学知识与玄学思辨。据刘敬叔《异苑·卷六》记载,吴地文士陆机在入洛途中,来到偃师,天色已晚,看见前方若隐若现的民居,就迁往投宿。在投宿的民居中见到一个翩翩少年,将《周易》置于投壶边上。陆机与这个少年交谈,发现他的言谈玄妙幽微,佩服至极。深知自己无法与之抗衡,只好与其论及古往今来的历史,少

---

① （晋）常璩著,汪启明、赵静译注:《华阳国志》,四川大学出版社 2007 年版,第 608 页。

年不大喜欢此类话题。第二天天一亮,陆机就继续赶路。遇到馆驿,前去询问馆驿中的老婆婆,才知道昨晚投宿的地方是曹魏正始时代大哲学王弼的坟茔之地。这个故事传播很广,而且故事的主人有时也被传为陆机的弟弟陆云。故事虽然怪诞,但十分有意味。传达出成长在东吴儒家文化的陆氏兄弟,入洛前并未接触玄学新思想,不甚了解玄学话题,无法深入交谈。只好拿儒家经学史学等知识与之交谈,结果,少年王弼十分不悦。值得注意的是,编出与已故的王弼相遇的怪诞故事,不正是说明南方文士接触到中原地区的玄学思想文化吗? 当然,被征召的陆机兄弟,已经做好了求取功名的心理准备,正如在自己的《遨游出西城》中自我期望的“行矣勉良图,使尔修名立”①,满心都是儒家立功立名的思想,虽然可以接受玄学新知识、新思辨,但接受不了玄学名士的任诞行为和万事不关心的态度。《世说新语·简傲》载:“陆士衡初入洛,咨张公所宜诣,刘道真是其一。陆既住,刘尚在哀制中,性嗜酒,礼毕,初无他言,唯问:‘东吴有长柄壹卢,卿得种来不?’陆兄弟殊失望,乃悔往。”②这说明,当陆机兄弟满怀信心地拜谒北方的玄学名士刘宝,却看到正在守孝期间的刘宝,并不遵守儒家礼法,饮酒不断;听到刘宝询问是否带来东吴长柄葫芦的种子之类的无聊话题之后,十分失望,后悔前往。由此可见,深受儒家精神濡染的南方文士,能接受中原文士的玄学知识与思辨,但接受不了洛阳等地流行的任诞之风,只好以沉默、后悔等态度来表达反感之情。同时,北方玄学名士也对沉溺在儒学的旧知识、旧思想的南方文士,报以不悦与冷漠。如王弼鬼魂对陆机“提纬古今,总验名实”的话题,表现出的“不甚欣解”,玄学名士刘宝“初无他言”的淡漠态度。

再次,南、北方文士因不同的地域风物、风俗习惯等所引发的文化碰撞。众所周知,中国南北方的自然地理环境(山川、气候、物产等)以及人文环境(风土人情等)的差异十分巨大。当那些生活在气候湿润、物产丰富的江东文士来到洛阳地区,自然会产生新奇甚至不适之感。据《世说新语·言语》记载,南方文士陆机来到洛阳后,曾拜谒北方名士王济,王济用羊酪招待他。王济得意地指着数斛羊酪问陆机:“江东有什么可以与之媲美?”陆机并不习惯北方饮食,认为北方的羊酪远不及江南的莼羹好吃。这是因南北饮食文化不同引发的一次文化碰撞,正如宁稼雨先生所说的,“本来,羊酪和莼羹是能够代表南北饮食文化的产品,但这里已经被用来作为双方政治对立情绪的表现工具。王济的狂傲,自与王浑等人不差,而陆机的话中,既有江东人的荣誉观,又饱含对中原人目中无人的极度不满。陆机出身江南大族,又文名显溢,尚得此礼遇,他人便可想而知

---

① 金涛声点校:《陆机集》,中华书局 1982 年版,第 39 页。
② 徐震堮:《世说新语校笺》,中华书局 1984 年版,第 413 页。

了。"①这种因南北物产与饮食文化的碰撞延续到东晋时代。据《世说新语·排调》记载，南渡的王导，用王济当年招待陆机的北方特产——羊酪，招待陆玩。陆玩回家后，就病倒了。第二天，陆玩就写信给王导说："昨晚吃多了羊酪，难受了一夜。我虽然是吴人，却差一点成了中原之鬼。"可见，南方人的肠胃真无法消受北方饮食特产羊酪。只是陆玩要写信调侃，仍属于南北文化心理隔膜造成的文化碰撞。除了饮食之外，就连日常生活的器物也引起了南北文化差异与碰撞。北方盛行绫、罗、绸、纱之类做成的团扇，而江南则盛行鸟羽之类做成的羽扇。西晋北方文士傅咸在《羽扇赋序》中指出，"吴人截鸟翼而摇风，既声誉方圆二扇，而中国莫有生意，灭吴之后，翕然贵之"②，看来吴地特有的羽扇，在东吴灭亡之后，盛行于中原。然而，在以傅咸为代表的中原文士看来，"此因资以为用，不假裁于规矩。虽靡饰于容好，亦差池而有序。上比烈于南箕，下等美于箑甫"③，即认为羽扇多少不合规矩，装饰过于华丽，但也排列整齐有序，功效显著。虽然无资料表明傅咸与陆机有过关于羽扇的争论，但我们相信，陆机创作《羽扇赋》一定与傅咸有关。因为作为亡国之臣，陆机内心十分敏感，当听说北方文士傅咸创作《羽扇赋》的消息，读到傅咸《羽扇赋》中"虽靡饰于容好"的"微词"之后，内心反应极为激烈，把对北方文士的羽扇评价上升到南北文化优劣之争的高度。因此，陆机在《羽扇赋》中假托楚襄王会诸侯故事，楚大夫宋玉、唐勒手执白鹤羽扇，遭中原诸侯嗤笑，经过羽扇与中原所流行的方圆二扇优劣之论争，中原诸侯终于放弃方圆二扇而操起吴楚羽扇以归。很显然，陆机在创作此赋的时候，潜意识或有意识将中原士大夫设定为"隐含读者"，与这些作为"隐含读者"的北方士大夫在想象性的历史语境发生了激烈争论，并有意达成南方文化输出性、征服性的大胜利。因为没有更多的后续性史料记载，傅咸是否读到陆机此赋或读到此赋的态度，我们都不得而知。也许傅咸会付之一笑，理解陆机为代表的南方文士的处境和心境。作为南方文士陆机，在北方度过第一个冬天，将那种新奇感一股脑的写进了《感时赋》，云："悲夫冬之为气，亦何憯懔以萧索。天悠悠其弥高，雾郁郁而四暮。夜绵邈其难终，日腕晚而易落。夫层云之葳蕤，坠零雪之挥霍。冰冽冽而寝兴，风漫漫而妄作。鸣枯条之泠泠，飞落叶之漠漠。山嵰巏以含瘁，川蜿蛇而抱洞。望八极以瞳矒，普宇宙而寥廓。伊天时之方惨，曷万物之能欢。鱼微微而求偶，兽岳岳而相攒。猿长啸于林梢，鸟高鸣于云端。矧余情之含瘁，恒睹物而增酸。历四时之逿感，

---

① 宁稼雨：《魏晋名士风流》，中华书局 2007 年版，第 37 页。

② （清）严可均辑：《全晋文》第五十一卷，见《全上古三代秦汉三国六朝文》，中华书局 1958 年版，第 1753 页。

③ （清）严可均辑：《全晋文》第五十一卷，见《全上古三代秦汉三国六朝文》，中华书局 1958 年版，第 1753 页。

悲此岁之已寒。抚伤怀以呜咽,望永路之泛澜。"①可见,北方寒冬,萧瑟肃杀:浓雾四漫,层云叠叠,雨雪飘零,寒冰冽冽,狂风肆虐,落叶漠漠,山瘦水寡,对南方诗人陆机而言,都是如此新奇。当然,这也让陆机产生了前途渺茫的感伤——"矧余情之含瘁,恒睹物而增酸。"陆机沿着西川泛舟而上,来到伊洛一带,《感丘赋》有云:"泛轻舟于西川,背京室而电飞。遵伊洛之坻渚,沿黄河之曲湄。睹墟墓于山梁,托崇山以自绥。见兆域之蔼蔼,罗魁封之累累。于是徘徊洛涯,弭节河干,仁盼留心,慨而遗叹。"②陆机看到山梁上"累累的墟墓",顿感生命之短暂,希望永葆青春,建功立业于不久之将来。

最后,西晋时代南北方文士因个人恩怨以及政治站队等所引发的文化碰撞。西晋著名文士陆机与潘岳,因私人恩怨而交恶引发了激烈的文化碰撞。潘陆二人的私人恩怨源自上一辈人的交锋。潘岳的岳父杨肇曾任西晋的荆州刺史,受命接应东吴西陵镇将步阐的叛吴行动,结果被陆机的父亲——陆抗大军击败。因此,杨肇被免为庶人,羞愤而死。潘岳因受杨肇的知遇之恩,仇恨东吴陆抗家族,当陆机入洛后,潘岳敌意深深。晁载之《续谈助》卷四引裴启《语林》载:"士衡在座,安仁来,陆便起去。潘曰:'清风至,尘飞扬。'陆则应声答曰:'众鸟集,凤凰翔。'"③潘、陆二人即便同为贾谧的"二十四友"集团的同僚,敌意也没有能消减。陆机曾试图消解二人的敌意,曾赠诗给潘岳,《文选》卷二五谢瞻《答灵运》诗注引陆机《赠潘岳诗》的"金日吾生,明德惟允"两句为证,效果并不理想。叶枫宇解释说:"这些事一方面说明潘岳为人气量狭小,但从反面看又可以见出潘岳的无限亲情。"④西晋文士欧阳建对陆机及其创作也颇多微词,《太平御览》卷五百九十九中记载:"欧阳生曰:'张茂先、潘正叔、潘安仁文远过二陆。'或曰:'张、潘与二陆为比,不徒步骤之间也。'欧阳曰:'二陆文词源流,不出俗检。'"南方文士因政治站队与北方文士产生了激烈的文化碰撞,蜀地文士陈寿、李密等人受到西晋文坛领袖张华的器重,因张华与荀勖交恶⑤,而受到荀勖的打击。《晋书·陈寿传》载:"张华将举寿为中书郎,荀勖忌华而疾寿,遂讽吏部迁寿为长广太守。"⑥《华阳国志》又载:"华表令兼中书郎,而寿《魏志》有失勖意,勖不欲其处内,表为长广太守。"⑦蜀地文士

---

① 金涛声点校:《陆机集》,中华书局 1982 年版,第 7 页。
② 金涛声点校:《陆机集》,中华书局 1982 年版,第 28 页。
③ 金涛声点校:《陆机集》,中华书局 1982 年版,第 191—192 页。
④ 叶枫宇:《西晋作家的人格与文风》,上海三联书店 2006 年版,第 169 页。
⑤ 张华与荀勖交恶,主要是因为张华名望鹊起,有台辅之望,同僚荀勖仗着荀氏大族与皇帝的恩宠,排挤张华。见《晋书·张华传》。
⑥ (唐)房玄龄:《晋书》,中华书局 1974 年版,第 2138 页。
⑦ (晋)常璩著,汪启明、赵静译注:《华阳国志》,四川大学出版社 2007 年版,第 606 页。

李密个性耿直,不愿曲意依附权贵,荀勖、张华极为失望,只能外放汉中做太守。《华阳国志》曰:"性放亮,不曲意势位者,失荀、张指。"①王濬在蜀地任职,曾广泛征辟蜀地文士。《晋书·王濬传》载:"其有辟引,多是蜀人,示不遗故旧也。"②李密作为蜀地文士,得到过王濬的恩惠,在王濬和王浑的争功事件爆发之后,李密上表,为王濬鸣不平。《晋书·王濬传》载:"时人咸以濬功重报轻,博士秦秀、太子洗马孟康、前温令李密等并表讼濬之屈。"③另外,蜀地文士何攀被益州刺史王濬征辟为主簿、别驾,为王濬谋划伐吴之计,代表刺史王濬,入洛献伐吴之策,曾受到司空裴秀、中书令张华的器重。随后,参与王濬军队的伐吴战斗,因功封侯。在王濬与王浑争功之始,何攀建议将投降的吴主孙皓送入王浑的军营,化解了一场战争。由于王濬在争功事件中处于下风,与王濬为同盟的李密、何攀等一定程度上受到政敌的压制。

三、西晋南北文化碰撞的精神实质

如前所揭,西晋王朝南北区域文化的碰撞通过主体性的人——南北文士的接触过程中表现出来的。西晋时代以长江中下游的江南文化与中原文化的激烈碰撞,其主体是吴地土著文士,其性质不是靠强大的军事势力而是靠文化自信彰显江东文化的软实力。东吴对峙政权的带甲之士在太康元年的伐吴战争中被消灭,江东世族被解除了武装部曲。因此,被征召到洛阳的江东世族文士无法靠军事力量抗衡中原文士。他们只好退居乡里潜心向学,希望通过自己所掌握的文化资本彰显江东文化软实力。其代表人物陆机,退居乡里,勤学十年,希望逞才效绩,克振家声。当陆机兄弟来到洛阳之后,便赢得"二陆入洛,三张减价"的美誉,张华称赞他们兄弟为"南金"。陆机作诗之所以追求"繁缛",不仅仅为个人赢得美名,实际上还有彰显江东文化的水准与高度。就连博学多闻的张华曾也不得不说:"人之为文,常恨才少,而子更患其多"④,钟嵘也说:"余常言:'陆才如海,潘才如江'"⑤,张华、钟嵘只感觉到陆机诗文"深芜",认为陆机禀赋好、才气高。实际上,"多财善贾,长袖善舞","才高"方能"学富"。陆机潜意识要展示其学之深富,借此彰显江东文化之博赡,故而其诗文才呈现深芜博赡的特色。我们禁不住要问,西晋时代的江东文士的文化自信来自何方? 抑或问江东文化的软实力的历史源头在何处呢?

---

① （晋）常璩著,汪启明、赵静译注:《华阳国志》,四川大学出版社2007年版,第611页。
② （唐）房玄龄:《晋书》,中华书局1974年版,第1216页。
③ （唐）房玄龄:《晋书》,中华书局1974年版,第1216页。
④ （唐）房玄龄:《晋书》,中华书局1974年版,第1480页。
⑤ 曹旭:《诗品集注》,上海古籍出版社2011年版,第174页。

首先,江东文士的文化自信来自一种显性的文化软实力。从唯物史观的角度看,江东文化的软实力与两汉以来吴越之地的经济发展水平以及东汉以来的世族化社会组织形态有关。西汉初年,汉高祖刘邦鉴于秦王朝一改西周分封制度,缺少同姓宗室分封的藩国屏卫,导致大一统国家迅速灭亡的教训,把吴越会稽一带分封给同姓宗室诸侯王——刘濞。"上患吴会稽轻悍,无壮王填之,诸子少,乃立濞于沛,为吴王,王三郡五十三城。"①天下初定,吴王刘濞和其他诸侯郡国一样,拊循其民,因地制宜,大力发展煮盐等业,既免去了向朝廷的赋税,又铸钱充盈国库。"吴有豫章郡铜山,即招致天下亡命者盗铸钱,东煮海水为盐,以故无赋,国用饶足。"②汉初的50多年,吴越经济突飞猛进,以至于让藩国吴王刘濞坐大,严重威胁到西汉王朝的中央集权,引发了西汉景帝时代的"七国之乱"。尽管吴王刘濞的叛乱被镇压,吴地之地纳入西汉王朝中央集权体系之中。但吴地的经济文化发展并未停滞,"吴东有海盐章山之铜,三江五湖之利,亦江东之一都会也"。③ 据《汉书·地理志》统计,西汉后期,会稽郡共22万3千余户,人口多达百万④,足以想见其繁盛程度。到了东汉时代,江东地区的人口有增无减,社会相对安定,经济更加繁荣。据《后汉书·郡国志》统计,东汉顺帝永和年间,原会稽郡虽一分为吴郡、会稽二郡,户籍总数增长到28万7千余户,共118万1千余人。⑤ 尤其值得注意的是,东汉中后期社会组织迅速世族化,江东地区土著家族(包括两汉时期陆续迁入的家族)也出现世族化倾向。如吴郡的"顾、陆、朱、张"四姓,会稽郡的"虞、魏、孔、贺"等四族。江东土著世族与东汉末年至三国时代南迁的北方士人通力合作,辅佐孙权,建立长达60年的军事对峙政权。因此,这些江东世族后裔——西晋东南文士不仅得到了良好的文化熏陶,而且因先祖的功业激发了强烈的文化自信。

其次,江东文士的文化自信来自一种隐性的文化软实力,这种隐性的文化软实力与悠久的吴越历史有关。江东文士陆机在《吴趋行》的前半段说:"楚妃且勿叹,齐娥且莫讴。四座并清听,听我歌吴趋。吴趋自有始,请从阊门起。阊门何峨峨,飞阁跨通波。重栾承游极,回轩启曲阿。蔼蔼庆云被,泠泠鲜风过。山泽多藏育,土风清且嘉,泰伯导仁风,仲雍扬其波。穆穆延陵子,灼灼光诸华。王迹隤阳九,帝功兴四遐。"⑥从这首乐府诗营造的虚拟场域中可以看出,在楚妃、齐娥的歌唱宴会上,诗歌抒情主人公蹶然而起,希望通过歌一首《吴趋》以压群芳,彰显吴文化的软实力。抒情主人公唱道,《吴趋》

---

① (汉)班固:《汉书》,中华书局1962年版,第1903页。
② (汉)班固:《汉书》,中华书局1962年版,第1904页。
③ (汉)班固:《汉书》,中华书局1962年版,第1668页。
④ 参见(汉)班固:《汉书》,中华书局1962年版,第1590页。
⑤ 参见(南朝·宋)范晔:《后汉书》,中华书局1965年版,第3488—3489页。
⑥ 金涛声点校:《陆机集》,中华书局1982年版,第72页。

之曲从春秋时代吴国的阊门说起,春秋时代的吴国阊门是何等的巍峨高大,飞阁横跨过宽阔的江面。吴人的车马重轿遍布曲阿之地,何等热闹。庆云蔼蔼,好风泠泠,山泽物产丰富,人情风土清美。吴国先祖泰伯开启了仁义之风,仲雍将仁爱之风发扬光大,春秋时期的延陵子季札名扬诸夏。可见,在陆机的心里,吴地历史不仅悠久而且灿烂光辉。从《史记》为代表的地上文献谱系的记载中看,早夏王朝早期,一支夏后氏子嗣进入浙江会稽地区建立古越国。《史记·越王勾践世家》载:"越王勾践,其先禹之苗裔,而夏后帝少康之庶子也。封于会稽,以奉守禹之祀。文身断发,披草莱而邑焉,后二十余世,至于允常。"①据赵晔《吴越春秋》记载,古越国的开国者是夏后帝少康的庶子于越,号无余。古越国在夏族后裔的殖民管理下,经过一千多年刀耕火种的缓慢发展,但势力难以覆盖到整个环太湖地区。大约到了商代中后期,周部族泰伯、仲雍带领一支族人进入环太湖流域地区,通过"文身断发"的方式与当地土著族裔融合,建立吴国。武王翦商之后,寻得泰伯、仲雍后裔周章,分封为诸侯。在夏族后裔与周族后裔诸侯国的殖民管理与开发下,江东吴越地区的文化实力和影响力得到提升。当历史的时间坐标进入春秋末年的时候,高度发展的吴越两国因为土地、人口与财富不断发生军事摩擦。最终越王勾践一举消灭吴国,成为东南地区的霸主,勾践派人向天下共主周元王致贡,迫使周元王赐伯爵,承认霸主地位。春秋末年,中原霸主晋、楚势力愈显式微,齐国试图重作霸主却未得逞。吴越趁中原盟主暂时出现真空,才得以北上争霸。② 虽说中原盟主晋、楚的扶持吴越两国,试图互相牵制对方,但吴越能北上争霸的真正原因是强大的军事力量。越国勾践曾"使使号令齐楚秦晋,皆辅周室,血盟而去"③,至于"秦桓公不如越王之命,勾践乃选吴越将士,西渡河攻秦。军士苦之。会秦怖惧,逆自引咎,越乃还军,军人悦乐,遂作河梁之诗,曰'渡河梁兮渡河梁,举兵所伐攻秦王。孟冬十月多雪霜,隆寒道路诚难当。阵兵未济秦师降,诸侯怖惧皆恐惶。声传海内威远邦,称霸穆桓齐楚庄。天下安宁寿考长,悲去归兮何无梁。'自越灭吴,中国皆畏之"④的记载,虽有史实讹误⑤和夸饰之嫌,但也足以显示出越国军事实力威震中原。春秋末年,越王勾践灭吴之后,并没有率领越人定居吴地,而是率兵北渡淮河与齐侯会盟徐州。"战国初年越文化的种种因素例如发达的几何形印纹陶和原始瓷、技术落后但特色鲜明的青铜器、把

---

① (汉)司马迁:《史记》,中华书局 1959 年版,第 1737 页。
② 辛德勇:《越王勾践徙都琅玡事析义》,见《旧史舆地文录》,中华书局 2013 年版,第 19—24 页。
③ (汉)赵晔:《吴越春秋》,江苏古籍出版社 1986 年版,第 151 页。
④ (汉)赵晔:《吴越春秋》,江苏古籍出版社 1986 年版,第 151 页。
⑤ 苗麓点校的按语,按:《史记·年表》:"勾践二十五年是秦厉共公六年,此书为秦桓公不如越王之命,非也。由勾践二十五年上距秦桓公之卒,盖一百有六年矣。'桓公'当作'厉共公'云。"

死者葬在高处的奇特葬俗等等都没有在吴地得到充分发展。"①吴人祖坟②、都城、宫殿被破坏,吴国财富以及宫殿宝器等被掠夺一空,吴国的上层贵族四处逃窜,吴地文化破坏殆尽。公元前 333 年③,越国因"释齐而伐楚"战略失误,被楚威王大兵一举攻破,"杀王无强,尽取故吴地至浙江,北破齐于徐州。"④从此之后,吴越之地悉数纳入楚国版图。由于楚国重心在江汉地区,吴越之地不是楚的重要区域,楚人灭越后,并未向吴越之地大规模移民,也没有大力开发吴越之地。"而越以此散,诸族子争立,或为王,或为君,滨于江南海上,服朝于楚。"⑤越人后裔或逃窜深山老林,或向江西、福建等地迁徙。楚人接手吴越地区,将楚文化带入其间。百年之后,吴越地区因秦国灭楚、统一六国,并入秦王朝疆域版图。"王翦遂定荆江南地,降越君,置会稽郡。"⑥秦王朝为了控制吴越地区,将当地越人强迫迁徙到浙江西部、安徽南部以及江西东北部的山区,将中原的大批秦人迁入吴越之地。同时,在吴越地区设立会稽郡,下辖吴县、山阴、上虞、余姚、句章等县。县治之所多分布在平原之上,用来安置来自中原移民。在郡守、尉、监管理下,推行法家思想为内核的秦文化,正如李斯在《会稽石刻颂文》中所说的"秦圣临国,始定刑名,显陈旧章。初平法式,审别职任,以立恒常。……饰省宣义,有子而嫁,倍死不贞。防隔内外,禁止淫泆,男女絜诚。夫为寄豭,杀之无罪,男秉义程。妻为逃嫁,子不得母,咸化廉清。大治濯俗,天下承风,蒙被休经。皆遵度轨,和安敦勉,莫不顺令。黔首修絜,人乐同则,嘉保太平。后敬奉法,常治无极,舆舟不倾"⑦。甚至秦始皇在三十七年,曾南巡至吴越之地。《史记·秦始皇本纪》载:"十一月,行至云梦,望祀虞舜于九嶷山。浮江下,观籍柯,渡海渚。过丹阳,至钱塘,临浙江,水波恶,乃西百二十里从狭中渡。上会稽,祭大禹,望于南海,而立石刻颂秦德。……还过吴,从江乘渡。并海山,北至琅琊。"⑧尽管秦王朝将中原秦人徙入吴越、推行秦法,试图建立稳定的统治秩序。但是秦王朝旋踵而亡,吴越之人纷纷杀郡守、占郡邑,加入反秦浪潮之中。因此,吴越地区融合夏文化、周文化以及楚文化所形成的吴越文化,是西晋江东文士文化自信的一种隐性的文化软实力。

---

① 叶文宪:《吴国历史与吴文化》,文物出版社 2007 年版,第 205 页。

② 苏州近郊所发现的一系列吴人大墓被大揭顶式挖掘,甚至镇江一带的春秋大墓都被盗掘。参见叶文宪:《吴国历史与吴文化》,文物出版社 2007 年版,第 169 页。

③ 越国被灭,有二说,一说是楚怀王二十三年,即公元前 306 年。一说是楚威王时,即公元前 333 年,见《史记·越王勾践世家》。

④ (汉)司马迁:《史记》,中华书局 1959 年版,第 1751 页。

⑤ (汉)司马迁:《史记》,中华书局 1959 年版,第 1751 页。

⑥ (汉)司马迁:《史记》,中华书局 1959 年版,第 234 页。

⑦ (汉)司马迁:《史记》,中华书局 1959 年版,第 262 页。

⑧ (汉)司马迁:《史记》,中华书局 1959 年版,第 260—263 页。

最后,江东文士的文化自信似乎还来自他们都未能察觉的一种潜文化心理,即距今5300—4300年间长江下游太湖流域的良渚文化。别说西晋时代的江东文士未能察觉,就连更早发迹徐州沛县的刘邦等汉王朝统治者都不能察觉。因为延续了上千年高度发达的良渚文明在4300年前神奇消失了,被掩埋在厚厚的淤泥之下。直到20世纪30时代被发现,1936年12月至1937年8月间,时任西湖博物馆工作人员的施昕更先生,代表西湖博物馆在杭州余姚县良渚镇进行的具有现代意义的田野考古发掘的过程中发现的。1959年中国社会科学院考古研究所研究院的考古学家夏鼐先生,依照考古惯例按发现地点良渚将文化遗址命名为良渚文化。经过80多年的现代考古发掘,沉积地下的良渚文明遗址才得以重见天光。尤其是2007年,发现包括近3平方公里的良渚古城(内城)、近8平方公里的郭城、100平方公里的外围水利工程系统,足以证明良渚文化已经进入到文明阶段。当考古学意义上的良渚文化神奇消失之后,此地沉寂了千年,大约到了3300年出现了文明程度远低于良渚文化的马桥文化。尽管考古学界2014年把浙江省湖州市城南钱山漾东岸发现的距今约4000—4200年的文化遗址命名了"钱山漾文化",从而填补从良渚文化到马桥文化之间存在的缺环,但我们明显感知到这些文化遗址的文明程度远低于良渚文化。虽然,马桥文化继承了少量的良渚文化因素,但文化面貌截然不同。从2011—2015年发掘的江苏兴化市与台东市交界的蒋庄遗址看,良渚文明已经辐射到长江以北的广大区域,与大汶口文化产生过激烈碰撞。虽不能确定蒋庄人就是当时的良渚移民,但从蒋庄墓地的葬俗看,蒋庄人在文化上高度认同良渚文明,成为良渚文明的江北根据地。另外,河南驻马店泌阳也发现了另一处蒋庄类型的遗址,这些都说明以环太湖地区为核心区的良渚文明辐射到长江以北的广大地区。因此,我们相信创造良渚文明的族群,并没有因为洪水毁城而彻底毁灭,逃到远离环太湖的较高地势地区。良渚文明辐射区的江北的徐州、兴化等地却较好地遗存了良渚文化元素。当然这些地区在夏商周时代,始终处在文化争夺的边缘区域。原有的良渚祭祀集团散落到民间底层社会,良渚文明中的宗教思想在这一区域的民间得到了承传。我们相信,崛起萧沛之间的刘邦,一定利用当地的民间信仰体系创造西汉的思想信仰体系。如果我们比较商、周与汉的创生信仰体系,就会发现,商族以"玄鸟生商"解释其先祖的降生,周部族用姜嫄"履巨人之迹"解释其先祖的降生,而汉高祖刘邦为代表的汉文化发展出了"人面蛇身的伏羲女娲交尾创生"的神话体系。如今,甘肃天水一带流传着伏羲神话,天水市区仍矗立着高大巍峨的伏羲庙,也许是汉代统治者在秦人发祥地有意移植的。秦部族的先祖出自山东地区的少昊系统,而汉代有意将流传在徐州的防风氏神话加封为太昊,移植到天水一带,试图厌胜秦人。其实,连刘邦和其子刘盈的长陵、安陵都修在咸阳头的秦咸阳宫废墟之上,何尝不是一种民间的厌胜思想?这种厌胜信仰早在春秋时代的吴越地区就十分盛行。春秋吴国姑苏城修盘门，"古作蟠门，常刻木作蟠龙，镇此以厌越"①。无论夏人后裔无余还是周族后裔泰伯，之所以要"文身断发"，实际上是作为殖民的统治者不得不在文化上主动从属吴越当地土著先民。而吴越土著先民（或者说良渚人后裔）的"文身断发"习俗，或许是吴越土著先民常在山林水泽中活动，像中原诸夏髻发服衣裳反而不方便，在裸露的身体上纹上花纹，也能起到隐蔽作用，不被蛟龙或猛兽伤害。这种习俗被吴越土著先民的祭司集团阐发成了一种原始宗教意识，即认为是自己的先祖是蛟龙，故而东汉应劭说，"常在水中，故断其发，文其身，以象龙子，故不见伤害"②。至于为什么春秋时代吴国要用蟠龙即蛟龙来厌胜越国，也许吴国上层统治者认为自己才是能真正代表吴越土著先民的部族，离间越国上层统治者与下层土著民众。《史记》是这样记载的汉高祖刘邦降生的："其先刘媪尝息大泽之陂，梦与神遇。是时雷电晦冥，太公往视，则见蛟龙于其上。已而有身，遂产高祖。"③故事虽然十分荒诞，但为什么在汉初十分盛行？连正史系统的《史记》都这样记载，也许刘邦正是利用吴越地区"蛟龙创生"信仰伪造自己高贵的身世。我们忽然明白汉砖画像中的"人面蛇身交尾"的伏羲女娲形象，不正是"蛟龙创生"信仰的产物吗？另外，刘邦起事的时候，或许发生过剑斩白蛇，但营造老妪夜间哭诉"赤帝之子斩白帝子"的神话故事，也甚为可疑。试想，刘邦之所以敢串通心腹之人造出"赤帝之子"的出身。首先，要考虑萧沛追随者能否深信不疑？显然，徐州地区的萧县、沛县等地之人深受吴越地区良渚宗教文化的长期濡染。其次，作为草莽英雄，刘邦仓促起事，身边大多是中下层民众。凭着这些草莽阶层的智囊，是无法编造出如此密闭的信仰体系的，一定汲取了在民间流传了几千年的神话传说之类的集体无意识内容。最后，我们似乎终于明白贯穿两汉的谶纬之学的真相，来自丰沛的刘邦，骨子里鄙视儒学、蔑视儒生，热衷于神秘文化。"上有所好，下必甚焉"，一帮聪明的知识阶层投其所好，整合创造出谶纬之学。因此，谶纬之学显然是汉王朝将民间精神信仰体系中的各自元素整合成一套知识信仰话语体系，来对抗上古"世禄世卿"的贵族社会的思想文化——既对抗以周礼为核心的儒学文化，又对抗以法家思想为内核的秦文化。我们之所以敢如此猜想汉王朝文化与 5300 —4300 年前的良渚文化的渊源关系，还有地下出土文物遗址的关联性。是因为 20 世纪发掘的汉诸侯王墓葬中的大量葬玉习俗，与良渚文明区的反山大墓的葬玉习俗是如此相似，不由得不让人想到徐州沛县有可能生活着良渚文化的遗民。也许就连汉代帝王诸侯都不清楚大量葬玉的习俗来自何处，只是按照当地习俗来葬死者。不妨这样说，吴

---

①　（唐）陆广微：《吴地记》，江苏古籍出版社 1999 年版，第 21 页。

②　裴骃《史记集解》引应劭之句，见（汉）司马迁：《史记》，中华书局 1959 年版，第 1446 页。

③　（汉）司马迁：《史记》，中华书局 1959 年版，第 341 页。

越地区 5000 多年前高度发达的良渚文化,在 4300 年前神奇消失之后,其文化因素被中原龙山文化以及夏商周三代文化吸收融合,渐渐被遗忘。也许徐州萧沛等地民间社会的来自良渚文明的下级祭司集团悄悄承传了 2000 多年,逐渐变成了一种集体无意识,最终被刘邦整合成汉王朝的精神信仰体系。

我们回过头说,从中华文明发展历程上看,西晋时代江东文士所代表的南方文化与中原文士所代表的中原文化,虽不是第一次的文化碰撞,但可以说是第一次不凭借强大的军事势力来彰显南方文化的软实力。西晋时代已经预示着中国经济、文化中心移向东南的历史潮流即将来临。

第三节 永嘉之乱文士流徙与文化格局转换

从王权更替角度看,西晋末年的永嘉丧乱,代表华夏大一统的政统势力——西晋王朝被匈奴人攻破国都洛阳、长安,怀、愍二帝先后被俘,西晋王朝灭亡。皇室支裔司马睿因移镇东南而幸免于难,建立偏安政权——东晋王朝;从中原士民遭遇的角度看,永嘉丧乱期间,家园被毁,流离失所,或俘或杀,生死无常,"痛贯心肝";从上古的大历史视野看,这样的悲剧何尝是首次发生呢?但永嘉南渡意味着自 5000 多年前逐渐形成的华夏文明首次失败,丧失了黄河流域的核心文明区,退避到江淮、江汉流域。上古以来,炎黄诸夏内部的东西文化格局对峙转换成了胡汉为主的南北文化对峙格局。因此,永嘉丧乱开启了中古时代的南北格局。

一、源深流远:乱华之"五胡"的渊源

"五胡乱华"是奉行华夏政统的晋人指称匈奴、鲜卑、羯、氐、羌轮番争夺进入中原——农业文明区域的话语指称。不必否认,其中一定夹杂着农业文明区的汉文化对游牧部落的鄙视意味。如果不考察北纬 41° 以上的游牧部落如匈奴、鲜卑等人以及西北甚至偏南的氐、羌的文化来源,我们就弄不明白南北文化差异格局是怎么发展而来的,甚至更弄不清楚中国文明的来源。

(一) 诸夏文明区的形成

第四纪冰川期的寒冷期结束,东亚大陆有着温暖的亚热带气候,林木森森,水草丰茂。先后进入东亚大陆广大区域的现代智人依然过着原始的渔猎生活。直到 1 万年前后,生活在黄河流域上游的甘陕地区甚至黄河流域中游的晋南、豫西区域的原始部族培育出黍、粟等旱作作物,原始陶器的出现,意味着进入原始农业时代。从 8000 年到

6000 年前,随着农耕技术的发展,以黍、粟为主的食物充足以及草药为主的原始医学发展,人口数量激增,原始聚落寻找拓展,形成甘、陕、晋、豫等为核心的仰韶彩陶文化。到了 5000 多年前,以渭水流域、黄河流域中游的炎、黄部落的中心聚落(古方国)经过争夺、联合,形成了天下共主的联邦政治的文明区,其势力推到河北、河南东部等地,甚至击败了红山、大汶口以及东南良渚文化为主等东夷文化区。在 5000—4000 年的一千年间,占据诸晋南、豫中西部以及河北等地的后仰韶文化系统中的炎黄后裔集团与占据河北、山东、江苏北部等地的后红山文化—龙山文化系统中的东夷后裔集团,反复争夺天下共主权,构成了颛顼、帝喾、尧、舜、禹等五帝系统。其结果有二:一是凡是有机会进入诸夏文明区并高度认同炎黄华夏文化体系的不同部族,皆被编入黄帝子嗣以及后裔的世系之中。比如早在 6000 多年前,生活在陕西渭水流域一带的姜羌——即炎帝部落进入诸夏文明区被赐姜姓。在商周之际,还与周人组成姬姜联盟,推翻殷商的天下共主权。二是不断拓展诸夏文明区域的范围,提升诸夏文明区的文化程度,强化了华夏文化认同与天下共主国家集权形态的政治认同,深刻影响着夏、商、周等三代的政治格局。因此,陕西、山西、河南、河北等主要区域成为各部族心目中的诸夏文明区。

(二) 四裔——游牧文化的形成

在距今 5300—3000 年间,以陕西、山西、河南、河北、山东、江苏北部、安徽以及河北北部等诸夏文明区的文明程度极为发达的时候,而周边甚至更远区域族群依然保持着原始的渔猎生活,文化程度相对落后。远离诸夏文明核心区的四裔之地,包括曾经一度创造仰韶类型的彩陶文化的部族,但并未进入诸夏文明区,依然处在新石器文化时代。如古羌支裔——允羌(其中不乏融合了来自遥远西域的塞种人)被西周讨伐驱逐到甘肃、青海甚至西藏一带,演变成为文化面貌落后于中原文明的西戎族群。再比如,当现代智人从云贵进入四川,直达甘肃陕西等地的过程中,一定在沿途的山区滞留下来的族群,经过漫长而缓慢的发展,成为后来的西南夷族,以及甘肃、陕西、四川交界区的氐人。陈寅恪先生说的,氐族与西南夷族南诏之先六诏,同出一源。[①] 当然,也包括在诸夏文明区争夺天下共主权过程中失败,被彻底驱逐到诸夏文明核心区之外的部族。《史记·五帝本纪》已经透露了这些文化信息,比如说,舜曾经向尧进言,将共工部族流放到幽陵一带,"以变北狄",把驩兜族群流放到崇山,"以变南蛮",把三苗迁徙到敦煌三危山一带,"以变西戎",在羽山一带诛杀鲧,以威慑东夷。诸夏文明区之所以要将争夺天下共主权的族群驱逐,以抵御更遥远的区域的野蛮人——"魑魅"的侵入。总之,四裔甚至更遥远区域的部族失去诸夏文明区的机会,从而失去了文明加速度的带动,依然

---

① 陈寅恪:《魏晋南北朝史讲演录》,贵州人民出版社 2008 年版,第 79—80 页。

过着半渔猎、半农耕的原始生活。这才有西戎、北狄、东夷、南蛮之称。尤其注意的是，随着 3000 多年前地球气候的周期性变冷，远离诸夏文明区的北方、西方部落发展出畜牧的游牧生产生活方式，逐渐演变成原始的游牧文化。正是因为地球气候变冷，诸夏文明区西边与北边的游牧的原始部落不得不抢掠甚至占据北纬 38°至 41°的诸夏文明区周边的农牧争夺区，威胁着诸夏农耕区的安全。如西周中后期，周王不断征伐西北的猃狁，即犬羌部落。再如战国、秦汉时代，诸夏正北方的北纬 41°以上的游牧部落——匈奴，在气候变冷、生存环境恶化的情况下，不得不南下抢掠。当强大的汉王朝彻底击败匈奴王庭之地——龙城，匈奴分裂为南北两部。北匈奴撤出阏氏山一带，而南匈奴被移入长城以南的塞内之地。"五胡乱华"之一的匈奴即被移置到山西中北部的南匈奴后裔，汉化程度较高。也就在距今 3000 年前的时候，欧罗巴人种印度地中海类型的塞种人从欧洲迁徙到帕米尔、天山及新疆北部大部分地区。距今 2500 年，以"深目、高鼻、多须"为种族特性的中亚种族——月氏人活动于河西走廊西部张掖至敦煌一带，中心在祁连山北昭武城。后来，被强大的匈奴人破城，撤到中亚地区（今阿富汗、乌兹别克斯坦、土库曼斯坦等）一带，建立康居国。其中，被匈奴所俘的羯人，成为入塞匈奴十九种的"羌渠"种。据陈寅恪考证，即康居种。[1] 其后内徙至山西东南部的武乡一带。[2] 羯人信仰袄教教义，汉化程度极低。同样，生活在大兴安岭一带诸多的原始游牧部落中，不乏因争夺天下共主地位失败而被逐的族群，长期融合，逐渐形成了继匈奴之后的强大部落——鲜卑人早期主要活动于内蒙古中南部地区与辽河流域之间。总之，生活在北纬 41°以上的北方广阔区域的诸多游牧部落，无论是匈奴、鲜卑，还是陇山以西的羌人，以及陕、甘、川三省交界的氐人，甚至从中亚一带流徙过来的具有"深目、高鼻、多须"特征的羯人，这些族群或部落的社会生产方式以游牧为主，生活习俗、社会组织方式、思想信仰等都与夏、商、周、秦、汉等华夏文明区迥异。上古时代，尽管这些游牧部落曾对华夏文明区构成较大的威胁，但由于华夏文明区的炎黄族裔具有极发达的农业，创造了高度集权的社会组织形式——国家形态，有实力、有能力将周边游牧部落抵制在核心文明区之外。

二、此消彼长：东西格局让位南北格局

如前所揭，在前仰韶和仰韶文化的新石器时代，穿过云、贵、川，进入甘陕一带的华南人种，学会了培育黍、粟等农作物，发现植物的药性，人口剧增，原始聚落迅速向东扩

---

① 陈寅恪：《魏晋南北朝史讲演录》，贵州人民出版社 2008 年版，第 78 页。
② 据李零《上党从来天下脊——晋东南访古记》一文，武乡故县段村有"石勒城""石勒寨"等遗址。见《大地文章——行走与阅读》，三联书店 2016 年版，第 53 页。

散。经过距今 8000—5000 年的三千年间,以农业为基础的仰韶彩陶文化已经推进到河北、河南东部甚至山东西部等地区,与沿着东南海滨向上发展的东亚人种所创造的红山—大汶口—良渚等东夷文化集团相遇,进行了激烈的文化碰撞。最终,经过战争等方式逐渐融合,形成了彼此认同的—邦联式的"天下共主权",即《史记》所描述的"置左右大监,监于万国,万国和,而鬼神山川封禅与为多焉"①。所谓(黄帝)"置左右大监",即推选出东、西两大文化区的联邦首领,共同认同甚至听命于联盟共同体的最高权力者、天下共主黄帝。所谓"鬼神山川封禅与为多焉",即原始聚落或古邦国不同创生神话宗教信仰得到一定程度的承认与祭奉。同时,作为天下共主的黄帝②,有权巡视邦国内以山川为标识的天下。随后的两三千年间,诸夏文明区内部的获得文化认同的东、西方集团进行"天下共主"话语权的争夺。具体来说,代表西方集团的轩辕、颛顼、有虞氏舜、禹、夏后氏启、姬周等的邦国国王与代表东夷集团的少昊、帝喾、陶唐氏尧、子商、嬴秦等邦国国王,先后掌握"天下共主"话语权。其争夺方式也由联盟东、西联盟长提名、"天下共主"认可的禅让方式转为暴力革命方式。正是因为诸夏文明区经历古国—方国联盟进入国家形态的文明,农业生产技术的提高,社会财富的迅速积累,青铜兵器、马车作战等出现甚至普遍使用,诸夏文明区变得异常强大,遥远的西北、北方的游牧区生产力低下,根本没有实力南下,与诸夏文明区争锋。何况,游牧区与诸夏文明区之间还存在着一道屏障——即争夺"天下共主"失败被流放的族群。从诸夏文明区流放而来的族群,心理上充满敬畏与恐惧,既没有实力也不敢与强大的诸夏文明区争锋。

诸夏文明区内部在"天下共主"框架下东西集团代表的东西文化的争夺与融合。大致上说,来自陕西、山西、河南西部、南部的西方集团在文化上重视世俗生活(大量的生活器如彩陶盆、碗、瓶、鬲以及陶缸陶尊等),关心族群内部的子息繁衍(如半坡遗址中出土的用于葬夭折儿童的人面鱼纹盆,或其他遗址出现的两个尖顶瓶对接而成的瓮棺等)。古籍所记载的"禹铸九鼎"不正是仰韶文化心理的体现吗?禹所铸"九鼎",象征着"天下共主"将要负责所有结盟部族的吃饭问题,有权力调解联盟内部部族之间的争执与纠纷。来自辽宁、河北、山东、苏北等东夷集团在文化上则重视原始宗教以及鬼神信仰。无论是红山的玉龙、大汶口的玉璋还是良渚玉琮、玉环等都是浓郁的原始宗教意识的体现。另外,浓郁的原始宗教意识导致了强烈的排他性,往往征伐杀戮其他信仰宗教的部族或落后的周边部落。红山文化的后裔——殷商掌握青铜武器,四处武力征伐。从殷墟的王级大墓发掘的数百具人殉和大量的高等级贵族墓中的人殉,足以说明

① (汉)司马迁:《史记》,中华书局 1959 年版,第 6 页。
② 黄帝不是具体某一个人,而是天下共主的最高称号。《史记·五帝本纪》所谓"有土德之瑞,故号黄帝",就透露出取得天下共主权的资格,即能够熟知黄土性质、发展农业生产的部族。

商以"敬鬼"宗教意识举行四时祭祀,杀戮活人,做成人牲祭祀祖宗神①。可以说,三代之夏、商的更替,不仅是子姓商部族取代姒姓夏部族成为天下共主,也是红山等东夷文化取代仰韶文化。而周武王率领诸侯大军攻入朝歌,一战击败强大的商王朝,实质上延续了仰韶文化,并学习吸收红山、龙山及其商的文化,扬弃了商部落浓厚的祖宗神——"鬼"之信仰与人牲祭祀,变商代以"酒"为核心的祭祀器为以"食"为核心的礼器,形成一套完整严密的礼乐制度。而本属于东夷系统的嬴秦部族崛起,灭掉周及其分封诸侯等,实质上也是从红山、大汶口等东夷系统发展而来的商法文化,再次战胜了仰韶系统发展而来的周礼文化。秦汉时代,炎黄以来诸夏文明区中形成的"氏族世袭贵族—天下共主"政治框架被破坏②,诸夏文明区的东西文化差异也彻底融合。至此,从仰韶、红山、大汶口等代表的东西文化到后仰韶、山东龙山的东西文化以及夏周、商秦为代表的东西文化至汉代完全融合,西汉的儒家思想中掺杂着齐地阴阳五行学说,同时夹杂着东南地区的"伏羲女娲创生"神话信仰和谶纬之学。可以说,西汉社会的思想文化已经完成了"不问东西"的大融合、大杂糅。

诸夏文明区内部的东西文化格局逐渐淡出,让位于游牧文化区与诸夏文明区对抗争夺的南北文化格局。这里所说的南北文化格局之争,在文化等级上看是不对等的。总体上看,以华夏文明区为代表的南方文化,是以发达的农业社会为基础发展出高级的、礼仪性的文化形态。而以游牧文化区为代表的北方文化,则是以原始的渔猎、畜牧为基础发展出的文化形态,这种以游牧文化区的匈奴、鲜卑以及羌、氐等部落为主体的北方(含西北)文化和诸夏文明区的政权的文化争夺出现于战国,秦汉时期愈演愈烈。秦始皇统一六国后,曾命大将蒙恬率领大军三十万,攻败北方匈奴,一度收复了内蒙古地区的黄河以南的河套地区(今鄂尔多斯市一带),设置九原郡(今内蒙古包头一带),修筑从临洮到辽东的万里长城,以及便于战略物资运输的直道(从咸阳至九原的军用物资运输道路),并派蒙恬等大军驻守上郡(今陕西榆林东南)。可以说,秦王朝一系列的组合拳,基本上解除了战国以来的匈奴威胁。然而,好景不长,秦二世为争夺帝位,逼迫镇守长城的公子扶苏以及大将蒙恬自杀。随后,秦末农民起义的爆发,六国后裔纷纷掀起声势浩大的反秦浪潮,秦王朝不得不调离防御匈奴的三十万大军,结果秦将章邯所率领的各路大军在巨鹿被项羽一举歼灭。从此,匈奴人趁北方防线空虚,开始觊觎长城

---

① 陈梦家:《殷墟卜辞综述》,中华书局1981年版,第386—389页。

② 嬴秦部族原居山东一带,商中后期被迁天水一带,秦襄公护送周平王有功,从子爵直升公爵。此后五百年中,秦国不断从西向东扩张,灭东、西二周以及东方六国,彻底废除了"天下共主—分封诸侯"政治制度,建立高度集权的皇帝政治制度。崛起民间的刘邦率领秦末起义军,横扫暴秦,击败项羽等六国世袭贵族后裔,彻底打击了上古以来的氏族世袭贵族政治。

以南的农耕区。汉初之时,匈奴尽夺内蒙古地区的黄河以南的河套地区。这才有汉高祖的"白登之围",即汉高祖刘邦亲率大军至山西平城(大同东北),被围白登。可以说,刚刚经历秦末的大动荡,社会生产受到极大破坏,西汉初年尚不足以解决北方游牧部落——匈奴人的威胁,只能通过和亲、纳币等妥协手段换来发展社会生产的时间。西汉正是经历高后、惠帝、文帝、景帝几代君王的休养生息,物质生产迅速恢复,社会财富迅速积累,直到汉武帝时代才击退匈奴,解除了北方游牧部落的威胁。尽管汉武帝击退匈奴,但以匈奴为代表的游牧部落与农业文明区的争夺,一直贯穿于两汉时代。从整体上说,匈奴部落在东汉初年分裂为南北匈奴,南匈奴归附东汉王朝,居于河套地区。北匈奴留居漠北大漠,被东汉王朝大军击败,撤出蒙古大漠,一路向西而去。归附东汉的南匈奴到了曹魏时代,被曹操分成左、右、南、北、中五个部,安置在陕西、山西、河北一带。可以说,南匈奴进入诸夏文明区之后,趁西晋的"八王之乱",从山西太原发兵,击破西晋京城洛阳以及长安,建立后汉政权。随后,游牧民族就像潮水一样,涌进中原之地,纷纷建立少数民族政权。汉魏六朝时代所开启的南北格局贯穿于以后的中国历史,汉人政权始终面临来自北方或西北的游牧民族的威胁。如突厥之于隋唐王朝,金人、辽人之于两宋,蒙古人之于南宋,女真之于明。甚至元、清两代王朝都是游牧民族入主中原,建立大一统的封建王朝。这些游牧部族、部落因渴望、羡慕南方农耕区的富庶,被华夏文明区的文化向心力所吸引,也被华夏文化所同化。

三、南北格局的历史影响

从人文关怀的视野看,游牧部落在全球气候变冷、生存环境恶化的情况下,身骑战马,手拿弯刀,突破北纬 41° 长城线,进入北纬 40°—38° 的农牧争夺区,甚至进入北纬 35° 左右的中原王都线,烧杀抢掠。生灵涂炭,田地、庄稼、家园被毁,鲜活的生命被践踏。从人文立场看,这都是一种野蛮与灾难。在距今 5000 多年进入华夏文明区的不同部族或部落,凡是谁能够让民众安居乐业,发展农业生产,维护生活秩序,谁就能获得统一诸夏文明区的最高权力,即获得"天道",获得了民心。华夏文明区的农人之所以心甘情愿缴纳赋税,供养强大的国家机器,如世袭贵族、军队等,就是为了维护生存权、发展权,对抗野蛮的游牧部落入侵,防止生命被杀戮、财产被掠夺。当然,诸夏文明区并非铜墙铁壁。中国历史上的历代王朝政权,似乎逃不脱三百年周期律的"怪圈"。其原因在于,拥有统治权的贵族特权阶层,为了满足骄奢淫逸的生活,不遗余力地兼并土地,侵占更多的财富,使得普通民众"头顶无半片之瓦,脚下无立锥之地",社会矛盾激化。加之,每一代王朝经过前期的利益调整,如均田地、轻赋税、省徭役,人口激增,最大限度地开垦土地,自然生态被破坏,自然灾害频发,如土地沙化、黄河泛滥,等等。这必然导致华夏文明区的社会动荡。旧的统治王朝被推翻,新的统治王朝建立。古人以为王朝兴衰,皆系气运,实质上是一个王朝最高统治者——皇帝是否能够有效节制内部的特权贵族的贪婪欲望,维护天下黎民的生存权利。阶级矛盾已经让天下百姓苦不堪言,游牧民族入侵,更是雪上加霜。因此,游牧民族突入农耕文明区,短时间难以改变游牧文化性格,推行游牧方式,给农耕区造成一定程度上的破坏。再者,农耕区的汉人也会因为游牧民族进入华夏文明区时间较短,在文化心理上难免产生排外情绪,一定会激烈反抗,必然引起更大的屠城或杀戮。

从历史理性角度看,游牧部落与农耕文明区之间的南北格局给中国历史造成如下影响:首先,北方游牧民族受到华夏文明区文化向心力的吸引,一旦进入华夏文明区,经过较长的时间的融合,游牧民族意识到农业生产所创造的社会财富比游牧畜牧方式高效,必然会逐渐改变畜牧生产方式和游牧生活习俗,接受诸夏文明区先进的思想文化的洗礼。汉人与游牧群体交往融合,在文化上逐渐认同了游牧部落。这样,北方的游牧民族就逐渐融入中华民族之中。因为古代并没有所谓的“民族”概念,往往将生活区域来指称部族,如生活在陕西、山西中部的夏原的部族称为夏人,生活在河南商丘的部族称为商人,生活在陕西扶风、岐山一带的中原地区的部族称为周人。就连刘邦,因为封为汉王,进驻汉水流域汉中一带,将王朝定为大汉,其臣民皆自称汉人。当然,“汉”已经成为华夏文化的象征性指称,如汉字、汉服,等等。何况,华夏文明本身具有极大的包容性、开放性,从来都是通过文化认同而不是血缘认同。因此,历史上不少的游牧部落,如鲜卑、氐、羌都称为汉人。即使保持民族文化特性的游牧民族,最终也都成为中国 56 个民族大家庭的一员。其次,正是北方(西北)游牧部落受华夏文明区的文化向心力的感召,向长城线以南的农耕区发展,从短期时间看,是游牧部落政权侵占华夏文明区的疆土领域。从更长的历史时段看,游牧部落政权逐渐被汉化,接受华夏文明区孔孟之道,改汉姓、说汉语、学汉字、着汉服、与汉人通婚。因此,游牧部落政权的疆域,包括发祥地以及扩张区,一起纳入中国的版图疆域之中,重构了诸夏文明区与东北亚游牧区的“大一统的共同体”。因此,作为国家意义的中国,成为现实的、真实的政治共同体的国家。西方学者无法理解中国作为大一统的国家,提出所谓的“想象的共同体”的概念,既严重扭曲了事实,又别有用心。正是因为上古时代形成的诸夏文明区,创造了“统一性的政治共同体”——天下共主为最高权力的国家形态,形成了大一统的文化心理。任何一个王朝,无论胡汉,都渴望一统天下。加之,中国地理疆域绝非西方国家被地中海分割的七零八落,虽有山河天然阻隔,但也有无数古道,勾连着无数的黄土高原、平原,便于统一。也正是游牧部落的加盟,使得华夏意义上的国家——“中国”,形成了以中原之国都为中心,以所统摄地域之山河为地理标志的“天下国家”。最后,北方游牧文化随着游牧部落进入华夏文明区,带来了不同的畜牧方式的物产,提供了丰富的乳制品、肉制品,以及别有风情的游牧生活习俗、音乐、舞蹈等艺术,不断为以礼乐为主的汉文化注入新鲜的血液。更关键的是,北方游牧文化的尚武好勇等文化心理也被注入汉文化心理之中,在一定程度上更新了略显柔顺的周礼文化乃至儒家文化,保持了刚健有为的济世情怀和战天斗地的昂扬精神。即使尚未融入华夏、雄踞边塞之外的游牧部落,也会让华夏文明区以宗族为单位,只顾谋取家族更大私利、忽视甚至损害国家利益的社会文化心理得到洗礼和净化。也正是北方游牧民族的威胁,让长城以南的王朝高度警觉,注重调解社会利益的分配。

四、永嘉南渡:文化中心的重建

上编第三章已经详尽讨论了西晋末年"五胡乱华"引发的衣冠南渡的基本情形。此处则要跳开具体的历史情景,从宏观的历史视野分析阐释永嘉南渡的文化意义。西晋末年,匈奴、羯、鲜卑、羌、氐等游牧部落铁骑蜂拥南下,彻底葬送了奄奄一息的西晋王朝,中原士民被迫南迁,史称"衣冠南渡"。所谓"衣冠",是指中原等核心文明区的、长期受华夏文化濡染、尊奉礼仪的文化贵族。这些贵族的南迁,主观意愿上是为避难与活命,但客观上造成了文化的南移。因为,这些贵族阶层掌握了诗书礼仪、典章制度等知识话语系统,甚至占据实物性质的文化载体——书籍、图册、文物等。当他们率领宗族、携带家赀以及文化典籍,开始逃亡的时候,上古以来的文化中心——关中、洛阳等中原地区,瞬间失去文化光芒,文化向心力南移。当以关中、河南等华夏文明中心区的文化中心沦丧之后,南渡的士族群体亟须重建文化中心。

为什么南渡士族会选择建邺为主的江东地区进行文化中心建设呢?西晋王朝后期,派琅玡王司马睿移镇建邺控制江东地区。作为文化载体的南渡士族多汇聚于此,文化中心重建多了许多可能性。江东地区经过先秦两汉、东吴时代的发展,文化软实力得到提升,上节论之已详,此处不再赘述。加之,江东一带远离中原文化区,"八王之乱"的战火没有蔓延此地。尽管西晋后期发生过陈敏的叛乱,但江东世族武装力量平叛,社会生产没有受到太大冲击。尤其,中国历史上的魏晋时代,全球气候又一次变冷,江东地区比北方中原地区更适宜农耕发展,成为鱼米之乡,足以提供文化中心重建的物质基础。

南渡士族是如何进行文化中心重建的呢?首先是政治文化的重建。南渡士族拥护具有皇族身份的司马氏后裔为皇帝(当然,仅仅身为藩王的司马睿也亟须南渡的士族阶层的支持,才能变藩王为皇帝),建立东晋王朝,重建政治秩序和社会秩序,协调内部各阶层如侨姓/土著士族、高门甲族/次等士族的利益。继续组建军队,统一号令,抵御少数民族政权继续南下。正是通过拥立司马睿为帝,建立东晋王朝,修建巍峨的宫殿、太庙、天坛、地坛、官署等政治符号性质的建筑,使天下百姓知道"正朔"之所在、政治中心之所在。东晋司马氏皇帝只是诸多侨姓、土著士族的"共主",表面上拥有乾纲独断权力,实际上享有"祭祀"权力。而真正的行政权力则掌握在门阀士族的手里,即所谓的"门阀政治"。其次,文化话语权的重建。门阀士族借助拥立只享有天下祭祀权的司马氏皇帝,从而拥有了号召天下臣民对抗北方少数民族政权的文化话语权力。在外交上,联络远在甘肃的前凉等汉人政权甚至远在辽东的鲜卑慕容氏政权,对抗匈奴人建立的前赵和羯人建立的后赵,以及氐人建立的前秦等政权。同时,要和北方对峙政权争夺文化话语权。因为匈奴人左贤王刘渊借匈、汉联姻的前朝旧事,自称是汉之外甥,奉两汉刘姓,蜀汉刘备、刘禅等为正朔,直击魏晋王朝的政统、道统根基。这实质上是自诩汉王朝之后裔,认为享有天下正朔的文化话语权,与司马氏王朝争雄。东晋名士大畅玄风,有对抗北方游牧文化话语权的用意,游牧民族政权占据华夏文明区,掌握了华夏文明之"形""迹",而南渡的世族失去了华夏文明区,不掌握文化胜迹。因此,运用重"神""质"的玄学潜意识地阻断儒家文化中的历史叙事。最后,南渡士族群体通过恢复中朝(指建立在中原的西晋王朝)玄谈等文化活动,推动哲学、书法、诗歌、绘画、音乐等艺术发展,彰显士族文化魅力,加强南移的文化中心的软实力。东晋时代的玄风虽是在魏晋玄学的基础上承继发展而出的,但不再是极少数几个玄学理论家的玄理建构,而是整个文化士族仪式化的文化活动,昭示士族的文化水准和高雅优越的生活。东晋玄学与江南山水之间构成了一种互动关系,一方面借江南山水的"形"阐发玄学之"无"之"道",另一方面玄学也给江南山水增添了柔美明丽的文化性格以及隐逸的文化意味。无论是官邸玄谈,还是山林雅集,凡士族名士踪迹所至,皆是笑语欢声,热闹无比。江南地区的城市、山林等都赋予了浓厚的文化色彩,成为当时乃至后人心目中的文化景观。如王羲之等名士雅集兰亭,从此会稽兰亭就成了后世文人心目中的文化胜地。

第七章　文士流徙与汉晋文学地理空间

　　此章要讨论汉晋文学地理空间,首先面临的问题就是"文学是什么"。"文学"作为一个词组,古已有之。"孔门四科"中就有"文学"科,指文章博学之义,而非现代学科意义上的"文学艺术"。准确地说,20世纪初,面对西方意义上的"literature",中国学界选择汉语世界中的"文学"一词来对接、翻译。同时,按照西方现代意义上的"literature"建构中国的文学史、文学理论等学科知识系统。按照福柯的话语理论,一切知识都不是客观的,是话语权力下的选择、重组。中国学界建构的各类文学史、文学理论,皆可如是观。何况,西方意义上的"literature"也是19世纪建构出来的。正如伊格尔顿说的,"在18世纪的英国,文学这一概念不像今天有些时候那样,仅限于'创造性'或者'想象性'作品。它意味着社会中被赋予高度价值的全部作品:既有诗,也有哲学、历史、随笔和书信。"①他还说,"其实,我们自己的文学定义是与我们如今所谓的'浪漫时代'一道开始发展的。'文学'一词的现代意义直到19世纪才真正出现"②。西方学界关于文学和文学研究的理解都是混乱不堪的,韦勒克说,"有人认为凡是印刷品都可以成为文学。"③"还有一种给文学下定义的方法是将文学局限于'名著'的范围之内,只注意其'出色的文字表达形式',不同其题材如何。这是要么以美学价值为标准,要么以美学价值和一般学术名声相结合为标准。"④韦勒克显然不同意以上看法,为了捍卫文学的纯洁性,提出"虚构性""创造性"或"想象性"的标准,并认为文学中所创造的那个想象世界建立在真实世界的基础上,但却不是真实世界的摹本,而是创造和想象的产物。伊格尔顿在《二十世纪西方文学理论》的导言"文学是什么"中批驳韦勒克的这种观点,提出"文学并不是昆虫存在意义上存在,以及构成文学的价值判断具有历史可

---

① ［英］伊格尔顿:《二十世纪西方文学理论》,陕西师范大学出版社1987年版,第19页。
② ［英］伊格尔顿:《二十世纪西方文学理论》,陕西师范大学出版社1987年版,第20页。
③ ［美］韦勒克、沃伦:《文学理论》,江苏教育出版社2005年版,第9页。
④ ［美］韦勒克、沃伦:《文学理论》,江苏教育出版社2005年版,第10页。

变性,而且揭示了这些价值判断本身与社会意识形态的密切关系"①。如此看来,文学并不是客观存在,而是受社会权力结构、权力关系支配下的主观价值选择、衡量和判断的结果。然而,生活在具体的社会历史空间的人,努力进行"话语意指实践"创造,以企被社会权力结构和权力关系的"意义之网"所选择。中国古远的新石器时代,文字尚未出现之前,已经出现口口相传的"口承文学",如神话、诗歌等。仰韶文化区的众多氏族部落首领向成员讲述部落起源、苦难、丰收喜悦与感恩天地、甚至生死离别之苦等,借此加强氏族部落内部的心理认同,凝聚部落力量,对抗自然力量,如洪水、野兽,以及其他氏族部落的入侵。随着原始聚落的扩大,农业技术的共享,生产经验、原始医术、农时为主的天文知识等不断积累,构成了原始中心聚落,逐渐演变成古方国。古方国之间经过战争、联姻等方式,组建成高级文明形态的国家。当然,在那个时代,并没有所谓的"文学意识",并非有意要创造神话等形态的文学作品,都是为了建构更大的"炎黄共同体"。红山文化、大汶口文化乃至良渚文化为代表的东夷文化区,原始宗教意识十分浓厚,原始巫术祭祀集团主导着整个部落或古方国。从商代成熟的甲骨文文字系统沟通"人—神关系"的功能看,虽然先商文化尚不清楚,但文字符码系统应该是从东夷原始宗教文化的发展出来的。出现了掌握文字符码系统的"祝、宗、卜、史"等知识阶层。正如张光直先生说的:"商代确有专职者能运用文字对历史和人间事务进行归纳,并握有为统治者的利益而作指导的权力。这种能力至少有一定宗教渊源;它可能从专职者作为宗教媒介的原始角色演变而来,从文字所充当的与祖灵沟通的角色演变而来。"②从西周的青铜彝盘上的铭文看,周人削弱了文字的宗教功能,将其变成了人间的契约性的关系,如规定分封诸侯(包括同姓诸侯和异性诸侯)的爵位、赏赐、职权以及对周天子应承担的义务(贡赋、出兵作战等)。这些殷商卜辞、西周青铜铭文等何尝不是文学呢?而且是文字形式的文学形态。后世以文字载体的文学也许就发源于此。

其次需要界定何谓"文学地理空间"。中国文学地理学会的学者杜华平在《文学地理空间的维度》一文中是这样界定的,他说:"文学地理空间是文学自身的存在状态,它能包容地理环境(或地理空间),且将外在的环境内化、转生为文学的筋骨、血肉。"③他甚至认为,"文学地理空间是文学地理学的核心概念,文学地理空间落实在文学结构中,有地理意象;表现在文学主体的心理与精神源头,则有地方感、地方意识"④。而我更感兴趣的是,在作为"统一性的共同体"——国家的舆地版图角度,分析不同地理空

---

① [英]伊格尔顿:《二十世纪西方文学理论》,陕西师范大学出版社1987年版,第18页。
② [美]张光直:《美术・神话与祭祀》,辽宁教育出版社1988年版,第75—78页。
③ 杜华平:《文学地理空间的维度》,《世界文学评论》2014年第1辑。
④ 杜华平:《文学地理空间的维度》,《世界文学评论》2014年第1辑。

间的文学分布。杜华平关注的是文学世界(想象世界)内部的地理意象以及文学家的地方意识、地方感,而我则关注的是现实的地理空间中的文学家以及文学作品分布问题,进而思考现实的地理空间中的"话语意指实践"的"文学"与社会话语权力结构的关系。因此,我个人认为,文学地理空间是指文学在现实地理空间中的存在状态。

虽然,个体的人总是生存在具体的地理环境之中,始终以自己所生活的、感知的地理空间为中心,但是,在华夏文明的形成过程中,建构出以"国都"所在地为中心,以郊野等广大地理区域为边缘的大一统格局,从而形成了"体国经野"的民族文化心理。因此,真实的地理空间被赋予了文化上的"中心/边缘"的意味。

第一节　中心离散:汉末文学地理空间

如前所揭,文学并非客观存在的具体之物,是社会话语权力选择、塑造的文字符码表征系统。而中国的汉字符码表征系统,起源于原始的宗教文化,掌握在"祝宗卜史"等上古祭祀集团手中,成为"攫取权力的手段"(张光直语),服务于华夏文明的"政治共同体"。而华夏文明的"政治共同体",向来是以中原之"国都"("中国"一词之本意)之宫城、皇城为中心,以各州之"城邑"为次中心,以郊野广袤之土地为边缘的形成的现实空间格局。无论分封建国的世袭贵族时代(夏商周之三代甚至更早时代),还是郡县制的官僚政治时代(秦汉以来的历代王朝)皆是如此。因此,作为凝聚华夏文明"政治共同体"——王朝的"政治权力"的"话语权力"——文学符码表征系统,总是集中在政治中心——王朝国都之中。

正是因为文学中心依附于政治中心、文化中心,掌握文字符码表征系统的文士聚拢在京城之中,拱卫在皇帝周围。然而,中国皇帝集权政治体制却是十分脆弱的。至高无上权力的皇位,让皇族内部的成员充满觊觎之心。尽管西周就创立了嫡长子继承制,但每朝每代总是面临很多具体而现实的情况,难免要经历一番杀戮,胜利者才会登上大宝之位。即使登上至高无上的皇位,还要树立无上的权威,才能驾驭臣民,君临天下。最关键也是最可怕的,以血缘为中心的宗法制度来维系的家族,不仅是社会的最小细胞,也是积累财富的核算单位。已占据较多社会资源和政治权力的贵族会不惜违法乱纪,为家族、为子孙谋求更多社会资源和社会财富。如果说,王朝之初,皇帝权威极强,创立的所有纲常法纪,其目的之一就是节制贵族阶层的贪欲。然而,王朝中后期,皇权衰微,节制勋贵和官僚的纲常法纪被破坏殆尽,甚至就连维系纲常法纪的思想信仰都被盗用。如东汉光武皇帝鉴于西汉末年许多士大夫鲜廉寡耻投靠王莽新朝,提倡和尊崇的道德名节,顾炎武《日知录》说:"汉自孝武表章'六经',师儒虽盛,而大义未明,故新莽居摄,颂德献符者,遍于天下。光武鉴于此,故尊崇节义,敦厉名实,所举用者,莫非经明行修之人,而风俗为之一变。"①"尊崇节义,敦厉名实"确实为汉王朝培育出许多敢于对抗一切破坏王朝纲常伦理的道义之士。东汉桓帝时代,爆发了以士大夫和太学生为主体的儒学之士针对宦官集团的政治斗争,遭到桓帝和宦官集团的沉重打击,史称"党锢之祸"。也正是"党锢之祸",士大夫阶层中开始流露出一种离心力。另外,还有更多的欺世盗名之徒利用拒绝朝廷征召获得道德声望,以企获得更高的政治地位和更多的社会财富。正如"劣币驱逐良币"一样,让心怀儒家信仰、真心维护法统的士大夫无比激愤,怀疑儒学精神信仰。这些让两汉四百年间所建构的政治、文化中心已经出现了离散之势,这就不难理解东汉后期隐逸成为一个突出的社会现象。因为,隐逸之风恰恰是中心离散的体现。东汉后期的隐逸,不再像前中期那般"纯盗虚名",为谋求更大的利益,而是以"牺牲社会政治参与的理想为代价"②。即使不能全身而退,但他们文章的字里行间中无不流露出这种心思。这恰恰说明,曾经吸引士人积极参与汉王朝政治体制和文化建设的向心力逐渐消失,全生保真、重视个人修身养性逐渐成为时代强音。东汉后期大文章家蔡邕,为诸多士大夫甚至未入仕的处士写碑文,着力表彰他们的坚贞自守的美德,不乏个人隐逸思想的流露。如《郭泰碑》说道:"尔乃潜隐横门,收朋勤诲,童蒙赖焉。用祛其蔽。州郡闻德,虚己备礼,莫之能致。群公休之,遂辟司徒掾。又举有道,皆以疾辞。将蹈鸿涯之遐迹,绍巢许之绝轨。翔区外以舒翼,超天衢以高峙。"③再比如蔡邕赞美处士圈典,说:"不义富贵,譬诸浮云。州郡礼招,休命交集,徒加名位而已。莫之能起,博士征举至孝,耻己处而复出。若有初而无终,洁耿介于丘园,慕七人之遗风。"④这些都一再表明,这些隐逸之士追慕巢父、许由等上古隐士,不慕富贵,不贪名位,他们归隐完全是来自内心的人生理想。既然有这样的隐逸人生理想,就有寻找山林隐逸起来的行动。另外,东汉中后期的庄园经济得到长足发展,这些隐逸之士有了盘桓横门、逍遥卒岁的物质基础。"从后汉中期开始,士人纷纷退隐,以抗宦官与外戚所犯下的罪恶。同时我们也知道,许多逃离官府以躲避与险恶政治环境相关系的危险。"⑤当然,在当权者看来,这种隐逸思想和隐退行为是对抗政治权威,一时间难以容忍,便加

---

① (清)顾炎武著,陈垣校注:《日知录校注》,安徽大学出版社 2007 年版,第 718 页。

② [澳]文青云:《岩穴之士——中国早期隐逸传统》,山东画报出版社 2009 年版,第 148 页。

③ (清)严可均辑:《全后汉文》第七十六卷,见《全上古三代秦汉三国六朝文》,中华书局 1958 年版,第 884 页。

④ (清)严可均辑:《全后汉文》第七十六卷,见《全上古三代秦汉三国六朝文》,中华书局 1958 年版,第 884 页。

⑤ [澳]文青云:《岩穴之士——中国早期隐逸传统》,山东画报出版社 2009 年版,第 149 页。

刀斧。比如京兆韦氏的韦著,因托病不应征招,被桓帝灭迹于云阳山中。再比如,权臣梁冀对抗命不尊的隐士郝絜、胡武毫不留情,处死胡武及家人六十余口,郝絜被迫自杀。等到董卓入京行废立之事、祸乱京城之后,政治、文化中心洛阳的离散之势,似天崩地裂。在朝的士大夫多数迫于董卓淫威,噤若寒蝉,只有少数名望极大的士大夫批判董卓的僭越举动,更多文士则纷纷退居乡里或逃往相对安定的州郡。如卢植反对董卓废少帝而遭免官,为避祸辞官洛阳,隐居上谷;颍川文士、亢父令荀彧弃官归乡里,随后率宗族投奔冀州。尤其袁绍、曹操等人逃出京城,随后举起讨卓大旗,发兵讨伐。一时间,烽烟四起,董卓成为众矢之的。董卓挟持天子公卿大臣等退守关中长安。统一的后汉帝国瞬间四分五裂,进入僵持阶段。就在僵持阶段,整个东汉帝国的地理版图上形成了以下几个文学圈。

一、长安文学圈

长安文学圈形成于汉献帝初平元年(190),消散于兴平二年(195)。汉献帝初平元年(190),董卓挟持汉献帝、公卿大臣、文士以及民众撤出京城洛阳,退到关中长安。虽然长安经历西汉末年赤眉起义军的破坏,但天子銮舆之所在即朝廷之所在,仍然吸引了大量臣子追随。董卓住在郿坞,委派部将镇守关隘,遥控朝局。董卓深知要控制朝局就要谋求与士大夫的合作。当然,士大夫群体打心底鄙视声名狼藉的董卓,不得不迫于淫威,与其虚与委蛇。这几年间,长安城的政治斗争暗潮汹涌,表面却较为平静,提供了短暂的文化重建机会,形成了长安文学圈。

长安文学圈中,一是以王允为核心的士大夫文士群体。目前没有证据证明,王允有意识组织士大夫文士,王允也并非士大夫文士群体的座主。从情理上推测,王允虽表面上屈从于董卓,受到信任,处理朝政大小之事。但作为政治家的王允,一定不会明目张胆地团结士大夫文士,开展文学活动。他个人曾在董卓迁都长安之际,收集兰台、石室等政治文献图书,到长安后加以整理,献给朝廷。另外,士大夫各有官职,往来以礼,绝不会公开结盟,以免引起董卓猜忌。"四世三公"的弘农杨彪以鸿胪卿追随汉献帝;傅巽追随献帝,拜尚书郎;京兆著名文士赵岐也从边章乱军中逃脱辗转来到长安。二是以东汉后期大文章家蔡邕为首的文士群体。蔡邕之所以敢公开组织文士,原因是他受到董卓的礼遇,与董卓关系较为融洽。后辈文士也因蔡邕的文学盛名,乐意拜谒请教。蔡邕在长安,公开教授赵晔的《吴越春秋》《诗细历神渊》等,奖掖王粲、路粹、阮瑀等后辈文士。《三国志·魏志·王粲传》载:"献帝西迁,粲徙长安,左中郎将蔡邕见而奇之。时邕才学显著,贵重朝廷,常车骑填巷,宾客盈坐。闻粲在门,倒屣迎之。粲至,年既幼弱,容状短小,一坐尽惊。邕曰:'此王公孙也,有异才,吾不如也。吾家书籍文章,尽当与之。'"①《三国志·魏志·王粲传》裴注引《典略》曰:"粲字文蔚,少学于蔡邕。初平中,随车驾至三辅。"②因此说,以蔡邕为首的文士群,少了政治意味,多了几分文化意味,相对自由。

然而,长安文学圈是建立在短暂而微妙的政治平衡之上的。当以王允为首的士大夫群体利用离间之计诛杀董卓,董卓部将趁势举兵杀回长安,文学区域随之灰飞烟灭。先是蔡邕伏尸哭董卓,被王允诛杀。随后,王允被董卓部将李傕、郭汜等诛杀。王粲、路粹、阮瑀、傅巽、赵岐等文士逃离长安兵乱,流徙到刘表治下的荆州。

二、荆州文学圈

荆州、益州甚至冀州等地远离战乱,相对安定。因此,许多文士四散逃亡到这些区域。这些区域的实际掌管者——州牧、刺史也需要保境守民,增强实力,提高文化影响力。士子之心即民心,谁治下汇集的士人多,就昭示文化向心力在谁。因此,这些州牧、刺史自然乐意接纳文士。他们治下的区域就容易形成文学地理空间。

刘表治下的荆州,成了东汉末年文士流徙的首先之地。荆州文学圈存在的时间明显长于长安文学圈。荆州文学圈形成于初平元年(190),消失于建安十三年(208)。从来源上看,荆州文学圈中有二:一是刘表所依赖的荆州土著世族文士,如蒯良、蒯越、蔡瑁等文士。二是从各地流徙而来的流寓文士,王粲、傅巽、邯郸淳、赵戬、赵岐、祢衡、隗禧、赵俨、司马徽、荀攸、和洽、杜袭、杜畿、繁钦、徐庶、石广元、孟公威、诸葛玄、诸葛亮、崔广平、颍容、娄圭、司马芝等一大批文士避难荆州(见上编第一章中的论述)。从形态上看,荆州文学圈也有二:一是入仕为官,受聘于刘表,为其掾属。二是隐逸民间的文士群体。隐逸文士以老辈学者司马徽为首,诸葛亮、徐庶、石广元、孟公威、崔广平等青年文士围绕周围。

表7-1　东汉末年刘表荆州文学圈文士情况表

文士姓名	籍贯	类型	迁入地	职务	备　注
刘表	山阳高平人	牧主	京师洛阳	荆州刺史、荆州牧	初平元年朝廷任命
刘修	山阳高平人		随父入荆州	东安太守	刘表之子。见《三国志·魏志·陈思王》裴注引挚虞《文章志》

---

① (晋)陈寿:《三国志》,中华书局1959年版,第597页。
② (晋)陈寿:《三国志》,中华书局1959年版,第603页。

文士姓名	籍贯	类型	迁入地	职务	备注
蒯越	荆州中庐人	荆襄土著世族	本地世族	大将、章陵太守、封樊亭侯	《三国志·魏志·刘表传》注引《傅子》
蒯良	荆州中庐人		本地世族	？	《三国志·魏志·刘表传》注引司马彪《战略》
蔡瑁	襄阳人		本地世族	章陵、南郡、江夏太守，镇南大将军军师	《襄阳耆旧记》卷一人物"蔡瑁"条
韩嵩	义阳人		本地世族	从事中郎将	《三国志·魏志·刘表传》注引《先贤行状》
邓羲	章陵人		本地世族	治中	《三国志·魏志·刘表传》
刘先	零陵人		本地世族	别驾	《三国志·魏志·刘表传》注引《零陵先贤传》
庞德	襄阳人		本地世族	隐居岘山之南，后至鹿门山	《后汉书·逸民传·庞公》
庞统	襄阳人		本地世族	？	《三国志·蜀志·庞统传》
韩暨	南阳人		避乱鲁阳山、孱陵	宜城长	《三国志·韩暨传》
刘望之	南阳安众人		本地文士	从事	《三国志·刘廙传》被刘表杀
刘廙	南阳安众人		本地文士	不仕	《三国志·刘廙传》
綦毋闿		寓居文士	学士	荆州学官	《三国志·魏志·刘表传》注引《英雄记》
宋忠	零陵人		学士	荆州学官	《三国志·魏志·刘表传》注引《英雄记》
傅巽	北地郡		从关中避乱迁入	东曹掾	《三国志·魏志·刘表传》注引《傅子》
王粲	山阳高平人		从关中避乱迁入	不仕	《三国志·魏志·王粲传》
祢衡	平原般人		曹操从许都送荆州	不仕	《三国志·魏志·王粲传》
杜畿	京兆杜陵人		从关中避乱迁入	不仕	建安初返回三辅
隗禧	京兆人		从关中避乱迁入	不仕	《三国志·魏志·王朗传》裴注
司马徽	颍川人		从颍川避乱迁入	隐居不仕	《三国志·蜀志·庞统传》注引

续表

文士姓名	籍贯	类型	迁入地	职务	备　注
荀攸	颍川人	寓居文士	从颍川欲入蜀郡任太守滞留	不仕	《三国志·魏志·荀攸传》
邯郸淳			从长安避乱迁入	不仕	《三国志·魏志·王粲传》裴注引《魏略》
和洽	汝南郡		从汝南避乱迁入	不仕	《三国志·和洽传》
杜袭	颍川定陵人也		从颍川避乱迁入	不仕	《三国志·杜袭传》
繁钦	颍川人		从颍川避乱迁入	不仕	《三国志·魏志·王粲传》裴注引《魏略》
赵俨	颍川阳翟人		从颍川避乱迁入	不仕	《三国志·赵俨传》
徐庶	颍川		游学荆州	不仕	
石广元	颍川		游学荆州	不仕	《三国志·蜀志·诸葛亮传》裴注引《魏略》
孟公威	汝南郡		游学荆州	不仕	《三国志·蜀志·诸葛亮传》裴注引《魏略》
崔州平	博陵人		游学荆州	不仕	《三国志·蜀志·诸葛亮传》裴注引《魏略》
诸葛亮	琅玡人		随叔父诸葛玄从豫章迁入	家邓县躬耕隆中	《三国志·蜀志·诸葛亮传》
颍容	陈国长平人		避乱荆州	刘表征其为武陵太守,不起	《后汉书·儒林传》
司马芝	河内温人		避乱荆州	不仕	《三国志·司马芝传》
赵戬	京兆长陵		从长安避难荆州	不仕	《后汉书·王允传附赵戬传》
桓阶	长沙人		刘表破长沙太守张羡,征之	从事祭酒	《三国志·桓阶传》
裴潜	河东闻喜人		从河东避难荆州	逃至长沙	《三国志·裴潜传》

　　荆州文学圈中最为耀眼的倒是这个隐逸文士群,其心态颇为复杂。其中不乏感慨乱世、苟且余生的文士,如司马徽、庞德公等人。相对安定的荆州给这些悲观厌世的文士提供了苟活性命的机会。还有一批文士深感刘表并无澄清玉宇的志向,只图保境安民,不愿为其效命,观望天下,坐等机会。如建安二年(197),赵俨就投奔许都而去,荀攸随后投奔曹操而去。再如诸葛亮,受到刘备三顾茅庐的礼请之后,追随刘备而去。这

些隐逸荆州的文士虽然并没有结盟,但他们以同门之谊相往来,切磋艺文,砥砺志气。他们多能淡泊以明志,宁静以致远。比如诸葛亮,躬耕南阳,不愿随便投奔任何政治集团,甘于淡泊,做个隐士,以明忠于汉室的志向。隆中优美的自然风光抚慰着心灵,一边唱着《梁甫吟》,一边在宁静之中让思想行走得更远——寻找破解天下乱局,复兴汉室天下。瓜熟蒂落,待到刘备三顾其庐的时候,打了千百遍腹稿的《隆中对》应运而出。一篇《隆中对》岂止是文学史上千古名篇,简直是刘备集团的政治方略、行动纲领。隆中时的诸葛亮,就思考清楚了一个问题,占据黄河流域的曹操,拥有绝对的政治话语权,且带甲之士百万,谋士云集,不可与之争锋。另外,占据长江下游——江东八郡的孙权,只可做外援,不可与之为敌。占据长江中游地区——荆州的刘表与占据长江上游地区——益州的刘璋,只知守境图存,不思进取,是刘备集团图谋发展的大好区域。占据长江中上游地区的南方之地,与孙吴交好,等待时机——“天下有变”,即曹操死后,曹魏集团争权夺利的时候,兵分两路:一从荆州襄阳而北,直插南阳宛城至洛阳,二是沿蜀道而出,直插秦州(甘陕等地),由西向东,逼压曹魏集团,最终一统天下,实现复兴汉室的伟大目标。此后的刘备集团基本上就是按照这一政治方略发展,将宏伟的思想蓝图一步步变成了现实,当然,关羽对此理解贯彻不够好,与孙吴龃龉交恶,失去荆州战略根据,直接导致蜀汉的北伐,只能开辟西方战线,缺乏东线战场的呼应。可见,隐居襄阳时期,诸葛亮的《隆中对》中充满地理空间意识及其天下格局观念。从他们的生命历程角度看,乱世之中的文士们,却在此度过了十多年的光阴,实属幸运。虽然这些文士群体不能为荆州刘表所用,却给荆州抹上了一层鲜亮的色彩,成为避乱之“乐土”。

如果说,董卓通过挟持逼迫汉献帝及公卿大臣,矫揉造作试图与士大夫文士合作,以图获得文化话语权,而作为汉代皇室支裔成员、且具有“八顾”美誉的刘表,却是通过保境安民,吸引士大夫文士避难荆州,获得了文化话语权。董卓死于非命,刘表寿终正寝;董卓臭名昭著,而刘表则青史流芳,其间隐秘皆在于此。当然,刘表并未做长久计,最终被曹操吞并。刘表似乎不明白,早在距今5000多年前,华夏文明区就形成了大一统的“政治共同体”,分裂割据也罢①,保境自守也罢,均违背了“大一统”的文化心理。刘表始终在政治上认同汉献帝的天子名义,接受汉家天子的官职,虽无违制之处,但汉献帝只是名义上的“天子”,失去了天子权威。刘表虽有纳贡之举动,却没能举义兵除董卓,也没有迎汉献帝,匡扶天下,更没有趁曹操征讨袁绍势力,出兵袭曹,奉迎汉献

---

① 以益州牧刘焉为代表。作为汉王朝的宗室成员,灵帝时,刘焉奏请施行牧伯制,即将行政、军政权归于一人。刘焉入蜀后,抚纳离叛,施政宽惠,收买民心,甚至派张鲁驻守汉中,烧断与长安连接的各处栈道,杀害汉使,企图彻底摆脱汉王朝的政治控制,进行割据。

帝。只是一味保境自守，白白失去了许多最佳机会，只能沦落到身死之后，境土被兼并的命运。千百年来，"生于忧患、死于安乐"的祖训，是刘表这些过着锦衣玉食的汉室支裔贵族永远不能理解的。刘表治下的荆州吸引来大批的文士，却给不了"运筹帷幄、决胜千里"的机会，徒自"为他人作嫁衣裳"。建安十三年（208），曹操举兵南下，荆州文学圈土崩瓦解。一大批文士被迁回许都，另一批不愿效命曹操的文士追随刘备而去。

三、冀州文学圈

冀州文学圈形成于袁绍代冀州刺史韩馥而立之后。汉献帝永汉元年（189），"四世三公"的袁氏家族之子袁绍仗着"门生故吏遍天下"，公开反对董卓行废立之事，决然出走京城。董卓尚不愿意与士大夫群体公开决裂，听取谏言，不仅不追杀袁绍，且封其为渤海太守。袁绍至渤海郡，笼络门生故吏，招兵买马，振臂一呼，成了讨卓的盟主。初平二年（191），袁绍稍施手段，冀州刺史韩馥就拱手相让。袁绍自领冀州牧，成了冀州之主。四方士大夫文士前来邺城（见上编第一章论述）寻求庇护，形成了以袁绍为核心的冀州文学圈。

冀州文学圈一开始就带着极强的政治色彩。袁绍公开与董卓决裂后，京城中的袁绍家人被董卓全部处死。从此，袁绍身负国恨家仇，与国贼董卓势不两立，甚至在政治上不认同董卓所立的汉献帝。董卓死后，汉献帝等人逃出魔掌，谋士沮授曾劝袁绍迎汉献帝之邺城，"挟天子以令诸侯"，袁绍不听。随后，袁绍成功占据冀州、幽州等地之后，与曹操集团逐鹿于中原。可以说，袁绍及其文学圈的一切活动都是围绕着军国大事，充满政治色彩。比如，从洛阳投奔袁绍的文士陈琳，就写下著名的《为袁绍檄豫州文》，很有煽动性。此檄文一下就捏住了曹操的"七寸"，即揭发其社会身份——"赘阉遗丑"，要知道东汉社会，宦官阶层的名声极臭。这一招也最狠，因为曹操早年曾费尽心思，得到乔玄、许劭等东汉大名士的品藻，洗刷了宦官家庭带来的不良影响。此时曹操身边团结了大批的士大夫以及中下层文士阶层。陈琳旧话重提，昭告天子士人，不要忘记曹操的家庭出身，实质上要剥夺曹操的文化话语权。同时，揭发曹操派军队盗发汉梁孝王墓的罪行——"而操帅将吏士，亲临发掘，破棺裸尸，掠取金宝"。这件事的影响也是极坏的。因为，无论是从儒家伦理层面上，还是国家法度层面上，任何目的的挖坟掘墓都是要被道德批判甚至受到惩罚的。陈琳一语中的，戳破了曹操一边打着维护汉家天下，一边干着盗发汉王室墓冢的道德谎言。这等于将曹操置于道德批判之下，抢夺曹操所持的道统文化权力，以达到瓦解曹操的政治话语权力的目的。《三国志·王粲传附陈琳传》载："袁氏败，琳归太祖。太祖谓曰：'卿昔为本初移书，但可罪状孤而已，恶恶止其身,何乃上及父祖邪?'"①如果把该檄文放置到当时的历史场域中,我们就明白其分量了,建安五年(200),袁绍坐拥冀州,攻破公孙瓒,夺取幽州,与其外甥高干控制的并州同气连枝,甚至与刘备控制的徐州连兵,势不可挡。在袁绍发兵讨伐曹操之际,让陈琳写下掷地有声的《为袁绍檄豫州文》,露布天下,为大军征讨赚足了声势。随后,袁绍大军与曹操大军对峙官渡。此时,曹操远不及袁绍兵多将广。再之,陈琳一篇檄文,揭了曹操的老底,将其置于道德话语批判之中。难怪曹操听到陈琳的檄文,振骇之下,连头风症都好了。曹操不怕袁绍的几十万大军,却怕陈琳充满战斗性的檄文。因为确实击中自己的要害。当然,作为政治家的曹操,也有一个成长的过程,早先确实干过许多不堪之事。如初平四年(194),曹操替父报仇,发兵攻打徐州陶谦,四处屠城,无辜百姓数十万人成为刀下鬼。史书称:"凡杀男女数十万人,鸡犬无余,泗水为之不流,自是五县城保,无复行迹。初三辅遭李傕乱,百姓流移依谦者皆歼。"②袁绍在官渡之战中败北,退回邺城。两年之后,袁绍忿恚而死,二子自相攻击。随后被曹操各个击破,冀州幽州等地尽入囊中。袁绍失败原因有二:一是高贵的世族身份,被高高吹捧,自视甚高,没有机会在挫败中淬炼坚韧的意志力,一旦挫败,就一蹶不振。二是政治决策上有重大失误,袁绍因为仇视董卓、不认同汉献帝的天子地位,甚至想另立刘姓为帝。尽管汉献帝是董卓所立,但也符合汉灵帝生前的意愿,已经得到了朝臣们的拥护。袁绍另行废立,岂不是天下谁人都可效仿之?如此一来,将永无宁日。与刘表守境自保相比较,袁绍敢于争雄天下,深知乱世之中,苟且偷生,死路一条。如果说刘表治下的荆州亡于"不作为",那么,袁绍治下的冀、幽等州地亡于"乱作为"。袁绍的冀州文学圈内谋士、文士们,能人辈出,如沮授早劝袁绍迎汉献帝入邺,控制道统文化权力。谋士田丰出谋划策,替袁绍攻破公孙瓒,取得幽州等地,却因出言不逊,被袁绍拘禁不用。文士陈琳能为袁绍光明正大地寻找政治文化话语权。

建安十年(205),袁氏父子被消灭,以袁绍父子为首的冀州文学圈烟消云散。冀州文学圈多燕赵慷慨之士,宁死不降。就连陈琳被俘,曹操问及"何乃上及父祖邪"的时候,陈琳一句"箭在弦上,不得不发",也颇有几分风云之气。

四、许都、邺城文学圈

许都文学圈形成于建安元年(196),邺城文学圈形成稍晚,大致形成于建安十八年(213),都结束于魏文帝黄初元年(220)前夕。许都、邺城文学圈的形成与曹操有关,充

---

① (西晋)陈寿:《三国志》,中华书局1959年版,第600页。
② (南朝·宋)范晔:《后汉书》,中华书局1965年版,第2367页。

州刺史曹操迎汉献帝入许,定都于许昌。由于汉献帝以及朝廷定都于许都,许都在建安时代具有政治文化中心的性质。许都文学圈在形成之初,其文士来源既包括追随曹操的文士,又包括汉献帝及公卿大臣士大夫等,还包括许多零散文士汇聚而来。建安中期,曹操攻破袁绍之子袁谭邺城、南皮等地之后,一批追随袁氏父子的青、冀、幽、并州文士被征召到许都,许都文学圈得到壮大。另外,建安十三年(208),曹操举兵南下征荆州,荆州文学圈中的多数文士投奔曹操,回迁到许都。许都文学圈成为建安时代最有影响力的文学圈。当然,这些士大夫或文士并非久居许都。其中,也有被曹操委以重任,派往所辖之州郡。建安十八年(213),曹操被封魏王,以冀州十郡为魏。邺城成为魏王曹操的政治文化中心。曹操身兼丞相,其子曹丕为副丞相、五官中郎将,许都文士以掾属身份进入邺城。当时盛况,曹植在《与杨德祖书》中说:"昔仲宣独步于汉南,孔璋鹰扬于河朔,伟长擅名于青土,公干振藻于海隅,德琏发迹于大魏,足下高视于上京。当此之时,人人自谓握灵蛇之珠,家家自谓抱荆山之玉也。吾王于是设天网以该之,顿八纮以掩之,今尽集兹国矣。"①

许都、邺下文学圈中,一是以荀彧为首的士大夫文士群体。荀彧在初平元年(190)弃官归乡里,考虑到颍川地势平坦,属四战之地,率宗族迁徙冀州,投奔袁绍势力。荀彧虽受到渤海太守袁绍的礼遇,却明白袁绍不能匡扶天下,故而投奔正在崛起的曹操,成为曹操集团中最为重要的谋士。迎汉献帝入许,就是荀彧极力玉成的。荀彧的至高理想是"见汉室崩乱,每怀匡佐之义",既受到曹操的信任与重用,又有世家大族的高贵身份,成为许都汉献帝朝廷中士大夫的主心骨。这个士大夫文士群体主要围绕朝纲礼仪等内容开展"广义的文学"的活动。下面表格是建安元年(196)至建安十三年(208)这一时段聚集许都的士大夫、文士。

表 7-2　建安时代回迁许昌的文士情况表

文士姓名	籍贯	入许前所在地	备注
董昭	济阴定陶人	从河内至安邑,再随献帝从长安入许	议郎
杨彪	弘农华阴人	随献帝从长安入许	太尉
曹操	沛国谯人	以兖州刺史迎帝入许	大将军、武平侯
孔融	北海人	从北海相征召入许	少府
荀彧	颍川颍阴人	随曹操从兖州入许	侍中、尚书令
郭嘉	颍川阳翟人	荀彧推荐入许	军事祭酒
杜畿	京兆杜陵人	从长安游许昌	荀彧推荐为河东太守

①　(晋)陈寿:《三国志》,中华书局 1959 年版,第 558—559 页。

文士姓名	籍贯	入许前所在地	备注
钟繇	颍川长社人	随献帝从长安入许	侍中、尚书仆射
路粹	颍川	建安二年,从荆州应招入许	尚书郎
严象	京兆	荀彧推荐入许	尚书郎
何夔	陈郡阳夏人	建安二年,从本郡入许	曹操辟为司空掾属
邢颙	河间人	从右北平投曹	辟为冀州从事
陈群	颍川许昌人	建安三年,从徐州投曹	为司空西曹掾属
杜袭	颍川定陵人	建安元年,从长沙逃回乡里	曹操征为西鄂长
司马朗	河内温人	避乱黎阳,兴平元年还本郡	辟为司空掾
司马懿	河内温人		
刘馥	沛国相人	避乱扬州,投曹操	辟司空掾
刘放	涿郡人	建安十年,从南皮被曹操征召	参司空军事
孙资	太原人	避难河东,应曹操征召	参司空军事
张既	冯翊高陵人	举茂才入许	新丰令
董遇	弘农人	建安初,郡举孝廉入许	黄门侍郎
程昱	东郡东阿人	随曹操从兖州入许	尚书,随后为东中郎将、领济阴太守
荀攸	颍川颍阴人	从汝南征召入许	尚书,后为曹操军师
王朗	东海郡	建安三年从会稽征召入许	谏议大夫、参司空军事
祢衡	平原般人	从荆州游许	
赵俨	颍川阳翟人	建安二年,从荆州投曹操	赵俨为朗陵长
贾诩	武威姑臧人	从南阳劝张绣降曹操入许	曹操表为执金吾
华歆	平原高唐人	建安五年,从豫章应招入许	议郎、参司空军师、待荀彧为尚书令
杨修	弘农华阴人	随父在许	举孝廉,除郎中
韦端	京兆人	从凉州牧征入许	太仆
荀悦	颍川颍阴人	?	张璠《汉纪》称建安初为秘书监侍中
贾逵	河东襄陵人	郡举茂才	辟为司徒掾
李孚	巨鹿人	建安十二年,从邺城投曹	司隶校尉
杨沛	冯翊万年人	从新郑投曹操	任长社令,后为邺令
陈琳	广陵	建安十二年从邺投曹	司空军谋祭酒,记室
阮瑀	陈留人	建安中,曹操征召	司空军谋祭酒,记室
徐幹	北海	建安十二年,曹操征召	司空军谋祭酒掾属
应玚	汝阳	建安十三年曹操辟之	丞相掾属
刘桢	东平	建安十三年曹操辟之	丞相掾属

文士姓名	籍贯	入许前所在地	备注
吴质	济阴人	建安十二年入许	为五官中郎将曹丕宾客
曹丕	沛国谯人	河北平定后为五官中郎将	
卫觊	河东安邑人	建安元年入许	司空掾属
刘邵	广平邯郸人	建安中入许	
仲长统	山阳人	建安十年,从并州入许	尚书郎
韦诞	京兆人	建安中入许	拜郎中
杜挚	河东人	从河东举孝廉入许	为郎中令

二是以曹氏父子为核心的中下层文士群体。曹操虽忙于军国之务,却也"雅爱诗章",多次组织风雅的诗文饮宴活动。如铜雀台赋诗、横槊赋诗等。曹丕也与文士做南皮之游。这个群体才是建安文坛的主流。刘勰说"自献帝播迁,文学蓬转,建安之末,区宇方辑。魏武以相王之尊,雅爱诗章;文帝以副君之重,妙善辞赋;陈思以公子之豪,下笔琳琅;并体貌英逸,故俊才云蒸。仲宣委质于汉南,孔璋归命于河北,伟长从宦于青土,公干徇质于海隅;德琏综其斐然之思;元瑜展其翩翩之乐。文蔚、休伯之俦,于叔、德祖之侣,傲雅觞豆之前,雍容衽席之上,洒笔以成酣歌,和墨以藉谈笑。"①下表是邺下文士情况:

表7-3 建安时代邺下文学圈文士情况表

文士姓名	籍贯	来源	任职	备注
曹操	沛国人	朝廷任命	丞相、魏王	《三国志·魏志·武帝纪》
曹丕	沛国人	朝廷任命	副丞相、五官中郎将、魏太子	《三国志·魏志·文帝纪》
曹植	沛国人	朝廷任命	被封平原侯、临淄侯	《三国志·魏志·陈思王传》
钟繇	颖川长社人	随魏王入邺	魏国相国	《三国志·魏志·钟繇传》
荀攸	颖川人	随魏王入邺	魏国尚书令	《三国志·魏志·武帝纪》注引《魏氏春秋》
凉茂	山阳昌邑人	随魏王入邺	魏国仆射、五官将长史	《三国志·魏志·武帝纪》注引《魏氏春秋》、《三国志·魏志·凉茂传》
毛玠	陈留平丘人	随魏王入邺	魏国尚书仆射	《三国志·魏志·武帝纪》注引《魏氏春秋》

① (南朝·梁)刘勰著,范文澜注:《文心雕龙注》,人民文学出版社1958年版,第673—674页。

文士姓名	籍贯	来源	任职	备注
崔琰	清河东武人	随魏王入邺	魏国尚书	《三国志·魏志·武帝纪》注引《魏氏春秋》
常林	河内温人	随魏王入邺	魏国尚书	《三国志·魏志·武帝纪》注引《魏氏春秋》
徐奕	东莞人	随魏王入邺	魏国尚书	《三国志·魏志·武帝纪》注引《魏氏春秋》
何夔	陈郡阳夏人	随魏王入邺	魏国尚书	《三国志·魏志·武帝纪》注引《魏氏春秋》
傅巽	北地郡	随魏王入邺	魏国尚书	《三国志·魏志·何夔传》注引《魏书》
杜袭	颍川	随魏王入邺	侍中	《三国志·魏志·武帝纪》注引《魏氏春秋》
卫觊	河东安邑人	随魏王入邺	侍中	《三国志·魏志·武帝纪》注引《魏氏春秋》
和洽	汝南西平人	随魏王入邺	侍中	《三国志·魏志·武帝纪》注引《魏氏春秋》
孔融	北海人	随魏王入邺	建安十三年被杀	《三国志·魏志·王粲传》注引《典略》
王粲	山阳高平人	建安十三年,从荆州迁回	丞相掾、军谋祭酒、侍中	《三国志·魏志·王粲传》
徐幹	北海人	建安中征召	司空军谋祭酒掾属、五官将文学	《三国志·魏志·王粲传》
陈琳	广陵人	建安十年从冀州投曹	司空军谋祭酒掾属、徙门下督	《三国志·魏志·王粲传》
阮瑀	陈留人	曹操征辟	司空军谋祭酒掾属、仓曹掾属	《三国志·魏志·王粲传》
应玚	汝南人	曹操征辟	丞相掾属、后为平原侯庶子、五官将文学	《三国志·魏志·王粲传》
刘桢	东平人	曹操征辟	丞相掾属	《三国志·魏志·王粲传》
吴质	阴济人	随曹丕游	五官将宾客	《三国志·魏志·王粲传》注引《魏略》
邯郸淳	颍川人	建安十三年,从荆州迁回	先为临淄侯曹植宾客	《三国志·魏志·王粲传》注引《魏略》
繁钦	颍川人	曹操征辟	丞相主簿	《三国志·魏志·王粲传》注引《典略》
路粹	陈留人	建安早年,从荆州返回许都	军谋祭酒,后为魏国秘书令	《三国志·魏志·王粲传》注引《典略》

文士姓名	籍贯	来源	任职	备注
丁仪	沛国人	早年随父丁冲投曹操，曹操感念，征辟为掾	亲善曹植，为其谋划。	《三国志·魏志·陈思王传》注引《魏略》
丁廙	沛国人	丁仪之弟	建安中，为黄门侍郎，后为曹植羽翼	《三国志·魏志·陈思王传》注引《文士传》
杨修	弘农人	杨彪之子，随父在许，后入邺	建安中，为郎中，曹操请署仓曹属主簿。后为曹植羽翼	《三国志·魏志·陈思王传》注引《典略》
荀纬	河内	曹操征召	军谋掾属、魏太子庶子	《三国志·魏志·陈思王传》注引荀勖《文章叙录》
邢颙	河间人	随曹入邺	为曹植平原侯家丞、后参丞相军事	《三国志·魏志·邢颙传》
扈累	京兆人	建安十六年，三辅乱，与友入汉中，汉中坏，与友失散，随徙民入邺	隐而不仕	《三国志·魏志·管宁传》注引《魏略》

与荆州文学圈的隐逸性质相比，许都、邺下文学圈的政治认同、文化认同要强烈得多。许都、邺下的士大夫文士积极参与政治文化中心的重建。无论士大夫阶层力求恢复、维护汉王朝的礼仪制度，还是曹操身边的谋士们出谋划策，都渴望结束四分五裂的局面，尽快实现统一。曹操身边的文士们摇笔和墨，处理纷然的政务或日常事务。与冀州文学圈的政治实用性质相比，许都、邺下文学圈多了几分悠游、高雅的色彩。因为，曹操虽尚刑名之学，但也深知礼乐的"礼别异，乐合同"文化功能。因此，闲暇之际，曹操通过举办各种饮宴赋诗文化活动，加强文士的凝聚力。而曹丕、曹植兄弟，为了彰显公子的高贵身份，不遗余力地协助其父曹操接纳文士，开展文学活动。当然也有争宠的目的，这都让许都、邺下文学圈多了些自由、轻松的创作的空间场域。因此，最能代表建安文学最高成就的作品基本上出自于许都、邺下文士之手。许都、邺下文学圈成为建安时代最为鼎盛的文学集团。

五、江东文学圈

早在东汉后期，此起彼伏的黄巾起义，让东方诸州尤其是徐、扬二州的士大夫、文士纷纷避难吴地。如张昭、张纮、诸葛瑾、严畯、步骘等人（见上编第一章论述）。董卓乱政之际，因扬州远离洛阳的战乱，扬州刺史陈温虽资助曹操在扬州招募军队，但基本上毫无作为。袁术从京师逃往南阳之后,受荆州牧刘表所逼,又被曹操战败,进入九江郡,占了扬州的治所——寿春为中心的淮南一带。朝廷委派宗室成员刘繇任扬州刺史,只能驻曲阿(今江苏丹阳)。可以说,虽有徐州等地文士避难吴地,但尚未形成江东文学圈。江东文学圈真正形成,还是孙策摆脱袁术的控制,渡江南下,攻破扬州牧刘繇,占据江东之后。孙策创业时期,招募避地江东的张昭、张纮、秦松、陈端等为谋士,交接庐江舒县的周瑜等人,江东文学圈初具规模。到了建安五年(200),孙权继承父兄之业,继续招募流徙江东的文士,江东文学圈日渐壮大。下表是江东文学圈文士情况:

表7-4　东汉末年三国时代江东文学圈文士情况表

文士姓名	籍贯	类型	在吴情形	备　注
张昭	彭城人	流寓吴地的文士	避难吴地,孙策创业,命为长史、抚军中郎将。孙权掌事,以师傅待之。张昭辅孙权,绥抚百姓,诸侯宾旅寄寓之士,得用自安	《三国志·吴志·张昭传》
张纮	广陵人		避难江东,孙策厚结之。与张昭并参谋。曾为孙策定下"据长江,奋威德,诛除群秽,匡复汉室"的霸业大图。孙策死后,曹操欲伐吴,张纮劝曹操封孙权为讨虏将军	《三国志·吴志·孙破虏讨逆传》裴注引《吴历》以及《三国志·吴志·张纮传》
周瑜	庐江舒人		少交好孙策。孙策东渡,周瑜将兵迎之。后周瑜从居巢还吴,为中护军,江夏太守。孙策死,周瑜赴丧留吴。建安十三年,周瑜在赤壁大败曹操,建立不朽功勋	《三国志·吴志·孙破虏讨逆传》裴注引《江表传》以及《三国志·吴志·周瑜传》
鲁肃	临淮		鲁肃随周瑜从居巢入吴,见孙权,密议帝业之图。建安十三年,力促成联刘抗曹。代周瑜统领兵	《三国志·吴志·鲁肃传》
诸葛瑾	琅邪阳都人		汉末避难江东,被荐于孙权,为长史,转中司马。出使蜀,后从讨关羽。孙权素重之,大事咨访	《三国志·吴志·诸葛瑾传》
步骘	临淮淮阴人		汉末,避难江东。孙权召为主记、辟车骑将军东曹掾	《三国志·吴志·步骘传》
吕蒙	汝南富陂人		少年南渡,依姊夫邓当。效命孙策。从周瑜、程普破曹赤壁。鲁肃卒,代领其兵,谋关羽,定荆州	《三国志·吴志·吕蒙传》
吕范	汝南细阳人		避难寿春,孙策见而异之。孙策破庐陵,吕范随之还吴。讨破丹杨,迁都督。随周瑜程普拒曹。后为大司马	《三国志·吴志·吕范传》
秦松	广陵人		孙策时,与张纮同参谋,早卒	《三国志·吴志·张纮传》

文士姓名	籍贯	类型	在吴情形	备　注
陈端	广陵人	流寓吴地的文士	孙策时,与张纮同参谋,早卒	《三国志·吴志·张纮传》
严畯	彭城		避乱江东,与诸葛瑾、步骘齐友善。张昭进之于孙权,权以为骑都尉、从事中郎	《三国志·吴志·严畯传》
程秉	汝南南顿人		后避乱交州,权闻其名儒,以礼征秉,既到,拜太子太傅	《三国志·吴志·程秉传》
阚泽	会稽山阴人		至泽好学,孙权为骠骑将军,辟补西曹掾	《三国志·吴志·阚泽传》
薛综	沛郡竹邑人		少依族人避地交州,从刘熙学。士燮既附孙权,召综为五官中郎将,除合浦、交址太守	《三国志·吴志·薛综传》
虞翻	会稽余姚人		孙策征会稽,策复命为功曹,待以交友之礼,身诣翻第	《三国志·吴志·虞翻传》
丁览	会稽山阴		为人精微洁净,门无杂宾。孙权深贵待之,未及擢用,会病卒,甚见痛惜,殊其门户	《三国志·吴志·虞翻传》裴注引《会稽典录》
骆统	会稽乌伤人		骆统字公绪,会稽乌伤人也……孙权以将军领会稽太守,统年二十,试为乌程相,民户过万,咸叹其惠理。权嘉之,召为功曹,行骑都尉,妻以从兄辅女	《三国志·吴志·骆统传》
吴范			范先知其死日,谓权曰:"陛下某日当丧军师。"权曰:"吾无军师,焉得丧之?"范曰:"陛下出军临敌,须臣言而后行,臣乃陛下之军师也。"至其日果卒	《三国志·吴志·吴范传》裴注引《吴录》
刘惇	平原人		刘惇字子仁,平原人也。遭乱避地,客游庐陵,事孙辅。以明天官达占数显于南土。每有水旱寇贼,皆先时处期,无不中者。辅异焉,以为军师,军中咸敬事之,号曰神明。建安中,孙权在豫章,时有星变,以问惇	《三国志·吴志·刘惇传》
赵达	河南人		少从汉侍中单甫受学,用思精密,谓东南有王者气,可以避难,故脱身渡江……达宝惜其术,自阚泽、殷礼皆名儒善士,亲屈节就学,达秘而不告……初孙权行师征伐,每令达有所推步,皆如其言	《三国志·吴志·赵达传》
顾雍	吴郡吴人	吴地土著世族	孙权领会稽太守,不之郡,以雍为丞,行太守事,讨除寇贼,郡界宁静,吏民归服。后为丞相	《三国志·吴志·顾雍传》
顾徽	吴郡吴人		顾雍弟弟,为孙权主簿	《三国志·吴志·顾雍传》裴注引《吴书》

文士姓名	籍贯	类型	在吴情形	备　注
顾悌	吴郡吴人	吴地土著世族	雍族人悌,字子通,权末年,嫡庶不分,悌数与骠骑将军朱据共陈祸福,言辞切直,朝廷惮之	《三国志·吴志·顾雍传》裴注引《吴书》
顾邵	吴郡吴人		邵字孝则,博览书传,好乐人伦。少与舅陆绩齐名,而陆逊、张敦、卜静等皆亚焉。自州郡庶几及四方人士,往来相见,或言议而去,或结厚而别,风声流闻,远近称之。权妻以策女。年二十七,起家为豫章太守	《三国志·吴志·顾邵传》
顾谭	吴郡吴人		顾邵之子顾谭,为太子四友,得到孙权特见召请	《三国志·吴志·顾邵传》裴注引《吴书》
朱桓	吴郡吴人		孙权为将军,桓给事幕府,除余姚长。迁荡寇校尉,授兵二千人,使部伍吴、会二郡,鸠合遗散,期年之闲,得万余人	《三国志·吴志·朱桓传》
陆绩	吴郡吴人		陆绩为孙权奏曹掾、郁林太守	《三国志·吴志·陆绩传》
陆逊	吴郡吴人		陆逊为江东大族,追随孙权。后为丞相	《三国志·吴志·陆逊传》
陆瑁	吴郡吴人		陆瑁字子璋,丞相逊弟也。少好学笃义。陈国陈融、陈留濮阳逸、沛郡蒋纂、广陵袁迪等,皆单贫有志,就瑁游处,瑁割少分甘,与同丰约。及同郡徐原,爰居会稽,素不相识,临死遗书,托以孤弱,瑁为起立坟墓,收导其子。又瑁从父绩早亡,二男一女,皆数岁以还,瑁迎摄养,至长乃别	《三国志·吴志·陆瑁传》
陆抗	吴郡吴人		陆逊之子,为吴大司马	《三国志·吴志·陆逊传附陆抗》
陆凯	吴郡吴人		黄武初为永兴、诸暨长,所在有治迹,拜建武都尉,领兵。虽统军众,手不释书	《三国志·吴志·陆凯传》
张温	吴郡吴人		温少修节操,容貌奇伟。孙权拜其议郎、选曹尚书,徙太子太傅,甚见信重	《三国志·吴志·张温传》
张敦	吴郡		敦字叔方,静字玄风,并吴郡人。敦德量渊懿,清虚淡泊,又善文辞。孙权为车骑将军,辟西曹掾,转主簿,出补海昏令,甚有惠化,年三十二卒	《三国志·吴志·顾邵传》裴注引《吴录》
吴粲	吴郡乌程		虽起孤微,与同郡陆逊、卜静等比肩齐声矣。孙权为车骑将军,召为主簿,出为山阴令,还为参军校尉	《三国志·吴志·吴粲传》
朱据	吴郡吴人		黄武初,征拜五官郎中,补侍御史	《三国志·吴志·朱据传》
暨艳	吴郡人		温引致之,以为选曹郎,至尚书	《三国志·吴志·张温传》

在孙策创业阶段,初成规模的江东文学圈最主要的任务是规划战略蓝图。广陵文士张纮为孙策谋划了霸业蓝图——将后汉政统分裂格局比作西周镐京失守的"周道陵迟"状态,将崛起的州牧看成分封诸侯,希望孙策能继承其父孙坚的事业,占据富庶的江东吴会之地,打着匡辅汉室的旗帜,成就齐桓公、晋文侯等霸王之功。从此,孙策拨云见日,略施计策,从淮南袁术势力的控制中摆脱出来。孙策带领其父的旧部转战扬州,攻破刘繇的丹阳,建立根据地。袁术称帝,张纮替孙策作书信给袁术,强烈谴责并断绝关系。"盖上天垂司过之星,圣王建敢谏之鼓,设非谬之备,急箴阙之言,何哉? 凡有所长,必有所短也。去冬传有大计,无不悚惧;旋知供备贡献,万夫解惑。顷闻建议,复欲追遵前图,即事之期,便有定月。益使忾然,想是流妄;设其必尔,民何望乎? 曩日之举义兵也,天下之士所以响应者,董卓擅废置,害太后、弘农王,略烝宫人,发掘园陵,暴逆至此,故诸州郡雄豪闻声慕义。神武外振,卓遂内歼。元恶既毙,幼主东顾,俾保傅宣命,欲令诸军振旅,然河北通谋黑山,曹操放毒东徐,刘表称乱南荆,公孙瓒焱烬北幽,刘繇决力江浒,刘备争盟淮隅,是以未获承命櫜弓戢戈也。今备、繇既破,操等饥馁,谓当与天下合谋,以诛丑类。舍而不图,有自取之志,非海内所望,一也。昔成汤伐桀,称有夏多罪;武王伐纣,曰殷有罪罚重哉。此二王者,虽有圣德,宜当君世;如使不遭其时,亦无繇兴矣。幼主非有恶于天下,徒以春秋尚少,胁于强臣,若无过而夺之,惧未合于汤、武之事,二也。卓虽狂狡,至废主自与,亦犹未也,而天下闻其桀虐,攘臂同心而疾之,以中土希战之兵,当边地劲悍之虏,所以斯须游魂也。今四方之人,皆玩敌而便战斗矣,可得而胜者,以彼乱而我治,彼逆而我顺也。见当世之纷若,欲大举以临之,适足趣祸,三也。天下神器,不可虚干,必须天赞与人力也。殷汤有白鸠之祥,周武有赤乌之瑞,汉高有星聚之符,世祖有神光之征,皆因民困悴于桀、纣之政,毒苦于秦、莽之役,故能芟去无道,致成其志。今天下非患于幼主,未见受命之应验,而欲一旦卒然登即尊号,未之或有,四也。天子之贵,四海之富,谁不欲焉? 义不可,势不得耳。陈胜、项籍、王莽、公孙述之徒,皆南面称孤,莫之能济。帝王之位,不可横冀,五也。幼主岐嶷,若除其偪,去其鲠,必成中兴之业。夫致主于周成之盛,自受旦、奭之美,此诚所望于尊明也。纵使幼主有他改异,犹望推宗室之谱属,论近亲之贤良,以绍刘统,以固汉宗。皆所以书功金石,图形丹青,流庆无穷,垂声管绞。舍而不为,为其难者,想明明之素,必所不忍,六也。五世为相,权之重,势之盛,天下莫得而比焉。忠贞者必曰宜夙夜思惟,所以扶国家之颠顿,念社稷之危殆,以奉祖考之志,以报汉室之恩。其忽履道之节而强进取之欲者,将曰天下之人非家吏则门生也,孰不从我? 四方之敌非吾匹则吾役也,谁能违我? 盍乘累世之势,起而取之哉? 二者殊数,不可不详察,七也。所贵于圣哲者,以其审于机宜,慎于举措。若难图之事,难保之势,以激群敌之气,以生众人之心,公义故不可,私计又不利,明哲不处,八也。世人多惑于图纬而牵非类,比合文字以悦所事,苟以阿上惑众,终有后悔者,自往迄今,未尝无之,不可不深择而熟思,九也。九者,尊明所见之馀耳,庶备起予,补所遗忘。忠言逆耳,幸留神听!"①张纮这封书信写得义正词严,滴水不漏,对天下格局认识得非常清楚,完全把袁术称帝置于不仁不义的道德批判地位上。同时,此举让孙策赢得了曹操控制下汉王朝的册封,被封吴侯、讨逆将军,获得征讨合法权。据《三国志·吴志·陆绩传》记载,孙策占据吴地,作为上宾的张昭、张纮、秦松,一起讨论,认为四海未平,应用武治讨平江东地区。当时年少的陆绩在坐,遥遥大声言曰:"昔管夷吾相齐桓公,九合诸侯,一匡天下,不用兵车。孔子曰:'远人不服,则修文德以来之。'今论者不务道德怀取之术,而惟尚武,绩虽童蒙,窃所未安也。"②随后,孙策以讨逆将军身份东征西讨,扩大势力范围。孙策死后,孙权继承父兄之业,江东文学圈为孙权树立权威,稳定局势,如张昭劝孙权巡视诸军,稳定人心。随后,鲁肃为孙权定下"帝业"政治纲领——即认为,如今的曹操如同项羽,控制义帝,利用其共主身份,必定要弃之如草芥。因此,汉室不可复兴,曹操不可短时间除掉,孙权只有割据江东,趁北方尚未统一,应该发兵剿除南阳黄祖、荆州刘表,占据整个长江中下游流域区域,等待曹操死后,诸子纷争的机会,然后建立统一王朝。

江东文学圈的文士来源有二:一是江淮、江汉地区的流徙文士群。在孙策、孙权前期,这些流寓文士群体占据主导地位,影响很大。以张昭为代表,张昭的文名很大,早年与北方士大夫、文士多有来往。因此,北方士大夫文士致书信于东吴的时候,往往专美张昭。张昭多不自安,得到孙策的宽慰。二是吴郡当地土著世家大族的文士群体,如顾、陆、朱、张等四族大姓。当然在建安时代(196—219),这些土著世族文士的社会地位远逊于流寓文士群体。建安十三年(208),曹操率大军南下,占据长江中游的荆州地区,东吴安全受到极大威胁。孙权召集文武大臣讨论对策,江东文学圈核心人物与渡江而来的诸葛亮展开了激烈的论战,尽管江东文学圈内多数文士主和,但经过激烈论战之后,孙权统一思想——决定举东吴之力联合刘备集团共同武力对抗曹操大军,奠定了三分天下的基础。江东文学圈有着卓越的历史功绩。首先,这是继春秋吴越、楚汉之后,又一次参与诸夏文明核心区政治话语权与文化话语权的争夺。如果说春秋时代吴越两国,秦末项羽率领的六国贵族是"世卿世禄氏族贵族"主导的诸夏文明政治话语权争夺,汉高祖刘邦则代表苏、皖一带平民阶层主导的诸夏文明政治话语权争夺的话,那么,以孙氏父子为代表则是汉代以来的世族社会阶层所主导的诸夏文明政治话语权争夺。

---

① (晋)陈寿:《三国志》,中华书局 1959 年版,第 1105—1106 页。
② (晋)陈寿:《三国志》,中华书局 1959 年版,第 1328 页。

所不同的是,上古至秦汉时代,诸夏文明的中心始终在北纬34°—35°之间的王都线上,而以孙氏父子为代表的江东文学圈则围绕北纬32°的江淮区域建立文化中心。当然,无论是江东文学圈为孙氏父子确立的"霸王之业",还是"高祖之业",都不能擅自脱离诸夏政治文化话语体系。因此,在整个建安时期,孙策、孙权在名义上都接受了曹操所控制的汉王朝的官职,只是努力保持军政自治而已。其次,也正是江东文学圈的参与,让孙氏家族获得了江东民众的政治认同与文化认同。孙氏家族是吴郡富春小族,《三国志·吴志》中说,"盖孙武之后也",从语气上看,明显是附会历史名人之嫌。两汉时代,富春孙氏也没有出现过知名人物。孙坚父子之所以称雄江东,说到底还是孙坚的积极作为。汉灵帝时,孙坚任长沙太守,扫平郡内的叛乱,甚至越境讨伐零陵郡、桂阳郡的叛乱,被封乌程侯。董卓乱政之际,长沙虽然远在长江以南,远离战乱,但长沙太守孙坚却率军加入袁绍的讨卓联盟,且作战十分骁勇,声名远播。尤其孙策,在父亲阵亡之后,依附袁术,曾多次问计张纮,吐露心声,赢得张纮的敬重。孙策深知敬重士大夫的重要性,得到张昭辅佐,明确说"吾方有事四方,以士人贤者上,吾于子不得轻矣"①,待之以师友。甚至在临终之际,请来张昭等士大夫文士,再三嘱托,并告诫其弟孙权,敬重"士人贤者",以保江东。当然,孙策兄弟敬重士大夫文士,其目的是获得江东地区更多的政治认同与文化认同,树立政治权威。如果有士大夫文士不知深浅,威胁其政治权威性,也会被毫不手软得铲除掉。如孙策请教高岱,高岱受人蛊惑,佯装不知,孙策误以为高岱瞧不起自己,将其囚禁。随后,孙策登楼时,看到多条街道上坐满了求情的人,"恶其收众心,遂杀之"②。孙权之所以杀掉道教人物于吉,也当如是观。最后,江东文学圈大幅度提高了江东地区的文化程度,尤其是徐州等地世族文士将中原的文学风气、学术思想风气带入江东地区。曹丕写完著名的学术著作《典论》,都要抄录一份,特意派人送与江东地区的张昭。试想,没有张昭等人寓居江东地区,不可能引起中原文士的注意,也不会促成频繁的文化交流。也正是汉末文士流徙至江东地区,带动了江东土著世族的文化发展,正是江东文学圈内部的流寓文士与土著世族文士之间的碰撞融合,使得土著世族文化水准得到提升。

六、益州文学圈

益州北接崇山峻岭的秦岭山脉,西北地接岷山,内含汉中盆地与成都盆地,南带云、贵等高原之地。早在东汉灵帝时代,任用鸿都门学中的郗俭为益州刺史。郗俭大力搜

---

①　(晋)陈寿:《三国志》,中华书局1959年版,第1220页。

②　(晋)陈寿:《三国志》,中华书局1959年版,第1109页。

刮民财,州内黄巾四起。汉灵帝任用宗室成员刘焉为益州牧。刘焉入蜀后,平定叛乱,派人烧断通往关中的各处栈道,杀得汉使,图谋割据益州。刘焉、刘璋父子依靠从南阳等地流徙而来的豪族大姓割据而立。因此,刘焉父子时代已经形成了益州文学圈。刘焉父子时代的益州文学圈主要包括两类文士:一是益州土著世族文士;二是从荆州南阳等地流徙而来的文士。下表是刘焉父子时代益州文学圈的情况:

表7-5　东汉末年刘焉父子治下的益州文学圈文士情况表

文士姓名	籍贯	类型	入蜀前所在地	备　注
刘焉	江夏竟陵人	益州牧主	朝廷任其为益州牧	《三国志·蜀志·刘焉传》
刘璋	江夏竟陵人		刘焉死后,其子刘璋为益州牧	《三国志·蜀志·刘璋传》
董扶	广汉人	土著文士	在京师洛阳任侍中,求还	《三国志·蜀志·刘焉传》
贾龙	蜀郡人		州从事,破益州下层叛乱,迎刘焉入州。刘焉打压益土旧族势力,杀豪强王咸、李权等,贾龙起兵反刘焉,被杀	《三国志·蜀志·刘焉传》
任岐	蜀郡人		任犍为太守,与贾龙起兵反刘焉,被杀	《三国志·蜀志·刘焉传》
赵韪	蜀郡人		征东中郎将,成为益州旧族代表人物。后谋反,刘璋借"青州兵"之力,杀赵韪于江州	《三国志·蜀志·刘焉传》注引《英雄记》
何宗	蜀郡人		受学任安,刘璋时为犍为太守	《三国志·蜀志·杨戏传》载"季汉辅臣赞"
庞羲	南阳人		刘焉通家,募刘焉诸孙入蜀,领巴西太守,领兵御张鲁。后因刘璋重南阳、关中流民势力,与赵韪称兵内向	《三国志·蜀志·刘璋传》注引《英雄记》
郑度	广汉人		州从事	《三国志·蜀志·刘璋传》注引《华阳国志》
王商	广汉人		蜀郡太守	《三国志·蜀志·许靖传》注引《益州耆旧传》
秦宓	广汉人		刘焉州奏记	《三国志·蜀志·秦宓传》
任安	广汉人		秦宓推荐	《三国志·蜀志·秦宓传》注引《益州耆旧传》
彭羕	广汉人		许靖推荐,仕州书佐	《三国志·蜀志·彭羕传》
张裔	蜀郡人		刘璋举孝廉,为鱼复长,还州从事	《三国志·蜀志·张裔传》

文士姓名	籍贯	类型	入蜀前所在地	备　注
杨洪	犍为武阳人	土著文士	刘璋时历部诸郡	《三国志·蜀志·杨洪传》
费诗	犍为南安人		刘璋时为绵竹令	《三国志·蜀志·费诗传》
杜微	梓潼涪人		少受学任安,刘璋辟为从事,以疾去官	《三国志·蜀志·杜微传》
周舒	巴西阆中人		少学于杨厚,名亚董扶、任安。不仕	《三国志·蜀志·周舒传》
周群	巴西阆中人		周舒之子,受学于父。刘璋以为师友	《三国志·蜀志·周舒传》
杜琼	蜀郡成都人		少受学于任安,刘璋辟为从事	《三国志·蜀志·杜琼传》
尹默	梓潼涪人		远游荆州,从司马徽、宋基学	《三国志·蜀志·尹默传》
李仁	梓潼涪人		远游荆州,从司马徽、宋基学	《三国志·蜀志·李谯传》
谯岍	巴西西充国人		谯周之父,治尚书,兼通诸经及图、纬。州郡辟请,皆不应,州就假师友从事	《三国志·蜀志·谯周传》
黄权	巴西阆中人		刘璋召为州牧主簿,因谏刘璋拒刘备,被贬广汉长	《三国志·蜀志·黄权传》
王谋	汉嘉人		刘璋时巴郡太守,还州治中从事	《三国志·蜀志·杨戏传》载"季汉辅臣赞"
王甫	广汉人		刘璋召为州书佐	《三国志·蜀志·杨戏传》载"季汉辅臣赞"
马勋	巴西阆中人		刘璋召为州书佐	《三国志·蜀志·杨戏传》载"季汉辅臣赞"
程畿	巴西阆中人		刘璋时为汉昌长	《三国志·蜀志·杨戏传》载"季汉辅臣赞"
李福	梓潼涪人		刘璋时,不仕	《三国志·蜀志·杨戏传》载"季汉辅臣赞"
法正	扶风郿人	寓居文士	建安初,避难入蜀,为新都令	《三国志·蜀志·法正传》
孟达	扶风郿人		建安初,避难入蜀	《三国志·蜀志·法正传》
许靖	汝南平舆人		建安四年、建安五年,刘璋遣使至交州迎许靖入蜀,历任巴郡、广汉太守以及蜀郡太守	《三国志·蜀志·许靖传》

文士姓名	籍贯	类型	入蜀前所在地	备 注
董和	南郡枝江人	寓居文士	汉末,董和率宗族西迁,刘璋任牛鞞、江原长、成都令,益州太守	《三国志·蜀志·董和传》
刘巴	零陵人		荆州破,投曹操,后奉命为长沙等三郡太守,刘备图三郡后,刘巴逃交州。后,从交趾入蜀,投刘璋	《三国志·蜀志·刘巴传》
吕乂	南阳人		随父吕常送刘焉入蜀,少孤,好读书鼓琴	《三国志·蜀志·吕乂传》
李严	南阳人		李严为秭归令,荆州破,避难入蜀,刘璋为成都令。建安十八年,任护军,据刘备于绵竹	《三国志·蜀志·李严传》
王连	南阳人		刘璋时入蜀,为梓潼令	《三国志·蜀志·王连传》
罗蒙	襄阳人		罗宪父,避难入蜀,为广汉太守	《三国志·蜀志·霍峻传》注引《襄阳记》
许慈	南阳人		与许靖自交州入蜀	《三国志·蜀志·许慈传》
孟光	河南洛阳人		汉末从长安入蜀,刘焉父子带以客礼	《三国志·蜀志·孟光传》
来敏	义阳新野人		汉末大乱,随姊夫黄琬避难荆州,因其姊夫黄琬系为刘璋表兄弟,至蜀,为刘璋宾客	《三国志·蜀志·来敏传》
费仁(费观?)	江夏人		费祎族父,系刘璋表兄弟,仁游学入蜀	《三国志·蜀志·费祎传》
邓芝	义阳新野人		汉末入蜀	《三国志·蜀志·邓芝传》
吴壹	陈留人		随刘焉入蜀,为中郎将	《三国志·蜀志·杨戏传》载"季汉辅臣赞"

刘焉父子胸无大志,只图摆脱汉王朝的控制,据险而守,自成王国。益州文学圈内的两派也争权夺利,矛盾重重。当刘焉刚刚从荆州进入益州的时候,与土著豪族利益一致,共同对付益州底层民众的叛乱。当镇压完底层民众叛乱之后,益州土著豪族骄纵无比,刘焉则依赖从南阳、三辅等地而来的东州兵,打击土著豪族势力。当然,刘焉父子又不得不用土著豪族制约流寓世族势力。因此,刘焉父子的益州文学圈忙于争夺蝇头之利,无暇远虑。甚至那些受到抑制的土著豪族借张鲁割据汉中,需要讨伐,建议请刘备集团入川,表面上是为征张鲁,实则是趁机打压流寓世族群体。

此时,刘备集团已经与江东孙吴联手击败曹操的南下,在荆州一带站稳脚跟,图谋向益州发展。在刘璋的邀请下,刘备带领徐州、荆襄文士等谋士及一万军士入川。刘备趁机取代刘璋,自领益州牧。一番洗牌之后,形成了新的益州文学圈。刘备入主之后的益州文学圈包括三类:一是早年追随刘备的徐州文士群体。二是建安十三年(208)以来,追随刘备的荆襄文士群体。三是投诚而来的益州文士,既包括土著、也包括早已入川的南阳、三辅等地文士。下表是刘备入川的益州文士情况:

表7-6　刘备时代益州文学圈文士情况表

文士名称	籍贯	类型	入川情形	备　注
糜竺	东海朐人	早年追随泗淮文士	随刘备入川	《三国志·蜀志·糜竺传》
孙干	北海人		随刘备入川	《三国志·蜀志·孙干传》
刘琰	鲁国人		随刘备入川	《三国志·蜀志·刘琰传》
简雍	涿郡人		随刘备入川	《三国志·蜀志·简雍传》
诸葛亮	琅玡人	建安十三年追随刘备的荆襄文士	从荆州追随刘备,后与张飞领兵入川	《三国志·蜀志·诸葛亮传》
庞统	襄阳人		从荆州追随刘备,与刘备入川	《三国志·蜀志·庞统传》
伊籍	山阳人		少依邑人镇南将军刘表。刘备之在荆州,籍常往来自托。表卒,遂随刘备南渡江,从入益州	《三国志·蜀志·伊籍传》
马良	襄阳宜城人		马良字季常,襄阳宜城人也……先主领荆州,辟为从事	《三国志·蜀志·马良传》
马谡	襄阳宜城人		良弟谡,字幼常,以荆州从事随先主入蜀,除绵竹成都令、越巂太守	《三国志·蜀志·马良传》
廖立	武陵临沅人		先主领荆州牧,辟为从事,年未三十,擢为长沙太守	《三国志·蜀志·廖立传》
向朗	襄阳宜城人		荆州牧刘表以为临沮长。表卒,归先主	《三国志·蜀志·向朗传》
蒋琬	零陵湘乡人		弱冠与外弟泉陵刘敏俱知名。琬以州书佐随先主入蜀,除广都长	《三国志·蜀志·蒋琬传》
邓方	南郡人		孔山名方,南郡人也。以荆州从事随先主入蜀。蜀既定,为犍为属国都尉	《三国志·蜀志·杨戏传附邓方》
辅匡	南阳人		以荆州从事随先主入蜀,南次至雒,以为广汉太守	《三国志·蜀志·杨戏传附辅匡》
刘邕	义阳人		随先主入蜀。益州既定,为江阳太守	《三国志·蜀志·杨戏传》

文士名称	籍贯	类型	入川情形	备 注
张存	南阳人	建安十三年追随刘备的荆襄文士	处仁本名存,南阳人也。以荆州从事随先主入蜀,南次至雒,以为广汉太守	《三国志·蜀志·杨戏传》
殷观	?		孔休名观,为荆州主簿别驾从事,见先主传。失其郡县	《三国志·蜀志·杨戏传》
习祯	襄阳人		随先主入蜀,历雒、郫令,(南)广汉太守	《三国志·蜀志·杨戏传》
冯习	南郡人		随先主入蜀	《三国志·蜀志·杨戏传》
张南	南郡人		文进名南,亦自荆州随先主入蜀	《三国志·蜀志·杨戏传》
许靖	汝南平舆人	刘璋时代益州寓居与土著文士	十九年,先主克蜀,以靖为左将军长史	《三国志·蜀志·许靖传》
秦宓	广汉人		先主既定益州,广汉太守夏侯纂请宓为师友祭酒,领五官掾,称曰仲父。益州辟宓为从事祭酒	《三国志·蜀志·秦宓传》
刘巴	零陵人		巴复从交阯至蜀。俄而先主定益州,巴辞谢罪负,先主不责。而诸葛孔明数称荐之,先主辟为左将军西曹掾	《三国志·蜀志·刘巴传》
董和	南郡枝江人		先主定蜀,征和为掌军中郎将,与军师将军诸葛亮并署左将军大司马府事,献可替否,共为欢交	《三国志·蜀志·董和传》
董恢	襄阳人		董恢字休绪,襄阳人。入蜀,以宣信中郎副费祎使吴	《三国志·蜀志·董允传》裴注引《襄阳记》
吕乂	南阳人		"吕乂字季阳,南阳人也。……乂少孤,好读书鼓琴。初,先主定益州,置盐府校尉,较盐铁之利,后校尉王连请乂及南阳杜祺、南乡刘干等并为典曹都尉。乂迁新都、绵竹令,乃心隐恤,百姓称之,为一州诸城之首。"迁巴西太守	《三国志·蜀志·吕乂传》
彭羕	广汉人		(彭)羕仕州,不过书佐,后又为众人所谤毁于州牧刘璋,璋髡钳羕为徒隶。会先主入蜀,溯流北行。羕欲纳说先主,乃往见庞统。……统大善之,而法正宿自知羕,遂并致之先主。先主亦以为奇,数令羕宣传军事,指授诸将,奉使称意,识遇日加。成都既定,先主领益州牧,拔羕为治中从事	《三国志·蜀志·彭羕传》
李严	南阳人		李严字正方,南阳人也。少为郡职吏,以才干称。荆州牧刘表使历诸郡县。曹公入荆州时,严宰秭归,遂西诣蜀,刘璋以为成都令,复有能名。建安十八年,署严为护军,拒先主于绵竹。严率众降先主,先主拜严裨将军。成都既定,为犍为太守、兴业将军	《三国志·蜀志·李严传》

续表

文士名称	籍贯	类型	入川情形	备注
张裔	蜀郡成都人	刘璋时代益州寓居与土著文士	张裔字君嗣,蜀郡成都人也。治《公羊春秋》,博涉《史》《汉》。……为璋奉使诣先主,先主许以礼其君而安其人也,裔还,城门乃开。先主以裔为巴郡太守,还为司金中郎将,典作农战之器	《三国志·蜀志·张裔传》
费诗	犍为南安人		刘璋时为绵竹令,先主攻绵竹时,诗先举城降。成都既定,先主领益州牧,以诗为督军从事,出为牂牁太守,还为州前部司马	《三国志·蜀志·费诗传》
杜微	梓潼涪人		杜微字国辅,梓潼涪人也。少受学于广汉任安。刘璋辟为从事,以疾去官。及先主定蜀,微常称聋,闭门不出	《三国志·蜀志·杜微传》
周群	巴西阆中人		州牧刘璋,辟以为师友从事。先主定蜀,署儒林校尉	《三国志·蜀志·周群传》
杜琼	蜀郡成都人		少受学于任安,精究安术。刘璋时辟为从事。先主定益州,领牧,以琼为议曹从事	《三国志·蜀志·杜琼传》
许慈	南阳人		建安中,与许靖等俱自交州入蜀。……先主定蜀,承丧乱历纪,学业衰废,乃鸠合典籍,沙汰众学,慈、潜并为学士,与孟光、来敏等典掌旧文	《三国志·蜀志·许慈传》
孟光	河南洛阳人		献帝迁都长安,遂逃入蜀,刘焉父子待以客礼。先主定益州,拜为议郎,与许慈等并掌制度	《三国志·蜀志·孟光传》
来敏	义阳新野人		汉末大乱,敏随姊夫奔荆州,敏遂俱与姊入蜀,常为璋宾客。涉猎书籍,善《左氏春秋》,尤精于《仓》《雅》训诂,好是正文字。先主定益州,署敏典学校尉	《三国志·蜀志·来敏传》
尹默	梓潼涪人		先主定益州,领牧,以为劝学从事	《三国志·蜀志·尹默传》
李譔	梓潼涪人		譔具传其业,又从默讲论义理,五经、诸子,无不该览,加博好技艺,算术、卜数、医药、弓弩、机械之巧,皆致思焉。始为州书佐、尚书令史	《三国志·蜀志·李譔传》
黄权	巴西阆中人		少为郡吏,州牧刘璋召为主簿。……及先主袭取益州,将帅分下郡县,郡县望风景附,权闭城坚守,须刘璋稽服,乃诣降先主。先主假权偏将军。……然卒破杜濩、朴胡,杀夏侯渊,据汉中,皆权本谋也	《三国志·蜀志·黄权传》
李恢	建宁俞元人		后贡恢于州,涉道未至,闻先主自葭萌还攻刘璋。恢知璋之必败,先主必成,乃托名郡使,北诣先主,遇于绵竹。先主嘉之,从至雒城,遣恢至汉中交好马超,超遂从命。成都既定,先主领益州牧,以恢为功曹书佐主簿	《三国志·蜀志·李恢传》

文士名称	籍贯	类型	入川情形	备 注
张嶷	巴郡南充国人	刘璋时代益州寓居与土著文士	先主定蜀之际,山寇攻县,县长捐家逃亡,嶷冒白刃,携负夫人,夫人得免。由是显名,州召为从事	《三国志·蜀志·张嶷传》
费祎	江夏鄳人		随其族父入蜀	《三国志·蜀志·费祎传》
张翼	义阳新野人		邓芝字伯苗,义阳新野人,芝闻巴西太守庞羲好士,往依焉。先主定益州,芝为郫邸阁督。先主出至郫,与语,大奇之,擢为郫令,迁广汉太守	《三国志·蜀志·张翼传》
宗预	南阳安众人		建安中,随张飞入蜀	《三国志·蜀志·宗预传》
费观	江夏鄳人		观建安十八年参李严军,拒先主于绵竹,与严俱降,先主既定益州,拜为裨将军	《三国志·蜀志·杨戏传》
王谋	汉嘉人		刘璋时,为巴郡太守,还为州治中从事。先主定益州,领牧,以为别驾	《三国志·蜀志·杨戏传》
杨颙	襄阳人		入蜀,为巴郡太守,丞相诸葛亮主簿	《三国志·蜀志·杨戏传》裴注引《襄阳记》
何宗	蜀郡郫人		事广汉任安学,精究安术,与杜琼同师而名问过之。刘璋时,为犍为太守。先主定益州,领牧,辟为从事祭酒	《三国志·蜀志·杨戏传》
吴壹	陈留人		随刘焉入蜀。刘璋时,为中郎将,将兵拒先主于涪,诣降。先主定益州,以壹为护军讨逆将军,纳壹妹为夫人	《三国志·蜀志·杨戏传》
王甫	广汉郪人		刘璋时,为州书佐。先主定蜀后,为绵竹令,还为荆州议曹从事	《三国志·蜀志·杨戏传》
李邵	广汉郪人		先主定蜀后,为州书佐部从事	《三国志·蜀志·杨戏传》
马勋	巴西阆中人		勋,刘璋时为州书佐,先主定蜀,辟为左将军属,后转州别驾从事	《三国志·蜀志·杨戏传》
马齐	巴西阆中人		齐为太守张飞功曹。飞贡之先主,为尚书郎	《三国志·蜀志·杨戏传》
李福	梓潼涪人		先主定益州后,为书佐、西充国长、成都令	《三国志·蜀志·杨戏传》
龚禄	巴西安汉人		先主定益州,为郡从事牙门将	《三国志·蜀志·杨戏传》
龚衡	巴西安汉人		景耀中为领军	《三国志·蜀志·杨戏传》
程畿	巴西阆中人		刘璋时为汉昌长。……璋闻之,迁畿江阳太守。先主领益州牧,辟为从事祭酒	《三国志·蜀志·杨戏传》

早在入川之前,荆襄文士诸葛亮就已经为刘备确立了政治纲领。刘备占领益州之后,首要问题是与曹操争夺汉中盆地。刘璋时代,张鲁就割据汉中。建安二十年(214),曹操出兵陈仓,至汉中,张鲁逃。益州文士法正劝刘备出兵与曹操争夺汉中盆地,不仅稳定益州安全,同时为出兵关中,开辟西线战场做准备。除此之外,刘备要倚重诸葛亮为首的荆襄文士集团来治理益州的事务,整齐人心。诸葛亮以军师将军身份,管理左将军府事,执法严峻。法正曾劝谏诸葛亮,希望学学汉高祖刘邦,希望能"缓刑弛禁,以慰其望"。诸葛亮认为刘焉父子治蜀失之以宽,不能严加约束各集团势力、协调各集团利益,故而"威之以法,法行则知恩,限之以爵,爵加则知荣"①。

与江东文学圈相比,刘备的益州文学圈很少在政治话语权上展开论述,其根源在于,刘备有着汉中山靖王后裔的皇族身份——即天然的法统权,而孙策、孙权兄弟仅仅是吴郡富春县的小族,身世不够显赫,自然需要文学圈文士帮助自己树立政治权威。还有,刘备与曹操、孙坚等人班辈相当,起事早、资历老。而孙策、孙权等人显然是后辈人物,需要不断造声势,提高权威。当然,刘备需要的战略蓝图,早在诸葛亮《隆中对》中已经明确。因此,刘备入川后,亟需解决的是如何改变刘璋遗留下来的施政弊症,更有效地协调好土著与流寓世族之间的利益,更好团结这些士大夫文士群体。诸葛亮刑政严峻,不分土流,一视同仁的治理方法,基本上解决了这个问题。同时,益州文学圈的文士担任各级文职,多忙于政务,无暇悠游自在地从事诗文创作。再加之,诸葛亮推行法治思想,强调社会管理的务实性与高效性,也在一定程度上挤压了文学创作的自由空间。因此,益州文学圈的文学成绩远不及许都、邺城文学圈斐然。

第二节 话语争夺:三国文学地理空间

汉末政治文化中心离散之际,黄河流域形成了关中—长安文学圈、冀州文学圈,最终融合形成了许都—邺城文学圈。而长江中下游江汉、江淮以及长江上游益州所形成的荆州文学圈、江东文学圈和益州文学圈,最终,荆州文学圈消散,一大部分文士迁回许都—邺城文学圈,另一部分文士追随刘备融入益州文学圈之中。经历几番流转,最终,黄河流域的许都—邺城文学圈,与长江上游地区的益州文学圈以及长江中下游的江东文学圈对峙。汉末的中心离散,意味着掌握文字、知识、思想等文化资源的文士跨地区、大范围的流动。如以诸葛亮为代表的徐、荆等州文士收功于西南,以曹操、荀彧为代表

---

① (晋)陈寿:《三国志》,中华书局1959年版,第917页。

的谯沛、颍汝文士建功河南、河北,而鲁南、苏北、皖北世族则盘踞江东。建安时代,许都邺城文学圈、江东文学圈与益州文学圈所代表的三大文学地理格局的形成,依然是政治权力与文化权力争夺的产物。只不过,汉末建安时代的政治权力与文化权力争夺,依然在尊奉汉家天子——汉献帝"共主"名分的框架内展开。曹操"挟天子以令诸侯",自诩周公,实际上想效仿周文王,最终裂土封为魏王。孙策接受汉献帝的吴侯册封,任讨逆将军,欲成齐桓公、晋文侯的霸业,孙权表面接受汉献帝的讨虏将军、骠骑将军、假节领荆州牧、南昌侯等,实际上存了"高祖之业"的帝王之心。刘备以皇叔身份,受汉献帝密诏,赤壁之战后,任荆州牧,取益州后,兼任益州牧、左将军等职,取得汉中之后,也裂土自称汉中王。曹、刘、孙表面上虽是汉臣,但所控制的地区跨州连郡,一切行政、军政甚至人事任免权都完全由己所出。曹操去世,曹丕继承魏王爵位,率先打破了这种框架,以禅让方式逼迫汉献帝退位。随后,刘备在成都称帝,国号为汉,史称蜀汉。孙权因吞并荆州,杀害关羽,引起刘备的复仇,不得不向曹魏称臣,被封吴王,名义上藩属曹魏王朝,等击败刘备大军之后,危机解除。蜀汉诸葛亮恢复联吴外交之后,孙权称帝武昌,迁都建业。从此,金瓯一剖为三,成鼎足之势。

一、政统话语权之争

魏蜀吴三大对峙政权脱胎于大一统的汉王朝。三大区域的最高主宰者先后称帝建极。表面上看是抛弃汉献帝,实际上是超越两汉王朝政统话语权所形成的向心力。

首先,魏蜀吴三国称帝,需要超越两汉王朝怎样的政统文化向心力。汉高祖刘邦扫平暴秦和六国贵族势力,建立大汉王朝,定都长安。长安城尤其未央宫成为政治中心。汉长安进行一系列的文化重建,成为全国文化中心、文学中心。"于时汉兴,萧何次律令,韩信申军法,张苍为章程,叔孙通定礼仪,则文学彬彬稍进,《诗》《书》往往间出矣。"①随着察举制的推行,许多隐逸在民间的"士"被汉王朝的州郡举荐进入政治体制之中。如"商山四皓"都成了太子的僚属。因为,士子们对大汉王朝产生了高度的政治认同与文化认同。或者说,西汉帝国的政治、文化中心——长安,形成了一种极强的文化向心力,吸引着掌握文字表征符码体系的士人。正如文青云说的:"在前汉初期,战国时代的混乱和暴力以及秦朝垮台后的内战,仍然是鲜明的记忆。因而,任何一位生活在,比如文帝(前180—前157)时代的、稍微有点儿历史感的人,都不可能不敏锐地意识到,他们正在经历的这一太平时期,跟在此之前数百年的战乱相比,是多么的新鲜,多么的短暂,而且显然很脆弱。为能生活在这样一个时代而感到心情舒畅和感恩戴德,应

---

① (汉)司马迁:《史记》,中华书局1959年版,第3319页。

该是一种自然的和真诚的反应。可以预料的是,这使得许多士人不仅十分乐意而且非常渴望从政出仕。即使是那些个性保守或者厌恶政治事务的人士,也能十分清楚地看出,保持这样一种体制的运作能够给每一个人带来的好处。"①"这一个时代有可能让一切有道之人都参与创造和维持社会安定和繁荣的伟大事业。"②也正是这种浓厚的向心力,西汉社会的隐逸风气相对战国和东汉后期要淡薄的多。有趣的是,西晋的皇甫谧在《高士传》中虚构出一位名叫挚峻的隐士。作为好友司马迁,写信劝挚峻出仕。司马迁信中说,"迁闻君子所贵乎道者三,太上立德,其次立言,其次立功。伏惟伯陵材能绝大,高尚其志,以善厥身,冰清玉洁,不以细行苟累其名,固已贵矣。然未尽太上之所由也。愿先生少致意焉。"③这个故事虽然极有可能是杜撰的④,但透露出当时的社会文化心理。皇甫谧的一句"然未尽太上之所由也",深契司马迁的心理,"司马迁认为,像伯夷、叔齐这种类型的隐逸的问题在于,不管他们是多么正直,也不管引导他们隐退的原则多么崇高,一旦他们与世隔绝,他们也就使自己从世人的视野中消失了,从而也就毁掉了对社会发挥任何影响的可能性"⑤,也深契西汉士人向往文化中心、积极参与政治的社会文化心理。作为"文化权力"的西汉文学艺术,都在积极建构、昭示西汉的"政治权力"。如以伏羲女娲创生神话为主要内容的汉代贵族墓中壁画、帛画,甚至汉像砖等,都在彰显大汉皇族的信仰体系。再如表彰孝子、义士、圣君、贤相等为内容的石刻、砖刻艺术,都是通过历史叙事来建构维护汉家天下一统的儒家传统。再如汉大赋中,山川、苑囿、鸟兽、物产、人物、宫殿等都围绕在以都城为中心的想象性地理空间周围展开铺陈。李泽厚先生说:"它表明中华民族进入发达的文明社会后,对世界的直接征服和胜利,这种胜利使文学和艺术也不断要求全面地肯定、歌颂和玩味自己存在的自然环境、山岳江河、宫殿房屋、百土百物以至各种动物对象。所有这些对象都作为人的生活的直接或间接地对象化存在于艺术中。人这时不是在其自身的精神世界中,而完全溶化在外在生活和环境世界中,在这种琳琅满目的对象化的世界中。"⑥李泽厚先生用马克思的"本质力量对象化"理论解释,确实棋高一着,看到了汉代文学艺术的世间生活的热情,但似乎没有发现汉代文学艺术中的世间生活是以城市为中心、甚至是以国都为

---

① ［澳］文青云:《岩穴之士——中国早期隐逸传统》,山东画报出版社2009年版,第75页。
② ［澳］文青云:《岩穴之士——中国早期隐逸传统》,山东画报出版社2009年版,第74页。
③ 雷恩海:《皇甫谧〈高士传〉注释全译》,花木兰文化出版社2013年版,第137—138页。
④ 文青云认为,这或许更多是出于皇甫谧的想象而非历史事实。并分析说皇甫谧为他的弟子著名诗人和文学批评家挚虞创作一篇高贵祖先的传记。参见《岩穴之士——中国早期隐逸传统》,山东画报出版社2009年版,第100页。
⑤ ［澳］文青云:《岩穴之士——中国早期隐逸传统》,山东画报出版社2009年版,第72页。
⑥ 李泽厚:《美的历程》,中国社会科学出版社1989年版,第77页。

中心的。因为,这种世间生活以及社会秩序是以未央宫为政治中心恩赐的、给予的。无论是现实的地理空间还是文学想象的地理空间都呈现出了中心与边缘的分野。

总而言之,先秦时代世禄世卿的氏族贵族缔造的大一统"政治共同体"被崛起于沛县平民阶层的刘姓家族所继承,建立了长达四百年之久的汉王朝。崛起于平民阶层的刘氏家族,以革命方式夺取了华夏文明区的最高王权,吸收、融合先秦氏族贵族文化,继承发展并创新出一种可以与华夏文化等量齐观的汉文化。民间的创生神话信仰思想受到推崇,弥补"布衣天子""家天下"所需要的神圣光环,取代了先秦氏族先祖的高贵出身——屈原《离骚》中所云的"朕皇考曰伯庸",进一步深化了华夏政治形态的"王权至上","神权服务于王权"的文化特性。原始氏族贵族意义上的大、小篆体文字变为更适宜中下层社会群体——吏阶层掌握的汉字形态——隶书,在大汉整个疆域中广泛运用。各种以文字书写为特点、以处理世间事务为目的的文体,往来于政治中心——"国都"和州、郡(国)、县等边缘社会,皇帝意志得以传达执行,州、郡(国)、县等边缘社会的民情风俗等得以上传,如汉乐府。两汉时代,发源于先秦氏族贵族的知识、思想等如黄老刑名、儒家、法家思想在士人阶层手里发扬光大,选择、吸收、融合、创新,汇入到建构汉文化中心的历史进程之中。

其次,魏蜀吴三大文学圈是如何阐述各自主宰者建极称帝的法理性的。曹丕继承了曹操的魏王爵位,亟需在其父完成的"文王之业"基础上完成"武王"事业,即取汉家天子而代之。摆在曹丕面前的问题是,如何顺利完成"武王"使命,实现取而代之呢?汉献帝早已形同虚设,自登基以来就没有惠及百姓,手中也没有任何实际权力,更无兵权,根本无法威胁曹丕统治。以暴力手段杀掉汉献帝,虽易如反掌,但不会带来任何好处,反倒会玷污曹氏声名。因而,曹丕改变了其父曹操所设计的"武王道路",没有选择暴力方式,而是依照尧、舜、禹故事,选择了更为和平的禅让方式,完成最高权力的更替,获取至高无上的皇权。原始的禅让制是需要有影响力的部落或方国首领民主推荐,共主身份的"天子"多方考察,得到认可,再将共主"天子"之位传于被推选者。禅让之前需要制造舆论,要用舆论的文化力量打破汉家政统的合法性。制造舆论需要一套知识、话语以及思想信仰,只有掌握文字、知识、思想信仰的话语体系的文化世族文士——士大夫具有制造社会舆论的能力。邺城——许都文学圈的士大夫文士负责制造曹丕应该陟其帝位的社会舆论。其套路往往如此,先由一个看似边缘的、实则极为亲信的人物抛出话题,再由主宰者——准备登帝位者谦虚相让,并公布下去,令话题发酵成一种舆论,再由亲信文士等人出面大肆渲染,主宰者明志谦让,引起更多的文臣武将的劝进,再由禅让帝位的人只好下诏,实际的主宰者三番五次的谦让,文武大臣大规模的劝进。最后完成禅让仪式,实现最高权力和平更替。只要翻开《三国志·文帝纪第二》裴注引的连篇累牍的官样文章,就明白曹丕身边的士大夫文士完全按照这种套路来制造社会舆论。左中郎将李伏抛出话题,亲信侍中刘廙、辛毗、刘晔,尚书令桓阶,尚书陈矫、陈群,给事黄门侍郎王毖、董遇等人出面渲染,学者太史丞许芝上陈条,进行学理论证。群僚督军御史中丞司马懿,侍御史郑浑、王祕、鲍勋、武周,以及辅国将军清苑侯刘若等一百二十人滚雪球地卷入到舆论场域之中。接着,许都汉献帝身边的文士似乎得到了暗示,替汉献帝做好四五份册命诏书,如延康元年十月乙卯日《魏王禅代天下诏》等。汉献帝与魏王曹丕经过几番推让,最终曹丕"被迫"接受诏命,设坛受禅。士大夫文士不仅担负制造禅让的社会舆论,而且担负着禅让仪式中的民主推荐的任务,尽管候选人明摆着,不需要提名推选,但推选者的角色是万万不能少的。汉献帝则充当着共主身份的"天子",将权力直接禅让给被推选者——曹丕。汉魏之际的禅让仪式,尽管充斥着虚伪与欺骗,但比暴力手段更文明、更有法理基础。禅让方式最终的结果是三方皆赢:一是曹丕获得世族阶层与寒庶文士的政治认同和文化认同,体体面面地登上权力顶峰。二是世族士大夫与寒庶文士在利益交换中将家族利益最大化,获得应有的政治位势。三是汉献帝虽然失去了帝位,但保住了身家性命,得到山阳万户赋税的供养。

再次,曹魏文学圈的文士运用什么样的知识话语来制造曹丕禅代汉帝的舆论呢?蜀、吴两国的文士如何争夺这种政统话语权,为刘备、孙权称帝造舆论的?曹魏文士使用的知识话语和思想资源有二:一是谶纬之学。左中郎将李伏转述了一件旧事,名震关右的内学家姜合,曾经预测朝廷封曹操为魏公,提出"定天下者,魏公子桓,神之所命,当合符谶,以应天人之位"的论断。甚至将此言论的出处追溯到孔子的《玉版》之上。说:"孔子《玉版》也,天子历数,虽百世可知。"这显然是运用汉代的谶纬之术神化曹丕,以武将身份——左中郎将的李伏,显然不大可能精通谶纬之学,故而将谶纬言论夹杂在故事之中。将故事叙述得有鼻子有眼儿的,甚至以第一人称为叙述视角,增加可信度。魏王曹丕的亲信,侍中刘廙、辛毗、刘晔,尚书令桓阶,尚书陈矫、陈群,给事黄门侍郎王毖、董遇等人,列举谶纬思想话语系统所制造、所选择、所组织的历史知识,如璇玑之于尧,"赤乌衔书"之于周武,"神母告符"之于汉高祖,"字成木叶"之于汉宣帝,光武帝"名以勒谶"等知识话语。专家人物——太史丞许芝《魏代汉见谶纬》的条陈,不厌其烦地罗列各种谶纬之书,制造"天命所移,应符受命"的舆论。谶纬之学的知识话语,虽荒诞不经,但渊源久远,似从上古巫术分蘖而出。二是尧、禹禅让的历史知识话语。比如太史丞许芝说的,"伏惟殿下体尧舜之盛明,膺七百之禅代,当汤武之期运,值天命之移受,河洛所表,图谶所载,昭然明白,天下学士所共见也"①。得到暗示的许都文士,替汉

---

① (晋)陈寿:《三国志》,中华书局1959年版,第65页。

献帝所写的《魏王禅代天下诏》,也是运用尧、禹禅让典故,"昔虞舜有大功二十,而放勋禅以天下;大禹有疏导之绩,而重华禅以帝位。汉承尧运,有传圣之义,加顺灵祇,绍天明命,釐降二女,以嫔于魏。"①魏国士大夫文士等借机鼓动:"昔尧、舜禅于文祖,至汉氏,以师征受命,畏天之威,不敢怠遑,便即位行在所之地。今当受禅代之命,宜会百寮群司,六军之士,皆在行位,使咸睹天命。"②当曹魏士大夫文士拿起谶纬思想中的符谶、五德转运之说,扫除长达四百年之久的汉王朝政统向心力的思想障碍,运用尧舜禹禅让故事的历史知识话语,为曹丕称帝开道。他们直言不讳,一再揭示汉王朝政统出现的弊端:

> 自汉德之衰,渐染数世,桓、灵之末,皇极不建,暨于大乱,二十馀年。天之不泯,诞生明圣,以济其难,是以符谶先著,以彰至德。③

又云:

> 今汉室衰替,帝纲堕坠,天子之诏,歇灭无闻,皇天将舍旧而命新,百姓既去汉而为魏,昭然著明,是可知也。先王拨乱平世,将建洪基。④

又云:

> 今汉室衰,自安、和、冲、质以来,国统屡绝,桓、灵荒淫,禄去公室,此乃天命去就,非一朝一夕,其所由来久矣。⑤

汉献帝延康元年(220)十月乙卯日《魏王禅代天下诏》也说:

> 董卓乘衅,恶甚浇、豷,劫迁省御,火扑宫庙,遂使九州幅裂,强敌虎争,华夏鼎沸,蝮蛇塞路。当斯之时,尺土非复汉有,一夫岂复朕民?幸赖武王德膺符运,奋扬神武,艾夷凶暴,清定区夏,保义皇家。今王缵承前绪,至德光昭,御衡不迷,布德优远,声教被四海,仁风扇鬼区,是以四方效珍,人神响应,天之历数实在尔躬。⑥

袁宏《汉纪》中所载的汉献帝诏书:

> 朕在位三十有二载,遭天下荡覆,幸赖祖宗之灵,危而复存。然仰瞻天文,俯察民心,炎精之数既终,行运在乎曹氏。是以前王既树神武之绩,今王又光曜明德以应其期,是历数昭明,信可知矣。夫大道之行,天下为公,选贤与能,故唐尧不私於厥子,而名播於无穷。朕美而慕焉,今其追踵尧典,禅位于魏王。⑦

① (晋)陈寿:《三国志》,中华书局1959年版,第67页。
② (晋)陈寿:《三国志》,中华书局1959年版,第68页。
③ (晋)陈寿:《三国志》,中华书局1959年版,第63页。
④ (晋)陈寿:《三国志》,中华书局1959年版,第66页。
⑤ (晋)陈寿:《三国志》,中华书局1959年版,第66页。
⑥ (晋)陈寿:《三国志》,中华书局1959年版,第67页。
⑦ (晋)陈寿:《三国志》,中华书局1959年版,第62页。

其实,这些官样文章虽无多大文学价值,但有着极重要的政治价值和思想信仰价值。其政治价值在于以和平的方式完成权力更替,其思想信仰价值在于,魏臣们费尽心机地制造谶纬之术,搜肠刮肚地挖出尧、舜、禹禅让故事等历史知识话语系统,营造曹丕应天受命登基称帝的法理基础。

最后,曹魏文学圈的文士为什么纷纷抛弃儒家的忠君爱国思想,抛弃维系四百年之久的汉王朝政统话语权呢? 这都要追溯到东汉王朝,东汉的开国皇帝——光武帝为了复国,依靠世族阶层的力量,推翻王莽统治。剥夺朝中武将的军权,让度了大量的经济利益,地方豪族日益崛起,成为影响中古社会的世族阶层。尤其在东汉中后期,各种原因导致王朝肌体腐败,爆发了大规模的黄巾起义。汉灵帝为了镇压各地黄巾起义,设立州牧制度,将军政大权下移至州牧之手,埋下了汉末军阀割据的祸根。尤其是军阀董卓入京,控制汉王朝中枢,废立皇帝,祸乱后宫,迁都长安,焚烧洛阳宫。战乱四起,生灵涂炭。经营四百年之久的汉王朝政治中心、文化中心被毁。劫后余生的士大夫文士从中心向边缘地区流徙,躲避战难。崛起于汉末战乱中的曹操集团,聚拢了大量的流徙文士为属吏,一步步地统一北方。这些属吏虽然品秩不高,但颇受曹操信任,"与闻机要的程度明显超过朝廷显贵"①。同时,也受到曹丕、曹植等公子的倾心结交。就连这批经历汉末时局动荡、渴望一扫妖氛、复兴汉室的邺下文士,都高度认同曹操的雄才伟略和一统事业,何况出生在建安时代、生活相对安定的年轻文士,他们整日看到的是曹操治理下一片欣欣向荣、听到的是曹操神勇与威仪,久而久之,会产生发自肺腑的感激与忠诚。因此,曹氏代汉,已成必然之势。

蜀汉、孙吴文学圈面对曹丕称帝又是怎样批判的呢? 蜀汉文学圈的文士批判说:"曹丕篡弑,湮灭汉室,窃据神器,劫迫忠良,酷烈无道。人鬼忿毒,咸思刘氏。"②蜀汉文学圈文士追述汉家政统,批判曹操大逆不道以及曹丕的窃取神器等罪行,说:"汉有天下,历数无疆。曩者王莽篡盗,光武皇帝震怒致诛,社稷复存。今曹操阻兵安忍,戮杀主后,滔天泯夏,罔顾天显。操子丕,载其凶逆,窃居神器。"③面对北方曹魏篡汉,刘备发丧制服,定谥号。一大批文士,如故议郎阳泉侯刘豹、青衣侯向举、偏将军张裔、黄权、大司马属殷纯、益州别驾从事赵莋、治中从事杨洪、从事祭酒何宗、议曹从事杜琼、劝学从事张爽、尹默、谯周等开始为刘备称帝大造社会舆论。有趣的是,蜀汉文学圈的这些文士同样运用的是谶纬之学的思想资源:

> 臣闻《河图》、《洛书》,五经谶、纬,孔子所甄,验应自远。谨案《洛书甄曜度》

---

① 徐公持编著:《魏晋文学史》,人民文学出版社 1999 年版,第 5 页。
② (晋)陈寿:《三国志》,中华书局 1959 年版,第 888 页。
③ (晋)陈寿:《三国志》,中华书局 1959 年版,第 889 页。

曰:"赤三日德昌,九世会备,合为帝际。"《洛书宝号命》曰:"天度帝道备称皇,以统握契,百成不败。"《洛书录运期》曰:"九侯七杰争命民炊骸,道路籍籍履人头,谁使主者玄且来。"《孝经钩命决录》曰:"帝三建九会备。"臣父群未亡时,言西南数有黄气,直立数丈,见来积年,时时有景云祥风,从璿玑下来应之,此为异瑞。又二十二年中,数有气如旗,从西竟东,中天而行,《图》《书》曰:"必有天子出其方"。加是年太白、荧惑、填星,常从岁星相追。近汉初兴,五星从岁星谋;岁星主义,汉位在西,义之上方,故汉法常以岁星候人主。当有圣主起于此州,以致中兴。时许帝尚存,故群下不敢漏言。顷者荧惑复追岁星,见在胃昴毕;昴毕为天纲,《经》曰:"帝星处之,众邪消亡"。圣讳豫睹,推揆期验,符合数至,若此非一。臣闻圣王先天而天不违,后天而奉天时,故应际而生,与神合契。愿大王应天顺民,速即洪业,以宁海内。①

再如太傅许靖、安汉将军麋竺、军师将军诸葛亮、太常赖恭、光禄勋黄柱、少府王谋等文士的劝进表中说道:

> 群下前后上书者八百余人,咸称述符瑞,图、谶明徵。间黄龙见武阳赤水,九日乃去。《孝经援神契》曰:"德至渊泉则黄龙见",龙者,君之象也。《易》乾九五"飞龙在天",大王当龙升,登帝位也。又前关羽围樊、襄阳,襄阳男子张嘉、王休献玉玺,玺潜汉水,伏於渊泉,晖景烛耀,灵光彻天。夫汉者,高祖本所起定天下之国号也,大王袭先帝轨迹,亦兴於汉中也。今天子玉玺神光先见,玺出襄阳,汉水之末,明大王承其下流,授与大王以天子之位,瑞命符应,非人力所致。昔周有乌鱼之瑞,咸曰休哉。二祖受命,《图》《书》先著,以为徵验。今上天告祥,群儒英俊,并进《河》《洛》,孔子谶、记,咸悉具至。伏惟大王出自孝景皇帝中山靖王之胄,本支百世,乾祇降祚,圣姿硕茂,神武在躬,仁覆积德,爱人好士,是以四方归心焉。考省灵图,启发谶、纬,神明之表,名讳昭著。宜即帝位,以纂二祖,绍嗣昭穆,天下幸甚。②

由此可见,蜀汉文学圈文士利用谶纬之术和刘备的帝胄血统,为其称帝制造社会舆论。同时,追述汉家的政统,批判曹氏父子的罪行,争夺天下政统话语权的合法性地位。

孙吴因出兵攻破荆州,杀掉了关羽,孙刘联盟破裂。孙吴面临灭顶之灾,不得不上表臣魏,接受魏帝曹丕的吴王册封。尽管如此,江东文士依然为孙权争夺政统话语权。如赵咨、冯熙、陈化等人出使曹魏,面对魏文帝的询问,回答掷地有声,尽显江东声威。

> 魏帝问曰:"吴王何等主也?"咨对曰:"聪明仁智,雄略之主也。"帝问其状,咨

---

① (晋)陈寿:《三国志》,中华书局1959年版,第887—888页。
② (晋)陈寿:《三国志》,中华书局1959年版,第888—889页。

曰:"纳鲁肃于凡品,是其聪也;拔吕蒙于行陈,是其明也;获于禁而不害,是其仁也;取荆州而兵不血刃,是其智也;据三州虎视于天下,是其雄也;屈身于陛下,是其略也。"①

魏文帝善之,嘲咨曰:"吴王颇知学乎?"咨曰:"吴王浮江万艘,带甲百万,任贤使能,志存经略,虽有余间,博览书传历史,藉采奇异,不效诸生寻章摘句而已。"帝曰:"吴可征不?"咨对曰:"大国有征伐之兵,小国有备御之固。"又曰:"吴难魏不?"咨曰:"带甲百万,江、汉为池,何难之有?"又曰:"吴如大夫者几人?"咨曰:"聪明特达者八九十人,如臣之比,车载斗量,不可胜数。"②

文帝问曰:"吴王若欲修宿好,宜当厉兵江关,县旌巴蜀,而闻复遣修好,必有变故。"熙曰:"臣闻西使直报问,且以观衅,非有谋也。"又曰:"闻吴国比年灾旱,人物彫损,以大夫之明,观之何如?"熙对曰:"吴王体量聪明,善于任使,赋政施役,每事必咨,教养宾旅,亲贤爱士,赏不择怨仇,而罚必加有罪,臣下皆感恩怀德,惟忠与义。带甲百万,谷帛如山,稻田沃野,民无饥岁,所谓金城汤池,强富之国也。以臣观之,轻重之分,未可量也。"③

魏文帝因酒酣,嘲问曰:"吴、魏峙立,谁将平一海内者乎?"化对曰:"《易》称帝出乎震,加闻先哲知命,旧说紫盖黄旗,运在东南。"帝曰:"昔文王以西伯王天下,岂复在东乎?"化曰:"周之初基,太伯在东,是以文王能兴于西。"帝笑,无以难,心奇其辞。④

刘备战败夷陵,死于白帝城。诸葛亮主政,重修孙刘之好。孙吴危机解除,孙吴文学圈文士为孙权称帝制造社会舆论。赵咨劝吴主孙权,说臣服曹魏,而曹魏不能遵守盟约,随时存有吞并之意,应该"承汉四百之际,应东南之运,宜改年号,正服色,以应天顺民"⑤。群臣称天命符瑞,认为应该称帝。孙权称帝,诏告天下,既批判曹氏的悖逆罪行,与蜀汉结盟。又直言不讳地揭示汉祚已终,天命在兹,不得不称帝。

天降丧乱,皇纲失叙,逆臣乘衅,劫夺国柄,始于董卓,终于曹操,穷凶极恶,以覆四海,至令九州幅裂,普天无统,民神痛怨,靡所戾止。及操子丕,桀逆遗丑,荐作奸回,偷取天位,而睿么麿,寻丕凶迹,阻兵盗土,未伏厥诛。昔共工乱象而高辛行师,三苗干度而虞舜征焉。今日灭睿,禽其徒党,非汉与吴,将复谁任?夫讨恶翦

① (晋)陈寿:《三国志》,中华书局1959年版,第1123页。
② (晋)陈寿:《三国志》,中华书局1959年版,第1123—1124页。
③ (晋)陈寿:《三国志》,中华书局1959年版,第1130—1131页。
④ (晋)陈寿:《三国志》,中华书局1959年版,第1132页。
⑤ (晋)陈寿:《三国志》,中华书局1959年版,第1124页。

暴,必声其罪,宜先分制,夺其土地,使士民之心,各知所归。是以春秋晋侯伐卫,先分其田以畀宋人,斯其义也。且古建大事,必先盟誓,故《周礼》有司盟之官,《尚书》有告誓之文,汉之与吴,虽信由中,然分土裂境,宜有盟约。诸葛丞相德威远著,翼戴本国,典戎在外,信感阴阳,诚动天地,重复结盟,广诚约誓,使东西士民咸共闻知。故立坛杀牲,昭告神明,再歃加书,副之天府。天高听下,灵威棐谌,司慎司盟,群神群祀,莫不临之。自今日汉、吴既盟之后,勠力一心,同讨魏贼,救危恤患,分灾共庆,好恶齐之,无或携贰。若有害汉,则吴伐之;若有害吴,则汉伐之。各守分土,无相侵犯。传之后叶,克终若始。凡百之约,皆如载书。信言不艳,实居于好。有渝此盟,创祸先乱,违贰不协,慆慢天命,明神上帝是讨是督,山川百神是纠是殛,俾坠其师,无克祚国。于尔大神,其明鉴之!①

《吴录》载权告天文曰:"皇帝臣权敢用玄牡昭告于皇皇后帝:汉享国二十有四世,历年四百三十有四,行气数终,禄祚运尽,普天弛绝,率土分崩。孽臣曹丕遂夺神器,丕子睿继世作慝,淫名乱制。权生于东南,遭值期运,承乾秉戎,志在平世,奉辞行罚,举足为民。群臣将相,州郡百城,执事之人,咸以为天意已去于汉,汉氏已绝祀于天,皇帝位虚,郊祀无主。休征嘉瑞,前后杂沓,历数在躬,不得不受。权畏天命,不敢不从,谨择元日,登坛燎祭,即皇帝位。惟尔有神飨之,左右有吴,永终天禄。"②

综上所述,三国时代,大一统的皇帝集权国家形态分裂为三,维系了四百多年之久的两汉政统话语权丧失其效用。魏蜀吴三个对峙政权先后建极称帝,各文学圈内的士大夫文士阶层展开激烈的政统话语权的争夺。其中,蜀汉政权凭借着得天独厚的汉王朝皇室贵胄身份,打着复兴汉室的政统话语权,以西南地区为后援,以汉中为桥头堡,试图效仿当年的汉王刘邦,出兵关中,一统天下。曹魏政权则凭借曹操几十年征伐,统一北方,给饱受战乱之苦的民众提供了相对安定的环境,获得了北方士大夫以及广大民众的政治文化认同。曹丕在此基础上建立了曹魏政权。也许当时天下百姓的心目中,蜀汉政权是最具合法性的,是四百年之久的汉家正统,而后世的官方正史系统中,曹魏是承接两汉的政统话语权。孙吴政权打着维护汉家政统,否认曹魏的政统话语权,与蜀汉结盟,又不得不承认东汉王朝献帝一脉所代表的政统话语权力彻底失败,只好在江东地区建极称帝。

---

① (晋)陈寿:《三国志》,中华书局 1959 年版,第 1134—1135 页。
② (晋)陈寿:《三国志》,中华书局 1959 年版,第 1135—1136 页。

二、文化话语权之争

如果说曹刘孙三大家族在各自文学圈的政统话语权争夺下,获得了最高政治权力。那么,三大文学圈之间围绕着文化话语权展开争夺。魏蜀吴三大文学圈士大夫文士以什么方式争夺文化话语权? 魏蜀吴三大文学圈争夺文化话语权背后折射出什么样的社会文化心理? 为什么在魏蜀吴三大文学圈争夺文化权的过程中,最终的胜利者是以魏为代表的北方文学圈?

首先,魏蜀吴三大文学圈士大夫文士以什么方式争夺文化话语权? 具体而言,大致分为三种方式:

一是在曹魏文学圈的士大夫文士运用汉代盛行的阴阳五行、五德转运以及谶纬之学等文化话语建构政统话语权之际,蜀汉文学圈、孙吴文学圈的士大夫文士也毫不犹豫地操起这套知识话语体系,夺取曹魏士大夫文士的文化话语权。尽管这一套文化话语显得传统、陈旧、毫无生气,缺乏理论的前瞻性,但这一套文化话语整合了上古的五帝、夏、商、周等的法统传承,既吸收了商代"天鬼"精神信仰体统中的人格化色彩,又融合了周代"天命"精神信仰系统中的"德性"因素,创造性地转换出一种以符瑞为标志、以"天人感应"为思维特征的精神文化资源。在蜀汉、孙吴文学圈士大夫文士看来,这套文化话语体系绝非曹魏专有之物,你们可用,我们何尝不能用呢?

二是三大文学圈十分看重文化建设,进行文化生产与积累,展示所掌握的文化话语权。在曹丕带动下,曹魏文学圈大力进行文化建设,如曹丕为魏王之时,就下令"轩辕有明台之议,方勋有衢室之问,皆所以广询于下也。百官有司,其务以尽职规谏,将率陈阵法,朝士明制度,牧守申政事,缙绅考六艺,吾将兼览焉"①。曹魏王朝重视图书文献的整理工作。东汉末年,董卓迁都关中长安的时候,两汉四百年间所积累的文献图册以及从秦王朝传承而来的历史文献等,没有得到官方有效的保护,王允收集部分携入长安。董卓死后,长安大乱,这些汉代乃至三代遗存文献被弃如草芥。正如《隋书·经籍志》说的:"董卓之乱,献帝西迁,图书缣帛,军人皆取为帷囊。所收而西,犹七十余载。两京大乱,扫地皆尽。"②曹丕称帝后,曾进行"采掇遗忘"的整理,所收集整理的图书文献藏在"秘书中、外三阁"之内,严加保管。在此基础上,曹丕命桓范、王象、缪袭等人主持,组织一大批文士着手编辑大型类书《皇览》。从今人的眼光看,"此书的编辑,有功于文化建设和遗产的保存,开了我国编纂大型类书的先河"③。但从曹丕的角度看,举官方之力,编纂经籍图书,实际上彰显王朝的文化道统力量和文化优势。曹丕不仅彰显

---

① （晋）陈寿:《三国志》,中华书局 1959 年版,第 60 页。
② （唐）魏征:《隋书》,中华书局 1973 年版,第 906 页。
③ 徐公持:《魏晋文学史》,人民文学出版社 1999 年版,第 50 页。

魏王朝所拥有的文化话语权,而且将自己撰写的学术论著《典论》以及诗赋百余篇,"集诸儒于肃门之内,论讲大义,侃侃不倦"①。曹丕甚至将《典论》以及诗赋用绢帛誊写一份,送给孙权,以纸写一份,送给张昭。这一举动背后的动机,绝非为文化交流,而是为了彰显自己的文化优势,试图以文德服远方。《三国志·文帝纪》裴注引《魏书》记载:

> 常嘉汉文帝之为君,宽仁玄默,务欲以德化民,有贤圣之风。时文学诸儒,或以为孝文虽贤,其于聪明,通达国体,不如贾谊。帝由是著《太宗论》曰:"昔有苗不宾,重华舞以干戚,尉佗称帝,孝文抚以恩德,吴王不朝,锡之几杖以抚其意,而天下赖安;乃弘三章之教,恺悌之化,欲使曩时累息之民,得阔步高谈,无危惧之心。若贾谊之才敏,筹画国政,特贤臣之器,管、晏之姿,岂若孝文大人之量哉?"三年之中,以孙权不服,复颁《太宗论》于天下,明示不愿征伐也。他日又从容言曰:"顾我亦有所不取于汉文帝者三:杀薄昭;幸邓通;慎夫人衣不曳地,集上书囊为帐帷。以为汉文俭而无法,舅后之家,但当养育以恩而不当假借以权,既触罪法,又不得不害矣。"其欲秉持中道,以为帝王仪表者如此。②

魏文帝曹丕十分赞赏汉文帝刘恒,认为他宽博仁爱,沉默玄远,喜欢以德教化百姓,有贤圣的风度。当时的文学儒士不以为然,认为汉文帝不及贾谊"通达国体",洞悉汉王朝的最大危机。魏文帝便写了《太宗论》一文,认为汉文帝学习虞舜以干戚之舞德化有苗氏的叛乱,尉佗在广西称帝,汉文帝以恩德抚慰,使之取消帝号,归为藩属。汉初分封诸侯吴王刘濞,因其子被文帝太子刘启失手打死,起了不臣之心,借病不朝,汉文帝赐几杖,缓和矛盾。有趣的是,孙权迫于刘备复仇,虽不得不称臣曹魏,为其藩国,但内心不服曹魏。魏文帝将自己写的《太宗论》颁布天下,表明没有征伐之心。随后又继续阐发不能苟同汉文帝的些许观点。《三国志·文帝纪》裴注引《魏书》中这段记载,流露出魏文帝一种文化的优胜感。魏文帝接见吴国使者赵咨的时候,以一种文化优胜的姿态,询问"吴王颇知学乎?"在魏文帝看来,曹魏控制了文物鼎盛的北方中原之地,有大量的文献遗存,而江东地区则相对薄弱,故而问吴王孙权是否知学?赵咨深知其意,用一句"吴王浮江万艘,带甲百万,任贤使能,志存经略,虽有馀闲,博览书传历史,藉采奇异,不效诸生寻章摘句而已"去辩解,虽然巧妙精彩,但难以掩饰孙权在文化话语权上的薄弱之处。刘备早年投到同郡名儒卢植门下,虽学业无成,但很敬重儒学之士。刘备建立蜀汉政权的时候,深知争夺文化话语权的重要性,建立太学,延揽儒学之士,掌典旧文。"先主定蜀,承丧乱历纪,学业衰废,乃鸠合典籍,沙汰众学,(许)慈、(胡)潜并为学士,

---

① (晋)陈寿:《三国志》,中华书局 1959 年版,第 88 页。
② (晋)陈寿:《三国志》,中华书局 1959 年版,第 88—89 页。

与孟光、来敏等典掌旧文。"①魏蜀吴三大文学圈的文化建设程度虽有高下之分,但争夺文化话语权的意识是很自觉的。

三是魏蜀吴三大文学圈的士大夫文士运用各种文学文体争夺文化话语权。魏蜀吴三大文学圈的士大夫文士群体掌握着构建文化话语权的文字符码系统以及意指表征的"形式—结构"系统。在距今 3800 年前,华夏文明已经出现一套十分成熟的象形的文字符码系统——甲骨文。这套文字符码系统随着书写载体的变化,即从龟甲兽骨、到青铜鼎彝、再到碑石竹帛,书写形式也从甲骨文演变为金文篆体乃至隶体。这套文字符码系统对诸夏文明"政治共同体"的形成起到巨大的作用。文字成为凝聚"中原之国都"与所辖之城邑之间的无形的文化纽带,构成了统一性的"天下国家"。广袤无垠的中国疆域上尽管语言千差万别,但因这一套完整、成熟的汉字符码系统,不仅使以国都为中心的中央意志得以下达,也承载了共同的民族文化心理。随着掌握汉字符码系统的社会阶层从上古的祭祀集团下移到战国士人乃至秦汉吏隶手中,知识、思想、信仰等文化意指系统得到广泛传播。经过代代相传,魏蜀吴三大文学圈士大夫文士都熟练掌握了以隶书为主的汉字符码系统,甚至熟稔地掌握了华夏文化意指表征的"形式—结构"系统,如奏、表、书、记各类文体以及诗、赋、乐府等抒情文体。因此,无论是黄河流域的北方文士,还是长江流域的南方文士在争夺文化话语权的过程中,并不存在任何文字符码体系上的隔膜,也不存在表征"形式—结构"系统背后的意指解读与理解的隔膜。当然,我们也应该承认魏蜀吴三大文学圈在文化地理上存在的不平衡性与不均衡性。因为,从上古时代开始,华夏文明核心区集中在黄河流域南北广大区域,文化中心往往集中在北纬 34°—35°的王都线之内的若干都城之中,如西安、洛阳、郑州等城市,而长江流域以南的广大地区,尽管经过两汉王朝长达四百年的发展,但文化积累相比黄河流域地区还是相对薄弱。随着汉末全国的政治、文化中心的破裂,黄河流域的文士向南迁徙,流寓文士与土著文士的交流和融合,带动了区域之间的文化交流,提升了文化欠发达地区的文化水准。如关中、南阳一带的文士进入益州,以及追随刘备的黄淮地区的徐州文士以及荆州文士进入益州,再比如黄淮地区的徐州以及皖北文士进入江东之地,都无形中加速了益州、扬州等地的文化水准,激发了这些区域文士争夺文化话语权的意识。另外,我们应该注意到三国时代不同社会阶层的文化趣味上差异性。具体而言,文化世族的士大夫阶层因掌握优渥的学术思想资源,偏好运用论著等文体进行知识生产。同时,他们在王朝体制中为官,也需要用各种应用文体如章、奏、议、表等处理政务;而中下层文士阶层则往往运用文学文体如诗、赋、乐府等,抒发功业之心与人生短暂的感慨

---

① （晋）陈寿:《三国志》,中华书局 1959 年版,第 1023 页。

等情感。尽管不同社会阶层的文化趣味稍有差异、不同文学圈在某些文体上有娴熟与
否的差异,但他们渴望掌握文化话语权的心情是一样的。汉末建安十年(205),曹操被
封魏公,享魏国,立曹氏宗庙。王粲受命创制太庙歌辞。如今这些歌辞,失去了乐曲的
衬托,无法显示太庙祭祀的庄重肃穆。试想当年这些歌辞在煌煌乐曲的配合下,演唱着
曹氏祖考的美德。其曲辞如下:

> 思皇烈祖。时迈其德。肇启洪源。贻燕我则。我休厥成。聿先厥道。丕显丕
> 钦。允时祖考。

> 绥庶邦。和四字。九功备。葬乐序。建崇牙。设璧羽。六佾奏。八音举。昭
> 大孝。衍姚祖。念武功。收纯祜。

> 於穆清庙。翼翼休徵。祁祁髦士。厥德允升。怀想成位。咸奔在宫。无思不
> 若。允观厥崇。①

曹丕登基称帝,曹魏王朝在宫廷、军府以及官府演奏着国家性质的鼓吹乐章。这些
包括《初之平》《战荥阳》《获吕布》《克官渡》在内的十二曲辞,配合着钟鼓萧瑟、黄钟大
吕等典雅乐曲,歌唱着曹魏王朝的重大历史事件。这种大型史诗性质的组曲无不彰显
着曹魏王朝的政统话语权和文化话语权。而江东孙吴政权也不甘落后,创制了包括
《炎精缺》《汉之季》《摅武师》《伐乌林》《秋风》《克皖城》《关背德》《通荆门》《章洪德》
《从历数》《承天命》《玄化》等在内的"吴鼓吹曲十二曲"组诗,与曹魏争夺文化话语权。
我们不妨对读魏吴鼓吹十二曲:

表 7-7　三国魏、吴鼓吹曲对比表

魏鼓吹十二曲②	吴鼓吹十二曲③
《初之平》: 初之平,义兵征。神武奋,金鼓鸣。迈武德,扬洪名。汉室微,社稷倾。皇道失,桓与灵。阉宦炽,群雄争。边韩起,乱金城。中国扰,无纪经。赫武皇,起旗旌。麾天下,天下平。济九州,九州宁。创武功,武功成。越五帝,邈三王。兴礼乐,定纪纲。普日月,齐辉光。	《炎精缺》: 炎精缺,汉道微。皇纲弛,政德违。众奸炽,民冈依。赫武烈,越龙飞。陟天衢,耀灵威。鸣雷鼓,抗电麾。抚乾衡,镇地机。厉虎旅,骋熊罴。发神听,吐英奇。张角破,边韩羁。宛颍平,南土绥。神章章,渥泽施。金声震,仁风驰。显高门,启皇基。统冈极,垂将来。
《战荥阳》: 战荥阳,汴水陂,戎士愤怒贯甲驰。陈未成,退徐荣。二万骑堙垒平,戎马伤。六军惊,势不集。众几倾,白日没。时晦冥,顾中牟。心屏营,同盟疑。计无成,赖我武皇万国宁。	《汉之季》: 汉之季,董卓乱。桓桓武烈应时运,义兵兴。云旗建,厉六师。罗八阵,飞鸣镝。接白刃,轻骑发。介士奋,丑虏震。使众散,劫汉主。迁西馆,雄豪怒。元恶偾,赫赫皇祖功名闻。

---

① 逯钦立:《先秦两汉魏晋南北朝诗》上,中华书局 1983 年版,第 525 页。
② 逯钦立:《先秦两汉魏晋南北朝诗》上,中华书局 1983 年版,第 526—530 页。
③ 逯钦立:《先秦两汉魏晋南北朝诗》上,中华书局 1983 年版,第 543—547 页。

续表

魏鼓吹十二曲	吴鼓吹十二曲
《获吕布》： 获吕布，戮陈宫。芟夷鲸鲵，驱骋群雄，囊括天下运掌中。	《摅武师》： 摅武师，斩黄祖。攘夷凶族，革平西夏，炎炎大烈震天下。
《克官渡》： 克绍官渡由白马，僵尸流血被原野。贼众如犬羊，王师尚寡沙埵傍。风飞扬，转战不利士卒伤。今日不胜何足望，土山地道不可当。卒胜大捷震冀方，屠城破邑，神武遂章。	《伐乌林》： 曹操北伐拔柳城，乘胜席卷遂南征。刘氏不睦，八郡震惊。众既降，操屠荆。舟车十万扬风声，议者狐疑虑无成。赖我大皇发圣明，虎臣雄烈周与程。破操乌林，显章功名。
《旧邦》： 旧邦萧条心伤悲，孤魂翩翩当何依。游士恋故涕如摧，兵起事大令愿违。传求亲戚在者谁，立庙置后魂来归。	《秋风》： 秋风扬沙尘，寒露沾衣裳。角弓持弦急，鸠鸟化为鹰。边垂飞羽檄，寇贼侵界疆。跨马披介胄，慷慨怀悲伤。辞亲向长路，安知存与亡。穷达固有分，志士思立功。思立功，邀之战场。身逸获高赏，身没有遗封。
《定武功》： 定武功，济黄河。河水汤汤，旦暮有横流波。袁氏欲衰，兄弟寻干戈。决漳水，水流滂沱。嗟城中如流鱼，谁能复顾室家。计穷虑尽求来连和，和不时心中忧戚。贼众内溃，君臣奔北。拔邺城奄有魏国，王业艰难。览观古今，可为长叹。	《克皖城》： 克灭皖城过寇贼，恶此凶孽阻奸慝。王师赫征众倾覆，除秽去暴戢兵革。民得就农边境息，诛君吊民昭至德。
《屠柳城》： 屠柳城，功诚难。越度陇塞路漫漫，北逾冈平。但闻悲风正酸，蹋顿授首。遂登白狼山，神武慹海外，永无北顾患。	《关背德》： 关背德，作鸱张。割我邑城图不祥，称兵北伐围樊阳。嗟臂大于股，将受其殃。巍巍夫圣主，睿德与玄通。与玄通，亲任吕蒙。泛舟洪汜池，溯涉长江。神武一何桓桓，声烈正与风翔。历抚江安城，大据郢邦。虏羽授首，百蛮咸来同，盛哉三比隆。
《平南荆》： 南荆何辽辽，江汉浊不清。菁茅久不贡，王师赫南征。刘琮据襄阳，贼众屯樊城。六军庐新野，金鼓震天庭。刘子面缚至，武皇许其成。许与其成抚其民，陶陶江汉间。普为大魏臣，大魏臣。向风思自新，思自新。齐功古人，在昔虞与唐。大魏得与均，多选忠义士，为喉唇。天下一定，万世无风尘。	《通荆门》： 荆门限巫山，高峻与云连。蛮夷阻其险，历世怀不宾。汉王据蜀郡，崇好结和亲。乖微中情疑，谗夫乱其间。大皇赫斯怒，虎臣勇气震。荡涤幽薮讨不恭，观兵扬炎耀。厉锋整封疆，整封疆。阐扬威武容，功赫戏。洪烈炳章，邈矣帝皇世。圣吴同厥风，荒裔望清化。化恢弘，煌煌大吴，延祚永未央。
《平关中》： 平关中，路向潼。济浊水，立高墉。斗韩马，离群凶。选骁骑，纵两翼。虏崩溃，级万亿。	《章洪德》： 章洪德，迈威神。感殊风，怀远邻。平南裔，齐海滨。越裳贡，扶南臣。珍货充庭，所见日新。
《应帝期》： 应帝期，於昭我文皇。历数承天序，龙飞自许昌。聪明昭四表，恩德动遐方。星辰为垂耀，日月为重光。河洛吐符瑞，草木挺嘉祥。麒麟步郊野，黄龙游津梁。白虎依山林，凤凰鸣高冈。考图定篇籍，功配上古羲皇。羲皇无遗文，仁圣相因循。期运三千岁，一生圣明君。尧授舜万国，万国皆附亲。四门为穆穆，教化常如神。大魏兴盛，与之为邻。	《从历数》： 从历数，於穆我皇帝。圣哲受之天，神明表奇异。建号创皇基，聪睿协神思。德泽浸及昆虫，浩荡越前代。三光显精耀，阴阳称至治。肉角步郊畛，凤凰栖灵囿。神龟游沼池，图谶摹文字。黄龙觌鳞，符祥日月记。览往以察今，我皇多吟事。上钦昊天象，下副万姓意。光被弥苍生，家户蒙惠赏。风教肃以平，颂声章嘉喜。大吴兴隆，绰有馀裕。

续表

魏鼓吹十二曲	吴鼓吹十二曲
《邕熙》： 邕熙,君臣念德。天下治,登帝道。获瑞宝,颂声并作。洋洋浩浩,吉日临高堂。置酒列名倡,歌声一何纤徐。杂笙簧,八音谐,有纪纲。子孙永建万国,寿考乐无央。	《承天命》： 承天命,於昭圣德。三精垂象,符灵表德。巨石立,九穗植。龙金其麟,乌赤其色。舆人歌,亿夫叹息。超龙升,袭帝服。穷淳懿,体玄嘿。夙兴临朝,劳谦日昃。易简以崇仁,放远谗与慝。举贤才,亲近有德。均田畴,茂稼穑。审法令,定品式。考功能,明黜陟。人思自尽,唯心与力。家国治,王道直。思我帝皇,寿万亿。长保天禄,祚无极。
《太和》： 惟太和元年,皇帝践阼。圣且仁,德泽为流布。灾蝗一时为绝息,上天时雨露。五谷滋田畴,四民相率遵轨度。事务澂清,天下狱讼察以情。元首明,魏家如此,那得不太平。	《玄化》： 玄化象以天,陛下圣真。张皇纲,率道以安民。惠泽宣流而云布,上下睦亲。君臣酣宴乐,激发弦歌扬妙新。修文筹庙胜,须时备驾巡洛津。康哉泰,四海欢忻,越与三五邻。

　　试想这些发自肺腑的歌辞,一旦在国家大型典礼上,铿铿鞳鞳地演奏出来,响彻云霄,无不令听者升腾起无限的肃穆、崇高与神圣之感。也正是这种强烈的文化话语权的争夺,普及提高了华夏文明区的文化程度。与同时代的西方社会相比,魏蜀吴所代表的中国文明区内掌握文字、知识、思想等能文之士要多得多。此时西方社会中的文字、知识、思想信仰往往掌握在宗教集团中的教士手中。这也就不难理解"西方不亮东方亮"的根本原因。

　　其次,魏蜀吴三大文学圈士大夫文士争夺文化话语权背后折射出了怎样的社会文化心理？在华夏文明形成过程中,文化话语权促使不同族群进行文化认同,形成了诸夏"政治共同体"。在距今8000—6000年的前仰韶文化时代,哪个氏族部落掌握了原始的农业生产技术、彩陶制作技术以及原始医学的草药知识,哪个氏族部落就掌握了文化话语权,就有可能成为中心聚落——一定区域内部各氏族部落共同体的权力中心。司马迁《史记·五帝本纪》称"轩辕之时,神农氏世衰",似乎就包含着早在黄帝族崛起之前,就已经形成了一个以姜姓为主体的神农氏的"政治共同体"或"文化共同体"。传说中的"神农氏",恰恰掌握"播五谷,尝百草"的农业生产技术与原始医药学等知识,完全契合20世纪以来渭水流域仰韶文化、前仰韶文化的考古发现。黄帝轩辕氏以武力方式重构新的政治共同体之后,那些掌握巫术、历史、宗教,甚至有农业生产相关的历法、治水、相土等知识系统的部落首领或方国国王,成为以黄帝为"共主"的"政治共同体"中的贵族成员。其中,势力最大的两大部落联盟首领被任命为"左右大监","以监万国"。在距今4300年前的尧舜时代,出现了掌握着文化话语权四大邦国的联盟首领,即司马迁所谓的"四岳"。"四岳"也拥有举荐下一任的"天下共主"的政治权力。随着各种原始文化知识的增长,整个诸夏文明的"政治共同体"内部形成了"祝、宗、卜、史"为职业的"祭祀占卜集团"。正如《国语·楚语下》观射父所言,"是使制神之处位次主,而为之牲器时服,而后使先圣之后之有光烈,而能知山川之号、高祖之主、宗庙之事、昭穆之世、齐敬之勤、礼节之宜、威仪之则、容貌之崇、忠信之质、禋洁之服,而敬恭明神者,以为之祝。使名姓之后,能知四时之生、牺牲之物、玉帛之类、采服之仪、彝器之量、次主之度、屏摄之位、坛场之所、上下之神、氏姓之出,而心率旧典者为之宗"①。这段话中不免有根据西周历史进行推演的成分,但在一定程度上说明,这些祭祀占卜集团是在王权规范下运行,否则就不会有所谓的"及少皞之衰也,九黎乱德,民神杂糅,不可方物"的淫祭乱象。可见,在华夏文明形成过程中,文化话语权为政统话语权服务,文化话语权在王权制度下运行。这也就是说中国古代社会是王权至上,而非宗教神权至上。上古时代的一切宗教、历史等知识都被管控在王权国家体制之中,"颛顼受之,乃命南正重司天以属神,命火正黎司地以属民,使复旧常,无相侵渎,是谓绝地天通"②,那些掌握这些文字符码的"祝、宗、卜、史"在王权国家中世代享受禄位。"尧复育重、黎之后,不忘旧者,使复典之。以至于夏、商,故重、黎氏世叙天地,而别其分主者也。"③夏、商、周三代,一直继承着"学在王官"的传统。随着周平王迁都,周天子地位衰微,王官系统崩溃,失去爵禄的"祝、宗、卜、史"混迹民间,为春秋战国的"私学"兴起奠定了基础。也正是"学在王官"制度的崩溃,私学的兴起,激发了新思想、新知识的快速生产,即所谓"百家之学"。这些掌握知识、思想等文化话语权的士阶层,在诸夏文明区"天下共主——世袭贵族"政治格局分崩离析的战国时代,朝秦暮楚,合纵连横,力求终结乱世纷争,实现天下一统,救黎民于水火之中,如卫鞅、公孙衍、张仪、苏秦等。秦汉时代,上古氏族贵族政治格局彻底破产,这些掌握文字、知识、思想等文化话语权的士阶层,协助"布衣天子"在争夺政统话语权、重建社会等级秩序、参与社会管理、教化民众等方面发挥了巨大的作用。同时,这些士阶层凭借着文字、知识、思想等文化资本获得更大的经济利益。尤其是东汉王朝优待文化世族,让渡了更多的社会资源,形成了所谓的"庄园经济",出现了以宗族为核心的世族阶层。因此,在华夏文明形成过程中必然形成这样的一种社会文化心理,拥有文字、知识、思想等为核心的文化话语权,就能拥有一定的政治权力和经济利益。魏蜀吴三大文学圈的士大夫文士正是受这种传统的社会文化心理的影响,必然会争夺文化话语权。

最后,为什么在魏蜀吴三大文学圈争夺文化权的过程中,最终的胜利者是北方文学圈? 换句话说,为什么魏蜀吴三个对峙政权,分久之后合于西晋? 以往研究看重经济、

① 上海师范大学古籍整理研究所点校:《国语》,上海古籍出版社 1998 年版,第 559—560 页。
② 上海师范大学古籍整理研究所点校:《国语》,上海古籍出版社 1998 年版,第 562 页。
③ 上海师范大学古籍整理研究所点校:《国语》,上海古籍出版社 1998 年版,第 563 页。

军事等原因,忽视社会文化心理等文化因素。只要注意到魏蜀吴三大文学圈内部各社会阶层文化话语权的争夺以及区域性社会文化心理上的差异,我们就明白魏蜀吴为何会统一于西晋王朝。东汉中后期,世族阶层已经壮大,掌握各种文化资本的转变成了文化世族——士大夫阶层,而那些因为各种原因欠发展的宗族沦为寒门庶族,汉末建安时代,寒门庶族文士阶层趁势崛起。因此,曹魏时代,文化世族士大夫阶层和寒门庶族文士构成了两大社会阶层,而且这两大社会阶层也在激烈地争夺文化话语权。曹丕能够从诸子之中脱颖而出,继承曹操的魏王爵位,一定程度上是因为得到文化世族士大夫阶层的支持。尤其曹丕称帝,更是得到了文化世族士大夫阶层的强烈拥护,并将人才的举荐权交给以世族为主的中正手中。当然,曹丕登上帝位之后,也在一定程度上限制世族的发展,在士庶之间寻求某种平衡。可惜曹丕只做了六年皇帝,就撒手人寰。其子曹睿即位,不得不用世族阶层,打击出身寒门庶族的新贵,尤其在"禁浮华"案中,一批新贵子弟被排挤出政治体制。曹魏政权被以司马懿为代表的世族阶层把持操纵,以至于司马氏家族最终窃取了曹魏皇权。我们还要注意到,曹魏的世族士大夫阶层,深受华夏核心文明区——关中、山西、河北、河南以及鲁南等地——的一统性的"政治共同体"意识的熏陶濡染。江东、益州等土著世族受这种文化意识影响较小,尽管他们也全力支持孙权、刘备称帝,但骨子里希望守境自保,享受太平世界。江东、益州等地真正愿意北伐、一统天下的还是从华夏核心区流徙而来的世族阶层,比如皖北世族周瑜、鲁肃等,以及山东世族诸葛亮等。其实,当鲁肃等皖北世族的核心人物过世之后,江东孙吴政权的"高祖之业"的理想搁浅,力求划江而治,根本没有扫平天下的大一统意识。刘备死后,蜀汉政权内部形成了两个互相牵制的社会力量,一是以诸葛亮为主的流寓世族,另一个是以李严为代表的土著世族。诸葛亮力主北伐,复兴汉室,但土著世族多不愿将益州的社会财富消耗于北伐战争。诸葛亮之所以不愿兵出子午道,直奔长安,根本原因是他身为丞相,冒不起险,失败不起。试想,如果北伐惨败,蜀汉朝廷内部的益州土著势力就会反扑,他会彻底丧失政治地位,蜀汉的北伐事业就会划为泡影。诸葛亮的侄子诸葛恪就是明证。孙权死后,诸葛恪曾有幸被任命为顾命大臣,诸葛恪力排众议,违背土著世族的意愿,举兵伐魏,结果惨败。诸葛恪遭到孙吴土著世族的反扑,身死命灭。试想,中国历代的一统大业,太多的以少胜多,以弱胜强,绝非完全军事势力、经济势力的机械决定论可以解释。刘邦当年,兵出陈仓道,占据关中,最终一统天下,为何刘邦能成功,而诸葛亮不能成功?细究起来,还是诸葛亮在蜀汉政权中缺乏绝对权力,受土著世族的牵制与掣肘。因此,当诸葛亮第一次北伐,失去抢夺长安的最佳机会。以后的历次北伐,只是徒劳无益,至多是为蜀汉政权争取续命的机会而已,也是诸葛亮完成自己"鞠躬尽瘁,死而后已"的夙愿,报答刘备的知遇之恩。

第三节　中心重建：西晋文学地理空间

汉末中心离散，中央集权的大一统格局破裂。魏蜀吴虽建极称帝，可谓金瓯三剖，各守其一。经过半个世纪的激烈争夺，蜀亡于魏，魏禅于晋，晋扫平吴。魏禅于晋，表面上看是王朝更替，实则是世族阶层失控独大，夺取政治权力。司马懿父子暗中蓄养三千死士，获得世族权贵的支持，发动政变，取得了曹魏的军政大权。这些政治世族长期生活在华夏文明核心区，"大一统"意识极为强烈，以强大的军事攻势，击破蜀汉、孙吴的防线，完成了一统大业。因此，西晋文学地理空间上结束了汉末以来的中心离散、文学地理空间的分异格局。由于政治权力结构的先天缺陷，西晋王朝试图重建文学的"中心—边缘"差序格局，以失败告终。

一、权力重组：文学地理空间格局趋于一统

西晋是建立在曹魏政权内部世族势力失控独大所引发的权力重组的基础之上。东汉中后期，以庄园经济为基础、以儒学为文化资本、以士大夫为代言人的世族阶层，与外戚、宦官两大集团形成了动态平衡，维系着王朝的权力结构。随着外戚势力与宦官势力火拼以及第三方势力——军阀的加入，世族阶层士大夫集团被军阀势力裹挟，受到极大的冲击。在曹操控制下的建安政局中，形成了寒门庶士与世家大族士大夫相互牵制、并驾齐驱的权力格局。具体而言，出身宦官——本质上属于寒庶阶层的曹操，借助谯沛一带庶族亲故支持，招兵买马，趁势崛起。谯沛庶族亲贵掌握了军权，成为曹操最为亲信的力量。同时，招募颍汝世族谋士，出谋划策，迎汉献帝至许，最大限度地团结了以士大夫为代表的世族阶层。这些世族士大夫以经学、思想、知识以及道德力量等文化资本占据了一定文化话语权。曹操不愿世族士大夫独掌文化话语权，通过"唯才是举"的方式，擢升了一大批出身寒门的文学之士，给世族士大夫内部"掺沙子"，出身寒门的文学之士以诗、赋、乐府等文化资本分得一定的文化话语权。当然，世族士大夫中也不乏孔融、杨修等文学之士。虽说曹丕在争夺储君、受禅过程中依靠世族支持，但也利用庶族新贵牵制世族。具体来说，曹丕、曹植争夺魏国太子之位的时候，依靠了不同的力量。曹植因长期随父出征①，故而与谯沛军功集团中亲故长辈熟络。加之，曹植文学才华出

---

① 曹植诗曰："皇考建世业，余从征四方。栉风而沐雨，万里蒙露霜。剑戟不离手，铠甲为衣裳"，可以为证。

众,得到寒庶文士的青睐。曹丕不得不笼络世族人物,陈群、司马懿等世族人物成为曹丕的座上宾。当然,曹氏宗室曹真也成为曹丕的心腹。曹丕为了称帝,不得不让渡利益给世族,陈群、司马懿等人设计"九品中正制",为世族阶层从谯沛亲贵手中夺走举荐权。作为帝王的曹丕,也绝不允许世族阶层一方独大,依然以曹真为代表的谯沛集团牵制世族,魏文帝曹丕临死之前,召曹真、曹休、陈群、司马懿等四人托孤大臣,其目的就是互相牵制,达到权力制衡。魏明帝时代,随着曹休、曹真等亲贵的亡故,蜀汉诸葛亮的不断北伐,不得不任用司马懿都督关右,弹压来自庶族新贵的浮华之士,稳定世族之心。同时启用曹真之子曹爽等来牵制司马懿为代表世族阶层。齐王芳即位后,大将军曹爽、太尉司马懿成为托孤大臣,共同辅政,达到权力的暂时平衡。随着曹爽为代表的谯沛亲贵以及寒庶之士的排挤,司马懿为代表的世族势力处在劣势。然而,司马懿暗中培养三千死士,明着装病,百般忍让,时机成熟,联合世族权贵发动高平陵政变,彻底夺去了曹魏的军政大权。当然,司马懿父子以阴鸷的手段获得曹魏军政大权,还要面临着来自士林的质疑。司马氏以屠刀对付道统话语权的质疑。司马懿不像当年的曹操,完全是白手起家,打出一片天下,还北方百姓一个太平天下。同时,司马懿虽然出身儒学世家,但他长于谋略,短于诗词歌咏,根本无法取得文化话语权,无法得到政治认同。司马师兄弟只能出此下策,制造白色恐怖,令天下名士噤若寒蝉,造成了"魏晋之际,天下多故,名士少有全者"的局面。经过一番权力重组,以曹爽为首的庶族新贵彻底失败,司马氏为代表的世族阶层掌控了政治权力,并通过一番杀戮与充满政治意味的"四本论"——才性的"同异、离合"话语争夺,获得了文化话语权。司马懿家族成为曹魏世族阶层的盟主,最终禅代了曹氏的皇位。

西晋文学地理空间趋于一统正是建立在王朝权力重组的基础之上的。西晋建元之前,司马师、司马昭兄弟就凭借着北方世族的力量,灭了蜀汉政权,将蜀汉文学圈纳入到北方文化体系之中。随着司马炎称帝,调整内部政治利益,重组权力关系,发挥世族作用,一举攻破孙吴政权。登上皇帝宝位的司马炎是如何进行权力重组,协调内部政治利益的呢? 其一,晋武帝汲取曹魏灭亡的教训,大肆分封司马氏宗室成员为王,建立藩国,授予相当的军政实权,以备不虞。同时,也起到牵制世家大族的功效。因为,西晋政权是依靠世族阶层打击寒庶阶层基础上建立起来的,失去了牵制世族阶层的社会力量。这让晋武帝十分尴尬,不得不倚重宗室成员来牵制世族权势。伐吴成功后,晋武帝通过"罢州郡武备",剥夺州郡等地方官员的兵权,其目的是确保司马家的江山万世无虞。其二,世家大族本身掌握着儒学、玄学等思想知识等文化话语权,就连晋武帝都不能干预这些世族的玄学文化趣味。另外,世族阶层在地方社会享受着优渥的经济特权,占有大量的田产、庄园甚至山林别墅,如石崇的金谷园等,荫庇众多的佃户、庄客,甚至拥有一定数量的部曲——武装力量。同时,很多世族在朝廷或州郡任职,占据了相当的政治特权。尤其是西晋延续曹魏以来的"九品中正制",晋武帝将人才举荐权让渡给高门大族,这些二品的高门大族掌控着州郡两级"中正"官,拥有了举荐地方人才的权力,也获得极大的人脉资源。大致说,西晋统治集团形成了这样的权力分配:作为最高统治者皇帝负责整个国家权力、利益分割;世族更多是获得举荐权、朝廷或地方社会的治理权、文化话语权;而被分封的司马氏宗室诸王,获得一定的行政、军政等权力。当然,晋武帝也会让世族阶层中的亲信之人染指兵权,与诸王形成牵制之势,防止任何一方势力坐大。当协调好内部利益和权力关系,经过近十六年的战略准备之后,晋武帝在张华、羊祜等一批功业意识强烈的世族人物的激励下,举兵伐吴,江东地区纳入了以北方为中心的西晋王朝版图。从地理空间的角度看,西晋王朝结束了汉末以来文学地理空间的分异格局。在一统性的文学地理空间中,京师洛阳作为西晋的政治文化中心,而其他地区的州郡以及郡国等已经构成了政治文化的"中心/边缘"格局,但要重建文学"中心/边缘"差序格局的内在机制还不够成熟。西晋武帝也致力于中心重建,但并没有真正完成中心的重建,没有完成文化心理的高度认同,更无力改造华夏文明中固有的"日出而作,日落而息,凿井而饮,耕田而食,帝力于我何有焉"的社会文化心理,也无力改变世族阶层的"士当身名俱泰"文化心理。具体而言,因为西晋政治结构、司马氏家族文化性格以及中国文化中的隐逸传统等方面存在问题。

首先是西晋政治结构的问题。如本章伊始所论述的,文学中心依附了政治中心、文化中心,无法摆脱政治结构而独立存在。尤其,在文化心理上,文学是一种凝聚华夏文明"政治共同体"的符码表征系统,是离不开政治结构。汉代的政治结构是建立在上古三代的"共主天子——世袭氏族贵族诸侯"格局彻底破产的基础上,通过暴力革命方式横扫六国贵族势力,结束了长达四百年春秋战国的战乱。西晋王朝的政治权力结构是建立在世族阶层上独大基础之上,通过较为和平的禅让方式夺取了曹魏政权。尽管禅让方式少了流血、杀戮,但也多了妥协与让步。妥协的结果是让渡输送更多的社会利益,不仅削弱了大一统的皇权权威,也造成了土地、人口甚至财富等社会资源的垄断与集中。另外,西晋皇室只能选择分封宗室诸王来牵制世族阶层。问题是,西晋王朝却无法有效限制分封的宗室诸王,以至于酿成了"八王之乱"。"皮之不存,毛将焉附",政治中心既已不稳,文学中心自然难以重建。

其次是司马氏家族文化性格的问题。尽管司马懿家族是儒学世家,其父司马防在东汉末年任京兆府尹,但司马懿并非以儒家经学为世所称。作为世家子弟司马懿,从文化取向上贵"立身行事",不大会选择寒门庶族文士所喜欢的诗、赋等,而曹氏父子出身寒庶阶层,自然喜欢诗赋创作。刘勰都看出这个问题,说"魏武以相王之尊,雅爱诗章;

文帝以副君之重,妙善辞赋;陈思以公子之豪,下笔琳琅;并体貌英逸,故俊才云蒸",又说,"晋虽不文"。所谓"晋虽不文",不正是说司马氏父子不善于诗赋创作吗?曹操不仅雅爱诗章,而且重视收拢文学之士,获得了寒门庶族文士的文化、政治认同,推动了文学中心的建设。司马懿的"内忌而外宽"性格与袁绍如出一辙,不可避免地习染上了世族阶层的文化性格。迫于时局的变化,司马懿不得不出仕为官,在曹操的强权政治夹缝中隐忍求生存,养成了"猜忌多权变"的性格。因此,一代枭雄司马懿,擅长阴谋权变之术,远不及曹操通脱率真,也缺乏曹操"登高能赋、歌以咏志"的能力与兴趣,不可能组织文士集团。司马师、司马昭兄弟性格虽有差异,一个以"沉毅多大略"著称,一个以"雄才成务"驰名,但他们都不屑文会之事,对内忙于粉碎中书令李丰、光禄大夫张缉、黄门监苏铄、永宁署令乐敦、冗从仆射刘宝贤等人的政治阴谋,废少帝齐王芳的帝位,默许贾充等人弑杀少帝高贵乡公曹髦等,镇压镇东大将军毋丘俭、扬州刺史文钦的举兵叛乱,诛杀士林领袖嵇康等人,威逼阮籍、向秀等人就范。对外则举兵攻蜀,扫平蜀汉对峙政权。为其子司马炎禅代曹魏王朝做足了各种准备。尽管西晋王朝建立后,司马师、司马昭被追上尊号为景皇帝、文皇帝,但他们与曹魏王朝的开国皇帝魏文帝相比,既缺乏文学才华,也不善于著述。晋武帝司马炎虽然"宇量弘厚",举动符合儒家的"仁恕"精神,但其文采、风骚皆输于曹魏文帝、明帝等人。可以说,一个王朝的文化性格决定于开国君主的性格。由此看来,西晋王朝的文学中心难以真正重建,早决定于司马氏皇室的文化性格。

最后是中国隐逸传统背后的集体无意识心理以及世族玄学化的人格取向等问题。司马氏家族经过父祖三代的经营,可以改朝换代,但改变不了传统的力量,尤其改变不了中国文化心理结构以及集体无意识心理。自东汉后期以来,维系大一统政治的文化向心力离散,隐逸的文化心理盛行。要重建文化向心力,重建文学中心,绝非短时间内能完成的。东汉末年至西晋灭亡的近百年内,还不足以重建文化向心力,何况西晋政治结构的先天缺陷以及司马氏家族文化性格的问题等问题,本身制约了西晋王朝文化向心力的重建。澳大利亚学者文青云在《岩穴之士——中国早期隐逸传统》一书中,就揭示了中国隐逸传统缘起于春秋后期战国时期,但他没能继续追溯隐逸传统在上古时代的文化心理因素。历史的时间坐标退回到距今 7000 年之前的仰韶(甚至前仰韶)的原始聚落时代,就形成了不大关注外在的神的存在,而关注族群内部的子息繁衍、为子孙创造社会财富的文化心理。通过"和"方式——即分享物质文化成果,如输出陶器、纺织物等,甚至分享烧陶技术、纺织技术等,逐渐扩大区域的文化认同,仰韶文明区在上千年间完成了东突扩展,尝试建构一种以核心区为中心、协同万邦的政治格局,对抗东方的红山文化等挑战。虽然,仰韶类型确实建立起强大的"政治共同体",但骨子里依然存在着"日出而作,日落而息,凿井而饮,耕田而食,帝力于我何有焉"中所表达的意愿。因此,仰韶文化并不像东夷系统的红山、大汶口、良渚等热衷于原始的神坛建筑、也不热衷原始宗教文化,更不热衷于利用原始宗教、暴力杀戮等方式有效组织社会成员,建立强大的政治结构。这种上千年甚至几千年间所形成的集体无意识文化心理以及文化心理结构,成为春秋战国时代道家思想的文化基因。老庄所企慕的"弱国寡民"的理想社会以及"鼓腹而歌"生活状态正是对前仰韶或仰韶的原始聚落状态的深情回眸。隐逸思想以及行为模式虽不完全来自于老庄的道家思想①,但隐逸是对华夏文明"政治共同体"的政治权力保持一定距离,是对维系"政治共同体"的文化向心力的一种思想行为模式。尤其是东汉后期,因为皇权衰微,士人纷纷退隐,希望全生保真。或者说,选择隐逸的士人运用战国时期的老庄思想话语,阐释其行为模式。持续了四百年的汉王朝的文化向心力一旦破裂,在公元 3 世纪的短短几十年内很难彻底扭转。魏晋时代的文士延续着这一文化惯性力量,写作了大量的游仙诗、述志诗、咏怀诗等,比如曹操、曹植、嵇康、阮籍等。当然,曹操以乐府诗写游仙主题,并用于饮宴场合,带有明显的娱乐意识,而嵇康、阮籍等诗人则不断地运用道家话语来阐释自己的人生理想和行为模式。西晋诗人傅玄、张华、张协、成公绥、夏侯湛、何劭等人都写了不少表现道家思想的游仙诗,皇甫谧在《高士传》钩沉索隐,建构起隐士的文化谱系。魏晋的隐逸传统有多强大,文化离心力就有多强大。尤其可怕的是,汉代以来信奉儒家思想的士大夫阶层,却在东汉末年、魏晋时代转而信奉刑名、玄学等思想。东汉的儒学世族转型为魏晋的玄学士族。先秦原始儒家思想显然来自于西周的礼乐文化,既洗涤了东夷系统的宗教神性色彩,又吸收了仰韶类型的"人本"文化精髓,成为维系"政治共同体"的一种思想资源。而以先秦老庄道家思想为资源的玄学思想,促成了人格自觉。同时,也具有"越名教而任自然"的文化批评精神,在一定程度上与"名教""礼法"为主的文化向心力保持了张力感。魏晋的玄学人格取向在形而上学维度上提升了玄辨的思维品质,在形而下学的维度上却落在宗族利益之上,追求"身名俱泰"。晋武帝不得不依赖玄学士族阶层的支持,禅代曹魏政治,不得不容忍世族的文化取向。尽管晋武帝为代表的官方提倡儒家意识形态,但整个世族阶层却热衷玄学,力求维护各自的宗族势力,希望"子子孙孙"永保富贵。因此,在强大的隐逸传统和世族玄学化的西晋时代,无法真正完成文化向心力的文学中心重建。

---

　　①　［澳］文青云在《岩穴之士——中国早期的隐逸传统》一书中,提出一大创见,即中国的隐逸的源头是孔子。隐逸哲学是由孔子奠定的。在孔子之前,并不存在真正意义上的隐逸,而且后来的隐逸,也大多跟儒家有密切的关系。

二、重建之举:中心与边缘的互动

尽管西晋王朝重建文化向心力的文学中心过程中存在种种困难,但并不是说司马氏毫无努力。经过司马懿、司马师的父子经营,朝局被牢牢掌控起来。司马师病逝之后,司马昭入京,继任大将军之职,以曹魏王朝丞相身份,被封晋国公,国置官司,后被封为晋王,辖二十郡。司马昭"奏请司空荀顗定礼仪,中护军贾充正法律,尚书仆射裴秀议官制,太保郑冲总而裁焉"①,进行文化建设。尤其司马炎称帝之后,推行了一系列的文化举措,强化王朝礼仪制度。具体来说,有以下几个方面:

一是由司空荀顗领衔,羊祜、任恺、庾峻、应贞、孔颢等人共同参与,删改旧文,修订《晋礼》。《晋书·礼上》载:"及晋国建,文帝又命荀顗因魏代前事,撰为新礼,参考古今,更其节文,羊祜、任恺、庾峻、应贞并共刊定,成百六十五篇,奏之。"②尽管荀顗领衔所修订的《晋礼》存在"卷多文繁,类皆重出"③的问题,太康三年(282),曾诏付尚书郎挚虞讨论,进行损增。经过八年之久,挚虞将明堂五帝、二社六宗级凶吉王公制度十五篇上奏朝廷,但根本不曾推行。因此,西晋王朝一直沿用着荀顗所修订的"五礼"系统。同时,西晋王朝配合着"五礼"系统的复杂仪式,进行乐歌系统以及乐舞系统的重建。傅玄、荀勖、张华、成公绥等人在乐歌的歌辞方面贡献最大。西晋的礼乐系统中最重要的、处理人神关系的祭祀礼仪,包括郊祀、郊天、郊地、明堂、太庙等,省五帝之郊,改为郊天之礼,供奉昊天之神,以宣帝(司马懿)配天,地郊除去了先后配祀之主,保留明堂之祀。在歌辞方面进行变革,所作歌辞与时俱进,大力歌颂晋代功德。泰始二年(266),傅玄受命制作郊祀歌辞,以配合一整套复杂的郊祀仪式,完成庄重的国家祭祀典礼。从傅玄的《晋郊祀歌辞三首》,可以看出晋王朝的郊祀仪式程序,共有三个环节:进奉牺牲—迎神送神—飨神。最有趣的是,傅玄的歌辞极力歌颂晋有天命,希望上帝神祇永保祚长。

夕牲歌

天命有晋,穆穆明明。我其夙夜,祗事上灵。常于时假,迪用有成。於荐玄牡,进夕其牲。崇德作乐,神祇是听。④

迎送神歌

宣文蒸哉,日靖四方。永言保之,夙夜匪康。光天之命,上帝是皇。嘉乐殷荐,灵祚景祥。神祇降假,享福无疆。⑤

---

① (唐)房玄龄:《晋书》,中华书局 1974 年版,第 44 页。
② (唐)房玄龄:《晋书》,中华书局 1974 年版,第 581 页。
③ (唐)房玄龄:《晋书》,中华书局 1974 年版,第 582 页。
④ 逯钦立:《先秦两汉魏晋南北朝诗》上,中华书局 1983 年版,第 809 页。
⑤ 逯钦立:《先秦两汉魏晋南北朝诗》上,中华书局 1983 年版,第 809 页。

飨神歌三章

天祚有晋,其命惟新。受终于魏,奄有兆民。燕及皇天,怀柔百神。不显遗烈,之德之纯。享其玄牡,式用肇禋。神祇来格,福禄是臻。

时迈其犹,昊天子之。祜享有晋,兆民戴之。畏天之威,敬授民时。不显不承,於犹绎思。皇极斯建,庶绩咸熙。庶几列夜,惟晋之祺。

宣文惟后,克与彼天。抚宁四海,保有康年。於乎绵熙,肆用靖民。爰立典制,爰修礼纪。作民之极,莫匪资始。克昌厥后,永言保之。①

郊天之祀先用《夕牲歌》,再用《降神歌》,最后用《天郊飨神歌》。其歌辞皆是傅玄所作:

夕　牲　歌

皇矣有晋,时迈其德。受终於天,光济万国。万国既光,神定厥祥。虔于郊祀,祗事上皇。祗事上皇,百福是臻。巍巍祖考,克配彼天。嘉牲匪歆,德馨惟飨。受天之祚,神化四方。②

降　神　歌

於赫大晋,膺天景祥。二帝迈德,宣兹重光。我皇受命,奄有万方。郊祀配享,礼乐孔章。神祇嘉响,祖考是皇。克昌厥后,保祚无疆。③

天郊飨神歌

整泰坛,祀皇神。精气感,百灵宾。蕴朱火,燎芳薪。紫烟游,冠青云。神之体,靡象形。旷无方,幽以清。神之来,光景照。听无闻,视无兆。神之至,举歆歆。动余心,神之坐。同欢娱,泽云翔。化风舒,嘉乐奏。文中声,八音谐。神是听,咸洁齐。并芬芳,烹牷牲。享玉觞,神悦响。歆礼祀,佑大晋。降繁祉,祚京邑。行四海,保天年,穷地纪。④

又:

营泰畤,定天衷。思心睿,谋筮从。建表蕴,设郊宫。田烛置,燎火通。历元旬,集首吉。饰堦坛,坎列室。⑤

根据逯钦立所辑的《晋天地郊明堂歌六首》的注释"天地郊、明堂同"⑥记载,郊地之祀先用《夕牲歌》,再用《降神歌》,最后用《地郊飨神歌》。傅玄所作歌辞如下:

① 逯钦立:《先秦两汉魏晋南北朝诗》上,中华书局 1983 年版,第 810 页。
② 逯钦立:《先秦两汉魏晋南北朝诗》上,中华书局 1983 年版,第 810 页。
③ 逯钦立:《先秦两汉魏晋南北朝诗》上,中华书局 1983 年版,第 810—811 页。
④ 逯钦立:《先秦两汉魏晋南北朝诗》上,中华书局 1983 年版,第 811 页。
⑤ 逯钦立:《先秦两汉魏晋南北朝诗》上,中华书局 1983 年版,第 811 页。
⑥ 逯钦立:《先秦两汉魏晋南北朝诗》上,中华书局 1983 年版,第 810 页。

地郊飨神歌

整泰折，俟皇祇。众神感，群灵仪。阴祀设，吉礼施。夜将极，时未移。祇之体，无形象。潜泰幽，洞忽荒。祇之出，蔓若有。灵无远，天下母。祇之来，遗光景。昭若存，终冥冥。祇之至，举欣欣。舞象德，歌成文。祇之坐，同欢豫。泽雨施，化云布。乐八变，声教敷。物咸亨，祇是娱。齐既洁，侍者肃。玉觞进，咸穆穆。飨嘉荐，歆德馨。祚有晋，暨群生。溢九壤，格天庭。保万寿，延亿龄。①

又：

结方丘，祇国琛。樽既享，俎既歆。敛检玉，具鏖琛。懋百福，底自古。锡万寿，迄在今。②

同样，明堂之祀先用《夕牲歌》，再用《降神歌》，最后用《明堂飨神歌》。傅玄所作歌辞如下：

明堂飨神歌

经始明堂，享祀匪懈。於皇烈考，光配上帝。赫赫上帝，既高既崇。圣考是配，明德显融。率土敬职，万方来祭。常于时假，保祚永世。③

西晋王朝延续华夏文明的祖宗崇拜与宗庙祭祀制度。根据《南齐书·乐志》记载，西晋泰始年间，傅玄制宗庙祭祀之歌辞，《夕牲昭夏歌》一篇，《迎送神肆夏歌》一篇，《登歌七庙》七篇，《飨神歌》二篇。根据《晋书·礼志上》记载，西晋泰始二年（266），有司奏请设置七庙，晋武帝考虑工程浩大，不许。群臣建议用魏庙追祭征西将军司马均、豫章太守司马量、颍川太守司马隽、京兆尹司马防、宣帝司马懿、景帝司马师、文帝司马昭，列三昭三穆。随后，另立晋宗庙，令傅玄创制宗庙祭祀之歌。从傅玄所作歌辞，可知晋宗庙祭祀共有四个环节：进牺牲—迎送神—歌七祖之功德—飨神。

夕　牲　歌

我夕我牲，猗欤敬止。嘉荐孔时，供兹享祀。神鉴厥诚，博硕斯歆。祖考降响，以虞孝孙之心。④

迎　送　神　歌

呜呼悠哉，日鉴在兹。以时享祀，神明降之。神明斯降，既佑飨之。祚我无疆，受天之佑。赫赫太上，巍巍圣祖。明明烈考，丕承继序。⑤

---

①　逯钦立：《先秦两汉魏晋南北朝诗》上，中华书局 1983 年版，第 811—812 页。
②　逯钦立：《先秦两汉魏晋南北朝诗》上，中华书局 1983 年版，第 812 页。
③　逯钦立：《先秦两汉魏晋南北朝诗》上，中华书局 1983 年版，第 812 页。
④　逯钦立：《先秦两汉魏晋南北朝诗》上，中华书局 1983 年版，第 813 页。
⑤　逯钦立：《先秦两汉魏晋南北朝诗》上，中华书局 1983 年版，第 813 页。

征西将军登歌

经始宗庙,神明庶止。申锡无疆,祗承享祀。假哉皇祖,绥予孙子。燕及后昆,锡兹繁祉。①

豫章府君登歌

嘉乐肆庭,荐祀在堂。皇皇宗庙,乃祖先皇。济济辟公,相予蒸尝。享祀不忒,降福穰穰。②

颍川府君登歌

於邈先后,实司于天。显矣皇祖,帝祚肇臻。本支克昌,资始开元。惠我无疆,享祀永年。③

京兆府君登歌

於惟曾皇,显显令德。高明清亮,匪兢柔克。保乂命祜,基命惟则。笃生圣祖,光济四国。④

宣皇帝登歌

於铄皇祖,圣德钦明。勤施四方,夙夜敬止。载敷文教,载扬武烈。匡定社稷,恭行天罚。经始大业,造创帝基。畏天之命,于时保之。⑤

景皇帝登歌

执竞景皇,克明克哲。旁作穆穆,惟祗惟畏。纂宣之绪,耆定厥功。登此俊乂,纠彼群凶。业业在位,帝既勤止。维天之命,於穆不已。⑥

文皇帝登歌

於皇时晋,允文文皇。聪明睿智,圣敬神武。万几莫综,皇斯清之。虎兕放命,皇斯平之。柔远能迩,简授英贤。创业垂统,勋格皇天。⑦

《飨神歌》二章

曰晋是常,享祀时序。宗庙致敬,礼乐具举。惟其来祭,普天率土。牺樽既奠,清酤既载。亦有和羹,荐羞斯备。蒸蒸永慕,感时兴思。登歌奏舞,神乐其和。祖考来格,佑我邦家。敷天之下,罔不休嘉。

肃肃在位,济济臣工。四海来格,礼仪有容。钟鼓振,管弦理。舞开元,歌永

---

① 逯钦立:《先秦两汉魏晋南北朝诗》上,中华书局 1983 年版,第 813 页。
② 逯钦立:《先秦两汉魏晋南北朝诗》上,中华书局 1983 年版,第 813 页。
③ 逯钦立:《先秦两汉魏晋南北朝诗》上,中华书局 1983 年版,第 814 页。
④ 逯钦立:《先秦两汉魏晋南北朝诗》上,中华书局 1983 年版,第 814 页。
⑤ 逯钦立:《先秦两汉魏晋南北朝诗》上,中华书局 1983 年版,第 814 页。
⑥ 逯钦立:《先秦两汉魏晋南北朝诗》上,中华书局 1983 年版,第 814 页。
⑦ 逯钦立:《先秦两汉魏晋南北朝诗》上,中华书局 1983 年版,第 814—815 页。

始。神胥乐兮,肃肃在位。臣工济济,小大咸敬,上下有礼。理管弦,振鼓钟。舞象德,歌咏功。神胥乐兮,肃肃在位。有来雍雍,穆穆天子,相维辟公。礼有仪,乐有则。舞象功,歌咏德。神胥乐兮。①

在宗庙祭祀过程中,不仅有规定的仪式、乐歌等,还要用舞。西晋早年,改用宣武舞、宣文舞,傅玄创作了《晋宣武舞歌四首》《晋宣文舞歌二首》。泰始九年(273),荀勖典掌乐事,令精通舞蹈的郭琼、宋识等人创制正德舞、大豫舞。荀勖、傅玄、张华为此专门创作舞歌。到了咸宁元年(275),诏令庙越停用宣武、宣文二舞,改用正德、大豫舞。

表7-8　傅玄《晋宣武、宣文舞歌》表

	晋宣武舞歌(四首)	晋宣文舞歌(二首)
傅玄	《惟圣皇篇·矛俞第一》 惟圣皇,德巍巍。光四海,礼乐犹形影。文武为表里,乃作巴俞肆舞士。剑弩齐列,戈矛为之始。进退疾鹰鹞,龙战而豹起。如乱不可乱,动作顺其理,离合有统纪。②	《羽箫舞歌》 羲皇之初,天地开元。罔罟禽兽,群黎以安。神农教耕,创业诚难。民得粒食,澹然无所患。黄帝始征伐,万品造其端。军驾无常居,是曰轩辕。轩辕既勤止,尧舜匪荒宁。夏禹治水,汤武又用兵。孰能保安逸,坐致太平。圣皇迈乾乾,天下兴颂声。穆穆且明明,惟圣皇。道化彰,溅四海。清三光,万几理,庶事康。潜龙升,仪凤翔。风雨时,物繁昌。却走马,降瑞祥。扬侧陋,简忠良。百禄是荷,眉寿无疆。⑥
	《短兵篇·剑俞第二》 剑为短兵,其势险危。疾逾飞电,回旋应规。武节齐声,或合或离。电发星弩,若景或差。兵法攸象,军容是仪。③	
	《军镇篇·弩俞第三》 弩为远兵军之镇,其发有机。体难动,往必速。重而不迟,锐精分镈。射远中微,弩俞之乐一何奇,变多姿。退若激,进若飞。五声协,八音谐。宣武象,赞天威。④	《羽铎舞歌》 昔在浑成时,两仪尚未分。阳升垂清景,阴阴兴浮云。中和合氛氲,万物各异群。人伦得其序,众生乐圣君。三统继五行,然后有质文。皇王殊运代,治乱亦缤纷。伊大晋,德兼往古。越牺农,邈舜禹。参天地,陵三五。礼唐周,乐韶武。岂惟箫韶,六代具举。泽沾地境,化充天寓。圣明临朝,元凯作辅。普天同乐育,浩浩元气。退哉太清,五行流迈。日月代征,随时变化。庶物乃成,圣皇继天。光济群生,化之以道,万国咸宁。受兹介福,延于亿龄。⑦
	《穷武篇·安台行乱第四》 穷武者丧,何但败北。柔弱亡战,国家亦废。秦始徐偃,既已作戒。前世先王鉴其机,修文整武艺。文武足相济,然后得光大。乱曰:高则亢,满则盈。亢必危,盈必倾。去危倾,守以平。冲则久,浊能清。混文武,顺天经。⑤	

---

①　逯钦立:《先秦两汉魏晋南北朝诗》上,中华书局1983年版,第815页。
②　逯钦立:《先秦两汉魏晋南北朝诗》上,中华书局1983年版,第839页。
③　逯钦立:《先秦两汉魏晋南北朝诗》上,中华书局1983年版,第839页。
④　逯钦立:《先秦两汉魏晋南北朝诗》上,中华书局1983年版,第839页。
⑤　逯钦立:《先秦两汉魏晋南北朝诗》上,中华书局1983年版,第840页。
⑥　逯钦立:《先秦两汉魏晋南北朝诗》上,中华书局1983年版,第840页。
⑦　逯钦立:《先秦两汉魏晋南北朝诗》上,中华书局1983年版,第840—841页。

表7-9 傅玄、荀勖、张华所作《正德舞歌》《大豫舞歌》对比表

傅玄	荀勖	张华
《正德舞歌》 天命有晋,光济万国。穆穆圣皇,文武惟则。在天斯正,在地成德。载韬政刑,载崇礼教。我敷玄化,臻於中道。①	《正德舞歌》 人文垂则,盛德有容。声以依咏,舞以象功。干戚发挥,节以笙镛。羽箫云会,翊宣令踪。敷美尽善,允协时邕。焕炳其章,光乎万邦。万邦洋洋,承我晋道。配天作享,元命有造。上化如风,民应如草。穆穆斌斌,形于缀兆。文武旁作,庆流四表。无竞维烈,永世是绍。②	《正德舞歌》 曰皇上天,玄鉴惟光。神器周回,五德代章。祚命于晋,世有哲王。弘济区夏,陶甄万方。大明垂耀,旁烛无疆。蚩蚩庶类,风德永康。皇道惟清,礼乐斯经。金石在悬,万舞在庭。象容表庆,协律被声。轶武超沪,取节六英。同进退让,化渐无形。大和宣洽,通于幽冥。③
《大豫舞歌》 於铄皇晋,配天受命。熙帝之光,世德惟圣。嘉乐大豫,保佑万姓。渊兮不竭,冲而用之。先帝弗违,虔奉天时。④	《大豫舞歌》 豫顺以动,大哉惟时。时迈其仁,世载邕熙。兆我区夏,宣文是基。大业惟新,我皇隆之。重光累晖,钦明文思。迄用有成,惟晋之祺。穆穆圣皇,受命既固。品物咸宁,芳烈云布。文教旁通,笃以淳素。玄化洽畅,被之暇豫。作乐崇德,同美韶沪。睿邈幽遐,式遵王度。⑤	《大豫舞歌》 惟天之命,符运有归。赫赫大晋,三后重晖。继明绍世,光抚九围。我皇绍期,遂在璇玑。群生属命,奄有庶邦。慎徽五典,玄教遐通。万方同轨,率土咸雍。爰制大豫,宣德舞功。醇化既穆,王道协隆。仁及草木,惠加昆虫。亿兆夷人,悦仰皇风。不显大业,永世弥崇。⑥

西晋王朝建立后,制定了元会礼仪。这种元会仪式既包含着正旦之日举国同庆之义,又包含着强化世俗王权的意味。《晋书·礼志下》记载了这种繁琐而庄重的正旦朝会行礼仪式。"先正一日,有司各宿设。夜漏未尽十刻,群臣集到,庭燎起火。上贺,起,谒报,又贺皇后。还,从云龙、东中华门入,诣东合下,便坐。漏未尽七刻,百官及受贽郎官以下至计吏皆入立其次,其陛卫者如临轩仪。漏未尽五刻,谒者、仆射、大鸿胪各各奏群臣就位定。漏尽,侍中奏外办。皇帝出,钟鼓作,百官皆拜伏。太常导皇帝升御坐,钟鼓止,百官起。大鸿胪跪奏'请朝贺'。掌礼郎赞'皇帝延王登'。大鸿胪跪赞'藩王臣某等奉白璧各一,再拜贺'。太常报'王悉登'。谒者引上殿,当御坐。皇帝兴,王再拜。皇帝坐,复再拜。跪置璧御坐前,复再拜。成礼讫,谒者引下殿,还故位。掌礼郎赞'皇帝延太尉等'。于是公、特进、匈奴南单于、金紫将军当大鸿胪西,中二千石、二千

---

① 逯钦立:《先秦两汉魏晋南北朝诗》上,中华书局1983年版,第836—837页。
② 逯钦立:《先秦两汉魏晋南北朝诗》上,中华书局1983年版,第837页。
③ 逯钦立:《先秦两汉魏晋南北朝诗》上,中华书局1983年版,第838页。
④ 逯钦立:《先秦两汉魏晋南北朝诗》上,中华书局1983年版,第837页。
⑤ 逯钦立:《先秦两汉魏晋南北朝诗》上,中华书局1983年版,第837页。
⑥ 逯钦立:《先秦两汉魏晋南北朝诗》上,中华书局1983年版,第838页。

石、千石、六百石当大行令西,皆北面伏。鸿胪跪赞'太尉、中二千石等奉璧、皮、帛、羔、雁、雉、再拜贺'。太常赞'皇帝延公等登'。掌礼引公至金紫将军上殿。皇帝兴,皆再拜。皇帝坐,又再拜。跪置璧皮帛御坐前,复再拜。成礼讫,谒者引下殿,还故位。公置璧成礼时,大行令并赞殿下,中二千石以下同。成礼讫,以贽授贽郎,郎以璧帛付谒者,羔、雁、雉付太官。太乐令跪请奏雅乐,乐以次作。乘黄令乃出车,皇帝罢入,百官皆坐。昼漏上水六刻,诸蛮夷胡客以次入,皆再拜讫,坐。御入后三刻又出,钟鼓作。谒者、仆射跪奏'请群臣上'。谒者引王公二千石上殿,千石、六百石停本位。谒者引王诣樽酌寿酒,跪授侍中。侍中跪置御坐前,王还。王自酌置位前,谒者跪奏'藩王臣某等奉觞,再拜上千万岁寿'。四厢乐作,百官再拜。已饮,又再拜。谒者引王等还本位。陛下者传就席,群臣皆跪诺。侍中、中书令、尚书令各于殿上上寿酒。登歌乐升,太官又行御酒。御酒升阶,太官令跪授侍郎,侍郎跪进御坐前。乃行百官酒。太乐令跪奏'奏登歌',三终乃降。太官令跪请具御饭,到阶,群臣皆起。太官令持羹跪授司徒,持饭跪授大司农,尚食持案并授持节,持节跪进御坐前。群臣就席。太乐令跪奏'奏食举乐'。太官行百官饭案遍。食毕,太乐令跪奏'请进乐'。乐以次作。鼓吹令又前跪奏'请以次进众伎'。乃召诸郡计吏前,受敕戒于阶下。宴乐毕,谒者一人跪奏'请罢退'。钟鼓作,群臣北面再拜,出。"①在这复杂的仪式中,配以太乐演奏以及颂歌。傅玄、荀勖、张华、成公绥等人奉命各造正旦行礼及王公上寿酒食举乐歌诗。

表7-10　傅玄、荀勖、张华、成公绥所作《正旦大会行礼歌》等对比表

歌名	傅玄	荀勖	张华	成公绥
正旦大会行礼歌·四章	天鉴有晋,世祚圣皇。时齐七政,朝此万方。钟鼓斯震,九宾备礼。正位在朝,穆穆济济。煌煌三辰,实丽于天。君后是象,威仪孔虔。率礼无愆,莫非迈德。仪刑圣皇,万邦惟则。②	於皇元首,群生资始。履端大享,敬御繁祉。肆觐群后,爰及卿士。钦顺则元,允也天子。明明天子,临下有赫。四表宅心,惠浃荒貊。柔远能迩,孔淑不逆。来格祁祁,邦家是若。	於赫皇祖,迪哲齐圣。经纬大业,基天之命。克开洪绪,诞笃天庆。旁济彝伦,仰齐七政。烈烈景皇,克明克聪。静封略,定勋功。成民立政,仪刑万邦。式固崇轨,光绍前踪。	穆穆天子,光临万国。多士盈朝,莫匪俊德。流化罔极,王猷允塞。嘉会置酒,嘉宾充庭。羽旄曜辰极,钟鼓振泰清。百辟朝三朝,或彧明仪刑。济济锵锵,金振玉声。礼乐具,宴嘉宾。眉寿祚圣皇,景福惟日新。群后戾止,有来雍雍。

———————

① （唐）房玄龄:《晋书》,中华书局1974年版,第649—651页。

② 逯钦立:《先秦两汉魏晋南北朝诗》上,中华书局1983年版,第816页。

歌名	傅玄	荀勖	张华	成公绥
正旦大会行礼歌·四章		光光邦国,天笃其祜。丕显哲命,顾柔三祖。世德作求,奄有九土。思我皇度,彝伦攸序。惟祖惟宗,高朗缉熙。对越在天,骏惠在兹。聿求厥成,我皇崇之。式固其犹,往敬用治。①	允文烈考,睿哲应期。参德天地,比功四时。大亨以正,庶绩咸熙。肇启晋宇,遂登皇基。明明我后,玄德通神。受终正位,协应天人。容民厚下,育物流仁。跻我王道,辉光日新。②	献酬纳赘,崇此礼容。丰肴万俎,旨酒千钟。嘉乐尽宴乐,福禄咸攸同,乐哉。天下安宁,道化行。风俗清,箫韶作。咏九成,年丰穰。世泰平,至治哉。乐无穷,元首聪明,股肱忠。澍丰泽,扬清风。 嘉瑞出,灵应彰。麒麟见,凤凰翔。醴泉涌,流中唐。嘉禾生,穗盈箱。降繁祉,祚圣皇。承天位,统万国。受命应期,授圣德。四世重光,宣开洪业。景克昌,文钦明,德弥彰。肇启晋邦,流祚无疆。 泰始建元,凤皇龙兴。龙兴伊何,享祚万乘。奄有八荒,化育黎蒸。图书焕炳,金石有徵。德光大,道熙隆。被四表,格皇穹。奕奕万嗣,明明显融,高朗令终。保兹永祚,与天比崇。 圣皇君四海,顺人应天期。三叶合重光,泰始开洪基。明曜参日月,功化侔四时。宇宙清且泰,黎庶咸雍熙,善哉雍熙。 惟天降命,翼仁佑圣。於穆三皇,载德弥盛。总齐璇玑,光统七政。百揆时序,化若神圣。四海同风,兴至仁。济民育物,拟陶钧。拟陶钧,垂惠润。皇皇群贤,峨峨英俊。德化宣,芬芳播。来胤,播来胤,垂后昆。清庙何穆穆,皇极辟四门。皇极辟四门,万机无不综。亹亹翼翼,乐不及荒,饥不遑食。大礼即行,乐无极。 登昆仑,上层城。乘飞龙,升泰清。冠日月,佩五星。扬虹霓,建彗旌。披庆云,荫繁荣。览八极,游天庭。顺天地,和阴阳。序四时,曜三光。张帝网,正皇纲。播仁风,流惠康。 迈洪化,振灵威。怀万方,纳九夷。朝阊阖,宴紫微。

---

① 逯钦立:《先秦两汉魏晋南北朝诗》上,中华书局 1983 年版,第 818 页。

② 逯钦立:《先秦两汉魏晋南北朝诗》上,中华书局 1983 年版,第 822 页。

歌名	傅玄	荀勖	张华	成公绥
				建五旗,罗钟虡。列四县,奏韶武。铿金石,扬旌羽。纵八佾,巴渝舞。咏雅颂,和律吕。于胥乐,乐圣主。 化荡荡,清风泄。总英雄,御俊杰。开宇宙,扫四裔。光缉熙,美圣哲。超百代,扬休烈。流景祚,显万世。 皇皇显祖,翼世佐时。宁济六合,受命应期。神武鹰扬,大化咸熙。廓开皇畿,用成帝基。 光光景皇,无竞惟烈。匡时拯俗,休功盖世。宇宙既康,九域有截。天命降鉴,启祚明哲。 穆穆烈考,克明克隽。实天生德,诞膺灵运。肇建帝业,开国有晋。载德奕世,垂庆洪胤。 明明圣帝,龙飞在天。与灵合契,通德幽玄。仰化青云,俯育重渊。受灵之祐,於万斯年。①
上寿酒歌	於赫明明,圣德龙兴。三朝献酒,万寿是膺。敷佑四方,如日之升。自天降祚,元吉有徵。②	践元辰,延显融。献羽觞,祈令终。我皇寿而隆,我皇茂而嵩。本枝奋百世,休祚钟圣躬。③	称元庆,奉圣觞。后皇延遐祚,安乐抚万方。④	上寿酒,乐未央。大晋应天庆,皇帝永无疆。⑤
食举东西厢歌	天命大晋,载育群生。於穆上德,随时化成。 自祖配命,皇皇后辟。继天创业,宣文之绩。 不显宣文,先知稼穑。克恭克俭,足教足食。 既教食之,弘济艰难。上帝是佑,下民所安。 天佑圣皇,万邦	煌煌七曜,重明交畅。我有嘉宾,是应是贶。邦政既图,接以大飨。人之好我,式遵德让。 宾之初筵,蔼蔼济济。既朝乃宴,以洽百礼。颁以位叙,或延或陞。登俟台叟,亦有兄弟。胥子陪寮,宪兹	明明在上,丕显厥繇。翼翼三寿,蕃后惟休。群生渐德,六合承流。三正元辰,朝庆鳞萃。华夏奉职贡,八荒觐殊类。黻冕充广庭,鸣玉盈朝位。 济济朝位,言观其光。仪序既以时,礼文焕以彰。	

---

① 逯钦立:《先秦两汉魏晋南北朝诗》上,中华书局1983年版,第823—824页。

② 逯钦立:《先秦两汉魏晋南北朝诗》上,中华书局1983年版,第816页。

③ 逯钦立:《先秦两汉魏晋南北朝诗》上,中华书局1983年版,第818页。

④ 逯钦立:《先秦两汉魏晋南北朝诗》上,中华书局1983年版,第821页。

⑤ 逯钦立:《先秦两汉魏晋南北朝诗》上,中华书局1983年版,第823页。

歌名	傅玄	荀勖	张华	成公绥
食举东西厢歌	来贺。虽安勿安,乾乾匪暇。乃正丘郊,乃定冢社。虞虞作宗,光宅天下。惟敬朝飨,爰奏食举。尽礼供御,嘉乐有序。树羽设业。笙镛以间。琴瑟齐列,亦有簴埙。喤喤鼓钟,锵锵磬管。八音克谐,载夷载简。既夷既简,其大不御。风化潜兴,如云如雨。如云之覆,如雨之润。声教所暨,无思不顺。教以化之,乐以和之。和而养之,时惟邕熙。礼慎其仪,乐节其声。於铄皇繇,既和且平。①	度楷。观颐养正,降福孔偕。昔我三后,大业是维。今我圣皇,焜燿前晖。奕世重规,明照九畿。思辑用光,时罔有违。陟禹之迹,莫不来威。天被显禄,福履是绥。赫矣太祖,克广明德。廓开宇宙,正世立则。变化不经,民无瑕慝。创业垂统,兆我晋国。列文伯考,时惟帝景。夷险平乱,威而不猛。御衡不迷,皇涂焕炳。七德咸宣,其宁惟水。猗欤盛欤,先皇圣文。则天作孚,大哉为君。慎徽五典,帝载是勤。文武发挥,茂建嘉勋。修己济治,民用宁殷。怀远烛幽,玄教氛氲。善世不伐,服事三分。德博化隆,道冒无垠。隆化洋洋,帝命溥将。登我晋道,越惟圣皇。龙飞革运,临焘	思皇享多祜,嘉乐永无央。九宾在庭,胪赞既通。升瑞奠贽,乃侯乃公。穆穆天尊,隆礼动容。履端承元吉,介福御万邦。朝享,上下咸雍。崇多仪,繁礼容。舞盛德,歌九功。扬芳烈,播休踪。皇化洽,洞幽明。怀柔百神,辑祥祯。潜龙跃,雕虎仁。仪凤鸟,届游麟。枯蠹荣,竭泉流。菌芝茂,枳棘柔。和气应,休徵弦。协灵符,彰帝期。绥宇宙,万国和。昊天成命,赍皇家,赍皇家。世资圣哲,三后在天。启鸿烈,启鸿烈,隆王基。率土讴吟,欣戴于时。恒文象,代气著期。泰始开元,龙升在位。四隩同风,燮宁殊类。五韪来备,嘉生以遂。凝庶绩,臻太康。申繁祉,胤无疆。本枝百世,继绪不忘。继绪不忘,休有烈光。永言配命,惟晋之祥。圣明统世,笃皇仁。广大配天地,顺动若陶钧。玄化参自然,至	

①　逯钦立:《先秦两汉魏晋南北朝诗》上,中华书局 1983 年版,第 816—817 页。

歌名	傅玄	荀勖	张华	成公绥
食举东西厢歌		八荒。睿哲钦明,配踪虞唐。封建厥福,骏发其祥。三朝习吉,终然允臧。其臧惟何,总彼万方。元侯列辟,四狱蕃王。时见世享,率兹有常。旅揖在庭,嘉客在堂。宋卫既臻,陈留山阳。我有宾使,观国之光。贡贤纳计,献璧奉璋。保佑命之,申锡无疆。振鹭于飞,鸿渐其翼。京邑穆穆,四方是式。无竞惟人,王纲允敕。君子来朝,言观其极。翼翼大君,民之攸暨。信理天工,惠康不匮。将远不仁,训以淳粹。幽明有伦,俊乂在位。九族既睦,庶邦顺比。开元布宪,四海鳞萃。协时正统,殊涂同致。厚德载物,灵心隆贵。敷奏谠言,纳以无讳。树之典象,诲之义类。上教如风,下应如卉。一人有庆,群萌以遂。我后宴喜,令问不坠。既宴既喜,翕是万邦。礼仪卒度,物有其容。晰晰庭燎,喤喤鼓钟。笙磬咏德,	德通神明。清风畅八极,流泽被无垠。於皇时晋,奕世齐圣。惟天降眷,神祇保定。弘济区夏,允集大命。有命既集,光帝猷。大明重曜,鉴六幽。声教洋溢,惠滂流。惠滂流,移风俗。多士盈朝,贤俊比屋。敦世心,断凋反素朴。反素朴,怀庶方。干戚舞阶庭,疏狄悦遐荒。扶南假重译,肃慎袭衣裳。云覆雨施,德洽无疆。旁作穆穆,仁化翔。朝元日,宾王庭。承宸极,当盛明。衍和光,竭祇诚。仰嘉惠,怀德馨。游淳风,泳淑风。泳淑清,协忆兆。同欢荣,建皇极。统天位,运阴阳。御六气,殷群生。成性类,王道浃。治功成,人伦序。俗化清,虔明祀,祇三灵。崇礼乐,式仪刑。庆元吉,宴三朝。播金石,咏泠箫。奏九夏,舞云韶。迈德音,流英声。八纮一,六合宁。六合宁,承圣明。王泽洽,道登隆。绥函夏,总华戎。齐德教,混殊风。混殊风,康万国。崇夷简,尚敦德。	

续表

歌名	傅玄	荀勖	张华	成公绥
食举东西厢歌		万舞象功。八音克谐,俗易化从。其和如乐,庶品时邕。时邕斌斌,六合同尘。往我祖宣,威静殊邻。首定荆楚,遂平燕秦。亶亶文皇,迈德流仁。爰造草昧,应乾顺民。灵瑞告符,休徵响震。天地弗违,以和神人。既戡庸蜀,吴会是宾。肃慎率职,楛矢来陈。韩濊进乐,均协清钧。西旅献獒,扶南效珍。蛮裔重译,玄齿文身。我皇抚之,景命惟新。愔愔嘉会,有闻无声。清酤既奠,笾豆既馨。礼充乐备,箫韶九成。恺乐饮酒,醑而不盈。率土欢豫,邦国以宁。王猷允塞,万载无倾。①	弘王度,远遐则。②	

另外,西晋王朝在冬至、初岁之时亦有群臣小会,日常宴会、宗亲宴会以及中宫宴会等。张华曾作以下各种场合所用之歌辞,配以音乐演奏,表现君臣祥和、王朝雍容气象,同时颇多敦睦与警戒之义。

晋冬至初岁小会歌

日月不留,四气回周。节庆代序,万国同休。庶尹群后,奉寿升朝。我有嘉礼,式宴百僚。繁肴绮错,旨酒泉渟。笙镛和奏,磬管流声。上隆其爱,下尽其心。宣

---

① 逯钦立:《先秦两汉魏晋南北朝诗》上,中华书局1983年版,第819—820页。
② 逯钦立:《先秦两汉魏晋南北朝诗》上,中华书局1983年版,第821—822页。

其壅滞,训之德音。乃宣乃训,配享交泰。永载仁风,长抚无外。①

晋宴会歌

亹亹我皇,配天垂光。留精日昃,经览无方。听朝有暇,延命众臣。冠盖云集,樽俎星陈。肴蒸多品,八珍代变。羽爵无算,究乐极宴。歌者流声,舞者投袂。动容有节,丝竹并设。宣畅四体,繁手趣挚。欢足发和,酣不忘礼。好乐无荒,翼翼济济。②

晋中宫所歌

先生统大业,玄化渐八维。仪刑孚万邦,内训隆壶闱。皇英垂帝典,大雅咏三妃。执德宣隆教,正位理厥机。含章体柔顺,率礼蹈谦祗。鑫斯弘慈惠,樛木逮幽微。徽时穆清风,高义邈不追。遗荣参日月,百世仰馀晖。③

晋宗亲会歌

族燕明礼顺,啜食序亲亲。骨肉散不殊,昆弟岂他人。本枝笃同庆,棠棣著先民。於皇圣明后,天覆弘且仁。隆礼崇亲戚,旁施协族姻。式宴尽酣娱,饮御备羞珍。和光既宣洽,上下同欢欣。德教加四海,敦睦被无垠。④

华夏文明体系之中,早就形成了"国之大事,在祀与戎"的传统。军队向来是一个国家、一个政权的基石,军容、军威需要五礼之一的军礼以及军乐来彰显。晋武帝曾命傅玄为晋军制《鼓吹曲》二十二篇,彰显晋王朝之功德。尽管古曲不存,仅从傅玄留下的曲辞,就能感受到盛大、威武的气势。其辞如下:

灵 之 祥

灵之祥,石瑞章。旌金德,出西方。天降命,授宣皇。应期运,里经骧。继大舜,佐陶唐。赞武文,建帝纲。孟氏叛,据南疆。追有扈,乱五常。吴寇劲,蜀虏强。交誓盟,连遐荒。宣赫怒,奋鹰扬。震乾威,曜电光。陵九天,陷石城。枭逆命,拯有生。万国安,四海宁。⑤

宣 受 命

宣受命,应天机。风云时动,神龙飞。御诸葛,镇雍梁。边境安,夷夏康。务节事,勤定倾。揽英雄,保持盈。渊穆穆,赫明明。冲而泰,天之经。养威重,运神兵。

---

① 逯钦立:《先秦两汉魏晋南北朝诗》上,中华书局1983年版,第825页。

② 逯钦立:《先秦两汉魏晋南北朝诗》上,中华书局1983年版,第825页。

③ 逯钦立:《先秦两汉魏晋南北朝诗》上,中华书局1983年版,第825—826页。

④ 逯钦立:《先秦两汉魏晋南北朝诗》上,中华书局1983年版,第826页。

⑤ 逯钦立:《先秦两汉魏晋南北朝诗》上,中华书局1983年版,第826—827页。

亮乃震毙,天下宁。①

征 辽 东

征辽东,敌失据。威灵迈日域,公孙既授首。群逆破胆,咸震怖。朔北响应,海表景附。武功赫赫,德云布。②

宣 辅 政

宣皇辅政,圣烈深。扰乱反正,从天心。网罗文武才,慎厥所生。所生贤,遗教施。安上治民,化风移。肇创帝基,洪业垂。於铄明明,时赫戏。功济万世,定二仪。定二仪,云行雨施,海外风驰。③

时 运 多 难

时运多难,道教痛。天地变化,有盈虚。蠢尔吴蛮,虎视江湖。我皇赫斯,致天诛。有征无战,弭其图。天威横被,廓东隅。④

景 龙 飞

景龙飞,御天威。聪鉴玄察,动与神明协机。从之者显,逆之者灭夷。文教敷,武功巍。普被四海,万邦望风。莫不来绥,圣德潜断。先天弗违,弗违祥。享世永长,猛以致宽。道化光,赫明明。祚隆无疆,帝绩惟期。有命既集,崇此洪基。⑤

平 玉 衡

平玉衡,纥奸回。万国殊风,四海乖。礼贤养士,羁御英雄。思心齐,纂戎洪业。崇皇阶,品物咸亨。圣敬日跻,聪鉴尽下情,明明综天机。⑥

文皇统百揆

文皇统百揆,继天理万方。武将镇四隅,英佐盈朝堂。谋言协秋兰,清风发其芳。洪泽所渐润,砥石为圭璋。大道侔五帝,盛德逾三王。咸光大,上参天与地。至化无内外,无内外。六合并康乂,并康乂。遘兹嘉会,在昔羲与农。大晋德斯迈,镇征及诸州,为蕃卫。玄功济四海,洪烈流万世。⑦

因 时 运

因时运,圣策施。长蛇交解,群桀离。势穷奔吴,虎骑厉。惟武进,审大计。时

① 逯钦立:《先秦两汉魏晋南北朝诗》上,中华书局 1983 年版,第 827 页。
② 逯钦立:《先秦两汉魏晋南北朝诗》上,中华书局 1983 年版,第 827 页。
③ 逯钦立:《先秦两汉魏晋南北朝诗》上,中华书局 1983 年版,第 828 页。
④ 逯钦立:《先秦两汉魏晋南北朝诗》上,中华书局 1983 年版,第 828 页。
⑤ 逯钦立:《先秦两汉魏晋南北朝诗》上,中华书局 1983 年版,第 828 页。
⑥ 逯钦立:《先秦两汉魏晋南北朝诗》上,中华书局 1983 年版,第 828—829 页。
⑦ 逯钦立:《先秦两汉魏晋南北朝诗》上,中华书局 1983 年版,第 829 页。

迈其德，清一世。①

惟 庸 蜀

惟庸蜀，僭号天一隅。刘备逆帝命，禅亮承其馀。拥众数十万，窥隙承我虚。驿骑进羽檄，天下不遑居。姜维屡寇边，陇上为荒芜。文皇愍斯民，历世受罪辜。外谟藩屏臣，内谋众士夫。爪牙应指授，腹心献良图。良图协成文，大兴百万军。雷鼓震地起，猛势陵浮云。遗虏畏天诛，面缚造垒门。万里同风教，逆命称妄臣。光建五等，纪纲天人。②

天 序

天序历，应受禅。承灵祐，御群龙。勒螭虎，弘济大化。英隽作辅，明明统万机。赫赫镇四方，咎繇稷契之畴。协兰芳，礼王臣，覆兆民。化之如天与地，谁敢爱其身。③

大晋承运期

大晋承运期，德隆圣皇。时清晏，白日垂光。应箓图，陟帝位。继天正玉衡，化行象神明。至哉道隆虞与唐，元首敷洪化。百察股肱并忠良，民太康。隆隆赫赫，福祚盈无疆。④

金 灵 运

金灵运，天符发。圣徵见，参日月。惟我皇，体神圣。受魏禅，应天命。皇之兴，灵有徵。登大麓，御万乘。皇之辅，若阚虎。爪牙奋，莫之御。皇之佐，赞清化。百事理，万邦贺。神祇应，嘉瑞章。恭享礼，荐先皇。乐时奏，磬管锵。鼓渊渊，钟锽锽。奠樽俎，实玉觞。神歆响，咸悦康。宴孙子，祐无疆。大孝烝烝，德教被万方。⑤

於 穆 我 皇

於穆我皇，盛德圣且明。受禅君世，光济群生。普天率土，莫不来庭。颙颙六合内，望风仰泰清。万国雍雍，兴颂声。大化洽，地平而天成。七政齐，玉衡惟平。峨峨佐命，济济群英。夙夜乾乾，万机是经。虽治兴，匪荒宁。谦道光，冲不盈。天地合德，日月同荣。赫赫煌煌，曜幽冥。三光克从，於显天。垂景星，龙凤臻。甘露

---

① 逯钦立：《先秦两汉魏晋南北朝诗》上，中华书局1983年版，第829页。
② 逯钦立：《先秦两汉魏晋南北朝诗》上，中华书局1983年版，第830页。
③ 逯钦立：《先秦两汉魏晋南北朝诗》上，中华书局1983年版，第830页。
④ 逯钦立：《先秦两汉魏晋南北朝诗》上，中华书局1983年版，第830—831页。
⑤ 逯钦立：《先秦两汉魏晋南北朝诗》上，中华书局1983年版，第831页。

宵零，肃神祇。祗上灵，万物欣戴，自天效其成。①

仲春振振

仲春振旅，大致民。武教於时日新，师执提。工执鼓，坐作从。节有序，盛矣允文允武。蒐田表祃，申法誓。遂围禁，献社祭。允以时，明国制。文武并用，礼之经。列车如战，大教明。古今谁能去兵，大晋继天，济群生。②

夏苗田

夏苗田，运将徂。军国异容，文武殊。乃命群吏，撰车徒。辨其号名，赞契书。王军启八门，行同上帝居。时路建大麾，云旗翳紫虚，百官象其事。疾则疾，徐则徐。回衡旋轸，罢陈弊车，献禽享祠。蒸蒸配有虞，惟大晋。德参两仪，化云敷。③

仲秋狝田

仲秋狝田，金德常刚。凉风清且厉，凝露结为霜。白藏司辰，苍隼时鹰扬。鹰扬犹尚父，顺天以杀伐。春秋时序，雷霆振威曜。进退由钲鼓。致禽祀祊，羽毛之用充军府。赫赫大晋德，芬烈陵三五。敷化以文，虽治不废武。光宅四海，永享天之祜。④

顺天道

顺天道，握神契。三时示，讲武事。冬大阅，鸣镯振鼓铎。旌旗象虹霓，文制其中。武不穷武，动军誓众。礼成而义举，三驱以崇仁，进止不失其序。兵卒练，将如阚虎，惟阚虎。气陵青云，解围三面。杀不殄群。偃旌麾，班产军。献享蒸，修典文。嘉大晋，德配天。禄报功。爵俟贤，飨燕乐。受兹百禄，嘉万年。⑤

唐尧

唐尧谘务成，谦谦德所兴。积渐终光大，履霜致坚冰。神明道自然，河海犹可凝。舜禹统百揆，元凯以次升。禅让应天历，睿圣世相承。我皇陟帝位，平衡正准绳。德化飞四表，祥气见其徵。兴王坐俟旦，亡主恬自矜。致远由近始，覆篑成山陵。披图按先籍，有其证灵液。⑥

玄云

玄云起丘山，祥气万里会。龙飞保蜿蜒，凤翔何翙翙。昔在唐虞朝，时见青云

---

① 逯钦立：《先秦两汉魏晋南北朝诗》上，中华书局 1983 年版，第 831—832 页。
② 逯钦立：《先秦两汉魏晋南北朝诗》上，中华书局 1983 年版，第 832 页。
③ 逯钦立：《先秦两汉魏晋南北朝诗》上，中华书局 1983 年版，第 832 页。
④ 逯钦立：《先秦两汉魏晋南北朝诗》上，中华书局 1983 年版，第 832—833 页。
⑤ 逯钦立：《先秦两汉魏晋南北朝诗》上，中华书局 1983 年版，第 833 页。
⑥ 逯钦立：《先秦两汉魏晋南北朝诗》上，中华书局 1983 年版，第 833—834 页。

际。今亲游万国,流光溢天外。鹤鸣在后雷锋,清音随风迈。成汤隆显命,伊挚来如飞。周文猎渭滨,遂载吕望归。符合如影响,先天天弗违。辍耕综时纲,解褐袗天维。元功配二王,芬馨世所稀。我皇叙群才,洪烈何巍巍。桓桓征四表,济济理万机。神化感无方,髦才盈帝畿。丕显惟昧旦,日新孔所咨。茂哉明圣德,日月同光辉。①

伯　　益

伯益佐舜禹,职掌山与川。德侔十六相,思心入无间。智理周万物,下知众鸟言。黄雀应清化,翔集何翩翩。和鸣栖庭树,徘徊云日间。夏桀为无道,密网施山河。酷祝振纤网,当奈黄雀何。殷汤崇天德,去其三面罗。逍遥群飞来,鸣声乃复和。朱雀作南宿,凤皇经羽群。赤乌衔书至,天命瑞周文。神雀今来游,为我受命君。嘉祥致天和,膏泽隆青云。兰风发芳气,阖世同其芬。②

钓　　竿

钓竿何冉冉,甘饵芳且鲜。临川运思心,微纶沈九渊。太公宝此术,乃在灵秘篇。机变随物移,精妙贯未然。游鱼惊著钓,潜龙飞戾天。戾天安所至,抚翼翔太清。太清一何异,两仪出浑成。玉衡正三辰,造化赋群形。退愿辅圣君,与神合其灵。我君弘远略,天人不足并。天人初并时,昧昧何芒芒。日月有徵兆,文象兴二皇。蚩尤乱生民,黄帝用兵征万方。逮夏禹而德衰,三代荷百禄。保无极,永泰平。③

另外,西晋军礼仪式中还有出征仪式和还师劳军仪式,在这两种场合需要演唱凯歌,张华创制《晋凯歌二首》,其一是《命将出征歌》,其一是《劳还师歌》,以壮军威。

命将出征歌

重华隆帝道,戎蛮或不宾。徐夷兴有周,鬼方亦违殷。今在盛明世,寇虐动西垠。豺狼染牙爪,群生号穹旻。元帅统方夏,出车抚凉秦。众贞必以律,臧否实在人。威信加殊类,疏逖思自亲。单醪岂有味,挟纩感至仁。武功尚止戈,七德美安民。远迹由斯举,永世无风尘。④

劳还师歌

獯狁背天德,构乱扰邦畿。戎车震朔野,群帅赞皇威。将士齐心旅,感义忘其私。积势如辙弩,赴节如发机。嚣声动山谷,金光曜素晖。挥戟陵劲敌,武步蹈横

---

① 逯钦立:《先秦两汉魏晋南北朝诗》上,中华书局1983年版,第834页。
② 逯钦立:《先秦两汉魏晋南北朝诗》上,中华书局1983年版,第834—835页。
③ 逯钦立:《先秦两汉魏晋南北朝诗》上,中华书局1983年版,第835页。
④ 逯钦立:《先秦两汉魏晋南北朝诗》上,中华书局1983年版,第835—836页。

尸。鲸鲵皆授首,北土永清夷。昔往冒隆暑,今来白雪霏。征夫信勤瘁,自古咏采薇。收荣於舍爵。燕喜在凯归。①

除此之外,晋武帝令荀勖、贾充、杜预等人修订律令。《晋书·贾充传》载:"充所定新律既班于天下,百姓便之。诏曰:'汉氏以来,法令严峻。故自元成之世,及建安、嘉平之间,咸欲辩章旧典,删革刑书。述作体大,历年无成。先帝愍元元之命陷于密网,亲发德音,厘正名实。车骑将军贾充,奖明圣意,咨询善道。太傅郑冲,又与司空荀颢、中书监荀勖、中军将军羊祜、中护军王业及廷尉杜友、守河南尹杜预、散骑侍郎裴楷、颍川太守周雄、齐相郭颀、骑都尉成公绥荀辉、尚书郎柳轨等,典正其事。朕每鉴其用心,常慨然嘉之。今法律既成,始班天下,刑宽禁简,足以克当先旨。'"②从这段史料的记载可以看出,西晋初年宽刑简禁,其目的是为了更好地维护世族阶层的权益。当然,也给百姓提供了较为宽松的社会生活环境,为开创太康盛世提供一定的制度保障。荀勖、张华领命整理国家图书文献,编撰《中经簿》,开创甲、乙、丙、丁四部分类法,成为后世经、史、子、集四部分类的先河。同时,西晋设立太学等,不仅设立五经博士,传承儒家学术思想。还立书博士,置弟子教习钟繇之法。

二是晋武帝大规模地迁徙蜀汉、孙吴之地的世族,征召吴、蜀文士入京,促成了文化的"中心/边缘"的深层性、持久性互动。迁徙蜀汉、孙吴世家大族以及征召吴蜀文士的具体情况,前已论述,但其举动促成中心与边缘的深层互动仍需申述。作为对峙的蜀汉、孙吴政权的政治文化中心的成都、建邺,在对峙政权相继灭亡之后,其政治中心地位不复存在,降为统一王朝的地方州郡治所。三国归晋,分裂的疆域为之一统,客观上提供了中心/边缘的地理空间格局,但文化心理上的"中心/边缘"感还需要较长的时间来恢复。因为,吴、蜀等地的世家大族在三国鼎立时代习惯了与北方曹魏争夺文化话语中心,在文化统治区内已经习惯了以"中心"者自居。当对峙政权不复存在的时代,瞬间沦为亡国之臣,成了政治军事上的失败者,文化心理上的中心感随着消失,仕进退隐瞬间失据。此时,晋武帝投来"橄榄枝",下令征召蜀汉、孙吴文士入京洛任职。这在一定程度上具有重建"中心/边缘"文化心理感的意义,在任何一个大一统时代,都需要从地方社会征召优秀的人才参与王朝中心权力。凡被征召者皆会自觉不自觉地进行自我身份认同——认同自我的边缘社会身份,渴望或乐意进入政治文化中心,参与王朝政权管理,此前的两汉王朝已经形成了这样的征召地方之士入京的传统,积淀了士人的"中心/边缘"文化心理感。虽说蜀吴归晋的时日不长,亡国之痛尚未消弭,对北方军事战

---

① 逯钦立:《先秦两汉魏晋南北朝诗》上,中华书局 1983 年版,第 836 页。
② (唐)房玄龄:《晋书》,中华书局 1974 年版,第 1167 页。

胜者西晋王朝还保持着惊惧之感,但国家一统已成定局。蜀吴文士内心中不得不重新调整"中心/边缘"文化心理感。在他们看来,原对峙政权的政治文化中心,降为统一王朝的州郡,与全国的政治文化中心——洛阳相比,成为地方州郡的边缘性区域。原对峙政权的核心政治文化力量,降为亡国之臣,成为新王朝的地方社会的人物。他们经历了一番思想斗争、情感纠结,已经对西晋王朝的客观"中心/边缘"格局有了一定的文化认同,回归到大一统时代的文化心理上的"中心/边缘"感知之中。无论他们是自愿还是在西晋地方政府不断催促下,被迫走上应征之路,对西晋王朝而言,这意味着边缘性的地方与中心性的王朝首都之间开启了互动模式。

另外,晋武帝征召蜀吴文士,颇有文化统战的意味。尽管在军事摧毁对峙政权之后,西晋王朝随即在蜀吴两地设立了刺史、太守等地方官吏进行社会治理,驻扎军队以防止旧势力的叛乱,但西晋王朝并不能只靠地方官员行政或军政的强制治理,还得采取柔性的文化方式来更广泛、更深入地获得吴蜀人心。因此,晋武帝征召吴蜀文士入京,说到底就是获得人心的柔性的文化方式,是一种文化统战。当这些被征召的吴蜀文士入京,给予一定的政治安排,会让更多的南方文士们看到仕途希望,加快了对西晋王朝的文化认同和政治认同。尤其那些被征召的蜀吴文士多是精英之士,有着相当的社会声望和影响力,他们的政治态度和举动会影响一大批南方世族文士的政治背向。因此,进入京洛的蜀吴文化看似是个体之士,但他们身后有更多的南方士人支持。西晋王朝要联络更多的南方世族文士,自然会通过已经征召入京的蜀吴文士。晋武帝深知其中个则,故而向这些被征召入京洛的文士询问当地的优秀人才,甚至让他们来举荐。对西晋王朝而言,此举可以网罗到更多的南方人士,保证南方士人源源不断入洛,实现了边缘/中心的持久互动。对被征召的吴蜀文士而言,他们以边缘社会身份进入王朝中心——京洛,既需要横向地结交京洛之士或其他地域的文士,也需要纵向地不断联络、举荐同乡之士入京,壮大他们在首都洛阳的政治实力。比如,陆氏兄弟结交政坛、文坛领袖张华,甚至结交权贵愍怀太子、贾谧、赵王伦、成都王颖等人。另外,不断举荐戴渊等一大批同乡入朝为官。蜀地文士罗宪、文立等人亦是如此。当然,蜀吴文士之所以举荐州郡人士,除了出于公心替朝廷笼络可用之才,其中不乏也有对抗京洛的一些北方士族鄙夷、排挤的政治用意。三国毕竟对峙几十年之久,政治隔膜还是相当深刻的,北方世族中有不少人难免对蜀吴之士流露出鄙夷之情,骨子里瞧不起这些亡国之臣的蛮子。南方社会依然延续着儒家经学话语系统,与北方新兴的玄学话语系统还存在着巨大差异。因此,来自南方文士将边缘区域的思想观念、生活习俗甚至方言用语等带到北方社会。随着南北方文士的深入接触、激烈碰撞之后,形成了"你中有我,我中有你"的融合之势。"八王之乱"之后,吴地的不少文士为了躲避灾祸,返回江东故乡。这正是他们入洛的经历,才在情感上接纳丢掉北方河山的司马氏王室以及南渡的北方世族,共同支撑起东晋的偏安王朝。这种结局是晋武帝当年始料未及的。总之,西晋武帝征召西南、东南文士入京任职,进行政治安排,达到广泛的文化统战,重建了大一统社会的"中心/边缘"文化心理感。同时,借助被征召的蜀吴文士,广泛联络甚至笼络南方社会,为西晋王朝奠定了文化的"中心/边缘"的深层性、持久性的互动。这种"中心/边缘"的深层互动,不仅带来了南北方世族文士的相互熟知与体认,弥合了思想观念、生活习俗、方言用语以及行事方式上的文化差异,而且在客观上为永嘉丧乱之际"衣冠南渡"的大撤退寻找到一方根据。

三是晋武帝两次主导华林园诗会,在一定程度上营造祥和的政治生态。晋武帝主导的华林诗会,并不像建安时代邺下文学的赋诗活动,其文学目的远远小于政治意义。曹操、曹丕、曹植所主导的邺下诗会,几乎延揽当时最著名的文学家、诗人,而晋武帝的华林园诗会,邀请的主要是部分朝臣。三曹本人都是诗文高手,不仅命在坐的文学家、诗人赋诗,而且他们本人也下水为诗,而晋武帝不擅作诗,在宴会之余,以行政命令的方式,命能文之臣赋诗,其目的在于营造祥和的政治生态。从现存的华林园诗作看,晋武帝在泰始四年(268)和太康六年(285)主导了两次华林园诗会。据《洛阳图经》记载,华林园是洛阳城中东北角的一座皇家林园,魏明帝曹睿营造,最初称芳林园,因犯齐王芳名讳,改为华林。晋武帝司马炎并不擅长诗文,也没有组织诗会的自觉意识。上巳节的偶然机会,晋武帝与群臣游华林园,在宴会上令能文之臣赋诗,虽说延续的是春秋以来的赋诗观志传统,但实质上是君王娱乐,陪臣歌功颂德。泰始四年(268),陪晋武帝在华林园赋诗的文臣有荀勖、王济、应贞等人。据干宝《晋纪》记载:"泰始四年二月,上幸芳林园与群臣宴,赋诗观志。散骑常侍应贞诗最美。"[1]汉魏以来,应氏家族是汝南郡南顿县的文学世家,汉末三国时代出现过应璩、应玚、应劭等著名文士。《晋书·文苑传》载:"自汉至魏,世以文章显,轩冕相袭,为郡盛族。"[2]应贞系应璩之子,受家学传统的熏陶,成为西晋时代的知名文士。应贞任给事中,以陪臣身份参加晋武帝的华林之会。宴会之间,晋武帝命在坐的文学诸臣赋诗。应贞赋诗如下:

> 悠悠太上,民之厥初。皇极肇建,彝伦攸敷。五德更运,膺箓受符。陶唐既谢,天历在虞。於时上帝,乃顾惟眷。光我晋祚,应期纳禅。位以龙飞,文以虎变。玄泽滂流,仁风潜扇。区内宅心,方隅回面。天垂其象,地耀其文。凤鸣朝阳,龙翔景云。嘉禾重颖,萤荚载芬。率土咸序,人胥悦欣。

---

[1] 逯钦立:《先秦两汉魏晋南北朝诗》上,中华书局 1983 年版,第 580 页。
[2] (唐)房玄龄:《晋书》,中华书局 1974 年版,第 2370 页。

恢恢皇度，穆穆圣容。言思其顺，貌思其恭。在视斯明，在听斯聪。登庸以德，明试以功。其恭惟何，昧旦丕显。无理不经，无义不践。行舍其华，言去其辩。游心至虚，同规易简。六府孔修，九有斯靖。泽靡不被，化冈不加。声教南暨，西渐流沙。幽人肆险，远国忘遐。越裳重译，充我皇家。峨峨列辟，赫赫虎臣。内和五品，外威四宾。修时贡职，入觐天人。备言锡命，羽盖朱轮。贻宴好会，不常厥数。神心所受，不言而喻。於是肆射，弓矢斯御。发彼五的，有酒斯饮。文武之道，厥猷未坠。在昔先王，躬御兹器。示武惧荒，过亦为失。凡厥群后，无斁于位。①

在众人赋诗里，应贞的赋诗之所以最有文采，主要是因为荀勖、王济等人不善诗赋。当然，也许还有做不了诗的大臣在坐。其实应贞的赋诗与文学史上的经典诗作相比，并不见得多高明，但在华林园宴会赋诗中显露头角。王济《从事华林诗》仅有"郁郁华林，奕奕疏圃。燕彼群后，郁郁有序"②四句，很有可能是只流传下来一首诗中的警策之句。与王济《从事华林诗》相比，荀勖《从武帝华林园宴诗》被完整地保存下来。其诗如下：

习习春阳，帝出乎震。天施地生，以应仲春。思文圣皇，顺时秉仁。钦若灵则，饮御嘉宾。洪恩普畅，庆乃众臣。

其庆惟何，锡以帝祉。肆觐群后，有客戾止。外纳要荒，内延卿士。箫管咏德，八音咸理。凯乐饮酒，莫不宴喜。③

晋武帝有宴会华林园与群臣赋诗的经验，在统一全国之后的太康六年（285）春天，又一次与群臣游华林园。据程咸《平吴后三月三日从华林园作诗》中记载，此次陪臣有十二人，但流传下来有诗作的臣子仅仅有程咸、荀勖、王济、张华四人。此次赋诗，不仅涉及季节的即兴写景，如荀勖《三月三日从华林园诗》中"清节中季春，姑洗通滞塞。玉辂扶渌池，临川荡苛慝。"④又有皇帝幸游华林园的场景的写照，如程咸《平吴后三月三日从华林园作诗》中"皇帝升龙舟，侍幄十二人。天吴奏安流，水伯卫帝津。"⑤还有平吴之后的恢宏抒情，如王济《平吴后三月三日华林园诗》中"蠢尔长蛇，荐食江汜。我皇神武，泛舟万里。迅雷电迈，弗及掩耳。思乐华林，薄采其兰。皇居伟则，芳园巨观。仁以山悦，水为智欢。清池流爵，秘乐通玄。修罾洒鳞，大庖妙馔。物以时序，情以化宣。终温且克，有肃初筵。嘉宾在兹，千禄永年"⑥。最著名的是张华的赋诗——《太康六年三月三日后园会诗》四章：

①　逯钦立：《先秦两汉魏晋南北朝诗》上，中华书局1983年版，第580—581页。
②　逯钦立：《先秦两汉魏晋南北朝诗》上，中华书局1983年版，第597页。
③　逯钦立：《先秦两汉魏晋南北朝诗》上，中华书局1983年版，第592页。
④　逯钦立：《先秦两汉魏晋南北朝诗》上，中华书局1983年版，第592页。
⑤　逯钦立：《先秦两汉魏晋南北朝诗》上，中华书局1983年版，第552页。
⑥　逯钦立：《先秦两汉魏晋南北朝诗》上，中华书局1983年版，第597页。

暮春元日,阳气清明。祁祁甘雨,膏泽流盈。习习祥风,启滞导生。禽鸟翔逸,卉木滋荣。纤条被绿,翠华含英。

於皇我后,钦若昊乾。顺时省物,言观中园。燕及群辟,乃命乃延。合乐华池,被濯清川。泛彼龙舟,溯游洪源。

朱幕云覆,列坐文茵。羽觞波腾,品物备珍。管弦繁会,变用奏新。穆穆我皇,临下渥仁。训以慈惠,询纳广神。好乐无荒,化达无垠。

咨予微臣,荷宠明时。忝恩于外,攸攸三期。犬马惟慕,天实为之。灵启其愿,遐愿在兹。于以表情,爰著斯诗。①

正是张华的华林园会诗四章让这次华林诗会增色不少,不仅把天气季节的景致写得摇曳生姿,春雨春风,百花盛开,禽鸟翔逸,卉木向荣,一派生机,也把武帝游园的场景——游观中园、濯袯水滨、登舟溯流以及列坐茵席、羽觞交错、管弦繁会的宴会场景铺写出来,同时,陪臣的感激之情,跃然纸上。

另外,晋武帝曾在东堂设宴,为蜀地文士李密饯行。在宴会上,晋武帝诏令李密赋诗。蜀地文士李密,因失去朝中大臣张华、荀勖等支持,只能外放汉中任太守,内心多有怨愤。因此,赋诗的时候,不禁将这种情绪抒发出来。晋武帝为李密东堂赐宴,本身想要营造一种不问南北、天下归一的政治氛围,试图更好地促成南方文士的情感认同和政治认同。结果,李密赋诗却揭穿了朝无内援,无法立足京都的现实。李密赋诗真率直白,简直不像是诗。《赐饯东堂诏令赋诗》说:"人亦有言,有因有缘。官无中人,不如归田。明明在上,斯语岂然。"②据《晋书·孝友传·李密传》记载,这只是赋诗的末章,其他部分已经遗失无存。虽然说李密所赋之诗文学性不够,但文化批判性很强,说破了晋武帝的政治意图。因此,李密也因着几句赋诗付出了惨重的代价,即,惹怒晋武帝,京城官员趁机奏请罢免李密的官职。李密尽管从个人遭遇抒发真情实感,表征出三国政治对峙既久,想在短时间内消弭因政治对峙而造成的文化隔膜,是不大可能的。但晋武帝主导华林诗会、东堂设宴等活动,希望通过诗歌营造中心与边缘的互动关系,试图消弭文化隔膜的政治姿态,还是值得肯定的。

三、花自飘零:藩王乱政与中心涣散

如前所述,西晋开国的二十多年之间,结束自东汉末年以来的分裂割据,实现地理空间上的大一统局面。随着权力重组、律法、礼仪的修订以及图书文献等的整理保存,

① 逯钦立:《先秦两汉魏晋南北朝诗》上,中华书局 1983 年版,第 616—617 页。
② 逯钦立:《先秦两汉魏晋南北朝诗》上,中华书局 1983 年版,第 579 页。

政治中心京师洛阳成为全国文化"中心"所在,地方各州郡乃至藩属王国与京师洛阳构成了"中心/边缘"互动的差序格局。文化心理上的"文学中心感"的重建绝非一朝一夕之事,需要数代的积累。晋武帝虽然做过诸多努力,但西晋第二代继承人——晋惠帝司马衷,存在智力缺陷,无法掌握权柄。因此,刚刚重建的"中心/边缘"差序格局,在西晋诸藩王趁机争取权力中心的动乱中摧残殆尽。

西晋王朝为分封皇族宗室诸藩王的原因有二:一是司马氏汲取曹魏王朝灭亡的历史教训。早在司马昭兄弟掌控曹魏政权的时候,就意识到曹魏王朝对待宗室藩王过于严苛。曹魏宗室藩王徒有虚名,既无必要的行政权,更没有领兵权。甚至受到地方官的严苛监控、管制。一旦中央皇权受到权臣的威胁,藩王无能为力。因此,司马氏大肆分封宗室诸王,希望在中央皇权受到威胁的时候,被分封的宗室诸王可以联合起来,起兵勤王。二是司马氏家族作为世家大族阶层的代表,联合世族阶层,打击庶族力量,通过禅让的和平方式取代了曹魏王朝。登上皇位的司马氏,却无法依赖其他阶层力量牵制世族阶层。只能信赖、依赖同姓的宗室成员来牵制世族特权阶层,大肆分封同姓的宗室藩王,赋予相当大的行政、军政、财政等权力。西晋王朝虽然能够大肆分封宗室藩王,但没有探索出如何有效限制、牵制宗室藩王的制度,基本上依靠皇帝权威和世族特权阶层的相互牵制来制约宗室藩王势力。

分封藩国的潜在危险,是随着地方藩国的经济发展,势力强大,反过来会对抗中央皇权,试图夺取最高权位——皇帝宝座。无论是西周的分封制度,还是汉初的分封藩王,都爆发了极大的政治危机。西周兴于姬姜联盟的形成,亡于姬姜联盟的破裂,被分封的姬姜诸侯国乃至其他异姓诸侯如嬴秦等互相争夺,最后断送了姬周王朝。汉代同姓宗室的分封,也酿成了景帝时代的"七王之乱"。汉王朝之所以能够解决分封危机,还是凭借汉代皇帝的雄才大略以及压倒性的帝王权威。试想,如果汉代没有景帝、武帝这样的君主,分封藩国会逐渐坐大,以至于蚕食腐蚀王朝。汉景帝举全国之财力、兵力,依赖周亚夫等能臣良将,击溃了吴王刘濞为首的七国叛乱。汉武帝推行推恩令,彻底解决了汉初分封藩国的威胁。西晋王朝却没有汉王朝幸运,不仅没有出现汉景帝、汉武帝这样的雄主,而且第二代皇权继承人晋惠帝司马衷,智力连常人都不如。痴呆的司马衷继承了皇统,大权旁落于杨骏为首的外戚势力手中。晋惠帝皇后贾南风不甘于皇权被杨骏等外戚势力把控,联合宗室藩王,发动政变,诛杀"三杨",夺回政治权力。此时的西晋朝局中,皇后贾南风以晋惠帝司马衷为棋子,宗室藩王以武将军权为凭借,而世族大臣等以百官为凭借,达成了三股势力平分权力的动态平衡。当然,此时的朝局也潜藏着巨大的危机:首先是皇权不彰,晋惠帝既不能独立处理朝政,也缺乏震慑各利益集团或阶层的无上权威。晋惠帝先被杨太后的父亲杨骏操纵,再被自己的皇后贾南风操纵,成为名副其实的傀儡。其次，皇后贾南风操纵晋惠帝司马衷，行使皇权，本身缺乏足够的法理基础，甚至违背"后宫不得干政"的祖训。尽管暂时达成了掌权的目的，但随时会被发难。公卿大臣张华为了维护这种动态平衡，以《女史箴》曾对皇后贾南风的专权善妒行为进行规劝。皇后贾南风系权臣贾充之女，其父声名不佳，本人也专权善妒。贾南风不仅培植亲信党羽，如贾谧、贾模，而且涉险弄权，挑起宗室诸王矛盾。曾挑唆楚王司马玮诛杀汝南王司马亮，再除掉楚王玮，结果被赵王司马伦等势力联合诛杀。最后，宗室藩王以其皇家血统，相对其他家族姓氏具有继承皇权的先天法理基础。虽然西周已经开创了嫡长子继承制，但在具体的历史语境中，并非完全按照理想的嫡长子继承制来运作。比如，司马昭从兄长司马师手里接管曹魏的实际权力，司马昭将晋王之位传给自己的儿子，而没有传给过继司马师的齐王司马攸。晋武帝登上皇位，一直提防着自己的亲弟弟司马攸。因为从司马氏家族的角度看，司马攸也具有登陟皇位的先天法理。手握重兵的藩王，一旦接近权力中心，权力欲望极度膨胀，且有皇家血统，极容易觊觎皇权。晋武帝分封宗室诸王，本身就无法防止诸王的觊觎之心。西晋第二代皇权继承人晋惠帝成了被操纵的傀儡，给了藩王进入王朝中心的机会。皇后贾南风弄权之际，还需要晋惠帝这颗棋子获得权力话语，牵制朝臣、宗室藩王。而赵王伦等藩王联合诛杀贾南风之后，痴呆的晋惠帝成了"烫手的山芋"。赵王伦因具有皇族血统，具备通往权力顶峰的资本。晋惠帝也成了赵王伦通往权力顶峰道路上的一颗绊脚石。赵王伦一脚将晋惠帝踢开，废帝自立。当然，宗室诸王都具有皇族血统，都具有称帝的先天资格。赵王伦自立为帝，成了其他藩王的众矢之的。赵王伦称帝给了齐王冏、成都王颖等诸王"清君侧"的口实。本来处在"边缘"的藩国诸王走马灯般地进入政治中心，以武力夺取政治权力，这意味着中心与边缘的差序格局完全失控、失效。在宗室诸王的兵戎相见，互相攻伐的内耗中，西晋王朝政治坠入毁灭的深渊。

随着藩王入京主政，晋武帝时期所重建起来的"中心/边缘"差序格局开始涣散，西晋文士的文学中心场域发生了巨大变化。皇后贾南风控制朝政权力的时期，尚需要依赖张华、裴頠等朝中有威望的文臣。而张华本人不仅是政治人物，也是文坛巨子，会吸引众多的文士参与文学集团，开展文学活动。再比如，皇后贾南风需要亲信支持，其侄子贾谧，也曾组织"二十四诗友"集团，吸引大量的文士参与。这些文学集团虽然具有一定的政治性，但也促成了西晋的文学中心场域。当赵王伦等藩王发动政变，诛杀皇后贾南风势力，同时打击士族特权阶层，诛杀张华、裴頠等辅政大臣。受到株连的还有卫瓘、石崇、潘岳、欧阳建等人。幸存的文士或依附于诸藩王，或退隐故里。如西晋著名文士陆机曾依附于赵王伦，做了相国参军、中书侍郎，后来赵王伦被齐王冏等诸王诛杀之后，陆机等不少文士遭到逮捕、下狱受审，因成都王颖施予援手，才得到豁免。从此，陆机、陆云兄弟等文士依附成都王颖。再比如,张载兄弟、顾荣、张翰等文士,纷纷退隐乡里。"齐王冏辟为大司马东曹掾。冏时执权,翰谓同郡顾荣曰:'天下纷纷,祸难未已。夫有四海之名者,求退良难。吾本山林间人,无望于时。子善以明防前,以智虑后。'荣执其手,怆然曰:'吾亦与子采南山蕨,饮三江水耳。'翰因见秋风起,乃思吴中菰菜、莼羹、鲈鱼脍,曰:'人生贵得适志,何能羁宦数千里以要名爵乎!'遂命驾而归。著《首丘赋》,文多不载。俄而冏败,人皆谓之见机。然府以其辄去,除吏名。翰任心自适,不求当世。或谓之曰:'卿乃可纵适一时,独不为身后名邪?'答曰:'使我有身后名,不如即时一杯酒。'时人贵其旷达。性至孝,遭母忧,哀毁过礼。"①那些依附于宗室诸王的文士虽然闲暇时常有诗文创作,如齐王冏、成都王颖主政时期,著名文士陆机曾创作著名的《豪士赋》等一系列作品,陆云创作了《与兄平原书》《晋故豫章内史夏府君诔》《大将军宴会被命作诗》等作品,但因为宗室诸王忙于攻伐自保,不得不投入无休止的征伐之中,乃至卷入旋涡被杀。而那些隐遁衡门的北方文士在"八王之乱"后期战乱频仍的时局中,饱受战乱之苦,自生自灭。熬到永嘉丧乱时代的,只好加入难民潮中避难南方。

综上所述,西晋王朝在建立之初,汲取曹魏政权灭亡的历史教训以及牵制世族特权阶层,大肆分封宗室藩王,加大藩王权力,以求江山永固。却因为晋武帝在继承人选择上的失误,将智障的司马衷推上了皇位,以至于皇权旁落,宗室藩王趁机入京主政。这些宗室藩王不满足于走马灯式的"你方唱罢我登场"的宫廷政变,引兵相攻,将战火烧到了州郡等地方社会。不仅破坏了西晋早期所重构的"中心/边缘"互动的差序格局,而且破坏了西晋中期形成的文学生态,西晋文士或卷入政治漩涡被杀,或隐遁衡门苟且偷生,在战乱中自生自灭。因此,西晋王朝早期重建中心的努力以及刚刚重建的"中心/边缘"差序格局,在诸宗室藩王趁机争取权力中心的动乱中零落殆尽。

第四节 中心南移:东晋文学地理空间

中国历史上,一个王朝如同一座大厦,刚刚建立的时候,一切都光鲜亮丽,但经过两三百年的风吹雨打,往往日渐衰败破落。最终轰然坍塌,沦为废墟。西晋王朝——这座大厦,本身地基就不够深,四梁八柱就不够粗壮,开间格局就不够阔大。房子的第一代主人缺乏长治久安的想法,第二代主人智障痴呆,无法当家作主,叔伯兄弟等人纷纷来抢夺财产。因此,西晋王朝尚不待风吹雨打,仅半个世纪就塌豁。在全球气温变冷之

---

① (唐)房玄龄:《晋书》,中华书局 1974 年版,第 2384 页。

后,北纬40°以上的游牧民族纷纷进入北纬35°的农耕文明区进行掳掠,西晋王朝不仅无法有效抵抗游牧民族铁骑的入侵,而且彻底被毁灭,就连晋愍帝、怀帝都成了阶下囚。黄河农耕区沦陷,北方的士族、民众大规模撤退,南渡长江流域。随着北方士民的南迁,移镇建邺的琅玡王司马睿在王导等士族的支持下,建立东晋王朝。在东晋王朝的半壁江山上,却形成了两大文学地理空间。具体而言:以扬州建康—会稽为中心的乌衣风流的文学圈,以江州为主的隐逸之风的文学圈。

一、扬州乌衣风流

永嘉之乱,北方的宗室贵族、文武大臣、衣冠士族沿着淮河及其支流(包括当时入淮各水)汝、颍、沙、濄(涡)、睢、汴、泗、沂、沐等水和沟通江淮的邗沟构成主要水路,辅以各水之间的陆路,避难扬州广大区域。其中,最具文化影响力的高门甲族入住建康城的乌衣巷中。这些北方士族为了避免与江东土著世族发生利益冲突,向浙江会稽一带地广人稀的广大区域迁徙,筑庄园、围水碓、开农田等。这些北方衣冠士族渡江后,以建康为中心迁徙播散到会稽等地,使得本不属于同一文化圈的建康与会稽(吴文化圈与越文化圈)糅合成了乌衣风流的建康—会稽文学圈。东晋时代,江东一带文化呈现立体层分多元状态,上层是北方衣冠之士所显现、所引领的玄言风流,中层是东汉以来的土著世族所熟稔、所赓续的儒学文化,最低层依然保留着吴越地区极具特色的地方性文化。尤其,中层与底层两种文化经过长期的接触,呈现圆融之势。我们考察的重点是黄河流域的北方文化南移江东所形成的建康—会稽文学圈。

（一）建康文学圈

从时间维度上看,建康文学圈主要集中在东晋初期的十几年内。本来作为移镇建邺的西晋藩王——琅玡王司马睿,在风云际会之中登上皇帝大位,定都建康。因此,建康成为不仅东晋政治文化中心,同时也是天下正朔之所在,吸引凝聚了大批避难的北方士族。这些衣冠士族自发交游,抒怀亡国之悲,寻找精神慰藉。如《晋书·王导传》载:

> 过江人士,每至暇日,相要出新亭饮宴,周顗中坐而叹曰:"风景不殊,举目有江河之异。"皆相视流涕。惟导愀然变色曰:"当共勠力王室,克复神州,何至作楚囚相对泣邪!"众收泪而谢之。[①]

周顗等过江之名士,经历永嘉丧乱,神州陆沉,亡国去乡之悲随时都会涌上心头。新亭饮宴,江南风景正好,名士们却有"江河之异"的悲慨,相视之下,泪流满面。王导内心也应该悲意四起,但偏安一隅,需要有人鼓舞士气,振奋人心。王导的资历声望,让

---

① （唐）房玄龄:《晋书》,中华书局1974年版,第1747页。

他成了不二人选。"这种家国之忧,飘寄之感,在这一阶段的王侯、士人和平民百姓中,在很大程度上具有普遍性。"①如《世说新语·语言》载:

> 温峤初为刘琨使来过江,于时江左营建始尔,纲纪未举。温新至,深有诸虑,既诣王丞相,陈主上幽越,社稷焚灭,山陵夷毁之酷,有《黍离》之痛。温忠慨深烈,言与泗俱,丞相亦与之对泣。叙情既毕,便深自陈结,丞相亦厚相酬纳,既出,欢然言曰:"江左自有管夷吾,此复何忧?"②

也正是在王导等衣冠士族的拥护下,琅玡王司马睿得到了江东土著世族阶层的支持,登上皇帝之位,建立了东晋王朝。这些风度翩翩的北方衣冠士族出入乌衣巷中,成为东晋社会所企羡的乌衣风流。

晋元、明二帝无论是因政治需要,还是出于个人兴趣,都热心学习并熟练掌握了一套玄学话语体系,主动改变了司马氏尊崇儒家的家族文化习性,在一定程度上为乌衣风流营造了文化氛围。司马睿大肆招揽人才,崇尚玄虚,尊重佛僧。《世说新语·方正》第四十五条注引《高逸沙门传》曰:"晋元、明二帝,游心玄虚,托情道味,以宾友礼法师。"③晋明帝司马绍:"有文武才略,亲贤爱客,雅好文辞……尝论圣人真假之意,导等不能屈。"④司马睿父子崇尚玄虚,也有更深切的文化意味。当五胡铁骑进入黄河流域的华夏文明核心区之后,东晋王朝只能偏安一隅,失去了对华夏文明核心区的统治与控制,"形质"为主的华夏故土、灿烂文物等尽丧敌手,偏安一隅的东晋王朝如何向天下百姓彰显文化之正统呢? 不得不乞灵于崇尚虚无的玄学,强调"无形"的精神风采等,建构文化向心力,恢复文化自信力,增进政治凝聚力,即用玄学的"尚无"的思想建构争取文化话语权,诠释王朝政统的合法性。

如果说,东晋元帝、明帝改变文化策略,选择崇尚玄虚之学,既是为笼络北方的衣冠士族,也是向天下百姓昭示"有形"之华夏文物虽已沦丧,但"无形"的华夏文化精神依然存在,依然是天下之正朔,那么,被誉为"江东管夷吾"的王导等高门甲族士族热心玄学,其目的在于尊重每一位世族的家族荣誉与人格精神,包括南来的世族,更包括土著世族,最大限度地团结东晋社会的各方力量,实现"勠力王室"的崇高理想。正如张可礼说的:"东晋第一代皇帝司马睿和他的继位者司马绍以及琅玡王氏为代表门阀士族中的头面人物,都爱好文学,也懂得文学在卫护刚刚建立起来的东晋政权的重要性。因

---

① 张可礼:《东晋文艺综合研究》,山东大学出版社 2009 年版,第 52 页。
② 徐震堮:《世说新语校笺》,中华书局 1984 年版,第 54 页。
③ 徐震堮:《世说新语校笺》,中华书局 1984 年版,第 184 页。
④ (唐)房玄龄:《晋书》,中华书局 1974 年版,第 159 页。

此,他们都相当重视文学。"①东晋皇帝司马氏与高门甲族一致的文化取向,共同营造了建康文学圈的乌衣风流,也赢得了后世文评家刘勰"揄扬风流,亦彼时之汉武也"的高度评价。

刘勰《文心雕龙·时序》说:

> 元皇中兴,拔文建学,刘、刁习吏而宠荣,景纯文敏而优擢,逮明帝秉哲,雅好文会,升储御机极,孳孳讲义,炼情于诰策,振采于辞赋。庾以笔才逾亲,温以文思益厚。揄扬风流,亦彼时之汉武也。②

建康文学圈的核心人物,除了刘勰所说的刘隗、刁协、郭璞、任旭、虞喜、庾亮、温峤等人,还包括王廙、干宝和梅陶等人,更包括晋元帝司马睿、晋明帝司马绍、王导、周顗等人。从社会阶层上看,既有来自高门甲族的王导、王廙、庾亮、温峤等,还有来自次等士族的郭璞、任旭、虞喜、干宝、梅陶等,也有来自寒门之士刘隗、刁协等。尽管其中也存在一些龃龉与矛盾,比如,晋元帝司马睿依靠寒士刘隗、刁协来牵制高门甲族王导;再比如,王导因族弟王敦叛乱,领全族长跪宫门,恰逢周顗入宫,求其美言,周顗没给肯话,王导记恨在心,当王敦大军攻入石头城,在王导的默许下,王敦处死周顗等;再比如,《世说新语·轻诋》载:"庾公权重,足倾王公。庾在石头,王在冶城坐。大风扬尘,王以扇拂尘:'元规尘污人!'"③庾亮以国舅当朝,权势熏天,风头正劲,王导不得不避其锋芒,但建康文学圈整体上是活跃的、是有生气的。尽管西晋沦丧,衣冠之士、平民百姓免不了有亡国痛楚,但东晋是西晋的延续,不属于沧桑易代。正如张可礼说的:"东晋文人不存在改朝换代的选择问题,也没有失节与否的精神负担。加上东晋前期的许多文人经历过亡国之痛,这就使他们对东晋政权的建立感到由衷的兴奋。"④新亭嘉会上,王导愀然变色,一句"当共勠力王室,克复神州",这是一种具体场域下的面对面的精神鼓舞与士气凝聚。王廙衷心感激"今在我王,匡济皇维,而有白兔之应"⑤,写下的《白兔赋》,是在文字符码系统中营造江东司马睿的圣德。当司马睿称帝后,王廙再次写下了《中兴赋》,虽然《中兴赋》已佚,从现存的《奏中兴赋上疏》的"又骠骑将军(王)导向臣说晋陵有金铎之瑞,郭璞云必致中兴。璞之爻筮,虽京房管辂不过也。历数在陛下也"⑥的

---

① 张可礼:《东晋文艺综合研究》,山东大学出版社 2009 年版,第 50 页。
② (南朝·梁)刘勰著,范文澜注:《文心雕龙注》,人民文学出版社 1958 年版,第 674 页。
③ 徐震堮:《世说新语校笺》,中华书局 1984 年版,第 443 页。
④ 张可礼:《东晋文艺综合研究》,山东大学出版社 2009 年版,第 53 页。
⑤ (清)严可均辑:《全晋文》第五十一卷,见《全上古三代秦汉三国六朝文》,中华书局 1958 年版,第 1571 页。
⑥ (清)严可均辑:《全晋文》第五十一卷,见《全上古三代秦汉三国六朝文》,中华书局 1958 年版,第 1572 页。

记载看,《中兴赋》试图宣扬晋元帝司马睿的"盛美"之义。郭璞《南郊赋》全面铺写了晋元帝称帝郊祭的盛况,"我后将受命于灵坛,乃改步而鸣玉",衷心盛赞刚刚建立起来的东晋王朝。郭璞最著名的《江赋》,虽是铺写长江的雄伟气势和博大胸怀,但据《文选》李善注引《晋中兴书》的"璞以中兴,王宅江外,乃著《江赋》,述川渎之美"可知,郭璞在赞美长江的时候,蕴含着对晋王朝中兴气象的歌颂与赞美,赢得了刘勰的盛赞"景纯艳逸,足冠中兴。郊赋既穆穆以大观"①。梅陶在东晋初年,给温峤的赠诗中,"巍巍有晋,道隆虞唐,元宗中兴,明祖重光。我帝承基,圣后作皇。生而神明,诞质珪璋。有乱同符,恢我王纲"②等句,虽在赞美晋成帝的珪璋之质,但也将国家中兴的历史命运统摄其中。衣冠士族在晋王朝中兴过程中起到至关重要的作用,他们的乌衣风流赢得了士人的礼赞,郭璞在《与王使君诗》中称赞"英英将军,惟哲之秀""化扬东夏,勋格宇宙""怀远以文,济难以略。光赞岳谟,折冲帷幕。凋华振采,坠景增辉。穆其德风,休声有邈"③,不仅盛赞了王导的功业,还表达了对王导的敬仰之情。梅陶在《赠温峤诗》中也盛称以温峤为主的衣冠士族的功绩,说"台衡增耀,元辅重辉。泉哉若人,之颜之徽。知文之宗,研理之机。入铨帝评,出纲王纬"④。温峤不仅是东晋初年的重臣,也是著名的文士。刘勰在《文心雕龙·才略篇》盛称说"温太真之笔记,循礼而清通,以笔端之良工也"⑤。

　　建康文学圈的衣冠之士,除了嘉会玄谈以及运用文字符码系统营造对东晋中兴气象感激之外,还运用谶纬、卜筮等神秘文化的思想资源来建构政治话语权。《六朝事迹编类》卷十二《庙宇门晋·阴山庙》载:

　　《旧经》云:建武中,丞相王导于冈阜间,隐约见数十骑驻立垅上,导怪之,使人致问,俄失其所。夜见梦与导曰:"我乃阴山神也,昨随帝渡江,寓泊于晨见之所,卿为我置祠,当福晋祚。"导乃以事闻上,乃置庙于此,仍名其冈为阴山。

　　这则故事的叙述话语需要辨析,王导在冈阜间隐约所见的数骑,或许是他有意安排的,至于梦中之事、梦中之语,系王导一人之事,并无佐证,完全可以作伪。或者是六朝人假借王导之名,制造出这样的故事。如果系王导所制造的故事,那么,王导为什么要制造这样的故事,制造这个故事被信以为真的文化逻辑在哪里? 王导需要整齐人心,将南迁士族与土著世族凝聚在以司马睿为代表的皇室后裔身上,试图迅速结束感伤的社

①　(南朝·梁)刘勰著,范文澜注:《文心雕龙注》,人民文学出版社 1958 年版,第 701 页。
②　逯钦立:《先秦两汉魏晋南北朝诗》中,中华书局 1983 年版,第 872 页。
③　逯钦立:《先秦两汉魏晋南北朝诗》中,中华书局 1983 年版,第 863 页。
④　逯钦立:《先秦两汉魏晋南北朝诗》中,中华书局 1983 年版,第 872 页。
⑤　(南朝·梁)刘勰著,范文澜注:《文心雕龙注》,人民文学出版社 1958 年版,第 701 页。

会心理,实现王朝中兴,才制造这样的故事。假借神灵福佑,可以让平民百姓信服。因为知识阶层可以用玄言的乌衣风流感染,而普通民众并不掌握文字符码系统,不懂得玄学的思想资源,根本无法用玄言的乌衣之风引导,只能运用民间盛行的神秘文化来引导。江东吴越的民间社会兴盛巫风的神秘文化,之前我们在讨论来自徐州沛县的汉王朝君臣的时候,曾经大胆推测过,徐州一带都遭到良渚文化的辐射,何况环太湖地区的良渚区域,民间社会一定保留了大量的良渚文明的神性文化底色。王导等北方士族进入江东地区,既然不能改变这些潜在了数千年的社会文化心理,就利用这种文化逻辑为东晋中兴服务,两汉以来的谶纬思想亦作如是观。如果是六朝人假王导之名制造这样的故事,那么,背后的用意又是什么呢? 作为高门甲族的王导,是上层社会的玄学知识话语系统的掌握者,而神秘文化往往是下层社会的知识信仰。假借王导为阴山神置庙,既符合为政统服务,又能抬高下层社会神秘文化的地位。言下之意,连高门甲族的人物王导都信奉神秘文化,可见其力量是多么强大、多么重要。干宝《搜神记》就是在这样的文化氛围中完成的,他认为"帝王之兴,必俟天命,苟有代谢,非人事也"(《晋纪·论晋武帝革命》),问题是干宝将西周系统的天命思想与民间社会的神秘文化杂糅起来,"发明神道之不诬"(《搜神记序》),其目的是取江东地区数千年之神道文化,诠释王朝政统的合法性。他曾将完成的《搜神记》与《进搜神记表》一道呈献给东晋皇帝,其目的无非是营造晋元帝登祚称帝的社会舆论。两晋之际的著名训诂家、诗赋大家郭璞,辗转来到建邺,因早年受业于客居河东的郭公的卜筮之学,预流了东晋建国前后的社会需要,得到王导、司马睿等人的重视。一方面郭璞将卜筮文化运用营造东晋王朝的建立,据《晋书·郭璞传》载,司马睿初镇建邺,司马睿被封晋王,以及登基为帝,郭璞都为其卜筮过,并以谶纬思想阐释符瑞的文化内涵,见重于晋元帝。郭璞曾上疏,建议简省刑狱。另一方面,郭璞却因掌握神道卜筮知识系统以及社会出身,受到衣冠士族、缙绅之士的嘲笑与轻视。《晋书·郭璞传》载:"璞好卜筮,缙绅多笑之。"[1]因此,郭璞将神仙理想灌注到个人遭遇的诗文之中,写下了"足冠中兴"的一组游仙诗。刘勰看重郭璞《游仙诗》的"飘飘而凌云"的超越性,而钟嵘则看重《游仙诗》中的殷忧,"坎壈咏怀,而非列仙之趣也。"[2]钟、刘二诗评家合而释之,才契合郭璞的境遇与心态。郭璞在游仙诗中铺陈赤松、浮丘、洪崖等神仙的高妙与自在,正是渴望超越现实的压抑感。张可礼说:"郭璞的不少游仙诗把隐逸山林和游仙结合在一起,表现了当时地位比较低下的一部分文人受压抑、有志不得伸展、厌弃现实的悲愤情怀。郭璞的这些诗,使他在很大程度

---

① (唐)房玄龄:《晋书》,中华书局 1974 年版,第 1905 页。
② 陈延杰:《诗品注》,人民文学出版社 1961 年版,第 39 页。

上成为东晋第一阶段被压抑的文人的代言人。"①

（二）会稽文学圈

从时间维度上看，会稽文学圈主要活跃在东晋中期，大致上是咸和年间至太元末年（396）。如前所说，南渡而来的衣冠之士，为了避难与土著世族争夺土地等利益，向人烟稀少的越地发展，逐渐形成了会稽文学圈。会稽文学圈的文士多是衣冠之士的后人，是过江后成长起来的一两代年轻人。他们远离政治文化中心，沉浸在会稽一带明丽的自然山水之中，化解早年在永嘉丧乱中的痛苦记忆。他们熟稔家族前辈人物的玄言话语，目睹父辈们的乌衣风流，骨子里散发出来的风流，更天然、更本真、更胜一筹。"他们不再像他们的前辈那样关注社会，留心政治，也不再常怀激越悲壮之情。他们的思想松弛了，他们向往的是栖迟衡门、隐遁世外的安逸生活，他们常常是以出世的心态待人处世，赞美的是'出处同归'、'居官无官官之事，处事无事事之心'的处世态度，努力泯灭出处的矛盾，调和隐心隐迹的界限，企羡投足皆安的境界。他们思索宇宙，关注生命。他们考虑较多的是如何摆脱人间的苦恼和审美化的生活。他们的精神由外向内聚敛，不太注重形迹，努力摆脱形迹对人的缠牵。"②其实，这些贵介子弟们也因家族政治位势的沉浮，一时难以进入政治核心，只好栖身会稽山水之中，思考宇宙人生的玄理问题，他们与佛道中人相从甚密，试图以本土学问——玄学对接外来之佛教，探询人生的意义。

会稽文学圈涌现出孙绰、许询、王羲之、谢安、戴逵、王献之、支遁等一大批文士。孙绰早年随亲族过江，定居会稽。《晋书·孙绰传》载："少与高阳许询俱有高尚之志。居于会稽，游放山水，十有余年。"③孙绰一生仰慕老庄之道，与尚友沙门，熟知儒学经典，推崇隐逸生活，然而他一生都没有离开仕宦。王羲之任会稽内史、右军将军的时候，曾请孙绰为右军长史。他爱好游赏山水，"屡借山水，以化其郁结"（孙绰《三日兰亭诗序》）。孙绰与许询为"一时名流"④，是会稽文学圈中最为著名的文士，著名的玄言诗人，辞赋家。许询字玄度，高阳人。其父随元帝司马睿过江，任会稽内史，家居山阴。许询幼秀惠，长而喜好简素，崇尚玄谈，爱山林泉石，在会稽同谢安、支遁、王羲之等人游赏山水，弋钓啸咏，与孙绰并为"一时文宗"，都是著名的玄言诗人。王羲之是王导的从子，深受王导器重。王导过世后，王羲之被安排到会稽郡国，做了会稽王的内史，兼任右军将军。《晋书·王羲之传》载："羲之雅好服食养性，不乐在京师，初渡浙江，便有终焉之志，会稽有佳山水，名士多居之，谢安未仕时亦居焉。孙绰、李充、许询、支遁等皆以文

---

① 张可礼：《东晋文艺综合研究》，山东大学出版社 2009 年版，第 58 页。
② 张可礼：《东晋文艺综合研究》，山东大学出版社 2009 年版，第 74 页。
③ （唐）房玄龄：《晋书》，中华书局 1974 年版，第 1544 页。
④ （唐）房玄龄：《晋书》，中华书局 1974 年版，第 1544 页。

义冠世,并筑室东土,与羲之同好。尝与同志宴集于会稽山阴之兰亭。"①后来,因与同族王述不穆,耻为之下,辞官明志。"与东土人士尽山水之游,弋钓为娱。又与道士许迈共修服食,采药石不远千里,遍游东中诸郡,穷诸名山,泛沧海。"②谢安,字安石。其父辈谢鲲、谢裒等人遭逢"永嘉之乱",避乱江东。作为陈郡阳夏谢氏家族的第二代人物,谢安小时候就受到过江名士桓彝、王濛、王导等人的品题,获得极大的社会声名。《晋书·谢安传》载:"寓居会稽,与王羲之及高阳许询、桑门支遁游处,出则渔弋山水,入则言咏属文,无处世意。有司奏安被召,历年不至,禁锢终身,遂栖迟东土。尝往临安山中,坐石室,临浚谷,悠然叹曰:'此去伯夷何远!'尝与孙绰等人泛海,风起浪涌,诸人并惧,安吟啸自若。舟人以安为悦,犹去不止。风转急,安徐曰:'如此将何归邪?'舟人承言即回。众咸服其雅量。"③支遁,字道林。东晋著名的名僧、名士和诗人。他隐居余杭山,深悟佛理,精通佛典。他曾游建康,受到王洽、刘恢、殷浩、许询、袁宏等名流的激赏,名满京师。后还吴,与王羲之和谢安等人交游。支遁成为东晋以诗文会合佛理的第一人,"为后来的文学与佛教、与山水在更高层次上的交融开了先河"④。

会稽文学圈的多数文会活动是在会稽一带的山山水水中进行,最著名的莫过于兰亭集会。这次文会是由王羲之主持的,可谓"群贤毕至,少长咸集",是一次超越中朝"金谷之会"、媲美"竹林之游"的盛会,永远定格在后世文人心中的盛会。"兰亭集会"比"竹林之游"少了几分苦涩,多了几分温润。"三马共槽"让曹魏后期的时局变得云谲波诡,骨子里将"儒学"视为宝贝的"竹林七贤",眼见着礼法名教的儒学被生吞活剥,故而以决绝的哲学姿态,提倡"越名教而任自然"。他们"任自然"的哲学理念,却难以在北方"土厚水深"的自然环境中得到生发,只能在山阳(今修武县一带)的"竹林"下,纵酒吟啸。估计"竹林七贤"不太计较"竹林"的自然之美,他们更陶醉酒后的醉意朦胧之中。而"少长咸集"的兰亭名士们,内心没有了竹林七贤的苦闷,更切实地欣赏到了兰亭的"崇山峻岭,茂林修竹","清流急湍,映带左右"的自然山水之美,领悟出"仰观宇宙之大,俯察品类之盛,所以游目骋怀,足以极视听之娱,信可乐也"的美。兰亭名士比"金谷之会"的名士多了几分淡雅、率真与从容。石崇所主持的"金谷之会",是在自己跟随"太仆卿出使持节监青徐诸军事、征虏将军"的时候,邀请朋友们往金谷别墅小住,宴饮为乐。石崇在《金谷诗序》中说:"余与众贤共送往涧中,昼夜游宴,屡迁其坐,或登高临下,或列坐水滨,时琴瑟笙筑,合载车中,道路并作,及住,令与鼓吹递奏,遂各赋诗,

---

① (唐)房玄龄:《晋书》,中华书局 1974 年版,第 2098—2099 页。
② (唐)房玄龄:《晋书》,中华书局 1974 年版,第 2099 页。
③ (唐)房玄龄:《晋书》,中华书局 1974 年版,第 2072 页。
④ 张可礼:《东晋文艺综合研究》,山东大学出版社 2009 年版,第 61 页。

以叙中怀。或不能者,罚酒三斗。感性命之不永,惧凋落之无期。"①"金谷之会"的名士们多了些急迫、多了些奢华与纵情声色,骨子里流露出士族胜利的得意之情,与生命短暂、及时行乐的急躁;而兰亭名士则少了得意之情,少了急躁之心,少了纵情任性的奢华。正如王羲之说的:"虽无丝竹管弦之盛,一觞一咏,亦足以畅叙幽情。"他们真正将玄学与山水融为一体,在山水世界里化解抽象的玄理,体味人生真义。"夫人之相与,俯仰一世,或取诸怀抱,悟言一室之内;或因寄所托,放浪形骸之外。虽趣舍万殊,静躁不同,当其欣于所遇,暂得于己,快然自足,不知老之将至。及其所之既倦,情随事迁,感慨系之矣。向之所欣,俯仰之间,已为陈迹,犹不能不以之兴怀。况修短随化,终期于尽。古人云:'死生亦大矣'。岂不痛哉!"我们应该看到,会稽文学圈文士内心一直存了一份布鲁姆所谓的"影响的焦虑",渴望超越中朝"金谷之会",《世说新语·企羡篇》载:"王右军得人以《兰亭集序》方《金谷诗序》,又以己敌石崇,甚有欣色。"②当世人认为"兰亭之会"可以媲美"金谷之会"的时候,王羲之面露喜色。会稽文学圈不但"入则言咏属文",还会在弋钓山水,泛沧海的行为中展示乌衣风流。如谢安在与友人泛海中锤炼镇定自若的名士风流,同时也在名士群体中赢得了"安石不出,奈苍生何"的期许。如果说,王羲之在父母墓前辞官明志,决意退隐山林的话,那么,谢安寓居会稽,则多了些韬光养晦的意味。他一直关心朝局政治动态与家族命运,当兄长谢尚仕途不顺畅的时候,他从会稽的边缘社会走向建康的政治中心,力挽狂澜,沉着应对权臣桓温的咄咄逼人,冷静应对前秦苻坚大军压境的国家危机。谢安不负众望,成功化解了朝政危机与国家危机。

　　乌衣之士的玄学修养与会稽山水一同滋养了东晋的玄言文学,孙绰、许询等人成为名重一时的玄言诗人。尽管历代文评家对玄言诗的评价不高③,但会稽文学圈所促生的玄言诗成为东晋一朝的典范与代表。从文学的角度衡量玄言诗,艺术价值并不高。从社会学角度看,玄言诗正是东晋主流社会阶层——门阀士族展示名士风度、风采的言语组织方式。在东晋门阀政治中,衣冠士族掌握着优渥的社会声望,也掌握着魏晋以来最流行的玄学思想资源,更掌握着士人阶层所必备的诗歌符码体系,他们尝试着运用诗

---

①　徐震堮:《世说新语校笺》,中华书局1984年版,第291页。

②　徐震堮:《世说新语校笺》,中华书局1984年版,第346页。

③　如刘勰在《文心雕龙·时序》云:"自中朝贵玄,江左称盛,因谈余气,流成文体。是以世极迍邅,而辞意夷泰,诗必柱下之旨归,赋乃漆园之义疏。"《文心雕龙·明诗》云:"江左篇制,溺乎玄风。嗤笑徇务之志,崇盛忘机之谈。袁孙已下,虽各有雕采,而辞趣一揆,莫于争雄。"(南朝·梁)刘勰著,范文澜注:《文心雕龙注》,人民文学出版社1958年版,第675、67页。再如钟嵘《诗品》中云:"永嘉时,贵黄、老,稍尚虚谈,于时篇什,理过其辞,淡乎寡味。爰及江表,微波尚传,孙绰、许询、桓、庾诸公诗,皆平典似道德论,建安风力尽矣。"见刘延杰:《诗品注》,人民文学出版社1961年版,第1—2页。

歌符码体系,将抽象的玄理敷衍成通俗易懂的接受文本。实质上是把这个贵族社会阶层内心所企慕的精神理想以及言谈举止上所呈现出来的风度风采,用诗句的方式展现给整个社会。从思想传播的角度看,会稽文学圈的名士们把玄学哲理与佛道义理,化成最为通俗易懂的诗歌方式,虽与阐发义理无涉,但对传播玄佛相通之义理意义极大。玄言诗毕竟比抽象的哲理论文要容易接受、容易背诵。同时,玄言诗歌可以打破文字的局限,以口承的方式在整个社会群体中迅速传播。从刘勰、钟嵘的评判性评价中,我们恰恰看到的是玄言诗在后世(至少在南朝时代)流传的效果显著。就从诗歌的发展角度看,诗歌经历从先秦两汉的"言志"传统到魏晋"缘情"的转变,玄言诗则开启了写景抒情阐发哲理的先河,可以说,没有玄言诗的伟大尝试,就没有刘宋的山水诗的收获。如果仅仅以汉赋的铺写物象的传统向刘宋山水诗过渡,那会进入流于纯粹写景的俗套之中。因此,东晋玄言诗人们更换了审视宇宙景致的理论视野,以玄学的"有无"去阐释大自然风景,用自然界丰富多彩的景象,体味自然背后的"道心",用超越性的"道"去理解大千之"相",不再像汉代辞赋家那样拘泥于对琳琅满目的"物"的世界的占有。如果说汉代人像儿童一样惊异地发现了稀奇古怪的玩具,万分激动地占有,甚至以文字的方式去"占有"。那么,东晋人就像青少年一样不屑占有这些具体的"物",而开始思考"物"背后与生命相关联的玄机。当晋人打通了自然与宇宙本相、与人生意义相关的关联性之后,才真正迎来中国诗歌史上的山水诗歌。在这一层面上,印证了刘勰在《文心雕龙·明诗》中"庄老告退,山水方滋"的判断。我们恰恰要认识到,东晋的玄言诗正处在以山水证悟玄佛之理的阶段,玄言诗中山水景致不是主体,证悟义理才是核心。当晋人在山水中能熟稔体证玄佛之理,一切都默会于心的时候,陶渊明的"此中有真意,欲辩已忘言"的状态就呼之欲出,诗中的田园山水就真正成了诗歌书写的主体。

综上所说,从东晋文学地理格局上看,建康—会稽一带构成了主流文学圈。建康—会稽文学圈折射出的是衣冠世族以及后嗣们的乌衣风流。当然,建康—会稽文学圈之间相比较,还是有细微的差异的。建康文学圈的衣冠之士们以及文士们身处东晋王朝的政治文化中心,加上过江不久,永嘉丧乱记忆犹新,因此,他们留心政治、关心家国,建康文学圈的特质上表现出较多的政治属性,建康的乌衣风流是为建立和巩固东晋王朝服务的。而会稽地处大后方,远离战乱,会稽山水明丽秀美,衣冠之士的后嗣们俯仰宇宙,证悟人生、思考玄佛,文咏玄言,尽情地展现来自生命深处——灵魂的美,展示着乌衣名士的风流气度。他们的文学完全摆脱了建构政治共同体的外在要求,转到诠释了士族阶层人格精神的路子上来。

二、江州隐逸之风

东晋地理版图上的江州,主要包括今江西省一带,以及浙江西南部、福建大部分。据《晋书·地理志》记载,江州始建于西晋惠帝元康元年(291),共辖十郡,因江水之名而称江州。东晋时代,江州治所设置在寻阳县(今湖北黄梅县西南)。正如王建国教授《晋宋江州移民与隐逸诗派》一文中说的"这里地处都城建康之西,离建康这个文化中心较近,被看作是'国之男藩,要害之地。'江州有寻阳(今九江)和豫章(今南昌)两个重要城市,又有庐山这一著名风景区,形成了以庐山和彭蠡为中心的江州文化区。"①江州远离中原,永嘉之乱时候进入江州的流民士大夫较少。即使有衣冠之士进入豫章,如河东名士卫玠率领宗族家人南行至豫章,随后赴建邺。江州移民还主要发生在东晋中期的苏峻之乱后,《晋书·刘胤传》载:"自江陵至于建康三千余里,流人万计,布在江州"②。这显然是因为躲避战乱,出身次等士族或庶族的中下层文士被裹挟在难民群中,涌入较为落后但远离战乱的江州地区,为江州文学圈的形成奠定了基础。

江州文学圈文士主要来自荆州南阳一带的次等士族文士。王建国的《晋宋江州移民与隐逸诗派》一文做了梳理,并揭示了早在东汉末年刘表时代,南阳就形成了隐逸传统。他说:"荆州也成为流寓士人最多的地区。有颍川荀爽、邯郸淳、杜袭、赵俨,京兆赵戬、隗熹、杜畿,山阳王粲,陈国颍容,平原祢衡,河内司马芝,汝南和洽,河东裴潜,南阳韩暨,河南杜夔等,形成了临时代替洛阳的全国学术文化中心。在荆州地区,以刘表为核心组成了政治当权派集团,其骨干即蒯越、蔡瑁、韩嵩、傅巽、王粲、刘先、宋忠等;也有一批不被刘表重用或不愿与刘表合作的当地名士和流寓士人……以庞德公为代表,在其周围有司马徽、庞统、诸葛亮、徐庶、石韬、孟建等人,形成荆州在野名士集团。他们与刘表集团比较疏离,不乐仕进,主要活动在襄阳向北到南阳邓县一带,对南阳隐逸之风有很大影响。"③

为什么南阳文士会迁徙至江州一带呢?其原因有三:一是我们在上编第三章的第三节讨论了永嘉之乱后的迁徙路线时所揭示的,按照毗邻原则,逃难之人往往根据经济情况,选择走最近的路线,期望迅速逃离战乱区。因此,永嘉之后,南阳一带遭到很大的破坏,这一带的许多大族包括隐逸之士,从南阳盆地出发,经襄阳,进入江陵。二是南阳一带的次等士族,长期以来养成的隐逸文化性格。按说,南阳大族以及隐逸之士们逃亡

---

① 王建国:《晋宋江州移民与隐逸诗派》(未刊稿),载《中国文学地理学会第八届年会论文集》2018 年编,第 349 页。

② (唐)房玄龄:《晋书》,中华书局 1974 年版,第 2114 页。

③ 王建国:《晋宋江州移民与隐逸诗派》(未刊稿),载《中国文学地理学会第八届年会论文集》2018年,第 353—354 页。

到襄阳甚至江陵一带之后，就会扎根下来。因为，襄阳一带就聚集着从雍州、梁州流亡而来的难民以及关中大族，杜陵杜氏杜逊率族人南徙至襄阳；北地傅氏家族傅洪归晋，居襄阳郡；弘农杨氏杨亮、杨佺期父子归晋居襄阳；京兆韦氏韦华在淝水之战后被俘，安置襄阳；这些关中的次等士族寓居襄阳，以雍梁流民统帅身份，积极组织抵抗，成为东晋时代长江中上游荆州的屏障。南阳大族却不愿在襄阳逗留，除了襄阳作为南雍州的侨郡所在，没有南阳流民的群众基础之外，更主要还是南阳次等士族过久了安乐的隐逸生活，他们愿意继续向更安全区域迁徙，进入江陵一带。东晋时代，江陵作为战略要冲，朝廷往往将更有权势的世家大族安排在此。南阳大族无法获得安全感和必要的社会地位，只能继续沿江东南下至江州。他们不可能继续东进至政治文化中心——建康，因为这一带被东晋的高门甲族占据。再说，南阳偏于隐逸性格的世族群体也不愿意东进，争夺更多的政治权力。三是江州本身也是隐逸文化的发源地。相传周威烈王时就有隐士匡俗隐居庐山，东汉豫章郡征士徐稚，崇尚"恭俭义让，淡泊明志"，常自耕稼，受到豫章太守著名的名士陈藩的礼遇。① 因此，南阳大族——东晋的次等士族来到本身具有一定隐逸文化基础的江州，可谓是找到了最理想的乐土。其中影响最大的是隐居庐山南阳翟汤家族，有"翟氏四世"之说。王建国论之已详，此处不再赘述。

　　江州文学圈除了南迁的南阳隐士群体之外，还有来自雁门郡的著名高僧慧远、周续之、彭城刘遗民、豫章雷次宗、新蔡毕颖之等人。《高僧传》卷六《晋庐山释慧远》载：

　　　　释慧远，本姓贾氏，雁门娄烦人也。弱而好书，珪璋秀发。年十三随舅令狐氏游学许洛。故少为诸生，博综六经，尤善《庄》《老》。性度弘博，风鉴朗拔，虽宿儒英达，莫不服其深致。年二十一，欲渡江东，就范宣子，共契嘉遁。值石虎已死，中原寇乱，南路阻塞，志不获从。

　　　　时沙门释道安立寺于太行恒山，弘赞像法，声甚著闻，远遂往归之。一面尽敬，以为真吾师也。后闻安讲《波若经》，豁然而悟，乃叹曰："儒道九流，皆糠秕耳"。便与弟慧持，投簪落彩，委命受业。既入乎道，厉然不群，常欲总摄纲维，以大法为己任。……后随安公南游樊河。伪秦建元九年，秦将符丕寇斥襄阳，道安为朱序所拘不能得去，乃分张徒众，各随所之。临路，诸长德皆被诲约，远不蒙一言……远于是与弟子数十人，南适荆州住上明寺。后欲往罗浮山，及届浔阳，见庐峰清静，足以息心，始住龙泉精舍。……于是率众行道，昏晓不绝。释迦余化，于斯复兴。既而谨律息心之士，绝尘清信之宾，并不期而至，望风遥集。彭城刘遗民、豫章雷次宗、

　　① 　参见王建国的《晋宋江州移民与隐逸诗派》（未刊稿）关于"晋宋时期的江州文化生态"的论述，载《中国文学地理学会第八届年会论文集》2018年，第351页。

雁门周续之、新蔡毕颖之、南阳宗炳、张莱民、张季硕等,并弃世遗荣依远游止。①

慧远,俗姓贾,雁门楼烦人(今山西宁武县)。弱冠之年,欲南渡豫章,追随范宣,一起隐遁。因为道路阻隔,才前往太行山拜见释道安,听《般若经》,遂出家受业。东晋兴宁三年(365),随法师道安在襄阳弘扬佛法。晋孝武帝太元三年(378),前秦大兵围襄阳,道安法师不得脱身,才分遣徒众。慧远率弟子数十人南下,客居荆州上明寺。太元六年(381),慧远在往罗浮山途中,路经寻阳,被庐山的闲旷秀逸所吸引,决定定居此处。修建精舍龙泉寺,领众修道。随后,慧远主持东林寺,感召四方名僧雅士,前来遥集。

周续之,字道祖,雁门人,与慧远有同乡之宜。周续之先祖应该是在东晋初年过江,寓居江州豫章郡建昌县。《宋书·隐逸传》载:

> 周续之,字道祖,雁门广武人也。其先过江居豫章建昌县。续之年八岁丧母,哀戚过于成人,奉兄如事父。豫章太守范宁于郡立学,招集生徒,远方至者甚众。续之年十二,诣宁受业。居学数年,通《五经》并《纬候》,名冠同门,号曰"颜子"。既而闲居读《老》《易》,入庐山事沙门释慧远。时彭城刘遗民遁迹庐山,陶渊明亦不应征命,谓之"寻阳三隐"。以为身不可遣,余累宜绝,遂终身不娶妻,布衣蔬食。②

周续之传在《宋书》,但他的主要行事依然是东晋后期。早年,曾受业豫章太守范宁。周续之以儒士身份入庐山,拜名僧慧远为师。他与彭城刘遗民以及陶潜并称"寻阳三隐"。

彭城(今江苏徐州)人刘遗民,本名刘程之,字仲思。南朝萧统《陶渊明传》载:

> 时周续之入庐山,事释慧远。彭城刘遗民,亦遁迹匡山,渊明又不应征命,谓之"寻阳三隐"。③

《全晋文》卷一百四十二注:

> 程之字仲思,彭城人,汉楚元王之后。初为府参军,历宜昌柴桑令,去职,与周续之陶潜皆不应征命,号"寻阳三隐"。刘裕以其不屈,旌其号曰遗民。④

清代彭际清撰《居士传》卷二载:

---

① (梁)释慧皎撰,汤用彤校注:《高僧传》,中华书局1992年版,第211—214页。

② (梁)沈约:《宋书》,中华书局1974年版,第2280页。

③ (清)严可均辑:《全晋文》卷一百四十二,《全上古三代秦汉三国六朝文》,中华书局1958年版,第2278—2279页。

④ (清)严可均辑:《全晋文》卷五十一,《全上古三代秦汉三国六朝文》,中华书局1958年版,第1753页。

刘遗民者，名程之，字仲思，彭城人，汉楚元王之后也。少孤，事母孝。善《老》《庄》言，不委蛇于时俗。初为府参军，晋司徒王谧、丞相桓元、侍中谢琨、太尉刘裕先后引荐，皆力辞。时慧远法师止于庐山东林寺，修念佛三昧，遗民往依之。远师曰："官禄巍巍，云何不为？"遗民曰："晋室无磐石之固，物情有垒卵之危，吾何为哉。"刘裕以其不屈，乃以遗民之号旌焉。

根据以上史料可知，刘遗民系汉楚元王后嗣，汉魏之际的世系不清。他曾经在宜昌柴桑县任县令，受到慧远法师的感召，来到江州庐山，做起隐士，声名颇大，世称"寻阳三隐"之一。晋宋易代之际，刘程之因坚持操守，被宋武帝刘裕冠以"遗民"之号。

江州地区还有一些更早时候迁入的家族。王建国教授已经列举了陶渊明的外祖父孟嘉，并揭示孟嘉曾祖父、东吴司空孟宗因在江州为官，葬于武昌，子孙迁入江州。另外，也梳理了三国时代东吴的周访、陶渊明家族入江州的情况①。这些家族进入江州有一定的政治背景。公元280年，西晋大兵伐吴，统一全国，为了加强对江东地区的控制，将江东大族迁出，安置在江淮之间的地区。其中，一部分安置在历阳郡（今天安徽一带），如丹杨纪瞻家族被徙历阳。一部分被按照在萧、沛一带（今安徽北部），如吴国富春人孙惠家族。还有一部分被安置在江州寻阳一带，如陶侃的父亲陶丹、周访等人。②这些被迫迁入江州的东吴世家大族，相互瞻顾，结为姻亲。如周访将女儿嫁给陶侃之子陶瞻为妻。王建国教授已经论及：晋宋时代寓居隐士为了在江州站稳脚跟，只得与当地名族相互交好或联姻的情况，并进行比较，得出如下结论："上述南阳翟氏、张氏、刘氏等与阳新孟氏、汝南周氏、陶渊明家族等相互交好或结为姻亲，就形成了江州地方上的名门望族，深受社会推崇。但是如果我们从整个南出来看，他们的家族地位不但不能与侨寓高门王谢和吴地旧族顾、陆相比，即使比京口彭城刘氏、东海徐氏、何氏高平郗氏、檀氏等及会稽的虞氏、贺氏、孔氏也略逊一等，甚至与荆雍豪族柳氏、杜氏相比，他们地位也要低一些，他们在整个南朝大约属于士族的三、四阶层。因此，他们被社会上流很看不起，像陶侃已做到三公之位尚被温峤骂作'溪狗'，其他人就可想而知了。"③

江州文学圈的文会活动，主要与庐山慧远的佛事活动相关。比如，慧远在龙泉精舍的无量寿佛像前建立斋舍，为佛立誓发愿。刘遗民曾为此次活动撰文：

---

① 参见王建国：《晋宋江州移民与隐逸诗派》（未刊稿），载《中国文学地理学会第八届年会论文集》2018年，第351页。

② 《晋书·陶侃传》载："吴平，徙家庐江之寻阳。"（唐）房玄龄：《晋书》，中华书局1974年版，第1768页。《建康实录》载："访字士达，汝南安成人，汉末避地江南，晋平吴，移家寻阳。"见（唐）许嵩：《建康实录》，中华书局1986年版，第135页。

③ 王建国：《晋宋江州移民与隐逸诗派》（未刊稿），载《中国文学地理学会第八届年会论文集》2018年，第356页。

惟岁在摄提格，七月戊辰朔，二十八日乙未。法师释慧远，贞感幽奥，宿怀特发。乃延命同志息心贞信之士，百有二十三人。集于庐山之阴，般若台精舍阿弥陀像前，率以香华敬廌而誓焉。惟斯一会之众。夫缘化之理既明，则三世之传显矣；迁感之数既符，则善恶之报必矣。推交臂之潜沦，悟无常之期切；审三报之相催，知险趣之难拔。此其同志诸贤，所以夕惕宵勤，仰思攸济者也。盖神者可以感涉，而不可以迹求。必感之有物，则幽路咫尺；苟求之无主，则眇茫河津。今幸以不谋而佥心西境，叩篇开信，亮情天发，乃机象通于寝梦，欣欢百于子来。于是云图表晖，影侔神造。功由理谐，事非人运。兹实天启其诚，冥运来萃者矣，可不剋心重精迭思以凝其虑哉。然其景绩参差，功德不一。虽晨祈云同，夕归攸隔。即我师友之眷，良可悲矣，是以慨焉。胥命整衿法堂，等施一心，亭怀幽极。誓兹同人，俱游绝域。其有惊出绝伦，首登神界，则无独善于云峤，忘兼全于幽谷，先进之与后升，勉思策征之道。然复妙觌大仪，启心贞照，识以悟新。形由化革。藉芙蓉于中流，荫琼柯以咏言。飘云衣于八极，泛香风以穷年。体忘安而弥穆，心超乐以自怡。临三塗而缅谢，傲天宫而长辞。绍众灵以继轨，指太息以为期。究兹道也，岂不弘哉。①

据汤用彤先生注释可知，慧远的此次活动是在晋安帝元兴元年（402）七月二十八日举行。从儒士刘遗民文中的简略情况介绍，可知此次活动共有一百二十多位人士参加，声势相当盛大。刘遗民盛赞此次建斋立誓的重要性，借此阐发佛理之要义。刘遗民传达出前来聚会之人的共同心声，充满感激之情。尽管大家功德不一，修行结果不一，但大家感激慧远法师慈悲之心，愿意一起发誓，"俱游绝域"。在儒士刘遗民看来，修佛之道，与隐逸山林一样，可以息仕进之心，实现"藉芙蓉于中流，荫琼柯以咏言。飘云衣于八极，泛香风以穷年。体忘安而弥穆，心超乐以自怡。临三塗而缅谢，傲天宫而长辞"的愿望。所谓"临三塗而缅谢，傲天宫而长辞"，已经清晰表明不愿进入政治仕途，长辞宫阙的隐逸态度。

逯钦立的《先秦汉魏晋南北朝诗》中收录了庐山道人所写的一篇《游石门诗序》，此诗序记载了隆安四年（400）仲春，慧远法师率诸弟子三十余人游石门涧，大家纷纷赋诗。显然成为江州文学圈的又一次诗会活动。只不过此次诗会的主体是慧远及其弟子。《游石门诗序》称：

石门在精舍南十余里，一名障山，基连大岭，体绝众阜。辟三泉之会，并立而开流，倾岩玄映其上，蒙形表于自然，故因以为名，此虽庐山之一隅，实斯地之奇观。皆传之于旧俗，而未睹者众。将由悬濑险峻，人兽迹绝，径回曲阜，路阻行难，故罕

---

① （南朝梁）释慧皎撰，汤用彤校注：《高僧传》，中华书局1992年版，第214—215页。

径焉。释法师以隆安四年仲春之月,因咏山水,遂杖锡而游。于时,交徒同趣三十余人,咸拂衣晨征,怅然增兴。虽林壑幽邃,而开途竞进;虽乘危履石,并以所悦为安。既至,则援木寻葛,历险穷崖,猿臂相引,仅乃造极。于是拥胜倚岩,详观其下,始知七岭之美,蕴奇于此;双阙对峙其前,重岩映带其后,峦阜周回以为障,崇岩四营而开宇。其中则有石台、石池、宫馆之象,触类之形,致可乐也。清泉分流而合注,渌渊镜净于天池,文石发彩,焕若披面,柽松芒草,蔚然光目。其为神丽,亦已备矣。斯日也,众情奔悦,瞩览无厌。游观未久,而天气屡变:霄雾尘集,则万象隐形;流光回照,则众山倒影。开阖之际,状有灵焉,而不可测也。乃其将登,则翔禽拂翮,鸣猿历响。归云回驾,想羽人之来仪;哀声相和,若玄音之有寄。虽仿佛犹闻,而神之以畅;虽乐不期欢,而欣以永日。当其冲豫自得,信有味焉,而未易言也。退而寻之,夫崖谷之间,会物无主。应不以情而开兴,引人致深若此,岂不以虚明朗其照,闲邃笃其情耶?并三复斯谈,犹昧然未尽。俄而太阳告夕,所存已往。乃悟幽人之玄览,达恒物之大情,其为神趣,岂山水而已哉!于是徘徊崇岭,流目四瞩;九江如带,丘阜成垤。因此而推,形有巨细,智亦宜然。乃喟然叹:"宇宙虽遐,古今一契;灵鹫邈矣,荒途日隔;不有哲人,风迹谁存?应深悟远,慨焉长怀!"各欣一遇之同欢,感良辰之难再,情发于中,遂共咏之云尔!①

慧远与弟子们被庐山石门涧的美景所震撼,暂时忘却了佛家身份,回归到诗人本色,抒发了生命意识与宇宙意识。正如王建国所说:"这篇序是一篇很好的山水游记散文,骈散结合,风格平易,文风与陶渊明颇为类似,而与长江下游扬州地区古奥典雅的'颜、谢'文风有明显差异,这或许是江州地域文化熏陶的结果。"②仅从不知名的庐山道人所写的文章看,江州文学圈的文学水准绝对不容小觑。这似乎预示着东晋文学主潮从会稽文学圈的玄言文学将要移向江州文学圈那种平易、朴素叙写山水胜景与田园生活的陶渊明式文学风气,代表了南朝文学的新方向。或者至少说预示着东晋晚期江州文学圈即将与会稽文学圈平分秋色。

在东晋的文学地理空间格局上,江州地区因聚集了一群以儒家思想为精神信仰的次等士族(士族阶层的三、四流人物)或庶族文士,以及佛教人士,而且多围绕沙门展开文会活动,如慧远诸人的石门诗会、白莲结社等活动,呈现出不同于会稽文学圈的衣冠士族后裔弋钓山水的隐逸之风。江州文学圈的文士们仕途无望,也不愿意在门阀政治时代做无谓的抗争,自愿沉浸在江州庐山和鄱阳湖等自然风景之中,沉浸在礼佛与佛家

---

① 逯钦立:《先秦两汉魏晋南北朝诗》上,中华书局1983年版,第1085—1086页。
② 王建国:《晋宋江州移民与隐逸诗派》(未刊稿),载《中国文学地理学会第八届年会论文集》2018年,第351页。

教义的幻影中，沉浸在自我的世界，完善自我的高尚人格，走完自我的生命历程。他们不仅避免了成为政治的牺牲品，而且也赢得了上层士族的尊重。尽管说，寓居江州地区的南阳以及其他次等士族报国无门，壮志难酬，有其不得已的苦衷，但客观上说，他们甘愿隐逸，希望在远离战乱的江州地区过一种自耕食力的平淡生活。因此，他们远不及荆楚一带的雍梁次等士族果敢孔武，敢于在家国危亡之际，组织流民武装，誓死抵抗十六国胡人铁骑的入侵，更不及寓居长江下游扬州地区的高门甲族如王、温、庾、桓、谢等在中原丧乱之际，借助崇高的家族声望和强烈的文化感召力，拥护司马氏王室的法统地位，迅速建立起东晋王朝，让遭受丧乱的黎民百姓重新燃起生活的希望，还百姓一个偏安的太平世界。而且，这些高门甲族历经千难万苦，让东晋王朝维系了百年之久。这是江州地区隐逸人士群体最大的不幸，不幸之中万幸的是江州的隐逸之风培育塑造出像陶渊明这样伟大的诗人，为东晋乃至南朝文学开启了新的文学方向。

综上所述，西晋末年的五胡乱华，使黄河流域的华夏核心文明区秩序受到破坏。在偏安一隅的东晋王朝地理版图上，形成了以建康—会稽为中心的扬州文学圈和以庐山为核心的江州文学圈。扬州文化区内主要汇聚了来自北方的衣冠士族，他们信奉魏晋以来的新思想——玄学，崇尚玄虚。尤其是建康政治中心的衣冠士族，在民族危机和国家危亡之际，能够自觉担当历史责任，重建文化中心与政统王朝，借助玄虚之学，巧妙地协调寓居世族与土著世族的矛盾，共同维护西晋王室司马睿所建立王朝的政统地位；甚至运用民间神秘文化思想资源，通过谶纬方式，强化黎民百姓对东晋王朝的思想认同、情感认同以及政治认同。建康文学圈文学流露着丧乱的感伤情绪的同时，流露出建立华夏民族——汉人的王朝统治的渴望、努力与衷心的礼赞。会稽文学圈则聚集了大量的衣冠士族后裔，他们远离政治中心——建康，沉浸在会稽山水世界之中，有机会松弛紧张的心理，在会稽的山水之中思考证悟宇宙、人生等玄远问题，展示崇尚玄远的乌衣风流。建康—会稽文学圈的乌衣风流文化培养的玄言诗，成了东晋一带文学的典范；江州文化区多汇聚了从南阳等地迁徙而来的次等士族，他们社会地位远低于高门甲族，无力跻身扬州文化区，左右东晋王朝的政治形势。同时，他们也没有雍梁次等士族的雄强气魄，不愿在襄阳等地组织流民武装力量，抵抗少数民族入侵，屏卫长江中上游的荆州一带。他们甘愿远徙更南方的江州地区，在隐逸生活中完成自我。尤其是沙门名僧慧远，在庐山聚徒清修，弘扬佛法，吸引了大批的隐士之士邀集。江州文学圈的隐逸之风培育的在田园山水隐逸文学，成为东晋后期乃至南朝文学的新方向。作为"隐逸之宗"的陶渊明，他清新、自然的田园诗高纵超迈南朝文学之上，成为中华民族传统文化的瑰宝。

结　语

汉晋之际,中国历史上出现了三次大规模的文士流徙潮流。其中,汉末与永嘉之乱的文士流徙是因王朝崩塌、社会板荡、战乱频仍所引发的以避难为目的离心型迁徙,而西晋前期的文士流徙则是天下一统、依靠王朝政令、以加强王朝控制力为目的的向心型迁徙。尽管每次迁徙都有不同的迁徙路线,但基本上遵循毗邻原则,形成了大大小小的文士汇集区。这三次大规模的文士流徙引发了汉晋时代社会场域的深刻变革。同时,在迁徙流动过程,也伴随着强烈的生命痛楚和文化阵痛,深刻改变了文学基调。更重要的是,汉晋之际大规模的文士流徙与人口流动蕴含着中华民族"其命维新"的奥秘。

一、流徙文士是社会驱动系统的内核力

人是历史创造的主体。人不是抽象的,是有种族、民族、地理、文化以及国家归属和认同的。当一个群体长期生活在某一地理区域,逐渐适应了自然环境、形成了适合自然条件的生产方式以及风俗习惯等,没有受到巨大的外力影响,往往安土重迁、眷恋故土,不愿背井离乡、远走他乡。当在强大的外力影响之下,大规模的跨区域迁徙流动就会爆发。随之迁徙流动的文士阶层——掌握社会文化资源与文字符码系统的知识阶层,其文化归属与文化认同最为敏感、最为执着、最能坚守。他们不断阐发着华夏文明的统序观念,不遗余力地维护着华夏文明的文化向心力,成为社会驱动系统的内核力。

即使在新石器时代,掌握文化(巫术、图腾观念或生产经验等)资源的"祭祀集团"的"前知识阶层",通过掌控巫术、图腾等文化话语权,攫取了政治话语权,引领族群或部族从诸夏的原始方国,进入华夏"共主—氏族贵族世袭诸侯"一统的"政治共同体"文明阶段。随着"共主—氏族贵族世袭诸侯"(西周改变了原始氏族方国诸侯,主要采取分封宗亲成员的世袭诸侯)体系崩溃,祭祀集团的"祝、宗、卜、史"从王官体制中分化出来,成为战国时代活跃的"士阶层"。士阶层经过两汉(尤其东汉)的家族化,成为汉晋时代主导性的社会阶层——世族阶层。具体到汉晋时代,大规模的文士流徙改变地理区域政治力量的比例关系,这些流徙文士参与政治权力场的角力,建立对峙政权,保境

安民,一定程度上重建社会秩序,恢复社会生产。因此,流徙文士成为汉晋之际社会驱动系统的内核力量。不仅推动了区域政治力量的发展,比如,三国时代,流寓到吴、蜀等地的文士阶层,拥护孙、刘集团,促成三足鼎立的对峙格局。而且,在北方的汉人王朝全面溃败的永嘉丧乱中,流寓荆襄、建康等地的文士阶层,拥护司马氏王室,建立东晋王朝,顶住十六国的胡人铁骑的入侵,保全半壁江山,给百姓提供了百年之久的安定生活。同时,以汉文化为主的华夏文化薪火得以相传。这些都表明,流徙的文士阶层,驱动着汉晋之际的社会发展与历史进步。可以说,汉晋南北朝、甚至隋唐时代,真正推动中国历史的是士族阶层。这些掌握人文知识教养的文化符码系统的士族阶层,不断阐发着华夏文明的统序观念,维护着文化向心力。尽管士族在唐代、宋代遭到致命打击,却成功转型为文人阶层,推动着宋明以来的文人社会。从全球视野看,中国传统社会的文士阶层,绝不同于欧洲"前现代社会"的教士阶层,是人文教养和道统力量的掌握者,是世俗王权所倚重的社会管理治理者,是伦理、哲学等思想、诗文、书法、绘画等的创造者,他们是世俗王权所倚重的社会管理治理者,是社会驱动系统的主体性内核力量。

即便在西方科学技术文明洗礼下的中国现代社会,传统社会的文人知识阶层不断自我更新,转变为现代知识分子,全面学习并掌握现代科学精神与现代学科知识体系。即使在"让一切劳动、知识、技术、管理和资本的活力竞相迸发,让一切创造社会财富的源泉充分涌流"的中华民族伟大复兴的今天,知识分子依然是现代科学技术进步的推动者,是现代科技转化为现实生产力的实践者,仍然是现代社会驱动系统中不可替代的主体性力量。

二、文士流徙加速社会阶层分化与社会结构变化

人类进入文明的重要标准之一就是社会阶层的分异与分化。早在中华文明形成之初,氏族部落内部因占据的文化资本不同,获得的社会地位与物质财富不同,出现了社会阶层的分化。人口迁徙与文士流动是阶层分异与分化的重要因素。

汉晋之际,文士流徙加速社会阶层的分异与分化。大规模的文士流徙,区域社会内部的人口密度增加。流寓文士与土著世族经过较长时间的接触、碰撞之后,在争夺物质利益以及文化话语权的同时,又相互妥协、相互合作,共同应对外部势力的挤压。经过几番洗牌之后,因占据社会资源的不同,占据区域社会内部的空间位置的不同,其社会地位也沉浮升降,分化为不同的社会阶层,构筑了社会空间场域的动态分布系统。

汉末三国时代,寓居蜀地的"东州"人士成为刘焉、刘璋父子所依赖的主力,随刘备一起入川的荆襄文士成为蜀汉政权的核心阶层;流寓荆州的文士在刘表集团中,与土著世族蔡、蒯等相比,始终处于下风。流寓江东的皖地、广陵等文士阶层,在孙策、孙权前

期,地位明显高于土著世族,从孙吴政权中后期开始,江东土著世族的政治地位明显提升;黄河流域核心文明区的世族阶层因战乱流徙而减少以及受到以曹操为代表的庶族阶层打压,势力明显减弱。曹魏中后期,世族与寒庶阶层争夺政治权力十分激烈。最终,世族阶层取得胜利,拥护河内儒家世族司马氏,建立西晋王朝,结束了汉末以来的分裂割据局面。汉晋之际,整个知识阶层因所占据的文化资本不同,分化为士庶之别。大致上说,世族因占据着儒家经学等文化资本而崇尚经学,庶族则更多爱好文辞;世族崇尚道德,庶族重视才干;世族强调"才性同、合",庶族强调"才性异、离"。另外,汉晋之际也是世族转型的时代,不同地域空间的世族阶层也存在不同文化趣味。关中、河北等地的世族多崇尚儒家经学,而汝颍等地的世族推崇玄虚之学,变为士族。永嘉之后,从华夏核心文明区迁徙到次中心区的衣冠士族的那些高雅的文化情调与精致的贵族趣味,成了社会热衷追捧、模仿的对象。因此,永嘉时代的衣冠南渡给世族阶层带来了一定程度的分异与分化,既包括南迁士族与土著世族的文化区隔,也包括寓居士族阶层内部的"高门甲族/次等士族"之分。大致上说,南迁士族崇尚玄谈,土著世族推崇儒学;士族文士以玄言诗为尚,次等士族文士以笔翰为趣。

　　社会阶层的分异与分化,使得社会结构充满活力与动力。首先,迁徙流动打破了固化的社会等级,引发社会阶层分化。在社会阶层分化和社会结构重组的过程中,社会阶层面临着社会地位升降沉浮的无限机遇。社会成员渴望得到更高的社会地位,希望占据更多的社会资源。因此,整个社会结构内部充满了活力。其次,迁徙流动中的文士阶层,往往选择不同的文化资本,如汉魏世族往往秉承传统儒学的道德系统,而寒族则往往靠的是才干、才能与文辞等,希望获得更高的社会地位。汉魏时代的"才性"之争,实质是"以德治国"与"以才治国"的两种政治模式之争。最后,文士阶层中世庶之分、价值取向有别,具体说来,世族文士群体往往重视门第、道德、操守等,固执保守中不乏良知与理想色彩;而庶族文士群体则重视智术、才干、文辞等,钻营投机中不乏才具与现实倾向。尽管世庶有别、取向各异,但文士阶层强烈的家国意识和济世情怀,往往引领社会风尚。当然社会阶层分化必须控制在一定范围之中,否则容易激化社会矛盾,破坏既有的社会秩序。

三、文士流徙拓展华夏文明"政治—文化共同体"

　　如果说,人是历史创造的主体,地理空间则是人创造历史的地理空间。从史前时代开始,人类不断迁徙流动,不仅地理空间的文化要素逐渐累积,而且地理空间范围日益拓展。随着大规模的人口流动,尤其是掌握文化资源的文士流徙,华夏"政治—文化共同体"的地理空间不断得到拓展。从汉晋之际的文士流徙看,华夏文明的核心区从黄河流域深入拓展到汉末江汉流域的荆襄以及三国的江东地区。西晋永嘉末,整个黄河流域的华夏文明核心区彻底沦丧,文化中心流转至长江流域的中下游一带。从华夏文明形成的历史长河看,汉晋之际,大规模的文士流徙与人口流动,虽然是小小的浪花,但意义重大。

早在 7000 年至 5300 年前,东亚腹地的黄土高原出现的以原始农业和彩陶为代表的仰韶文化,从黄河上游东扩到黄河中下游流域,与东部的红山、大汶口乃至北进的良渚文化接触,发生激烈碰撞,从而形成了以黄河流域的华夏核心文明区。因此,历史从以原始农业和彩陶为代表的"文化共同体"—"神农时代"翻进了"炎黄"为主体的华夏"政治共同体"—"黄帝时代"。在随后的一千多年(5300 年至 4100 年)中,仰韶、红山与良渚三大文化系统在华夏核心文明区发生激烈的争夺与融合,华夏政治共同体结构逐渐趋于稳固,文化认同日益加强。从舜帝赐姓那些非黄帝族系统的其他部族,就能看出只有获得共同的文化认同的部族,才有资格参与华夏政治共同体的建构。反之,在华夏文明的政治共同体建构过程中做出重大贡献的部族,才有机会被共同体中其他成员的文化认同。其结果是,在当时的历史条件下,华夏文明核心区成为东亚地区的文明风暴中心,周边部族、族群企羡并渴望进入华夏文明的文化认同体系,夏、商、周三代完成了这个历史进程。尤其西周,通过分封宗室血亲与功臣,变黄帝以来政治共同体的"共主—异姓方国诸侯"为"周天子—宗室为主的诸侯"结构序列,从而迅速实现了华夏文明区的扩容。也正是因为西周创制的家族式国家治理模式,周天子以宗亲族长身份,管理所分封叔伯兄弟等诸侯。周天子直接管辖王畿之地——文明的核心区。同时,有权根据宗法的"五服"人伦关系进行分封,并根据距离王畿地的远近,将所辖疆域大致划分为"甸、侯、宾、要、荒"的"五服"等级序列。随着姬周宗族子嗣的繁衍发展,而可分封的疆域不再大幅度增加,以至于西周晚期至东周时代的"周天子"无疆土分封,权威越来越弱。另外,而西周初年分封的几个大国在几百年内,不断蚕食兼并小国,抢夺了更多的土地与人口等,国力日增,其诸侯王在诸侯序列中地位越来越高,逐渐取代了天子的政治控制权。这样,西周早年所设计的"周天子—宗室为主诸侯"政治结构逐渐松散,乃至被破坏殆尽。最后,被通过武力统一全国的嬴秦所建立的"皇帝—官僚"的君主专制和郡县制所取代。秦王朝利用这种管理模式,对广阔疆域进行有效控制,形成了一统的多民族的政治共同体。秦汉王朝主要依托华夏文明核心区,对抗北方游牧民族掠夺,南中国广大区域仍发展缓慢。汉晋之际,黄河流域的华夏文明核心区遭到战乱破坏,大量士民迁往江汉流域、江淮地区、甚至长江中下游的更南区域避难,促使了南中国的广大地理区域的经济发展得到了极大发展,奠定了"东南财赋半中国"的发展格局。黄河流域的先进文化被南迁士民带到长江流域以及更南的地区。这一区域的文化水平得到前所未有的提升。另外，从黄河流域撤退出来的汉人政权在长江流域立足发展了几百年，进一步加强了南中国地区对汉民族王朝法统的政治认同、文化认同，深切地维护了华夏"政治—文化共同体"。

大规模的文士流徙和人口流动，改变华夏文明的文化格局，拓展华夏"政治—文化共同体"的地理空间。上古时代的华夏核心文明区从仰韶、红山文化开启的东西文化格局，让位给了秦汉时代游牧文化区与华夏农耕文化区的南北文化格局。而永嘉之乱，意味着华夏核心文明区的大丧乱、大溃破，也意味着可能形成更大疆域的"政治共同体"的国家。因为，当时游牧文化区的文明程度低于华夏农耕文明，游牧民族企羡华夏农耕区的富庶。他们一旦占据了黄河流域的核心文明区，必然会逐渐改变畜牧生产方式和游牧生活习俗，逐渐接受汉化，融入中华民族之中。游牧部落政权所控制的疆域：包括发祥地以及扩张区，一起纳入中国版图之中，重构了诸夏文明区与东北亚游牧区的大一统的共同体。作为国家意义的中国，成为现实的"政治共同体"的国家，成为了统一的多民族国家。

四、文士流徙加速"中心/边缘"区域的文化融合

本来，纯粹的自然地理区域没有所谓的中心与边缘之分。然而随着人类的迁徙流动，学习、交流的机会增多，不同地理区域的文化因素积累。某些地理区域成为文化意义上的中心区，而周边区域成了文化意义上的边缘区。就整个东亚范围而言，北纬34°—36°的黄河流域，成为华夏文明中心的核心区，而北纬36°—40°左右以及北纬30°—36°之间的广大区域成为次中心区，再边远的地区就成了边缘区域。这与古人所谓的"五服"等级序列基本一致。

仅东亚腹地而言，北纬34°—36°的黄河流域早在新石器时代的仰韶文化区与红山文化区接触、碰撞与融合下，成为华夏文明中心的核心区。时至汉末三国，已经形成了以关洛为中心，辐射至河朔、齐鲁、荆襄、江东等区域的儒家—经学文化区与以许昌—洛阳为中心，颍川、汝南等豫州、兖州等区域的刑名—玄学文化区的分野，甚至还包括上层知识群体儒、法、玄等知识信仰与下层民众道教知识信仰的分野。当魏、晋以武力扫平吴、蜀对峙政权之后，强制迁徙蜀汉、东吴地区的世族，征召文士入京任官，意味以"内儒外法"主的西南区域文化和以"内纵横而外儒术"为主的东南区域文化，开始与"外儒内玄"为主的中原文化接触碰撞。南北方文士激烈的文化碰撞，具体表现为：一是因不同政权、不同政治阵营、不同政治处境造成的心理隔膜以及产生的身份认同等方面的激烈碰撞。二是因不同的思想文化、不同的生活趣味等方面造成的激烈碰撞。三是因不同的地域风物、不同生活习惯等引发的文化碰撞。四是因个人恩怨以及政治站队等引

发的文化碰撞。南方文士(尤其是江东文士)在军事失败的背景下,敢于与军事胜利的北方文士进行文化碰撞,来自一种极大的文化自信。这种文化自信源于:在5000多年前的良渚文化累积下,经夏、周部族后裔——吴越古国吸收融合所形成的吴越文化,以及汉王朝在整合汉文化精神信仰系统过程中不自觉汲取了良渚集体无意识心理,彰显出来的江东"文化软实力"。

区域的文化接触、碰撞与大规模的人口流动相关。人口流动大致分为两类,一是从边缘向文明中心流动,另一类是从文明中心向边缘区域流动。在华夏"政治共同体"秩序稳定的盛世,周边区域的人口基本上是朝向文明中心区,尤其核心区迁徙流动,试图进入文化中心,分享文明成果,参与文明竞争进程。比如,中国历史上的胡人进入中原,逐渐汉化,融入以汉人为主体的社会之中。再比如,文明中心区、次中心区等区域的学子文士,游学、游宦于长安、京洛等政治文化中心,寻求进入上层社会的发展机遇。当然,也会出现移民填边,开发边疆地区经济,加强边疆的政治掌控力的情况。当华夏文明的政治秩序破裂,社会板荡、战乱频仍的乱世,文明核心区率先遭到战乱的破坏,生活在文明核心区的士民,流离失所,背井离乡,被迫向周边的次中心区或更偏远的区域迁徙流动,其目的是避难避乱,保全生命,寻求生存的机会。汉晋之际大规模的人口流动以及文士流徙,多属于这一种迁徙类型。从全球范围而言,亦是如此。

五、文士流徙促使文学地理格局重组与文学新变

中国传统社会中的"能文之士",通过掌握文字符码系统,建构维系华夏文明的文化认同。因此,中国传统意义的"文学",不同于现代意义的"文学",始终与建构华夏"文化共同体"休戚相关。在现实的"政治共同体"的国家版图上,文士群体以及文学作品的地理分布,构成了文学地理空间格局。正如华夏政治共同体的地理疆域呈现为"中心/边缘"一样,文学地理空间格局上亦是如此。

汉晋之际,随着文士流徙的消长变化,文学地理空间格局围绕"中心/边缘"不断分异、重组。具体说来,汉末三国,汉王朝的政治文化核心区遭到破坏,战乱频仍,大规模的文士避乱流徙,形成了大大小小的文学圈,如关中、荆州、冀州等文学圈。经过几番分异重组,构成了许昌——邺城文学圈、益州文学圈与江东文学圈,奠定了三足鼎立之势,三大文学圈围绕文化话语权展开激烈争夺。三国归晋之后,西晋王朝试图重建文学"中心—边缘"差序格局的诸多努力因政治权力结构的先天缺陷,如向世族势力让步导致皇权不彰、分封宗亲诸侯以及皇权继承人选择失误等,最终因藩王乱政、中心涣散,"无可奈何花落去"。永嘉南渡,文化中心南移。东晋只能在东南半壁江山上重构文学的地理空间格局,形成了以扬州建康——会稽为中心的乌衣风流和以江州为主的隐逸之

风的两大文学圈。

汉晋之际大规模的文士流徙,不仅促使了文学地理格局的分异与重组,而且促使了文学的新变。如前所述,先秦两汉时代的"文学",不同于现代意义的"文学",以建构华夏"文化共同体"为己任,维系华夏文明的文化认同。而汉晋之际,维系"政治共同体"文化认同的"意指实践系统"的文学观念开始松动。正是因为文士群体避难迁徙,抒发生命之悲、流离之苦,出现了缘情文学;正是因为东晋衣冠士族极力展示乌衣风流,弋钓山水,体征宇宙、思考人生,才创造了引领时尚的玄言文学;更是因为江州的隐逸之士们无可奈何,选择以隐逸方式完成自我,却培育出陶渊明式的田园山水隐逸文学。具体而言,汉末天下动荡、战乱频仍,出现流民向江汉流域的荆州、向益州地区的成都平原,甚至向江东地区大规模迁徙。掌握文化符码体系的文士群体也随之流徙。永嘉丧乱,出现了大规模的南迁、西迁甚至避难辽东等地的迁徙潮流。尤其在永嘉丧乱之际,故国家园与坟茔都陷入胡族之手,流离失所的难民涌向江汉、江淮等地的过程中,内心充满了背井离乡的痛苦记忆,更充满了民族危亡的焦虑以及因汉民族王朝覆灭所引发的绝望情绪。那些掌握文字符码系统的文士们,经历了避难性质的大规模流徙,将这些生命痛楚与文化阵痛外化为诗文作品。在风流云散的历史长河中,一代一代的生命陨落,但以文字形式记录下流徙过程中的生命体验,则顽强地超越时空,成为一种永恒的记录:既是一个个体生命的内心痛苦煎熬的生命记录,也是一个民族所遭受的苦难记录。无论是王粲的《登楼赋》、郭璞《流寓赋》,还是王羲之的《丧乱帖》等,都成了一份份沉甸甸的生命记录。

总之,大规模的文士流动形成了文化意义上的风流。风流出文采,文采更彰显风流。在文学上,往往会促成个人或集体性的特性或风格,也促成了文明(化)中心的转移、新中心的形成。因而,从地理空间角度看,文学史、文化史、文明史才显得丰富多彩,流派纷呈,气象万千。

六、人口流动受到气候、地理等自然环境的影响

如前所述,地理空间是人创造历史的空间场域,而地理空间也是处在地球有机系统之中,受其自然气候环境的影响。发源于农耕文化的华夏文明,受到东亚气候变化、黄土台地等自然地理环境的影响。汉晋之际,大规模的文士流徙与人口流动也无法摆脱气候、地理等自然环境的影响。

从气候角度看,东亚腹地的黄河流域早在10000年至7000年前,属于亚热带气候,水草丰茂,黄土高原,纵横交错。在这样的自然环境逐渐培育出黍、粟稻等农作物等,孕育出原始农业和制陶业,逐渐取代了原始的渔猎的主导地位。在7000年至5000年的

两千年间,也正是原始农业、原始草药的广泛应用,人口激增,迅速沿着黄河上游推进到中下游地区。黄河流域形成原始人类命运共同体,从蒙昧走向了文明,并且成为东亚地区的文明核心区。高纬度、低纬度地区却因气候关系,无法孕育出原始农业。直到5000多年前左右,地球气候发生了微小的变化,东亚低纬度地区才出现高级文明,如江浙环太湖地区的良渚文化。从距今3000多年前的西周中后期开始,地球气候明显变冷,华夏文明核心区开始受到北方高纬度地区的狩猎、游牧为主的族群入侵。周与猃狁、战国秦汉与匈奴的战争正是因为地球气温的变冷引发的。魏晋时代,北纬40°以上游牧区的胡人族群进入北纬38°左右的农牧交错区,趁华夏文明核心区(北纬34°—36°的黄河流域)的西晋王朝内耗之机,大肆南下,夺取了华夏文明核心区,迫使这一区域的士民大规模的南迁。正是因为气候变化,南中国的长江流域甚至稍南区域,越来越适宜农业发展,不仅足以养活大量的南迁士民众,而且为偏安长江流域的汉人王朝提供了足够丰盈的物质财富,对抗北方五胡政权的入侵。隋唐时代,随着气温回暖,农业生产得到空前发展,为南北统一奠定物质基础。

从自然地理的角度看,处在东亚腹地的中国,西南是高耸云端的喜马拉雅山等,氧气稀薄,不易翻越。西边是沙漠绝境,虽可以通过河西走廊沟通亚欧大陆,但不适宜农业耕种。北边广袤的高寒之地,因气候原因,也不宜耕种。东边、东南等环海,无法继续越海开拓。腹地内部,虽有高山峻岭阻隔,但高山峻岭之间,被开凿出无数栈道,如南北分水岭的秦岭之中,就有无数古道勾连南北。中国西高东低地理走势,无数河道将黄土堆积层切割成无数台塬与沟壑,沟壑之间流淌的水流,为原始族群生存提供了充足的水源,而一层一层的黄土台地既为原始族群提供了免受洪水入侵的聚落地,又为培育原始农业提供绝佳之地。原始农业的发展与人口的激增,成为文明的加速度,逐渐衍生出华夏文明。上古史书中所谓的"禹迹",即原始先民——华夏始祖们足迹所履之地,皆为化域之地,逐渐形成"中国"意识,即以中原之国都为中心,以所统摄地域之山河为地理标志的"天下国家"。也正是因为上古时代形成的诸夏文明区,构建出统一性的政治共同体——"天下共主"为最高权力的国家形态,反过来强化了大一统的文化心理。因此,作为国家意义的"中国",能够成为统一的多民族国家,自然地理环境因素的作用不可小觑。绝非欧洲被地中海分割的七零八落,无法实现地理上的统一,只能通过基督教信仰,构建出文化上的"想象的共同体"。因此,西方学者无法理解作为大一统的"中国",就在于忽视了中国独特的地理环境的因素。

主要参考文献

一、著作类:

1.［美］斯塔夫里阿诺斯:《全球通史》,吴象婴、梁赤民译,上海社会科学院出版社1999年版。

2.［美］张光直:《美术·神话与祭祀》,辽宁教育出版社1988年版。

3.［英］伊格尔顿:《二十世纪西方文学理论》,陕西师范大学出版社1987年版。

4.［美］韦勒克、沃伦:《文学理论》,江苏教育出版社2005年版。

5.［法］布迪厄:《实践理性——关于行为理论》,三联书店2007年版。

6.［英］拉德克利夫—布朗:《原始社会的结构与功能》,丁国勇译,中国社会科学出版社2009年版。

7.［奥］文青云:《岩穴之士——中国早期隐逸传统》,山东画报出版社2009年版。

8.上海师范大学古籍整理研究所点校:《国语》,上海古籍出版社1998年版。

9.（汉）司马迁:《史记》,中华书局1982年版。

10.（汉）班固:《汉书》,中华书局1962年版。

11.（南朝·宋）范晔:《后汉书》,中华书局1965年版。

12.（晋）陈寿:《三国志》,中华书局1959年版。

13.（唐）房玄龄:《晋书》,中华书局1974年版。

14.（唐）魏徵:《隋书》,中华书局1973年版。

15.（唐）许嵩:《建康实录》,中华书局1986年版。

16.（南朝·梁）释慧皎:《高僧传》,中华书局1992年版。

17.（东汉）赵晔:《吴越春秋》,江苏古籍出版社1986年版。

18.鲁迅校录:《古小说钩沉》,《鲁迅全集》第八卷,人民文学出版社1973年版。

19.殷芸:《小说》,上海古籍出版社1984年版。

20.刘敬叔撰,范宁点校:《异苑》(古小说丛刊),中华书局1996年版。

21.张澍辑:《续敦煌实录》,甘肃人民出版社1985年版。

22. 雷恩海:《皇甫谧〈高士传〉注释全译》,花木兰文化出版社 2013 年版。

23. 常璩著,汪启明、赵静译注:《华阳国志》,四川大学出版社 2007 年版。

24. 陆广微:《吴地记》,江苏古籍出版社 1999 年版。

25. 顾炎武:《日知录校注》,陈垣校注,安徽大学出版社 2007 年版。

26. 杜宝撰,陈仲勉校:《元和姓纂(附四校记)》,江西人民出版社 2006 年版。

27. 张怀瓘:《书断》,见《历代书法文选》,上海书画出版社 1979 年版。

28. 金涛声点校:《陆机集》,中华书局 1982 年版。

29. 刘运好:《陆士衡文集校注》,凤凰出版社 2007 年版。

30. 黄葵点校:《陆云集》,中华书局 1988 年版。

31. 萧统撰,李善注:《文选》,上海古籍出版社 1986 年版。

32. 徐震堮:《世说新语校笺》,中华书局 1984 年版。

33. 严可均辑:《全上古三代秦汉三国六朝文》,中华书局 1958 年版。

34. 逯钦立辑:《先秦两汉魏晋南北朝诗》,中华书局 1983 年版。

35. 刘勰著,范文澜注:《文心雕龙注》,人民文学出版社 1958 年版。

36. 陈延杰:《诗品注》,人民文学出版社 1961 年版。

37. 曹旭:《诗品集注》,上海古籍出版社 2011 年版。

38. 顾颉刚、史念海:《中国疆域沿革史》,商务印书馆 1999 年版。

39. 谭其骧主编:《中国历史地图集》,中国地图出版社 1982 年版。

40. 曾大兴:《中国历代文学家之地理分布》,湖北教育出版社 1995 年版。

41. 胡阿祥:《魏晋本土文学地理研究》,南京大学出版社 2001 年版。

42. 梅新林:《中国文学地理形态与演变》,复旦大学出版社 2006 年版。

43. 钱穆:《古史地理论丛》,九州出版社 2011 年版。

44. 葛剑雄等:《中国移民史》,福建人民出版社 1997 年版。

45. 葛剑雄:《统一与分裂——中国历史的启示》,中华书局 2008 年版。

46. 王永平:《中古士人迁移与文化交流》,社会科学文献出版社 2005 年版。

47. 王永平:《汉晋间社会阶层升降与历史变迁》,社会科学文献出版社 2011 年版。

48. 李零:《大地文章——行走与阅读》,三联书店 2016 年版。

49. 陈正祥:《中国文化地理》,三联书店 1983 年版。

50. 卢云:《汉晋文化地理》,陕西人民出版社 1991 年版。

51. 汪晖:《东西之间的"西藏问题"》,三联书店 2011 年版。

52. 陈寅恪:《魏晋南北朝史讲演录》,贵州人民出版社 2008 年版。

53. 陈寅恪:《金明馆丛稿初编》,三联书店 2001 年版。

54. 吕思勉：《两晋南北朝史》，上海古籍出版社 1983 年版。

55. 唐长孺：《魏晋南北朝史论丛》，三联书店 1955 年版。

56. 唐长孺：《魏晋南北朝隋唐史三论》，武汉大学出版社 1993 年版。

57. 唐长孺：《魏晋南北朝史论拾遗》，中华书局 1983 年版。

58. 王仲荦：《魏晋南北朝隋初唐史》，上海人民出版社 1961 年版。

59. 万绳楠：《魏晋南北朝史论稿》，安徽教育出版社 1983 年版。

60. 何兹全：《三国史》，人民出版社 2011 年版。

61. 吕思勉：《三国史话》，《吕著史地通俗读物四种》，上海古籍出版社 2010 年版。

62. 田余庆：《东晋门阀政治》，北京大学出版社 2005 年版。

63. 汤用彤：《汤用彤学术论文集》，中华书局 1983 年版。

64. 刘大杰：《魏晋思想论》，上海古籍出版社 1998 年版。

65. 陈梦家：《殷墟卜辞综述》，中华书局 1981 年版。

66. 费孝通：《乡土中国》，北京出版社 2005 年版。

67. 李泽厚：《美的历程》，中国社会科学出版社 1989 年版。

68. 余英时：《士与中国文化》，上海人民出版社 2003 年版。

69. 阎步克：《察举制度变迁史稿》，辽宁大学出版社 1997 年版。

70. 宁稼雨：《魏晋名士风流》，中华书局 2007 年版。

71. 何满子：《中古文人风采》，花城出版社 2007 年版。

72. 方诗铭：《三国人物散论》，上海古籍出版社 2000 年版。

73. 刘季高：《斗室文史杂著》，上海古籍出版社 2000 年版。

74. 叶文宪：《吴国历史与吴文化》，文物出版社 2007 年版。

75. 刘蓉：《汉魏名士研究》，中华书局 2009 年版。

76. 罗根泽：《中国文学批评史》，上海古籍出版社 1984 年版。

77. 徐公持：《魏晋文学史》，人民文学出版社 1999 年版。

78. 于迎春：《汉代文人与文学观念的演进》，东方出版社 1997 年版。

79. 蓝旭：《东汉士风与文学》，人民文学出版社 2004 年版。

80. 胡大雷：《中古文学集团》，广西师范大学出版社 1996 年版。

81. 张可礼：《东晋文艺综合研究》，山东大学出版社 2009 年版。

82. 孙明君：《汉魏文学与政治》，商务印书馆 2003 年版。

83. 卫绍生：《魏晋文学与中原文化》，学苑出版社 2004 年版。

84. 叶枫宇：《西晋作家的人格与文风》，上海三联书店 2006 年版。

二、论文类：

1. [法]布迪厄：《区隔：趣味判断的社会批判·引言》，朱国华译，范静哗校，《文化研究》2003 年第四辑。

2. [美]李峰：《城市规划和古代国家的形态——以渭水中游周代城市为例》，载陈平原、王威德、陈学超编：《西安：都市想象与文化记忆》，北京大学出版社 2009 年版。

3. [美]许倬云：《从"体国经野"到全球化》，《读书》2017 年第 5 期。

4. 胡宝国：《汉晋之际的汝颍名士》，《历史研究》1991 年第 5 期。

5. 蒋方：《陆机、陆云仕晋宦迹考》，《湖北大学学报》（社科版）1995 年第 3 期。

6. 田澍、何玉红：《西北边疆史地研究的回顾与反思》，《中国边疆史地研究》2011 年 3 月第 21 卷第 1 期。

7. 薛瑞泽：《曹操对邺城的经营》，《黄河科技大学学报》2012 年第 2 期。

8. 辛德勇：《越王勾践徙都琅玡事析义》，《旧史舆地文录》，中华书局 2013 年版。

9. 李剑清：《元康二年（292）陆云未曾入洛——与顾农先生〈陆机还乡及其相关作品〉商榷》，《文学遗产》2014 年第 4 期。

10. 陈民镇：《为什么说良渚文化是中华五千年文明的实证》，澎湃新闻 2016 年 6 月 4 日。

11. 杜华平：《文学地理空间的维度》，《世界文学评论》2014 年第 1 辑。

12. 邹建军：《文学地理学学科建设的三个重要问题》，《世界文学评论》2016 年第 1 辑。

13. 戴燕：《从吴郡到洛阳——论西晋统一王朝中的陆机、陆云》，载《远游越山川：魏晋南北朝文学史研究论集》，复旦大学出版社 2017 年版。

14. 姜剑云：《孔融之死新探》，载《文史探赜——古代文学纵横论》，人民出版社 2017 年版。

15. 王建国：《晋宋江州移民与隐逸诗派》（未刊稿），载《中国文学地理学会第八届年会论文集》2018 年。

附　　录

汉末三国两晋文士流徙年表

178 年,汉灵帝光和元年

蔡邕 46 岁,被黜流放朔方。

光和元年七月,议郎蔡邕被召,上书密奏论嬖幸贵重。消息泄漏,遭中常侍程璜等诬陷下狱。幸得中常侍吕强力争,灵帝"有诏(蔡邕)减死一等,与家属髡钳徙朔方"①,居五原安阳县。

179 年,汉灵帝光和二年

蔡邕 47 岁,躲避迫害,浪迹吴会。

"灵帝嘉其才,会明年大赦,乃宥还本郡。"蔡邕因不报五原太守王智钱劝,被诬。蔡邕"虑卒不免,乃亡命江海,远迹吴会。往来依太山羊氏,积十二年,在吴"②。

蔡邕在吴,曾读前辈会稽人赵晔的著作,甚为叹息。

《后汉书·儒林传赵晔》曰:"晔著《吴越春秋》《诗细历神渊》。蔡邕至会稽,读《诗细》而叹息,以为长于论衡。邕还京师,传之,学者咸诵习焉。"③

184 年,东汉灵帝光和七年至中平元年

各郡黄巾军起义爆发,当地世家等士大夫与百姓流亡他郡。皇甫嵩等讨平黄巾军,上请免冀州赋税,救赡百姓。

《后汉书·皇甫嵩传》曰:"角等知事已露,晨夜驰敕诸方,一时俱起。所在燔烧官府,劫略聚邑,州郡失据,长吏多亡。"④

---

① (南朝·宋)范晔:《后汉书》,中华书局 1965 年版,第 2002 页。
② (南朝·宋)范晔:《后汉书》,中华书局 1965 年版,第 2003 页。
③ (南朝·宋)范晔:《后汉书》,中华书局 1965 年版,第 2575 页。
④ (南朝·宋)范晔:《后汉书》,中华书局 1965 年版,第 2300 页。

《后汉书·皇甫嵩传》载,皇甫嵩平定黄巾军之后,上"奏请冀州一年田赋,以赡饥民,帝从之。百姓歌曰:'天下大乱兮市为墟,母不保子兮妻失夫,赖得皇甫兮复安居。'"①

《后汉书·朱俊传》曰:"拜为右中郎将,持节,与左中郎将皇甫嵩讨颍川、汝南、陈国诸贼,悉破平之。"②

南阳黄巾张曼成起兵,杀郡守褚贡,屯宛下百余日。张曼成死后,黄巾军赵弘为帅,带领十余万,据宛城。朱俊击杀。③

张角败死后,各地起义军余众合兵,进军河内,逼近京师。

《后汉书·朱俊传》曰:"自黄巾贼后,复有黑山、黄龙、白波、左校、郭大贤、于氐根、青牛角、张白骑、刘石、左髭丈八、平汉、大计、司隶、掾哉、雷公、浮云、飞燕、白雀、杨凤、于毒、五鹿、李大目、白绕、畦固、苦哂之徒,并起山谷闲,不可胜数。其大声者称雷公,骑白马者为张白骑,轻便者言飞燕,多髭者号于氐根,大眼者为大目,如此称号,各有所因。大者二三万,小者六七千。贼帅常山人张燕,轻勇趫捷,故军中号曰飞燕。善得士卒心,乃与中山、常山、赵郡、上党、河内诸山谷寇贼更相交通,众至百万,号曰黑山贼。河北诸郡县并被其害,朝廷不能讨。燕乃遣使至京师,奏书乞降,遂拜燕平难中郎将,使领河北诸山谷事,岁得举孝廉、计吏。燕后渐寇河内,逼近京师,于是出俊为河内太守,将家兵击滥却之。"④

王昶之父王旄在黄巾之乱,以贤名避祸。

《三国志·王昶传》裴注引《别传》曰:"暇,乐安博昌人。世为著姓,夙智性成,故乡人为之语曰:'蒋氏翁,任氏童。'父旄,字子旗,以至行称。汉末,黄巾贼起,天下饥荒,人民相食。寇到博昌,闻旄姓字,乃相谓曰:'宿闻任子旗,天下贤人也。今虽作贼,那可入其乡邪?'遂相帅而去。由是声闻远近,州郡并招举孝廉,历酸枣、祝阿令。暇八岁丧母,号泣不绝声,自然之哀,同于成人,故幼以至性见称。年十四始学,疑不再问,三年中诵五经,皆究其义,兼包群言,无不综览,于时学者号之神童。遂遇荒乱,家贫卖鱼,会官税鱼,鱼贵数倍,暇取直如常。又与人共买生口,各雇八匹。后生口家来赎,时价直六十匹。共买者欲随时价取赎,暇自取本价八匹。共买者惭,亦还取本价。比居者擅耕暇地数十亩种之,人以语暇,暇曰:'我自以借之耳。'耕者闻之,惭谢还地。及邑中争讼,皆诣暇质之,然后意厌。其子弟有不顺者,父兄窃数之曰:'汝所行,岂可令任君知邪!'

---

① (南朝·宋)范晔:《后汉书》,中华书局1965年版,第2302页。
② (南朝·宋)范晔:《后汉书》,中华书局1965年版,第2309页。
③ (南朝·宋)范晔:《后汉书》,中华书局1965年版,第2309页。
④ (南朝·宋)范晔:《后汉书》,中华书局1965年版,第2310—2311页。

其礼教所化,率皆如此。"①

刘备崛起于平叛黄巾之乱。

《三国志·蜀志·先主传》曰:"灵帝末,黄巾起,州郡各举义兵,先主率其属从校尉邹靖讨黄巾贼有功,除安喜尉。"②

185 年,东汉灵帝中平二年

边章、韩遂作乱陇右,朝廷命左车骑将军皇甫嵩,回镇长安。章等遂复入寇三辅,关中人大批外迁,"南出武关,北徙壶关。"③

汉中府丞杜畿因天下大乱,携母避乱荆州。

《三国志·杜畿传》曰:"会天下乱,遂弃官客荆州。"④

189 年,汉中平六年少帝光熹元年、昭宁元年、汉献帝永汉元年

卢植力驳董卓废少帝,遭免官。

《后汉书·卢植传》曰:"植以老病求归,惧不免祸,乃诡道从轩辕出。遂隐于上谷,不交人事。冀州牧袁绍请为军师。"⑤

荀彧弃官乡里,携宗亲迁至冀州,投奔冀州刺史韩馥,后依附袁绍。

《后汉书·荀彧传》曰:"中平六年,举孝廉,再迁亢父令。董卓之乱,弃官归乡里。同郡韩融时将宗亲千余家,避乱密西山中。彧谓父老曰:'颍川,四战之地也。天下有变,常为兵冲。密虽小固,不足以扞大难,宜亟避之。'乡人多怀土不能去。会冀州牧同郡韩馥遣骑迎之,彧乃独将宗族从馥,留者后多为董卓将李傕所杀略焉。彧比至冀州,而袁绍已夺馥位,绍待彧以上宾之礼。彧明有意数,见汉室崩乱,每怀匡佐之义。"⑥

文士陈琳从京师洛阳避难冀州,依附渤海太守袁绍。

《三国志·王粲传》曰:"琳前为何进主簿。进欲诛诸宦官,太后不听,进乃召四方猛将,并使引兵向京城,欲以劫恐太后。琳谏进曰:……进不纳其言,竟以取祸。琳避难冀州,袁绍使典文章。"⑦

刘备起兵从公孙瓒讨董卓。

《三国志·蜀志·先主传》裴注引《英雄记》云:"灵帝末年,备尝在京师,后与曹公

① (晋)陈寿:《三国志》,中华书局 1959 年版,第 748 页。
② (晋)陈寿:《三国志》,中华书局 1959 年版,第 872 页。
③ (南朝·宋)范晔:《后汉书》,中华书局 1965 年版,第 1850 页。
④ (晋)陈寿:《三国志》,中华书局 1959 年版,第 494 页。
⑤ (南朝·宋)范晔:《后汉书》,中华书局 1965 年版,第 2119 页。
⑥ (南朝·宋)范晔:《后汉书》,中华书局 1965 年版,第 2281 页。
⑦ (晋)陈寿:《三国志》,中华书局 1959 年版,第 600 页。

俱还沛国,募召合众。会灵帝崩,天下大乱,备亦起军从讨董卓。"①

简雍少与刘备交好,追随周旋。

《三国志·蜀志·简雍传》曰:"简雍字宪和,涿郡人也。少与先主有旧,随从周旋。先主至荆州,雍与麋竺、孙干同为从事中郎,常为谈客,往来使命。先主入益州,刘璋见雍,甚爱之。后先主围成都,遣雍往说璋,璋遂与雍同舆而载,出城归命。先主拜雍为昭德将军。优游风议,性简傲跌宕,在先主坐席,犹箕踞倾倚,威仪不肃,自纵适;诸葛亮已下则独擅一榻,项枕卧语,无所为屈。时天旱禁酒,酿者有刑。吏于人家索得酿具,论者欲令与作酒者同罚。雍与先主游观,见一男女行道,谓先主曰:'彼人欲行淫,何以不缚?'先主曰:'卿何以知之?'雍对曰:'彼有其具,与欲酿者同。'先主大笑,而原欲酿者。雍之滑稽,皆此类也。"②

190年,汉献帝初平元年

董卓逼汉献帝迁都长安,驱士大夫等洛阳周围数百万人入关,途中死亡甚多,仅数十万至长安。京师洛阳破坏殆尽,完全荒废。权臣董卓挟持献帝入长安,蔡邕、杨彪、王允、傅巽等士大夫随汉献帝入关。

《后汉书·蔡邕传》曰:"初平元年,拜左中郎将,从献帝迁都长安,封高阳乡侯。"③

《后汉书·杨彪传》曰:"卓,使司隶校尉宣播以灾异奏免琬、彪等,诣阙谢,即拜光禄大夫。十余日,迁大鸿胪,从入关。"④

《后汉书·王允传》曰:"初平元年,代杨彪为司徒,守尚书令如故。及董卓迁都关中,允悉收敛兰台、石室图书秘纬要者以从。既至长安,皆分别条上。又集汉朝旧事所当施用者,一皆奏之。经籍具存,允有力焉。时董卓尚留洛阳,朝政大小,悉委之于允。"⑤

《三国志·刘表传》裴注引《傅子》曰:"巽字公悌,环伟博达,有知人鉴。辟公府,拜尚书郎。"⑥从傅玄《傅子》记载可知,灵帝后期至献帝初,傅巽被辟公府,拜尚书郎。

京兆著名文士赵岐从安定往敦煌上任太守,被劫,后辗转逃回长安。恰好献帝西都长安,拜赵岐为太仆。后随太傅抚慰洛阳等地。

《后汉书·赵岐传》曰:"大将军何进举为敦煌太守,行至襄武,岐与新除诸郡太守

① (晋)陈寿:《三国志》,中华书局1959年版,第872页。
② (晋)陈寿:《三国志》,中华书局1959年版,第970—971页。
③ (南朝·宋)范晔:《后汉书》,中华书局1965年版,第2005页。
④ (南朝·宋)范晔:《后汉书》,中华书局1965年版,第1787页。
⑤ (南朝·宋)范晔:《后汉书》,中华书局1965年版,第2174页。
⑥ (晋)陈寿:《三国志》,中华书局1959年版,第214页。

数人俱为贼边章等所执。贼欲胁以为帅，岐诡辞得免，展转还长安。及献帝西都，复拜议郎，稍迁太仆。及李傕专政，使太傅马日磾抚慰天下，以岐为副。日磾行至洛阳，表别遣岐宣扬国命，所到郡县，百姓皆喜曰：‘今日乃复见使者车骑。’”①

王粲徙长安，蔡邕称赞，赠书。

《三国志·王粲传》曰：“献帝西迁，粲徙长安，左中郎将蔡邕见而奇之。时邕才学显著，贵重朝廷，常车骑填巷，宾客盈坐。闻粲在门，倒屣迎之。粲至，年既幼弱，容状短小，一坐尽惊。邕曰：‘此王公孙也，有异才，吾不如也。吾家书籍文章，尽当与之。’”②

阮瑀、路粹等受学于文坛巨子蔡邕。

《三国志·王粲传附阮瑀》曰：“瑀少学于蔡邕。”③阮瑀师蔡邕的具体年份不知，暂系于此年。

《三国志·王粲传》裴注引《典略》：“粹字文蔚，少学于蔡邕。初平中，随车驾至三辅。”④

孔融因匡正董卓随意行废立之事，迁议郎，随后被举北海相。

《后汉书·孔融传》曰：“会董卓废立，融每因对答，辄有匡正之言。以忤卓旨，转为议郎。时黄巾寇数州，而北海最为贼冲，卓乃讽三府同举融为北海相。融到郡，收合士民，起兵讲武，驰檄飞翰，引谋州郡。贼张饶等群辈二十万众从冀州还，融逆击，为饶所败，乃收散兵保朱虚县。稍复鸠集吏民为黄巾所误者男女四万余人，更置城邑，立学校，表显儒术，荐举贤良郑玄、彭璆、邴原等。郡人甄子然、临孝存知名早卒，融恨不及之，乃命配食县社。其余虽一介之善，莫不加礼焉。郡人无后及四方游士有死亡者，皆为棺具而敛葬之。”⑤

郑玄从徐州返回北海郡。

殷芸《小说》卷三曰：“郑玄在徐州，孔文举时为北海相，欲其返郡，敦请恳恻，使人继踵。又教曰：‘郑公久游南夏，今艰难稍平，倘有归来之思？无寓人于室，毁伤共藩垣林木，必缮治墙宇，以俟还。’及归，融告僚属：‘昔周人尊师，谓之“尚父”，今可咸曰“郑君”，不得称名也。’袁绍一见玄，叹曰：‘吾本谓郑君东州名儒，今乃是天下长者。夫以布衣雄世，斯岂徒然哉！’及去，绍饯之城东，必欲玄醉。会者三百人，皆使离席行觞，自旦及暮，计玄可饮三百余杯，而温克之容，终日无怠。”⑥

①　（南朝·宋）范晔：《后汉书》，中华书局 1965 年版，第 2123 页。
②　（晋）陈寿：《三国志》，中华书局 1959 年版，第 597 页。
③　（晋）陈寿：《三国志》，中华书局 1959 年版，第 600 页。
④　（晋）陈寿：《三国志》，中华书局 1959 年版，第 603 页。
⑤　（南朝·宋）范晔：《后汉书》，中华书局 1965 年版，第 2263 页。
⑥　（南朝·梁）殷芸：《小说》，上海古籍出版社 1984 年版，第 83 页。

文士崔琰周旋青徐兖豫、至寿春。

《三国志·崔琰传》曰："徐州黄巾贼攻破北海,玄与门人到不其山避难。时谷籴县乏,玄罢谢诸生。琰既受遣,而寇盗充斥,西道不通。于是周旋青、徐、兖、豫之郊,东下寿春,南望江、湖。自去家四年乃归,以琴书自娱。"①

荀彧知袁绍不足辅佐,投奔东郡曹操。

《后汉书·荀彧传》曰:"时,曹操在东郡,彧闻操有雄略,而度绍终不能定大业。初平二年,乃去绍从操。"操与语大悦,曰:"吾子房也。"以为奋武司马,时年二十九。②

董卓留朱俊守洛阳,朱俊暗中与山东诸军相通,惧怕董卓袭击,"乃弃官奔荆州。"随后,进兵还洛,屯兵中牟,"移书州郡,请师讨卓。"③

开封郑太救赡全活士大夫,谋杀国贼董卓失败后,逃徙南阳,依附袁术。

《后汉书·郑太传》曰:"卓既迁都长安,天下饥乱,士大夫多不得其命。而公业家有余资,日引宾客高会倡乐,所赡救者甚众。乃与何颙、荀攸共谋杀卓。事泄,颙等被执,公业脱身自武关走,东归袁术。"④

月氏人支谦与乡人数十人从洛阳迁吴。

《高僧传》曰:"汉灵帝时,游于洛阳,以光和中平之间,传译梵文。"⑤"汉献末乱,避地于吴。"⑥

康居人释昙谛迁往吴兴(今浙江湖州市一带)。安息高僧安清迁往江南。

《高僧传》曰:"高(安清)游化中国,宣经事毕,值灵帝之末,关洛扰乱,乃振锡江南。"⑦

青徐士庶避难幽州百余万余口,幽州牧刘虞劝督农桑,安置流民。

《后汉书·刘虞传》曰:"青、徐士庶避黄巾之难归虞者百余万口,皆收视温恤,为安立生业,流民皆忘其迁徙。虞虽为上公,天性节约,敝衣绳履,食无兼肉,远近豪俊夙僭奢者,莫不改操而归心焉。"⑧

刘表为荆州刺史,袁术阻兵鲁阳,刘表不能至荆州上任。单马入荆州,请南郡蒯越、襄阳人蔡瑁谋划,扫平境内叛乱,移治襄阳。

---

① (晋)陈寿:《三国志》,中华书局1959年版,第367页。
② (南朝·宋)范晔:《后汉书》,中华书局1965年版,第2281—2282页。
③ (南朝·宋)范晔:《后汉书》,中华书局1965年版,第2312页。
④ (南朝·宋)范晔:《后汉书》,中华书局1965年版,第2260页。
⑤ (南朝·梁)释慧皎:《高僧传》,中华书局1992年版,第10页。
⑥ (南朝·梁)释慧皎:《高僧传》,中华书局1992年版,第15页。
⑦ (南朝·梁)释慧皎:《高僧传》,中华书局1992年版,第5页。
⑧ (南朝·宋)范晔:《后汉书》,中华书局1965年版,第2354页。

《后汉书·刘表传》曰:"初平元年,长沙太守孙坚杀荆州刺史王叡,诏书以表为荆州刺史。时江南宗贼大盛,又袁术阻兵屯鲁阳,表不能得至,乃单马入宜城,请南郡人蒯越、襄阳人蔡瑁与共谋画。……乃使越遣人诱宗贼帅,至者十五人,皆斩之而袭取其众。唯江夏贼张虎、陈坐拥兵据襄阳城,表使越与庞季往譬之,乃降。江南悉平。诸守令闻表威名,多解印绶去。表遂理兵襄阳,以观时变。"①

关中、兖州、豫州人士流徙至荆州,傅巽、邯郸淳等流徙其间。

《后汉书·刘表传》曰:"初,荆州人情好扰,加四方骇震,寇贼相扇,处处麋沸。表招诱有方,威怀兼洽,其奸猾宿贼更为效用,万里肃清,大小咸悦而服之。关西、兖、豫学士归者盖有千数,表安慰赈赡,皆得资全。遂起立学校,博求儒术,綦母闿、宋忠等撰立五经章句,谓之后定。爱民养士,从容自保。"②

《三国志·刘表传》裴注引《傅子》曰:"巽字公悌,环伟博达,有知人鉴。辟公府,拜尚书郎,后客荆州。"③

殷芸《小说》卷五曰:"傅巽有知人之鉴,在荆州,目庞统为半英雄。后统附刘备,见待次诸葛亮,如其言。"④

《三国志·王粲传》裴注引《魏略》曰:"淳一名竺,字子叔。博学有才章,又善苍、雅、虫、篆、许氏字指。初平时,从三辅客荆州。"⑤

殷芸《小说》卷四曰:"魏王北征蹋顿,升岭眺瞩,见一冈,不生百草。王粲曰:'此必古冢。其人在世服生矾石,热蒸出外,故草木焦灭。'遽令凿看,果是大墓,矾石满茔。一说:粲在荆州,从刘表障山而见此异。魏武之平乌桓,粲犹在江南,以此言为谲。"⑥

司马徽居荆州。

殷芸《小说》卷四曰:"司马德操初见庞士元,称之曰:'此人当为南州冠冕。'时士元尚少,及长,果如徽言。"⑦

殷芸《小说》卷四曰:"司马徽居荆州,以刘表不明,度必有变,思退缩以自全;人每与语,但言'佳'。其妻责其无别。徽曰:'如汝所言,亦复甚佳。'终免于难。"⑧

顾野王《舆地记》曰:"东南白沙有庞士元宅于汉水之北,司马德操宅于汉水之南。

①　(南朝·宋)范晔:《后汉书》,中华书局 1965 年版,第 2419—2420 页。
②　(南朝·宋)范晔:《后汉书》,中华书局 1965 年版,第 2421 页。
③　(晋)陈寿:《三国志》,中华书局 1959 年版,第 214 页。
④　(南朝·梁)殷芸:《小说》,上海古籍出版社 1984 年版,第 106 页。
⑤　(晋)陈寿:《三国志》,中华书局 1959 年版,第 603 页。
⑥　(南朝·梁)殷芸:《小说》,上海古籍出版社 1984 年版,第 100 页。
⑦　(南朝·梁)殷芸:《小说》,上海古籍出版社 1984 年版,第 94 页。
⑧　(南朝·梁)殷芸:《小说》,上海古籍出版社 1984 年版,第 95 页。

隔鱼梁州衔对欢情自接,每至相思,则搴裳涉水。"①

娄圭在初平元年流徙荆州。

《三国志·崔琰传》裴注引《吴书》曰:"(娄圭)会天下义兵起,子伯亦合众与刘表相依。后归曹公,遂为所用,军国大计常与焉。刘表亡,曹公向荆州。表子琮降,以节迎曹公,诸将皆疑诈,曹公以问子伯。子伯曰:'天下扰攘,各贪王命以自重,今以节来,是必至诚。'曹公曰:'大善。'遂进兵。"②

华歆从蓝田至南阳,袁术留之。后东至徐州,孙策迎之,不肯效力孙策。

《三国志·华歆传》曰:"董卓迁天子长安,歆求出为下邽令,病不行,遂从蓝田至南阳。时袁术在穰,留歆。歆说术使进军讨卓,术不能用。歆欲弃去,会天子使太傅马日磾安集关东,日磾辟歆为掾。东至徐州,诏即拜歆豫章太守,以为政清静不烦,吏民感而爱之。孙策略地江东,歆知策善用兵,乃幅巾奉迎。策以其长者,待以上宾之礼。"③

《三国志·华歆传》裴注引《华峤谱叙》曰:"歆少以高行显名。避西京之乱,与同志郑泰等六七人,间步出武关。道遇一丈夫独行,原得俱,皆哀欲许之。歆独曰:'不可。今已在危险之中,祸福患害,义犹一也。无故受人,不知其义。既以受之,若有进退,可中弃乎!'众不忍,卒与俱行。此丈夫中道堕井,皆欲弃之。歆曰:'已与俱矣,弃之不义。'相率共还出之,而后别去。众乃大义之。"④

《三国志·华歆传》裴注引胡冲《吴历》曰:"孙策击豫章,先遣虞翻说歆。歆答曰:'歆久在江表,常欲北归;孙会稽来,吾便去也。'翻还报策,策乃进军。歆葛巾迎策,策谓歆曰:'府君年德名望,远近所归;策年幼稚,宜修子弟之礼。'便向歆拜。"⑤

《三国志·华歆传》裴注引《华峤谱叙》曰:"孙策略有扬州,盛兵徇豫章,一郡大恐。官属请出郊迎,教曰:'无然。'策稍进,复白发兵,又不听。及策至,一府皆造阁,请出避之。乃笑曰:'今将自来,何遽避之?'有顷,门下白曰:'孙将军至。'请见,乃前与歆共坐,谈议良久,夜乃别去。义士闻之,皆长叹息而心自服也。策遂亲执子弟之礼,礼为上宾。是时四方贤士大夫避地江南者甚众,皆出其下,人人望风。每策大会,坐上莫敢先发言,歆时起更衣,则论议讙哗。歆能剧饮,至石馀不乱,众人微察,常以其整衣冠为异,江南号之曰'华独坐'。"⑥

---

① 顾野王:《舆地记》,王谟:《汉唐地理书钞》,中华书局 1961 年版,第 193 页。
② (晋)陈寿:《三国志》,中华书局 1959 年版,第 374 页。
③ (晋)陈寿:《三国志》,中华书局 1959 年版,第 401 页。
④ (晋)陈寿:《三国志》,中华书局 1959 年版,第 402 页。
⑤ (晋)陈寿:《三国志》,中华书局 1959 年版,第 402 页。
⑥ (晋)陈寿:《三国志》,中华书局 1959 年版,第 402 页。

《三国志·华歆传》裴注引虞溥《江表传》曰:"孙策在椒丘,遣虞翻说歆。翻既去,歆请功曹刘壹入议。壹劝歆住城,遣檄迎军。歆曰:'吾虽刘刺史所置,上用,犹是剖符吏也。今从卿计,恐死有馀责矣。'壹曰:'王景兴既汉朝所用,且尔时会稽人众盛强,犹见原恕,明府何虑?'于是夜逆作檄,明旦出城,遣吏赍迎。策便进军,与歆相见,待以上宾,接以朋友之礼。"①

太仆赵岐奉命宣抚天下,滞留陈留。

《后汉书·赵岐传》曰:"是时,袁绍、曹操与公孙瓒争冀州,绍及操闻岐至,皆自将兵数百里奉迎,岐深陈天子恩德,宜罢兵安人之道,又移书公孙瓒,为言利害。绍等各引兵去,皆与岐期会洛阳,奉迎车驾。岐南到陈留,得笃疾,经涉二年,期者遂不至。"②

董卓以公孙度为辽东太守,度到辽阳,诛杀大姓数百家。公孙度图分割立王。

《三国志·公孙度传》:"同郡徐荣为董卓中郎将,荐度为辽东太守。度起玄菟小吏,为辽东郡所轻。先时,属国公孙昭守襄平令,召度子康为伍长。度到官,收昭,笞杀于襄平市。郡中名豪大姓田韶等宿遇无恩,皆以法诛,所夷灭百余家,郡中震栗。"③

《三国志·公孙度传》:"初平元年,度知中国扰攘,语所亲吏柳毅、阳仪等曰:'汉祚将绝,当与诸卿图王耳。'"④

辽东郡人李敏与公孙度交恶,徙家于海。

《三国志·公孙度传》曰:"故河内太守李敏,郡中知名,恶度所为,恐为所害,乃将家属入于海。度大怒,掘其父頠,剖棺焚尸,诛其宗族。"⑤

太原王烈避乱于辽东。

《后汉书·独行传·王烈》曰:"遭黄巾、董卓之乱,乃避地辽东,夷人尊奉之。太守公孙度接以昆弟之礼,访酬政事。欲以为长史,烈乃为商贾自秽,得免。"⑥

殷芸《小说》卷五曰:"管宁避难辽东,还,遭风船垂倾没,乃思其愆过,曰:'吾曾一朝科头,三晨晏起。今天怒猥集,过必在此。风乃息。'"⑦

191 年,汉献帝初平二年

青州徐州黄巾军入渤海界,公孙瓒率步兵骑兵二万人扫平。

《后汉书·公孙瓒传》曰:"初平二年,青、徐黄巾三十万众入勃海界,欲与黑山合。

---

①　(晋)陈寿:《三国志》,中华书局 1959 年版,第 402—403 页。
②　(南朝·宋)范晔:《后汉书》,中华书局 1965 年版,第 2123—2124 页。
③　(晋)陈寿:《三国志》,中华书局 1959 年版,第 252 页。
④　(晋)陈寿:《三国志》,中华书局 1959 年版,第 252 页。
⑤　(晋)陈寿:《三国志》,中华书局 1959 年版,第 252 页。
⑥　(南朝·宋)范晔:《后汉书》,中华书局 1965 年版,第 2697 页。
⑦　(南朝·梁)殷芸:《小说》,上海古籍出版社 1984 年版,第 102—103 页。

瓒率步骑二万人,逆击于东光南,大破之,斩首三万余级。贼弃其车重数万两,奔走度河。瓒因其半济薄之,贼复大破,死者数万,流血丹水,收得生口七万余人,车甲财物不可胜算,威名大震。"①

长平人著名儒士颍容,系杨赐弟子。

《后汉书》记载颍容初平中,避难荆州。初平共四年,暂系此年。

《后汉书·儒林传》曰:"颍容字子严,陈国长平人也。博学多通,善春秋左氏,师事太尉杨赐。郡举孝廉,州辟,公交车征,皆不就。初平中,避乱荆州,聚徒千余人。刘表以为武陵太守,不肯起。著《春秋左氏条例》五万余言,建安中卒。"②

京兆文士隗禧在关中扰乱,流徙荆州。

《三国志·王朗传》裴注曰:"隗禧字子牙,京兆人也。世单家。少好学。初平中,三辅乱,禧南客荆州,不以荒扰,担负经书,每以采稆馀日,则诵习之。"③

著名文士边让弃官还陈留老家。

《后汉书·文苑传·边让》曰:"初平中,王室大乱,让去官还家。恃才气,不屈曹操,多轻侮之言。建安中,其乡人有构让于操,操告郡就杀之。文多遗失。"④

娄圭从荆州追随曹操。

《三国志·崔琰传》裴注引《魏略》曰:"娄圭字子伯,少与太祖有旧。初平中在荆州北界合众,后诣太祖。太祖以为大将,不使典兵,常在坐席言议。及河北平定,随在冀州。其后太祖从诸子出游,子伯时亦随从。子伯顾谓左右曰:'此家父子,如今日为乐也。'"⑤

许攸追随袁绍。

《三国志·崔琰传》裴注引《魏略》曰:"攸字子远,少与袁绍及太祖善。初平中随绍在冀州,尝在坐席言议。"⑥

徐庶客荆州,特与诸葛亮善。

《三国志·蜀志·诸葛亮传》裴注引《魏略》曰:"庶先名福,本单家子,少好任侠击剑……折节学问。始诣精舍,诸生闻其前作贼,不肯与共止。福乃卑躬早起,常独扫除,动静先意,听习经业,义理精熟。遂与同郡石韬相亲爱。初平中,中州兵起,乃与韬南客

① (南朝·宋)范晔:《后汉书》,中华书局1965年版,第2359页。
② (南朝·宋)范晔:《后汉书》,中华书局1965年版,第2584页。
③ (晋)陈寿:《三国志》,中华书局1959年版,第422页。
④ (南朝·宋)范晔:《后汉书》,中华书局1965年版,第2647页。
⑤ (晋)陈寿:《三国志》,中华书局1959年版,第373—374页。
⑥ (晋)陈寿:《三国志》,中华书局1959年版,第373页。

荆州,到,又与诸葛亮特相善。"①

192 年,汉献帝初平三年

董卓被杀,余党李傕、郭汜攻入长安。不久互相攻伐,造成关中"无复人迹"。

《后汉书·董卓传》曰:"初,帝入关,三辅户口尚数十万,自傕汜相攻,天子东归后,长安城空四十余日,强者四散,羸者相食,二三年间,关中无复人迹。"②

数十万人东迁至徐州,投奔徐州刺史陶谦。

《后汉书·陶谦传》曰:"时董卓虽诛,而李傕、郭汜作乱关中。是时四方断绝,谦每遣使闲行,奉贡西京。诏迁为徐州牧,加安东将军,封溧阳侯。是时徐方百姓殷盛,谷实甚丰,流民多归之。而谦信用非所,刑政不理。"③

关中数万户进入四川投奔益州牧刘焉。

《后汉书·刘焉传》曰:"初,南阳、三辅民数万户流入益州,焉悉收以为众,名曰'东州兵'。"④

关中十万户在李傕郭汜攻伐时,流徙荆州。

《三国志·卫觊传》载觊与荀彧书信:"关中膏腴之地,顷遭荒乱,人民流入荆州者十万余家,闻本土安宁,皆企望思归。"⑤

此年杨彪任司空,征许劭,不就。许劭随后避地淮海扬州等地。

《后汉书·许劭传》曰:"司空杨彪辟,举方正、敦朴,征,皆不就。或劝劭仕,对曰:'方今小人道长,王室将乱,吾欲避地淮海,以全老幼。'"⑥

《三国志·魏志·刘晔传》:"汝南许劭名知人,避地扬州。"⑦

193 年,汉献帝初平四年

逃亡徐州的流民,在曹操替父复仇中被屠杀。

《后汉书·陶谦传》曰:"初,曹操父嵩避难琅邪,时谦别将守阴平,士卒利嵩财宝,遂袭杀之。初平四年,曹操击谦,破彭城傅阳。谦退保郯,操攻之不能克,乃还。过拔取虑、睢陵、夏丘,皆屠之。凡杀男女数十万人,鸡犬无余,泗水为之不流,自是五县城保,无复行迹。初三辅遭李傕乱,百姓流移依谦者皆歼。"⑧

① （晋）陈寿:《三国志》,中华书局 1959 年版,第 914 页。
② （南朝·宋）范晔:《后汉书》,中华书局 1965 年版,第 2341 页。
③ （南朝·宋）范晔:《后汉书》,中华书局 1965 年版,第 2366—2367 页。
④ （南朝·宋）范晔:《后汉书》,中华书局 1965 年版,第 2433 页。
⑤ （晋）陈寿:《三国志》,中华书局 1959 年版,第 610 页。
⑥ （南朝·宋）范晔:《后汉书》,中华书局 1965 年版,第 2235 页。
⑦ （晋）陈寿:《三国志》,中华书局 1959 年版,第 443 页。
⑧ （南朝·宋）范晔:《后汉书》,中华书局 1965 年版,第 2367 页。

许劭至广陵,陶谦礼之。许劭不自安,逃之扬州,投奔扬州刺史刘繇。

《后汉书·许劭传》曰:"(许劭)乃南到广陵。徐州刺史陶谦礼之甚厚。劭不自安,告其徒曰:'陶恭祖外慕声名,内非真正。待吾虽厚,其势必薄。不如去之。'遂复投扬州刺史刘繇于曲阿。其后陶谦果捕诸寓士。"①"乃孙策平吴,劭与繇南奔豫章而卒。"②

颍川文士杜袭、繁钦徙居荆州,后杜袭适长沙。

《三国志·杜袭传》曰:"杜袭字子绪,颍川定陵人也。曾祖父安,祖父根,著名前世。袭避乱荆州,刘表待以宾礼。同郡繁钦数见奇于表,袭喻之曰:'吾所以与子俱来者,徒欲龙蟠幽薮,待时凤翔。岂谓刘牧当为拨乱之主而规长(者)委身哉?子若见能不已,非吾徒也。吾其与子绝矣!'钦慨然曰:'请敬受命。'袭遂南适长沙。"③

赵俨避乱荆州,与杜袭、繁钦通财同计。

《三国志·赵俨传》曰:"赵俨字伯然,颍川阳翟人也。避乱荆州,与杜袭、繁钦通财同计,合为一家。"④

194 年,汉献帝兴平元年

曹操提兵再次攻打徐州刺史陶谦。陶谦欲避祸丹阳。

《后汉书·陶谦传》曰:"兴平元年,曹操复击谦,略定琅邪、东海诸县,谦惧不免,欲走归丹阳。"⑤

陶谦败后,笮融带领徐州男女万口、马三千流徙广陵,杀广陵太守赵昱。过江。南奔豫章,杀太守,据豫章。

《后汉书·陶谦传》曰:"初,同郡人笮融,聚众数百,往依于谦,谦使督广陵、下邳、彭城运粮。……及曹操击谦,徐方不安,融乃将男女万口、马三千匹走广陵。广陵太守赵昱待以宾礼。融利广陵资货,遂乘酒酣杀昱,放兵大掠,因以过江,南奔豫章,杀郡守朱皓,入据其城。后为扬州刺史刘繇所破,走入山中,为人所杀。"⑥

曹操提兵攻徐州牧陶谦,公孙瓒遣田楷与刘备救之。刘备得六千余兵,被表为豫州刺史。陶谦死后,领徐州牧。

《三国志·蜀志·先主传》曰:"曹公征徐州,徐州牧陶谦遣使告急于田楷,楷与先主俱救之。时先主自有兵千余人及幽州乌丸杂胡骑,又略得饥民数千人。既到,谦以丹杨兵四千益先主,先主遂去楷归谦。谦表先主为豫州刺史,屯小沛。谦病笃,谓别驾麋

---

① (南朝·宋)范晔:《后汉书》,中华书局 1965 年版,第 2235 页。
② (南朝·宋)范晔:《后汉书》,中华书局 1965 年版,第 2235 页。
③ (晋)陈寿:《三国志》,中华书局 1959 年版,第 664—665 页。
④ (晋)陈寿:《三国志》,中华书局 1959 年版,第 668 页。
⑤ (南朝·宋)范晔:《后汉书》,中华书局 1965 年版,第 2368 页。
⑥ (南朝·宋)范晔:《后汉书》,中华书局 1965 年版,第 2368 页。

竺曰：'非刘备不能安此州也。'谦死，竺率州人迎先主，先主未敢当。下邳陈登谓先主曰：'今汉室陵迟，海内倾覆，立功立事，在于今日。彼州殷富，户口百万，欲屈使君抚临州事。'先主曰：'袁公路近在寿春，此君四世五公，海内所归，君可以州与之。'登曰：'公路骄豪，非治乱之主。今欲为使君合步骑十万，上可以匡主济民，成五霸之业，下可以割地守境，书功于竹帛。若使君不见听许，登亦未敢听使君也。'北海相孔融谓先主曰：'袁公路岂忧国忘家者邪？冢中枯骨，何足介意。今日之事，百姓与能，天与不取，悔不可追。'先主遂领徐州。"①

麋竺家财甚丰，为徐州牧陶谦别驾从事。陶谦死后，麋竺投靠刘备。

《三国志·蜀志·麋竺传》曰："麋竺字子仲，东海朐人也。祖世货殖，僮客万人，赀产钜亿。后徐州牧陶谦辟为别驾从事。谦卒，竺奉谦遗命，迎先主于小沛。"②

《三国志·蜀志·麋竺传》裴注引《搜神记》曰："竺尝从洛归，未达家数十里，路傍见一妇人，从竺求寄载。行可数里，妇谢去，谓竺曰：'我天使也，当往烧东海麋竺家，感君见载，故以相语。'竺因私请之，妇曰：'不可得不烧。如此，君可驰去，我当缓行，日中火当发。'竺乃还家，遽出财物，日中而火大发。"③

北海文士孙干被刘备辟为从事。

《三国志·蜀志·孙干传》曰："孙干字公佑，北海人也。先主领徐州，辟为从事，后随从周旋。先主之背曹公，遣干自结袁绍，将适荆州，干又与麋竺俱使刘表，皆如意指。后表与袁尚书，说其兄弟分争之变，曰：'每与刘左将军、孙公佑共论此事，未尝不痛心入骨，相为悲伤也。'其见重如此。先主定益州，干自从事中郎为秉忠将军，见礼次麋竺，与简雍同等。顷之，卒。"④

泰山太守、著名文士应劭弃郡，奔冀州。

《后汉书·应劭传》曰："初平二年，黄巾三十万众入郡界。（太山太守）劭纠率文武连与贼战，前后斩首数千级，获生口老弱万余人，辎重二千两，贼皆退溃，郡内以安。兴平元年，前太尉曹嵩及子德从琅邪入太山，劭遣兵迎之，未到，而徐州牧陶谦素怨嵩子操数击之，乃使轻骑追嵩、德，并杀之于郡界。劭畏操诛，弃郡奔冀州牧袁绍。"⑤

赵岐使荆州宣抚刘表，以老病留荆州。

《后汉书·赵岐传》曰："兴平元年，诏书征岐，会帝当还洛阳，先遣卫将军董承修理

①　（晋）陈寿：《三国志》，中华书局 1959 年版，第 873 页。
②　（晋）陈寿：《三国志》，中华书局 1959 年版，第 969 页。
③　（晋）陈寿：《三国志》，中华书局 1959 年版，第 970 页。
④　（晋）陈寿：《三国志》，中华书局 1959 年版，第 970 页。
⑤　（南朝·宋）范晔：《后汉书》，中华书局 1965 年版，第 1610 页。

宫室。岐谓承曰:'今海内分崩,唯有荆州境广地胜,西通巴蜀,南当交址,年谷独登,兵人差全。岐虽迫大命,犹志报国家,欲自乘牛车,南说刘表,可使其身自将兵来卫朝廷,与将军并心同力,共奖王室。此安上救人之策也。'承即表遣岐使荆州,督租粮。岐至,刘表即遣兵诣洛阳助修宫室,军资委输,前后不绝。时,孙嵩亦寓于表,表不为礼,岐乃称嵩素行笃烈,因共上为青州刺史。岐以老病,遂留荆州。"①

关中扰乱,段煨屯兵华阴,弘农文士董遇依之,避祸华阴。

《三国志·王朗传》裴注引《魏略》曰:"遇字季直,性质讷而好学。兴平中,关中扰乱,与兄季中依将军段煨。采稆负贩,而常挟持经书,投间习读。其兄笑之而遇不改。"②

曹操进兵兖州,文士程昱投奔曹操。

《三国志·程昱传》曰:"刘岱为黄巾所杀。太祖临兖州,辟昱。昱将行,其乡人谓曰:'何前后之相背也!'昱笑而不应。太祖与语,说之。"③

荀攸欲入蜀郡为太守,因道路不通,滞留荆州。

《三国志·荀攸传》曰:"攸以蜀汉险固,人民殷盛,乃求为蜀郡太守,道绝不得至,驻荆州。"④

195年,汉献帝兴平二年

汉献帝君臣等人东返,经华阴、弘农、曹阳、大阳等地,历尽磨难,暂都安邑。

《后汉书·董卓传》曰:"帝亦思旧京,因遣使敦请催求东归……车驾即日发迈……车驾进至华阴。宁辑将军段煨乃具服御及公卿以下资储,请帝幸其营……李催、郭汜既悔令天子东……而张济与杨奉、董承不相平,乃反合催、汜,共追乘舆,大战于弘农东涧。承、奉军败,百官士卒死者不可胜数,皆弃其妇女辎重,御物符策典籍,略无所遗……天子遂露次曹阳……密遣闲使至河东,招故白波帅李乐、韩暹、胡才及南匈奴右贤王去卑,并率其众数千骑来,与承、奉共击催等,大破之,斩首数千级,乘舆乃得进。董承、李乐拥辖左右,胡才、杨奉、韩暹、去卑为后距。催等复来战,奉等大败,死者甚于东涧……承、奉等夜乃潜议过河,使李乐先度具舟舡,举火为应。帝步出营,临河欲济,岸高十余丈,乃以绢缒而下。余人或匍匐岸侧,或从上自投,死亡伤残,不复相知。争赴舡者,不可禁制,董承以戈击披之,断手指于舟中者可掬。同济唯皇后、宋贵人、杨彪、董承及后父执金吾伏完等数十人……既到大阳,止于人家,然后幸李乐营。百官饥饿,河内

---

① (南朝·宋)范晔:《后汉书》,中华书局1965年版,第2124页。
② (晋)陈寿:《三国志》,中华书局1959年版,第420页。
③ (晋)陈寿:《三国志》,中华书局1959年版,第426页。
④ (晋)陈寿:《三国志》,中华书局1959年版,第321页。

太守张杨使数千人负米贡饷。帝乃御牛车,因都安邑。河东太守王邑奉献绵帛,悉赋公卿以下。封邑为列侯,拜胡才征东将军,张杨为安国将军,皆假节、开府。其垒壁群竖,竞求拜职,刻印不给,至乃以锥画之。或赍酒肉就天子燕饮。又遣太仆韩融至弘农,与傕、汜等连和。傕乃放遣公卿百官,颇归宫人妇女,及乘舆器服。"①

文士贾诩周旋之下,汉献帝东迁,托身于段煨之华阴。

《三国志·贾诩传》曰:"出天子,佑护大臣,诩有力焉。天子既出,诩上还印绶。是时将军段煨屯华阴,与诩同郡,遂去傕诣煨。诩素知名,为煨军所望。煨内恐其见夺,而外奉诩礼甚备,诩愈不自安。"②

祢衡避难荆州。

《后汉书·文苑传·祢衡》曰:"祢衡字正平,平原般人也。少有才辩,而尚气刚傲,好矫时慢物。兴平中,避难荆州。"③

诸葛亮遭父丧,随从父诸葛玄至豫章。

《三国志·蜀志·诸葛亮传》曰:"亮早孤,从父玄为袁术所署豫章太守,玄将亮及弟均之官。"④梁章钜《三国志旁证》卷二十一附《亮年表》,系丧父于本年,今从之。

赵戬在长安之乱后,流亡荆州。

《后汉书·王允传附赵戬传》曰:"长安之乱,容于荆州,刘表厚礼焉。"⑤

裴潜避乱荆州,受刘表礼遇。

《三国志·裴潜传》曰:"裴潜字文行,河东闻喜人也。避乱荆州,刘表待以宾礼。潜私谓所亲王粲、司马芝曰:'刘牧非霸王之才,乃欲西伯自处,其败无日矣。'遂南适长沙。"⑥

孙策乞兵袁术,助舅父吴景平江东,袁术从之。

《三国志·吴志·孙破虏讨逆传》曰:"策舅吴景,时为丹杨太守,策乃载母徙曲阿,与吕范、孙河俱就景,因缘召募得数百人。兴平元年,从袁术。术甚奇之,以坚部曲还策。"⑦

《三国志·吴志·孙破虏讨逆传》曰:"术自用故吏琅邪惠衢为扬州刺史,更以景为

① （南朝·宋）范晔:《后汉书》,中华书局1965年版,第2338—2340页。
② （晋）陈寿:《三国志》,中华书局1959年版,第327页。
③ （南朝·宋）范晔:《后汉书》,中华书局1965年版,第2652—2653页。
④ （晋）陈寿:《三国志》,中华书局1959年版,第911页。
⑤ （南朝·宋）范晔:《后汉书》,中华书局1965年版,第2178页。
⑥ （晋）陈寿:《三国志》,中华书局1959年版,第671页。
⑦ （晋）陈寿:《三国志》,中华书局1959年版,第1101页。

督军中郎将,与贲共将兵击英等,连年不克。策乃说术,乞助景等平定江东。"①

《三国志·吴志·孙破虏讨逆传》裴注引《吴历》曰:"初策在江都时,张纮有母丧。策数诣纮,咨以世务,曰:'方今汉祚中微,天下扰攘,英雄俊杰各拥众营私,未有能扶危济乱者也。先君与袁氏共破董卓,功业未遂,卒为黄祖所害。策虽暗稚,窃有微志,欲从袁扬州求先君馀兵,就舅氏于丹杨,收合流散,东据吴会,报雠雪耻,为朝廷外藩。君以为何如?'纮答曰:'既素空劣,方居衰绖之中,无以奉赞盛略。'策曰:'君高名播越,远近怀归。今日事计,决之于君,何得不纡虑启告,副其高山之望?若微志得展,血雠得报,此乃君之勋力,策心所望也。'因涕泣横流,颜色不变。纮见策忠壮内发,辞令慷慨,感其志言,乃答曰:'昔周道陵迟,齐、晋并兴;王室已宁,诸侯贡职。今君绍先侯之轨,有骁武之名,若投丹杨,收兵吴会,则荆、扬可一,雠敌可报。据长江,奋威德,诛除群秽,匡辅汉室,功业侔于桓、文,岂徒外藩而已哉?方今世乱多难,若功成事立,当与同好俱南济也。'策曰:'一与君同符合契,(同)有永固之分,今便行矣,以老母弱弟委付于君,策无复回顾之忧。'"②

《三国志·吴志·孙破虏讨逆传》裴注引《江表传》曰:"策径到寿春见袁术,涕泣而言曰:'亡父昔从长沙入讨董卓,与明使君会于南阳,同盟结好;不幸遇难,勋业不终。策感惟先人旧恩,欲自凭结,原明使君垂察其诚。'术甚贵异之,然未肯还其父兵。术谓策曰:'孤始用贵舅为丹杨太守,贤从伯阳为都尉,彼精兵之地,可还依召募。'策遂诣丹杨依舅,得数百人,而为泾县大帅祖郎所袭,几至危殆。于是复往见术,术以坚馀兵千馀人还策。太傅马日磾杖节安集关东,在寿春以礼辟策,表拜怀义校尉,术大将乔蕤、张勋皆倾心敬焉。术常叹曰:'使术有子如孙郎,死复何恨!'策骑士有罪,逃入术营,隐于内厩。策指使人就斩之,讫,诣术谢。术曰:'兵人好叛,当共疾之,何为谢也?'由是军中益畏惮之。术初许策为九江太守,已而更用丹杨陈纪。后术欲攻徐州,从庐江太守陆康求米三万斛。康不与,术大怒。策昔曾诣康,康不见,使主簿接之。策尝衔恨。术遣策攻康,谓曰:'前错用陈纪,每恨本意不遂。今若得康,庐江真卿有也。'"③

《三国志·吴志·孙破虏讨逆传》裴注引《江表传》曰:"策说术云:'家有旧恩在东,原助舅讨横江;横江拔,因投本土召募,可得三万兵,以佐明使君匡济汉室。'术知其恨,而以刘繇据曲阿,王朗在会稽,谓策未必能定,故许之。术表策为折冲校尉,行殄寇将军,兵财千馀,骑数十匹,宾客原从者数百人。比至历阳,众五六千。策母先自曲阿徙

---

① (晋)陈寿:《三国志》,中华书局 1959 年版,第 1102 页。
② (晋)陈寿:《三国志》,中华书局 1959 年版,第 1102—1103 页。
③ (晋)陈寿:《三国志》,中华书局 1959 年版,第 1103 页。

于历阳,策又徙母阜陵,渡江转斗,所向皆破,莫敢当其锋,而军令整肃,百姓怀之。"①

《三国志·吴志·孙破虏讨逆传》裴注引《江表传》曰:"策渡江攻谳牛渚营,尽得邸阁粮谷、战具,是岁兴平二年也。时彭城相薛礼、下邳相笮融依谳为盟主,礼据秫陵城,融屯县南。策先攻融,融出兵交战,斩首五百馀级,融即闭门不敢动。因渡江攻礼,礼突走,而樊能、于麋等复合众袭夺牛渚屯。策闻之,还攻破能等,获男女万馀人。复下攻融,为流矢所中,伤股,不能乘马,因自舆还牛渚营。或叛告融曰:'孙郎被箭已死。'融大喜,即遣将于兹乡策。策遣步骑数百挑战,设伏于后,贼出击之,锋刃未接而伪走,贼追入伏中,乃大破之,斩首千余级。策因往到融营下,令左右大呼曰:'孙郎竟云何!'贼于是惊怖夜遁。融闻策尚在,更深沟高垒,缮治守备。策以融所屯地势险固,乃舍去,攻破谳别将于海陵,转攻湖孰、江乘,皆下之。"②

《三国志·吴志·孙破虏讨逆传》裴注引《江表传》曰:"策时年少,虽有位号,而士民皆呼为孙郎。百姓闻孙郎至,皆失魂魄;长吏委城郭,窜伏山草。及至,军士奉令,不敢虏略,鸡犬菜茹,一无所犯,民乃大悦,竞以牛酒诣军。刘谳既走,策入曲阿劳赐将士,遣将陈宝诣阜陵迎母及弟。发恩布令,告诸县:'其刘谳、笮融等故乡部曲来降首者,一无所问;乐从军者,一身行,复除门户;不乐者,勿强也。'旬日之间,四面云集,得见兵二万馀人,马千馀匹,威震江东,形势转盛。"③

《三国志·吴志·孙破虏讨逆传》裴注引《吴录》曰:"时有乌程邹他、钱铜及前合浦太守嘉兴王晟等,各聚众万馀或数千。引兵扑讨,皆攻破之。策母吴氏曰:'晟与汝父有升堂见妻之分,今其诸子兄弟皆已枭夷,独馀一老翁,何足复惮乎?'乃舍之,馀咸族诛。策自讨虎,虎高垒坚守,使其弟舆请和。许之。舆请独与策会面约。既会,策引白刃斫席,舆体动,策笑曰:'闻卿能坐跃,剿捷不常,聊戏卿耳!'舆曰:'我见刃乃然。'策知其无能也,乃以手戟投之,立死。舆有勇力,虎众以其死也,甚惧。进攻破之。虎奔馀杭,投许昭于虏中。程普请击昭,策曰:'许昭有义于旧君,有诚于故友,此丈夫之志也。'乃舍之。"④

《三国志·吴志·孙破虏讨逆传》裴注引《江表传》曰:"策遣奉正都尉刘由、五官掾高承奉章诣许,拜献方物。"⑤

《三国志·吴志·孙破虏讨逆传》裴注引《吴录载策使张纮为书》曰:"'盖上天垂

①　(晋)陈寿:《三国志》,中华书局1959年版,第1103页。
②　(晋)陈寿:《三国志》,中华书局1959年版,第1103—1104页。
③　(晋)陈寿:《三国志》,中华书局1959年版,第1104—1105页。
④　(晋)陈寿:《三国志》,中华书局1959年版,第1105页。
⑤　(晋)陈寿:《三国志》,中华书局1959年版,第1105页。

司过之星,圣王建敢谏之鼓,设非谬之备,急箴阙之言,何哉?凡有所长,必有所短也。去冬传有大计,无不悚惧;旋知供备贡献,万夫解惑。顷闻建议,复欲追遵前图,即事之期,便有定月。益使忱然,想是流妄;设其必尔,民何望乎?曩日之举义兵也,天下之士所以响应者,董卓擅废置,害太后、弘农王,略烝宫人,发掘园陵,暴逆至此,故诸州郡雄豪闻声慕义。神武外振,卓遂内歼。元恶既毙,幼主东顾,俾保傅宣命,欲令诸军振旅,(于)河北通谋黑山,曹操放毒东徐,刘表称乱南荆,公孙瓒焭然北幽,刘繇决力江浒,刘备争盟淮隅,是以未获承命囊弓戢戈也。今备、繇既破,操等饥馁,谓当与天下合谋,以诛丑类。舍而不图,有自取之志,非海内所望,一也。昔成汤伐桀,称有夏多罪;武王伐纣,曰殷有罪罚重哉。此二王者,虽有圣德,宜当君世;如使不遭其时,亦无繇兴矣。幼主非有恶于天下,徒以春秋尚少,胁于强臣,若无过而夺之,惧未合于汤、武之事,二也。卓虽狂狡,至废主自与,亦犹未也,而天下闻其桀虐,攘臂同心而疾之,以中土希战之兵,当边地劲悍之虏,所以斯须游魂也。今四方之人,皆玩敌而便战斗矣,可得而胜者,以彼乱而我治,彼逆而我顺也。见当世之纷若,欲大举以临之,适足趣祸,三也。天下神器,不可虚干,必须天赞与人力也。殷汤有白鸠之祥,周武有赤乌之瑞,汉高有星聚之符,世祖有神光之征,皆因民困悴于桀、纣之政,毒苦于秦、莽之役,故能芟去无道,致成其志。今天下非患于幼主,未见受命之应验,而欲一旦卒然登即尊号,未之或有,四也。天子之贵,四海之富,谁不欲焉?义不可,势不得耳。陈胜、项籍、王莽、公孙述之徒,皆南面称孤,莫之能济。帝王之位,不可横冀,五也。幼主岐嶷,若除其偪,去其鲠,必成中兴之业。夫致主于周成之盛,自受旦、奭之美,此诚所望于尊明也。纵使幼主有他改异,犹望推宗室之谱属,论近亲之贤良,以绍刘统,以固汉宗。皆所以书功金石,图形丹青,流庆无穷,垂声管纮。舍而不为,为其难者,想明明之素,必所不忍,六也。五世为相,权之重,势之盛,天下莫得而比焉。忠贞者必曰宜夙夜思惟,所以扶国家之颠顿,念社稷之危殆,以奉祖考之志,以报汉室之恩。其忽履道之节而强进取之欲者,将曰天下之人非家吏则门生也,孰不从我?四方之敌非吾匹则吾役也,谁能违我?盍乘累世之势,起而取之哉?二者殊数,不可不详察,七也。所贵于圣哲者,以其审于机宜,慎于举措。若难图之事,难保之势,以激群敌之气,以生众人之心,公义故不可,私计又不利,明哲不处,八也。世人多惑于图纬而牵非类,比合文字以悦所事,苟以阿上惑众,终有后悔者,自往迄今,未尝无之,不可不深择而熟思,九也。九者,尊明所见之馀耳,庶备起予,补所遗忘。忠言逆耳,幸留神听!'《典略》云张昭之辞。臣松之以为张昭虽名重,然不如纮之文也,此书必纮所作。"①

---

① (晋)陈寿:《三国志》,中华书局 1959 年版,第 1105—1106 页。

蔡琰被匈奴掳去。

《后汉书·列女传蔡琰》曰:"陈留董祀妻者,同郡蔡邕之女也,名琰,字文姬。博学有才辩,又妙于音律。适河东卫仲道。夫亡无子,归宁于家。兴平中,天下丧乱,文姬为胡骑所获,没于南匈奴左贤王,在胡中十二年,生二子。"①

196 年,汉献帝建安元年

汉献帝君臣回到洛阳,荀彧劝曹操,出兵迎帝至许昌。"是时许都新建,贤士大夫四方来集。"②

文士孔融、荀彧、路粹、钟繇、郭嘉、陈群、杜袭、司马懿、戏志才等汇集于此。

《后汉书·董卓传》曰:"曹操以洛阳残荒,遂移帝幸许。"③

《后汉书·荀彧传》曰:"建安元年,献帝自河东还洛阳,操议欲奉迎车驾,徙都于许。众多以山东未定,韩暹、杨奉负功恣睢,未可卒制。彧乃劝操曰:⋯⋯操纵之。及帝都许,以彧为侍中,守尚书令。操每征伐在外,其军国之事,皆与彧筹焉,彧又进操计谋之士从子攸,及钟繇、郭嘉、陈群、杜袭、司马懿、戏志才等,皆称其举。"④

钟繇随汉献帝东返,至许都。

《三国志·钟繇传》曰:"后催胁天子,繇与尚书郎韩斌同策谋。天子得出长安,繇有力焉。拜御史中丞,迁侍中尚书仆射,并录前功封东武亭侯。"⑤

程昱在许都,为尚书。

《三国志·程昱传》曰:"天子都许,以昱为尚书。"⑥

荀攸被征至许都。

《三国志·荀攸传》曰:"太祖迎天子都许,遗攸书曰:'方今天下大乱,智士劳心之时也,而顾观变蜀汉,不已久乎!'于是征攸为汝南太守,入为尚书。"⑦

文士郭嘉避袁绍远去,荀彧荐郭嘉于曹操。

《三国志·郭嘉传》曰:"初,北见袁绍,谓绍谋臣辛评、郭图曰:⋯⋯于是遂去之。先是时,颍川戏志才,筹画士也,太祖甚器之。早卒。太祖与荀彧书曰:'自志才亡后,莫可与计事者。汝、颍固多奇士,谁可以继之?'彧荐嘉。召见,论天下事。太祖曰:'使

① (南朝·宋)范晔:《后汉书》,中华书局 1965 年版,第 2800 页。
② (南朝·宋)范晔:《后汉书》,中华书局 1965 年版,第 2653 页。
③ (南朝·宋)范晔:《后汉书》,中华书局 1965 年版,第 2342 页。
④ (南朝·宋)范晔:《后汉书》,中华书局 1965 年版,第 2248 页。
⑤ (晋)陈寿:《三国志》,中华书局 1959 年版,第 391 页。
⑥ (晋)陈寿:《三国志》,中华书局 1959 年版,第 428 页。
⑦ (南朝·宋)范晔:《后汉书》,中华书局 1965 年版,第 2248 页。

孤成大业者,必此人也。'嘉出,亦喜曰:'真吾主也。'"①

《三国志·王粲传》裴注引《典略》曰:"粹字文蔚……建安初,以高才与京兆严像擢拜尚书郎。"②

《三国志·王粲传》裴注引《袭撰统昌言表》:"汉帝在许,尚书令荀彧领典枢机,好士爱奇,闻统名,启召以为尚书。"③

文士董遇任黄门侍郎,随汉献帝旦夕侍讲文义。

《三国志·王朗传》裴注引《魏略》曰:"及建安初,王纲小设,郡举孝廉,稍迁黄门侍郎。是时,汉帝委政太祖,遇旦夕侍讲,为天子所爱信。……初,遇善治《老子》,为《老子》作训注。又善《左氏传》,更为作《朱墨别异》。人有从学者,遇不肯教,而云'必当先读百遍'。言'读书百遍而义自见'。从学者云:'苦渴无日。'遇言'当以三馀'。或问三馀之意,遇言'冬者岁之馀,夜者日之馀,阴雨者时之馀也'。由是诸生少从遇学,无传其朱墨者。"④

《三国志·王朗传》裴注曰:《魏略》以遇及贾洪、邯郸淳、薛夏、隗禧、苏林、乐详等七人为儒宗,其序曰:"从初平之元,至建安之末,天下分崩,人怀苟且,纲纪既衰,儒道尤甚。至黄初元年之后,新主乃复,始扫除太学之灰炭,补旧石碑之缺坏,备博士之员录,依汉甲乙以考课。申告州郡,有欲学者,皆遣诣太学。太学始开,有弟子数百人。至太和、青龙中,中外多事,人怀避就。虽性非解学,多求诣太学。太学诸生有千数,而诸博士率皆粗疏,无以教弟子。弟子本亦避役,竟无能习学,冬来春去,岁岁如是。又虽有精者,而台阁举格太高,加不念统其大义,而问字指墨法点注之间,百人同试,度者未十。是以志学之士,遂复陵迟,而末求浮虚者各竞逐也。正始中,有诏议圜丘,普延学士。是时郎官及司徒领吏二万馀人,虽复分布,见在京师者尚且万人,而应书与议者略无几人。又是时朝堂公卿以下四百余人,其能操笔者未有十人,多皆相从饱食而退。嗟夫!学业沈陨,乃至于此。是以私心常区区贵乎数公者,各处荒乱之际,而能守志弥敦者也。"⑤

《三国志·王朗传》裴注曰:"贾洪字叔业,京兆新丰人也。好学有才,而特精于春秋左传。建安初,仕郡,举计掾,应州辟。时州中自参军事以下百余人,唯洪与冯翊严苞(交)通才学最高。洪历守三县令,所在辄开除厩舍,亲授诸生。后马超反,超劫洪,将诣华阴,使作露布。洪不获已,为作之。司徒钟繇在东,识其文,曰:'此贾洪作也。'及

---

① (晋)陈寿:《三国志》,中华书局1959年版,第431页。
② (晋)陈寿:《三国志》,中华书局1959年版,第603页。
③ (晋)陈寿:《三国志》,中华书局1959年版,第620页。
④ (晋)陈寿:《三国志》,中华书局1959年版,第420页。
⑤ (晋)陈寿:《三国志》,中华书局1959年版,第420—421页。

超破走,太祖召洪署军谋掾。犹以其前为超作露布文,故不即叙。晚乃出为阴泉长。延康中,转为白马王相。善能谈戏。王彪亦雅好文学,常师宗之,过于三卿。数岁病亡,亡时年五十余,时人为之恨仕不至二千石。而严苞亦历守二县,黄初中,以高才入为秘书丞,数奏文赋,文帝异之。出为西平太守,卒官。"①

《三国志·王朗传》裴注曰:"薛夏字宣声,天水人也。博学有才。天水旧有姜、阎、任、赵四姓,常推于郡中,而夏为单家,不为降屈。四姓欲共治之,夏乃游逸,东诣京师。太祖宿闻其名,甚礼遇之。后四姓又使囚遥引夏,关移颍川,收捕系狱。时太祖已在冀州,闻夏为本郡所质,抚掌曰:'夏无罪也。汉阳儿辈直欲杀之耳!'乃告颍川使理出之,召署军谋掾。文帝又嘉其才,黄初中为秘书丞,帝每与夏推论书传,未尝不终日也。每呼之不名,而谓之薛君。夏居甚贫,帝又顾其衣薄,解所御服袍赐之。其后征东将军曹休来朝,时帝方与夏有所咨论,而外启休到,帝引入。坐定,帝顾夏言之于休曰:'此君,秘书丞天水薛宣声也,宜共谈。'其见遇如此。寻欲用之,会文帝崩。至太和中,尝以公事移兰台。兰台自以台也,而秘书署耳,谓夏为不得移也,推使当有坐者。夏报之曰:'兰台为外台,秘书为内阁,台、阁,一也,何不相移之有?'兰台屈无以折。自是之后,遂以为常。后数岁病亡,敕其子无还天水。"②

《三国志·王朗传》裴注曰:"隗禧字子牙,京兆人也。世单家。少好学。初平中,三辅乱,禧南客荆州,不以荒扰,担负经书,每以采稆余日,则诵习之。太祖定荆州,召署军谋掾。黄初中,为谯王郎中。王宿闻其儒者,常虚心从学。禧亦敬恭以授王,由是大得赐遗。以病还,拜郎中。年八十余,以老处家,就之学者甚多。禧既明经,又善星官,常仰瞻天文,叹息谓鱼豢曰:'天下兵戈尚犹未息,如之何?'豢又常从问《左氏传》,禧答曰:'欲知幽微莫若《易》,人伦之纪莫若《礼》,多识山川草木之名莫若《诗》,《左氏》直相斫《书》耳,不足精意也。'豢因从问《诗》,禧说齐、韩、鲁、毛四家义,不复执文,有如讽诵。又撰作诸经解数十万言,未及缮写而得聋,后数岁病亡也。"③

《三国志·王朗传》裴注引鱼豢曰:"学之资于人也,其犹蓝之染于素乎!故虽仲尼,犹曰'吾非生而知之者',况凡品哉!且世人所以不贵学者,必见夫有'诵诗三百而不能专对于四方'故也。余以为是则下科耳,不当顾中庸以上,材质适等,而加之以文乎!今此数贤者,略余之所识也。检其事能,诚不多也。但以守学不辍,乃上为帝王所嘉,下为国家名儒,非由学乎?由是观之,学其胡可以已哉!"④

---

①　(晋)陈寿:《三国志》,中华书局 1959 年版,第 421 页。
②　(晋)陈寿:《三国志》,中华书局 1959 年版,第 421—422 页。
③　(晋)陈寿:《三国志》,中华书局 1959 年版,第 422 页。
④　(晋)陈寿:《三国志》,中华书局 1959 年版,第 422 页。

祢衡游许昌,忤曹操,被送荆州刘表。

《后汉书·文苑传祢衡》曰:"建安初,来游许下。始达颍川,乃阴怀一刺,既而无所之适,至于刺字漫灭。"①

《后汉书·文苑传祢衡》曰:"融既爱衡才,数称述于曹操。操欲见之,而衡素相轻疾,自称狂病,不肯往,而数有恣言。操怀忿,而以其才名,不欲杀之。"②

《后汉书·文苑传祢衡》曰:"操怒,谓融曰:'祢衡竖子,孤杀之犹雀鼠耳。顾此人素有虚名,远近将谓孤不能容之,今送与刘表,视当何如。'于是遣人骑送之。"③

杜袭从长沙讨还颍川,曹操受西鄂长。

《三国志·杜袭传》曰:"建安初,太祖迎天子都许。袭逃还乡里,太祖以为西鄂长。县滨南境,寇贼纵横。时长吏皆敛民保城郭,不得农业。野荒民困。仓庾空虚。袭自知思结于民,乃遣老弱各分散就田业。留丁强备守,吏民欢悦。"④

文士杨俊避难并州,赎王象。

《三国志·杨俊传》曰:"俊转避地并州。本郡王象,少孤特,为人仆隶,年十七八,见使牧羊而私读书,因被棰楚。俊嘉其才质,即赎象著家,聘娶立屋,然后与别。"⑤

诸葛亮与从父由豫章徙荆州,躬耕隆中。与颍川石广元、徐元直、汝南孟公威等俱游学。

《三国志·蜀志·诸葛亮传》曰:"会汉朝更选朱皓代玄。玄素与荆州牧刘表有旧,往依之。玄卒,亮躬耕陇亩,好为《梁父吟》。身高八尺,每自比于管仲、乐毅,时人莫之许也。惟博陵崔州平、颍川徐庶元直与亮友善,谓为信然。"⑥

《三国志·蜀志·诸葛亮传》裴注引《魏略》曰:"亮在荆州,以建安初与颍川石广元、徐元直、汝南孟公威等俱游学,三人务于精熟,而亮独观其大略。每晨夜从容,常抱膝长啸,而谓三人曰:'卿三人仕进可至刺史郡守也。'三人问其所至,亮但笑而不言。后公威思乡里,欲北归,亮谓之曰:'中国饶士大夫,遨游何必故乡邪!'"⑦

建安元年,会稽太守王朗率兵拒孙策,兵败流亡。

《三国志·王朗传》曰:"朗会稽太守。孙策渡江略地。朗功曹虞翻以为力不能拒,不如避之。朗自以身为汉吏,宜保城邑,遂举兵与策战,败绩,浮海至东冶。策又追击,

---

① (南朝·宋)范晔:《后汉书》,中华书局1965年版,第2653页。
② (南朝·宋)范晔:《后汉书》,中华书局1965年版,第2655页。
③ (南朝·宋)范晔:《后汉书》,中华书局1965年版,第2656页。
④ (晋)陈寿:《三国志》,中华书局1959年版,第665—666页。
⑤ (晋)陈寿:《三国志》,中华书局1959年版,第663页。
⑥ (晋)陈寿:《三国志》,中华书局1959年版,第911页。
⑦ (晋)陈寿:《三国志》,中华书局1959年版,第911页。

大破之。朗乃诣策。策以儒雅,诘让而不害。虽流移穷困,朝不谋夕,而收恤亲旧,分多割少,行义甚著。"①

　　袁术攻徐州刘备,吕布救备。曹操表刘备为镇东将军,封宜城亭侯。吕布攻刘备,刘备投曹操。

　　《三国志·蜀志·先主传》曰:"袁术来攻先主,先主拒之于盱眙、淮阴。曹公表先主为镇东将军,封宜城亭侯,是岁建安元年也。……先主还小沛,复合兵得万余人。吕布恶之,自出兵攻先主,先主败走归曹公。曹公厚遇之,以为豫州牧。"②

　　麋竺以妹嫁刘备,客奴二千,以金银货币资助军费。

　　《三国志·蜀志·麋竺传》曰:"竺于是进妹于先主为夫人,奴客二千,金银货币以助军资;于时困匮,赖此复振。"③

　　孙策渡江,文士许靖等人从扬州流徙交州避其难。

　　《三国志·蜀志·许靖传》曰:"吴郡都尉许贡、会稽太守王朗素与靖有旧,故往保焉。靖收恤亲里,经纪振赡,出于仁厚。孙策东渡江,皆走交州以避其难,靖身坐岸边,先载附从,疏亲悉发,乃从后去,当时见者莫不叹息。既至交阯,交阯太守士燮厚加敬待。"④

　　流寓在交州的袁徽寄书尚书令荀彧,夸赞许靖。

　　《三国志·蜀志·许靖传》曰:"陈国袁徽以寄寓交州,徽与尚书令荀彧书曰:'许文休英才伟士,智略足以计事。自流宕已来,与群士相随,每有患急,常先人后己,与九族中外同其饥寒。其纪纲同类,仁恕恻隐,皆有效事,不能复一二陈之耳。'"⑤

　　朝廷派张翔出使交州,招募许靖。许靖致书于曹操。

　　《三国志·蜀志·许靖传》曰:钜鹿张翔衔王命使交部,乘势募靖,欲与誓要,靖拒而不许。靖与曹公书曰:

　　世路戎夷,祸乱遂合,驽怯偷生,自窜蛮貊,成阔十年,吉凶礼废。昔在会稽,得所贶书,辞旨款密,久要不忘。迫于袁术方命圮族,扇动群逆,津涂四塞,虽县心北风,欲行靡由。正礼师退,术兵前进,会稽倾覆,景兴失据,三江五湖,皆为虏庭。临时困厄,无所控告。便与袁沛、邓子孝等浮涉沧海,南至交州。经历东瓯、闽、越之国,行经万里,不见汉地,漂薄风波,绝粮茹草,饥殍荐臻,死者大半。既济南海,与领守儿孝德相见,知足下忠

---

①　(晋)陈寿:《三国志》,中华书局 1959 年版,第 407 页。
②　(晋)陈寿:《三国志》,中华书局 1959 年版,第 874 页。
③　(晋)陈寿:《三国志》,中华书局 1959 年版,第 970 页。
④　(晋)陈寿:《三国志》,中华书局 1959 年版,第 963—964 页。
⑤　(晋)陈寿:《三国志》,中华书局 1959 年版,第 964 页。

义奋发,整饬元戎,西迎大驾,巡省中岳。承此休问,且悲且喜,即与袁沛及徐元贤复共严装,欲北上荆州。会苍梧诸县夷、越蜂起,州府倾覆,道路阻绝,元贤被害,老弱并杀。靖寻循渚岸五千余里,复遇疾疠,伯母殒命,并及群从,自诸妻子,一时略尽。复相扶侍,前到此郡,计为兵害及病亡者,十遗一二。生民之艰,辛苦之甚,岂可具陈哉!惧卒颠仆,永为亡虏,忧瘁惨惨,忘寝与食。欲附奉朝贡使,自获济通,归死阙庭,而荆州水陆无津,交部驿使断绝。欲上益州,复有峻防,故官长吏,一不得入。前令交阯太守士威彦,深相分托于益州兄弟,又靖亦自与书,辛苦恳恻,而复寂寞,未有报应。虽仰瞻光灵,延颈企踵,何由假翼自致哉?

知圣主允明,显授足下专征之任,凡诸逆节,多所诛讨,想力竞者一心,顺从者同规矣。又张子云昔在京师,志匡王室,今虽临荒域,不得参与本朝,亦国家之藩镇,足下之外援也。若荆、楚平和,王泽南至,足下忽有声命于子云,勤见保属,令得假途由荆州出,不然,当复相绍介于益州兄弟,使相纳受。倘天假其年,人缓其祸,得归死国家,解逋逃之负,泯躯九泉,将复何恨!若时有险易,事有利钝,人命无常,陨没不达者,则永衔罪责,入于裔土矣。

昔营邱翼周,杖钺专征,博陆佐汉,虎贲警跸。今日足下扶危持倾,为国柱石,秉师望之任,兼霍光之重。五侯九伯,制御在手,自古及今,人臣之尊未有及足下者也。夫爵高者忧深,禄厚者责重,足下据爵高之任,当责重之地,言出于口,即为赏罚,意之所存,便为祸福。行之得道,即社稷用宁;行之失道,即四方散乱。国家安危,在于足下;百姓之命,县于执事。自华及夷,颙颙注望。足下任此,岂可不远览载籍废兴之由,荣辱之机,弃忘旧恶,宽和群司,审量五材,为官择人?苟得其人,虽雠必举;苟非其人,虽亲不授。以宁社稷,以济下民,事立功成,则系音于管弦,勒勋于金石,原君勉之!为国自重,为民自爱。"翔恨靖之不自纳,搜索靖所寄书疏,尽投之于水。①

关中文士法正与孟达流徙益州,依附刘璋。

《三国志·蜀志·法正传》曰:"建安初,天下饥荒,正与同郡孟达俱入蜀依刘璋,久之为新都令,后召署军议校尉。"②

197 年,汉献帝建安二年

孙策去取吴郡,许劭奔豫章。

《后汉书·许劭传》曰:"乃孙策平吴,劭与繇南奔豫章而卒。"③

《三国志·吴志·孙破虏讨逆传》裴注引《江表传》曰:"建安二年夏,汉朝遣议郎王

---

① (晋)陈寿:《三国志》,中华书局 1959 年版,第 964—966 页。
② (晋)陈寿:《三国志》,中华书局 1959 年版,第 957 页。
③ (南朝·宋)范晔:《后汉书》,中华书局 1965 年版,第 2235 页。

誧奉戊辰诏书曰:'董卓逆乱,凶国害民。先将军坚念在平讨,雅意未遂,厥美著闻。策遵善道,求福不回。今以策为骑都尉,袭爵乌程侯,领会稽太守。'又诏敕曰:'故左将军袁术不顾朝恩,坐创凶逆,造合虚伪,欲因兵乱,诡诈百姓,〔始〕闻其言以为不然。定得使持节平东将军领徐州牧温侯布上术所造惑众妖妄,知术鸱枭之性,遂其无道,修治王宫,署置公卿,郊天祀地,残民害物,为祸深酷。布前后上策乃心本朝,欲还讨术,为国效节,乞加显异。夫县赏侯功,惟勤是与,故便宠授,承袭前邑,重以大郡,荣耀兼至,是策输力竭命之秋也。其亟与布及行吴郡太守安东将军陈瑀勠力一心,同时赴讨。'策自以统领兵马,但以骑都尉领郡为轻,欲得将军号,乃使人讽誧,誧便承制假策明汉将军。是时,陈瑀屯海西,策奉诏治严,当与布、瑀参同形势。行到钱塘,瑀阴图袭策,遣都尉万演等密渡江,使持印传三十余纽与贼丹杨、宣城、泾、陵阳、始安、黟、歙诸险县大帅祖郎、焦已及吴郡乌程严白虎等,使为内应,伺策军发,欲攻取诸郡。策觉之,遣吕范、徐逸攻瑀于海西,大破瑀,获其吏士妻子四千人。"①

徐奕避难江东,受到孙策礼遇。

《三国志·徐奕传》曰:"徐奕字季才,东莞人也。避难江东,孙策礼命之。"②

赵俨从荆州投奔曹操。

《三国志·赵俨传》曰:"建安二年,年二十七,遂扶持老弱诣太祖,太祖以俨为朗陵长。"③

198 年,汉献帝建安三年

曹操表征王朗,建安四年方至许都。

《三国志·王朗传》曰:"太祖表征之,朗自曲阿展转江海,积年乃至。"④

《三国志·王朗传》裴注引孔融《与朗书》曰:"世路隔塞,情问断绝,感怀增思。前见章表,知寻汤武罪己之迹,自投东裔同鲧之罚,览省未周,涕陨潸然。主上宽仁,贵德宥过。曹公辅政,思贤并立。策书屡下,殷勤款至。知棹舟浮海,息驾广陵,不意黄熊突出羽渊也。谈笑有期,勉行自爱!"⑤

《三国志·王朗传》裴注引《汉晋春秋》曰:"孙策之始得朗也,遣让之。使张昭私问朗,朗誓不屈,策忿而不敢害也,留置曲阿。建安三年,太祖表征朗,策遣之。太祖问曰:'孙策何以得至此邪?'朗曰:'策勇冠一世,有俊才大志。张子布,民之望也,北面而相

---

①　(晋)陈寿:《三国志》,中华书局 1959 年版,第 1107 页。
②　(晋)陈寿:《三国志》,中华书局 1959 年版,第 377 页。
③　(晋)陈寿:《三国志》,中华书局 1959 年版,第 668 页。
④　(晋)陈寿:《三国志》,中华书局 1959 年版,第 407 页。
⑤　(晋)陈寿:《三国志》,中华书局 1959 年版,第 408 页。

之。周公瑾,江淮之杰,攘臂而为其将。谋而有成,所规不细,终为天下大贼,非徒狗盗而已。'"①

祢衡被黄祖戕杀。

《后汉书·文苑传·祢衡》曰:"后复侮慢于表,表耻,不能容,以江夏太守黄祖性急,故送衡与之,祖亦善待焉。衡为作书记,轻重疏密,各得体宜。祖持其手曰:'处士,此正得祖意,如祖腹中之所欲言也。'……后黄祖在蒙冲船上,大会宾客,而衡言不逊顺,祖惭,乃呵之。衡更熟视曰:'死公!云等道?'祖大怒,令五百将出,欲加棰。衡方大骂,祖恚,遂令杀之。祖主簿素疾衡,即时杀焉。射徒跣来救,不及。祖亦悔之,乃厚加棺敛。"②

曹操表孙策为讨逆将军,封吴侯。

《三国志·吴志·孙破虏讨逆传》裴注引《吴录》"载策上表谢"曰:"臣以固陋,孤持边陲。陛下广播高泽,不遗细节,以臣袭爵,兼典名郡。仰荣顾宠,所不克堪。兴平二年十二月二十日,于吴郡曲阿得袁术所呈表,以臣行珍寇将军;至被诏书,乃知诈擅。虽辄捐废,犹用悚悸。臣年十七,丧失所怙,惧有不任堂构之鄙,以忝析薪之戒,诚无去病十八建功,世祖列将弱冠佐命。臣初领兵,年未弱冠,虽驽懦不武,然思竭微命。惟术狂惑,为恶深重。臣凭威灵,奉辞罚罪,庶必献捷,以报所授。"③

《三国志·吴志·孙破虏讨逆传》裴注引《江表传》曰:"建安三年,策又遣使贡方物,倍于元年所献。其年,制书转拜讨逆将军,改封吴侯。"④

199年,汉献帝建安四年

文士贾诩由华阴至南阳,投奔张绣,后劝张绣降曹,从此贾诩成为曹操最要的谋士。

《三国志·贾诩传》曰:"绣从之,率众归太祖。太祖见之,喜,执诩手曰:'使我信重于天下者,子也。'表诩为执金吾,封都亭侯,迁冀州牧。"⑤

袁术兵败,呕血而死。曹操兵至寿春,破庐江界山贼。还师,征文士刘晔等五人至许都。

《三国志·刘晔传》裴注引《傅子》曰:"太祖征晔及蒋济、胡质等五人,皆扬州名士。每舍亭传,未曾不讲,所以见重;内论国邑先贤、御贼固守、行军进退之宜,外料敌之变化、彼我虚实、战争之术,夙夜不解。而晔独卧车中,终不一言。济怪而问之,晔答曰:

---

① (晋)陈寿:《三国志》,中华书局1959年版,第408页。
② (南朝·宋)范晔:《后汉书》,中华书局1965年版,第2657—2658页。
③ (晋)陈寿:《三国志》,中华书局1959年版,第966页。
④ (晋)陈寿:《三国志》,中华书局1959年版,第1108页。
⑤ (晋)陈寿:《三国志》,中华书局1959年版,第329页。

'对明主非精神不接,精神可学而得乎?'及见太祖,太祖果问扬州先贤,贼之形势。四人争对,待次而言,再见如此,太祖每和悦,而晔终不一言。四人笑之。后一见太祖止无所复问,晔乃设远言以动太祖,太祖适知便止。若是者三。其旨趣以为远言宜征精神,独见以尽其机,不宜于猥坐说也。太祖已探见其心矣,坐罢,寻以四人为令,而授晔以心腹之任;每有疑事,辄以函问晔,至一夜数十至耳。"①

曹操遣卫觊镇抚关中。卫觊进言郡县买犁及牛,供给返回的流民。

《三国志·卫觊传》曰:"(卫觊)至长安,道路不通,觊不得进,遂留镇关中。时四方大有还民,关中诸将多引为部曲,觊书与荀彧曰:'关中膏腴之地,顷遭荒乱,人民流入荆州者十万馀家,闻本土安宁,皆企望思归。而归者无以自业,诸将各竞招怀,以为部曲。郡县贫弱,不能与争,兵家遂强。一旦变动,必有后忧。夫盐,国之大宝也,自乱来散放,宜如旧置使者监卖,以其直益市犁牛。若有归民,以供给之。勤耕积粟,以丰殖关中。远民闻之,必日夜竞还。又使司隶校尉留治关中以为之主,则诸将日削,官民日盛,此强本弱敌之利也。'或以白太祖。太祖从之。"②

孙策进兵豫章,华歆以郡让策。俘获袁术留下的百工及鼓吹部曲三万人还吴。

《三国志·吴志·孙破虏讨逆传》裴注引《江表传》曰:"策被诏敕,与司空曹公、卫将军董承、益州牧刘璋等并力讨袁术、刘表。军严当进,会术死,术从弟胤、女婿黄猗等畏惧曹公,不敢守寿春,乃共舁术棺柩,扶其妻子及部曲男女,就刘勋于皖城。勋粮食少,无以相振,乃遣从弟偕告籴于豫章太守华歆。歆郡素少谷,遣吏将偕就海昏上缭,使诸宗帅共出三万斛米以与偕。偕往历月,才得数千斛。偕乃报勋,具说形状,使勋来袭取之。勋得偕书,使潜军到海昏邑下。宗帅知之,空壁逃匿,勋了无所得。时策西讨黄祖,行及石城,闻勋轻身诣海昏,便分遣从兄贲、辅率八千人于彭泽待勋,自与周瑜率二万人步袭皖城,即克之,得术百工及鼓吹部曲三万余人,并术、勋妻子。表用汝南李术为庐江太守,给兵三千人以守皖,皆徙所得人东诣吴。贲、辅又于彭泽破勋。勋走入楚江,从寻阳步上到置马亭,闻策等已克皖,乃投西塞。至沂,筑垒自守,告急于刘表,求救于黄祖。祖遣太子射船军五千人助勋。策复就攻,大破勋。勋与偕北归曹公,射亦遁走。策收得勋兵二千余人,船千艘,遂前进夏口攻黄祖。时刘表遣从子虎、南阳韩晞将长矛五千,来为黄祖前锋。策与战,大破之。"③

《三国志·吴志·孙破虏讨逆传》裴注引《吴录》载策《表》曰:"臣讨黄祖,以十二月八日到祖所屯沙羡县。刘表遣将助祖,并来趣臣。臣以十一日平旦部所领江夏太守

① (晋)陈寿:《三国志》,中华书局1959年版,第444—445页。
② (晋)陈寿:《三国志》,中华书局1959年版,第610—611页。
③ (晋)陈寿:《三国志》,中华书局1959年版,第1108页。

行建威中郎将周瑜、领桂阳太守行征虏中郎将吕范、领零陵太守行荡寇中郎将程普、行奉业校尉孙权、行先登校尉韩当、行武锋校尉黄盖等同时俱进。身跨马枿陈,手击急鼓,以齐战势。吏士奋激,踊跃百倍,心精意果,各竞用命。越渡重堑,迅疾若飞。火放上风,兵激烟下,弓弩并发,流矢雨集,日加辰时,祖乃溃烂。锋刃所截,森火所焚,前无生寇,惟祖迸走。获其妻息男女七人,斩虎、(狼)韩晞已下二万余级,其赴水溺者一万余口,船六千余艘,财物山积。虽表未禽,祖宿狡猾,为表腹心,出作爪牙,表之鸱张,以祖气息,而祖家属部曲,扫地无余,表孤特之虏,成鬼行尸。诚皆圣朝神武远振,臣讨有罪,得效微勤。"①

《三国志·吴志·孙破虏讨逆传》裴注引《吴历》曰:"曹公闻策平定江南,意甚难之,常呼'猘儿难与争锋也。'"②

许靖大约于此年,应益州牧刘璋之情,从交州至蜀。

《三国志·蜀志·许靖传》曰:"后刘璋遂使使招靖,靖来入蜀。璋以靖为巴郡、广汉太守。南阳宋仲子于荆州与蜀郡太守王商书曰:'文休倜傥瑰玮,有当世之具,足下当以为指南。'"③

许靖入蜀之年不详,但据《益州耆旧传》所载:"许靖号为臧否,至蜀,见商而称之曰:'设使商生于华夏,虽王景兴无以加也。'璋以商为蜀郡太守。成都禽坚有至孝之行,商表其墓,追赠孝廉。又与严君平、李弘立祠作铭,以旌先贤。修学广农,百姓便之。在郡十载,卒于官,许靖代之。"可见,建安四、五年之际,王商任蜀郡太守之前,许靖已入蜀。

《三国志·蜀志·许靖传》裴注引《益州耆旧传》曰:商字文表,广汉人,以才学称,声问著于州里。刘璋辟为治中从事。是时王涂隔绝,州之牧伯犹七国之诸侯也,而璋懦弱多疑,不能党信大臣。商奏记谏璋,璋颇感悟。初,韩遂与马腾作乱关中,数与璋父焉交通信,至腾子超复与璋相闻,有连蜀之意。商谓璋曰:"超勇而不仁,见得不思义,不可以为唇齿。老子曰:'国之利器,不可以示人。'今之益部,士美民丰,宝物所出,斯乃狡夫所欲倾覆,超等所以西望也。若引而近之,则由养虎,将自遗患矣。"璋从其言,乃拒绝之。荆州牧刘表及儒者宋忠咸闻其名,遗书与商叙致殷勤。许靖号为臧否,至蜀,见商而称之曰:"设使商生于华夏,虽王景兴无以加也。"璋以商为蜀郡太守。成都禽坚有至孝之行,商表其墓,追赠孝廉。又与严君平、李弘立祠作铭,以旌先贤。修学广农,

---

① (晋)陈寿:《三国志》,中华书局1959年版,第1108—1109页。
② (晋)陈寿:《三国志》,中华书局1959年版,第1109页。
③ (晋)陈寿:《三国志》,中华书局1959年版,第966页。

百姓便之。在郡十载,卒于官,许靖代之。①

200 年,汉献帝建安五年

曹操与袁绍对阵官渡,袁绍谋士许攸投曹操,献计烧乌巢军粮,大胜。

《三国志·魏武帝纪》曰:"绍谋臣许攸贪财,绍不能足,来奔,因说公击琼等。左右疑之,荀攸、贾诩劝公。"②

《三国志·魏武帝纪》裴注引《曹瞒传》曰:"公闻攸来,跣出迎之,抚掌笑曰:'子远,卿来,吾事济矣!'既入坐,谓公曰:'袁氏军盛,何以待之? 今有几粮乎?'公曰:'尚可支一岁。'攸曰:'无是,更言之!'又曰:'可支半岁。'攸曰:'足下不欲破袁氏邪,何言之不实也!'公曰:'向言戏之耳。其实可一月,为之奈何?'攸曰:'公孤军独守,外无救援而粮谷已尽,此危急之日也。今袁氏辎重有万余乘,在故市、乌巢,屯军无严备;今以轻兵袭之,不意而至,燔其积聚,不过三日,袁氏自败也。'公大喜,乃选精锐步骑,皆用袁军旗帜,衔枚缚马口,夜从间道出,人抱束薪,所历道有问者,语之曰:'袁公恐曹操钞略后军,遣兵以益备。'闻者信以为然,皆自若。既至,围屯,大放火,营中惊乱。大破之,尽燔其粮谷宝货,斩督将眭元进、骑督韩莒子、吕威璜、赵叡等首,割得将军淳于仲简鼻,未死,杀士卒千余人,皆取鼻,牛马割唇舌,以示绍军。将士皆怛惧。时有夜得仲简,将以诣麾下,公谓曰:'何为如是?'仲简曰:'胜负自天,何用为问乎!'公意欲不杀。许攸曰:'明旦鉴于镜,此益不忘人。'乃杀之。"③

孙策遇刺,孙权得周瑜、张昭辅佐。周瑜荐鲁肃。鲁肃劝权割据江东。

《三国志·吴志·吴主传》曰:"是时惟有会稽、吴郡、丹杨、豫章、庐陵,然深险之地犹未尽从,而天下英豪布在州郡,宾旅寄寓之士以安危去就为意,未有君臣之固。张昭、周瑜等谓权可与共成大业,故委心而服事焉。曹公表权为讨虏将军,领会稽太守,屯吴,使丞之郡行文书事。待张昭以师傅之礼,而周瑜、程普、吕范等为将率。招延俊秀,聘求名士,鲁肃、诸葛瑾等始为宾客。分部诸将,镇抚山越,讨不从命。"④

《三国志·吴志·吴主传》裴注引《江表传》曰:"初策表用李术为庐江太守,策亡之后,术不肯事权,而多纳其亡叛。权移书求索,术报曰:'有德见归,无德见叛,不应复还。'权大怒,乃以状白曹公曰:'严刺史昔为公所用,又是州举将,而李术凶恶,轻犯汉制,残害州司,肆其无道,宜速诛灭,以惩丑类。今欲讨之,进为国朝扫除鲸鲵,退为举将报塞怨仇,此天下达义,夙夜所甘心。术必惧诛,复诡说求救。明公所居,阿衡之任,海

---

①　(晋)陈寿:《三国志》,中华书局 1959 年版,第 967 页。

②　(晋)陈寿:《三国志》,中华书局 1959 年版,第 21 页。

③　(晋)陈寿:《三国志》,中华书局 1959 年版,第 21—22 页。

④　(晋)陈寿:《三国志》,中华书局 1959 年版,第 1115—1116 页。

内所瞻,原敕执事,勿复听受。'是岁举兵攻术于皖城。术闭门自守,求救于曹公。曹公不救。粮食乏尽,妇女或丸泥而吞之。遂屠其城,枭术首,徙其部曲三万余人。"①

201 年,汉献帝建安六年

曹操南击刘备于汝南,刘备败投荆州,屯兵新野。

《三国志·蜀志·先主传》曰:"曹公既破绍,自南击先主。先主遣麋竺、孙干与刘表相闻,表自郊迎,以上宾礼待之,益其兵,使屯新野。荆州豪杰归先主者日益多,表疑其心,阴御之。"②

《三国志·蜀志·先主传》裴注引《九州春秋》曰:"备住荆州数年,尝于表坐起至厕,见髀里肉生,慨然流涕。还坐,表怪问备,备曰:'吾常身不离鞍,髀肉皆消。今不复骑,髀里肉生。日月若驰,老将至矣,而功业不建,是以悲耳。'"③

《三国志·蜀志·先主传》裴注引《世语》曰:"备屯樊城,刘表礼焉,惮其为人,不甚信用。曾请备宴会,蒯越、蔡瑁欲因会取备,备觉之,伪如厕,潜遁出。所乘马名的卢,骑的卢走,堕襄阳城西檀溪水中,溺不得出。备急曰:'的卢:今日厄矣,可努力!'的卢乃一踊三丈,遂得过,乘桴渡河,中流而追者至,以表意谢之,曰:'何去之速乎!'"④

麋竺先行为刘备往刘表处联络。

《三国志·蜀志·麋竺传》曰:"先主将适荆州,遣竺先与刘表相闻,以竺为左将军从事中郎。"⑤

203 年,汉献帝建安八年

仲长统流徙并州,投奔并州刺史高干。

《后汉书·仲长统传》曰:"年二十余,游学青、徐、并、冀之间,与交友者多异之。并州刺史高干,袁绍甥也。素贵有名,招致四方游士,士多归附。统过干,干善待遇,访以当时之事。统谓干曰:'君有雄志而无雄才,好士而不能择人,所以为君深戒也。'干雅自多,不纳其言,统遂去之。无几,干以并州叛,卒至于败。并、冀之士皆以是异统。"⑥高干建安九年叛曹操,因此,将仲长统流徙高干系于此年。

204 年,汉献帝建安九年

曹操进军围邺城,杀审配,定邺。此次以后,邺城成为曹操及其建安文士集聚之地。

文士牵招从并州投奔曹操,曹操辟为从事。

---

① (晋)陈寿:《三国志》,中华书局 1959 年版,第 1116 页。
② (晋)陈寿:《三国志》,中华书局 1959 年版,第 876 页。
③ (晋)陈寿:《三国志》,中华书局 1959 年版,第 876 页。
④ (晋)陈寿:《三国志》,中华书局 1959 年版,第 876—877 页。
⑤ (晋)陈寿:《三国志》,中华书局 1959 年版,第 969 页。
⑥ (南朝·宋)范晔:《后汉书》,中华书局 1965 年版,第 1643—1644 页。

《三国志·牵招传》曰："建安九年,太祖围邺。(袁)尚遣招至上党,督致军粮。未还,尚破走,到中山。时尚外兄高干为并州刺史,招以并州左有恒山之险,右有大河之固,带甲五万,北阻强胡,劝干迎尚,并力观变。干既不能,而阴欲害招。招闻之,间行而去,道隔不得追尚,遂东诣太祖。太祖领冀州,辟为从事。"①

曹操征崔琰为别驾从事。

《三国志·崔琰传》曰："太祖破袁氏,领冀州牧,辟琰为别驾从事,谓琰曰:'昨案户籍,可得三十万众,故为大州也。'琰对曰:'今天下分崩,九州幅裂,二袁兄弟亲寻干戈,冀方蒸庶暴骨原野。未闻王师仁声先路,存问风俗,救其涂炭,而校计甲兵,唯此为先,斯岂鄙州士女所望于明公哉!'"②

颍川辛毗随兄辛评追随袁绍,后代表袁谭向曹操求和,为曹操谋划。

《三国志·辛毗传》曰："辛毗字佐治,颍川阳翟人也。……毗随兄评从袁绍。太祖为司空,辟毗,毗不得应命。及袁尚攻兄谭于平原,谭使毗诣太祖求和。太祖将征荆州,次于西平。毗见太祖致谭意,太祖大悦。后数日,更欲先平荆州,使谭、尚自相弊。他日置酒,毗望太祖色,知有变,以语郭嘉。嘉白太祖,太祖谓毗曰:'谭可信?尚必可克不?'毗对曰:'明公无问信与诈也,直当论其势耳。袁氏本兄弟相伐,非谓他人能间其间,乃谓天下可定于己也。今一旦求救于明公,此可知也。显甫见显思困而不能取,此力竭也。兵革败于外,谋臣诛于内,兄弟谗阋,国分为二;连年战伐,而介胄生虮虱,加以旱蝗,饥馑并臻,国无困仓,行无裹粮,天灾应于上,人事困于下,民无愚智,皆知土崩瓦解,此乃天亡尚之时也。兵法称有石城汤池带甲百万而无粟者,不能守也。今往攻邺,尚不还救,即不能自守。还救,即谭踵其后。以明公之威,应困穷之敌,击疲弊之寇,无异迅风之振秋叶矣。天以袁尚与明公,明公不取而伐荆州。荆州丰乐,国未有衅。仲虺有言:取乱侮亡。方今二袁不务远略而内相图,可谓乱矣;居者无食,行者无粮,可谓亡矣。朝不谋夕,民命靡继,而不绥之,欲待他年;他年或登,又自知亡而改修厥德,失所以用兵之要矣。今因其请救而抚之,利莫大焉。且四方之寇,莫大于河北;河北平,则六军盛而天下震。'太祖曰:'善。'乃许谭平,次于黎阳。明年攻邺,克之,表毗为议郎。"③

205 年,汉献帝建安十年

曹操攻破南皮,杀袁谭。曹操辟用青、冀、幽、并名士,陈琳、阮瑀等人管记室。

《三国志·王粲传附陈琳传》曰："袁氏败,琳归太祖。太祖谓曰:'卿昔为本初移

① (晋)陈寿:《三国志》,中华书局 1959 年版,第 731 页。
② (晋)陈寿:《三国志》,中华书局 1959 年版,第 367—368 页。
③ (晋)陈寿:《三国志》,中华书局 1959 年版,第 695—696 页。

书,但可罪状孤而已,恶恶止其身,何乃上及父祖邪?'琳谢罪,太祖爱其才而不咎。"①

《三国志·王粲传附陈琳》曰:"太祖并以琳、瑀为司空军谋祭酒,管记室,军国书檄,多琳、瑀所作也。琳徙门下督,瑀为仓曹掾属。"②

《三国志·王粲传附陈琳》裴注引《文士传》曰:"太祖雅闻瑀名,辟之,不应,连见偪促,乃逃入山中。太祖使人焚山,得瑀,送至,召入。太祖时征长安,大延宾客,怒瑀不与语,使就技人列。瑀善解音,能鼓琴,遂抚弦而歌,因造歌曲曰:'奕奕天门开,大魏应期运。青盖巡九州,在东西人怨。士为知己死,女为悦者玩。恩义苟敷畅,他人焉能乱?'为曲既捷,音声殊妙,当时冠坐,太祖大悦。"③

臣松之案鱼氏《典略》、挚虞《文章志》并云瑀建安初辞疾避役,不为曹洪屈。得太祖召,即投杖而起。不得有逃入山中,焚之乃出之事也。④

《三国志·王粲传附阮瑀》裴注引:"又《典略》载太祖初征荆州,使瑀作书与刘备,及征马超,又使瑀作书与韩遂,此二书今具存。至长安之前,遂等破走,太祖始以十六年得入关耳。而张骘云初得瑀时太祖在长安,此又乖戾。瑀以十七年卒,太祖十八年策为魏公,而云瑀歌舞辞称'大魏应期运',愈知甚妄。又其辞云'他人焉能乱',了不成语。瑀之吐属,必不如此。"⑤

《三国志·王粲传》裴注引《典略》曰:"琳作诸书及檄,草成呈太祖。太祖先苦头风,是日疾发,卧读琳所作,翕然而起曰:'此愈我病。'数加厚赐。太祖尝使瑀作书与韩遂,时太祖适近出,瑀随从,因于马上具草,书成呈之。太祖揽笔欲有所定,而竟不能增损。"⑥

徐奕回郡,曹操辟为掾属。

《三国志·徐奕传》曰:"徐奕字季才,东莞人也。避难江东,孙策礼命之。奕改姓名,微服还本郡。太祖为司空,辟为掾属,从西征马超。"⑦

曹操定冀州,召文士崔林。

《三国志·崔林传》曰:"崔林字德儒,清河东武城人也。少时晚成,宗族莫知,惟从兄琰异之。太祖定冀州,召除邬长,贫无车马,单步之官。"⑧

---

① (晋)陈寿:《三国志》,中华书局1959年版,第600页。
② (晋)陈寿:《三国志》,中华书局1959年版,第602页。
③ (晋)陈寿:《三国志》,中华书局1959年版,第600页。
④ (晋)陈寿:《三国志》,中华书局1959年版,第600页。
⑤ (晋)陈寿:《三国志》,中华书局1959年版,第600—601页。
⑥ (晋)陈寿:《三国志》,中华书局1959年版,第697页。
⑦ (晋)陈寿:《三国志》,中华书局1959年版,第377页。
⑧ (晋)陈寿:《三国志》,中华书局1959年版,第377页。

207 年,汉献帝建安十二年

曹操赎回蔡琰,为夫请罪。

《后汉书·列女传·蔡琰》曰:"同郡蔡邕之女也,名琰,字文姬。博学有才辩,又妙于音律。适河东卫仲道。夫亡无子,归宁于家。……曹操素与邕善,痛其无嗣,乃遣使者以金璧赎之,而重嫁于祀。祀为屯田都尉,犯法当死,文姬诣曹操请之。时公卿名士及远方使驿坐者满堂,操谓宾客曰:'蔡伯喈之女在外,今为诸君见之。'及文姬进,蓬首徒行,叩头请罪,音辞清辩,旨甚酸哀,众皆为改容。操曰:'诚实相矜,然文状已去,奈何?'文姬曰:'明公厩马万匹,虎士成林,何惜疾足一骑,而不济垂死之命乎!'操感其言,乃追原祀罪。时且寒,赐以头巾履袜。操因问曰:'闻夫人家先多坟籍,犹能忆识之不?'文姬曰:'昔亡父赐书四千许卷,流离涂炭,罔有存者。今所诵忆,裁四百余篇耳。'操曰:'今当使十吏就夫人写之。'文姬曰:'妾闻男女之别,礼不亲授。乞给纸笔,真草唯命。'于是缮书送之,文无遗误。"①

刘备得孔明。

《三国志·蜀志·诸葛亮传》裴注引《襄阳记》曰:"刘备访世事于司马德操。德操曰:'儒生俗士,岂识时务?识时务者在乎俊杰。此间自有伏龙、凤雏。'备问为谁,曰:'诸葛孔明、庞士元也。'"②

《三国志·蜀志·诸葛亮传》曰:"时先主屯新野。徐庶见先主,先主器之,谓先主曰:'诸葛孔明者,卧龙也,将军岂愿见之乎?'先主曰:'君与俱来。'庶曰:'此人可就见,不可屈致也。将军宜枉驾顾之。'由是先主遂诣亮,凡三往,乃见。因屏人曰:'汉室倾颓,奸臣窃命,主上蒙尘。孤不度德量力,欲信大义于天下,而智术浅短,遂用猖蹶,至于今日。然志犹未已,君谓计将安出?'亮答曰:'自董卓已来,豪杰并起,跨州连郡者不可胜数。曹操比于袁绍,则名微而众寡,然操遂能克绍,以弱为强者,非惟天时,抑亦人谋也。今操已拥百万之众,挟天子而令诸侯,此诚不可与争锋。孙权据有江东,已历三世,国险而民附,贤能为之用,此可以为援而不可图也。荆州北据汉、沔,利尽南海,东连吴会,西通巴、蜀,此用武之国,而其主不能守,此殆天所以资将军,将军岂有意乎?益州险塞,沃野千里,天府之土,高祖因之以成帝业。刘璋闇弱,张鲁在北,民殷国富而不知存恤,智能之士思得明君。将军既帝室之胄,信义著于四海,总揽英雄,思贤如渴,若跨有荆、益,保其岩阻,西和诸戎,南抚夷越,外结好孙权,内修政理;天下有变,则命一上将将荆州之军以向宛、洛,将军身率益州之众出于秦川,百姓孰敢不箪食壶浆以迎将军者乎?

---

① (南朝·宋)范晔:《后汉书》,中华书局 1965 年版,第 2800—2801 页。
② (晋)陈寿:《三国志》,中华书局 1959 年版,第 913 页。

诚如是,则霸业可成,汉室可兴矣。'"①

陈留文士苏林、京兆文士韦诞等入许都。

《三国志·刘昭传》裴注引《魏略》曰:"林字孝友,博学,多通古今字指,凡诸书传文间危疑,林皆释之。建安中,为五官将文学,甚见礼待。"②

《三国志·刘昭传》裴注引《文章叙录》曰:"诞字仲将,太仆端之子。有文才,善属辞章。建安中,为郡上计吏,特拜郎中。"③

渤海文士韩宣被曹操召署军谋掾,冗散在邺。

《三国志·裴潜传》裴注引《魏略》曰:"韩宣字景然,勃海人也。为人短小。建安中,丞相召署军谋掾,冗散在邺。尝于邺出入宫,于东掖门内与临菑侯植相遇。时天新雨,地有泥潦。宣欲避之,阁潦不得去。乃以扇自障,住于道边。植嫌宣既不去,又不为礼,乃驻车,使其常从问宣何官? 宣云:'丞相军谋掾也。'植又问曰:'应得唐突列侯否?'宣曰:'春秋之义,王人虽微,列于诸侯之上,未闻宰士而为下士诸侯礼也。'植又曰:'即如所言,为人父吏,见其子应有礼否?'宣又曰:'于礼,臣、子一例也,而宣年又长。'植知其枝柱难穷,乃释去,具为太子言,以为辩。黄初中,为尚书郎,尝以职事当受罚于殿前,已缚,束杖未行。文帝辇过,问:'此为谁?'左右对曰:'尚书郎勃海韩宣也。'帝追念前临菑侯所说,乃寤曰:'是子建所道韩宣邪!'特原之,遂解其缚。时天大寒,宣前以当受杖,豫脱袴,缠裈面缚;及其原,裈腰不下,乃趋而去。帝目而送之,笑曰:'此家有瞻谛之士也。'后出为清河、东郡太守。明帝时,为尚书大鸿胪,数岁卒。宣前后当官,在能否之间,然善以己恕人。始南阳韩暨以宿德在宣前为大鸿胪,暨为人贤,及宣在后亦称职,故鸿胪中为之语曰:'大鸿胪,小鸿胪,前后治行曷相如。'案本志,宣名都不见,惟《魏略》有此传,而《世语》列于名臣之流。"④

208 年,汉献帝建安十三年

刘表死,刘琮主荆州。曹操南征荆州,刘琮降曹。曹引大批文士北返。王粲、邯郸淳、徐庶、傅巽、司马芝、赵戬、隗禧等文士预流其间。

王粲劝刘琮降曹。

《三国志·王粲传》曰:"表卒。粲劝表子琮,令归太祖。太祖辟为丞相掾,赐爵关内侯。太祖置酒汉滨,粲奉觞贺曰:'方今袁绍起河北,仗大众,志兼天下,然好贤而不能用,故奇士去之。刘表雍容荆楚,坐观时变,自以为西伯可规。士之避乱荆州者,皆海

---

① (晋)陈寿:《三国志》,中华书局 1959 年版,第 912—913 页。
② (晋)陈寿:《三国志》,中华书局 1959 年版,第 621 页。
③ (晋)陈寿:《三国志》,中华书局 1959 年版,第 621 页。
④ (晋)陈寿:《三国志》,中华书局 1959 年版,第 675—676 页。

内之俊杰也；表不知所任，故国危而无辅。明公定冀州之日，下车即缮其甲卒，收其豪杰而用之，以横行天下；及平江、汉，引其贤俊而置之列位，使海内回心，望风而原治，文武并用，英雄毕力，此三王之举也。'后迁军谋祭酒。"①

《三国志·王粲传》裴注引《文士传》载粲说琮曰："'仆有愚计，原进之于将军，可乎？'琮曰：'吾所原闻也。'粲曰：'天下大乱，豪杰并起，在仓卒之际，强弱未分，故人各各有心耳。当此之时，家家欲为帝王，人人欲为公侯。观古今之成败，能先见事机者，则恒受其福。今将军自度，何如曹公邪？'琮不能对。粲复曰：'如粲所闻，曹公故人杰也。雄略冠时，智谋出世，摧袁氏于官渡，驱孙权于江外，逐刘备于陇右，破乌丸于白登，其余枭夷荡定者，往往如神，不可胜计。今日之事，去就可知也。将军能听粲计，卷甲倒戈，应天顺命，以归曹公，曹公必重德将军。保己全宗，长享福祚，垂之后嗣，此万全之策也。粲遭乱流离，讬命此州，蒙将军父子重顾，敢不尽言！'琮纳其言。"②

《三国志·武帝纪》曰："十三年……秋七月，公南征刘表。八月，表卒，其子琮代，屯襄阳，刘备屯樊。九月，公到新野，琮遂降，备走夏口。公进军江陵，下令荆州吏民，与之更始。乃论荆州服从之功，侯者十五人，以刘表大将文聘为江夏太守，使统本兵，引用荆州名士韩嵩、邓义等。"③

梁鹄流寓荆州，曹操平荆州，募求之，署军假司马。

《三国志·武帝纪》裴注引卫恒《四体书势序》曰："……于是公欲为洛阳令，鹄以为北部尉。鹄后依刘表。及荆州平，公募求鹄，鹄惧，自缚诣门，署军假司马，使在秘书，以勒书自效。公尝悬著帐中，及以钉壁玩之，谓胜宜官。鹄字孟黄，安定人。魏宫殿题署，皆鹄书也。"④

邯郸淳得曹操敬异。

《三国志·王粲传》裴注引《魏略》曰："初平时，从三辅客荆州。荆州内附，太祖素闻其名，召与相见，甚敬异之。"⑤

流寓荆州的隗禧被曹操召署军谋掾。

《三国志·王朗传》裴注曰："隗禧字子牙，京兆人也。世单家。少好学。初平中，三辅乱，禧南客荆州，不以荒扰，担负经书，每以采稆余日，则诵习之。太祖定荆州，召署军谋掾。"⑥

---

① （晋）陈寿：《三国志》，中华书局 1959 年版，第 598 页。
② （晋）陈寿：《三国志》，中华书局 1959 年版，第 598 页。
③ （晋）陈寿：《三国志》，中华书局 1959 年版，第 31 页。
④ （晋）陈寿：《三国志》，中华书局 1959 年版，第 30 页。
⑤ （晋）陈寿：《三国志》，中华书局 1959 年版，第 603 页。
⑥ （晋）陈寿：《三国志》，中华书局 1959 年版，第 422 页。

《后汉书·王允传附赵戬传》曰:"及曹操平荆州,乃辟之,执戬手曰:'恨相见晚。'卒相国钟繇长史。"①

文士荀纬被曹操召署军谋掾。

《三国志·王粲传》裴注引荀勖《文章叙录》曰:"纬字公高。少喜文学。建安中,召署军谋掾。"②

徐庶被曹操征回北方。

《三国志·蜀志·诸葛亮传》曰:"先主在樊闻之,率其众南行,亮与徐庶并从,为曹公所追破,获庶母。庶辞先主而指其心曰:'本欲与将军共图王霸之业者,以此方寸之地也。今已失老母,方寸乱矣,无益于事,请从此别。'遂诣曹公。"③

刘表杀刘望之,其弟刘廙奔曹操。

《三国志·刘廙传》曰:"刘廙字恭嗣,南阳安众人也。年十岁,戏于讲堂上,颍川司马德操抚其头曰:'孺子,孺子,黄中通理,宁自知不?'廙兄望之,有名于世,荆州牧刘表辟为从事。而其友二人,皆以谗毁,为表所诛。望之又以正谏不合,投传告归。廙谓望之曰:'赵杀鸣犊,仲尼回轮。今兄既不能法柳下惠和光同尘于内,则宜模范蠡迁化于外。坐而自绝于时,殆不可也!'望之不从,寻复见害。廙惧,奔扬州,遂归太祖。太祖辟为丞相掾属,转五官将文学。"④

《三国志·刘廙传》裴注引《傅子》曰:"表既杀望之,荆州士人皆自危也。夫表之本心,于望之不轻也,以直迕情,而谗言得入者,以无容直之度也。据全楚之地,不能以成功者,未必不由此也。夷、叔迕武王以成名,丁公顺高祖以受戮,二主之度远也。若不远其度,惟褊心是从,难乎以容民畜众矣。"⑤

长沙文士桓阶说服太守张羡,举长沙四郡拒刘表,欲投曹操。刘表攻破长沙,欲辟桓阶为从事祭酒,桓阶拒之。荆州平定,曹操辟桓阶为丞相掾主簿。

《三国志·桓阶传》"阶说其太守张羡曰:'夫举事而不本于义,未有不败者也。故齐桓率诸侯以尊周,晋文逐叔带以纳王。今袁氏反此,而刘牧应之,取祸之道也。明府必欲立功明义,全福远祸,不宜与之同也。'羡曰:'然则何向而可?'阶曰:'曹公虽弱,仗义而起,救朝廷之危,奉王命而讨有罪,孰敢不服?今若举四郡保三江以待其来,而为之内应,不亦可乎!'羡曰:'善。'乃举长沙及旁三郡以拒表,遣使诣太祖。太祖大悦。会

① (南朝·宋)范晔:《后汉书》,中华书局1965年版,第2178页。
② (晋)陈寿:《三国志》,中华书局1959年版,第604页。
③ (晋)陈寿:《三国志》,中华书局1959年版,第914页。
④ (晋)陈寿:《三国志》,中华书局1959年版,第613—614页。
⑤ (晋)陈寿:《三国志》,中华书局1959年版,第615页。

绍与太祖连战,军未得南。而表急攻羡,羡病死。城陷,阶遂自匿。久之,刘表辟为从事祭酒,欲妻以妻妹蔡氏。阶自陈已结,拒而不受,因辞疾告退。太祖定荆州,闻其为张羡谋也,异之,辟为丞相掾主簿,迁赵郡太守。"①

汝南文士和洽初平二年前后迁往荆州,曹操平定荆州,辟为丞相掾属。

《三国志·和洽传》曰:"和洽字阳士,汝南西平人也。举孝廉,大将军辟,皆不就。袁绍在冀州,遣使迎汝南士大夫。洽独以'冀州土平民强,英桀所利,四战之地。本初乘资,虽能强大,然雄豪方起,全未可必也。荆州刘表无他远志,爱人乐士,土地险阻,山夷民弱,易依倚也'。遂与亲旧俱南从表,表以上客待之。洽曰:'所以不从本初,辟争地也。昏世之主,不可黩近,久而阽危,必有谗慝间其中者。'遂南度武陵。太祖定荆州,辟为丞相掾属。"②

裴潜从长沙归曹操。

《三国志·裴潜传》曰:"太祖定荆州,以潜参丞相军事,出历三县令,入为仓曹属。太祖问潜曰:'卿前与刘备俱在荆州,卿以备才略何如?'潜曰:'使居中国,能乱人而不能为治也。若乘间守险,足以为一方主。'"③

南阳文士韩暨在荆州平定后,被曹操辟为丞相士曹属。

《三国志·韩暨传》曰:"韩暨字公至,南阳堵阳人也。……举孝廉,司空辟,皆不就。乃变名姓,隐居避乱鲁阳山中。山民合党,欲行寇掠。暨散家财以供牛酒,请其渠帅,为陈安危。山民化之,终不为害。避袁术命召,徙居山都之山。荆州牧刘表礼辟,遂遁逃,南居孱陵界,所在见敬爱,而表深恨之。暨惧,应命,除宜城长。太祖平荆州,辟为丞相士曹属。后选乐陵太守,徙监冶谒者。"④

《三国志·常林传》曰:"林乃避地上党,耕种山阿。当时旱蝗,林独丰收,尽呼比邻,升斗分之。依故河间太守陈延壁。陈、冯二姓,旧族冠冕。张杨利其妇女,贪其资货。林率其宗族,为之策谋。见围六十余日,卒全堡壁。并州刺史高干表为骑都尉,林辞不受。后刺史梁习荐州界名士林及杨俊、王凌、王象、荀纬,太祖皆以为县长。"⑤

《三国志·杨俊传》裴注引《魏略》曰:"王象字羲伯。既为俊所知拔,果有才志。建安中,与同郡荀纬等俱为魏太子所礼待。及王粲、陈琳、阮瑀、路粹等亡后,新出之中,惟象才最高。魏有天下,拜象散骑侍郎,迁为常侍,封列侯。受诏撰皇览,使象领秘书监。

①　(晋)陈寿:《三国志》,中华书局 1959 年版,第 631—632 页。
②　(晋)陈寿:《三国志》,中华书局 1959 年版,第 655 页。
③　(晋)陈寿:《三国志》,中华书局 1959 年版,第 671—672 页。
④　(晋)陈寿:《三国志》,中华书局 1959 年版,第 677 页。
⑤　(晋)陈寿:《三国志》,中华书局 1959 年版,第 659 页。

象从延康元年始撰集,数岁成,藏于秘府,合四十余部,部有数十篇,通合八百余万字。象既性器和厚,又文采温雅,用是京师归美,称为儒宗。车驾南巡,未到宛,有诏百官不得干豫郡县。及车驾到,而宛令不解诏旨,闭市门。帝闻之,忿然曰:'吾是寇邪?'乃收宛令及太守杨俊。诏问尚书:'汉明帝杀几二千石?'时象见诏文,知俊必不免。乃当帝前叩头,流血竟面,请俊减死一等。帝不答,欲释入禁中。象引帝衣,帝顾谓象曰:'我知杨俊与卿本末耳。今听卿,是无我也。卿宁无俊邪?无我邪?'象以帝言切,乃缩手。帝遂入,决俊法,然后乃出。象自恨不能济俊,遂发病死。"①

司马芝从荆州归曹操。

《三国志·司马芝传》曰:"司马芝字子华,河内温人也。少为书生,避乱荆州,于鲁阳山遇贼,同行者皆弃老弱走,芝独坐守老母。贼至,以刃临芝,芝叩头曰:'母老,唯在诸君!'贼曰:'此孝子也,杀之不义。'遂得免害,以鹿车推载母。居南方十余年,躬耕守节。太祖平荆州,以芝为菅长。"②

刘巴投归曹操。

《三国志·蜀志·刘巴传》曰:刘巴字子初,零陵烝阳人也。少知名,荆州牧刘表连辟,及举茂才,皆不就。表卒,曹公征荆州。先主奔江南,荆、楚群士从之如云,而巴北诣曹公。曹公辟为掾,使招纳长沙、零陵、桂阳。会先主略有三郡,巴不得反使,遂远适交址,先主深以为恨。③

曹操在邺城建铜雀台,曹植等文士赋诗。

《三国志·武帝纪》曰:"十五年……冬,作铜雀台。"④

《三国志·曹植传》曰:"时邺铜爵台新城,太祖悉将诸子登台,使各为赋。植援笔立成,可观,太祖甚异之。"⑤

《三国志·曹植传》裴注引阴澹魏纪载植《赋》曰:"从明后而嬉游兮,登层台以娱情。见太府之广开兮,观圣德之所营。建高门之嵯峨兮,浮双阙乎太清。立中天之华观兮,连飞阁乎西城。临漳水之长流兮,望园果之滋荣。仰春风之和穆兮,听百鸟之悲鸣。天云垣其既立兮,家原得而获逞。扬仁化于宇内兮,尽肃恭于上京。惟桓文之为盛兮,岂足方乎圣明!休矣美矣!惠泽远扬。翼佐我皇家兮,宁彼四方。同天地之规量兮,齐日月之晖光。永贵尊而无极兮,等年寿于东王"云云。太祖深异之。⑥

---

① (晋)陈寿:《三国志》,中华书局 1959 年版,第 664 页。
② (晋)陈寿:《三国志》,中华书局 1959 年版,第 386 页。
③ (晋)陈寿:《三国志》,中华书局 1959 年版,第 980 页。
④ (晋)陈寿:《三国志》,中华书局 1959 年版,第 32 页。
⑤ (晋)陈寿:《三国志》,中华书局 1959 年版,第 557 页。
⑥ (晋)陈寿:《三国志》,中华书局 1959 年版,第 558 页。

刘备败走,荆州刘琮左右以荆州人多追随刘备至当阳长坂。

《三国志·蜀志·先主传》曰:"乃驻马呼琮,琮惧不能起。琮左右及荆州人多归先主。比到当阳,众十余万,辎重数千两,日行十余里,别遣关羽乘船数百艘,使会江陵。"①

《三国志·蜀志·先主传》裴注引孔衍《汉魏春秋》曰:"刘琮乞降,不敢告备。备亦不知,久之乃觉,遣所亲问琮。琮令宋忠诣备宣旨。是时曹公在宛,备乃大惊骇,谓忠曰:'卿诸人作事如此,不早相语,今祸至方告我,不亦太剧乎!'引刀向忠曰:'今断卿头,不足以解忿,亦耻大丈夫临别复杀卿辈!'遣忠去,乃呼部曲议。或劝备劫将琮及荆州吏士径南到江陵,备答曰:'刘荆州临亡托我以孤遗,背信自济,吾所不为,死何面目以见刘荆州乎!'"②

209 年,汉献帝建安十四年

刘琦死后,孙权表刘备领荆州牧。山阳文士伊籍投奔刘备。

《三国志·蜀志·伊籍传》曰:"伊籍字机伯,山阳人。少依邑人镇南将军刘表。先主之在荆州,籍常往来自讬。表卒,遂随先主南渡江,从入益州。益州既定,以籍为左将军从事中郎,见待亚于简雍、孙干等。遣东使于吴,孙权闻其才辩,欲逆折以辞。籍适入拜,权曰:'劳事无道之君乎?'籍既对曰:'一拜一起,未足为劳。'籍之机捷,类皆如此,权甚异之。后迁昭文将军,与诸葛亮、法正、刘巴、李严共造蜀科;蜀科之制,由此五人焉。"③

马良、马谡投奔刘备。

《三国志·蜀志·马良传》曰:"马良字季常,襄阳宜城人也。兄弟五人,并有才名,乡里为之谚曰:'马氏五常,白眉最良。'良眉中有白毛,故以称之。先主领荆州,辟为从事。"④

《三国志·蜀志·马良传》曰:"良弟谡,字幼常,以荆州从事随先主入蜀,除绵竹成都令、越巂太守。"⑤

陈震投归刘备。

《三国志·蜀志·陈震传》曰:"陈震字孝起,南阳人也。先主领荆州牧,辟为从事,部诸郡,随先主入蜀。"⑥

---

① （晋）陈寿:《三国志》,中华书局 1959 年版,第 877 页。
② （晋）陈寿:《三国志》,中华书局 1959 年版,第 878 页。
③ （晋）陈寿:《三国志》,中华书局 1959 年版,第 971 页。
④ （晋）陈寿:《三国志》,中华书局 1959 年版,第 982 页。
⑤ （晋）陈寿:《三国志》,中华书局 1959 年版,第 983 页。
⑥ （晋）陈寿:《三国志》,中华书局 1959 年版,第 984 页。

向朗归刘备。

《三国志·蜀志·向朗传》曰："向朗字巨达,襄阳宜城人也。荆州牧刘表以为临沮长。表卒,归先主。"①

210 年,汉献帝建安十五年

刘备借荆州,荆州主簿殷观败孙权欲取益州之计。

《三国志·蜀志·先主传》曰："权遣使云欲共取蜀,或以为宜报听许,吴终不能越荆有蜀,蜀地可为己有。荆州主簿殷观进曰:'若为吴先驱,进未能克蜀,退为吴所乘,即事去矣。今但可然赞其伐蜀,而自说新据诸郡,未可兴动,吴必不敢越我而独取蜀。如此进退之计,可以收吴、蜀之利。'先主从之,权果辍计。迁观为别驾从事。"②

《三国志·蜀志·先主传》裴注引《献帝春秋》曰:"孙权欲与备共取蜀,遣使报备曰:'米贼张鲁居王巴、汉,为曹操耳目,规图益州。刘璋不武,不能自守。若操得蜀,则荆州危矣。今欲先攻取璋,进讨张鲁,首尾相连,一统吴、楚,虽有十操,无所忧也。'备欲自图蜀,拒答不听,曰:'益州民富强,土地险阻,刘璋虽弱,足以自守。张鲁虚伪,未必尽忠于操。今暴师于蜀、汉,转运于万里,欲使战克攻取,举不失利,此吴起不能定其规,孙武不能善其事也。曹操虽有无君之心,而有奉主之名,议者见操失利于赤壁,谓其力屈,无复远志也。今操三分天下已有其二,将欲饮马于沧海,观兵于吴会,何肯守此坐须老乎?今同盟无故自相攻伐,借枢于操,使敌承其隙,非长计也。'权不听,遣孙瑜率水军住夏口。备不听军过,谓瑜曰:'汝欲取蜀,吾当被发入山,不失信于天下也。'使关羽屯江陵,张飞屯秭归,诸葛亮据南郡,备自住孱陵。权知备意,因召瑜还。"③

211 年,汉献帝建安十六年

曹操发兵西进,欲讨汉中张鲁。韩遂、马超等人反于关中,屯潼关。曹操破潼关。关中人数万户流徙汉中。

《后汉书·张鲁传》曰:"韩遂、马超之乱,关西民奔鲁者数万家。"④

益州牧刘璋知曹操遣钟繇带兵讨汉中张鲁,邀荆州刘备入川,欲取汉中,拒曹操。

《三国志·蜀志·先主传》曰:"十六年,益州牧刘璋遥闻曹公将遣锺繇等向汉中讨张鲁,内怀恐惧。别驾从事蜀郡张松说璋……璋然之,遣法正将四千人迎先主,前后赂遗以巨亿计。正因陈益州可取之策。先主留诸葛亮、关羽等据荆州,将步卒数万人入益州。……璋增先主兵,使击张鲁,又令督白水军。先主并军三万余人,车甲器械资货甚

---

① (晋)陈寿:《三国志》,中华书局 1959 年版,第 1010 页。
② (晋)陈寿:《三国志》,中华书局 1959 年版,第 879—880 页。
③ (晋)陈寿:《三国志》,中华书局 1959 年版,第 880 页。
④ (南朝·宋)范晔:《后汉书》,中华书局 1965 年版,第 2436 页。

盛。是岁，璋还成都。先主北到葭萌，未即讨鲁，厚树恩德，以收众心。"①

法正为刘璋使者，入荆州联络刘备。

《三国志·蜀志·法正传》曰："松于荆州见曹公还，劝璋绝曹公而自结先主。……松乃举正，正辞让，不得已而往。正既还，为松称说先主有雄略，密谋协规，原共戴奉，而未有缘。后因璋闻曹公欲遣将征张鲁之有惧心也，松遂说璋宜迎先主，使之讨鲁，复令正衔命。正既宣旨，阴献策于先主曰：'以明将军之英才，乘刘牧之懦弱；张松，州之股肱，以响应于内；然后资益州之殷富，冯天府之险阻，以此成业，犹反掌也。'先主然之。"②

文士吴质交游曹丕、曹植兄弟间。

《三国志·王粲传》裴注引《魏略》曰："质字季重，以才学通博，为五官将及诸侯所礼爱；质亦善处其兄弟之间，若前世楼君卿之游五侯矣。及河北平定（大将军）〔五官将〕为世子，质与刘桢等并在坐席。"③

曹操以世子曹丕为五官中郎将，置文学等官属，为丞相之副。曹丕博延英儒。

《三国志·文帝纪》曰："建安十六年，为五官中郎将、副丞相。"④

《三国志·王粲传》裴注引《魏略》曰："时五官将博延英儒，亦宿闻淳名，因启淳欲使在文学官属中。"⑤

邯郸淳、徐幹、刘廙等人为五官将文学。

《三国志·王粲传》裴注引《魏略》曰："荆州内附，太祖素闻其名，召与相见，甚敬异之。时五官将博延英儒，亦宿闻淳名，因启淳欲使在文学官属中。"⑥

《三国志·王粲传》裴注引《魏略》曰："幹为司空军谋祭酒掾属，五官将文学。"⑦

《三国志·刘廙传》曰："刘廙字恭嗣，南阳安众人也。……太祖辟为丞相掾属，转五官将文学。"⑧

曹植封平原侯，从曹操西征。

《三国志·曹植传》曰："建安十六年，封平原侯。"⑨

---

① （晋）陈寿：《三国志》，中华书局1959年版，第881页。
② （晋）陈寿：《三国志》，中华书局1959年版，第957页。
③ （晋）陈寿：《三国志》，中华书局1959年版，第607页。
④ （晋）陈寿：《三国志》，中华书局1959年版，第57页。
⑤ （晋）陈寿：《三国志》，中华书局1959年版，第603页。
⑥ （晋）陈寿：《三国志》，中华书局1959年版，第603页。
⑦ （晋）陈寿：《三国志》，中华书局1959年版，第599页。
⑧ （晋）陈寿：《三国志》，中华书局1959年版，第613—614页。
⑨ （晋）陈寿：《三国志》，中华书局1959年版，第557页。

邢颙为曹植家丞。刘桢、应玚等为平原侯庶子。

《三国志·邢颙传》曰:"是时,太祖诸子高选官属,令曰:'侯家吏,宜得渊深法度如邢颙辈。'遂以为平原侯植家丞。颙防闲以礼,无所屈挠,由是不合。庶子刘桢书谏植曰:'家丞邢颙,北土之彦,少秉高节,玄静澹泊,言少理多,真雅士也。桢诚不足同贯斯人,并列左右。而桢礼遇殊特,颙反疏简,私惧观者将谓君侯习近不肖,礼贤不足,采庶子之春华,忘家丞之秋实。为上招谤,其罪不小,以此反侧。'"①

《三国志·王粲传》曰:"玚转为平原侯庶子。"②

212 年,汉献帝建安十七年

刘备在涪城与刘璋反目。

《三国志·蜀志·先主传》曰:"明年,曹公征孙权,权呼先主自救。先主遣使告璋曰:'曹公征吴,吴忧危急。孙氏与孤本为唇齿,又乐进在青泥与关羽相拒,今不往救羽,进必大克,转侵州界,其忧有甚于鲁。鲁自守之贼,不足虑也。'乃从璋求万兵及资实,欲以东行。璋但许兵四千,其余皆给半。张松书与先主及法正曰:'今大事垂可立,如何释此去乎!'松兄广汉太守肃,惧祸逮己,白璋发其谋。于是璋收斩松,嫌隙始构矣。璋敕关戍诸将文书勿复关通先主。先主大怒,召璋白水军督杨怀,责以无礼,斩之。乃使黄忠、卓膺勒兵向璋。先主径至关中,质诸将并士卒妻子,引兵与忠、膺等进到涪,据其城。璋遣刘璝、冷苞、张任、邓贤等拒先主于涪,皆破败,退保绵竹。璋复遣李严督绵竹诸军,严率众降先主。先主军益强,分遣诸将平下属县,诸葛亮、张飞、赵云等将兵溯流定白帝、江州、江阳,惟关羽留镇荆州。先主进军围雒;时璋子循守城,被攻且一年。"③

214 年,汉献帝建安十九年

刘备得益州。

《三国志·蜀志·先主传》曰:"十九年夏,雒城破,进围成都数十日,璋出降。蜀中殷盛丰乐,先主置酒大飨士卒,取蜀城中金银分赐将士,还其谷帛。先主复领益州牧,诸葛亮为股肱,法正为谋主,关羽、张飞、马超为爪牙,许靖、麋竺、简雍为宾友。及董和、黄权、李严等本璋之所授用也,吴壹、费观等又璋之婚亲也,彭羕又璋之所排摈也,刘巴者宿昔之所忌恨也,皆处之显任,尽其器能。有志之士,无不竞劝。"④

《三国志·蜀志·先主传》裴注引《益部耆旧杂记》曰:"刘璋遣张任、刘璝率精兵拒

---

① (晋)陈寿:《三国志》,中华书局 1959 年版,第 383 页。
② (晋)陈寿:《三国志》,中华书局 1959 年版,第 601 页。
③ (晋)陈寿:《三国志》,中华书局 1959 年版,第 881—882 页。
④ (晋)陈寿:《三国志》,中华书局 1959 年版,第 882—883 页。

捍先主于涪,为先主所破,退与璋子循守雒城。任勒兵出于雁桥,战复败。禽任。先主闻任之忠勇,令军降之,任厉声曰:'老臣终不复事二主矣。'乃杀之。先主叹惜焉。"①

《三国志·蜀志·先主传》裴注引《傅子》曰:"初,刘备袭蜀,丞相掾赵戩曰:'刘备其不济乎?拙于用兵,每战则败,奔亡不暇,何以图人?蜀虽小区,险固四塞,独守之国,难卒并也。'征士傅干曰:'刘备宽仁有度,能得人死力。诸葛亮达治知变,正而有谋,而为之相;张飞、关羽勇而有义,皆万人之敌,而为之将:此三人者,皆人杰也。以备之略,三杰佐之,何为不济也?'"②

蜀郡太守许靖降刘备。

《三国志·蜀志·法正传》曰:"十九年,进围成都,璋蜀郡太守许靖将逾城降,事觉,不果。璋以危亡在近,故不诛靖。璋既稽服,先主以此薄靖不用也。"③

广汉文士秦宓归刘备。

《三国志·蜀志·秦宓传》曰:"先主既定益州,广汉太守夏侯纂请宓为师友祭酒,领五官掾,称曰仲父。宓称疾,卧在第舍,纂将功曹古朴、主簿王普,厨膳即宓第宴谈,宓卧如故。"④

刘巴后从交趾至蜀,投奔刘备。

《三国志·蜀志·刘巴传》曰:"巴复从交址至蜀。俄而先主定益州,巴辞谢罪负,先主不责。而诸葛孔明数称荐之,先主辟为左将军西曹掾。"⑤

许靖在刘备取蜀后,任左将军长史。

《三国志·蜀志·许靖传》裴注引《魏略》曰:"王朗与文休书曰:

文休足下:消息平安,甚善甚善。岂意脱别三十余年而无相见之缘乎!诗人比一日之别于岁月,岂况悠悠历累纪之年者哉!自与子别,若没而复浮,若绝而复连者数矣。而今而后,居升平之京师,攀附于飞龙之圣主;侪辈略尽,幸得老与足下并为遗种之叟,而相去数千里,加有遭塞之隔,时闻消息于风声,托旧情于思想,眇眇异处,与异世无以异也。往者随军到荆州,见邓子孝、桓元将,粗闻足下动静,云夫子既在益州,执职领郡,德素规矩,老而不堕。是时侍宿武皇帝于江陵刘景升听事之上,共道足下于通夜,拳拳饥渴,诚无已也。自天子在东宫,及即位之后,每会群贤,论天下髦隽之见在者,岂独人尽易为英,士鲜易取最,故乃猥以原壤之朽质,感夫子之情听;每叙足下,以为谋首,岂其

①　(晋)陈寿:《三国志》,中华书局1959年版,第883页。
②　(晋)陈寿:《三国志》,中华书局1959年版,第883页。
③　(晋)陈寿:《三国志》,中华书局1959年版,第959页。
④　(晋)陈寿:《三国志》,中华书局1959年版,第974—975页。
⑤　(晋)陈寿:《三国志》,中华书局1959年版,第981页。

注意,乃复过于前世,书曰'人惟求旧',易称'同声相应,同气相求',刘将军之与大魏,兼而两之,总此二义。前世邂逅,以同为睽,非武皇帝之旨;顷者蹉跌,其泰而否,亦非足下之意也。深思《书》《易》之义,利结分于宿好,故遣降者送吴所献致名马、貂、罽,得因无嫌。道初开通,展叙旧情,以达声问。久阔情愗,非夫笔墨所能写陈,亦想足下同其志念。今者,亲生男女凡有几人?年并几何?仆连失一男一女,今有二男:大儿名肃,年二十九,生于会稽;小儿裁岁余。临书怆恨,有怀缅然。

又曰:过闻'受终于文祖'之言于尚书。又闻'历数在躬,允执其中'之文于论语。岂自意得于老耄之齿,正值天命受于圣主之会,亲见三让之弘辞,观众瑞之总集,睹升堂穆穆之盛礼,瞻燔燎煴曜之青烟;于时忽自以为处唐、虞之运,际于紫微之天庭也。徒慨不得携子之手,共列于廿有二子之数,以听有唐'钦哉'之命也。子虽在裔土,想亦极目而回望,侧耳而遐听,延颈而鹤立也。昔汝南陈公初拜,不依故常,让上卿于李元礼。以此推之,吾宜退身以避子位也。苟得避子以窃让名,然后缓带委质,游谈于平、勃之间,与子共陈往时避地之艰辛,乐酒酣宴,高谈大噱,亦足遗忧而忘老。捉笔陈情,随以喜笑。

又曰:前夏有书而未达,今重有书,而并致前问。皇帝既深悼刘将军之早世,又愍其孤之不易,又惜使足下孔明等士人气类之徒,遂沈溺于羌夷异种之间,永与华夏乖绝,而无朝聘中国之期缘,瞻睎故土桑梓之望也,故复运慈念而劳仁心,重下明诏以发德音,申敕朗等,使重为书与足下等。以足下聪明,揆殷勤之圣意,亦足悟海岱之所常在,知百川之所宜注矣。昔伊尹去夏而就殷,陈平违楚而归汉,犹曜德于阿衡,著功于宰相。若足下能弼人之遗孤,定人之犹豫,去非常之伪号,事受命之大魏,客主兼不世之荣名,上下蒙不朽之常耀,功与事并,声与勋著,考〔其〕绩效,足以超越伊、吕矣。既承诏(直)〔旨〕,且服旧之情,情不能已。若不言足下之所能,陈足下之所见,则无以宣明诏命,弘光大之恩,叙宿昔梦想之思。若天启众心,子导蜀意,诚此意有携手之期。若险路未夷,子谋不从,则惧声问或否,复面何由!前后二书,言每及斯,希不切然有动于怀。足下周游江湖,以暨南海,历观夷俗,可谓遍矣;想子之心,结思华夏,可谓深矣。为身择居,犹原中土;为主择(居)安,岂可以不系意于京师,而持疑于荒裔乎?详思愚言,速示还报也。"①

《三国志·蜀志·许靖传》曰:"十九年,先主克蜀,以靖为左将军长史。"②

《三国志·蜀志·许靖传》曰:"益州辟宓为从事祭酒。"③

① (晋)陈寿:《三国志》,中华书局1959年版,第967—969页。
② (晋)陈寿:《三国志》,中华书局1959年版,第966页。
③ (晋)陈寿:《三国志》,中华书局1959年版,第976页。

《三国志·蜀志·董和传》曰："先主定蜀,征和为掌军中郎将,与军师将军诸葛亮并署左将军大司马府事,献可替否,共为欢交。"①

《三国志·蜀志·张裔传》曰："张裔字君嗣,蜀郡成都人也。治《公羊春秋》,博涉《史》、《汉》。……为璋奉使诣先主,先主许以礼其君而安其人也,裔还,城门乃开。先主以裔为巴郡太守,还为司金中郎将,典作农战之器。"②

《三国志·蜀志·费诗传》曰："费诗字公举,犍为南安人也。刘璋时为绵竹令,先主攻绵竹时,诗先举城降。成都既定,先主领益州牧,以诗为督军从事,出为牂牁太守,还为州前部司马。"③

《三国志·蜀志·杜微传》曰："杜微字国辅,梓潼涪人也。少受学于广汉任安。刘璋辟为从事,以疾去官。及先主定蜀,微常称聋,闭门不出。"④

《三国志·蜀志·周群传》曰："州牧刘璋,辟以为师友从事。先主定蜀,署儒林校尉。"⑤

《三国志·蜀志·杜琼传》曰："杜琼字伯瑜,蜀郡成都人也。少受学于任安,精究安术。刘璋时辟为从事。先主定益州,领牧,以琼为议曹从事。"⑥

建安十九年任嘏被召。

《三国志·王昶传》裴注引《别传》曰："会太祖创业,召海内至德,嘏应其举,为临菑侯庶子、相国东曹属、尚书郎。文帝时,为黄门侍郎。每纳忠言,辄手书怀本,自在禁省,归书不封。帝嘉其淑慎,累迁东郡、赵郡、河东太守,所在化行,有遗风余教。嘏为人淳粹凯悌,虚己若不足,恭敬如有畏。其修身履义,皆沉默潜行,不显其美,故时人少得称之。著书三十八篇,凡四万余言。嘏卒后,故吏东郡程威、赵国刘固、河东上官崇等,录其事行及所著书奏之。诏下秘书,以贯群言。"⑦

216年,汉献帝建安二十一年

曹操进爵为魏王。邯郸淳为曹植傅。

《三国志·王粲传》裴注引《魏略》曰："会临菑侯植亦求淳,太祖遣淳诣植。植初得淳甚喜,延入坐,不先与谈。时天暑热,植因呼常从取水自澡讫,傅粉。遂科头拍袒,胡舞五椎锻,跳丸击剑,诵俳优小说数千言讫,谓淳曰:'邯郸生何如邪?'于是乃更著衣

---

① （晋）陈寿:《三国志》,中华书局1959年版,第979页。
② （晋）陈寿:《三国志》,中华书局1959年版,第1011页。
③ （晋）陈寿:《三国志》,中华书局1959年版,第1015页。
④ （晋）陈寿:《三国志》,中华书局1959年版,第1019页。
⑤ （晋）陈寿:《三国志》,中华书局1959年版,第1020页。
⑥ （晋）陈寿:《三国志》,中华书局1959年版,第1021页。
⑦ （晋）陈寿:《三国志》,中华书局1959年版,第748页。

帻,整仪容,与淳评说混元造化之端,品物区别之意,然后论羲皇以来贤圣名臣烈士优劣之差,次颂古今文章赋诔及当官政事宜所先后,又论用武行兵倚伏之势。乃命厨宰,酒炙交至,坐席默然,无与伉者。及暮,淳归,对其所知叹植之材,谓之'天人'。而于时世子未立。太祖俄有意于植,而淳屡称植材。由是五官将颇不悦。"①

217 年,汉献帝建安二十二年

建安七子徐幹、应玚、陈琳、刘桢皆殁。

《三国志·魏志·王粲传附吴质传》裴注引《魏略》曰:"二十三年,太子又与质书曰:'岁月易得,别来行复四年。三年不见,东山犹叹其远,况乃过之,思何可支?虽书疏往反,未足解其劳结。昔年疾疫,亲故多离其灾,徐、陈、应、刘,一时俱逝,痛何可言邪!昔日游处,行则同舆,止则接席,何尝须臾相失!每至觞酌流行,丝竹并奏,酒酣耳热,仰而赋诗。当此之时,忽然不自知乐也。谓百年己分,长共相保,何图数年之间,零落略尽,言之伤心。顷撰其遗文,都为一集。观其姓名,已为鬼录,追思昔游,犹在心目,而此诸子化为粪壤,可复道哉!观古今文人,类不护细行,鲜能以名节自立。而伟长独怀文抱质,恬淡寡欲,有箕山之志,可谓彬彬君子矣。著《中论》二十余篇,成一家之业,辞义典雅,足传于后,此子为不朽矣。德琏常斐然有述作意,才学足以著书,美志不遂,良可痛惜。间历观诸子之文,对之拉泪,既痛逝者,行自念也。孔璋章表殊健,微为繁富。公干有逸气,但未遒耳,至其五言诗,妙绝当时。元瑜书记翩翩,致足乐也。仲宣独自善于辞赋,惜其体弱,不足起其文,至于所善,古人无以远过也。昔伯牙绝弦于锺期,仲尼覆醢于子路,愍知音之难遇,伤门人之莫逮也。诸子但为未及古人,自一时之俊也,今之存者已不逮矣。"②

王粲卒于居巢。

《三国志·魏志·王粲传》曰:"二十二年春,道病卒,时年四十一。"③

263 年,魏景元四年　蜀汉景耀六年

魏发兵攻蜀,命邓艾、诸葛绪分路攻姜维,锺会进兵汉中。姜维绕道回蜀,与廖化、张翼等守剑阁拒锺会。邓艾至阴平,经山路至江油,进破蜀诸葛瞻军,抵成都。后主出降,蜀汉亡。

《三国志·蜀志·后主传》曰:"(景耀)六年夏,魏大兴徒众,命征西将军邓艾、镇西将军锺会、雍州刺史诸葛绪数道并攻。于是遣左右车骑将军张翼、廖化、辅国大将军董厥等拒之。大赦。改元为炎兴。冬,邓艾破卫将军诸葛瞻于绵竹。用光禄大夫谯周策,

---

① （晋）陈寿:《三国志》,中华书局 1959 年版,第 603 页。
② （晋）陈寿:《三国志》,中华书局 1959 年版,第 608 页。
③ （晋）陈寿:《三国志》,中华书局 1959 年版,第 599 页。

降于艾。"①

264年,魏景元五年　咸熙元年

后主刘禅与少数陪臣送至洛阳。

《三国志·蜀志·后主传》曰:"……后主举家东迁,既至洛阳。"②

郤正、张通随蜀汉后主刘禅入洛。

《三国志·蜀志·郤正传》曰:"后主东迁洛阳,时扰攘仓猝,蜀之大臣无翼从者,惟正及典中督汝南张通,舍妻子单身随侍。"③

《三国志·蜀志·后主传》裴注引《汉晋春秋》曰:"司马文王与禅宴,为之作故蜀技,旁人皆为之感怆,而禅喜笑自若。王谓贾充曰……他日,王问禅:'颇思蜀否?'禅曰:'此间乐,不思蜀。'郤正闻之,求见禅曰:'若王后问,宜泣而答曰:先人坟墓远在陇、蜀,乃心西悲,无日不思,因闭其目。'后王复问,对如前,王曰:'何乃似郤正语邪!'"④

东吴趁蜀乱,举兵攻巴东,蜀巴东太守罗宪致书降魏,求援。建宁太守霍弋降魏,蜀地悉定。

《三国志·蜀志·霍弋传》裴注引《襄阳记》曰:"罗宪字令则。父蒙,避乱于蜀,官至广汉太守。宪少以才学知名,年十三能属文。后主立太子,为太子舍人,迁庶子、尚书吏部郎,以宣信校尉再使于吴,吴人称美焉。时黄皓预政,众多附之,宪独不与同,皓恚,左迁巴东太守。时右大将军阎宇都督巴东,为领军,后主拜宪为宇副贰。魏之伐蜀,召宇西还,留宇二千人,令宪守永安城。寻闻成都败,城中扰动,江边长吏皆弃城走,宪斩称成都乱者一人,百姓乃定。得后主委质问至,乃帅所统临于都亭三日。吴闻蜀败,起兵西上,外托救援,内欲袭宪。宪曰:'本朝倾覆,吴为唇齿,不恤我难而徼其利,背盟违约。且汉已亡,吴何得久,宁能为吴降虏乎!'保城缮甲,告誓将士,厉以节义,莫不用命。吴闻锺、邓败,百城无主,有兼蜀之志,而巴东固守,兵不得过,使步协率众而西。宪临江拒射,不能御,遣参军杨宗突围北出,告急安东将军陈骞,又送文武印绶、任子诣晋王。协攻城,宪出与战,大破其军。孙休怒,复遣陆抗等帅众三万人增宪之围。被攻凡六月日而救援不到,城中疾病大半。或说宪奔走之计,宪曰:'夫为人主,百姓所仰,危不能安,急而弃之,君子不为也,毕命于此矣。'陈骞言于晋王,遣荆州刺史胡烈救宪,抗等引退。晋王即委前任,拜宪凌江将军,封万年亭侯。会武陵四县举众叛吴,以宪为武陵太守巴东监军。泰始元年改封西鄂县侯。宪遣妻子居洛阳,武帝以子袭为给事中。

---

① （晋）陈寿:《三国志》,中华书局1959年版,第900页。
② （晋）陈寿:《三国志》,中华书局1959年版,第900页。
③ （晋）陈寿:《三国志》,中华书局1959年版,第1041页。
④ （晋）陈寿:《三国志》,中华书局1959年版,第902页。

三年冬,入朝,进位冠军将军、假节。四年三月,从帝宴于华林园,诏问蜀大臣子弟,后问先辈宜时叙用者,宪荐蜀郡常忌、杜轸、寿良、巴西陈寿、南郡高轨、南阳吕雅、许国、江夏费恭、琅邪诸葛京、汝南陈裕,即皆叙用,咸显于世。宪还,袭取吴之巫城,因上伐吴之策。宪方亮严正,待士不倦,轻财好施,不治产业。六年薨,赠安南将军,谥曰烈侯。子袭,以凌江将军领部曲,早卒,追赠广汉太守。袭子徽,顺阳内史,永嘉五年为王如所杀。此作'献',名与本传不同,未详孰是也。"①

《三国志·蜀志·霍弋传》裴注引《汉晋春秋》曰:"霍弋闻魏军来,弋欲赴成都,后主以备敌既定,不听。及成都不守,弋素服号哭,大临三日。诸将咸劝宜速降,弋曰:'今道路隔塞,未详主之安危,大故去就,不可苟也。若主上与魏和,见遇以礼,则保境而降,不晚也。若万一危辱,吾将以死拒之,何论迟速邪!'得后主东迁之问,始率六郡将守上表曰:'臣闻人生于三,事之如一,惟难所在,则致其命。今臣国败主附,守死无所,是以委质,不敢有贰。'晋文王善之,又拜南中都督,委以本任。后遣将兵救援吕兴,平交址、日南、九真三郡,功封列侯,进号崇赏焉。弋孙彪,晋越巂太守。"②

蜀国大臣廖化、宗预等入洛阳,途中病死。蜀地三万户被迁徙至河东、关中等地。

《三国志·蜀志·廖化传》曰:"咸熙元年春,化、预俱内徙洛阳,道病卒。"③

《华阳国志·大同志》曰:"后主既东迁,内移蜀大臣宗预、廖化及诸葛显等并三万家于河东及关中,复二十年田租。"④

诸葛亮的孙子诸葛京、诸葛显被徙河东郡。

《三国志·蜀志·诸葛亮传》曰:"次子京及攀子显等,咸熙元年内移河东。"⑤

蜀郡成都文士柳隐在咸熙元年(264 年)被徙河东,拜议郎,为河西太守。

《华阳国志·后贤志》曰:"柳隐,字休然,蜀郡成都人也。少与同郡杜祯、柳伸并知名。隐直诚笃亮,交友居厚,达于从政。数从大将军姜维征伐,临事设计,当敌陷阵,勇略冠军。为牙门将、巴郡太守、骑都尉,迁汉中黄金围督。景耀六年,魏镇西将军锺会伐蜀,入汉川,围成多下,惟隐坚壁不动。会别将攻之,不能克。后主既降,以手令敕隐,乃诣会。晋文帝闻而义之。咸熙元年,内移河东,拜议郎。武帝践祚,以为西河太守。在官三年,以年老去官,乞骸还蜀。卒于家,时年八十。"⑥

蜀郡江原文士常勗被征,于途中病逝。

---

① (晋)陈寿:《三国志》,中华书局 1959 年版,第 1008—1009 页。
② (晋)陈寿:《三国志》,中华书局 1959 年版,第 1008 页。
③ (晋)陈寿:《三国志》,中华书局 1959 年版,第 1076 页。
④ (晋)常璩著,汪启明、赵静译注:《华阳国志》,四川大学出版社 2007 年版,第 307 页。
⑤ (晋)陈寿:《三国志》,中华书局 1959 年版,第 932 页。
⑥ (晋)常璩著,汪启明、赵静译注:《华阳国志》,四川大学出版社 2007 年版,第 593 页。

《华阳国志·后贤志》曰:"常勖,字修业,蜀郡江原人也。……勖少与闳子忌齐名,安贫乐道,志笃坟典。治《毛诗》《尚书》,涉洽群籍,多所通览。州命辟从事,入为光禄郎中、主事,又为尚书左选郎,郡请迎为功曹。时州将董军政,置从事,职典刑狱。以勖清亮,复为督军,治讼平当。还察孝廉,除郫令,为政简而不烦。魏征西将军邓艾伐蜀,破诸葛瞻于绵竹,威振西土。诸县长吏或望风降下,或委官奔走,勖独率吏民固城拒守。后主檄令,乃诣艾,故郫谷帛全完。刺史袁邵嘉勖志节,辟为主簿。勖善仪容翔集,动为表观,言论壮烈,州里重之。然交友惟贤,不交下己者,泛爱之恩犹不足。从邵征还,道卒。"①

光禄勋裴俊之子裴越,迁回洛阳。

《三国志·蜀志·孟光传》裴注引傅畅《裴氏家记》曰:"俊字奉先,魏尚书令潜弟也。子越,字令绪,为蜀督军。蜀破,迁还洛阳,拜议郎。"②

265 年,魏咸熙二年,晋武帝泰始元年

罗宪遣子罗袭入洛,仕晋为给事中。

《三国志·蜀志·霍弋传》裴注引《襄阳记》曰:"泰始元年改封西鄂县侯。宪遣妻子居洛阳,武帝以子袭为给事中。"③

蜀地文士常忌入洛阳,被留任舍人。

《华阳国志·大同志》曰:"晋泰始元年春,刺史袁邵以治城将被征。故蜀侍郎蜀郡常忌诣相国府陈邵抚恤有方,远国初附,当以渐导化,不宜改易州将,失遐外心。相国听留,辟忌为舍人。"④

《华阳国志·后贤志》曰:"忌字茂通,蜀谒者、黄门侍郎。丧亲,以至孝闻。察孝廉为郎,使吴称职。历长水参军、什邡、雒令。大同后,刺史邵坐治城被征。忌诣洛陈诉:'远国初附,君民始结,不宜改易。'又表:'修治城池,居安思危,边将常职。'事皆中情。晋文帝时为相国,辟忌舍人。武帝践祚,拜骑都尉,除河内令。州名为难治,忌挫折豪势,风教大兴。县有奸嫂杀兄者,群党蔽匿,前令莫得,忌皆穷治。入为州都。方议为郡守,会卒。忌为人信道任数,不从下人,故为贵势所不善。是以作诗著论,先攻己短;临丧与乐,欢哀俱至,为士类所称。忌友人广汉段宗仲亦有学行,蜀时官与忌比。袁邵辟为主簿,与忌共理郡事,文帝善之。梁州辟别驾从事,举秀才。稍迁,官至云南、建宁

---

① (晋)常璩著,汪启明、赵静译注:《华阳国志》,四川大学出版社 2007 年版,第 596—597 页。
② (晋)陈寿:《三国志》,中华书局 1959 年版,第 1024 页。
③ (晋)陈寿:《三国志》,中华书局 1959 年版,第 1009 页。
④ (晋)常璩著,汪启明、赵静译注:《华阳国志》,四川大学出版社 2007 年版,第 307 页。

太守。"①

蒋琬、费祎等子孙被迁徙至中原。

《晋书·儒林传》曰："(文立)上表请以诸葛亮、蒋琬、费祎等子孙流徙中畿。"②

广汉文士司马胜之,归晋后被征为散骑侍郎。

《华阳国志·后贤志》曰："司马胜之,字兴先,广汉绵竹人也。学通《毛诗》,治《三礼》。清尚虚素,性澹不事荣利。初为郡功曹,甚善纪纲之体。州辟从事,进尚书左选郎,徙秘书郎。时蜀国州书佐望与郡功曹参选,而从事倅台郎;特重察举,虽位经朝要,还为秀孝,亦为郡端右。景耀末,郡请察孝廉。大同后,梁州辟别驾从事,举秀才,历广都、繁令,政理尤异。以清秀征为散骑侍郎,以宗室礼之。"③

267 年,晋泰始三年

文立于被征洛阳,后任太子中庶子。

《晋书·儒林传》曰："蜀平,举秀才,除郎中。泰始初,拜济阴太守,入为太子中庶子。"④

《华阳国志·后贤志》曰："文立,字广休,巴郡临江人也。少游蜀太学,治《毛诗》、《三礼》,兼通群书。州刺史费祎命为从事,入为尚书郎,复辟祎大将军东曹掾,稍迁尚书。蜀并于魏,梁州建,首为别驾从事。咸熙元年,举秀才,除郎中。晋武帝方欲怀纳梁、益,引致俊彦,泰始二年,拜立济阴太守。武帝立太子,以司徒李胤为太傅,齐王骠骑为少傅,选立为中庶子。立上疏曰:'伏惟皇太子春秋美茂,盛德日新,始建幼志,诞陟大繇,犹朝日初晖,良宝耀璞。侍从之臣,宜简俊义,妙选贤彦,使视观则睹礼容棣棣之则,听纳当受嘉话骇耳之言,静应道轨,动有所采,佐清初阳,缉熙天光。其任至重,圣王详择,诚非粪朽能可堪任。臣闻之,人臣之道,量力受命,其所不谐,得以诚闻。'帝报曰:'古人称:与田苏游,非旧德乎?'立上:故蜀大官及尽忠死事者子孙,虽仕郡国,或有不才,同之齐民为剧。又上:诸葛亮、蒋琬、费祎等子孙流徙中畿,宜见叙用,一则以慰巴、蜀民之心,其次倾东吴士人之望。事皆施行。

十年,诏曰:'太子中庶子立忠贞清实,有思理器干。前在济阴,政事修明;后事东宫,尽辅导之节。昔光武平陇、蜀,皆收其才秀,所以援济殊方,伸叙幽滞也。其以立为散骑常侍。'累辞,不许。上疏曰:'臣子之心,愿从疏以求昵;凡在人情,贪从幽以致明。斯实物性,贤愚所同,臣者何人,能无此怀? 诚自审量,边荒遗烬,犬马老甚,非左右机纳

---

① (晋)常璩著,汪启明、赵静译注:《华阳国志》,四川大学出版社 2007 年版,第 598 页。
② (唐)房玄龄:《晋书》,中华书局 1974 年版,第 2347 页。
③ (晋)常璩著,汪启明、赵静译注:《华阳国志》,四川大学出版社 2007 年版,第 595 页。
④ (唐)房玄龄:《晋书》,中华书局 1974 年版,第 2347 页。

之器。臣虽至愚,处之何颜!'诏曰:'常伯之职,简才而授,何谦虚也?'

立自内侍,献可替否,多所补纳。甄致二州人士,铨衡平当,为士彦所宗。故蜀尚书犍为程琼雅有德望,素与立至厚。武帝闻其名,以问立。立对曰:'臣至知其人,但年垂八十,禀性谦退,无复当时之望,不以上闻耳。'琼闻之,曰:'广休可谓不党矣,故吾善夫人也。'西界献马,帝问立:'马何如?'对曰:'乞问太仆。'帝每善其恭慎。迁卫尉,犹兼都职。中朝服其贤雅,为时名卿。连上表年老,乞求解替还桑梓,帝不听。咸宁末卒。帝缘立有怀旧性,乃送葬于蜀,使者护丧事,郡县修坟茔,当时荣之。初,安乐思公世子早没,次子宜嗣,而思公立所爱者。立亟谏之,不纳。及爱子立,骄暴,二州人士皆欲表废。立止之曰:'彼自暴其一门,不及百姓,当以先公,故得尔也。'后安乐公淫乱无道,何攀与上庸太守王崇、涪陵太守张寅为书谏责,称'当思立言'。凡立章奏集为十篇,诗、赋、论、颂亦数十篇。"①

罗宪入洛。

《三国志·蜀志·霍弋传》裴注引《襄阳记》曰:"三年冬,入朝,进位冠军将军、假节。"②

谯周至洛。

《三国志·蜀志·谯周传》曰:"晋室践阼,累下诏所发遣周。周遂舆疾诣洛,泰始三年至。"③

蜀地文士李密被征为太子洗马,李密以祖母年高不应命。

《晋书·孝友传》曰:"蜀平,泰始初,诏征为太子洗马。密以祖母年高,无人奉养,遂不应命。"④

268 年,晋泰始四年

罗宪向晋武帝举荐蜀地文士。

《三国志》裴注引《襄阳记》曰:"罗宪字令则。父蒙,避乱于蜀,官至广汉太守。宪少以才学知名,年十三能属文。……四年三月,从帝宴于华林园,诏问蜀大臣子弟,后问先辈宜时叙用者,宪荐蜀郡常忌、杜轸、寿良、巴西陈寿、南郡高轨、南阳吕雅、许国、江夏费恭、琅邪诸葛京、汝南陈裕,即皆叙用,咸显于世。"⑤

陈寿被征入洛仕晋,为佐著作郎。

① (晋)常璩著,汪启明、赵静译注:《华阳国志》,四川大学出版社 2007 年版,第 588—592 页。
② (晋)陈寿:《三国志》,中华书局 1959 年版,第 1009 页。
③ (晋)陈寿:《三国志》,中华书局 1959 年版,第 1032 页。
④ (唐)房玄龄:《晋书》,中华书局 1974 年版,第 2274 页。
⑤ (晋)陈寿:《三国志》,中华书局 1959 年版,第 1009 页。

《晋书·陈寿传》曰："司空张华爱其才,以寿虽不远嫌,原情不至贬废,举为孝廉,除佐著作郎。"①

蜀郡文士杜烈入洛。

《华阳国志·后贤传》曰："弟烈,字仲武。贞干敏识,平坦和粹,名誉侔轸。察孝廉,历平康、牛鞞、南郑、安阳令。王国建,首选为郎中令。迁衡阳太守。兄轸丧,自上求去官,以兄子幼弱,轸丧飘飖,欲扶将灵柩葬旧坟。武帝叹惜轸能用未尽,而嘉烈弟意,转拜,徙官犍为太守,又转湘东。"②

蜀地文士王崇入洛。

《华阳国志·后贤传》曰："(王)崇,字幼远,学业渊博,雅性宏粹,蜀时东观郎。晋统一后,梁州辟别驾,举秀才,尚书郎。与寿良、李密、陈寿、杜烈同入京洛,为二州标俊。著《蜀书》,及诗赋之属数十篇。其书与陈寿颇不同。"③

蜀地文士寿良入洛。

《华阳国志·后贤传》曰："帝征为黄门侍郎,兼二州都给事中,梁州刺史。迁散骑常侍,大长秋,卒。葬洛北邙山。"④

280 年,太康元年

王濬东下克西陵;杜预南进克江陵。吴将留宪、陆晏、陆景等战亡。吴丞相张悌率军从牛渚渡江,拒王浑晋军,败死。王浑屯兵江北,不敢渡江。王濬从武昌顺流直驱建邺。孙皓降,被遣送到洛阳。

《三国志·吴志·孙皓传》曰："皓举家西迁,以太康元年五月丁亥集于京邑。"⑤

吴地文士薛莹入洛。

《三国志·吴志·薛莹传》曰："天纪四年,晋军征皓,莹既至洛阳,特先见叙,为散骑常侍。"⑥

平吴之后,宗室孙丞入洛。

《三国志·吴志·宗室传》裴注引《文士传》曰："丞好学,有文章,作《萤火赋》行于世。为黄门侍郎,与顾荣俱为侍臣。归命世内侍多得罪尤,惟荣、丞独获全。常使二人记事,丞答顾问,乃下诏曰:'自今已后,用侍郎皆当如今宗室丞、顾荣畴也。'吴

① (唐)房玄龄:《晋书》,中华书局 1974 年版,第 2137 页。
② (晋)常璩著,汪启明、赵静译注:《华阳国志》,四川大学出版社 2007 年版,第 615 页。
③ (晋)常璩著,汪启明、赵静译注:《华阳国志》,四川大学出版社 2007 年版,第 604 页。
④ (晋)常璩著,汪启明、赵静译注:《华阳国志》,四川大学出版社 2007 年版,第 624 页。
⑤ (晋)陈寿:《三国志》,中华书局 1959 年版,第 1177 页。
⑥ (晋)陈寿:《三国志》,中华书局 1959 年版,第 1256 页。

— 396 —

平赴洛,为范阳涿令,甚有称绩。永安中,陆机为成都王大都督,请丞为司马,与机俱被害。"①

吴亡,周处入洛。

《晋书·周处传》曰:"孙皓末,为无难督。及吴平,王浑登建邺宫酾酒,既酣,谓吴人曰:'诸君亡国之余,得无戚乎?'处对曰:'汉末分崩,三国鼎立,魏灭于前,吴亡于后,亡国之戚,岂惟一人!'浑有惭色。入洛,稍迁新平太守。"②

江南世族多被安置在原吴国以北的地区,如丹杨纪瞻家族就被徙历阳。

《晋书·纪瞻传》曰:"纪瞻字思远,丹杨秣陵人也。祖亮,吴尚书令。父陟,光禄大夫。瞻少以方直知名,吴平,徙家历阳郡。察孝廉,不行。后举秀才。"③

吴国富春人孙惠"寓居萧、沛之间。"

《晋书·孙惠传》曰:"惠口讷,好学,有才识。州辟不就,寓居萧、沛之间。永宁初,赴齐王冏,义讨赵王伦。以功封晋兴县侯,辟大司马户曹掾,转东曹属。"④

薛莹之子薛兼入洛为散骑常侍。

《晋书·薛兼传》曰:"薛兼字令长,丹杨人也。祖综,仕吴,为尚书仆射。父莹,有名吴朝。吴平,为散骑常侍。兼清素,有器宇。少与同郡纪瞻、广陵闵鸿、吴郡顾荣、会稽贺循齐名,号为五俊。初入洛,司空张华见而奇之,曰:'皆南金也!'"⑤

吴扬武将军陶丹被徙浔(寻)阳。

《晋书·陶侃传》曰:"吴平,徙家庐江之寻阳。"⑥

陈训在吴亡之后被徙中原。

《晋书·文苑传·陈训传》曰:"随例内徙,拜谏议大夫。"⑦

会稽文士孔愉在吴平后,迁于洛阳。

《晋书·孔愉传》曰:"孔愉,字敬康,会稽山阴人也。其先世居梁国。曾祖潜,太子少傅,汉末避地会稽,因家焉。祖竺,吴豫章太守。父恬,湘东太守。从兄侃,大司农。俱有名江左。愉年十三而孤,养祖母以孝闻,与同郡张茂字伟康、丁潭字世康齐名,时人号曰'会稽三康'。吴平,愉迁于洛。"⑧

---

①　(晋)陈寿:《三国志》,中华书局1959年版,第1217页。
②　(唐)房玄龄:《晋书》,中华书局1974年版,第1570页。
③　(唐)房玄龄:《晋书》,中华书局1974年版,第1815页。
④　(唐)房玄龄:《晋书》,中华书局1974年版,第1881页。
⑤　(唐)房玄龄:《晋书》,中华书局1974年版,第1832页。
⑥　(唐)房玄龄:《晋书》,中华书局1974年版,第1768页。
⑦　(唐)房玄龄:《晋书》,中华书局1974年版,第2468页。
⑧　(唐)房玄龄:《晋书》,中华书局1974年版,第2051页。

284 年,晋太康五年

陆喜等一批南方人士被征入洛。

《晋书·陆喜传》曰:"太康中,下诏曰:'伪尚书陆喜等十五人,南士归称,并以贞洁不容皓朝。或忠而获罪,或退身修志,放在草野。主者可皆随本位就下拜除。敕所在以礼发遣,须到随才授用。'"①

吴地文士陆云亦在洛阳,任太子舍人。

蒋方先生已据陆云《征西大将军京陵王公会射堂皇太子见命作此诗》推断出:"据此诗可知,太康五六年时,他已在洛阳太子府中了。"②其实,陆云《圣德颂》也可做内证。

285 年,晋太康六年

陆云在太康六年(285)年就出补浚仪令,没过几年,陆云又被郡守排挤去官归吴了。

289 年,晋太康十年

吴地文士陆机、陆云、顾荣等人入洛。

《晋书·陆机传》曰:"至太康末,与弟云俱入洛。"③

《文选·陆机〈谢平原内史表〉》李善注引臧荣绪《晋书》曰:"太熙末,太傅杨骏辟机为祭酒。骏诛,征为太子洗马。"④

《晋书·顾荣传》曰:"顾荣字彦先,吴国吴人也,为南土著姓。祖雍,吴丞相。父穆,宜都太守。荣机神朗悟,弱冠仕吴,为黄门侍郎,太子辅义都尉。吴平,与陆机兄弟同入洛,时人号为三俊。"⑤

291 年,晋惠帝永平元年　元康元年

弘农文士董景道见天下将乱,隐于商洛山。

《晋书·儒林传·董景道传》曰:"董景道,字文博,弘农人也。少而好学,千里追师,所在惟昼夜读诵,略不与人交通。明《春秋三传》、《京氏易》、《马氏尚书》、《韩诗》,皆精究大义。《三礼》之义,专遵郑氏,著《礼通论》非驳诸儒,演广郑旨。永平中,知天下将乱,隐于商洛山,衣木叶,食树果,弹琴歌笑以自娱,毒虫猛兽皆绕其傍,是以刘元海及聪屡征,皆碍而不达。"⑥

---

① (唐)房玄龄:《晋书》,中华书局 1974 年版,第 1487 页。
② 蒋方:《陆机、陆云仕晋宦迹考》,《湖北大学学报》(社科版)1995 年第 3 期。
③ (唐)房玄龄:《晋书》,中华书局 1974 年版,第 1473 页。
④ 《文选》卷三十七《谢平原内史表》,上海古籍出版社 1986 年版,第 1697 页。
⑤ (唐)房玄龄:《晋书》,中华书局 1974 年版,第 1811 页。
⑥ (唐)房玄龄:《晋书》,中华书局 1974 年版,第 2355 页。

298 年,惠帝元康八年

陆机举荐贺循。

《晋书·贺循传》曰:"贺循字彦先,会稽山阴人也。其先庆普,汉世传《礼》,世所谓庆氏学。祖高祖纯,博学有重名,汉安帝时为侍中,避安帝父讳,改为贺氏。曾祖齐,仕吴为名将。祖景,灭贼校尉。父邵,中书令,为孙皓所杀,徙家属边郡。循少婴家难,流放海隅,吴平,乃还本郡。……著作郎陆机上疏荐循。"①

按:贺循被举荐的时间不详,陆机任著作郎的时间根据其文《吊魏武帝文·序》"元康八年,机始以台郎出补著作",知元康八年。因此,贺循被举荐时间应在元康八年之后。

张翰同贺循赴洛。

《世说新语·任诞》记载张翰与贺循入洛途中相遇之事,"贺司空入洛赴命,为太子舍人。经吴阊门,在船中弹琴。张季鹰本不相识,先在金阊亭,闻弦甚清,下船就贺,因公语,便大相知悦。问贺,卿欲何之?贺曰:'入洛赴命,正尔进路。'张曰:'吾亦有事北京,因路寄载。'便与贺同发。初不告家,家追问乃知。"②

300 年,晋惠帝永康元年

戴若思因陆机举荐,入洛。

《世说新语·自新》曰:"戴渊少时,游侠不治行检,尝在江淮间攻掠商旅。陆机赴假还洛,辎重甚盛,渊使少年掠劫。渊在岸上,据胡床指麾左右,皆得其宜。渊既神姿锋颖,虽处鄙事,神气犹异。机于船屋上,遥谓之曰:'卿才如此,亦复作劫耶!'渊便泣涕,投剑归机,辞厉非常。机弥重之,定交,作笔荐焉。"③

张畅,《晋书》无传,行迹已不可知。张畅是否为吴地人士,亦不可知。但据陆机《荐张畅表》所说:"伏见司徒下谏议大夫张畅,除当为豫章内史丞。……愚以为宜解举,试以近县。"④所谓"试以近县",看来,张畅应是豫章郡附近人士,应属吴人。而张畅时任"司徒下谏议大夫",应在洛阳。

戴邈字望之,戴若思之弟,《晋书》有传。

陆云给杨彦明的书函中提到戴邈。说:"若思、望之,清才俊类。一时之彦,善并得接。"⑤

①　(唐)房玄龄:《晋书》,中华书局 1974 年版,第 1824 页。
②　徐震堮:《世说新语校笺》,中华书局 1984 年版,第 397 页。
③　徐震堮:《世说新语校笺》,中华书局 1984 年版,第 345 页。
④　刘运好:《陆士衡文集校注》,凤凰出版社 2007 年版,第 1256 页。
⑤　黄葵点校:《陆云集》,中华书局 1988 年版,第 168 页。

张悛字士然,吴国人。

《文选·为吴令谢询求为诸孙置守冢人表》李善注引《晋阳秋》曰:"张悛,字士然,吴国人也。"①《文选》中选录了张悛的《为吴令谢询求为诸孙置守冢人表》一文,可见,张悛也是吴地著名文士。李善注引孙盛《晋阳秋》曰:"元康中,吴令谢询表为诸孙置守冢人。悛为其文,诏从之。"②陆机兄弟与张悛有诗赠答。

夏靖字少明,《晋书》无传。

《裴子语林》曰:"夏少明在东国不知名。闻裴逸民知人,乃裹粮寄载,入洛从之。未至裴家少许,见一人着黄皮袴褶,乘马将猎。夏问逸民家远迩,答曰:'君何以问?'夏曰:'闻其名知人,故从会稽来投之。'"③

吴郡文士褚陶在吴平之后,召补尚书郎。按:史书未载褚陶入洛时间,张华被杀于永康元年。因此,褚陶入洛不会迟于此年。

《晋书·文苑传·褚陶传》曰:"褚陶,字季雅,吴郡钱塘人也。弱不好弄,少而聪慧,清淡闲默,以坟典自娱。年十三,作《鸥鸟》、《水砣》二赋,见者奇之。陶尝谓所亲曰:'圣贤备在黄卷中,舍此何求!'州郡辟,不就。吴平,召补尚书郎。张华见之,谓陆机曰:'君兄弟龙跃云津,顾彦先凤鸣朝阳,谓东南之宝已尽,不意复见褚生。'机曰:'公但未睹不鸣不跃者耳。'华曰:'故知延州之德不孤,川岳之宝不匮矣。'"④

301 年,晋永宁元年

王承永宁初年,见天下将乱,乃避难南下。永嘉初年,辞东海太守东渡江。

《晋书·王承传》曰:"承字安期。清虚寡欲,无所修尚。言理辩物,但明其指要而不饰文辞,有识者服其约而能通。弱冠知名。太尉王衍雅贵异之,比南阳乐广焉。永宁初,为骠骑参军。值天下将乱,乃避难南下。……寻去官,东渡江。是时道路梗涩,人怀危惧,承每遇艰险,处之夷然,虽家人近习,不见其忧喜之色。既至下邳,登山北望,叹曰:'人言愁,我始欲愁矣。'及至建邺,为元帝镇东府从事中郎,甚见优礼。承少有重誉,而推诚接物,尽弘恕之理,故众咸亲爱焉。渡江名臣王导、卫玠、周顗、庾亮之徒皆出其下,为中兴第一。"⑤

吴郡文士张翰见天下将乱,劝同郡顾荣一起归吴。按史书未载张翰归吴时间,但提到齐王冏不久败亡,齐王冏败亡于302年,故将张翰归吴次于本年。

① (南朝·梁)萧统撰,李善注:《文选》,上海古籍出版社1986年版,第1713页。
② (南朝·梁)萧统撰,李善注:《文选》,上海古籍出版社1986年版,第1713页。
③ 鲁迅校录:《古小说钩沉》,《鲁迅全集》第8卷,人民文学出版社1973年版,第137页。
④ (唐)房玄龄:《晋书》,中华书局1974年版,第2381页。
⑤ (唐)房玄龄:《晋书》,中华书局1974年版,第1960页。

《晋书·文士传·张翰传》曰:"齐王冏辟为大司马东曹掾。冏时执权,翰谓同郡顾荣曰:'天下纷纷,祸难未已。夫有四海之名者,求退良难。吾本山林间人,无望于时。子善以明防前,以智虑后。'荣执其手,怆然曰:'吾亦与子采南山蕨,饮三江水耳。'翰因见秋风起,乃思吴中菰菜、莼羹、鲈鱼脍,曰:'人生贵得适志,何能羁宦数千里以要名爵乎!'遂命驾而归。著《首丘赋》,文多不载。俄而冏败,人皆谓之见机。然府以其辄去,除吏名。翰任心自适,不求当世。或谓之曰:'卿乃可纵适一时,独不为身后名邪?'答曰:'使我有身后名,不如即时一杯酒。'时人贵其旷达。性至孝,遭母忧,哀毁过礼。年五十七卒。其文笔数十篇行于世。"①

安定名士张轨见天下将乱,谋保据河西,故求凉州刺史。自此以后的十多年间,凉州成为中原人士罹难避乱的一大乐土。

《晋书·张轨传》曰:"轨以时方多难,阴图据河西,筮之,遇《泰》之《观》,乃投策喜曰:'霸者兆也。'于是求为凉州。公卿亦举轨才堪御远。永宁初,出为护羌校尉、凉州刺史。于时鲜卑反叛,寇盗从横,轨到官,即讨破之,斩首万余级,遂威著西州,化行河右。以宋配、阴充、氾瑗、阴澹为股肱谋主,征九郡胄子五百人,立学校,始置崇文祭酒,位视别驾,春秋行乡射之礼。秘书监缪世征、少府挚虞夜观星象,相与言曰:'天下方乱,避难之国唯凉土耳。张凉州德量不恒,殆其人乎!'"②

304 年,晋惠帝建武元年(七月)　永兴元年(十二月)

吴地文士顾荣以世乱还吴。

《晋书·顾荣传》曰:"及帝西迁长安,征为散骑常侍,以世乱不应,遂还吴。东海王越聚兵于徐州,以荣为军谘祭酒。"③

会稽文士孔愉与此年南迁回乡。

《晋书·孔愉传》曰:"惠帝末,归乡里,行至江淮间,遇石冰、封云为乱,云逼愉为参军,不从将杀之,赖云司马张统营救获免。东还会稽,人新安山中,改姓孙氏,以稼穑读书为务,信著乡里。后忽舍去,皆谓为神人,而为之立祠。"④

葛洪参与平叛石冰动乱,入洛搜求异书以广其学。见天下已乱,避地南土,为广州刺史嵇含参军。永嘉五年,丞相司马睿辟为掾属。

《晋书·葛洪传》曰:"太安中,石冰作乱,吴兴太守顾秘为义军都督,与周玘等起兵讨之,秘檄洪为将兵都尉,攻冰别率,破之,迁伏波将军。冰平,洪不论功赏,径至洛阳,

① (唐)房玄龄:《晋书》,中华书局 1974 年版,第 2384 页。
② (唐)房玄龄:《晋书》,中华书局 1974 年版,第 2221—2222 页。
③ (唐)房玄龄:《晋书》,中华书局 1974 年版,第 1812 页。
④ (唐)房玄龄:《晋书》,中华书局 1974 年版,第 2051 页。

欲搜求异书以广其学。洪见天下已乱,欲避地南土,乃参广州刺史嵇含军事。及含遇害,遂停南土多年,征镇檄命一无所就。后还乡里,礼辟皆不赴。元帝为丞相,辟为掾。"①

305 年,晋永兴二年

陈敏谋反,谋割据江东。假顾荣为右将军、丹杨内史。顾荣与甘卓等谋陈敏。

《晋书·顾荣传》曰:"属广陵相陈敏反,南渡江,逐扬州刺史刘机、丹阳内史王旷,阻兵据州,分置子弟为列郡,收礼豪桀,有孙氏鼎峙之计。假荣右将军、丹阳内史。荣数践危亡之际,恒以恭逊自勉。会敏欲诛诸士人,荣说之曰:'中国丧乱,胡夷内侮,观太傅今日不能复振华夏,百姓无复遗种。江南虽有石冰之寇,人物尚全。荣常忧无窦氏、孙、刘之策,有以存之耳。今将军怀神武之略,有孙吴之能,功勋效于已著,勇略冠于当世,带甲数万,舳舻山积,上方虽有数州,亦可传檄而定也。若能委信君子,各得尽怀,散蒂芥之恨,塞谗诤之口,则大事可图也。'敏纳其言,悉引诸豪族委任之。敏仍遣甘卓出横江,坚甲利器,尽以委之。荣私于卓曰:'若江东之事可济,当共成之。然卿观事势当有济理不?敏既常才,本无大略,政令反复,计无所定,然其子弟各已骄矜,其败必矣。而吾等安然受其官禄,事败之日,使江西诸军函首送洛,题曰逆贼顾荣、甘卓之首,岂唯一身颠覆,辱及万世,可不图之!'卓从之。"②

306 年,晋永兴三年

周玘、顾荣、甘卓、纪瞻等江东士族平定陈敏之乱。

《晋书·顾荣传》曰:"明年,周玘与荣及甘卓、纪瞻潜谋起兵攻敏。荣废桥敛舟于南岸,敏率万余人出,不获济,荣麾以羽扇,其众溃散。事平,还吴。"③

河东文士郭璞见河东动乱,欲结数十家避地东南。

《晋书·郭璞传》曰:"惠怀之际,河东先扰。璞筮之,投策而叹曰:'嗟乎!黔黎将湮于异类,桑梓其翦为龙荒乎!'于是潜结姻昵及交游数十家,欲避地东南。行至庐江,太守胡孟康被丞相召为军谘祭酒。时江淮清宴,孟康安之,无心南渡。璞为占曰'败'。康不之信。璞将促装去之,爱主人婢,无由而得,乃取小豆三斗,绕主人宅散之。主人晨见赤衣人数千围其家,就视则灭,甚恶之,请璞为卦。璞曰:'君家不宜畜此婢,可于东南二十里卖之,慎勿争价,则此妖可除也。'主人从之。璞阴令人贱买此婢。复为符投于井中,数千赤衣人皆反缚,一一自投于井,主人大悦。璞携婢去。后数旬而庐江陷。

① (唐)房玄龄:《晋书》,中华书局 1974 年版,第 1911 页。
② (唐)房玄龄:《晋书》,中华书局 1974 年版,第 1812—1813 页。
③ (唐)房玄龄:《晋书》,中华书局 1974 年版,第 1813 页。

璞既过江,宣城太守殷佑引为参军。"①

307 年,晋怀帝永嘉元年

永嘉初年,司马睿在王导的谋划下,出镇建邺。

《晋书·元帝纪》曰:"永嘉初,用王导计,始镇建邺,以顾荣为军司马,贺循为参佐,王敦、王导、周顗、刁协并为腹心股肱,宾礼名贤,存问风俗,江东归心焉。属太妃薨于国,自表奔丧,葬毕,还镇,增封宣城郡二万户,加镇东大将军、开府仪同三司。受越命,讨征东将军周馥,走之。及怀帝蒙尘于平阳,司空荀藩等移檄天下,推帝为盟主。"②

王导随琅琊王司马睿出镇江东,为其谋划。

《晋书·王导传》曰:"时元帝为琅邪王,与导素相亲善。导知天下已乱,遂倾心推奉,潜有兴复之志。帝亦雅相器重,契同友执。帝之在洛阳也,导每劝令之国。会帝出镇下邳,请导为安东司马,军谋密策,知无不为。及徙镇建康,吴人不附,居月余,士庶莫有至者,导患之。会敦来朝,导谓之曰:'琅邪王仁德虽厚,而名论犹轻。兄威风已振,宜有以匡济者。'会三月上巳,帝亲观禊,乘肩舆,具威仪,敦、导及诸名胜皆骑从。吴人纪瞻、顾荣,皆江南之望,窃窥之,见其如此,咸惊惧,乃相率拜于道左。导因进计曰:'古之王者,莫不宾礼故老,存问风俗,虚己倾心,以招俊乂。况天下丧乱,九州分裂,大业草创,急于得人者乎!顾荣、贺循,此土之望,未若引之以结人心。二子既至,则无不来矣。'帝乃使导躬造循、荣,二人皆应命而至,由是吴会风靡,百姓归心焉。自此之后,渐相崇奉,君臣之礼始定。

俄而洛京倾覆,中州士女避乱江左者十六七,导劝帝收其贤人君子,与之图事。时荆扬晏安,户口殷实,导为政务在清静,每劝帝克己励节,匡主宁邦。于是尤见委杖,情好日隆,朝野倾心,号为'仲父'。帝尝从容谓导曰:'卿,吾之萧何也。'对曰:'昔秦为无道,百姓厌乱,巨猾陵暴,人怀汉德,革命反正,易以为功。自魏氏以来,迄于太康之际,公卿世族,豪侈相高,政教陵迟,不遵法度,群公卿士,皆餍于安息,遂使人乘衅,有亏至道。然否终斯泰,天道之常。大王方立命世之勋,一匡九合,管仲、乐毅,于是乎在,岂区区国臣所可拟议!愿深弘神虑,广择良能。顾荣、贺循、纪瞻、周皆南土之秀,愿尽优礼,则天下安矣。'帝纳焉。"③

王衍知天下将乱,谋自全之计。表东海王司马越,令从弟王澄为荆州牧,王敦为青州牧。

① (唐)房玄龄:《晋书》,中华书局 1974 年版,第 1899 页。
② (唐)房玄龄:《晋书》,中华书局 1974 年版,第 144 页。
③ (唐)房玄龄:《晋书》,中华书局 1974 年版,第 144 页。

《晋书·王衍传》曰:"衍虽居宰辅之重,不以经国为念,而思自全之计。说东海王越曰:'中国已乱,当赖方伯,宜得文武兼资以任之。'乃以弟澄为荆州,族弟敦为青州。因谓澄、敦曰:'荆州有江、汉之固,青州有负海之险,卿二人在外,而吾留此,足以为三窟矣。'识者鄙之。"①

王导诸子王悦、王恬、王洽、王协等随父在江东。

《晋书·王导传附王协》曰:"协字敬祖,元帝抚军参军,袭爵武冈侯。"②

王导从弟王舒随王导等人过江。

《晋书·王舒传》曰:"王舒,字处明,丞相导之从弟也。父会,侍御史。舒少为从兄敦所知,以天下多故,不营当时名,恒处私门,潜心学植。年四十余,州礼命,太傅辟,皆不就。及敦为青州,舒往依焉。时敦被征为秘书监,以寇难路险,轻骑归洛阳,委弃公主。时辎重金宝甚多,亲宾无不竞取,惟舒一无所眄,益为敦所赏。及元帝镇建康,因与诸父兄弟俱渡江委质焉。参镇东军事,出补溧阳令。"③

王导从弟王廙任濮阳太守,辞官过江追随司马睿。

《晋书·王廙传》曰:"王廙,字世将,丞相导从弟,而元帝姨弟也。父正,尚书郎。廙少能属文,多所通涉,工书画,善音乐、射御、博弈、杂伎。辟太傅掾,转参军。豫迎大驾,封武陵县侯,拜尚书郎,出为濮阳太守。元帝作镇江左,喟弃郡过江。帝见之大悦,以为司马。"④

王彬与兄王廙俱渡江,为扬州刺史刘机建武长史。司马睿引为镇东贼曹参军。

《晋书·王彬传》曰:"后与兄廙俱渡江,为扬州刺史刘机建武长史。元帝引为镇东贼曹参军,转典兵参军。豫讨华轶功,封都亭侯,愍帝召为尚书郎,以道险不就。迁建安太守,徙义兴内史,未之职,转军谘祭酒。"⑤

刘超以琅玡国记室,随琅玡王司马睿渡江。

《晋书·刘超传》曰:"超少有志尚,为县小吏,稍迁琅邪国记室掾。以忠谨清慎为元帝所拔,恒亲侍左右,遂从渡江,转安东府舍人,专掌文檄。"⑥

顾荣被征入洛,至徐州返吴,被司马睿征为军司马。

《晋书·顾荣传》曰:"元帝镇江东,以荣为军司,加散骑常侍,凡所谋画,皆以谘焉。

① (唐)房玄龄:《晋书》,中华书局1974年版,第1237—1238页。
② (唐)房玄龄:《晋书》,中华书局1974年版,第1758页。
③ (唐)房玄龄:《晋书》,中华书局1974年版,第1999页。
④ (唐)房玄龄:《晋书》,中华书局1974年版,第2002页。
⑤ (唐)房玄龄:《晋书》,中华书局1974年版,第2005页。
⑥ (唐)房玄龄:《晋书》,中华书局1974年版,第1875页。

荣既南州望士,躬处右职,朝野甚推敬之。"①

永嘉元年,纪瞻与顾荣被征,同行入洛,至徐州返吴。

《晋书·纪瞻传》曰:"召拜尚书郎,与荣同赴洛,在途共论《易》太极。荣曰:'太极者,盖谓混沌之时曚昧未分,日月含其辉,八卦隐其神,天地混其体,圣人藏其身。然后廓然既变,清浊乃陈,二仪着象,阴阳交泰,万物始萌,六合闿拓。《老子》云:有物混成,先天地生,诚《易》之太极也。而王氏云太极天地,愚谓未当。夫两仪之谓,以体为称,则是天地;以气为名,则名阴阳。今若谓太极为天地,则是天地自生,无生天地者也。《老子》又云:天地所以能长且久者,以其不自生,故能长久,一生二,二生三,三生万物,以资始冲气以为和。原元气之本,求天地之根,恐宜以此为准也。'瞻曰:'昔疱牺画八卦,阴阳之理尽矣。文王、仲尼系其遗业,三圣相承,共同一致,称《易》准天,无复其余也。夫天清地平,两仪交泰,四时推移,日月辉其间,自然之数,虽经诸圣,孰知其始。吾子云:曚昧未分,岂其然乎!圣人,人也,安得混沌之初能藏其身于未分之内!老氏先天之言,此盖虚诞之说,非《易》者之意也。亦谓吾子神通体解,所不应疑。意者直谓太极极尽之称,言其理极,无复外形;外形既极,而生两仪。王氏指向可谓近之。古人举至极以为验,谓二仪生于此,非复谓有父母。若必有父母,非天地其孰在?'荣遂止。至徐州,闻乱日甚,将不行。会刺史裴盾得东海王越书,若荣等顾望,以军礼发遣,乃与荣及陆玩等各解船弃车牛,一日一夜行三百里,得还扬州。元帝为安东将军,引为军谘祭酒,转镇东长史。帝亲幸瞻宅,与之同乘而归。以讨周馥、华轶功,封都乡侯。"②

会稽文士贺循永兴二年在吴,拒绝陈敏的征用。后陈敏被镇压之后,贺循为吴国内史。司马睿镇建康,收罗吴地文士贺循等人。

《晋书·贺循传》曰:"及陈敏之乱,诈称诏书,以循为丹阳内史。循辞以脚疾,手不制笔,又服寒食散,露发袒身,示不可用,敏竟不敢逼。是时州内豪杰皆见维絷,或有老疾,就加秩命,惟循与吴郡朱诞不豫其事。及敏破,征东将军周馥上循领会稽相,寻除吴国内史,公车征贤良,皆不就。元帝为安东将军,复上循为吴国内史,与循言及吴时事,因问曰:'孙皓尝烧锯截一贺头,是谁邪?'循未及言,帝悟曰:'是贺邵也。'循流涕曰:'先父遭遇无道,循创巨痛深,无以上答。'帝甚愧之,三日不出。东海王越命为参军,征拜博士,并不起。及帝迁镇东大将军,以军司顾荣卒,引循代之。"③

周颛被司马睿请为军谘祭酒,荆州刺史,领护南蛮校尉。

① （唐）房玄龄:《晋书》,中华书局1974年版,第1813页。
② （唐）房玄龄:《晋书》,中华书局1974年版,第1819—1820页。
③ （唐）房玄龄:《晋书》,中华书局1974年版,第1825—1826页。

《晋书·周顗传》曰:"东海王越子毗为镇军将军,以顗为长史。元帝初镇江左,请为军谘祭酒,出为宁远将军、荆州刺史、领护南蛮校尉、假节。始到州,而建平流人傅密等叛迎蜀贼杜弢,顗狼狈失据。"①

永嘉初,皇甫方回避难荆州。

《晋书·皇甫谧传·附皇甫方回传》曰:"(皇甫)方回少遵父操,兼有文才。永嘉初,博士征,不起。避乱荆州,闭户闲居,未尝入城府。蚕而后衣,耕而后食,先人后己,尊贤爱物,南土人士咸崇敬之。刺史陶侃礼之甚厚。侃每造之,着素士服,望门辄下而进。王敦遣从弟廙代侃,迁侃为广州。侃将诣敦,方回谏曰:'吾闻敌国灭,功臣亡。足下新破杜弢,功莫与二,欲无危,其可得乎!'侃不从而行。敦果欲杀侃,赖周访获免。廙既至荆州,大失物情,百姓叛廙迎杜弢。廙大行诛戮以立威,以方回为侃所敬,责其不来诣己,乃收而斩之。荆土华夷,莫不流涕。"②

刁协在永嘉初,避难渡江。

《晋书·刁协传》曰:"永嘉初,为河南尹,未拜,避难渡江。元帝以为镇东军谘祭酒,转长史。"③

挚虞论世乱之际的避难之国——凉州。

《晋书·挚虞传》曰:"虞善观玄象,尝谓友人曰:'今天下方乱,避难之国,其唯凉土乎!'"④

诸葛恢在天下大乱,从琅玡郡避地江左。

《晋书·诸葛恢传》曰:"恢弱冠知名,试守即丘长,转临沂令,为政和平。值天下大乱,避地江左,名亚王导、庾亮。导尝谓曰:'明府当为黑头公。'及导拜司空,恢在从,导指冠谓曰:'君当复着此。'导尝与恢戏争族姓,曰:'人言王葛,不言葛王也。'恢曰:'不言马驴,而言驴马,岂驴胜马邪!'其见亲狎如此。于时颍川荀闿字道明、陈留蔡谟字道明,与恢俱有名誉,号曰'中兴三明',人为之语曰:'京都三明各有名,蔡氏儒雅荀葛清。'"⑤

309年,晋永嘉三年

山涛之子山简为征南将军,都督荆湘交广四州军事,假节,镇襄阳。

《晋书·山涛传附山简传》曰:"永嘉三年,出为征南将军、都督荆、湘、交、广四州诸

---

① (唐)房玄龄:《晋书》,中华书局1974年版,第1850页。
② (唐)房玄龄:《晋书》,中华书局1974年版,第1745—1746页。
③ (唐)房玄龄:《晋书》,中华书局1974年版,第1842页。
④ (唐)房玄龄:《晋书》,中华书局1974年版,第1427页。
⑤ (唐)房玄龄:《晋书》,中华书局1974年版,第2041—2042页。

军事、假节、镇襄阳。于时四方寇乱,天下分崩,王威不振,朝野危惧。简优游卒岁,唯酒是耽。诸习氏,荆土豪族,有佳园池,简每出嬉游,多之池上,置酒辄醉,名之曰高阳池。时有儿童歌曰:'山公出何许,往至高阳池。日夕倒载归,酩酊无所知。时时能骑马,倒着白接。举鞭问葛疆:何如并州儿?'疆家在并州,简爱将也。"①

温峤受刘琨之托,迁往建康拜谒司马睿。

《晋书·温峤传》曰:"属二都倾覆,社稷绝祀,元帝初镇江左,琨诚系王室,谓峤曰:'昔班彪识刘氏之复兴,马援知汉光之可辅。今晋祚虽衰,天命未改,吾欲立功河朔,使卿延誉江南,子其行乎?'对曰:'峤虽无管张之才,而明公有桓文之志,欲建匡合之功,岂敢辞命。'乃以为左长史,檄告华夷,奉表劝进。峤既至,引见,具陈琨忠诚,志在效节,因说社稷无主,天人系望,辞旨慷慨。举朝属目,帝器而喜焉。王导、周顗、谢鲲、庾亮、桓彝等并与亲善。于时江左草创,纲维未举,峤殊以为忧。及见王导共谈,欢然曰;'江左自有管夷吾,吾复何虑!'屡求反命,不许。会琨为段匹磾所害,峤表琨忠诚,虽勋业不遂,然家破身亡,宜在褒崇,以慰海内之望。帝然之。'"②

310年,晋永嘉四年

江统永嘉四年避难奔成皋。江统之子在东晋时代多为知名。

《晋书·江统传》曰:"永嘉四年,避难奔于成皋,病卒。凡所造赋颂表奏皆传于后。"③

《晋书·江统传》曰:"彪字思玄,本州辟举秀才,平南将军温峤以为参军。复为州别驾,辟司空郗鉴掾,除长山令。鉴又请为司马,转黄门郎。车骑将军庾冰镇江州,请为长史。冰薨,庾翼以为谘议参军,俄而复补长史。翼薨,大将干瓒作难,彪讨平之。除尚书吏部郎,仍迁御史中丞、侍中、吏部尚书。永和中,代桓景为护军将军。出补会稽内史,加右军将军。代王彪之为尚书仆射。哀帝即位,疑周贵人名号所宜,彪议见《礼志》。帝欲于殿庭立鸿祀,又欲躬自藉田,彪并以为礼废日久,仪注不存,中兴以来所不行,谓宜停之。为仆射积年,简文帝为相,每访政事,彪多所补益,转护军将军,领国子祭酒,卒官。"④

"惇字思悛,孝友淳粹,高节迈俗。性好学,儒玄并综。每以为君子立行,应依礼而动,虽隐显殊途,未有不傍礼教者也。若乃放达不羁,以肆纵为贵者,非但动违礼法,亦道之所弃也。乃著《通道崇检论》,世咸称之。苏峻之乱,避地东阳山,太尉郗鉴檄为兖

① (唐)房玄龄:《晋书》,中华书局1974年版,第1229—1230页。
② (唐)房玄龄:《晋书》,中华书局1974年版,第1785—1786页。
③ (唐)房玄龄:《晋书》,中华书局1974年版,第1538页。
④ (唐)房玄龄:《晋书》,中华书局1974年版,第1538—1539页。

州治中,又辟太尉掾;康帝为司徒,亦辟焉;征西将军庾亮请为儒林参军;征拜博士、著作郎,皆不就。邑里宗其道,有事必谘而后行。东阳太守阮裕、长山令王蒙,皆一时名士,并与惇游处,深相钦重。养志二十余年,永和九年卒,时年四十九,友朋相与刊石立颂,以表德美云。"①

华轶为江州刺史,得江表人士欢心,流亡之士多归之。

《晋书·华轶传》曰:"华轶,字彦夏,平原人,魏太尉歆之曾孙也。祖表,太中大夫。父澹,河南尹。轶少有才气,闻于当世,泛爱博纳,众论美之。初为博士,累迁散骑常侍。东海王越牧兖州,引为留府长史。永嘉中,历振威将军、江州刺史。虽逢丧乱,每崇典礼,置儒林祭酒以弘道训,乃下教曰:'今大义颓替,礼典无宗,朝廷滞议,莫能攸正,常以慨然,宜特立此官,以弘其事。军谘祭酒杜夷,栖情玄远,确然绝俗,才学精博,道行优备,其以为儒林祭酒。'俄被越檄使助讨诸贼,轶遣前江夏太守陶侃为扬武将军,率兵三千屯夏口,以为声援。轶在州其有威惠,州之豪士接以友道,得江表之欢心,流亡之士赴之如归。"②

311年,晋永嘉五年

洛阳沦陷,中原衣冠大量南迁。

《晋书·王导传》曰:"俄而洛京倾覆,中州士女避乱江左者十六七,导劝帝收其贤人君子,与之图事。"③

郗鉴避难山东峄山,后受命司马睿为龙骧将军、兖州刺史,镇邹山。

《晋书·郗鉴传》曰:"鉴得归乡里。于时所在饥荒,州中之士素有感其恩义者,相与资赡。鉴复分所得,以恤宗族及乡曲孤老,赖而全济者甚多,咸相谓曰:'今天子播越,中原无伯,当归依仁德,可以后亡。'遂共推鉴为主,举千余家俱避难于鲁之峄山。

元帝初镇江左,承制假鉴龙骧将军、兖州刺史,镇邹山。时荀藩用李述,刘琨用兄子演,并为兖州,各屯一郡,以力相倾,阖州编户,莫知所适。又徐龛、石勒左右交侵,日寻干戈,外无救援,百姓饥馑,或掘野鼠蛰燕而食之,终无叛者。三年间,众至数万。帝就加辅国将军、都督兖州诸军事。"④

《晋书·郗鉴传》曰:"初,鉴值永嘉丧乱,在乡里甚穷馁,乡人以鉴名德,传共饴之。时兄子迈、外甥周翼并小,常携之就食。乡人曰:'各自饥困,以君贤,欲共相济耳,恐不

① (唐)房玄龄:《晋书》,中华书局1974年版,第1539页。
② (唐)房玄龄:《晋书》,中华书局1974年版,第1671页。
③ (唐)房玄龄:《晋书》,中华书局1974年版,第144页。
④ (唐)房玄龄:《晋书》,中华书局1974年版,第1797页。

能兼有所存。'鉴于是独往,食讫,以饭着两颊边,还吐与二儿,后并得存,同过江。"①

山简兵败,迁于夏口。招纳流亡,江、汉归附。

《晋书·山涛传附山简传》曰:"及洛阳陷没,简又为贼严嶷所逼,乃迁于夏口。招纳流亡,江、汉归附。时华轶以江州作难,或劝简讨之。简曰:'与彦夏旧友,为之惆怅。简岂利人之机,以为功伐乎!'其笃厚如此。时乐府伶人避难,多奔沔汉,宴会之日,僚佐或劝奏之。简曰:'社稷倾覆,不能匡救,有晋之罪人也,何作乐之有!'因流涕慷慨,坐者咸愧焉。"②

荆湘各地的蜀地流民起义,推杜弢为首。

《晋书·王澄传》曰:"巴蜀流人散在荆、湘者,与土人忿争,遂杀县令,屯聚乐乡。澄使成都内史王机讨之。贼请降,澄伪许之,既而袭之于宠洲,以其妻子为赏,沈八千余人于江中。于是益、梁流人四五万家一时俱反,推杜弢为主,南破零桂,东掠武昌,败王机于巴陵。澄亦无忧惧之意,但与机日夜纵酒,投壶博戏,数十局俱起。"③

王澄被司马睿召为军谘祭酒。

《晋书·王澄传》曰:"初,澄命武陵诸郡同讨杜弢,天门太守扈瑰次于益阳。武陵内史武察为其郡夷所害,瑰以孤军引还。澄怒,以杜曾代瑰。夷袁遂,瑰故吏也,托为瑰报仇,遂举兵逐曾,自称平晋将军。澄使司马毌丘邈讨之,为遂所败。会元帝征澄为军谘祭酒,于是赴召。"④

乐广之子乐凯、乐肇兄弟相携过江。

《晋书·乐广传》曰:"凯字弘绪,大司马齐王掾,参骠骑军事。肇字弘茂,太傅东海王掾。洛阳陷,兄弟相携南渡江。谟字弘范,征虏将军、吴郡内史。"⑤

陈骞后嗣陈粹永嘉中遇害。

《晋书·陈骞传》曰:"子粹嗣,永嘉中遇害,孝武帝以骞玄孙袭爵。"⑥

山简之子山遐任余姚令。严刑峻法,豪强生畏。

《晋书·山涛传附山简传》曰:"遐字彦林,为余姚令。时江左初基,法禁宽弛,豪族多挟藏户口,以为私附。遐绳以峻法,到县八旬,出口万余。县人虞喜以藏户当弃市,遐欲绳喜。诸豪强莫不切齿于遐,言于执事,以喜有高节,不宜屈辱。又以遐辄造县舍,遂

---

①　(唐)房玄龄:《晋书》,中华书局1974年版,第1801页。
②　(唐)房玄龄:《晋书》,中华书局1974年版,第1230页。
③　(唐)房玄龄:《晋书》,中华书局1974年版,第1240页。
④　(唐)房玄龄:《晋书》,中华书局1974年版,第1240—1241页。
⑤　(唐)房玄龄:《晋书》,中华书局1974年版,第1264页。
⑥　(唐)房玄龄:《晋书》,中华书局1974年版,第1037页。

陷其罪。遐与会稽内史何充笺：'乞留百日，穷蹑捕逃，退而就罪，无恨也。'充申理，不能得。竟坐免官。后为东阳太守，为政严猛。康帝诏曰：'东阳顷来竟囚，每多入重。岂郡多罪人，将捶楚所求，莫能自固邪！'遐处之自若，郡境肃然。卒于官。"①

石苞曾孙石朴没于胡，石勒以其同姓，又俱出河北，引以为同宗。

《晋书·石苞传》曰："苞曾孙朴字玄真，为人谨厚，无他材艺，没于胡。石勒以与朴同姓，俱出河北，引朴为宗室，特加优宠，位至司徒。"②

裴楷侄子裴盾永嘉中期为徐州刺史。后刘元海遣将攻彭城。裴盾等逃至淮阴。

《晋书·裴楷传》曰："寻而刘元海遣将王桑、赵固向彭城，前锋数骑至下邳，文武不堪苛政，悉皆散走，盾、奥奔淮阴，妻子为贼人所得。"③

裴盾弟弟裴邵为司马睿长史，征为太子中庶子。

《晋书·裴楷传》曰："元帝为安东将军，以邵为长史，王导为司马，二人相与为深交。征为太子中庶子，复转散骑常侍，使持节、都督扬州江西淮北诸军事、东中郎将，随越出项，而卒于军中。及王导为司空，既拜，叹曰：'裴道期、刘王乔在，吾不得独登此位。'导子仲豫与康同字，导思旧好，乃改为敬豫焉。"④

卫玠将家南行至豫章，再至建邺。

《晋书·卫玠传》曰："玠以天下大乱，欲移家南行。母曰：'我不能舍仲宝去也。'玠启谕深至，为门户大计，母涕泣从之。临别，玠谓兄曰：'在三之义，人之所重。今可谓致身之日，兄其勉之。'乃扶舆母转至江夏。玠妻先亡。征南将军山简见之，甚相钦重。简曰：'昔戴叔鸾嫁女，唯贤是与，不问贵贱，况卫氏权贵门户令望之人乎！'于是以女妻焉。遂进豫章，是时大将军王敦镇豫章，长史谢鲲先雅重玠，相见欣然，言论弥日。敦谓鲲曰：'昔王辅嗣吐金声于中朝，此子复玉振于江表，微言之绪，绝而复续。不意永嘉之末，复闻正始之音，何平叔若在，当复绝倒。'玠尝以人有不及，可以情恕；非意相干，可以理遣，故终身不见喜愠之容。以王敦豪爽不群，而好居物上，恐非国之忠臣，求向建邺。京师人士闻其姿容，观者如堵。玠劳疾遂甚，永嘉六年卒，时年二十七，时人谓玠被看杀。"⑤

卫展任江州刺史，为晋王司马睿大理。

《晋书·卫桓传》曰："恒族弟展字道舒，历尚书郎、南阳太守。永嘉中，为江州刺

---

① （唐）房玄龄：《晋书》，中华书局 1974 年版，第 1230 页。
② （唐）房玄龄：《晋书》，中华书局 1974 年版，第 1009 页。
③ （唐）房玄龄：《晋书》，中华书局 1974 年版，第 1052 页。
④ （唐）房玄龄：《晋书》，中华书局 1974 年版，第 1052 页。
⑤ （唐）房玄龄：《晋书》，中华书局 1974 年版，第 1067—1068 页。

史,累迁晋王大理。诏有考子证父,或鞭父母问子所在,展以为恐伤正教,并奏除之。中兴建,为廷尉,上疏宜复肉刑,语在《刑法志》。"①

张华孙子张舆避难过江。

《晋书·张华传》曰:"舆,字公安,袭华爵。避难过江,辟丞相掾、太子舍人。"②

《晋书·宗室·司马承传》曰:"永嘉中,天下渐乱,间行依征南将军山简,会简卒,进至武昌。元帝初镇扬州,承归建康,补军谘祭酒。愍帝征为龙骧将军,不行。元帝为晋王,承制更封承为谯王。太兴初,拜屯骑校尉,加辅国将军,领左军将军。"③

傅咸子傅敷在永嘉之乱后,南渡避难于会稽。

《晋书·傅玄传附傅敷》曰:"敷字颖根,清静有道,素解属文。除太子舍人,转尚书郎、太傅参军,皆不起。永嘉之乱,避地会稽,元帝引为镇东从事中郎。素有羸疾,频见敦喻,辞不获免,舆病到职。数月卒,时年四十六。"④

阮孚永嘉之乱,避难江东。

《晋书·阮籍传》曰:"孚字遥集。其母,即胡婢也。孚之初生,其姑取王延寿《鲁灵光殿赋》曰'胡人遥集于上楹'而以字焉。初辟太傅府,迁骑兵属。避乱渡江,元帝以为安东参军。蓬发饮酒,不以王务婴心。时帝既用申、韩以救世,而孚之徒未能弃也。虽然,不以事任处之。转丞相从事中郎。终日酗纵,恒为有司所按,帝每优容之。"⑤

阮修避难南行,途中遇难。

《晋书·阮籍传》曰:"王敦时为鸿胪卿,谓修曰:'卿常无食,鸿胪丞差有禄,能作不?'修曰:'亦复可尔耳!'遂为之。转太傅行参军、太子洗马。避乱南行,至西阳期思县,为贼所害,时年四十二。"⑥

阮裕亦过江避难,王导辟为主簿。

《晋书·王羲之传》曰:"时陈留阮裕有重名,为敦主簿。敦尝谓羲之曰:'汝是吾家佳子弟,当不减阮主簿。'"⑦

谢鲲见天下方乱,不应东海王司马越的征辟,避地于豫章。

《晋书·谢鲲传》曰:"越寻更辟之,转参军事。鲲以时方多故,乃谢病去职,避地于豫章。尝行经空亭中夜宿,此亭旧每杀人。将晓,有黄衣人呼鲲字令开户,鲲憺然无惧

---

① (唐)房玄龄:《晋书》,中华书局1974年版,第1067—1068页。
② (唐)房玄龄:《晋书》,中华书局1974年版,第1077页。
③ (唐)房玄龄:《晋书》,中华书局1974年版,第1103页。
④ (唐)房玄龄:《晋书》,中华书局1974年版,第1330页。
⑤ (唐)房玄龄:《晋书》,中华书局1974年版,第1364页。
⑥ (唐)房玄龄:《晋书》,中华书局1974年版,第1367页。
⑦ (唐)房玄龄:《晋书》,中华书局1974年版,第2093页。

色,便于窗中度手牵之,胛断,视之,鹿也,寻血获焉。尔后此亭无复妖怪。"①

胡毋辅之避难渡江。司马睿以为安东将军谘议祭酒等。

《晋书·胡毋辅之传》曰:"越巃,避乱渡江,元帝以为安东将军谘议祭酒,迁扬武将军、湘州刺史、假节。到州未几卒,时年四十九。"②

名士毕卓渡江。

《晋书·毕卓传》曰:"卓尝谓人曰:'得酒满数百斛船,四时甘味置两头,右手持酒杯,左手持蟹螯,拍浮酒船中,便足了一生矣。'及过江,为温峤平南长史,卒官。"③

王尼避乱江夏,荆州刺史王澄厚遇之。

《晋书·王尼传》曰:"洛阳陷,避乱江夏。时王登为荆州刺史,遇之甚厚。尼早丧妇,止有一子。无居宅,惟畜露车,有牛一头,每行,辄使子御之,暮则共宿车上。常叹曰:'沧海横流,处处不安也。'俄而澄卒,荆土饥荒,尼不得食,乃杀牛坏车,煮肉啖之。既尽,父子俱饿死。"④

羊曼避难渡江,司马睿以为镇东参军,丞相主簿,委以机密重事。

《晋书·羊曼传》曰:"羊曼,字祖延,太傅祜兄孙也。父暨,阳平太守。曼少知名,本州礼命,太傅辟,皆不就。避难渡江,元帝以为镇东参军,转丞相主簿,委以机密。历黄门侍郎、尚书吏部郎、晋陵太守,以公事免。曼任达颓纵,好饮酒。温峤、庾亮、阮放、桓彝同志友善,并为中兴名士。时州里称陈留阮放为宏伯,高平郗鉴为方伯,泰山胡毋辅之为达伯,济阴卞壶为裁伯,陈留蔡谟为朗伯,阮孚为诞伯,高平刘绥为委伯,而曼为豁伯,凡八人,号兖州八伯,盖拟古之八隽也。……时朝士过江初拜官,相饰供馔。曼拜丹阳,客来早者得佳设,日宴则渐罄,不复及精,随客早晚而不问贵贱。有羊固拜临海太守,竟日皆美,虽晚至者犹获盛馔。论者以固之丰腆,乃不如曼之真率。"⑤

光逸避难渡江,依胡毋辅之。

《晋书·光逸传》曰:"寻以世难,避乱渡江,复依辅之。初至,属辅之与谢鲲、阮放、毕卓、羊曼、桓彝、阮孚散发裸袒,闭室酣饮已累日。逸将排户入,守者不听,逸便于户外脱衣露头于狗窦中窥之而大叫。辅之惊曰:'他人决不能尔,必我孟祖也。'遽呼入,遂与饮,不舍昼夜。时人谓之八达。元帝以逸补军谘祭酒。"⑥

---

① (唐)房玄龄:《晋书》,中华书局 1974 年版,第 1377 页。
② (唐)房玄龄:《晋书》,中华书局 1974 年版,第 1380 页。
③ (唐)房玄龄:《晋书》,中华书局 1974 年版,第 1381 页。
④ (唐)房玄龄:《晋书》,中华书局 1974 年版,第 1382 页。
⑤ (唐)房玄龄:《晋书》,中华书局 1974 年版,第 1382—1383 页。
⑥ (唐)房玄龄:《晋书》,中华书局 1974 年版,第 1385 页。

王接之子王愆期在永嘉之乱后,流寓江南。

《晋书·王接传》曰:"长子愆期,流寓江南,缘父本意,更注《公羊》,又集《列女后传》云。"①

夏侯湛侄子,在永嘉之乱,渡江避乱。

《晋书·夏侯湛传》曰:"淳字孝冲。亦有文藻,与湛俱知名。官至弋阳太守。遭中原倾覆,子侄多没胡寇,唯息承渡江。承字文子。参安东军事,稍迁南平太守。太兴末,王敦举兵内向,承与梁州刺史甘卓、巴东监军柳纯、宜都太守谭该等,并露檄远近,列敦罪状。会甘卓怀疑不进,王师败绩,敦悉诛灭异己者,收承,欲杀之,承外兄王暠苦请得免。寻为散骑常侍。"②

永嘉之乱,潘尼携家属东出成皋,欲还乡里,道遇贼人,不得前,滞留坞壁。病卒。

《晋书·潘尼传》曰:"永嘉中,迁太常卿。洛阳将没,携家属东出成皋,欲还乡里。道遇贼,不得前,病卒于坞壁,年六十余。"③

张载退居旧里。

《晋书·张载传》曰:"载见世方乱,无复进仕意,遂称疾笃告归,卒于家。"④

张协见天下大乱,所在寇盗。屏居草泽,受道不竞,以属咏自娱。

《晋书·张协传》曰:"于时天下已乱,所在寇盗,协遂弃绝人事,屏居草泽,守道不竞,以属咏自娱。拟诸文士作《七命》。"⑤

张亢中兴过江,拜散骑侍郎。

《晋书·张亢传》曰:"中兴初过江,拜散骑侍郎。秘书监荀崧举亢领佐著作郎,出补乌程令,入为散骑常侍,复领佐著作。"⑥

彭城文士刘隗避难渡江,司马睿以为从事中郎。

《晋书·刘隗传》曰:"刘隗,字大连,彭城人,楚元王交之后也。……隗少有文翰,起家秘书郎,稍迁冠军将军、彭城内史。避乱渡江,元帝以为从事中郎。隗雅习文史,善求人主意,帝深器遇之。"⑦

卞壶在永嘉中,避难徐州刺史裴盾,裴盾任卞壶为广陵相。后司马睿镇建邺,召为从事中郎。

① (唐)房玄龄:《晋书》,中华书局 1974 年版,第 1436 页。
② (唐)房玄龄:《晋书》,中华书局 1974 年版,第 1499—1500 页。
③ (唐)房玄龄:《晋书》,中华书局 1974 年版,第 1516 页。
④ (唐)房玄龄:《晋书》,中华书局 1974 年版,第 1518 页。
⑤ (唐)房玄龄:《晋书》,中华书局 1974 年版,第 1519 页。
⑥ (唐)房玄龄:《晋书》,中华书局 1974 年版,第 1524 页。
⑦ (唐)房玄龄:《晋书》,中华书局 1974 年版,第 1835 页。

《晋书·卞壶传》曰:"永嘉中,除著作郎,袭父爵。征东将军周馥请为从事中郎,不就。遭本州倾覆,东依妻兄徐州刺史裴盾。盾以壶行广陵相。元帝镇建邺,召为从事中郎,委以选举,甚见亲杖。"①

高崧之父高悝寓居江州,江州刺史华轶辟为西曹书佐。华轶不服从司马睿的盟主地位,被讨。高悝藏匿华轶之子。

《晋书·高崧传》曰:"高崧,字茂琰,广陵人也。父悝,少孤,事母以孝闻。年十三,值岁饥,悝菜蔬不餍,每致甘肥于母。抚幼弟以友爱称。寓居江州,刺史华轶辟为西曹书佐。及轶败,悝藏匿轶子经年,会赦乃出。元帝嘉而宥之,以为参军,遂历显位,至丹阳尹、光禄大夫,封建昌伯。"②

永嘉中,范坚避难江东。

《晋书·范坚传》曰:"坚字子常。博学善属文。永嘉中,避乱江东,拜佐著作郎、抚军参军。"③

褚翜见天下将乱,弃官避地幽州。后因河北寇难,还乡里,招合同志,将图过江。因道路阻断,不得前。后,建兴初,始得过江。

《晋书·褚翜传》曰:"褚翜,字谋远,太傅裒之从父兄也。父颌,少知名,早卒。翜以才艺桢干称。袭爵关内侯,补冠军参军。于时长沙王乂擅权,成都、河间阻兵于外,翜知内难方作,乃弃官避地幽州。后河北有寇难,复还乡里。河南尹举翜行本县事。及天下鼎沸,翜招合同志,将图过江,先移住阳城界。颍川庾敱,即翜之舅也,亦忧世乱,以家付翜。翜道断,不得前。东海王越以为参军,辞疾不就。寻洛阳覆没,与荥阳太守郭秀共保万氏台,秀不能绥众,与将陈抚、郭重等构怨,遂相攻击。翜惧祸及,谓抚等曰:'以诸君所以在此,谋逃难也。今宜共勠力以备贼,幸无外难,而内自相击,是避坑落井也。郭秀诚为失理,应且容之。若遂所忿,城内自溃,胡贼闻之,指来掩袭,诸君虽得杀秀,无解胡虏矣,累弱非一,宜深思之。'抚等悔悟,与秀交和。时数万口赖翜获全。明年,率数千家将谋东下,遇道险,不得进,因留密县。司隶校尉荀组以为参军、广威将军,复领本县,率邑人三千,督新城、梁、阳城三郡诸营事。顷之,迁司隶司马,仍督营事。率众进至汝水柴肥口,复阻贼。翜乃单马至许昌,见司空荀藩,以为振威将军,行梁国内史。建兴初,复为豫州司马,督司州军事。太傅参军王玄代翜为郡。……顷之,组举翜为吏部郎,不应召,遂东过江。"④

---

① (唐)房玄龄:《晋书》,中华书局 1974 年版,第 1867 页。
② (唐)房玄龄:《晋书》,中华书局 1974 年版,第 1894—1895 页。
③ (唐)房玄龄:《晋书》,中华书局 1974 年版,第 1989 页。
④ (唐)房玄龄:《晋书》,中华书局 1974 年版,第 1158 页。

陈留文士蔡豹避乱南渡,司马睿以为振武将军,临淮太守。

《晋书·蔡豹传》曰:"蔡豹,字士宣,陈留圉城人。高祖质,汉卫尉,左中郎将邕之叔父也。祖睦,魏尚书。父宏,阴平太守。豹有气干,历河南丞,长乐、清河太守。避乱南渡,元帝以为振武将军、临淮太守,迁建威将军、徐州刺史。"①

陈郡文士袁环与其弟袁猷奉母避难南渡。暂系此年。

《晋书·袁环传》曰:"袁环,字山甫,陈郡阳夏人,魏郎中令涣之曾孙也。祖、父并早卒。环与弟猷欲奉母避乱,求为江淮间县,拜吕令,转江都,因南渡。元帝以为丹阳令。"②

蜀郡文士杜毗南渡避难。

《晋书·良吏传·杜轸传附杜毗》曰:"毗字长基。州举秀才,成都王颖辟大将军掾,迁尚书郎,参太傅军事。及洛阳覆没,毗南渡江,王敦表为益州刺史,将与宜都太守柳纯共固白帝。杜弢遣军要毗,遂遇害。"③

南阳文士范广携姊之孙难奔避难。

《晋书·良吏传·范晷附范广》曰:"广字仲将。举孝廉,除灵寿令,不之官。姊适孙氏,早亡,有孙名迈,广负以南奔,虽盗贼艰急,终不弃之。元帝承制,以为堂邑令。丞刘荣坐事当死,郡劾以付县。荣即县人,家有老母,至节,广辄听暂还,荣亦如期而反。县堂为野火所及,荣脱械救火,事毕,还自著械。后大旱,米贵,广散私谷振饥人,至数千斛,远近流寓归投之,户口十倍。卒于官。"④

东莞儒士祖父徐澄之率子弟以及乡党千余家,南渡江,家于京口。

《晋书·儒林传·徐邈传》曰:"徐邈,东莞姑幕人也。祖澄之为州治中,属永嘉之乱,遂与乡人臧琨等率子弟并间里士庶千余家,南渡江,家于京口。"⑤

庐陵儒士杜夷被王敦征召,杜夷逃至安徽寿阳,永嘉五年,渡江至建邺。

《晋书·儒林传·杜夷传》曰:"怀帝诏王公举贤良方正,刺史王敦以贺循为贤良,夷为方正,……敦于是逼夷赴洛。夷遁于寿阳。镇东将军周馥,倾心礼接,引为参军,夷辞之以疾。馥知不可屈,乃自诣夷,为起宅宇,供其医药。馥败,夷归旧居,道遇兵寇。刺史刘陶告卢江郡曰:'昔魏文侯轼干木之闾,齐相曹参尊崇盖公,皆所以优贤表德,敦励末俗。征士杜君德懋行洁,高尚其志,顷流离道路,闻其顿踬,刺史忝任,不能崇饰有

---

① (唐)房玄龄:《晋书》,中华书局 1974 年版,第 2111 页。
② (唐)房玄龄:《晋书》,中华书局 1974 年版,第 2166 页。
③ (唐)房玄龄:《晋书》,中华书局 1974 年版,第 2331 页。
④ (唐)房玄龄:《晋书》,中华书局 1974 年版,第 2336 页。
⑤ (唐)房玄龄:《晋书》,中华书局 1974 年版,第 2336 页。

道,而使高操之士有此艰屯。今遣吏宣慰,郡可遣一吏,县五吏,恒营恤之,常以市租供给家人粮廪,勿令阙乏。'寻以胡寇,又移渡江,王导遣吏周赡之。元帝为丞相,教曰:'大义颓替,礼典无宗,朝廷滞义莫能攸正,宜特立儒林祭酒官,以弘其事。处士杜夷栖情遗远,确然绝俗,才学精博,道行优备,其以夷为祭酒。'夷辞疾,未尝朝会。帝常欲诣夷,夷陈万乘之主不宜往庶人之家。"①

鲁国文士孔衍避地江东。

《晋书·儒林传·孔衍传》曰:"孔衍,字舒元,鲁国人,孔子二十二世孙也。祖文,魏大鸿胪。父毓,征南军司。衍少好学,年十二,能通《诗》《书》。弱冠,公府辟,本州举异行直言,皆不就。避地江东,元帝引为安东参军,专掌记室。书令殷积,而衍每以称职见知。"②

九岁的庾阐,随舅父过江。

《晋书·文苑传·庾阐传》曰:"庾阐,字仲初,颍川鄢陵人也。祖辉,安北长史。父东,以勇力闻。武帝时,有西域健胡趫捷无敌,晋人莫敢与校。帝募勇士,惟东应选,遂扑杀之,名震殊俗。阐好学,九岁能属文。少随舅孙氏过江。母随兄肇为乐安长史,在项城。永嘉末,为石勒所陷,阐母亦没。阐不栉沐,不婚宦,绝酒肉,垂二十年,乡亲称之。州举秀才,元帝为晋王,辟之,皆不行。"③

庾琛过江,为会稽太守,为司马睿军谘祭酒。

《晋书·外戚传·庾琛传》曰:"庾琛,字子美,明穆皇后父也。兄衮,在《孝友传》。琛永嘉初为建威将军,过江,为会稽太守,征为丞相军谘祭酒。"④

杜乂渡江至建康,其女为成帝皇后。

《晋书·外戚传·杜乂传》曰:"杜乂,字弘理,成恭皇后父,镇南将军预孙,尚书左丞锡之子也。性纯和,美姿容,有盛名于江左。王羲之见而目之曰:'肤若凝脂,眼如点漆,此神仙人也。'桓彝亦曰:'卫玠神清,杜乂形清。'袭封当阳侯,辟公府掾,为丹阳丞。早卒,无男,生后而乂终,妻裴氏孷居养后,以礼自防,甚有德音。"⑤

褚裒盛名于江东。

《晋书·外戚传·褚裒传》曰:"裒少有简贵之风,与京兆杜乂俱有盛名,冠于中兴。谯国桓彝见而目之曰:'季野有皮里春秋。'言其外无臧否,而内有所褒贬也。"⑥

① (唐)房玄龄:《晋书》,中华书局 1974 年版,第 2353—2354 页。
② (唐)房玄龄:《晋书》,中华书局 1974 年版,第 2353—2354 页。
③ (唐)房玄龄:《晋书》,中华书局 1974 年版,第 2385 页。
④ (唐)房玄龄:《晋书》,中华书局 1974 年版,第 2414 页。
⑤ (唐)房玄龄:《晋书》,中华书局 1974 年版,第 2414 页。
⑥ (唐)房玄龄:《晋书》,中华书局 1974 年版,第 2415 页。

河内文士郭文避难余杭。

《晋书·隐逸传·郭文传》曰:"郭文,字文举,河内轵人也。少爱山水,尚嘉遁。年三十,每游山林,弥旬忘反。父母终,服毕,不娶,辞家游名山,历华阴之崖,以观石室之石函。洛阳陷,乃步担入吴兴余杭大辟山中穷谷无人之地,倚木于树,苫覆其上而居焉,亦无壁障。时猛兽为暴,入屋害人,而文独宿十余年,卒无患害。恒着鹿裘葛巾,不饮酒食肉,区种菽麦,采竹叶木实,贸盐以自供。人或酬下价者,亦即与之。后人识文,不复贱酬。食有余谷,辄恤穷匮。人有臻遗,取其粗者,示不逆而已。有猛兽杀大麋鹿于庵侧,文以语人,人取卖之,分钱与文。文曰:'我若须此,自当卖之。所以相语,正以不须故也。'闻者皆嗟叹之。尝有猛兽忽张口向文,文视其口中有横骨,乃以手探去之,猛兽明旦致一鹿于其室前。猎者时往寄宿,文夜为担水而无倦色。余杭令顾飏与葛洪共造之,而携与俱归。飏以文山行或须皮衣,赠以韦袴褶一具,文不纳,辞归山中。飏追遣使者置衣室中而去,文亦无言,韦衣乃至烂于户内,竟不服用。王导闻其名,遣人迎之,文不肯就船车,荷担徒行。既至,导置之西园,园中果木成林,又有鸟兽麋鹿,因以居文焉。于是朝士咸共观之,文颓然踑踞,傍若无人。温峤尝问文曰:'人皆有六亲相娱,先生弃之何乐?'文曰:'本行学道,不谓遭世乱,欲归无路,是以来也。'又问曰:'饥而思食,壮而思室,自然之性,先生安得无情乎?'文曰:'情由忆生,不忆故无情。'又问曰:'先生独处穷山,若疾病遭命,则为乌鸟所食,顾不酷乎?'文曰:'藏埋者亦为蝼蚁所食,复何异乎!'又问曰:'猛兽害人,人之所畏,而先生独不畏邪?'文曰:'人无害兽之心,则兽亦不害人。'又问曰:'苟世不宁,身不得安。今将用先生以济时,若何?'文曰:'山草之人,安能佐世!'导尝众客共集,丝竹并奏,试使呼之。文瞪眸不转,跨蹑华堂如行林野。于时坐者咸有钩深味远之言,文常称不达来语。天机铿宏,莫有窥其门者。温峤尝称曰:'文有贤人之性,而无贤人之才,柳下、梁踦之亚乎!'永昌中,大疫,文病亦殆。王导遗药,文曰:'命在天,不在药也。夭寿长短,时也。'"①

洛阳沦陷,中原避难者流落凉州。

《晋书·张轨传》曰:"而王弥遂逼洛阳,轨遣将军张斐、北宫纯、郭敷等率精骑五千来卫京都。及京都陷,斐等皆没于贼。中州避难来者日月相继,分武威置武兴郡以居之。"②

陈留隐士董养在永嘉中,避难蜀地。

《晋书·隐逸传·董养传》曰:"董养,字仲道,陈留浚仪人也。泰始初,到洛下,不

---

①　(唐)房玄龄:《晋书》,中华书局1974年版,第2440页。

②　(唐)房玄龄:《晋书》,中华书局1974年版,第2225页。

干禄求荣。及杨后废，养因游太学，升堂叹曰：'建斯堂也，将何为乎？每览国家赦书，谋反大逆皆赦，至于杀祖父母、父母不赦者，以为王法所不容也。奈何公卿处议，文饰礼典，以至此乎！天人之理既灭，大乱作矣。'因著《无化论》以非之。永嘉中，洛城东北步广里中地陷，有二鹅出焉，其苍者飞去，白者不能飞。养闻叹曰：'昔周时所盟会狄泉，即此地也。今有二鹅，苍者胡象，白者国家之象，其可尽言乎！'顾谓谢鲲、阮孚曰：'《易》称知机其神乎，君等可深藏矣。'乃与妻荷担入蜀，莫知所终。"①

永嘉之乱，北方流人多流徙辽西，依附慕容廆。

《晋书·载记·慕容廆》曰："时二京倾覆，幽、冀沦陷，廆刑政修明，虚怀引纳，流亡士庶多襁负归之。廆乃立郡以统流人，冀州人为冀阳郡，豫州人为成周郡，青州人为营丘郡，并州人为唐国郡。于是推举贤才，委以庶政，以河东裴嶷、代郡鲁昌、北平阳耽为谋主，北海逄羡、广平游邃、北平西方虔、渤海封抽、西河宋奭、河东裴开为股肱，渤海封弈、平原宋该、安定皇甫岌、兰陵缪恺以文章才俊任居枢要，会稽朱左车、太山胡毋翼、鲁国孔纂以旧德清重引为宾友，平原刘赞儒学该通，引为东庠祭酒，其世子皝率国胄束修受业焉。廆览政之暇，亲临听之，于是路有颂声，礼让兴矣。"②

渤海文士高瞻在永嘉之乱后，归乡里，与父老议避乱幽州，再至辽东，后归辽西慕容廆。

《晋书·慕容廆载记附高瞻》曰："高瞻，字子前，渤海蓨人也。少而英爽有俊才，身长八尺二寸。光熙中，调补尚书郎。属永嘉之乱，还乡里，乃与父老议曰：'今皇纲不振，兵革云扰，此郡沃壤，凭固河海，若兵荒岁俭，必为寇庭，非谓图安之所。王彭祖先在幽、蓟，据燕、代之资，兵强国富，可以托也。诸君以为何如？'众咸善之。乃与叔父隐率数千家北徙幽州。既而以王浚政令无恒，乃依崔毖，随毖如辽东。毖之与三国谋伐廆也，瞻固谏以为不可，毖不从。及毖奔败，瞻随众降于廆。"③

永嘉之乱，灌津文士韩恒避地辽东。

《晋书·慕容俊载记附韩恒》曰："韩恒，字景山，灌津人也。父默，以学行显名。恒少能属文，师事同郡张载，载奇之，曰：'王佐才也。'身长八尺一寸，博览经籍，无所不通。永嘉之乱，避地辽东。廆既逐崔毖，复徙昌黎，召见，嘉之，拜参军事。"④

313 年，晋永嘉七年

荀勖孙子荀邃、荀闿在永嘉末年避难江东，为司马睿军谘祭酒。

---

① （唐）房玄龄：《晋书》，中华书局 1974 年版，第 2434—2435 页。
② （唐）房玄龄：《晋书》，中华书局 1974 年版，第 2806 页。
③ （唐）房玄龄：《晋书》，中华书局 1974 年版，第 2812—2813 页。
④ （唐）房玄龄：《晋书》，中华书局 1974 年版，第 2842 页。

《晋书·荀勖传》曰:"邃字道玄,解音乐,善谈论。……而东渡江,元帝以为军谘祭酒。"①

《晋书·荀勖传》曰:"闿字道明,亦有名称,京都为之语曰:'洛中英英荀道明。'……与邃俱渡江,拜丞相军谘祭酒。"②

卢谌在幽州刺史段匹磾败亡之后,因南路阻绝,投奔辽西。

《晋书·卢钦传附卢谌传》曰:"建兴末,随琨投段匹磾。匹磾自领幽州,取谌为别驾。匹磾既害琨,寻亦败丧。时南路阻绝,段末波在辽西,谌往投之。……谌流离世故且二十载。石季龙破辽西,复为季龙所得,以为中书侍郎、国子祭酒、侍中、中书监。属冉闵诛石氏,谌随闵军,于襄国遇害。"③

清河崔悦、颍川荀绰、河东裴宪、北地傅畅沦为石勒襄国。

《晋书·卢钦传附卢谌传》曰:"谌名家子,早有声誉,才高行洁,为一时所推。值中原丧乱,与清河崔悦、颍川荀绰、河东裴宪、北地傅畅并沦陷非所,虽俱显于石氏,恒以为辱。谌每谓诸子曰:'吾身没之后,但称晋司空从事中郎尔。'撰《祭法》,注《庄子》,及文集,皆行于世。"④

《晋书·刘琨传附刘群》曰:"石季龙灭辽西,群及谌、悦同没胡中,季龙皆优礼之,以群为中书令。至冉闵败后,群遇害。时勒及季龙得公卿人士多杀之,其见擢用,终至大官者,唯有河东裴宪,渤海石璞,荥阳郑系,颍川荀绰,北地傅畅及群、悦、谌等十余人而已。"⑤

华歆曾孙华恒在永嘉末年,任颍川太守,合义军二千,欲往长安,后关中陷没,渡江。

《晋书·华表传》曰:"愍帝即位,以(华)恒为尚书,进爵苑陵县公。顷之,刘聪逼长安,诏出恒为镇军将军,领颍川太守,以为外援。恒兴合义军,得二千人,未及西赴,而关中陷没。时群贼方盛,所在州郡相继奔败,恒亦欲弃郡东渡,而从兄轶为元帝所诛,以此为疑。先书与骠骑将军王导,导言于帝。帝曰:'兄弟罪不相及,况群从乎!'即召恒,补光禄勋。恒到,未及拜,更以为卫将军,加散骑常侍、本州大中正。"⑥

永嘉末年,宗室汝南王司马亮之子司马佑、司马兼、司马宗渡江,司马睿命为军谘祭酒。

---

①　(唐)房玄龄:《晋书》,中华书局 1974 年版,第 2031—2032 页。
②　(唐)房玄龄:《晋书》,中华书局 1974 年版,第 1159 页。
③　(唐)房玄龄:《晋书》,中华书局 1974 年版,第 1259 页。
④　(唐)房玄龄:《晋书》,中华书局 1974 年版,第 1259 页。
⑤　(唐)房玄龄:《晋书》,中华书局 1974 年版,第 1691 页。
⑥　(唐)房玄龄:《晋书》,中华书局 1974 年版,第 1259 页。

《晋书·汝南王亮传附司马祐》曰："祐字永猷。……永嘉末,以寇贼充斥,遂南渡江,元帝命为军谘祭酒。建武初,为镇军将军。"①

《晋书·汝南王亮传附司马羕》曰："永嘉初,拜镇军将军,加散骑常侍,领后军将军,复以邾、蕲春益之,并前三万五千户。随东海王越东出鄄城,遂南渡江。元帝承制,更拜抚军大将军、开府,给千兵百骑,诏与南顿王宗统流人以实中州,江西荒梗,复还。"②

《晋书·汝南王亮传附司马宗》曰："与兄羕俱过江。元帝承制,拜散骑常侍。愍帝之在西都,以宗为平东将军。宗与王导、庾亮志趣不同,连结轻侠,以为腹心,导、亮并以为言。帝以宗戚属,每容之。及帝疾笃,宗、胤密谋为乱,亮排闼入,升御床,流涕言之,帝始悟。转为骠骑将军。胤为大宗正。宗遂怨望形于辞色。"③

祖逖避地淮泗,居丹徒京口一带。

《晋书·祖逖传》曰："及京师大乱,逖率亲党数百家避地淮泗,以所乘车马载同行老疾,躬自徒步,药物衣粮与众共之,又多权略,是以少长咸宗之,推逖为行主。达泗口,元帝逆用为徐州刺史,寻征军谘祭酒,居丹徒之京口。"④

祖纳避地东南,举荐王隐。

《晋书·祖纳传》曰："以洛下将乱,乃避地东南。元帝作相,引为军谘祭酒。纳好弈棋,王隐谓之曰:'禹惜寸阴,不闻数棋。'对曰:'我弈忘忧耳。'隐曰:'盖闻古人遭逢,则以功达其道,若其不遇,则以言达其道。古必有之,今亦宜然。当晋未有书,而天下大乱,旧事荡灭,君少长五都,游臣四方,华裔成败,皆当闻见,何不记述而有裁成?应仲远作《风俗通》,崔子真作《政论》,蔡伯喈作《劝学篇》,史游作《急就章》,犹皆行于世,便成没而不朽。仆虽无才,非志不立,故疾没世而无闻焉,所以自强不息也。况国史明乎得失之迹,俱取散悉,此可兼济,何必围棋然后忘忧也!'纳喟然叹曰:'非不悦子之道,力不足耳。'乃言之于帝曰:'自古小国犹有史官,况于大府,安可不置。'因举隐,称'清纯亮直,学思沈敏,五经、群史多所综悉,且好学不倦,从善如流。若使修著一代之典,褒贬与夺,诚一时之俊也。'帝以问记室参军钟雅,雅曰:'纳所举虽有史才,而今未能立也。'事遂停。然史官之立,自纳始也。"⑤

祖约随其兄祖逖在永嘉末年过江。

《晋书·祖约传》曰："祖约,字士少,豫州刺史逖之弟也。初以孝廉为成皋令,与逖

① (唐)房玄龄:《晋书》,中华书局1974年版,第1593页。
② (唐)房玄龄:《晋书》,中华书局1974年版,第1594页。
③ (唐)房玄龄:《晋书》,中华书局1974年版,第1595页。
④ (唐)房玄龄:《晋书》,中华书局1974年版,第1694页。
⑤ (唐)房玄龄:《晋书》,中华书局1974年版,第1698页。

甚相友爱。永嘉末,随逃过江。元帝称制,引为掾属,与陈留阮孚齐名。后转从事中郎,典选举。"①

颍川长社文士钟雅避乱东渡,被辟为丞相记室参军。按:司马睿在愍帝即位时,任丞相,因此定于此年。

《晋书·钟雅传》曰:"钟雅,字彦胄,颍川长社人也。父晔,公府掾,早终。雅少孤,好学有才志,举四行,除汝阳令,入为佐著作郎。母忧去官,服阕复职。东海王越请为参军,迁尚书郎。避乱东渡,元帝以为丞相记室参军,迁临淮内史、振威将军。顷之,征拜散骑侍郎,转尚书右丞。"②

豫章南昌文士熊远被州辟主簿、别驾,举秀才,除监军华轶司马,领武昌太守,宁远护军。丞相司马睿引为主簿。

《晋书·熊远传》曰:"熊远,字孝文,豫章南昌人也。祖翘,尝为石崇苍头,而性廉直,有士风。黄门郎潘岳见而称异,劝崇免之,乃还乡里。远有志尚,县召为功曹,不起,强与衣帻,扶之使谒。十余日荐于郡,由是辟为文学掾。远曰:'辞大不辞小也。'固请留县。太守察远孝廉。属太守讨氐羌,远遂不行,送至陇右而还。后太守会稽夏静辟为功曹。及静去职,远送至会稽以归。州辟主簿、别驾,举秀才,除监军华轶司马、领武昌太守、宁远护军。元帝作相,引为主簿。"③

永嘉末,王峤兄弟避地江东。

《晋书·王峤传》曰:"永嘉末,携其二弟避乱渡江。时元帝镇建邺,教曰:'王佑三息始至,名德之胄,并有操行,宜蒙饰叙。且可给钱三十万,帛三百匹,米五十斛,亲兵二十人。'寻以峤参世子东中郎军事。不就。愍帝征拜著作郎,右丞相南阳王保辟,皆以道险不行。元帝作相,以为水曹属,除长山令,迁太子中舍人以疾不拜。王敦请为参军,爵九原县公。"④

范汪六岁过江避难。

《晋书·范汪传》曰:"范汪,字玄平,雍州刺史晷之孙也。父稚,蚤卒。汪少孤贫,六岁过江,依外家新野庾氏。荆州刺史王澄见而奇之,曰:'兴范族者,必是子也。'年十三,丧母,居丧尽礼,亲邻哀之。及长,好学。外氏家贫,无以资给,汪乃庐于园中,布衣蔬食,然薪写书,写毕,诵读亦遍,遂博学多通,善谈名理。"⑤

① (唐)房玄龄:《晋书》,中华书局1974年版,第2625—2626页。
② (唐)房玄龄:《晋书》,中华书局1974年版,第1877页。
③ (唐)房玄龄:《晋书》,中华书局1974年版,第1884页。
④ (唐)房玄龄:《晋书》,中华书局1974年版,第1974页。
⑤ (唐)房玄龄:《晋书》,中华书局1974年版,第1982页。

陈留文士蔡谟避难江东。按:据《晋书明帝纪》,司马绍建兴初年为东中郎将,因此,系于此年。

《晋书·蔡谟传》曰:"谟弱冠察孝廉,州辟从事,举秀才,东海王越召为掾,皆不就。避乱渡江。时明帝为东中郎将,引为参军。元帝拜丞相,复辟为掾,转参军,后为中书侍郎,历义兴太守、大将军王敦从事中郎、司徒左长史,迁侍中。"[1]

《晋书·蔡谟传》曰:"谟初渡江,见彭蜞,大喜曰:'蟹有八足,加以二螯。'令烹之。既食,吐下委顿,方知非蟹。后诣谢尚而说之。尚曰:'卿读《尔雅》不熟,几为《劝学》死。'谟性方雅。丞相王导作女伎,施设床席。谟先在坐,不悦而去,导亦不止之。性尤笃慎,每事必为过防。故时人云:'蔡公过浮航,脱带腰舟。'"[2]

平阳襄陵文士邓攸在永嘉末年,没于石勒。趁机逃亡,历尽千辛万苦至江东。

《晋书·良吏传·邓攸传》曰:"永嘉末,没于石勒。然勒宿忌诸官长二千石,闻攸在营,驰召,将杀之。攸至门,门干乃攸为郎时干,识攸,攸求纸笔作辞。干候勒和悦,致之。勒重其辞,乃勿杀。勒长史张宾先与攸比舍,重攸名操,因称攸于勒。勒召至幕下,与语,悦之,以为参军,给车马。勒每东西,置攸车营中。勒夜禁火,犯之者死。攸与胡邻毂,胡夜失火烧车。吏按问,胡乃诬攸。攸度不可与争,遂对以弟妇散发温酒为辞。勒赦之。既而胡人深感,自缚诣勒以明攸,而阴遗攸马驴,诸胡莫不叹息宗敬之。石勒过泗水,攸乃斫坏车,以牛马负妻子而逃。又遇贼,掠其牛马,步走,担其儿及其弟子绥。度不能两全,乃谓其妻曰:'吾弟早亡,唯有一息,理不可绝,止应自弃我儿耳。幸而得存,我后当有子。'妻泣而从之,乃弃之。其子朝弃而暮及。明日,攸系之于树而去。至新郑,投李矩。三年,将去,而矩不听。荀组以为陈郡、汝南太守,愍帝征为尚书左丞、长水校尉,皆不果就。后密舍矩去,投荀组于许昌,矩深恨焉,久之,乃送家属还攸。攸与刁协、周顗素厚,遂至江东。元帝以攸为太子中庶子。时吴郡阙守,人多欲之,帝以授攸。攸载米之郡,俸禄无所受,唯饮吴水而已。时郡中大饥,攸表振贷,未报,乃辄开仓救之。台遣散骑常侍桓彝、虞斐慰劳饥人,观听善不,乃劾攸以擅出谷。俄而有诏原之。攸在郡刑政清明,百姓欢悦,为中兴良守。后称疾去职。郡常有送迎钱数百万,攸去郡,不受一钱。百姓数千人留牵攸船,不得进,攸乃小停,夜中发去。吴人歌之曰:'纻如打五鼓,鸡鸣天欲曙。邓侯挽不留,谢令推不去。'百姓诣台乞留一岁,不听。拜侍中。岁余,转吏部尚书。蔬食弊衣,周急振乏。性谦和,善与人交,宾无贵贱,待之若一,而颇敬媚权贵。"[3]

① (唐)房玄龄:《晋书》,中华书局1974年版,第2035页。
② (唐)房玄龄:《晋书》,中华书局1974年版,第2041页。
③ (唐)房玄龄:《晋书》,中华书局1974年版,第2339—2340页。

"攸弃子之后,妻子不复孕。过江,纳妾,甚宠之,讯其家属,说是北人遭乱,忆父母姓名,乃攸之甥。攸素有德行,闻之感恨,遂不复畜妾,卒以无嗣。时人义而哀之,为之语曰:'天道无知,使邓伯道无儿。'"①

永嘉之乱,苏峻纠合流亡百姓数千家于本县,后惧青州刺史曹嶷征讨,率其所部数百家泛海南渡,到广陵。朝廷嘉其远至。

《晋书·苏峻传》曰:"苏峻,字子高,长广掖人也。父模,安乐相。峻少为书生,有才学,仕郡主簿。年十八,举孝廉。永嘉之乱,百姓流亡,所在屯聚,峻纠合得数千家,结垒于本县。于时豪杰所在屯聚,而峻最强。遣长史徐玮宣檄诸屯,示以王化,又收枯骨而葬之,远近感其恩义,推峻为主。遂射猎于海边青山中。元帝闻之,假峻安集将军。时曹嶷领青州刺史,表峻为掖令,峻辞疾不受。嶷恶其得众,恐必为患,将讨之。峻惧,率其所部数百家泛海南渡。既到广陵,朝廷嘉其远至,转鹰扬将军。会周坚反于彭城,峻助讨之,有功,除淮陵内史,迁兰陵相。"②

314年,晋建兴二年

著名史学家陈郡人士王隐过江。

《晋书·王隐传》曰:"建兴中,过江,丞相军谘祭酒涿郡祖纳雅相知重。纳好博弈,每谏止之。纳曰:'聊用忘忧耳。'隐曰:'盖古人遭时,则以功达其道;不遇,则以言达其才,故否泰不穷也。当今晋未有书,天下大乱,旧事荡灭,非凡才所能立。君少长五都,游宦四方,华夷成败皆在耳目,何不述而裁之!应仲远作《风俗通》,崔子真作《政论》,蔡伯喈作《劝学篇》,史游作《急就章》,犹行于世,便为没而不朽。当其同时,人岂少哉?而了无闻,皆由无所述作也。故君子疾没世而无闻,《易》称自强不息,况国史明乎得失之迹,何必博弈而后忘忧哉!'纳喟然叹曰:'非不悦子道,力不足也。'乃上疏荐隐。元帝以草创务殷,未遑史官,遂寝不报。"③

太原文士孙楚之孙——孙盛十岁避难渡江。

《晋书·孙盛传》曰:"孙盛,字安国,太原中都人。祖楚,冯翊太守。父恂,颍川太守。恂在郡遇贼,被害。盛年十岁,避难渡江。及长,博学,善言名理。于时殷浩擅名一时,与抗论者,惟盛而已。盛尝诣浩谈论,对食,奋掷麈尾,毛悉落饭中,食冷而复暖者数四,至暮忘餐,理竟不定。盛又著医卜及《易象妙于见形论》,浩等竟无以难之,由是遂知名。"④

---

①　(唐)房玄龄:《晋书》,中华书局1974年版,第2341页。

②　(唐)房玄龄:《晋书》,中华书局1974年版,第2628页。

③　(唐)房玄龄:《晋书》,中华书局1974年版,第2041—2042页。

④　(唐)房玄龄:《晋书》,中华书局1974年版,第2047页。

琅玡文士颜含过江。

《晋书·孝友传·颜含传》曰："本州辟,不就。东海王赵以为太傅参军,出补阊阳令。元帝初镇下邳,复命为参军。过江,以含为上虞令。"①

317 年,晋元帝建武元年

荀勖之子荀组被任司徒。明年,从许昌率其属数百人渡江。

《晋书·荀勖传》曰："元帝承制,以组都督司州诸军,加散骑常侍,余如故。顷之,又除尚书令,表让不拜。及西都不守,组乃遣使移檄天下共劝进。帝欲以组为司徒,以问太常贺循。循曰:'组旧望清重,忠勤显著,迁训五品,实允众望。'于是拜组为司徒。组逼于石勒,不能自立。太兴初,自许昌率其属数百人渡江,给千兵百骑,组先所领仍皆统摄。顷之,诏组与太保、西阳王羕并录尚书事,各加班剑六十人。永昌初,迁太尉,领太子太保。"②

荀组之子荀奕,随父过江。

《晋书·荀勖传》曰："奕字玄欣。……愍帝为皇太子,召为中舍人,寻拜散骑侍郎,皆不就。随父渡江。元帝践阼,拜中庶子,迁给事黄门郎。"③

王鉴为琅玡王司马睿侍郎。上疏劝司马睿亲征杜弢。杜弢此年败亡。

《晋书·王鉴传》曰："王鉴,字茂高,堂邑人也。父浚,御史中丞。鉴少以文笔著称,初为元帝琅邪国侍郎。时杜弢作逆,江湘流弊,王敦不能制,朝廷深以为忧。"④

著名史学家虞溥之子虞勃过江,献《江表传》于元帝司马睿。

《晋书·虞溥传》曰："溥为政严而不猛,风化大行,有白乌集于郡庭。注《春秋》经、传,撰《江表传》及文章诗赋数十篇。卒于洛,时年六十二。子勃,过江上《江表传》于元帝,诏藏于秘书。"⑤

350 年,晋永和六年

傅洪晋穆帝永和中,南迁至东晋梁州一带。

《宋书·傅弘之传》曰："傅弘之,字仲度,北地泥阳人。傅氏旧属灵州,汉末郡境为虏所侵,失土寄寓冯翊,置泥阳、富平二县,灵州废不立,故傅氏还属泥阳。晋武帝太康三年,复立灵州县,傅氏悉属灵州。弘之高祖晋司徒祗,后封灵州公,不欲封本县,故祗一门还复泥阳。曾祖畅,秘书丞,没胡,生子洪,晋穆帝永和中,胡乱得还。洪生韶,梁州

① (唐)房玄龄:《晋书》,中华书局 1974 年版,第 2286 页。
② (唐)房玄龄:《晋书》,中华书局 1974 年版,第 1160 页。
③ (唐)房玄龄:《晋书》,中华书局 1974 年版,第 1160—1161 页。
④ (唐)房玄龄:《晋书》,中华书局 1974 年版,第 1889 页。
⑤ (唐)房玄龄:《晋书》,中华书局 1974 年版,第 2141 页。

刺史,散骑常侍。韶生弘之。"①按:永和年间共十二年,"永和中",故系于永和六年。

385 年,晋孝武太元十年

《晋书·羊祜传》曰:"孝武太元中,封祜兄玄孙之子法兴为巨平侯,邑五千户。"②

---

① (梁)沈约:《宋书》,中华书局 1974 年版,第 1430 页。
② (梁)沈约:《宋书》,中华书局 1974 年版,第 1024 页。

跋

　　白驹过隙，倏忽十载。回首来路，几多辗转、几多幸运、几多甘苦！

　　从充满生命焦虑——"年届而立恐无所立"的《西晋文风演变研究》，辗转巡礼关中三辅文化故土的《关辅世族文化习性与文学观念研究》，再到以精神"游子"体味汉晋之际文士流徙、思索汉晋文学地理空间与华夏文明起源关系，在学术道路上艰难跋涉的过程中，有幸得到教育厅、教育部、国务院社科规划办公室等基金资助，有了较充足的经费保证。

　　2014年，全身心投入研究汉晋文士流徙与文学，前后历时五年之久。其间甘苦，如人饮水，冷暖自知！

　　尽管在关辅世族研究过程中，已经检验了拣择各类正史、姓氏、墓志等原始资料的能力，但汉晋文士流徙的资料夹杂在史籍的缝隙之间，要翻检出来，绝非易事。无机可投、无巧可取，且做笨伯，涸泽而渔，通读《后汉书》《三国志》《晋书》《建康实录》《殷芸小说》《华阳国志》等史籍文献，搜检相关的文士迁徙史料。时常遇到一种情境：读了许久，却不见只言片语。顿生沮丧，不禁怀疑正史类史籍真会记载文士生活吗？何况，文士迁徙仅是其生活之一部分。若遇相关史料，欣喜若狂，立即夹置纸条、丹铅标示、敲录文献、排比编年。寒来暑往，集腋成裘。附录其后，方便来人。

　　五年以来，一个问题意识一直萦绕脑际：从全球视野来看，4世纪前后，大约北纬30°—40°之间的农耕文化区，均遭到北方游牧民族或森林民族入侵。欧洲大陆称其为"蛮族入侵"，东亚大陆称其为"五胡乱华"。为何古罗马帝国在日耳曼民族南侵下分裂乃至灭亡，而中国在匈奴、鲜卑、羯、氐、羌"五胡"的南侵下，虽遭重创但不至灭亡？在我看来，东亚大陆华夏文明核心区存在两个农耕文明"新月地带"：一个是黄河流域的农耕文化区，包括河北、山西、河南、陕西等地；另一个是长江流域的农耕文化区，包括江苏、安徽、湖北、浙江等地。两个"新月地带"，如同阴阳八卦双鱼图，互动互补。因此，当中国"大一统政治共同体"崩溃后，黄河流域文化中心进入游牧民族统治时期。此间的贵族乃至依附其势力的民众，尚可迁徙至另一个"新月地带"，保存火种，蓄势待兴。

而古希腊——罗马却仅有沿地中海地区的一个文明"新月地带",一旦遭受北欧的森林、游牧民族——日耳曼民族等南侵,只有彻底毁灭的命运。西亚两河流域冲积平原的文明,亦是如此。

从历史上看,东亚大陆的华夏文明核心区始终受到周边环绕的游猎游牧区的威胁,包括青藏高原、蒙古高原、新疆乃至东北等游牧游猎民族。通往西方的河西走廊,也时通时绝。尽管游牧民族冲入农耕文明区,无数生命被杀戮。但从文明形态上来看,处在一级文明形态的游牧文化,最终被处在二级文明形态的农耕文化所同化。尤其是,当现代火器大规模使用后,这种威胁化为无形。如今,农耕文化所积淀的民族文化心理能否匹配现代社会? 根深蒂固的民族文化心理能否适应现代国家社会组织形态的要求? 中国大一统的政治格局能否摆脱"三百年周期律"? 如何加强政治认同、国家认同与文化认同,维护中国大一统的政治格局? 遭遇三级的文明形态——西方工业文明,又该如何对应挑战呢? 如何在亚欧大陆更多国家中建构人类命运共同体,创生更高一级的文明形态,打破三级文明形态的威胁?

总之,作为一个历史剖面研究——汉晋之际文士流徙与文学研究,是否贯穿这些问题意识与现实关怀? 能否回答这些问题? 子曰:"知我罪我,其惟春秋!"

《诗》云:"如切如磋,如琢如磨。"我要特别感谢大学同学王虎,有他陪我一起踏考陕甘豫等省的文化遗迹,一起试图击穿历史时空,探询华夏文明起源,追寻华夏"大一统共同体"的文化密码,思考民族乃至人类命运。寒冬腊月,大地湾遗址的黄土台地边的雪地上,他冻得满脸通红。样子十分可爱,人生得一知己,足矣。

同时,感恩妻子王红一如既往的付出! 感谢人民出版社编辑王怡石老师!

李剑清

2019 年于石鼓山下

责任编辑:王怡石

图书在版编目(CIP)数据

汉晋之际文士流徙与文学研究/李剑清 著. —北京:人民出版社,2020.12
ISBN 978-7-01-021629-4

Ⅰ.①汉…　Ⅱ.①李…　Ⅲ.①知识分子-人口流动-关系-古代文学史-研究-中国-
汉代-晋代　Ⅳ.①D691.71 ②I209.2

中国版本图书馆 CIP 数据核字(2020)第 001653 号

汉晋之际文士流徙与文学研究
HANJIN ZHIJI WENSHI LIUXI YU WENXUE YANJIU

李剑清　著

人民出版社 出版发行
(100706　北京市东城区隆福寺街 99 号)

北京汇林印务有限公司印刷　新华书店经销

2020 年 12 月第 1 版　2020 年 12 月北京第 1 次印刷
开本:787 毫米×1092 毫米 1/16　印张:27.5
字数:530 千字

ISBN 978-7-01-021629-4　定价:129.00 元

邮购地址 100706　北京市东城区隆福寺街 99 号
人民东方图书销售中心　电话 (010)65250042　65289539